POVERTY
ALLEVIATION
IN 2020

2020

一线扶贫干部亲历记

THE PERSONAL EXPERIENCES OF
FRONTLINE OFFICIALS

（上　册）

谢治菊　编著

社会科学文献出版社
SOCIAL SCIENCES ACADEMIC PRESS (CHINA)

"口述乡村丛书"总序
您因乡村而精彩　乡村因您而振兴

　　2021 年 2 月 25 日，习总书记在全国脱贫攻坚总结表彰大会上的庄严宣告标志着我国脱贫攻坚战的全面胜利。8 年来，为了取得这场胜利，中央、省、市县财政专项扶贫资金累计投入近 1.6 万亿元，最终现行标准下 9899 万农村贫困人口全部脱贫，832 个贫困县全部摘帽，12.8 万个贫困村全部出列，完成解决区域性整体贫困和消除绝对贫困的艰巨任务。① 中国脱贫攻坚战之所以能取得伟大成就、创造伟大奇迹，离不开坚强的领导核心、科学的顶层设计、有效的制度安排、精准的脱贫策略、深厚的人民情谊，更与数百万默默坚守在脱贫攻坚一线的扶贫干部分不开，他们艰苦奋斗、无私奉献，彰显出"责任、担当、奉献、探索、吃苦、实干"的精神，谱写了许多不为人知的感人故事。为了让这些故事能够传播开去、流传下来，被更多的人所珍藏和记忆，为了向后续研究者提供素材，为了向共和国波澜壮阔的历史贡献新的篇章，2020 年 5 月，在广州市社科联、广州市文明办、广州市协作办的支持下，我们团队承办了"攻坚 2020：一线扶贫干部口述故事"征集活动。活动吸引了全国 20 多所高校 100 多名优秀学生的参与，获得了 300 多万字的教学素材和 70 多万字的案例资源。经过专家评审，最终有 59 篇作品获奖。

　　一　调研中的感动与初心

　　我们为什么要举办这场活动呢？首先是扶贫干部在脱贫攻坚中的伟大精神深深地打动了我们。脱贫攻坚战，是一场没有硝烟的战斗，更是一场

---

　　① 习近平：《在全国脱贫攻坚总结表彰大会上的讲话》，《人民日报》，2021 - 02 - 26（002）。

旷日持久的战役。在这场史无前例的战斗中，广大基层干部无论是身体还是精神都经历了前所未有的考验，做出了不可磨灭的贡献。据统计，在这场彪炳史册的脱贫攻坚战中，中国累计选派 25.5 万个驻村工作队、300 万名第一书记和驻村干部，更有近 200 万名乡镇干部和数百万村干部共同奋斗在脱贫攻坚战场上。① 确实，脱贫攻坚以来，广大一线扶贫干部坚决贯彻中央政策与群众路线，与贫困群众生活在一起、工作在一起、战斗在一起，以解决贫困群众"一达标两不愁三保障"为使命，以帮助贫困群众彻底摆脱贫困为目标，齐心协力、顽强奋战、呕心沥血，更有 1800 多名扶贫干部牺牲在了脱贫攻坚征程上，付出了生命代价。

事实上，自 2015 年以来，我们团队就把一线扶贫干部作为重要的研究对象，先后就"脱贫攻坚背景下基层公务员心态""脱贫攻坚背景下基层公务员生存状态""脱贫攻坚背景下基层公务员工作状态"等内容访谈了 100 多人，发现了许多感人的精彩故事。促使我们团队萌发口述故事点子的契机是一次在贵州调研中的感动。贵州省金井村是一个典型的少数民族贫困村，曾经村内 70% 的房子都有问题，需要搬迁，但民族的文化差异给易地扶贫搬迁带来了很大的挑战。这个村的驻村书记石国兴是一名普通民警，家住在县城里，离驻村地开车不到 40 分钟，他却经常一两个月才回一次家。有一次女儿住院了，他一直想回家照顾女儿却抽不开身，等他回到家时女儿的病已经好了。"临走前娃娃问我，爸，你下次是什么时候回来？"说着他当时就哽咽不止，压抑着这份对家人的愧疚，继续用碎屏的手机在各类 App 中上传工作数据。我当时在现场被他的那股劲深深地感动了，忍着眼泪，真正体会到了"过家门而不入"的高尚情怀。

而后，我原单位贵州民族大学毕业生余金政的离开给了我更大的触动。他是一位 2019 年 3 月倒在扶贫一线的战士，牺牲时才 39 岁，未婚，工作 11 年，存款只有 4 万多元。在连续工作近 40 小时后，突然睡在了他的帮扶对象家中，从此再也没有醒来。这让我们深切地感受到，开展脱贫攻坚的这些年，时间虽然不长，但扶贫干部为此付出的汗水、热血甚至生命，理应被后人、被历史、被所有的中华儿女所记住。由此，我们团队有

---

① 习近平：《在全国脱贫攻坚总结表彰大会上的讲话》，《人民日报》，2021 - 02 - 26（002）。

个心愿：一定要为扶贫干部这个群体做些什么。而口述故事正好以原汁原味的方式将扶贫干部的所见、所闻、所感、所历和所获记录下来，由此萌生了举行这一活动的想法。这时，广州市社科联主动担当作为、发挥自身优势、联动社科资源，积极探索理论研究与思想育人服务党和国家大局的新路子，联合市文明办、市协作办一起，为我们践行提供了帮助。

二　口述里的故事与画像

我们为什么要以口述的方式来记录扶贫干部的故事呢？口述这种记载方式可读性强，它关注宏大叙事下普通个体的命运和体验，是对正统历史的一个有效补充。脱贫攻坚之后，经过系列的宣传和表彰，扶贫干部在主流媒体中已然是英雄形象，但作为普通人的他们，其背后的成功与喜悦、努力与坚持、辛酸与委屈、犹豫与徘徊等叠加在一起，才是一个有血有肉的活生生的人物形象。为此，我们想做的就是像写实画家一样，忠于每个个体、忠于他们的表达、忠于他们的叙述，原汁原味地呈现扶贫干部群体的真实"画像"，致力于发掘他们在国家宏大叙事中的个体体验与心路历程。

就这样，我带着研究生与本科生从团队实际调研过的100多位扶贫干部中有代表性的干部入手着手策划关于扶贫干部的口述故事。不想，2019年3月18日，我的声带做了一个手术，通常半个月就能慢慢恢复发声，我揪心地等了近一个月还不见好，但听说贵州遵义播州区有两名扶贫干部的故事特别感人，我就带着丈夫和学生就赶往了村庄访谈。当时我只能五个字一讲，但讲一会儿声带还是没劲了，最后只能用笔把问题写在纸上，由我丈夫和学生提问——本来正常一上午能访两家的，当时只能访一家。

参与口述的扶贫干部有100多人，他们有的是警察，有的是教师，有的是医生，有的是村干部，有的是第一书记，有的是企业家，有扶贫的决策者、执行者、监督者、评估者，有政府、企业、社会组织的扶贫干部，他们有的奋斗在西藏偏远的墨脱，有的深耕在贵州贫穷的山区，有年轻实干的"90后"，有年长务实的"50后"，有的来自广东梅州、清远、茂名，有的来自贵州、西藏、江西、重庆、北京、浙江、广西等地。他们是平凡的英雄，但无论是哪类扶贫干部，其故事都带给我们深深的震撼，也涤荡了青年学子的心灵。

经过专家评审，共有 59 篇口述故事获奖。在这 59 篇故事中，从区域来看，有 57.6% 的受访者来自广东（主要是广州），32.2% 的受访者来自贵州（在贵州地区扶贫的本土干部与扶贫干部有 32 名，占 54.2%），其余的受访者来自广西、江西、重庆、浙江、西藏、新疆、北京等 10 余个省份；从身份来看，有 33 名受访者为驻村第一书记或者驻村干部，占 55.9%，其余的受访者有支教的中学校长、幼儿园园长、普通老师，有挂职的副市长、副县长、教育局副局长、副镇长（乡长）、医院副院长，有帮扶的企业代表、社会组织人员、公司老总，还有部分西部驻穗干部、在地基层干部；从年龄来看，受访者集中在 26 ~ 70 岁，其中 30 ~ 50 岁的有 47 名，占 79.7%；从帮扶时间来看，大部分受访者贡献在扶贫上的时间是 2 ~ 4 年，最长的超过 20 年。

贵州扶贫干部高开勇是贵州省遵义市播州区司法局的一名驻村干部，已参与一线扶贫 14 年有余。他的身体并不是太好，一直备受痛风、高血压等疾病的折磨，扛不住了就回原单位缓缓，一旦修养好了便又驻村；贵州扶贫干部陈国，因发誓要将"一坨鸟屎"引发的村庄深层问题彻底整改，放弃了更好的任职机会，连续两轮主动驻村，每次回家孩子都会问"爸爸你上的什么班，为什么每天都不回家？"

广州援藏干部朱思敏忍受着身体上的高原反应，3 年来走遍林芝市波密县 10 个乡镇 84 个村，累计行程 37000 多公里，"拼着一股劲"在产业扶贫、督导宣传、人居环境整治、就业创业培训等方面牵头实施了大量卓有成效的工作，最终帮助波密县成为西藏自治区 13 个优秀县之一，顺利脱贫摘帽。面对辛苦努力后的成果，他说"内心还是非常有成就感的"。因为工作成效突出，朱思敏被授予波密县"优秀共产党员"、林芝市"十佳援藏扶贫干部"、西藏自治区优秀援藏干部荣誉称号。

广州汽车集团股份有限公司职工刘龙腾，是清远市连州市联一村第一书记兼扶贫工作队队长，带着妻子儿子去扶贫，妻子辞去工作在村里的达康幼儿园做支教老师，儿子在村里的幼儿园上学。"带着全家去扶贫"是刘龙腾自小受好心人资助后回馈社会、反哺家乡的一种承诺。

广东梅州扶贫干部王卡说自己"就是抱着吃苦耐劳的精神去（扶贫）的，不是去享福的"，他坚守最偏远的径口村 5 年，帮助村庄修路、修水坝、翻修破旧小学，还推动建立了梅州市首个农民夜校及梅县区首个村级党员教育培训示范点，成为志智双扶的新阵地。访谈时，他无奈地说："在梅州驻村期间，有段时间下了两个月的雨，我房子里面的被子、衣服、鞋子、行李箱全部长满了毛，就连刚买不久的蚊香，都直接软化成了'面条'。"

广州大学驻村干部钟日来，克服家里和工作上的重重困难，通过发展蜜柚种植产业、加强基础设施建设、打造花萼楼客家旅游品牌等措施，助推联丰村60余户贫困户全面脱贫，村集体收入从原来的几千元增至17万余元，他自己也获得了广东省"优秀驻村干部"的荣誉称号。让人泪奔的是，在他驻村扶贫三年期间，他的孩子发烧看病66次，以致每次他说"我明天要回大埔了"孩子就发烧，似乎孩子幼小的身体天然抵抗"爸爸去哪儿了？"。

贵州月亮河乡党委书记陈谨，为了让老百姓顺利搬迁，亲自背着一位70多岁的老人到安置房，老人说："要不得，你是领导，哪能让你背我？"他说："您和我妈差不多岁数，我就像您儿子，背一下，怕哪样嘛？"就这样，他背着老人去安置房，老人哭了一路，泪水打湿了他的后背，也让他更加坚定要做好脱贫攻坚工作的决心。

还是月亮河的几名扶贫干部，为易地扶贫搬迁抬走了70口棺材。那些棺材每口重500多斤，需要8个人才能抬走。但由于台阶太窄，8个人没地方站，还使不上力气，所以"一名叫安俊的扶贫干部先爬上去，把棺材挪出来一部分，前面4个人'一、二、三，一、二、三……起'喊起号子，可五百多斤的棺材却像在原地生了根，一动不动，又喊来4个人，人先站稳，扎好马步，众人一起发力，棺材才被抬了起来"。陈谨书记说，为了抬棺材，一群人都受伤了，如"安俊闪了腰，沈际澜扭伤了脚，伍贤栋的小腿被棺木撞出血，彭良江两个肩膀都磨出血，几个职工手臂被棺材上的木刺划出血口子……"。

2018年12月13日牺牲的贵州月亮乡扶贫干部卢彦，生前因经常加班到凌晨三四点，没时间回家，每天至少用电话8次远程遥控指挥9岁的"留守儿子"起床、做早餐、过马路、上学、放学、做晚饭、做作业。有一次他为了给儿子一个惊喜，四点半到学校门口接儿子，结果发现"儿子蹲在街边一个炸洋芋的小摊边，捧着半盒炸洋芋，就着一撮干巴巴的辣椒面当晚饭"。他问儿子怎么吃这个，儿子说"我天天吃饺子、面条，胃里都反酸了，就想吃点炸洋芋粑粑"。说到这里，七尺男儿嚎啕大哭。

重庆酉阳县的冉颖，是该县 130 个驻村第一书记中唯一的女书记，也是我们采访的 100 多位驻村干部中唯一的女书记，刚到驻村地的时候，住宿条件有限，她形容是"一进寝室，就上床了"；江西赣州驻村干部谢彩英，一个人包保了 9 户贫困户，经常去帮一名残疾贫困户做家务，被对方戏称："你经常来给我扫地，你可是我家的保姆？"笑称被领导"挖坑埋掉"的贵州毕节市扶贫干部罗磊，在领导兑现让他驻村一年就回来的承诺时，主动请缨，一干就是四年；在广东与贵州两轮扶贫的广州扶贫干部金进，最长一次 64 天才回家；浙江建德市航头中心幼儿园园长邵国英，刚到贵州岑巩县帮扶时吃不惯辣椒、折耳根，戏称"一想起折耳根的味道，我就打怵"。

接受我们访谈的干部，还有收鸡蛋搞直播的"蛋蛋书记"张冬冬，有"用一片桑芽撬动扶贫产业"的公司老总陈观志，有情系乌蒙山的产业部长万青，有由理科高材生变身荒塘村"摩托仔"的陈敬区，有"在西藏墨脱遇见高度"的喻晓坤……

另有一群可载入史册的支教老师，他们有来自杭州的陈立群，有来自广州的黄小林、詹雯、陈光荣、袁闽湘夫妇，等等。他们或放弃了百万年薪，或放弃陪伴孩子高考的机会，或忍受着病痛，到贫困山区创造了"大连班""黄埔班""越秀班""荔波班""独山班""纳雍班""雷山班"等奇迹，成为上千个孩子的爸爸或妈妈，让这些学校中考、高考升学率连续翻番，点亮了贫困地区孩子们心中的那盏灯。

通过这些口述故事，我们对一线扶贫干部的成绩与收获、喜悦与感动、委屈与彷徨、困难与感悟有了更精致、更生动、更深入的认识。这些人是中国 500 万扶贫干部中的普通一员，他们的故事虽小，但却"小而精、小而准、小而全、小而优、小而美"。他们身上所呈现的以"奉献、吃苦、实干、担当、大爱"为核心的脱贫攻坚精神，其生成过程也是扶贫干部超越"身体之苦"实现"精神之花"的过程。在这个过程中，脱贫攻坚精神的生成历经了"角色的建构、行动的实现和自我的超越"三个阶段，具有重要的治理价值与时代烙印。

三　故事内的情怀与育人

"攻坚2020：一线扶贫干部口述故事"征集活动产生了强烈的社会反响，得到人民网、中国青年报、学习强国、南方日报、广州日报等主流媒体报道与推介40多次。之所以得到这么多媒体的关注，除活动本身的价值与意义之外，活动参与主体是本科学生，且活动征集的素材主要用于高校课程思政建设与育人活动实践也是我们的亮点。

我们知道，脱贫攻坚具有重要的时代功能、文化功能与育人功能，因为脱贫攻坚精神彰显着中国的传统文化与制度优势，覆盖着贫困中的所有村庄和全部人群，施惠于有需要的每个个体与每户家庭，凸显出实践中的成果共享与利益连接，用铁一样的事实与成效驳斥了历史虚无主义，这是青年学生能够看得见、感得到的。如在育人的过程中融入这些精神与案例，对激发青年学生的爱国热情，坚定青年学生的四个自信，培育青年学生正确的"三观"，塑造青年学生的使命担当与自我奉献精神，具有重要的教育意义。而脱贫攻坚所呈现的"责任、担当、奉献、探索、吃苦、实干"等精神，正是培育青年学生积极进取、吃苦耐劳、艰苦朴素、勇于担当、敢于创新等优秀品质的鲜活教材与生动案例。

因此，我们一方面积极发动全国的本科学生参与口述故事采写活动，通过让学生深入一线采访扶贫干部、身临其境感受扶贫场景、扎扎实实撰写扶贫故事、实实在在体验扶贫精神，来培育其责任担当意识、净化其心灵、锻炼其能力。另一方面，将收集而来的素材用于课程思政建设与育人活动中，先后开展了"扶贫干部进课堂""扶贫资源进课程""扶贫精神进校园"等活动，开设"中国扶贫精神及传承""中国扶贫智慧及价值"等专题讲座与"中国扶贫密码""乡村振兴实践""乡村创新创业"等公共选修课程，构建"科研育人、实践育人、课程育人、活动育人、精神育人"五大扶贫资源育人体系，锻炼学生的"脚力、眼力、脑力、笔力"，建设"走基层、懂国情、长本领"的人才培养体系，培养"脚踏大地、志存高远、家国情怀"的卓越应用型人才做出了应有的贡献。

罗浩奇同学是我们广州大学大四的本科生，现在已考上重庆大学公共管理学院的硕士研究生，是队伍中的主力成员，协助我完成了口述故事征集活动的全过程。他说："一位援藏干部在访谈时对我说过，到了边疆你才对国土这个概念有更深的理解。独立完成一位扶贫干部口述故事的采写工作，是一件很有意义、很有缘分、很有成就感的事情，他们那种平凡而伟大的精神着实震撼了我。"他参加的"攻坚 2020：一线扶贫干部口述故事"三下乡实践团队 2020 年进入了第六届全国大学生"百强"暑期实践团队、2020 全国大学生千校千项网络展示活动最美团队名单，获得 2020 年"广东省社会实践优秀团队""广州市社会实践示范团队"等荣誉称号。我们组建的"扶贫资源课程教学团队"与打造的公共选修课"中国扶贫密码"，也颇受学生欢迎，分别获得了广东省省级课程思政示范团队与广东省 2020 年度课程思政优秀案例"二等奖"。

四　攻坚后的振兴与担当

100 年来，中国共产党团结带领人民，以坚定不移、顽强不屈的信念和意志与贫困作斗争。中共十八大以来，在以习近平同志为核心的党中央领导下，中国组织实施了人类历史上规模空前、力度最大、惠及人口最多的脱贫攻坚战。2021 年 2 月 25 日，习近平总书记在全国脱贫攻坚总结表彰大会上庄严宣告，脱贫攻坚战取得了全面胜利，中国完成了消除绝对贫困的艰巨任务。① 随着农村绝对贫困的消灭，农村的相对贫困问题、脱贫攻坚成果巩固问题、全面乡村振兴问题甚至农业农村现代化问题，渐渐浮出水面，并在 2020 年 12 月出台的《关于实现巩固拓展脱贫攻坚成果同乡村振兴有效衔接的意见》（以下简称《衔接意见》）和 2021 年 1 月颁布的中央一号文件《国务院关于全面推进乡村振兴加快农业农村现代化的意见》中被明确下来。在此背景下，政策文件对于贫困户与贫困地区的称呼，也随之变成了"脱贫户"与"脱贫地区"。按照《衔接意见》的要求，中央仍然按照"不摘责任、不摘政策、不摘帮扶、不摘监管"的"四不摘"要求，巩固拓展脱贫攻坚成果。基于此，为深入贯彻落实党中央有关决策部署，总结运用打赢脱贫攻坚战选派驻村第一书记和工作队的重要经验，在全面建设社会主义现代化国家新征程中全面推进乡村振兴，巩固拓展脱贫攻坚成果，把乡村振兴作为培养锻炼干部的广阔舞台，2021 年 5

---

① 《人类减贫的中国实践》，http://www.xinhuanet.com/politics/2021 - 04/06/c_1127295868.htm，2021 - 04 - 04。

月 11 日，中共中央办公厅印发了《关于向重点乡村持续选派驻村第一书记和工作队的意见》，要求在坚持有序衔接、平稳过渡与坚持"四个不摘"的基础上，合理调整选派范围，优化驻村力量，拓展工作内容，逐步转向全面推进乡村振兴。① 这表明，我们在口述故事中所挖掘的扶贫干部驻村经验、所凝练的扶贫干部驻村艺术、所提炼的扶贫干部驻村智慧，对于"十四五"时期的乡村振兴，亦有重要的价值。

实施乡村振兴战略，是以习近平同志为核心的党中央从党和国家事业全局出发、着眼于实现"两个一百年"奋斗目标、顺应亿万农民对美好生活的向往做出的重大决策，是党的十九大做出的重大战略部署。习近平总书记多次强调：从中华民族伟大复兴战略全局看，民族要复兴，乡村必振兴；从世界百年未有之大变局看，稳住农业基本盘，守好"三农"基础是应变局、开新局的"压舱石"；全面建设社会主义现代化国家，实现中华民族伟大复兴，最艰巨最繁重的任务依然在农村，最广泛最深厚的基础依然在农村；任何时候都不能忽视农业、忘记农民、淡漠农村。党的十八大以来，以习近平同志为核心的党中央坚持把解决好"三农"问题作为全党工作的重中之重，把脱贫攻坚作为全面建成小康社会的标志性工程，组织推进人类历史上规模空前、力度最大、惠及人口最多的脱贫攻坚战，启动实施乡村振兴战略，推动农业农村取得历史性成就、发生历史性变化。如期完成新时代脱贫攻坚目标任务后，"三农"工作进入全面推进乡村振兴的新阶段，这是"三农"工作重心的历史性转移。

在此背景下，为进一步凝练中国脱贫攻坚精神，培育青年学生的责任意识与家国情怀，为乡村振兴提供智力支持与人才支撑，我们在 2021 年 5 月拉开了"乡村振兴·青年担当"系列活动的序幕。活动旨在于纪念中国共产党百年华诞这一历史性时刻，借青年学生群体，讲好中国脱贫攻坚与乡村振兴故事，扩大脱贫攻坚与乡村振兴的伟大壮举在青年群体中的影响力、辐射力与传承力，使青年学生深刻领悟总书记有关青年工作、扶贫工作、振兴工作的重要论述，在真实事迹的感召下，树立远大志向、练就过硬本领、磨练顽强意志，以实际行动到西部到基层到农村去就业创业，或

---

① 中共中央办公厅印发《关于向重点乡村持续选派驻村第一书记和工作队的意见》，https:// mp. weixin. qq. com/s/CiHwAhSsvRC - CEJ17p75s，2021 - 05 - 11。

成为乡村人才振兴的孵化器。目前，"大学生讲乡村振兴故事"的活动已经完成，"乡村致富带头人口述故事与教学案例"征集活动正在面向全国征稿。由此，在我们团队的"十四五"规划中，以"扶贫干部口述故事"为起点的"口述乡村"行动将持续开展，我们的计划是：利用 2021—2025 的 5 年时间，陆续开展"乡村致富带头人""乡村劳模""乡村医生""乡村教师"等群体的口述故事采集，以拓展与完善"口述乡村"系列丛书。

"新时代催生新思想，新思想呼唤新作为""治国犹如栽树，本根不摇则枝叶茂荣"。"农业兴、农村稳、农民富"是"三农"发展的根本目的，"产业振兴、人才振兴、文化振兴、生态振兴、组织振兴"是乡村振兴的五大目标。未来，我们团队将以国家乡村振兴路线、方针与政策为指引，聚焦乡村振兴的重点、热点、难点、痛点，立足广东，辐射西部，面向全国，产出高品质研究成果，开展高质量乡村实验、培育高水平乡村人才，及时传播乡村振兴的经验、案例与声音，竭力贡献乡村振兴的智慧、力量与情怀，认真履行高校学者的责任、使命与担当。

谢治菊

2021 年 6 月 12 日于羊城

目 录

上 册

下　册

上　册

脱贫南风吹，致富终日来[*]

受访人：钟日来

访谈人：谭世杰　梁健晖

访谈时间：2020 年 7 月 21 日

访谈形式：线上访谈

访谈整理：谭世杰　梁健晖

访谈校对：谭世杰　梁健晖

故事写作：谭世杰　梁健晖

受访人简介：钟日来，1980 年生，广东惠州人，中共党员，现任广州大学法学院党委副书记。2013 年至 2016 年，参与广东省第二轮扶贫"双到"活动，担任梅州市大埔县大东镇联丰村驻村扶贫工作队队长。扶贫期间，通过发展蜜柚种植产业、加强基础设施建设、打造花萼楼客家旅游品牌等有力的工作措施，助推联丰村 60 余户贫困户全面脱贫，村集体收入从原来的几千元增至 17 万余元，获得广东省"优秀驻村干部"荣誉称号。

一　扶贫路苦贵坚持

当时应该是 5 月，一个很偶然的机会，我碰到了当时我们学校

---

[*] 标题寓意：终成丰收，脱贫致富。"南"谐音"难"，有艰难之意；"南风"是温暖的风流，可使老百姓有好的收成；"南风吹"谐音"联丰村"；"终日来"：终究会到来，也指谐音"钟日来"，表示通过钟日来同志的扶贫工作，联丰村实现了脱贫致富的美好愿景。

3

2019 年 7 月钟日来（下）接受谭世杰、梁健晖的访谈

（广州大学）的扶贫办刘书记①并和他闲聊起来。书记提了一句："现在
扶贫要进入第二阶段了，我们学校正在招募扶贫干部。"我不清楚书记
当时有没有想让我参加扶贫的意思，可能也有这个想法，但一开始不知
道怎么跟我开口，所以听到这件事后，在书记开口前我自己就先主动提
出："要不就我去吧。"刘书记说："你确定可以去吗？"我说："我考虑
一下。"

接着，我和夫人通了半个小时电话，夫人对我的想法与工作表示赞
同。我基本上也是在这半小时内做出了去的决定，这也应该感谢夫人对我
的支持，否则我估计不会参与了。

后来我觉得做这个决定是有些匆忙的。因为当时我孩子还小，正在读
幼儿园大班，扶贫一去就是三年，我不能时刻陪伴在孩子身边，而且家里
大大小小的事情都要交给夫人一个人打理，虽然可以请父母他们老人家来

---

① 刘友坤，时任广州大学扶贫办主任、学校机关党委书记。

帮忙，但可能还是会比较累。考虑到孩子以及夫人我也曾犹豫过，后来又去学校问了一下有没有其他合适的人选，学校答复说没有。因为学校对口扶贫的对象是大埔县①，当地人大多讲客家话，所以为方便展开工作，扶贫干部的选拔优先考虑会讲客家话的同志。鉴于我是惠州客家人，语言上基本不会有什么问题，加上学校也暂时没有更合适人选，所以我也没想那么多就这样子继续参与了。

正式驻村扶贫前，学校领导对我们这些将要下乡的干部进行了相关培训。第一次是去扶贫村进行情况了解与事务对接，这也是我第一次听说联丰村②这么一个地方。联丰村位于梅州市大埔县大东镇（大埔县最东边），与福建省和广东省潮州市饶平县交界，属于两省三县的交界点。当年村里有 1594 人，辖大邱田、石良坪、湖坑、缺山、尖山 5 个自然村，共 294户。村里地形以山地丘陵为主，农田较少，所以当地村民家家户户的农业种植以蜜柚为主，树龄小则 3 至 5 年，大则 20 余年之久。

其实我去了联丰村以后，觉得这个村比我想象中所谓的帮扶村情况要好些。村里有一座花萼楼，这座楼是属于村里林姓家族的祖屋，始建于明朝万历三十六年，大概是公元 1608 年，应该有 400 多年历史。花萼楼后来被评定为省级文物保护单位，镇里面就把这座楼开发成旅游景点，实际上在我们去扶贫之前就已经开始逐步开放参观并收取门票。既然有门票收入，我们觉得村里的经济条件应该还算不错。但有一些自然村还是相对贫困一些，比如联丰村下属的尖山村，分为上尖下尖两个自然村，小孩子上学都是走山路。整体感觉联丰村经济条件相对不算太差，和我自己的家乡差不多。

如果问我从城市突然到村里习不习惯？其实还好，因为我自己也是农村人，对农村的生活也都很熟悉。只是偶尔有些事情还是需要去克服与适应。比如说语言上，虽然我自己是客家人，但实际上一开始我却懵懵懂懂地，听不懂村民们说的客家话。不是说我不会讲客家话，而是因为这个村

---

① 大埔县，隶属广东省梅州市，位于广东省东北部、韩江中上游，面积 2467 平方公里。截至 2015 年，大埔县总人口 57.19 万人，常住人口 38.18 万人。大埔县人口主要为汉族，兼有蒙古、回、壮、满、瑶、土家、黎族等 23 个少数民族的少量居民。

② 联丰村，隶属于广东省梅州市大埔县大东镇。2019 年 6 月 6 日，列入第五批中国传统村落名录。

与多个地方交接，受周边的影响使客家话变了，和梅州市区那种梅县客家话特点不一样，会掺杂很多潮汕口音，所以一开始听不懂，但是后来听着听着发现规律也就顺了。——其实语言都是相通的，只要把几个有特别意义的音调搞清楚就可以了。所以在语言上一开始有一定障碍，但也不是什么大困难。虽然我不会说他们当地的土语，但我说的梅州地区的口音他们还是能听懂的，所以基本上交流没有很大的问题。

语言上适应了，还有就是吃住行方面的问题。先是行方面，扶贫三年我是属于典型的私车公用。我们学校第一轮帮扶清溪镇溪口村①的时候，给驻村干部有配备一辆摩托车，方便工作开展。我去联丰村扶贫时，学校也有说给我在当地配一辆摩托车，但因为镇上距离村子有9公里多，而且我后来看了一下村里的路比较难走，我不太敢开摩托车，正好我自己也有一辆车，所以我扶贫三年都是用着自己的车。

村里的路摩托车确实不好走。从镇到村的路基本上都是一些弯路和斜坡，而且路宽只有3.5米，经常要在很窄的路里拐来拐去。跟我同住的另外一个省直单位的驻村干部，他是中国对外贸易中心广东区域的，在另一个村扶贫，他在当地买了一个摩托车，但骑了几次就不骑了。说是有一次骑摩托车下村回来，在一个弯道处拐弯的时候，遇到对面来了一辆车就想要躲避，但刚好拐弯地方有一个沙地，所以闪开的时候，差点把自己撞进路下面的河里，从那以后他再也不开摩托车了，也把自己家的车开了过来。

因为乡下的路很窄而且弯又多，判断不了拐弯处有没有人，所以在下村路上我几乎全程都要按喇叭，一周内按喇叭的次数比在广州一年按的还要多。路窄还让我的车经常被刮，车子开了8年，两次被刮都是在驻村时候发生的。第一次是在下村路上，过桥时不小心蹭到桥墩，车身凹进去一大块；第二次是下村路上接了一个电话，一不留神刮到了路旁的石头。

出行期间开车的费用大部分是自己掏钱。虽然当时市里有文件说明，给予驻村干部每月1920元的驻村补贴，学校也另外给予每月500元的交通费补助（按照坐火车从联丰往返广州费用定的标准）。但是扶贫三年期间

---

① 溪口村，位于梅州市大埔县青溪镇东部，人口1727人，全村总面积1378平方公里，耕地面积1452亩。主要经济作物有水稻、烤烟，村特色经济收入有种果、养猪。经广州大学第一轮帮扶后，村经济总收入达1466万余元。

我车子累计跑了75000公里，整个路途的油费、过路费等都是自己掏，学校也没有这一类事项的报销。所以虽然有补贴，但其实不会很多。我一般每个月都会回一趟家，因为按照驻村干部的管理规定，每个月的周末都能休息，可以把每个月4个周末即8天集中在一起进行休假，可以在镇上休息或者回广州。从联丰村到广州单程大概是520公里，正常需要6.5小时，单单过路费就需要400多元，再算上油费，来回一趟应该是1000多，然后还不算从镇里下村的路程。

在吃的方面，镇里对我们还是很照顾的，让我们在镇政府饭堂和其他驻村干部一同搭伙吃饭，而且不用我们出钱。虽然是这么说，我们还是按照价格来算，而且我们三年来在镇饭堂吃饭次数并不多。因为大东镇是大埔县最贫困的一个地方，镇饭堂的餐食标准是5元/餐，镇干部自己出2.5元加上镇里补贴2.5元，5元标准餐是外包给一家餐饮店老板负责操办。你可以想象，虽然几年前的物价并不算很贵，但5元/人的标准餐能有什么饭菜。经常是一个青菜和肉片炒丝瓜或凉瓜之类的两道菜，外加一碗相当于学校食堂免费提供的汤。在这种情况下，因为饭菜油水比较少吃不惯，我和另外一位驻村干部比较少去镇饭堂吃。

那我们怎么解决呢？也就是去周围的饭店吃饭，但这些饭店也不是每天都开着，最困难的就是周六日的饮食。首先是因为镇里人少，整个镇户籍人口也就3000多人，再排除那些在外务工的，常住人口其实并不多。镇里一般在"圩日"①人比较多，非"圩日"人很少，基本上整个镇有一半店铺是关门的。另外整个镇中心只有三个可以吃饭的地方，通常在周六日店铺都关门的时候，我和另外一位驻村干部都会眼瞪眼发愁"今天吃什么"。

即便有开门的饮食店，但镇里三家店来来去去都是同样的菜色和味道，吃着也是比较痛苦的。比如早餐要么煮碗面要么吃老鼠板②，没有蒸包子、豆浆之类的食品。虽然也还好，但吃久了也会感觉腻。比较好的就是偶尔中午下村到村干部家搭个伙食（自己会掏钱），我最喜欢吃的是咸菜焖饭（当地特色菜），就是把咸菜、五花肉、米饭闷在一起一锅熟。因

---

① 圩日，逢农历特定的日期，类似于赶集日，大东镇当地逢农历三、九是圩日。
② 老鼠板，梅州特色食品，是一道以黏米、肉碎、葱花、胡椒粉等为主要食材制作的客家菜，也称"珍珠面"。

为咸菜容易下饭，所以每次我都能吃上两三碗，觉得挺爽的。

再一个是住的方面。因为村里面的基础设施配套不太完善，所以实际上不具备住宿条件，驻村干部家又不太方便。因此，我们的住宿是听从当地安排，给我们在镇里找了一栋楼，腾出几间两室一厅的房间，两人合住。这栋楼一二层都是财政所办公处，三四层是提供给驻村干部及其他镇干部居住的。

比较困难的不是居住条件不好，而是要忍受孤独。一般周六日镇干部都回县城自己家，和我同住的驻村干部有时候也不在，因为我们分别属于市级单位（我）和省级单位（他），我们的休假时间并不统一。所以他们走后实际上最难受就是一个人在楼房里，加上自己和周边的居民不太熟悉，周六日也不能老是下村去打扰村干部，而且周围的店铺也都关着门，所以这时候孤独感是蛮强的。当然我偶尔也会去同住在梅州市的岳父岳母家拜访，但是两地也相隔 100 多公里，开车 2 个多小时还是觉得比较辛苦，所以这只是扶贫刚开始的几个月不太适应环境所采用的权宜之计。后来我基本上都是在镇里驻地，自己看看书、整理一些资料或者做一些其他事情，睡睡懒觉等，周末也就这么过去了，反正最后也是习惯了就好。因为一个月也就三个周末，月末基本上会回广州。

这些事情从时间上适应了就好，并不会因此产生后悔的想法，毕竟这是一份责任。而且农村生活对我来说并不会很陌生。另外，我们觉得几个村干部都很给力且很配合我们的工作，所以扶贫工作开展起来也没有特别大的困难。

二　扶贫路难　贵坚守

因为在第一轮扶贫时，广东省和广州市财政对每村投入了不少于 150 万元，村民们看到了其他村镇的扶贫成效，并不像以往的"扶贫挂扶"①那般（效果不显著）。联丰村在 2013 年前的扶贫是当地县委组织部挂扶的，但县委组织部本身也是一个穷单位，每年也仅能解决一些办公费用，

---

① 扶贫挂扶，即精准扶贫的挂靠扶贫措施，在同一行政辖区内，选定一上级行政单位作为辖区内贫困村的挂靠扶贫单位，开展相应的扶贫工作。

帮扶力度有限，实际上帮扶的效果不大。我们这次第二轮扶贫工作，广州市财政拨款150万元，广州大学批款270多万元，从我自己手上签批出去，投入联丰村扶贫项目的资金共计420余万元。对于现在的扶贫，我们确实是真真正正投入真金白银开展项目与实事，所以对于我们这轮扶贫工作他们是欢迎的，甚至是争着抢扶贫指标。

扶贫第一项比较重要的任务就是确定贫困户，工作开展过程可谓是波折起伏。我们到村以后，村里先是给我们确定了有70多户的贫困户，但按省里的要求只有60个指标名额，那应该如何定夺呢？而且村民们都认为成为"贫困户"能获得不少好处，因为从其他村的扶贫中，大家看到贫困户的生活确实得到了很大改善，所以这次很多村民争先去抢指标，包括在外打工的人都回来了。另外，联丰下属有5个自然村，一旦平衡不好就会产生比较麻烦的利益纠纷，这些问题应该怎么处理呢？

实际上，贫困户的确定整体来说比较复杂，虽然有给出确立贫困户的标准，如一户家庭人均年收入在2000多元①以下，具体数字有些记不清了。但因为家家户户情况都差不多，要么种田要么打散工，收入谁多谁少，开支谁大谁小，谁更穷这些都不好说。面对种种问题，我们先是跟着广东省第一轮扶贫干部前去做入户调查，核实村里提供的70多户人家到底贫不贫困，贫困程度到底怎样。经过调查后，我们大概从各个自然村里挑选出几户，五个自然村合计30多户都是大家普遍认为是比较穷且没有争议的，首先把这批人确认为"贫困户"。对于剩下的指标名额，我们每个周末去一个自然村开会，让每家每户派一人参与，在现场我们先给村民讲清楚我们扶贫工作准备如何开展，我们会帮扶哪些类型的人，贫困户需要确定多少人。讲解完后会让大家按全村每家每户一票进行投票，以此确定每一个自然村的一些贫困户名单。

村民们其实也很淳朴，很多人也确实有困难。所以我们后来也与村民讲清楚，我们的扶贫是惠及大多数村民的，不只有贫困户帮扶这一项目，

---

① 受访者参与的是2013－2016年广东省第二轮扶贫"双到"活动，据2013年发布的《广东省新一轮扶贫开发"规划到户责任到人"及重点县（市）帮扶工作实施方案》文件要求，认定重点帮扶村内2011年末家庭人均纯收入低于3093元、有劳动能力的20.9万户、90.6万人为贫困户、贫困人口，且大埔县是第二轮扶贫开发重点县，所以此处的贫困户界定标准应为人均年收入低于3093元。

我们还会开展许多集体项目来改善村容村貌、村集体经济等，村民们对这些工作计划也表示了极大的赞同。

对于村集体项目，我们会先了解村干部与村民的想法，在这个过程中他们通常会提出很多建议和想做的项目。但除了了解他们的想法以外，我们还要结合自身的能力、村实际情况以及扶贫考核指标进行项目确定，毕竟我们不是做面子工程。总的来说，经过与村干部和村民们的沟通交流，扶贫三年，我们更多的是在村基础设施建设上展开了工作，主要有以下几个方面。

首先就是修路。为什么呢？因为我们常说"只有路通才会财通"。村里面有一个自然村，就是我所提到的尖山村，它是没有通路的。这个村到村委会的路原来是一条泥泞的山路，一下雨路就会变得很滑很烂；村委会这边有一座小学，小孩要上学就很麻烦。所以我们就做了一个比较大的工程，把尖山自然村到村委会的这一条路给修通了，共计 2.2 公里。当时我们学校（广州大学）在这里投了差不多 80 万元，再加上当地的一些行业资金，才把这条路按照 3.5 米宽的乡道标准修建完成。

此外，我们还做了水渠灌溉工程，就是有些农田以前的引水渠年久失修导致水来不了，所以我们修建了一条一公里多的水渠。其他的工程还包括装路灯、修广场，完善小学的文体设施，例如在小学里建一些农村书屋等。在这些村容村貌的改善上，我们花了很大力气去做，这是第二个。

第三个就是旅游工程的打造。刚才也提到我们村里面有一个花萼楼，这座楼起码在广东来讲还是蛮有特色的，它是广东唯一的类似于福建永定土楼一样的建筑物。针对这个圆楼，我们当时也一直在跟镇里和村里去考虑如何打造旅游品牌。在当时来讲，做乡村旅游其实还是挺火热的。说实话，就村里面的情况而言，单靠种植，收入毕竟有限，所以我们考虑开发乡村旅游，考虑如何围绕花萼楼来打造这一旅游产业的事情。

那怎么打造？我们主要做了几件事情。因为要有规划才知道以后该如何开展，所以我们首先请了我们广州大学旅游学院的肖星教授[①]，根据花

---

① 肖星，湖南洞口人，1956 年生于兰州，1982 年毕业于西北师范大学。广州大学教授暨首批"广州学者特聘岗位教授"，旅游研究与规划策划中心主任，旅游管理二级学科硕士点暨广州市级旅游管理特色专业创始负责人。

萼搂和周边其他景点，帮大东镇制定了一份中长期文化旅游总体规划。然后围绕这个规划，我们以村里的名义出资了一部分钱给旅游管理公司，依据联丰村花萼楼开展旅游经营管理。这个项目一来可以增加村集体收入，二来能够引进更多资金帮助项目开发，希望镇里面（当时花萼楼主要由镇的相关部门负责管理）能够围绕花萼楼做更多的文章，比如说现在圈定了花萼楼及周围六七十亩的一块地，规划把它整体从村民手上租过来种鹰嘴桃，打造其他的一些旅游点——仅仅靠一个楼其实是吸引不了多少游客的。那个楼我自己也体验过，进去里面转一圈可能也就半个小时的时间，这么点时间是没有办法产生很多旅游附加产值的。所以关键是如何围绕花萼楼打造更多有吸引力的看点，这些我们在旅游规划里面也讲得很清楚。我们也希望借此将花萼楼逐渐打造成一个完善的旅游产业，成为当地村民也能够依靠的收入来源。实际上我们也很努力，但是旅游规划建设是一个比较缓慢的过程，如果没有大量资金的投入也很难去长期建设。所以花萼楼一直在按规划进行打造，到目前为止，附近已经建了一些客栈，这样可以弥补以往没有吃和住的地方，难以进一步产生附加值的缺陷。

所以我们觉得更多的应该是为他们造血，因为村路通了，环境好了，产业起来了，村子接下来的发展才会是良性循环。比如说我们联丰村的蜜柚种植，有红肉的、有白肉的、有生红的，还有黄肉的蜜柚，产量每年都过千万斤。过千万斤是什么概念呢？便宜点的一斤白肉的可能一块多，红肉的可能两块多，那么它的产值就能达到一千万元到两千万元，这对增加村里面的收入是比较好的。当然这个主要靠村民们有这个心思，自发地做这个事情。

虽然说扶贫三年我们做了不少的工作，但期间也遇到过许多的困难。因为项目推进的时候，比如说修路的时候肯定会涉及征地，征地是一大困难，所以征地这块是由村干部而不是我们进行主导。但有时候出现的状况会很多，因为征地的补偿并不高，有些还要动到别人种植蜜柚的土地，或者是房前屋后，这块工作说实在我们当时也是花了很大力气的。比如说有一例，我们要修那条2公里多的从尖山自然村到村委的路。接近村委的路段先是一个下坡，然后又是一个直角拐弯，刚好下坡路的两边当时有人家建好的房子。以前泥路的时候大家都是慢慢走，对于拐角也无所谓，但是修好水泥路之后，下坡路段车速会比较快，所以在那个直角转弯处就容易发生事故。直角弯处是一户人家的院子，因为路基矮而院子高，所以变成了一个直角。我们尝试和那户村民进行沟通看能不能把那块大概 1 平方米的地征下来，但这也是个比较艰难的工作，因为村民们会觉得这样会破坏他们家的风水或房子结构。而且那户只有两位做不了主的老人在家，儿子又在外面打工，经常是老人同意了，打电话给儿子却又不同意，而且也不愿意回来协商。这件事情我们做了差不多一个半月，最后花了很大力气才说服他们，把尖锐的直角变成圆形的弧度，这样最起码对路的影响没那么大。

在做饮水工程的时候，我们也处处谨慎。以前村民要喝水，就要自己或几家几户凑一起弄一个水池，然后去山里面找一个泉眼拉条管子把水引下来，又或是在家里打一口水井。后来工程要求通自来水，所以我们就去给每个自然村做一个饮水工程：先找一个水源地，接着是铺管道将水引入过滤池，最后是导入蓄水池。建设饮水工程我们是很谨慎的，因为需要兼顾 5 个自然村。为什么呢？实际上村里面会有一些矛盾，所以说我们做这些量化工程要兼顾各方面。一个项目给一个村做了，但是如果这个项目在别的村已经有了，那我们需要考虑开展其他项目来平衡，否则一个村有工程开展而另外的村没有，会出现争议说："哎呀，这个扶贫老是照顾那个主村，不照顾我们。"

还有一项难题是，村里面的工程施工会存在不规范的地方，这个对我们驻村干部的要求是比较高的。比如说修那条水泥路，因为那条路工程量比较大，所以我们委托镇里面去操作，镇里面通过招标或其他方式找了一个比较大的施工方来做。但说实话，不管是村、镇还是县来承包，那些施工方都会出现偷工减料的问题，所以我们在这个时候需要很谨慎，需要去监管工程的开展。但说实话我也不懂修路的要求和标准，比如说打路所用的混凝土，比例应该是多少包水泥、多少车沙、多少车石子混合搅拌等，这些专业知识我们也不懂，那只能去查资料。铺路要用哪些类型的沙子、石头、水泥等知识我们也要去学。

这么一来，我监管工程的时候就发现有问题了。这条总长两公里多的路，刚开始做了大概 20 多米的时候，我去看施工的情况，发现所用的石头好像不太对。因为施工的石头按标准来讲，应该是从山里面开采出来，然后粉碎成一个个小小的石块，但我却发现混凝土里掺杂有河里捞出来的鹅卵石。鹅卵石不管怎么粉碎，最起码有几面是光滑的，光滑的鹅卵石混搅在水泥里面是不行的，因为会使水泥的黏性没那么高，路面就容易烂。当时村干部可能也没有留意，所以我看到那些沙和石头里面混杂了一部分鹅卵石后就很恼火，我赶紧去问了当地的老师以及我们学校土木工程学院的老师，他们都说这些石头是不行的。这时候我就更恼火了，直接拿着石头走到了镇里镇委书记的办公桌前，拍桌子跟领导们说这种石头是不能做混凝土材料的，镇领导对这件事情都很重视。随后镇的党委书记、镇长和我一起去原料厂察看，的确是如此（不符合混凝土要求），然后就要求马上停工。停工之后我们马上又找到了县的交通局技术人员过来评估这些材料行不行，他们也说，这些石头不行，需要换，后来还发现沙子也不行，也需要换掉。

所以对工程质量这方面我们也很担心，如果看不紧就会有质量问题，而这又是一个大工程，总投入高达 120 万。因为路是靠山的，要开山，然后又要砌一个路基，所以成本会比较高。工程承建方肯定是以节省为主，如果一不留神就会弄虚作假。这种事情对我们的要求和挑战是很高的，因为我们不懂，所以又要去了解和学习，否则工程就很容易出现偷工减料的问题。所以后面我回来和其他人说，在村里面学的最多最直接的问题就是：我知道如何修路灯，应该用什么标准的线材，之间间隔应该是多少；我知道修路，应该用什么标准的水泥、石头和沙子。我觉得这些对我们既是要求又是一种知识的收获，因为我们以前在学校根本不会接触这块东西。

当然，有些困难也不是我们能够解决的。比如说村民觉得蜜柚销售的价格比较低，虽然我们确实了解到这种现象，但我们也没有办法。我们一直在推广蜜柚种植，但当时在蜜柚的种植产业链里，我们村民能做的只有种植，整个蜜柚行业的收购和销售端都掌握在福建人手上，而且因为整个行业规模太大了，村和镇是无法统筹的。所以这方面我们一直和村里面说，我们种了一定规模的蜜柚，但后面的粗加工还有深加工这块我们无法参与，因为当地的配套设施还没有跟上，所以我们的蜜柚只能靠福建人来收。虽然目前价格不高，但是也还好，村民收入这块还是有保障的。因为有些贫困户家里是种了过万棵蜜柚树，蜜柚三年就可以挂果，如果有的农户种了五六年，几千棵的蜜柚树，它年产就会有几万斤，一年就有几万块钱的收入了。我觉得这是比较可观的，应该说如果村民肯干，脱贫致富是没有问题的。

对于扶贫工作的开展状况，我们在年末通常都会有一个考核，因为这是省里唯一的监督渠道。这时候我就需要加班加点进行资料的整理，有时候需要加班到晚上三四点甚至是通宵。其原因可能是多方面的。

第一个是需要整理的资料多，这个过程是比较痛苦的。这些就像学校做本科专业评估一样，每一个材料都要细到极致，如果说做了几十个项目，那么每个项目都要有备份，工程前、工程中、工程后的照片都要进行上传，除了上报系统以外还要弄成纸质版，给省市县里面检查。

再一个是系统的问题。我们经常在吐槽系统不好用也不智能。比如说要把每家每户的信息上传进去，有的一家有四五口人，每口人的身份证号码、年龄、工作、地点、收入等等信息都要录入系统，而且需要重复操作很多次。我曾做过一个统计，年底提交材料的时候，每一户的材料我要点27项才能把一户提交完，这只是提交材料，还没算上录入。就是说我录入和审核都完成了，我要提交资料进省里的系统，这时候我需要点27项才能把一户的资料提交完，而我有60家贫困户的资料需要操作。单单提交我也要花好长时间，这一点都不智能，为什么没有一键式提交呢？另外，因为很多扶贫干部通常在白天使用系统进行操作，属于系统使用高峰期，这时候系统也就很难登录进去，甚至晚上八九点也登不进去。所以只能是凌晨等其他干部都睡觉了我才能登录进行操作。

年底考核也往往会阻断我回家的行程安排，最长一次是两个半月没有回广州，这也给家庭方面造成了很大的压力。家庭关系的处理才是我认为扶贫中遇到的最大困难。因为决定去驻村扶贫是比较匆忙的，虽然有家里支持，但是之前提到过，我小孩毕竟还小，而且身体很弱。因为我们家附近有一个医院，小孩一有病我们就去看病，基本上长期看的是同一个医生。我扶贫结束回来后，带小孩去看医生时，发现扶贫三年期间，小孩在那里看病次数是66次，这几乎是一个月去两次的概念。我觉得这个对我造成的心理压力是比较大的，虽然说我走后，家里面有老人在广州帮忙，但是老婆的担子还是很大的。每当小孩一生病的时候，要靠着一个女人半夜背着他去医院，我觉得这个确实是比较痛苦的事情，所以应该说家里的支持非常重要。

另外有件事情比较奇怪，几乎每次我对小孩说"明天要回大埔了"，第二天我回大埔之前小孩就发烧，已经试过五六次都是这样子。后面我老婆也跟我讲，"你有没有发现只要你一说要回大埔，你小孩就要发烧"，我说确确实实是。因为小孩子发烧也很常见，基本上也是那几种类型，如病毒感染、细菌感染之类的。遇到这种情况我也没有办法，只能早上急急忙忙带着他去看医生，然后又匆匆忙忙从家里开车 6 个半小时赶回大埔，这个过程也是很痛苦。经常每隔一两周，老婆就会跟我讲，孩子又发烧、咳嗽之类的，这时候你自己不在他们身边会感到很愧疚。

所以我觉得有时候反而是家里的困难比较大，如果家庭处理不好是会出问题的。有时候我也跟老婆吵起架，当时在大埔没有办法，在电话中感觉矛盾随即就要爆发了，然后我马上匆匆忙忙搞完村里面的东西，回到镇上收拾东西往家赶。那一次是傍晚四五点钟出发，连夜开车赶回家里，到家时已经是 10 点半快 11 点了。回家安抚一下老婆情绪后，第二天又跑回来大埔。事后回头想，确确实实三年把一个小孩子交给家里而自己管不了，更何况孩子上幼儿园又是病最多的时候，这块对我的挑战还是蛮大的。

三 脱贫甘甜永不忘

整体三年扶贫，累计投入帮扶项目资金达 835 万元，其中从我手中签批的就有 427 万元。我们为村里开展了修路、铺设水渠、打造旅游产业、提供技能培训等项目，村容村貌与村经济收入有比较大的改善。在我们三年扶贫结束后，村集体收入从每年几千元到稳定在 17.5 万元，这些村集体收入并非用于给干部发工资，而是继续投资于乡村建设，投入于基础设施项目与助产帮扶等，为日后村子的良性发展打下坚实基础。另外，村里的贫困户也全部达到脱贫标准，有劳动能力者①全面实现脱贫，因为脱贫指标考核的是一户人家的人均年收入是否达到大约 6035 元②。如果是一家三口有做农业种植的，由帮扶后获得的蜜柚年收入能够达到 3 万多元，即人均每年 1 万元，就可以达到脱贫指标。如果没有种植但有劳动能力的人，

---

① 无劳动能力者不考核。
② 据 2013 年发布的《广东省新一轮扶贫开发"规划到户责任到人"及重点县（市）帮扶工作实施方案》文件要求，第二轮扶贫"双到"活动目标之一是："到 2015 年，被帮扶的有劳动能力的贫困户人均纯收入达到或超过当年全省农村人均纯收入的 45%，并实现稳定脱贫。"2015 年广东省农民人均纯收入为 13360 元，所以被帮扶贫困户脱贫标准应为农民人均纯收入达到或超过 6012 元。

我们就给他们做技能培训，创造条件让他们出去外面打工，只要打工年收入能够达到三四万元也可以算是脱贫了。

对于我们的扶贫工作，村民整体还是比较满意的，村民对待我们扶贫干部都很热心盛情。比如在 2015 年，我们学校徐副校长①到我们村检查扶贫工作开展状况，其中说过的一句话令我印象深刻。当时我陪徐校长走访贫困户时路过一户村民家，那位村民和我打招呼并用客家话聊了几句，随后徐校长问我们聊了什么，我说："那位村民问我中午要不要去他家里吃饭，我说'不用了''谢谢'。"然后徐校长回答道："看来你在村里面工作还是扎根扎实的，跟村民关系也处理得很好，因为评价你跟村民熟不熟，就看像中午或晚上饭点时间村民留不留你吃饭，如果不留你吃饭的话关系肯定不熟，留你吃饭证明你们关系还可以。"我后来觉得这个说法也对，日常时候要多与村民沟通才容易被接纳。但我觉得这也是我们日常工作的一种，因为只有和村民关系好并熟悉他们，才能了解到他们的需要并有针对性地帮助他们实现脱贫，我觉得这是很关键的。

2015 年 1 月广州大学徐俊忠副校长（前排右）慰问贫困户

除得到村民赞赏以外，省里与学校也对我们开展的扶贫工作表示认可。

---

① 徐俊忠，1956 年 10 月生，广东南澳人，哲学博士、教授、博士生导师，国务院特殊津贴专家，时任广州大学副校长。

扶贫归来后，我获得省里评定的"广东省扶贫工作先进个人"荣誉称号。另外，也很感谢学校对我的信任与认可，优先提拔我为法学院党委副书记。

这些都并不是我最大的收获，最大的应该是来源于我内心及精神上的满足。我觉得自己参与了一件应该说是中国社会发展比较有意义的事情，先不说我自己付出的功劳有多大，但我觉得自己有真实参与过，参与到扶贫这件确确实实非常有意义的事情。像李克强总理所讲，我们中国还有6亿人每月收入不到一千元，在村里扶贫期间我也见识到了这一幕，他们的生活的确很艰苦。我曾经带我小孩去过联丰村，虽然那时候他还小，但是我会这样教育我小孩："你要注意，我们现在生活虽然不算富裕，但是基本上能够满足你的温饱。实际上还有很多的小孩子比我们艰苦得多。有些小孩自己上学要走2公里的路，因为家距学校较远，还要提前把盒饭带上，中午经常都是吃着冷饭。"接下来我也还会多多带我小孩回到这个村走走看看，因为这种艰苦的教育对于后代来说应该不能缺。

说实话，其实扶贫除了艰辛以外还蛮危险的。因为扶贫干部在扶贫期间减员（死伤）的情况也是比较严重，像广州市2010—2013年开展的第一轮扶贫，当时有很多驻村干部因为各种交通意外、疾病等原因存在减员（死伤）现象。所以在扶贫期间我们自己也是再三谨慎，我和之前几位村干部也是这么想的："能够平安地完成学校交给我们的任务就可以了。"扶贫期间处理好家庭的事务也很重要，包括后来有老师想去参与新一轮的扶贫，来找我咨询相关事情，我都会劝诫说一定要先得到家人的支持与认同，如果兼顾不来建议不要参与。因为扶贫要经历三年，期间肯定要处理好家庭的事务，我看到有很多扶贫干部因为工作太忙，无法顾及家庭，导致夫妻离婚或男女朋友分手的现象。如果因为扶贫而让家庭决裂或感情分离，我觉得是需要做好权衡与考量的。

至于自己做出了多大贡献的话不好说，但是看到我们自己经历过、帮扶过的村在一点一点向好的方向发展，其实有时候自己心里还是挺高兴的。经历那么多，我和其他几位驻村干部的感情也很要好，扶贫三年就像是当兵彼此成为了战友。大家共同做了这样一件事情，共同见证了我们帮扶的村的发展，这确确实实是一件很值得骄傲的事情。以前联丰村村干部组建的群我也一直没有退，偶尔看看他们做了什么工作，我觉得还是蛮有意思的。

情系乌蒙山的扶贫协作产业部部长

受访人：万青
访谈人：梁琴
访谈时间：2020 年 5 月 30 日
　　　　　2020 年 9 月 6 日
访谈形式：当面访谈和线上访谈
访谈地点：毕节市同心大厦办公室
访谈整理：梁琴
访谈校对：梁琴　　万青
故事写作：梁琴

受访人简介：万青，1987 年生，江西人，广州市工信局科级干部。2019 年 12 月至今，参与东西部扶贫协作工作，挂职任毕节市工信局办公室副主任，担任广东省第一扶贫协作工作组毕节组产业部部长。2021 年 4 月被评为 2019－2020 年广东省脱贫攻坚突出贡献个人，获广东省扶贫开发领导小组通报表扬。2021 年 4 月获贵州省委、省政府对援黔干部和专业技术人才的通报表扬。

一　农村穷孩子，落户大城市

　　我出生于农村，父母是老实本分的农民，小时候家里很穷。为了省钱，我们经常打着光脚丫，上地下田，稍不注意脚被划破就会肿几天。穷人的孩子就要早当家，况且我是家里的老大，年纪很小就要干农活了，插秧、收水稻、放牛、喂猪、拾牛粪，什么农活都干过。记得有一年大旱，

2020 年 5 月万青（左）接受梁琴访谈

家里的水稻苗眼看就快枯死了，父亲又外出务工，我和弟弟用塑料盆从远处的水渠抬水到田里，硬是一盆一盆地浇灌了几亩地，那次把我和弟弟都累坏了，背上晒掉了一层皮，吃饭时都拿不动筷子。

家里虽然贫困，但我非常感恩自己有一个好父亲，他在做人做事上都给我树立了良好的榜样，在父亲的影响下，我始终保持一种淳朴善良、乐观向上的成长心态。父亲尽力去孝敬父母，在乡里也有较好的口碑，家贫但从不亏待我们。每次吃饭前，他都会小心翼翼地把饭菜盛好，让我们先给爷爷奶奶送去。我们家虽然农活儿比较重，但是忙完家里的活儿，父亲还要去帮衬邻里亲戚。他发现我们中午干农活儿累了，会让我们先去休息一会儿，而他自己却没日没夜地干。家里很穷但父亲从来没有穷过孩子的教育，记得中考那年，父亲每天中午都要蹬着自行车从 6 公里外到镇上的学校来给我送饭。初中毕业那会儿，父亲带我到他打工的地方跟着他体验生活，我才发现，夜里工人们没有地方休息，他就随身带着一床凉席在工地上睡觉，任凭蚊子叮咬，而把我细心地安顿到附近的亲戚家里。高考的时候，父亲担心我营养跟不上，给我订了整整一学年的牛奶。值得欣慰的是，我和弟弟都比较刻苦努力，学习成绩一直比较好。上大学后，我努力学习专业知识、担任学生干部、参加社团活动，泡网吧、打游戏、看小说这样的事情从来没有在我身上发生过。因为家里经济条件不好，我需要不断努力奔跑，尽可能把所有的大学时光都用来不断地提升自己。汶川地震时，我组织学校爱心捐助协会为灾区募捐 10 多万元。我依靠摆地摊、兜售学生生活日用品，挣到了大学四年的生活费。大学毕业后，我在江西工作了几年，一边工作一边学习，干一行、爱一行、专一行，一次性考取注册安全工程师、注册安全评价师、二级建造师、项目经理、国家二级篮球裁判员等资格证书。2014 年我考取了广州公务员并在广州落户。

一路走来很艰辛，但又很庆幸，在我学习和工作的每一个阶段，得到了来自老师、同学、领导、同事们的关心和帮助。我还记得，高中班主任经常给我做好吃的；大学辅导员积极帮我争取勤工俭学机会；单位领导主动借钱给我购房……点点滴滴的关爱，每一滴都洒落在我的心底，我暗自许诺，将来我一定要加倍报答恩人并尽力去帮助他人，将爱传递下去，用实际行动去回报社会。

二　成为人民的公仆，我要反哺社会

2019 年 12 月，根据广州市委组织部的安排，我被选派到贵州毕节参与东西部扶贫协作工作，挂职毕节市工信局办公室副主任，担任广东省第一扶贫协作工作组毕节组产业部部长，主要负责产业招商、消费扶贫、扶贫车间和旅游协作等方面的工作①。我是自愿报名参加扶贫工作的，在收

---

① 《关于进一步加强东西部扶贫协作工作的指导意见》指出东西部扶贫协作是推动区域协调发展、打赢脱贫攻坚战、实现先富帮后富、最终实现共同富裕目标的大举措。根据 2019 年国务院扶贫开发领导小组印发的《东西部扶贫协作成效评价办法》东部地区参加帮扶的有广东省、广州市等 9 个省、13 个市，西部地区被帮扶的有贵州省、毕节市等 14 个省、20 个市。其中，广州市对口帮扶贵州省毕节市和黔南州。东西部扶贫协作毕节组由广州市派驻毕节市统筹东西部扶贫协作工作的工作组、分派到毕节各区县的工作队以及派驻教育医疗等企事业单位的帮扶团队组成。东西部扶贫协作有六大内容，分别为组织领导、人才支援、资金支持、产业合作、劳务协作、携手奔小康，根据这些内容毕节工作组设置了综合部、项目部、产业部、协作部等部门。扶贫车间是以促进建档立卡贫困劳动力就地就近实现灵活就业或居家就业为目标，主要建设在乡（镇、街道）、易地扶贫搬迁安置点或有条件的村，以不同类型的建筑物为生产经营活动场所，组织建档立卡贫困劳动力从事农产品加工、手工工艺、种养殖等生产活动或来料加工业务的生产加工点。它以带动脱贫为宗旨，解决贫困户就近就业问题。

到市委组织部选派干部到贵州参与扶贫的通知之后，我主动向局人事处申请，向组织表明了愿意参与扶贫的决心："我出生在农村，家里过得比较艰苦，小时候在衣食住行方面都很困窘，能体会贫困老百姓生活的艰辛，后来通过不断地求知上进，自己有机会成为一名公务员，身为人民的公仆，让我能够有机会反哺这个社会，有机会参与到扶贫事业中来，这对我个人来讲是发自内心的渴望，作为年轻人，能把个人成长融入国家扶贫事业是最无悔的选择。"最终争取到领导同意，开启了我的扶贫事业和一生难忘的经历。

家里人最开始是很反对的，我把自己参与扶贫的想法和意见同家里人反复沟通，最终还是取得了他们的同意和支持。像我这样30多岁的人，正是上有老下有小的状态，远离家庭则将压力无形中留给了家人。来毕节之后，工作很忙，事情很多，基本上是"5 + 2""白 + 黑"的状态，平常也是有工作回广州对接时，才能顺路回家看一看。儿子才上幼儿园中班，我能感受到他对我每一次回去时的开心和离开时的不舍，因为父亲在家里扮演了一个很重要的角色，尤其是在他这个年龄阶段，需要更多的关爱和陪伴。

我看到毕节当地对我们的需要，真正感受到我们扶贫工作的价值和肩上的重担。首先，在毕节我们感受到了亲人般的礼遇。12月20日，从广州飞抵毕节后，当时这里天气很冷而且还飘着小雨，市委副书记张翊皓以及相关领导亲自接机，为我们举行欢迎仪式，市直部门和县区的主要领导参加，让我们感受到了落地的温暖。又过了几天，毕节市主要领导周建琨书记和张集智市长在会议中心接待了我们广州新老两批东西部扶贫协作干部①，举行了欢迎和欢送仪式。在住宿、办公、用餐等后勤保障方面，当地机关事务管理局安排得十分妥当，解决了我们的后顾之忧，让我们有更多的精力全身心地投入到东西部扶贫协作工作中。其次，在毕节我们看到了干部和群众对脱贫致富的热切期盼。毕节属于乌蒙山集中连片特困地区，贫困人口基数大，我在基层调研工作中深切地感受到当地基层干部的苦干实干精神，驻村干部与群众同吃同住，为困难群众捐款捐物。同时，

---

① 广州自2016年正式帮扶毕节，第一轮帮扶计划为2016 – 2019年，第二轮帮扶计划为2020 – 2022年。2019年底，第一轮帮扶干部与第二轮帮扶干部进行工作交接。

大多数群众对国家的政策是感激在心的，他们很渴望早日脱贫致富，也期待在政府的带领下早日打赢这场脱贫攻坚战。

2019 年 12 月下旬，国务院扶贫办开展东西部扶贫协作考核，因此我们抵达毕节后的第一项工作，便是配合上一轮干部准备考核事项，并全程参与了考核工作，让我们对东西部扶贫协作有一个深入的了解和认识。考核结束后，很快与上一轮帮扶干部进行了工作交接，基本上是以跑步的速度来尽快适应岗位和开展工作。临近年关，拜访了毕节商务、投资、农业、海关等几乎所有的相关业务部门，到各县（区）实地调研援黔企业、扶贫车间、产业园等，了解毕节产业扶贫政策、营商环境等情况。年后我又陪同工作组领导，拜访了广州市相关部门，广药、越秀、广建等国有企业，与企业、各部门业务负责人建立工作联系，为后期工作开展打下基础。

三　新冠肺炎疫情影响下的东西部扶贫协作

2020 年春节暴发新冠肺炎疫情，全国实行交通管制，所以春节期间我们在广州后方待了将近一个月，虽然不能到扶贫攻坚一线战场来工作，但是心里还是时刻想着毕节前方的。在那一个月时间里，我们发挥后方资源优势，帮助毕节抗疫做了几件事：一是联系新冠肺炎防疫物资的购买渠道；二是提升防疫物资的生产能力；三是宣传发动自己日常工作中接触到的企业或者社会力量捐款捐物。那时，毕节有家口罩生产企业遇到设备故障，我们及时联系珠三角地区负责维护设备生产的企业与之对接，使口罩产能得到快速恢复，增强了当地防疫的能力。

除了抗击疫情，我们的扶贫工作也没有落下，我负责的产业合作这块工作，招商引资、消费扶贫以及扶贫车间等事项都在同步开展。招商引资方面，我们联系了广州工信局、发改委，梳理了广州有意向西部转移的企业清单，将清单提供给毕节投促局，再由毕节投促局通过电话、网络等方式去开展招商活动。消费扶贫方面，由于贵州省内主要的批发市场受疫情影响都关闭了，加上贵州当地的交通管制，毕节春节期间上市的农产品面临滞销的情况，如威宁的土豆就有 200 多吨、水果萝卜也有几百吨，还有凤山的香葱、菜心，茂源、撒拉溪的鸡蛋……所以整个疫情对产业扶贫工作的影响是很大的，我们通过对接广州的商务局，还有电商平台、大型批发市场、商超如华润万家、江楠市场等，又对接毕节的市场、生产企业和合作社，陆续帮助毕节解决蔬菜滞销的难题。其中，土豆是联系京东线上来销售的，5天销售7万斤；菜心是联系广州供销社来解决的。为掌握疫情下的企业复工复产情况，我设计了线上调查问卷开展调研，针对企业面临的困难，我们积极与当地政府和广州后方沟通，尽可能地为企业纾困解难。比如，我们帮助黔西汇璟扶贫车间协调解决货款被拖欠的问题，帮助纳雍珙桐服饰、东升服饰等企业购买防疫物资；为耀泓农业和贷款银行牵线搭桥，解决企业资金紧张难题；为一些扶贫车间找订单等。我们发挥协调服务的作用，助推毕节市企业有序复工复产，3月初，全市复工率达到97%。在推动粤港澳大湾区"菜篮子"毕节基地建设方面①，由于3月10日是广州市粤港澳大湾区"菜篮子"基地第四批申报的截止时间，2月21日我们返回毕节后，立即对接企业开展上门服务，一个基地一个基地地跑，协调毕节海关、农业等部门，在水质、土质检测方面给企业提供技术指导服务，让企业更加顺利地去办好检测事项，更加顺利地申请"菜篮子"基地的认证。4月6日，粤港澳大湾区"菜篮子"工作办公室公布了第四批"菜篮子"基地的认定名单，毕节市通过的数量最多——我们到毕节之后新增了11家，加上前三批已经认定的7家，累计18家，覆盖了毕节市10个县区。

四　围绕毕节农产品的消费扶贫活动

消费扶贫是实现贫困户脱贫增收的重要举措和有力抓手，今年的疫情，阻断了黔货出山之路，给消费扶贫的开展带来了巨大的挑战。为解决疫情造成的农产品滞销卖难的问题，我们不断创新工作方式方法，整合社会资源，充分发挥广州直播电商优势，精准对接粤港澳大湾区市场，探索出了一条"产品带动产业、产业带动企业、企业带动脱贫"的帮扶新路

① 粤港澳大湾区"菜篮子"工程，是以广州为枢纽的粤港澳大湾区"菜篮子"生产及流通服务体系，能够为广州乃至全国消费者提供更多更优的食用农产品，包括农牧产品种养殖生产基地认证、产品储藏、加工检测、质量监管、物流配送等内容。

子。其中，在毕节 3 个未摘帽深度贫困县纳雍、赫章和威宁开展了专项消费扶贫行动，逐渐勾勒出了消费扶贫的"广州模式"。截止到 8 月底，广东（广州）市场销售毕节农特产品 9.41 亿元，超过去年全年销售额 1.91 亿元，带动脱贫人数也明显增多。

一是纳雍滚山鸡"出山入湾"。滚山鸡是纳雍县国企（源生牧业公司）运作的县域主导产业，受疫情影响销售陷入困境。3 月 27 日，我去调研该公司申报粤港澳大湾区"菜篮子"基地进展时，企业董事长刘总告诉我，"活禽市场关闭，今年土鸡销售压力巨大，线上销售每单 40 元的物流费用，产品根本卖不出去"，走电商销售形成了一个怪圈，"产品销量小—物流成本贵—产品售价高—产品销量再次缩小"。由于土鸡养殖是当地贫困户收入的重要来源，鸡卖不出去，贫困户就有可能绝收，为此，4 月初，我赶回广州争取市协作办和消费扶贫联盟的支持。4 月 11 日，广州市协作办召集了土鸡专家对滚山鸡进行品鉴，纳雍滚山鸡的品质得到了大家的认可，当天，纳雍源生牧业与中洲农会、广州优生活三方签订了 3 年 1.8 亿元销售额的合同。4 月 17 日，为了进一步打响纳雍滚山鸡品牌，我们在纳雍县百兴镇组织了一场直播带货活动，工作组领导亲自上阵，用粤语、普通话喊大家"吃鸡"，资深美食家现场演示，解码纳雍滚山鸡的 10 种做法，一个小时的直播活动销售 10 多万元。

滚山鸡的线上销售也并非一帆风顺，由于理念和管理差异，当地企业在发货、物流等方面都出现了很多问题，比如按只卖的土鸡，客户收到的产品重量差异大；运输过程中冰袋融化、货品错发等。为此，我多次到企业组织召开专题会议，开展纳雍土鸡品质管控、产品包装、物流运输"三大提升"行动，协调企业设立电商服务部，邀请专业技术团队驻场指导，组织各分销平台电话回访采购客户，全面梳理整改存在问题，提升客户满意度。

在理顺所有链条后，我们联合广州后方，开展了一系列的宣传、推广以及产销对接活动。比如，从 4 月 26 日起广州电视台连续 8 天 16 位（每天两位）当红主播开启两个半小时的直播宣传带货，在华润万家、盛佳超市、新亚兴安等大型连锁超市现场销售推广；从 6 月上旬开始，建设银行广州分行开展优惠活动（每只优惠 15 元），280 多个网点、善融电商平台同时推介，并于 6 月中旬组织直播活动；广东团餐协会围绕纳雍土鸡出山，增设"扶贫团餐"项目。在一个多月的时间里,广东市场销售纳雍"滚山鸡"超1000万元,并推动每单物流费用由40元降至15元,助力土鸡产业成为当地贫困群众稳定脱贫的重要支撑。贵州省谌贻琴省长在上报的经验总结材料上,批示肯定了这一做法,并要求加大宣传推广,领导的批示,大大增强了我们的信心。

二是威宁土豆登上广州小蛮腰广州塔。5月下旬,我们又开始谋划威宁土豆的专项活动,为把威宁土豆的品质、标准以及品牌树立起来,我们结合京东购物狂欢节,在威宁县举办了一次"威宁土豆出山启动会暨公益直播助农活动"。威宁土豆有200多年种植历史,全县种植面积达到200多万亩,产量占全市近2/3,在省内有一定知名度,但是传统的销售方式比较粗陋,土豆基本上是用网兜、麻袋卖出去的。长期存在的问题是:土豆是有量的,成本是一定的,但销售价格起不来,农户增收很困难。有一个贫困家庭留给我的印象很深刻,户主张飞跃和我同龄,多年风吹日晒让他看起来比实际年龄显老,他告诉我,在很小的时候他父亲就去世了,兄妹几个靠母亲拉扯大,后来母亲积劳成疾失去劳动力,作为家中长子,他承担了父兄的责任,弟弟妹妹成家也是他一手操办的,自己生的小孩子比较多,在经济上一直是入不敷出的状态,早年在外面打过几年工,但由于要照顾母亲,在前几年选择回到家乡威宁种地,他贷款租了15亩地种土豆,每年产量不少,但到年尾扣除成本总是挣不了多少钱。张飞跃碰到的这个问题也是多数种植户面临的难题,在土豆种植上出了很多力,收入却难以增长。

经过深入调研分析,我发现威宁土豆销售以初级产品为主,同时,由于品牌影响力不足、销售渠道不畅,导致价格上不来,种植户收入就大打折扣,为此,我们从"产品优化、品牌推广、配套支撑、产销对接"四方面着手,实现威宁土豆品牌、价格的双提升,带动贫困户增收。一是优化产品供给。我们联合威宁马荞办,对全县土豆种植、产出情况进行全面梳理,启用土豆分拣设备,指导合作社、农户按照土豆种类、品质、大小进行分类分级,交由市场采购商的土豆价格提升20%左右。二是加强品牌宣传推广。依托"威宁洋芋"这一国家地理标志商标与区域公共品牌的优势,我们协调专项经费,统一产品包装形象,印制包装盒,以广州主流新闻频道、广州地铁、广州塔、贵州金融城为宣传载体,密集投放威宁土豆的宣传广告，支持威宁土豆出山。三是开展直播带货。在"5·19番禺严选、区长带货"、"广州首届直播带货节"、"6月8日京东威宁扶贫馆带货"和"6月18日威宁土豆出山启动会"等活动中，广泛动员社会力量参与消费扶贫。其中，在京东6·18活动当日吸引221.21万人在线观看直播，带动威宁土豆视频播放量超过300万次，当日线上成交9629单，线下交易4.5万斤，合计成交额27.33万元，目前土豆线上销售超100万斤。京东物流与威宁自治县人民政府签订了首批销售20万单的销售合同。四是拓宽产品销售渠道。推进土豆进机关、进企业、进市场，扩大土豆销售订单；向江楠市场、中洲农会、千鲜记、58优品、供销社等经营主体推荐威宁土豆，拓宽产品销售渠道。

整个活动对扩大威宁土豆影响力起到很大的推动作用。后来回访了一些贫困户，他们的收入得到了提升，在受疫情影响的情况下，能够把农产品卖出去，卖好价，对老百姓来讲是不敢想象的。

三是赫章阿西里西鸡蛋引爆"消费扶贫月"。有了纳雍和威宁的成功经验，我们希望在毕节的其他县区加大消费扶贫力度。8月11日，全国消费扶贫现场推进会在广州召开，确定9月为全国消费扶贫月，正好广州日报社和拼多多找到我们工作组，想为毕节脱贫攻坚做些公益活动。拼多多是做农产品起家的，也是国内名列前茅的电商，我也想借助这个平台上线更多毕节的扶贫产品。在沟通协调中，当地官员参与这种新形式的直播带货活动非常谨慎，拼多多直播活动没能在全市铺开；赫章县的积极性相对高一些，而且他们前期做了一些直播带货的准备工作，因此，活动只在赫章县如期进行。在8月22日当天的直播中，多位县领导组成的"带货天团"一直热情不减，网友也纷纷点赞。截至当天下午两点，此次直播一共吸引50万网友驻足围观，当地的高原鸡蛋、可乐猪、雪菊、韭菜花蜂蜜、青皮核桃等农特产品备受网友喜爱，相关店铺销售额日增320%，并带动"高原鸡蛋、可乐猪"等平台关键词搜索量日增410%。目前，赫章县拼多多的线上销售已经做起来了，帮助县里面迈开了第一步，线下也帮他们对接了华润万家，提供扶贫专柜，将赫章鸡蛋等扶贫产品引进到生鲜超市。

五　毕节所需，广州所能：要扶贫也要协作

习近平总书记强调，"发展产业是实现脱贫的根本之策。要因地制宜，把培育产业作为推动脱贫攻坚的根本出路"。因此，在产业合作这一块，我们做了大量的工作，协调推动粤旺、江楠、开心、风行、温氏等广东农业龙头企业在毕节建立种养殖基地、发展订单农业，实行品牌管理。比如，越秀风行在毕节布局100万头生猪养殖项目；温氏在纳雍布局1500万羽肉鸡养殖；耀泓在织金布局30万亩南瓜收购；江楠在威宁布局5000亩蔬菜基地；广药集团在毕节建设刺柠桔科创基地，设立毕节分公司，研发刺梨原汁、刺梨果脯等新产品。在广州帮扶资金中，我们安排2500万元支持毕节开展黔货出山消费扶贫"泉涌行动"，鼓励支持社会经营主体积极参与两地消费扶贫和产业配套提升建设。推动江楠集团投资25亿元在毕节威宁建设西南地区最大的农产品交易物流园，配套建设包装厂，目前该项目一期首开区已投入运营，完全投运后将带动周边40万亩订单农业发展。截止到8月底，今年我们新引进了28个企业到毕节投资，已到位投资额13.01亿元。

在招商引资过程中，引进东莞铭丰包装股份有限公司落户到毕节的过程让我印象深刻。这是一家新三板企业，也是国家级高新技术企业，产品主要用于钟表、珠宝、贵金属、化妆品、烟酒、保健品、高端礼品、电子消费品等多个行业，是中国金币总公司、北京同仁堂、无限极、华为、茅台、小罐茶、华祥苑、八马、英国爱丁顿集团、DIAGEO集团、美国造币局、澳大利亚皇家造币厂、英国皇家造币局等重要供应商。今年受疫情影响，土地、人工等成本提高，这家企业在东莞的产能提升受限，而贵州也出台了政策鼓励酒厂在本地采购包装。这家企业前期考察了很多地方，希望来毕节投资主要出于以下几方面原因：一是自身发展的需要，二是广东对口帮扶贵州（有工作组在这里），三是毕节劳动力资源丰富。

这家企业落地毕节投资其实是存在很多波折的。由于当地对这家企业的情况了解得不够深，因此前期领导重视程度不够高。8月2日，铭丰董事长带队过来后一直没有找到合适厂房、地块，企业开始打退堂鼓，而这是一家劳动力密集型企业，带动就业人数比较多，可能有较好的带贫效

应。我为了推动这个项目落地，协调毕节市投促局在全市范围内为企业找厂房；同时希望从高位推动这个事情，就把这些情况通过我们工作组的领导向毕节分管领导、主要领导报告。后来引起了领导的重视，经过协调后在七星关区的经济开发区找到一个相对适合的厂房，这家企业感受到我们用心的服务，坚定了在毕节发展投资的信心。很快，8 月 7 日，铭丰包装公司就跟七星关区政府签订了 4.2 亿元的投资协议；8 月底就在毕节七星关区注册成立了贵州铭丰包装有限公司并公开发布公告招聘 500 名员工。目前，这个项目正在按照 11 月投产的时间节点倒排工期，加快完成厂房的装修、报建、验收等方面工作。可以预见的是：这个项目的落地，有利于解决附近的省内最大易地扶贫搬迁点——柏杨林街道贫困户的就业问题，企业后期能够提供 1000 多个就业的岗位。

2020 年 8 月万青（左三）在七星关陪同铭丰公司负责人勘查厂房

六 我们这一代中国人的全球减贫事业

从近几年的发展情况来看，东部力量的参与支持，确实在很大程度上助推了西部的经济社会发展，也有力地解决了当地贫困户的脱贫问题。广州自 2016 年开始帮扶毕节，这几年在人、财、物等资源方面给予极大支持，在两地的共同努力下，毕节市的贫困发生率从 2016 年底的 13.19% 下降到 2019 年底的 1.54%，减贫成效十分明显。

2020 年是全面建成小康社会的决胜之年，我对国家的脱贫攻坚战有绝对的信心，相信在两个一百年到来之际能完成党中央交给的任务，顺利地打赢脱贫攻坚战，大家齐步迈入小康社会。真正地消灭了绝对贫困，接下来要对相对贫困发起总攻，要在防止返贫方面建立长效机制。经济发展必然是解决贫困的核心，经济的主体还是产业，我认为未来很长一段时间产业发展将是一个主旋律。对于产业扶贫，这几年我们一直在发力，我认为它有一个过程，前期是一个打基础的阶段，这里的园区建设、基础设施配套等日渐完善，产业慢慢形成集群、产业链得以延伸，今后这样的贫困地区是有后发优势的，有劳动力优势也有自然资源优势。前面走得比较慢些，可能我们现在看到的成效不明显，但是我觉得在后期一定会有爆发式的增长，这是我的一个预判。

当然，扶贫工作并非一帆风顺，也存在一些困难。虽然都在打同一场扶贫战，但东部地区与西部地区由于他们各自所处的环境和经济发展的程度不一样，东西部扶贫协作与当地的脱贫攻坚工作内容不太一致，施政的重心与理念也有差异，东西部接受新事物的程度也不同。我们所有的资源投入都要与贫困地区以及贫困户建立利益联结，所以日常工作中要花很多精力去收集这些佐证材料，注重去开展实地调研，要多方协调并有针对性地去投资项目，让资源更大地发挥效益。只有这样把工作做实了，才能真正让扶贫成效汇集到贫困户，这是有必要的，也有难度，但是要克服。收集佐证材料这方面对我们来说确实是有难度的，在这方面更多地得借助当地的力量，然后再加上我们平时从企业、合作社、贫困户那里直接掌握的信息去汇总形成这个佐证材料。问题的关键在于，我们日常工作比较忙，前方和后方要协调对接的事也比较多，很多事比较急，加班基本上是常态，很多干部很长时间都没有休假，休假制度在这里也很难推行，组织上能够在这方面有所考虑的话，对于干部稳定后方家庭和干部身心健康发展都是有帮助的。

扶贫虽然很苦，但我从没想过打退堂鼓。我觉得来这里度过的三年会是一个美好的回忆，把自己的人生过得更加充实。首先，是个人能力的提升，东西部扶贫协作的工作量很大，接触面也很广，要学会独当一面，得直接去应对各个部门、企业，这是非常锻炼个人能力的。在这样一个平台工作，纵向地来讲，从高层领导一直到基层的群众我都能接触到，横向地来讲，我打交道的部门更多、服务对象更广，让我的人生阅历更加丰富。其次，是获得感的增强，我国的脱贫工作为全球减贫事业做出了巨大贡献，也是全球的一个典范，在国家脱贫攻坚事业中，个人虽然是很渺小的力量，但是我们这一代中国人亲自参与并见证了国家发展的历史时刻，是一段非常难忘的经历。基于以上两点，扶贫能让我在以后的工作中更加从容，让我在应对各种困难时更加游刃有余，也让我更加坚韧、更加坚强地去面对未来的人生。

每一项工作取得成效的时候，贫困群众脸上洋溢着笑容的时候，是我最感动的，也是印象最深刻的，因为一切都来之不易。我觉得以后向我的孩子讲这段故事时，要从这些小事去讲，从当地老百姓的切身感受去讲，更多是把我的所见所闻、所感所想告诉他，让他体会和珍惜当下的生活，让他感激我国社会的发展进步，让他由内而外地感受到祖国的伟大，激发他向前的意志，激发他向上的潜能。

走过千万里路，唱一曲《水西谣》，毕节江之头，广州江之尾，同饮一江水，续写山海情……

在贫瘠之处浇灌希望之花*

受访人：陈光荣
访谈人：谢治菊
访谈时间：2019 年 12 月 20 日
访谈形式：当面访谈
访谈地点：广州大学文科楼
访谈整理：钟金娴
访谈校对：赖新怡　陈郏
故事写作：赖新怡　陈郏

受访人简介：陈光荣，男，汉族，1962 年生，江西宜春人。语文正高级教师，现任广州市南沙黄阁中学教师发展中心主任。2018 年 12 月至 2020 年 1 月，从广州黄阁中学到贵州省龙里三中进行支教，挂职龙里三中副校长、龙里县教育局副局长。2019 年 9 月，获"全国优秀教师"；2019 年 10 月，获评贵州省"脱贫攻坚先进个人"；2020 年 6 月，获评广州"最美教师"；2020 年 8 月获评广东"最美教师"。其事迹被《广州日报》《新快报》《广州教育》《今日头条》《凤凰新闻》等多家媒体报道。

一　心系教育帮扶，坚守情怀是起点

1984 年，我从江西省一个师范学校毕业，被分配到一家国营军工厂子

---

* 本篇口述故事在写作时参照了《广州日报》2019 年 3 月 15 日对陈光荣老师的报道《花甲老人的情怀》、《德育报·民办教育》2020 年的报道《始于"教育情怀"，忠于"光荣使命"——记组团式帮扶贵州龙里的陈光荣和他的"光荣团队"》。

弟学校当老师，在这所学校工作的第八年，厂领导想安排我到学校的行政管理岗位，我拒绝了，我只想踏踏实实地当一名老师，不想涉及行政管理方面的事务，加上当时深圳、东莞等多个教育部门发出的商调函被单位卡着，我多次申请调动被否决，于是，在这所子弟学校工作了八年以后，我毅然辞掉了工作，选择变成一个自由人。

2019 年 12 月陈光荣（右一）接受谢治菊团队访谈

辞掉工作后的生活比较苦，因为好不容易成为一个公职人员，有了稳定的收入，结果我把稳定的工作辞掉了，自己找工作。我在深圳闯荡了一年多，做代课老师，后来到了广州。那个时候珠江新城都还没有建起来，珠江新城和五羊新邨之间的广州大道上有个天桥，我有个亲戚在那里的一个建材店里租了一间房子，后面搭了一个又潮湿又阴暗的棚子，我就在那里暂时落脚。当时我在五羊新邨的一个中学代课，上午在学校上课，下午去报社兼职，晚上备课批改作业。在这期间我还跟流浪汉一起睡过桥底下，但是后来因为施工，那个地方被铲掉了，我连落脚的地方也没了。还记得，那天我推了一辆破烂单车，过天桥回望工地时，我说"总有一天我要回来"，那个时候很多老师都把我说的话当作一个笑话，觉得我存款也没有、广州户口也没有，还想回来这个地方买房，简直是天方夜谭。直到

2010 年广州亚运会在珠江新城的海心沙开幕，我终于在当年珠江新城落脚的位置购房落户，圆了我的一个梦想。这件事对我影响比较大，之后，"梦想总是要有的，万一实现了呢""被人嘲笑的梦想，更值得我们追寻"便成了激励我努力奋斗的心灵鸡汤。

2002 年到 2005 年，我于北京师范大学汉语言文学专业进修，取得了名牌大学的本科学历。之前①我一直在私立学校教书，待了 12 年，我事业最辉煌的时期是在广州华美英语实验学校（以下简称华美学校）这所私立学校教书的时候。我从民办教师考回公办老师是在 2007 年，当年我考入广州市南沙黄阁中学任教语文。其实这么多年，我从来没离开过讲台，包括深圳有很多诱惑，我也没改行，因为我觉得我适合当老师。

我从参加工作开始就一直是在富家子弟学校上班，师范学校毕业后，我在一家江西国有企业的子弟学校教书，它属于省国防科技工业办公室管，里面的学生是富家子弟，这些学生很有优越感；后来我到了深圳，所在学校是新建的，村民的土地被征收，村民一夜暴富，所以学生也是富家子弟；到了广州，在一所私立学校干了 12 年，这是一所特别有钱人的孩子才能上的学校。我一直在富家子弟学校里面教书，就缺少在农村学校教书的那种经历。1983 年，我在一所农村学校实习，那里的孩子特别有感情、很淳朴，我们实习离开的时候，那些学生追着我们的班车跑了好几里路，这也是很多跟我同龄的人，他们都改行了，而我作为在学校是拿奖学金的优秀学生仍坚持不改行的原因之一，因为我对学生的那种感情太纯。当时都是写信，没有手机，后来我和这些农村的学生断了联系，但那个时候我就立下了当老师的志向，一直坚持到现在，始终没有改行。

我年轻的时候没有支教这方面的项目，等到年龄稍大一些，在私立学校工作的时候知道有支教，但是私立学校是不可能派老师去支教的，所以后来我又考回公立学校，但那个时候我已经 45 岁了，年龄偏大。2014 年的时候，除了去国外支教的项目，也有梅州招募骨干教师的项目，广东的梅州也是需要帮扶的，当时正中下怀，我报了名，但没有去成。于是，我发了一条朋友圈，我说，如果一个教育工作者在他的教育生涯中没有支教的经历，这将会成为他教育生涯的一个缺憾。那个时候，我想我可能一辈

---

① 1995 年 8 月至 2007 年 7 月。

子都弥补不了这个缺憾了。没想到 2018 年我又有机会了，当时我们学校校长在群里面发布组团式帮扶，需要 3 至 5 人一个组，到贵州的一个贫困县进行帮扶。我当时作为黄阁中学的办公室主任，为了出去（支教），我已经悄悄地培养着一位能够接替我工作的助理，培养了一年多，所以我就敢提出来想去支教的这个想法了。但校长和书记一开始有些顾虑，他们说："你出去的时候，这一摊子工作谁来做？"我说："我已经培养出来了一个助理，再说我可以远程办公"。校领导答应给我报名，我才松了一口气。我又咨询组织机构这个项目有没有年龄限制，他说没有，我就赶紧报名了，但其实支教是有年龄限制的。

当我知道这个支教项目以后，我回家去告诉家里人，征求他们的意见，我跟他们说又有支教的机会了，我想了却我的一个支教心愿，他们都很支持我，说"要去就赶紧去，没有牵挂了"——前几年我的父母生病，我经常需要回家，后来父母去世了，我和爱人双方的父母都没了，儿子也还没有结婚。儿子跟我说："要去就赶紧去，等我结婚后有了小孩，你们还去不了。"我的爱人已经退休，她说："我去给你做饭。"家里面的人都这么支持我，我就更加坚定了去支教的决心。

我爱人是从华美学校退休的老师，她也跟着我去了贵州，大部分时间都在那边给我做饭。只是因为这个学期我两边跑，要带老师开展教学交流，又要带学生到广州研学，她就留在广州。结果又检查到身体有问题，6 个星期里她每天都要换药，清理伤口，开始的时候我早上陪她去换药，下午就去工作，慢慢地她可以自己去医院换药了，就没问题了。

我刚到贵州的时候生活上很不适应，但我从来没有抱怨过一句，因为我不想让关心我的人担心太多。其实我是不适应的，尤其是在饮食上：不吃辣椒就会生病，但是吃辣椒我们又受不来。那边的风俗习惯又需要喝酒，但我一喝酒，糖尿病就更加严重，医生不允许我喝酒。后来我的确生病了，暑假回广州之前我就预定好医院去住院，做了一个手术，因为贵州的湿热，背上长了一个脓疮。之前在广州就有这个病，本来治好了，但后来又复发了。我暑假回来在广州待了不到一个月，从回来第一天开始我就一直在医院待着。其实按照我的年龄，我的身体状况是不适合去支教的，但我为了圆支教梦，有学校领导和家人的支持，我毅然踏上了支教的征程。

二　打破教育壁垒，理念实践是重点

2018 年 12 月 26 日，我前往贵州，在贵阳下飞机的时候我就发了一条朋友圈，我说"但凡过往，皆为序章；年近花甲，重新起航；贵州支教，终于得偿"。到了龙里三中一看，门口一个巨大的石头上面写着"梦想从这里起航"，感觉这冥冥之中早已注定，我抱着满腔教育情怀，开始了我的支教之旅。

龙里三中①最多的时候有 3000 人，是龙里县最大的初中，它现在有 2600 多人。实际上它刚开始是由 5 个学校合并的。龙里现在还有几所民族中学和其他学校，好学生都到那里去了；属于农村的，都集中在这里。老师是从乡下调上来的，老师也不适应；原来共有老师 200 多人，现在有 180 多人。慢慢地，好学生又流失到其他学校去了，所以说这里的学生生源是最差的。像 2019 年毕业的这一届，三年前，县里考分前 100 名的学生只有几个人进龙里三中。

我们刚去的时候，由于学校领导在思想上尚未形成统一，因此我们到了龙里三中以后，校领导都还没有准备好迎接我们的到来，他说"你们这就来了，我们都不知道你们会来"，这就出现很多问题了。

我们当时住的地方比较简陋，简陋到洗手间里面什么都没有，家具简单、没有热水，也没有基本的电器。我们算是比较好的，有些地方有的老师住在办公室，办公室空出一间临时住；有的贫困县，支教老师连办公桌都没有，别说办公室了。我为了稳定情绪，在宿舍门口挂了一块"光荣之家"的门牌，上面刻着"二〇一九，安家贵州"和"来龙里，我'氧'你"的文字，以期给自己、家人和同伴积极的心理暗示。

---

①　龙里县第三中学，简称龙里三中，组建于 2014 年，是一所由 5 所初中学校撤并组合而成的大型寄宿制公办学校。学校坐落在龙里县打草河畔，位于贵龙大道龙里出口处，毗邻龙架山国家森林公园和贵广高铁龙里站，距离贵阳龙洞堡机场 18 公里，交通便利。截至 2019 年 7 月 23 日，龙里三中有在校学生 2873 人，58 个教学班，寄宿学生 2322 人。现有教职工 206 人，专任教师 203 人，行政人员 3 人，专任教师学历合格率达 100%，其中研究生学历 1 人，本科学历 135 人，专科学历 67 人，本科以上学历占 67%；中高级专业技术职务教师 130 人，占 64.04%，初级职称 73 人，占 35.96%；现有省级骨干教师 1 名，州级骨干教师 20 名，县级骨干教师 17 名。

我是教语文的，还到贵州省其他县，如贵定县、惠水县，给他们上示范课。我的这种方法他们没见过，我只要上一节课，学生就喜欢上了。我上过一节课的班级，学生们都会给我写明信片，把那里的老师都震撼到了。我的方法就是跟学生互动，要让学生参与活动，不能是一个人在讲，老师讲多了是没有用的，要去启发学生参与到这个活动来，让他愿意来展现自己，这才有意思。就好比一个游乐场，只让学生去看花花草草，他是不看的，有游乐设施玩，他参与了，他就高兴，就能真正有所收获。就是这个很简单的道理。

我们光荣团队用我们的真诚、付出、努力去感染、影响身边的人。刚开始做培训时，我发现有些老师就是抄 PPT，完成上面给教师压下来的任务，向上级交差。后来，我做了一次培训。为了那次培训，我下足了功夫，把他们震惊了。当时龙山县教育局的一个督学也参加了这个培训，培训结束以后，他就说"你不能光在学校讲，你要到全县去讲"。后来全县的 12 场培训就是这么来的。我做了 12 场培训，培训教师 2400 多人次，几乎全县的老师我都培训了一遍。其中有个镇中学还专门来请我，说他们那没轮到，他们离县城比较近，但是县城中学的培训也没有让全部老师参加。他们校甚至让学生放假半天，让全体老师参加我的培训，让我非常感动。我说孩子耽误了半天怎么办？他说每天补一节课补回来，才让我心安了一点。

我们 3 月举办了一次比较大型的誓师大会，龙里三中从来没举办过这么大型的誓师活动。3 月 28 日这一天，我们举办全校师生参与的、由初三学生进行宣誓的中考誓师大会，里面有游戏环节、演讲环节、与学生的互动环节，等等。我把那个方案审查了一遍又一遍，然后路线测试等演示了一遍又一遍，班主任负责的那一块，学生也排练了一遍又一遍，才开始执行，我们一共准备了一个月。好，到了 3 月 28 日这一天，虽然在最后最关键的时候要进行互动和游行环节停电了，无法用广播，中间停了一个多小时，但是学生奇迹般地守纪律，对，没有乱跑。我们把他们感动了，电来了以后我们继续进行，后面的环节把所有学生和老师感动了。

在教学管理方面的规章制度上，我一开始也想做一些修改，做一些这方面的工作。但后来我发现那样做的话，后面的工作很难开展。实际上，我去的这一年，教学管理方面的事情参与不是很多，主要是通过教师培训来转变教师的理念，来达到对他们帮扶的目的。

在之后的工作中，我还是抱着一腔热情，觉得能够做点事情来改变他们，但我觉得我们需要通过恰当的手段来作为，包括我深入课堂，从教师这个角度给他们诊断、从上示范课这个角度来进行影响，或者从上到下，从下到上。

因为全县农村的孩子都集中在这所学校，贫困生所占比例不小。贫困生很难有渠道跑到好的学校去，他只能在这所学校待着。

学生辍学，贫穷是最大的原因。你别看蜿蜒的山路旁边突然间会出现一座宫殿式的学校，这多半是援建的学校，靠东部地区建起来的学校，但当你深入到村寨里面去家访，才发现那是多么穷的地方。远村寨很多家庭里的壮丁劳动力都出去打工了，剩下老弱病残，小孩没人管。

辍学、贫穷，老师很难留住，"控辍保学"的任务特别艰巨。为了降低学生的辍学率，我们团队与当地老师长期深入到村寨和社区易地扶贫搬迁点进行"控辍保学"大家访活动。通过走村串户慰问学生，或者给孩子们送去礼品和学习用品，我们鼓励学生们好好学习、感恩奋进。①

因为龙里县复杂的地理位置，这里的孩子与外界联系没那么紧密，孩子们的思想观念有些狭隘。我们要把他们带出来，见识更大的世界，之后他们会思考"我凭什么辍学，凭什么不为自己拼搏一下"。他们的思想改变之后，回去会进一步影响身边的人。为此，我组织了龙里三中一批贫困户的优秀学生，16个人到广州进行研学——整个黔南州就我们组织了。

学生们在广州进行5天的研学，费用一共几万块钱，由广州市南沙区教育局承担。这个研学活动，我策划了一年——我锲而不舍，遇到阻力我就去解决。我说最后最坏的打算是我去找爱心人士来出钱，如果经费搞不定，如果找不到爱心人士，我自己掏钱，我要把这个事情做完。哪怕是放寒假，我也要把这个事情做完，克服了一切困难。当时在组织这个活动的时候，还面临着孩子家长那边的困难。这16个孩子我们是百里挑一，选了以后，最后换了几个人，就换符合这三个条件的：第一，贫困，建档立卡，政府认定为贫困户的；第二，优秀，学业比较优秀，不光是成绩优秀，而且他的表现要优秀；第三，家长支持。

我们按照研学的课程标准，即德育的、科技的、文化的、体育的、艺

---

① 源于《德育报·民办教育》报道陈光荣和他的"光荣团队"。

2019 年 5 月陈光荣（左）参与"控辍保学"活动走访建档立卡贫困户慰问助学

术的等等方面来执行。研学团参观了广东博物馆、广州图书馆、广州美术学院、广东科学中心、黄埔军校遗址、黄埔军事训练营，并分别就文化、艺术、科技、爱国、体育等主题进行研学交流。这些丰富的课程资源，不但增长了学生的知识，开阔了学生的眼界，更重要的是熏陶了学生的思想，让学生们找到了自己奋斗的目标和方向。这些孩子学了 5 天过后，我组织了一场分享会，让这些学生通过演讲等形式，以期带动引领其他的孩子，效果显著。①

我们去了之后，今年②6 月的中考成绩和之前相比好了很多。比如说高分段那一块，就我们广州说的 A 类这种级别的，学生数量可能是之前的 5~7 倍。中考升学率是之前的两倍。我们帮扶完了之后，优质生源又回流

---

① 源于《教师生命意义，在于幸福追梦》。

② 指 2019 年。

了一些，比如说 9 月这批学生入学的时候，比往年要好一些，原来是最多 4 个优秀班，但这一届有了 6 个优秀班。刚开始讲压缩，后来压缩不了，还是有人愿意回来，甚至已经在其他学校报到的优生都要回来。后来一报名就报了 19 个班①出来了。刚开始七年级只有 15 个班，后来班级增加到 19 个班。

2019 年中考生里，当年录取进龙里三中七年级的小学毕业生中②，全县前 50 名进入龙里三中的只有 3 人，前 100 名中只有 10 人。龙里三中在进校生源素质普遍低下的情况下，实现了"低进高出"的传奇，龙里三中中考高分数段居全县第二。中考满分为 650 分，其中 600 分以上有 10 人，较去年（指 2018 年，下同）增长 8 人，是去年的 5 倍；568 分以上有 41 人，较去年增加 35 人，是去年的 7 倍；488 分以上有 155 人，较去年增加 72 人，是去年的 2 倍。在全校师生的共同努力下，龙里三中中考结出了累累硕果。（数据来自龙里三中家长委员会张贴的喜报）

三 教育扶贫攻坚，观念转变是关键

到了学校之后，我发现学校比较突出的问题是什么？是观念。

其实贫困地区的学生，他们学习的整个状态和广州的学生，尤其是南沙、番禺在城市化进程中的学生没有什么区别，他们的状况跟我 12 年前到南沙区时的学生状态是差不多的。这种状态是什么呢？用一句话概括就是——学生既丢失了乡村孩子的淳朴，又不具备城市孩子的灵性，这种状态比较难管理。像天河区的孩子，他可以察言观色，他可以根据老师的眼神来调整自己，很有灵性。我在私立学校待过，私立学校那些富家子弟，他能根据老师的表情调整自己——那就感觉到不一样，他起码能够给老师一点面子。

有些学生，他们的很多习惯不好，最让我们无法忍受的是卫生习惯。他可以一个星期、一个月不洗澡。冬天在教室里，因为要关门窗，空气不对流，有的女老师进去简直会想吐。但是学生自己没有感觉，他们已经习

---

① 是指七年级的学生。
② 指小升初。

以为常。另外，还会乱丢垃圾——学校当时对于垃圾管理这一块不是太妥当。

龙里三中校领导选择用"堵"的办法，我说这个解决不了问题。怎么堵呢？龙里三中整个校园没有一个垃圾桶，只有每个教室有一个班级的垃圾桶，到时候又要找人去丢到垃圾池。学校只有一个垃圾池，集中由垃圾车来装垃圾的垃圾池，整个校园里面找不到一个垃圾桶，连我们的教师公租房——整个公租房有6栋楼，每栋楼有5层，每层有差不多10间，这么多户人家，一个那么大的生活区，也不给一个垃圾桶，全部要直接跑到垃圾池边丢垃圾。为了丢个垃圾要跑到垃圾池，甚至要走几百米，学生干脆在有缝的地方，就塞；有树木的地方，就塞；或者说一看没人，地上一扔。清洁阿姨去做清洁，不停地要在缝里面捡垃圾。

后来学校听取我们的建议，在某些地方摆了一些垃圾桶。在这个过程中，我们就提出，一定要解决根本问题。根本问题是什么？就是让学生意识到，不乱扔垃圾是他们自觉的行为。让学生形成这种自觉的意识，还要培养。之前学生没有养成这个习惯。虽然说校园里面看不到垃圾，尤其是上面来检查或者什么的，校园很干净。但这是表面现象，学生没有养成良好卫生的习惯。

我刚到龙里三中的时候就觉得学校不错，有这么漂亮的教室。后来才知道这是东西部教育帮扶资源支援的，主要是广东支援，因为广东对口，尤其是南沙对口支援他们的。

校舍很漂亮，设备也很先进，包括里面的录播室比我们学校还先进，当时我拍下来给我们广州的老师看，我说你看这边的录播室是真的录播室，我们广州都落后了。但是，一进到课堂去听课，却发现老师的这种观念——讲课的观念是我30年前，应该说是我四五十年前读小学的那种观念，按部就班、一五一十地讲，不管下面听不听。

我当时就讲，"天天在穿越"。为什么？我进到操场的时候看到现代化校园，进到教室还有现代化设备，但是我一听课又穿越到我几十年前。我跟他们做培训的时候，我就说我在穿越，天天在穿越。

讲到我在龙里三中的感受，在龙里县召开的座谈会上，我说了我来到龙里几天的感受。我用了三句话来概括。第一句话是"学生不简单"。学生变着法子来折腾老师，学生厉害，而且还很有一套。他知道你拿他没办法，家长也拿他没办法。这是第一句话，学生不简单。第二句话是"领导不容易"。第三句话是"老师不容易"。"一个不简单，两个不容易"，他们说我概括得非常到位，我讲的这个感受，讲到他们的心坎上去了。老师真的不容易，包括现在的"控辍保学"，比教学任务压力还大。这个人数不是几个，也不是几十个、上百个，而是几百，简直无法想象。

关键问题是老师的观念。老师是被动教学，不主动，不像我们广州的老师，教学研究成了一种自觉的行为，"我不这样做，我都不好意思混下去"，这些要混的都不好意思了。即使不是为了评职称，我做教学研究是为了这种体面，是吧？这是一种体面、一种尊严。但那边的老师有些懒散，你没有要求他就不做。我当时就讲了一句很重的话，我说老师以这种状态去干工作，学生能考出好成绩，能拿出成绩来，那是天理难容的事，是不可能的事情。

在学校管理方面的话，他们官本位思想很浓重，不像广州已经与时俱进，把教师当作一个专业技术人员来管理。他们还是那种以"校长"为中心的观念，而广州是以"业绩"优先、"岗位"优先的，那么这样的话有可能一个普通教师，如果是岗位比较高的话，比校长的工资级别还高。就比如说，我的岗位级别在私立学校比校长要高，因为广州觉得这更重要。

而以"校长"为中心的，比如说他当了一个什么"主任""组长"的就觉得了不起了，就可以发号施令了，可以不研究教学、不专心上课了。这怎么能行，是吧？老师们也是这种观念。我跟一个正好也是跟我年龄差不多的老师闲聊，他说"你看你就好了，我还是一个普通老师"，他就觉得当了一个副校长，哪怕是挂职的副校长，级别都比他要高。我正好是持相反的观念，我的观念就是做学问才是最高的，你的学术领域里面你能拿出一点东西来，你才是值得尊敬的。在龙里县甚至有的老师只拿了初级职称，就做了副校长，他就可以单独一个办公室了。与广州相比有些差异。

我跟年轻的副校长聊过这个事情，我说未来的趋势，就是要以专业技术、以学问为主，如果你不在这方面做发展的话，你即使做了一个校长最高也就是科级干部，科级相当于专业的什么级别？也就是 8 级技术岗位，甚至 10 级岗位的这种技术级别。你要是走专业技术岗位，你可以拿到 5 级甚至 4 级，那就不同了，是吧？我跟他说了之后，他就很困惑。因为他是从别的领导岗位调过来的，之前是县里面其他局的副局长。据说，这些干部来教育系统任职，只是走个过场，把学校当作职务升迁的跳板，这样的观念对学校是一种伤害，是很糟糕的。包括后来宣布我挂职龙里县教育局副局长，他们觉得是荣升，我说，这对我来讲是一种干扰，因为我是做学问的人，行政方面的事务太多了，对我是干扰。

在学生的学习态度这方面，其实我后来发现，如果是花了精力，老师投入进去的话，学生还是挺好的。学生其实也是有"求上进"的愿望，只是会受社会大环境的影响，他需要有人引导，他需要有人去投入。我给老师们做培训，我就说老师要投入，老师尽心尽力去做，始终会对学生产生影响，现在他没有意识到对学生的影响，可能不会直接表现出来。但是，如果老师不投入，老师是应付式的，甚至是那种不负责任的，学生是一眼就能看出来的。

老师在教育和管理过程当中的一些东西，会影响学生的态度和积极性。老师不注意，可能就会导致恶性循环。学生会觉得，"老师就觉得我是没办法管了，那我就放弃了"。包括整个学校，你分好班、差班，本来就是放弃大部分、管小部分，本身就是一种放弃。

可能关键问题还是一些老师他就觉得学生这么差，他把很多那种影响他教学、学生成长的因素都归于外部原因，他不会从自己身上去找原因。而广州的老师他会先从内因，先从"我可能没跟上形势"，从自身去找多一点原因。这就是一种差别。如果更多人从自己身上找原因的话，那么就好办了，如果你总去找别人的原因，你找外部的原因，那就麻烦了。我培训的时候我就讲，学生的成长是必然的，不管你承不承认，学生要成长，这是必然的，学校的发展也是必然的。你看县里面财政有困难，党中央、国务院可以从东部调过来，中央可以给你注入资金，把学校建设得这么漂亮，学校办起来，学校的发展也是必然的。那么你作为老师的观念，你不改变，你就会被淘汰。我就从这些方面去给他们启发。

我们无法短时间改变一个人的观念，观念这东西短时间是无法改变的。但是我们可以让它受影响，包括做培训。我培训教师 2400 多人次，主要是从理念上，还有技术上，对他们有一些启发作用。

总结我们去的三个人帮扶这一年的成绩，比较突出的一个是我们对全县的教师培训。我们花了很多精力，虽然不能说改变他们，但也有一定的影响力。龙里中学的一个副校长他都慕名而来听我的讲座，他就说本来他在管理中遇到很多困难，听完之后他也就产生了动力。有的老师，就以编山歌的形式来抒发自己的感情。

第二，深入课堂给他们诊断。我听了八十几节课，班会课听了60多节，会给他们反馈评价等等。这是一个上示范课，就是课堂引领式。

第三，就是做使者，充当使者的角色。交流使者就是一个桥梁，把他们的老师送到广州这边来交流、来学习，还把广州这边的老师联系到那边去送教，现在是实现龙里县所有学校跟南沙区结对了，整个龙里的中小学，包括中职学校，全部结对。如果包含幼儿园就是100多所，中小学有几十所，全部实现了结对。到目前为止，要么就来这边交流过，要么是这边过去交流过，全部交流过一遍。学校是结对帮扶，具体的不是我们这种组团式帮扶，但是我们从中做协调，起到推进作用。龙里县实现了全覆盖，结对子，学校之间的一对一结对全覆盖了，而且实质性的交流都交流过一遍了，但是其他学校、其他县，有没有我就不知道。后面他们就不用我们再去操心了，学校之间已经自动地结对了。

组团式帮扶要做的不是简单的支教，而是要携手接力，播种知识，传播观念，帮助当地实现教育的自我革新，让贫瘠之处也能开出希望之花。

五年攻坚战贫困

受访人：韦开典
访谈人：潘浩钊
访谈时间：2020 年 7 月 12 日
访谈形式：线上访谈
访谈整理：潘浩钊　黄伟　马冰婷
访谈校对：潘浩钊
故事写作：潘浩钊

受访人简介：韦开典，男，1974 年出生，布依族，曾任荔波县委宣传部副部长。2015 年 8 月，韦开典从县委宣传部主动请缨回到自己的家乡小七孔镇联山湾村担任第一书记；2018 年 3 月转战佳荣镇威岩村，带领驻村脱贫攻坚队开展工作；2018 年 11 月调整到茂兰镇立化村驻村脱贫攻坚；2020 年 5 月，根据工作需要又调回联山湾村继续开展脱贫攻坚工作。2020 年 6 月 22 日，调整到荔波县茂兰镇尧朝村担任村党支部书记。五年来，韦开典先后辗转奋战在四个不同村的脱贫攻坚一线。无论在联山湾村，还是在威岩村、立化村和尧朝村，他始终都带着浓厚的感情和全心的热情，很快就融入群众当中，并努力为群众踏实干事，修路通车，加强对外交流，创新完善发展模式，激发村民脱贫信心，赢得了广大村民的普遍认可和良好口碑。

一　情系家乡不忘本，依托资源谋发展

我出生在贵州省荔波县小七孔镇联山湾村一个农民家庭。因为从小在

2020 年 7 月韦开典接受潘浩钊的访谈

农村长大，所以我对农村有很深厚的感情。我从农村走出来，是农民的儿子。20 世纪 80 年代，整个贵州省边远的少数民族地区普遍缺乏有知识、有文化的基层干部。省里根据工作需要，先后就在黔南、黔西南、黔东南 3 个少数民族自治州建立 3 所民族行政管理学校，专门为全省边远的少数民族地区培养懂民族、有知识、有文化的基层干部。我在黔南民族行政管理学校读了 3 年，学习行政管理专业，毕业后就分配到荔波县朝阳镇人民政府工作。

1993 年 8 月我参加工作，先后在朝阳镇人民政府党政办任过秘书、计划生育股股长；1998 年 7 月调到荔波县委办公室，先后任打字员、信息督察室工作员、秘书股股长；2007 年 8 月调到荔波县农业办公室，任副主任；2012 年 3 月调到县委宣传部任副部长；2015 年 8 月至今，我一直下派到村工作，先后到联山湾村任第一书记、威岩村攻坚队长、立化村攻坚队员、尧朝村党支部书记，开展脱贫攻坚和乡村建设工作。

也许是我出生在农村的缘故，或者是从事过农业农村工作的原因，所以我对农村有很深厚的感情，总渴望农村能够更快地发展，农民能够过上更好生活。我在下基层扶贫之前，就开始关注荔波旅游业的发展和旅游文化的研究与实践。2007 年，荔波①申报世界自然遗产成功，荔波支线机场正式通航，第二届贵州旅游产业发展大会在荔波召开。当时的联山湾虽然离小七孔景区②西大门只有 8 公里，但是生产生活环境却很艰苦。我看着乡亲们守着这么好的生态资源，却没能利用好如此优越的地理自然条件，以致一直发展不起来，感到很心痛。于是我围绕荔波县委、县政府提出把荔波建设成为国际化旅游目的地的发展战略，结合国家推动乡村旅游发展的一些政策③，充分利用大七孔景区上游山水景观资源优势，引导村民自愿集资入股，成立联山湾乡村旅游专业合作社。我鼓励村民们有钱出钱，有地出地，有力出力，大家来入股这个旅游合作社，用这些钱来作为启动资金。当项目启动有一点基础以后，我们就继续加大宣传同时争取各个单位和部门的支持。后来引起黔南州委、州政府和荔波县委、县政府领导对我们项目的高度重视。2017 年县政府投入 2.8 亿元巨资对联山湾旅游基础设施、村庄民居、河道保护、学校建设等方面进行全面改造提升，使全村基本上具备了旅游接待的能力，一些村民也已经开始学会自己接待游客，增加了收入。

其实没有到联山湾村任第一书记之前，我也经常利用业余时间回乡，跟乡亲们交流谈发展。还记得 2008 年的时候，村子里有那么几个热血青年，只会犁田耕地、普通话都说不顺畅，带头集资入股筹建成立了联山湾乡村旅游合作社，成为全县第一家乡村旅游专业合作社。大家轰轰烈烈动手干起了乡村旅游，购买观光游船快艇，修建旅游码头、简易厕所及停车场等，开启了荔波农民创办旅游的先河。当时没有经验，没有样板可学，大家仅凭热情干事，有的学开船、有的学开车、有的学炒菜、有的搞接

---

① 荔波县隶属黔南布依族苗族自治州，位于贵州省南部，东北与黔东南苗族侗族自治州的从江县、榕江县接壤，东南与广西壮族自治区的环江县、南丹县毗邻。西与独山县相连，北与三都水族自治县交界。其境内有樟江国家级风景名胜区和国家级茂兰自然保护区。

② 小七孔景区，小七孔景区是樟江风景名胜区的四大风景片区之一，地处贵州高原南缘地带，东经 107°39′—107°95′，北纬 25°12′—25°34′，总面积 46.4 平方公里。景区集林、洞、湖、石、水等多种景观于一体，玲珑秀丽，享有"超级盆景"之誉。景区以精巧、秀美、古朴、幽静著称，移步换景、令人耳目常新。主要有小七孔古桥、拉雅瀑布、68级跌水瀑布、石上森林、野猪林、水上森林、天钟洞、卧龙潭、鸳鸯湖等 21 个景点。

③ 《农业部、国家旅游局在学习实践活动中坚持优势互补　合力推进乡村旅游扩内需》http://jiuban.moa.gov.cn/zwllm/zwdt/200901/t20090114_1204529.htm。

待，干劲十足。游客也逐渐走进来，合作社就派人带客人去走村串寨，体验风情民俗。经过几次旅游观光之后，我们发现客人玩得很开心，同时村民们也增加了收入。群众看到旅游的确可以提高大家收入，改善生活，积极性就大大提高，一起商量拿几亩地、十几亩地做文化活动场所，利用河岸几块草坪盖起了 5 个茅草房作为旅游接待中心。我们就这样顺利开始搞联山湾旅游了。

也许是对联山湾发展的迫切期待和充满渴望，有一个夜晚，我居然做了一个甜蜜的梦。在梦里联山湾布依寨的父老乡亲们聚集在河岸上竞相欢歌敬酒，感谢我引导村民开发乡村旅游给当地带来的变化，半醉半醒中我跟着学唱起布依歌来回敬父老乡亲。但因为在外生活 20 多年，我只会讲布依话却不会唱布依歌，在那热烈的气氛下唱了前面两句，后面的词怎么也编不出来……情急之中我醒了，靠着梦里的画面，写下一首歌叫作《联山湾》①。因为我不懂音乐，更不会谱曲，所以和乡亲们商量把《联山湾》制作成移动手机旅游彩铃，唱响联山湾乡村旅游品牌。乡亲们对此很支持。我们又为使用《联山湾》彩铃的游客提供旅游优惠，他们可以享受联山湾旅游价格的 5 折优惠。于是，《联山湾》彩铃的用户迅速扩大，联山湾旅游的知名度一路飙升，许多游客慕名前往，游览山水田园风光和体验布依族农耕文化。一曲优美动听的乡村民谣通过手机彩铃的传播，把藏在深闺人未识乡村旅游唱"火"起来。仅一年多的时间，联山湾成为远近闻名的乡村旅游点。当时，村寨里的很多老人说我搞乡村旅游合作社，就是带他们家的孩子做一些跟种地无关的事情，会把他们家的孩子带懒了，不种地，不干活，都去搞什么旅游业。这些年轻人不像他们老一辈一样在田间地头种出自己的粮食，自给自足，而是在搞他们没见过的旅游服务，所以老人们很不理解。后来游客来多了，村子慢慢发展起来，大家才慢慢理解我对家乡的一片苦心和热心。现在如果好几天不见有游客过来，老人们还不适应了。现在可是大不一样了。

---

① 歌词为：山弯弯，水湾湾，我的家乡在联山。山弯（呀）鸟儿飞，水湾（呀）鱼儿跃，清水浇得庄稼壮，青草养得牛羊肥。男人播种黄金谷，女人编织七彩布，白云碧水映木楼，布依人家乐悠悠。山弯弯，水湾湾，好山好水联山湾。

二 下乡脱贫念家乡，旅游产业再升级

2015 年中央下发了选派干部到村任第一书记的文件①，省、州、县也积极响应并出台了相关文件，鼓励机关干部带头下村，带动农村发展，我就主动请缨想要下乡回到自己的家乡。因为这个是全脱产，与原单位的工作脱钩，所以我就保留一个级别和工资待遇，职务没有保留。申请后我就下村去带领老百姓发展，有空就回去原单位向领导汇报一下在农村开展工作的一些情况。如果有困难的话，我也可以向领导提出来，他们会尽量帮忙。对于我们下派干部来说单位就是老家，下派到村任第一书记就像上战场一样。我的工资还是原单位给我的，去村里是没有另外工资的，就是纯粹去帮忙。有时候最多就是在村里面吃点饭，所以对村民来说我们更像是免费劳动力。我们工作的考核是由当地镇里镇政府和镇党委来考核。我觉得这种考核也还合适的，毕竟人是在当地做事，就应该让当地考核工作情况。不过我们扶贫干部是县里面成立的脱贫攻坚指挥部统一管理的，对工作有突出成绩的，可以由单位推选来作为提拔的人选，鼓励大家在农村在基层干得好，给他们一点动力。平常管理考核就是由乡镇来管，然后报给指挥部统一安排工作。

习近平总书记说："你有能力时，决心做大事；没有能力时，快乐做小事。"我觉得做点小事就是带动村民发展，鼓励他们自力更生、艰苦奋斗、战胜贫困。最后小事做好了，群众过上更美好的生活了，这就变成了大事了。

尽管我知道下派之后的工作条件会很艰苦，但我还是申请了。申请的时候，领导跟我好好聊了一下，不是很想让我下去，但他最后因为我的坚持也同意了。我认为自己作为宣传系统的干部，不单单能说能写，还更应该能做会做。光说不会做，那都是没用的，关键是看下去后能不能带领群众干出什么成绩。我也想通过下村后真正的锻炼和考验一下我自己。当时，家里人和一些好兄弟好朋友也是很不支持我下村的。他们说："人都

---

① 《关于做好选派机关优秀干部到村任第一书记工作的通知》http://www.cpad.gov.cn/art/2015/5/13/art_50_13584.html。

是往上走的，你怎么跑反了，还往下走，往农村走。人家有能力的还上到北京去了，你这个思想要不得啊。跑到农村去，真是越跑越不行。"我说："大家各有各的想法嘛，每个人都有每个人想做和该做的事情及适合他工作的地方，不是每个人都要到北京去，不是每个人都要当很大的官。每个人都做适合自己的事才能推动整个社会的发展。"后来在我下去工作以后，家人一开始激烈的反对就淡化了，慢慢就支持我的决定了。刚下去的时候，因为要经常离家，儿子是有点不舍得的，但是他也知道没办法让我留下。他就只能提醒我说："老爸你要多休息啊，要多注意身体啊。"但除了只能跟我口头表达关心之外，其他的事情他也做不了。我是很不舍得，但是没办法，我只能鼓励他独立。我跟他说："你老爸做了这样的事情，你以后要比老爸还要更行才可以，一代要比一代强。"现在他长大了，也开始理解我这些年所做的事情了。

我刚刚回到村里的时候就感觉家乡太穷了，家乡的老百姓太苦了，不知道该怎么着手，从哪里突破，不知道如何把家园建设得更好，如何把大家的生活水平提高上来。他们有很迫切的需求，但是又没有什么能力。我看见明明我们邻近小七孔景区，却始终发展不起来，就很心酸。一开始的时候，我缺乏经验，也不太适应。以前在办公室里面，有需要的时候就下去走一走，指导一下，现在却要到基层的田间地头自己做。在开始的时候，我不但不会做，而且亲自动手干一天活下来觉得又累又脏。这工作环境比起以前办公室那么好的环境差远了。我力气不大，但是也只能坚持自己动手干。夏天要忍受很晒很毒辣的阳光，冬天又要吹很冷的风。以前没有食堂的时候基本上到主任家和支书家或者是哪个村民家，买点菜过去，就去弄一顿饭将就解决。或者有时候直接去支书、主任家，有什么就吃什么。当时就是这样的，我们下派干部没有固定的饮食保障。后来考虑到其他驻村干部还有接待别人的需求，我就想办法修了一个村委的食堂。我们的食堂是在全县里面率先做起来的，县里面来检查工作的时候我们还受到表扬。他们当时来检查下派干部有没有吃饭的地方，说我们还抢先建起饭堂搞到前面去了。后来建村委饭堂这个措施在全县慢慢推广，现在每个村都有食堂了。

去农村的条件就是这么艰苦，但我要带好头，引导好、发动好群众。要不群众会骂你说空话，他们就根本不信任你。所以热爱家乡、回到家乡工作也不是那么好干的，相当于把你放到一个说熟悉也熟悉、说陌生也陌生的新地方。要从零开始搞工作，而且任务的艰难程度也不亚于在机关单位上班的工作，可能还更艰难。搞农村公益建设协调各个方面，村里没有资金可支配，建设缺口大，村民又是那么的热切期盼。但有时候一点办法都没有，唯有靠自己去跑去找，很多时候去跑也是"白跑"，去找也是"白找"，没有什么结果。不过功夫不负有心人，当你跑了很多次，也终究会获得一些部门领导的项目或者资金支持。这时就要发动群众来共同支持，协调他们让出自己的山林、土地、农田甚至农作物，等等。有些村民思想不通，只要搞一点项目建设占用到他家的土地就想要征地费或者补偿，但村里又没有足够的钱给他。这时候怎么办？只能跟他们慢慢解释，跟他们说明白要想建设自己的家园，必须依靠大家来积极配合，需要大家无私奉献，参与规划，让出土地，配合施工，一起动手，才能建设好我们的家园。我们工作必须要很多方面都做得比较周到，老百姓才会选择相信你。然后我们下面把项目做起来之后，上面的领导才敢下定决心支持。做驻村干部就是做这些工作，也是挺难的，太累人了。

在驻村工作中，我也慢慢在想办法，该做什么、怎么做，才能把农村的这些烦琐事务解决好。然后，我慢慢摸索出要先从这个基础设施、人员的培训等着手。然后申报项目来投入基础建设，农村建设才有保障；如果有条件还要主动对接旅行社和游客，邀请一些媒体朋友来加大宣传。同时指导村民群众去做一些他们能做的事情，将一些村民会的技能或者是日常民俗活动转变为游客可以体验的一些旅游活态项目①，这样客人就慢慢地进来我们村子体验，群众参与性和互动性就会慢慢提高上来，思想观念也会跟着改变，整体素质也会得到提高，以后各项工作开展起来阻力就会更小。当时，联山湾确实吸引了不少的游客，很热闹的，客人来自各个地方，有广州的，有山东的，等好多地方的。周边的地方，像贵阳、重庆、广西的游客就更多了，都来到联山湾。接待游客最高达到每年1.5万人次，村民一年可以增加好几万万收入，最高的一天可以收入六

---

① 参考借鉴活态传承的概念。活态传承是指在非物质文化遗产生成发展的环境当中进行保护和传承，在人民群众生产生活过程当中进行传承与发展的传承方式。旅游活态项目指通过在旅游中展示，让游客参与体验传统乡村活动，使得当地特色的非物质文化遗产得到保护。

千元。

当时我们村子搞了很多活动，比如民俗活动六月六布依歌节①。每年农历六月六我们都会举办盛大的活动。这时候村民们已经插秧结束了，是空闲时间。大家来聚一聚，然后唱唱歌，交交朋友，走访交流，把这个地方带动起来。我们当时组织了包粽子、打糍粑、做扎染、织布等活动。这些城市里面来的客人比较喜欢，特别是妇女和孩子特别喜欢。很多广州那边的夏令营的老师孩子们过来，离开我们这个地方的时候都哭了，因为他们不舍得啊。同时我们也有很多大学生过来参加活动，一待就是一两个星期。

2016 年 7 月韦开典组织六月六布依歌节民俗活动
（摄影：覃建能）

在指导联山湾村建设上，我主张不能关门在家搞建设，要带着村民出去走一走、看一看、学一学人家怎么做。虽然我们不一定能学会别人的方法，但是可以通过参观感受促使村民大脑思维发生转变。我先后带着村民

①　布依族人民十分重视这个节日，有过"小年"之称。六月六，祭田神、土地神和山神，祭毕用鸡血沾上各色纸旗，或做成大鸟形分别插在各块田中。与此同时，召开"议榔"会议，宣布各种榔规榔约，且由榔头监督执行，借以保护社会财产安全。中共十一届三中全会以后，由于贯彻执行民族政策，经国家民委批准，确定"六月六"为布依族人民的共同佳节。其隆重程度，仅次于大年节。

代表到贵阳市新关村、凯里市清江村、贵定县音寨村、福泉市黄丝村、巴马县平安村、东兰县东里村等地考察学习。每个去考察学习的村民都要掏300 到 500 元的学费，不足部分由村里想办法补助；不搞免费学习，那样村民就不珍惜机会了。这样就能筛选出积极的、有经济能力的、回来有带头作用的村民。外出学习回来后，大家都会思考学习回来了该怎么做。大家看到别人的发展也是很辛苦的，特别是村支部书记带领他们的村民一起努力拼搏，经历过辛酸苦辣，才发展起来的。通过访问学习要让村民明白美好生活不是现成的，不是睡一觉醒来就能实现的。比如在福泉市黄丝村，村民们看到为了配合建设需要一户人家让出土地的流程。那么以后回到村子后，这些出去考察学习过的村民，遇到同样建设需要用地的时候就要带头作表率，因为他看到了其他地方搞建设也需要村民配合，所以我们也要学习成功经验。大家就这样积极行动起来，对工作才有帮助，快速推动落实。

同时我们可以通过对外联络，把自己推销出去，让外界了解我们、认识我们。比如我在深圳学习过，所以我会主动跟深圳那边联络和沟通。因为十年前我在深圳光明新区挂职学习①了三个月，我就主动联系曾经挂职单位的领导同事，请他来帮我牵线联络，搭建友好交流平台。后来联山湾村与光明区迳口社区②建立了友好村社关系。就像广东人说的一样，朋友多了门路广，多一个朋友多一条路走。

除了发展民族旅游项目，我也在积极地协调本村内部各村民小组之间通公路的事情。比如在拉美、更挠自然寨那边，他们之前也有路，但只有小路，而且路况不好。所以我们计划扩建通组公路，有些地方没有路就直

---

① 《中华人民共和国公务员法》规定，根据培养锻炼公务员的需要，选派公务员到下级机关或者上级机关、其他地区机关以及国有企业事业单位担任相应职务。公务员在挂职锻炼期间，不改变与原机关的人事关系。

② 迳口社区位于光明新区光明办事处以东，西接翠湖社区，南临光明中心区，北倚圳美社区。社区管辖面积 5.02 平方公里，下辖 4 个居民点，社区内有迳口村、果林村、马头岭共 3 个自然村，社区企事业单位 15 家。社区有 98% 以上面积位于生态线以内，周边环山绕水，山清水秀，一片自然生态景象，怡人宜居。社区工作站设有"一站式"服务窗口、综治信访维稳站、星光老年之家、社区健康服务中心、图书馆等服务设施以及 2.5 万平方米的大型公园一座，篮球场两个，300 平方米的户外活动场所一个，其中社区中心设施齐全，室内书画室、室内乒乓球场设施齐备，为广大居民提供了一个进行健康文化体育活动的良好平台。

接由头开始开挖修路。当时在修建拉美、么定两个寨子通组公路的时候，我就先发动村民无偿让出公路建设需要占用的土地、林子，为以后项目施工创造条件。在看出村民们对修建通组公路的期盼和诚意后，我才为大家去努力争取项目支持。同时，我还动员村民们为修路贡献自己的力量，让大家主动参与公益事业建设，才会有荣誉感、自豪感，大家才共同珍惜。后来大家也非常乐意捐资筹款，村民们有捐50元、100元、200元的，一下子大家捐出了6000多元钱。不足的部分，我先后找到县民宗局、交通局等部门筹集，后来总共筹资6万元开挖了一条2.5公里的通组毛坯公路①。第二年恰好赶上省里面启动实施组组通公路三年行动计划的机会，我们赶紧向交通局申请项目支持，完成道路硬化，这样一来，这条群众期盼几十年的通组公路从无到有到变成了水泥路，方便群众生产、生活和出行，群众就很高兴、很感激。

当时村子里面也是会有不愿意脱贫的情况。比如在联山湾村，有个贫困户不管每天干农活有多累，都必定准时去收看中央电视台新闻联播节目。见到习近平总书记在电视画面上出现，就马上打电话给我，说刚才他看见习近平总书记在电视上说了什么话，他记性很好。从这件事看，一方面觉得这个贫困户关心政治、热爱学习，但他就是怕脱贫，不愿意脱贫，总是拿习近平总书记对扶贫工作的关心作为挡箭牌，认为他永远达不到脱贫标准，不能脱贫。后来我跟他慢慢解释说，习近平总书记对扶贫工作的高度重视，对贫困户的关心，是我们这个时代的幸福，总书记的目标要求是全国人民都要脱贫。你没有听出这句话，说明你学习还不认真。我问他要不要我把这种情况依赖思想往上报，然后你就是拖总书记的后腿了。听我这样讲，他就变得很小心了，他说要靠自己劳动，创造环境实现脱贫。我觉得我们能帮忙的已经帮忙了，如果村民不脱贫，还拿总书记对贫困户的关心来给自己当挡箭牌，死活不愿意脱贫，想当一辈子贫困户，那就得好好教育一下。教育好了，贫困户的思想也就通了。我相信在下派扶贫干部的工作中会遇到很多这类贫困户，每个人都希望自己能得到所有有利的政策扶持。或者是他自己得到，别人得不到才安心，他才认为自己是得到

---

① 农村由自然村组成，自然村由小组组成，通组公路则是通小组的公路。毛坯公路指还没经过水泥硬化的符合行车条件的土路。

政府的帮助，就像普惠政策扶持了很多贫困户，但他们都不承认自己得到帮助。但是这种人经过慢慢教育之后就改了。我遇到这些不愿意脱贫的群众的时候，就会跟他们说，习近平总书记说 2020 年全部脱贫，你们全部在这里拖延和耍赖，就是这种精气神吗？要不要我在这里全部登记？你们盖个手印我就往上报。就是通过这样来刺激他们自力更生，然后他们就会乖乖地好好脱贫。有手有脚的为什么不去干活不去劳动呢？该批评的批评，该帮扶的帮扶，一分为二。做得不对就要批评；有困难的就要帮助；他的思想不对就要引导。这样就能慢慢好起来。我们要有耐心，需要了解政策来引导他。

未来的联山湾村依然是结合大小七孔景区周边这个区位优势，搞好乡村体验旅游的项目来发展经济，让乡村群众生活过得更好。

三 服从安排战威岩，突破思路农业兴

由于组织需要，我在 2018 年 3 月从小七孔镇联山湾村转战佳荣镇威岩村①，带领威岩村驻村脱贫攻坚队开展工作。去了一个村，第二个村也基本上适应了，只是说人的面孔又不认识了，因为又去到一个陌生的地方了。我们驻村脱贫攻坚队员首先看村民住房的状况，村民的穿着，精神面貌，看村民家里的生活用具，生活食品有没有紧缺。然后就是看寨子和村子整体环境怎么样，就可以感受到生活水平、贫困的程度。同时我们这些从农村出来的人，跟村民打交道比较亲切。跟他们交流一下之后，很快能够融入在一起。我们走去下面听听他们想说什么，想干什么。然后就慢慢地总结梳理一下，能解决的，帮他们一件一件慢慢解决，或者能够发动大家一起解决。比如在威岩村，我们就召开了一次大型的六月六活动，这是一个我们组织起来的集体民歌活动，也是一个把全村召集起来召开思想上的扶贫大会。在这个活动上面，我们借助民歌号召大家把自己的家园搞好，把思想意识提高，用我们的双手去战胜贫困，去建设我们的家园。激励男女老少，全部自己动手，不怕困艰，不需要政府来帮我们做。搞完这

---

① 由原威岩村、拉吾村合并组成，隶属于贵州省黔南州荔波县，位于佳荣镇政府所在地。主要产业为农业，种桑养蚕、养牛。

个活动之后，大家很高兴，很有信心。后来镇政府就给了我们一万块，让我们自己组织，自己投资建设。镇政府奖励这一万块钱后，我们就邀请中央电视台来录节目。上完电视之后，大家就更加信心十足，我们就更加有魄力，就像在联山湾村一样慢慢地搞起来。

威岩村贫困的原因主要是当地的经济发展总量小，交通条件落后，所以当地老百姓只能外出打工，在当地只能做点村寨建设的泥水工匠活。当地这些泥水工匠的工作需求其实也不大。有些工作村民们会去做，但是能做的活不固定。做一天的活，收一天的工钱，不是天天有工给他去做，收入不稳定。有技术、有知识、有文化的年轻人就出去打工了。文化程度比较低，没技术的出去打工没人要，即使要了也是干苦活脏活，收入也不高。现在很多都出去打工，老年人、小孩在家，中年人大多出去打工，也有一部分人就近务工，但是在当地能找到较高收入的人相对很少。就业很艰难，创业也很艰难，这就是贫困的根源。在威岩村我们引导村民们举办了一次农民丰收节活动，希望把威岩的产品宣传出去，扩大销路，增加村民收入。

驻村脱贫攻坚队有九个人，但是在村里没有地方住，我们就跟当地协商把闲置下来的检查站借住下来，每天望眼一看就是威岩老寨子和一片田野，田野中间有一条弯弯的小河沟。也许是因为以前在联山湾大河边习惯了，左看右看都觉得威岩的河沟太小。于是我就提出了"沟改河"①的设想，老百姓也很积极响应。我们驻村干部还跟村支两委共同努力争取多方支持建设了一个8000多平方米的文化广场，为威岩下步发展打下了较好的基础。据我了解，现在这个文化广场现在已经得到镇政府120万元的项目支持并正在继续建设当中。

在威岩村还有一件印象深刻的事情，寨子里有一个老人60多岁了，很不讲究卫生。每天早晚赶牛经过寨子水泥道路的时候，牛走到别人家门前显眼的地方就停下来拉屎拉尿了，他从来不自觉清扫牛粪便。但因为他平时凶巴巴的，全寨子没有一个人敢讲他。有村民来跟我说这个情况后，有一次我就去跟踪他，发现他的牛在路上拉粪便了。我马上用手机拍照，跟

① 河道改造工程，是综合治理河道的工作。为了控制河道洪水，改善防洪、灌溉、淤滩及工农业用水条件，针对不同的要求，对河道进行治导、疏通、护岸、堤防等综合治理。

踪到他的牛圈。在他关好牛以后，我就找了个铁铲和扫把交给他，请他把牛粪便清扫。因为我手上有证据，他赖不掉，只好不情愿地去做了。也因为这件事他很生气。我知道我这样做也不太对，其实我也可以替他清扫一下就结束了，那样他就不会生气了。但是如果我清扫了，他以后会变得更加不自觉，我是要看每个村民的自觉性怎么样，他们自己能不能自己做好。我不能替他做，否则我就得罪了全寨子的很多人。后面我把那位老人清扫牛粪的照片放到寨子那个公告栏里公示。那个老人家看到自己之后就很自觉了。以后他那个牛屎都自己清扫了。我说他做得不错，大家应该向他学习，所以他也慢慢地在改变。但是他由于之前的行为，整个村寨也不愿意跟他说话，他也不好意思跟大家说话。因此包括后面寨子搞一些文娱活动，都没人叫他来参加。我就上门邀请了他三次，他很惊奇，跟我说了一句话，这么多的人只有你最关心我，牵挂我。我就跟他说，如果你不来，我就有点伤心，认为一直生我的气。再后来慢慢地，他做错了事情，会跟我表示歉意，他也慢慢地改变过去不好的习惯。遇到这种情况要慢慢地感化对方，对待有坏习惯的村民要有耐心。

后来为了改善村寨居住环境，调动村民积极参与村寨清洁行动，我率先在全镇推行村寨环境卫生收费和常态化管理工作模式。整个寨子的村民大家讨论决定一年每人交多少卫生费，大家自觉交费，然后请保洁员来做寨子环境保洁清扫工作，保持寨子的卫生。这个寨子率先成为全镇第一个收费来保洁的寨子。由村民自己交费，找专人进行常态化保洁。

参加扶贫工作之后，我回家的时间就不是很固定。一般是周末回去，有时候忙了也回不去。这样就半个月才回去一次。威岩村是我驻村工作以来离家最远的村子，开车要将近两个小时才到。我们通常是坐中巴车或者跟几个队员一起拼车回去。虽然我已经转到别的村子工作了，但直到现在老百姓还惦念着我，还期待我经常回去走走，我感到很欣慰。

这个威岩村以后的发展，就要继续发展农业，继续发展种桑养蚕、特色养殖业，比如佳荣牛等。很多的产品都可以继续扩大生产，增加工作岗位。

四 通报受挫不气馁，通路亮灯精神回

根据工作需要，我于 2018 年 11 月从佳荣镇威岩村调整到茂兰镇立化村[①]驻村脱贫攻坚，来到立化村后，我担任瑶寨组网格员，瑶寨是一个瑶族小寨，共有 18 户 78 人，其中有 9 户贫困户，贫困人口 42 人。村民的思想很封闭，寨子的环境又很差。一开始去的时候，他们不愿意跟外界交流。他们在一个山头上的森林里面，位置比较封闭。之前开始去的很多干部，没被当地人搭理，村民不愿意跟他们搭话。后来我去到以后先找他们的长老，请他教我瑶族的语言，比如吃饭的叫法，吃酒的叫法，等等。在学习他们语言的过程，我慢慢地拉近和他们的距离。拉近距离后他们也愿意跟我说话，说话以后我就可以了解到他们怎么想的，明白心里面的一些想法，然后就能知道我们需要做什么，再慢慢地引导他们开展工作。最后才把那个寨子规划、整治弄起来，帮他们修建了活动广场、停车场、入户水泥路、公共厕所等设施，进行了禾仓集中摆放、古井修缮、森林步道、百年葡萄王和古樟树林保护、加密太阳能路灯等基础建设工作。

因为要把立化村所有群众发动起来，2019 年我和攻坚队员们一起组织了一场全村最大的妇女节活动，把妇女的积极性也调动起来。因为"妇女能顶半边天"嘛。没有把妇女工作搞好，搞工作也挺难的，所以活动目的就是要把他们整体发动起来。有时候一些事情是老公支持，老婆不支持，回家之后就吵架了。一般老婆支持的话，老公也支持。因为这里的很多家庭是女人当家，掌管收入。跟她们说明白我们的工作，也是发动她们，这样她们会更配合我们的工作建设，让出她们的土地，甚至可以发动她们一起出力。

以前的立化村有广西那边来的人开挖红茂矿[②]，所以立化村原来所在

---

① 立化村位于原立化镇政府所在地，2014 年新一轮行政区划调整撤销立化镇，并入茂兰镇，保留立化村。立化村东临广西驯乐乡，西与本镇尧明村交界，南与茂兰镇相接，北面与洞湖村相邻。主要发展交通运输、采掘、油茶、枇杷、蛋鸡、种桑养蚕及水稻、甘蔗种植等产业。

② 红茂矿务局位于广西环江毛南族自治县洛阳镇。煤田跨广西壮族自治区环江毛南族自治县北部和贵州省荔波县东南部，地处黔桂边境高山峻岭之中。2002 年 7 月 10 日，广西壮族自治区环江县人民法院宣布红茂矿务局政策性破产。

的立化镇一度是一个经济强镇。那时候村子到处是灯火辉煌，还有广播系统，也因为当时村子的繁华靓丽故在当地有个外号叫"小香港"。但是随着后来矿务局破产，设备跟人员陆续搬走，这里又变得很衰落灰暗的样子。由于他们寨子刚好在矿场沉陷区，所以政府给他们集体移民搬迁①，盖起了小洋房。这时候原来给的几盏灯不够，为了把房前屋后搞亮，我就下去发动他们筹钱。一家出 200 块。要让他们用自己的能力，让他们自己出一部分钱参与建设。然后我们再往上面申请一点，把经费凑够。我们采取加密的办法，加装了很多灯，通电之后把整条路的灯都亮起来，远看像一条灯带。太阳能灯是在山上那个瑶寨搞的，我自己去帮他们弄的。在加装了很多灯之后，整个村子都亮了。整个灯带亮了之后，在大年三十晚上，群众都很高兴很激动地打电话给我。我觉得这让他们回归到以前光明的这种场景，增强了他们的信心。

说起增强群众信心，原立化镇政府大楼的重新启用和广播系统的重新启用也要提到。以前的立化村在行政改编②之后，村委办公阵地一直是个大问题。原来的镇政府大楼调剂给了矿山救护队，但是救护队又用不了这么多办公室，而村委会又只有一个小地方办公，根本不够用。所以我到了立化村以后，我去找相关领导沟通协调，把那栋楼拿下来作为村委的活动阵地。这让老百姓看见虽然人民政府搬到茂兰镇，但是这栋大楼村委还在使用，所有人民都可以共享。这样就又增强了老百姓对发展的信心。后来我们重新启用广播系统，把党的一些政策、信息、紧急通知等通过广播放送出去。之前在红茂矿那个年代，很繁华的时候，他们也有广播的。所以当地的人听广播听得很亲切，现在广播又回来了，大家很高兴，让他们重

---

① 红茂矿地下挖煤空层、地层变化，导致居民点出现"沉陷"。后政府协助安置沉陷区居民。http://www.liuzhou.gov.cn/lzgovpub/lzszf/szsdw/A001/200911/t20091118_337750.html。

② 2014 年 4 月 14 日，贵州省政府（黔府函〔2014〕79 号）批复同意荔波县部分乡镇行政区划调整：新设置的玉屏街道辖原玉屏街道、水利水族乡和水尧水族乡，街道办事处驻城西社区；新设置的甲良镇辖原甲良镇、方村乡，镇政府驻甲良村；新设置的茂兰镇辖原茂兰镇、立化镇、瑶麓瑶族乡，镇政府驻尧朝村；新设置的小七孔镇辖原小七孔镇、播尧镇，镇政府驻和平村；新设置的瑶山瑶族乡辖原瑶山瑶族乡、捞村乡，乡政府驻拉片村；新设置的黎明关水族乡辖原永康水族乡、洞塘乡、翁昂乡，乡政府驻拉内村。至此，全县辖 1 个街道、5 个镇、2 个民族乡：玉屏街道、朝阳镇、茂兰镇、甲良镇、佳荣镇、小七孔镇、黎明关水族乡、瑶山瑶族乡。县政府驻玉屏街道。

新对生活充满了信心。就这样把楼拿下来，让广播响起来。这样来号召大家、动员大家，继续好好地在这块土地上生活，继续努力奋斗，改变家乡，建设家园。

由于立化村邻近广西，所以其实可以适当发展交通运输。俗话说，要想富先修路。虽然立化村地处贵州与广西交界，但是一直都没有公路连接，很不方便。群众已经期盼了几十年了，但一直没有能力也没有机会去做。以前有一次机会，但是当时的老人家那边思想不通，他们认为修路了会破坏他们的风水，破坏他们的龙脉，所以没给修。现在过去了几十年了，大家就非常期盼了。但是这个期盼也给我们带来很多挑战。当时修这个路的时候，我们一边在修，由于经费不足所以是一边在申请县里面的和交通局的支持一边修。另外一个方面，修路又事关广西那边。我们正在修了，一旦修到我们的边界就完工了。那他们广西修不修呢？如果到他们边界不修，那我们上面的领导就肯定又不同意这个工程了。因为这是断头路了，没有用处。但是协调要我们自己去协调，跨省协调也是挺麻烦的。后来我写了报告，发给广西那边的村支书。我是这样写的：我们的领导是同意了，就看你们修不修。如果我们修断头路，那是不对的，那我们就做不下去了。我们向他们了解了具体的问题，鼓励他们找县交通局领导去申请，把那个路给修起来。所以现在他们的路也正在修，一方面是工程量是比较大；另一方面是由于一直下雨，所以到现在还没完全修好，但基本上可以通行了。广西那边修通了毛路，我们这边修通了水泥路。两边的群众很高兴，对面广西大吉村村民，他们都很高兴地对我说："没有你过来这里啊，我们这条路都还没能通啊，是你帮了我们大忙啊。"但其实这条路就是大家一起努力才行的。

修这条路的时候，我因为一件小事被上面检查小组还批评了。当时有一户人家，因为他家本身比较不太讲究卫生，然后那时候我们又在修路，那些民工就住在他家二楼。他家条件比较差，七八个人住一间房，铺了三张床，几个人一起睡。施工干活的时候水源又比较缺，他们就没有弄好卫生。上面一来检查，就说他家卫生不好。但其实这也没办法，我也没有推脱。卫生不好就是不好。后来我就慢慢教会那户人家怎么解决卫生问题。我也想办法帮他们找了一个海尔电器商，赞助了一台洗衣机给他。我跟电器商表示这个群众太困难了，没有办法，希望他们可以支持一下。后来他们很感动，就赞助了一台洗衣机给这个住户。虽然检查的时候问题推到了我头上，但我也没办法，只能尽力去帮他。但我是不可能帮他打扫卫生的。我说这个我不会做，随便你们怎么通报批评我也好。我觉得能做的我尽量发动、帮助他们，但我不可能每天都帮他们打扫卫生，那是做不到的，而且也不应该做的。因为这户人家也是有手有脚能独立完成的。后来我帮完他，他也很感动，以后就注意把他家的环境搞好了。其实这个家庭也是很困难的。因为家里面穷，父亲又不善于跟母亲交流，所以离婚了。妈妈已经离开家了，丢下两个女儿，大女儿在读中学成绩比较好。但家里面条件又不太行，不能支持她继续读下去。那时候，我刚好就跟一个桂林的朋友聊天。他看到我那段时间工作辛苦，估计有困难的群众，主动说："你有困难需求就跟我说，我能够帮的我就尽力帮一下。因为你的行动也感动了我，我也应该为困难群众出点力，贡献爱心。"后来他就帮助了两千块钱。他还表示如果成绩好的话，可以继续扶持。如果小女儿愿意去桂林读书的话，也愿意帮助她协调机会，他负责小女儿在那边的学习、生活费用。他真的是很有爱心的一个人。我也只能这样联系别人来帮忙。当然这个事情也要这家人的积极配合，懂得感恩。这样帮扶的人心才暖，才愿意继续去帮助他人。

当时修这条路的时候，跟当地干部就存在一些思路上的分歧，但没有利益上的冲突。我说必须要发动大家，先动起来，把土地让出来，老百姓来投资一部分，我们跟老百姓一起投资，每人 100 块、200 块，一起参与。有些当地的干部觉得要先拿了项目和资金再来做。这些争执是会有的，但不影响工作的推进。他们可能思想是保守一点。事情最后是由老百姓决定。我们跟老百姓说清楚情况，让老百姓选择。大家一起讨论是应该等上面送资金、项目下来了，我们再开始工作，还是我们先着手筹资做起来，再跟上面的领导申请项目。最后老百姓说，他们想要项目，所以先动起来。最后那些意见不同的干部就不好意思了。因为老百姓都同意这样做了，那继续执着下去也没有必要，肯定要服从，所以最后就顺利推动了。由于我们这个自己先开始动员着手工作，领导看到了之后相信我们的决心，就支持我们，一起参与起来。虽然跟当地干部会有分歧，但是其实外派干部跟本土干部各有优势，外派干部的资源支持方面要好得多，层次、眼光、思维这些要好一点。本土干部就是熟悉地方的乡土人情，熟悉当地的基本情况，但思想不够先进，创新不足。但正因为这样，才应该共同发力，把事情做得更好，而不是单干。

以后的立化村发展可以继续做大油茶、枇杷、蛋鸡产业。把他们的交通条件搞好了，加强和广西那边村的往来，慢慢联通。

五　回看五年不怨悔，期待未来乡村兴

当时我在联山湾村工作的时候，只有我和另外一个干部两个人，当时就几个村委，党务干部，那时候人比较少。后来来到威岩村了我们的团队就有了七八个人。来到立化村以后就有十多个人。现在下乡的工作人员都不少，我们这边是一个单位负责帮扶联系一个村，小单位就从别的单位借点人一起负责。下乡参加工作，加班是经常有的事情。但具体怎么算加班就不好说了。有些时候你做完了事情就可以走，有时候上面的领导喜欢周末下来检查工作，你说这个东西算不算加班呢。毕竟那领导也不休息。我不知道这算不算加班。因为领导自己都不休息来这里考察，那我哪敢休息。所以其实我们在村里面工作的没有那么多的标准化。比如有时候我在办公室弄点资料，或者坐一下，或者是开个会，或者是上面来做检查工作汇报，或者是跑到这个单位或那个局里面去办事，或者是跑项目、协调一些工作啊，又或者是去田间地头了解情况、去调解群众纠纷等，这些都没有固定的模式。在农村什么事都会做。比如前两天下大雨涨水了，要过去看一下有没有危险。那天有个群众想强占土地，去盖房子或者是去种地，我们也要去协调。因为这个不是他的地，是大家集体的地。他把这个地强占了，这是不对的。我们工作没有固定的时间，事情发生了就必须解决。每天的作息也不固定，有时候晚上要继续完成白天因为忙而未完成的资料，有时候下到村寨群众家去沟通了解情况或者是陪他们吃饭的都会有。回来早就睡得早，晚就睡得晚。一般时间不怎么标准。平常都在十点钟左右，或者是十一点。甚至在周末回家的时候，刚到家就有事情，就马上要走了。这真的也没什么办法。

这两年扶贫干部下村之后给村民办了很多事情，确实做了大量的工作，给他们带来直观的改变。驻村干部也送进来很多思想、精神层面上的东西，使他们对乡村的发展充满了信心，看到了希望。驻村干部人多起来

以后大家一起努力去做，站在人民的层面、人民的角度，为发展谋划，完善基础设施，举办文化活动。干部深入了解每家每户。这些行为都拉近了群众和干部的关系，密切党和政府联系群众的关系，基本上就回归到那种干民鱼水情深的状态。当我走的时候有很多群众都舍不得。在我离开联山湾村的这几年，村民们都向镇上反映，想把我拉回去，希望我回到联山湾。村民中还有党员、群众代表，都盖了红手印纸送给县委组织部。他们舍不得我离开太久。还有另外两个村，我没有去过的，他们领导强烈要求我去他们村。还有威岩村希望我能够重返那个地方工作。包括立化村的老百姓私下都和我沟通，还有他们在见面聊天的时候都会提到我，经常表示很舍不得我离开。所以说我跟老百姓的关系很融洽。

我干过三个村子，现在已经走进第四个村，已经扎根农村，我多少都希望我们的管理制度能够继续完善。我建议是少检查、少督察、多解决问题。有时候那些人经常来，问干部很多问题。但实际上想要了解情况去村里看就可以了。领导们想知道干部到村里面干了哪些实事，可以去问老百姓，走近群众当中感受到村里的变化。干部们工作下来的变化，都应该以群众的讲话为基础。考核的人不可以到那里签个到就算了，关键是看工作做了没有。有些干部来是做了很多工作，也有些干部来也不知道干了什么。所以考察的关键应该是以群众是否认可的干部的工作为标准。我认为有时候领导视察的时候感觉某些工作做得好，就在考核中认定通过不够合理。考察单单看还不如走近老百姓走近群众当中，了解各项工作有没有做，做得好不好，有些好的功劳，老百姓是不会为了拍马屁就把功劳丢我们脸上来的。因为有些功夫花在群众方面中，是做不出那种让领导能直接看到成果的，所以需要去听听群众的反映。而如果领导来检查考察表面的话，就没有全面地评价干部的工作。

我现在来到了尧朝村，这个村子的人口比较多。我刚刚过去，所以估计比较困难。因为这是镇政府所在地，人口的结构不一样，还有这里镇子上人们的思想、思维跟经济实力，可能会比村子的村民稍微好一点。所以他们对干部工作的要求会更高。现在我还不太了解他们的需求，这需要慢慢地适应融入。这些地方都有很多困难，相信我可以慢慢地适应这里新的环境，努力完成工作。我目前的设想是结合茂兰的旅游项目，做一些森林旅游项目。如果有机会的话，跟广州番禺甘棠村村书记联络，打算以后我们种点蔬菜销往广州去，但是他还没回复我。如果有资源的话他还可以给我介绍一下。这个城镇发展的方面就比较广，包括商业、工业、农业，还有旅游服务业等。

我下到基层工作的这五年，最大的收获是能够为老百姓做点实事，带动他们、引导他们去实实在在搞发展，自力更生，发展他们的经济。我也能够顶住压力去为这个社会，为党和政府解决一些基层的群众的困难，为他们解忧，为老百姓解难。然后解放他们的思想，激发他们奋斗的热情。在这个工作里面，我也得到了很多的锻炼，也收获了很多快乐，与大家一起工作也很开心。为这个时代能够参与扶贫攻坚和乡村振兴贡献自己的一分力量而感到高兴与自豪，我的人生也值得了。我年纪大了，也不想考虑这些经历对我的前途的影响。但是这些工作对于我丰富人生的经历，应该是有很多帮助。因为在每个地方都收获了很多工作当中的感悟，收获了老百姓对一个基层干部、对一个共产党员的拥护、热爱和一份真情。这应该就是我最大的收获。把自己的智慧、自己的力量奉献给我们这片热爱的土地上，是很让人欣慰的。

我的孩子现在也看到我在做的事情的一部分了；我希望让他看一下，参考一下。我不要求他一定要像我这样傻乎乎地干，但是也可以把这个作为一个参考，不一定要做我这种事，但是，做事要把群众放在心上，做事要认真地做，对得起自己的良心。

我也希望你们年轻人能够站在时代的发展、国家的发展的潮流之上，好好学习；学成以后，用你们的知识、才华，推动我们国家下一阶段的发展。你们的力量比我们要强大很多，希望你们也可以奉献自己的力量。希望大家一代接着一代，一帮人接着一帮人，继续为祖国的美好未来共同奋斗、奉献力量。

用情做实遵义基层扶贫工作

受访人：高开勇

访谈人：谢治菊

访谈时间：2019 年 4 月

访谈形式：当面访谈

访谈地点：访谈人家里

访谈整理：肖鸿禹

访谈校对：肖鸿禹　高开勇

故事写作：肖鸿禹　高开勇

注：（南白镇就是现在的播州区）

受访人简介：高开勇，男，1980 年出生，贵州省遵义市播州区人，中共党员，曾在贵州省遵义县南白镇龙泉村、泮水镇纸厂村和桐梓县狮溪镇、楚米镇从事过 14 年的扶贫工作，先后干过"一村一大"、"驻村干部"、驻村"第一书记"、"驻村队员"等工作，对扶贫工作有着很深的感情。14 年扶贫工作期间，为村里的产业结构调整、水路电三网建设以及村民生活水平的提高做出贡献；在走村串户的过程中，顶着多种疾病的折磨，与群众面对面沟通，为群众增收致富建言献策；利用自己的社会资源，为村里发展做贡献。

一　"一村一大"扶贫起

2006 年 7 月大学毕业后，我经历数次公务员和事业编制工作人员的考

2019 年 4 月高开勇（左）接受谢治菊访谈

试而连连失败后，正处在为前途迷茫的关键时刻。这时，幸得贵州省委组织部和省人事厅出台了 2006 年《贵州省"一村一大"选聘高校毕业生进村（社区）工作的通知》。这犹如一棵救命稻草一样，让我最终通过笔试、体检等环节，如愿到了贵州省遵义县南白镇龙泉村委会上班，成为贵州省第一批"一村一名大学生"（简称"一村一大"）中的一员。

但是初到贵州省遵义县南白镇龙泉村上班，我感觉前途一片渺茫，大学时憧憬的各种人生理想在无情的现实环境下被击得粉碎。每天面对的工作是直接和农民打交道，这对从无农村工作经验的我来说又是一次新的挑战。还记得在龙泉村第一次走访贫困户的过程中，我竟然问了"你家每年有多少万元的收入"等没有水平的问题。不曾想一个贫困户如果每年有上万元的收入，也就不是贫困户了。带着新鲜感，怀揣梦想，开始了适应"一村一大"的工作节奏。

我认真按照村支两委的工作分工，抓好产业结构调整。龙泉村共有 10来个村民组，尽管刚大学毕业不懂农业，但我认真向农业技术经验丰富的农民学习，利用下队的时间一起和农民走到田间地头，学习常规农业技术的栽种和培育。我现在还想得起来的有喻兴程、林秀富、赵以吉等老村干部现在听说都已病故，他们经常不厌其烦地在田间地头给我讲解农业技术，直到我听懂为止。

通过一段时间的学习，我掌握了一些常规的农业栽培技术，并结合理论基础，撰写了以服务南白、龙坑县城中心区域为主的龙泉村2007年产业发展规划。在2007年产业发展规划落实到龙泉村的金子堰、前龙等组时，虽然受到了一些阻力，但在村支两委干部的大力建议下，通过一段时间的检验，发展起来的蔬菜和辣椒成熟后就呈现出脱销状态，鼓了"种植户的钱包"、撑了"消费者的肠胃"，达到了双赢的效果，受到了当地党委、政府的表扬。

在龙泉村服务的2008年至2009年，在我的建议下，龙泉村村支两委经过认真的研究和论证，并经当时的南白镇党委、政府同意由专门的农技人员指导，村支两委又大力发展辣椒、蔬菜等常规农业各800亩，当年见效，让130余户农户达到了增收致富的效果。这130余户农户都纷纷表示在新的一年希望增加亩数，以此提高收入，最终获益。

二 偏远乡镇扶贫忙

在贵州省遵义县南白镇龙泉村服务三年后，我于2009年参加贵州省定向乡镇公务员招考，以笔试第17名、面试第3名的综合成绩，成为贵州省桐梓县狮溪镇的一名公务员。

狮溪镇地处桐梓县最北端，到桐梓县城坐车要6个小时，可以说用"山高、坡陡、路险"来形容，一点也不过分。刚到狮溪镇上班的第一个月很不适应，脑海中有着强烈的对比反差感。狮溪镇山高路险坡陡，户与户间的距离很远，与我之前服务的遵义县南白镇地势平坦、户户相连的状况形成强烈反差。

通过一段时间的熟悉民情、了解民意后，我向狮溪镇党委、政府提出下村锻炼的书面申请，得到了镇党委、政府领导的大力支持，并派我到狮溪镇最落后的箐坝村蹲点3个月，负责箐坝村产业结构调整和狮溪镇至重庆市万盛经济技术开发区黑山镇的公路协调建设。

到箐坝村的第一天，我一放下行李还没有铺床，就和村支书杨虎开始入户走访工作，尽管当地群众对我这个陌生人的工作能力比较怀疑，但是通过我与群众"如亲人般的沟通""似朋友般的坦诚",一段时间后,我和当地群众打成了一片,很多群众会在我下班回寝室后单独找我沟通,让我分享他们的所思所想所盼。

箐坝村共 12 个村民组,350 余户群众,1400 余人;水田 300 余亩,旱地 200 余亩,不同群众有不同需求。有些群众有扩大方竹笋种植规模并能产销对接让方竹笋形成长效产业的需求;有些群众有辣椒、中药材种植的需求;有些群众有外出务工的需求;有些群众有厨师技能学习的需求。

箐坝村虽然是很偏僻的一个村,但是特殊的地形地貌和气候特征适合种植方竹笋,并能形成产业链,通过深加工后形成餐桌上的美味佳肴。通过网上查找与方竹笋产业相关的理论知识和国内专业从事方竹笋订购的大型企业后,我及时向狮溪镇党委、政府汇报,并作为箐坝村群众的代言人,多次到贵阳、遵义等地联系方竹笋的销售工作,为箐坝村方竹笋健康有序地走出大山尽了一份微薄之力。针对群众提出的辣椒和中药材种植需求和外出务工以及厨师技能学习的其他需求,我都做到了向当地党委、政府及时汇报,并利用自己的一些社会资源寻求解决的办法。

尽管我在箐坝村蹲点才 3 个月,但我为狮溪镇至黑山镇公路的建设现场协调解决群众堵工问题 20 余个,并常常做到了协调工作在一线解决、资料准备工作在深夜完成。虽然工作很苦、很累,但我在 2011 年底时看到狮溪镇至黑山镇公路顺利通车、狮溪镇箐坝村 25 人外出务工返乡带回胀鼓鼓的钞票、18 人学会了烹饪技术,并当了老板或高薪受聘,我还是非常欣慰。结束狮溪镇箐坝村蹲点 3 个月的任务后,我回到镇上又按照狮溪镇党委、政府的安排,先后为狮溪镇界牌村、白台村、狮溪村、黄坪村、瓮生村谋划产业发展,协调一些社会资源,解决 30 余个实际问题。这 30 余个实际问题都是群众急切希望解决的,因此受益群众都赞不绝口。

在狮溪镇的 3 年半时间里,对老百姓的贫困记忆最深刻的是一位 60 多岁的老年人向我借 20 元钱回家的情景。当时这位老年人说"高主任,你借 20 元给我,我下次赶场拿 10 斤米给你抵 20 元",我说"老人家你也不容易,大家遇到都是缘分,你不用还了,我把 20 元钱借给你,你安心回家就可以了"。尽管是一件小事并过去了 10 来年,但我对这件小事记忆犹新,因为我对老百姓苦的亲身认识就是从向我借钱的这个老人开始的。现在我无论在哪里工作,我对农村老百姓都是很诚恳的。在我心中,我感觉到农村老百姓远离城市的灯红酒绿、纸醉金迷、尔虞我诈的生活，他们大多是善良的。

尽管狮溪镇对我来说已是历史，并一想起目睹狮溪镇的两名正式干部在工作过程中坠车而亡的情景就心有余悸，但"人非草木，孰能无情"，何况现在的狮溪镇即将融入贵州习水县至正安县的高速公路网中，交通即将很方便，也希望有机会故地重游，特别是想到狮溪镇箐坝村半山腰的地方看看自己亲手栽种的那棵小树是否存活并结出累累的果实。人在世上，生命很短暂，活着就是最幸福的事情吧。今天想起，狮溪镇也有 4 万多人生活，每天都那么的幸福，我从中也感悟了一些人生真谛。人无法选择你的现实，但可以通过自身的努力，在后天的环境中让自己幸福。

三　纪检有情扶贫多

2013 年 6 月，我通过桐梓县纪委遴选公务员的机会顺利进入新的工作岗位，成为一名纪检监察干部。本想成为纪检新兵，从此不再和农村工作沾边，没想到 2014 年的 2 月，根据桐梓县委组织部的统一安排，我被选派到桐梓县楚米镇楚蔬社区担任"第一书记"，真可谓与农村工作"难舍难分"。

刚到楚米镇楚蔬社区担任"第一书记"的第二天，我就向社区两委虚心请教，了解到楚蔬社区共 600 余户 2400 余人；整个社区近 80% 的田土已被重庆工业园区征占；社区群众主要的需求是想在重庆工业园区的企业就业或通过贴息贷款开设各种小店维持生计。因此，每天社区办公室都围满了各种需求的群众。

我通过近 2 个月的时间共走访 500 余户群众，对每家每户的情况了然于心，并在当时的"娘家人"桐梓县纪委的鼎力支持下，积极配合镇、村两级到交通、住建、农业、环保、国土、财政等部门寻求解决之策，为改善楚米镇楚蔬社区的人居环境和提高群众生活质量等方面尽心尽力。记忆最深刻的是解决楚蔬社区 16 名群众在重庆工业园区一电子厂务工一事。当时，我和楚蔬社区总支书记吴春生连续五次去找这家电子厂经理协商，并受到了电子厂经理以"想务工的群众不懂电子技术"为理由的搪塞，但我和吴春生书记以"你们在楚蔬社区办企业，也需要当地党委、政府支持，现在解决群众的就业问题，就是帮助当地党委、政府减轻社会治理负担"为突破口，以诚意打动了电子厂经理，并同意这18人进厂边学习边务工。"磨刀不误砍柴工"，后来这18人通过一段时间的努力掌握了电子厂生产技术并成为电子厂的技术骨干。很多时候，只要人有机会，就会更多去把握机会寻求人生新的突破吧。

在"第一书记"的一年时间里，我切实履行"第一书记"的党建主体责任，协助社区总支书记切实抓好党建引领工作，严守党员入党程序，创造条件让想干事能干事并且有颗为民服务之心的入党积极分子向党组织靠拢；搭建平台让农村致富带头人"饮水思源"，积极反哺家乡，以报家乡的养育之恩，为贫困学生、贫困残疾人、贫困家庭捐款捐物，体现互助精神。2014年年底，共有8名群众向社区党总支提交入党申请书，比以往年份的申请率都高。

作为一名"第一书记"，我深知不仅只是一个名分的问题，更重要的是对全社区的工作都了然于心，做到情况清、底数明。所以，除了以上做的实事以外，我还认真到田间地头向群众学习，掌握适合楚蔬社区气候发展的农业生产技术；深入小水窖了解水量情况；深入"钉子户"中了解长期信访问题没有真正解决的原因有哪些；利用周末时间，一个人在办公室将社区历年的所有资料进行查看，做到表册清楚、数据明晰。尽管外人可能认为有"第一书记"多管闲事，会招来更多人烦的结果，但我总是觉得组织派我担任"第一书记"，那我要对得起组织的信任，为群众办实事，要做点经得起时间和历史检验的事情。尽管后来一些村干部对我管得宽投来不友善的目光，但我内心无愧就可以了。后来有个别社区干部被纪检监察部门处理了，有人还问我是不是我告的状，我只是微笑，不作更多解释，"为人不做亏心事，半夜敲门心不惊"。一个人只要行得正，就不会在乎别人说什么，身体的困难不能代表心灵的困难，只有内心不干净了，才会整日寝食不安。

2015年年初，我结束了一年的"第一书记"工作，回望过去一年的来路，感触良深，当想干事不知干什么事能得到最大多数群众的满意时，就有宋代词人柳永在《蝶恋花·伫倚危楼风细细》中描述的"衣带渐宽终不悔，为伊消得人憔悴"的词境，整日在考虑，弄得茶饭不思；而当一件事情通过努力办好，就有宋代词人辛弃疾在《青玉案·元夕》中那样描述的

"众里寻他千百度。蓦然回首，那人却在，灯火阑珊处"的感觉。酷爱文学的我，有时也喜欢在困难面前，通过网络读篇唐诗宋词或几段元曲，激励自我加压、自我负重前行、自我笑傲长空。盘点一年时间里解决楚蔬社区就业、务工以及实现土地流转和为贫困学生申请补助等数据，我还是感到比较欣慰。

结束"第一书记"工作回到桐梓县纪委上班后，我又参与了桐梓县纪委挂包楚米镇高山村的"精准扶贫工作"，至 2018 年初正式调离桐梓县。真可以说扶贫工作在我生活中"如影随形"，也许这就是缘分吧。

楚米镇高山村的地理环境以及人居条件落后于同一镇的楚蔬社区，但当地群众"思富盼富之心"强，并能在急难险重的工作中拧成一股绳，诸如修建串寨路、连户路、通组路等方面，那种"人一之，我十之"斗志还是让我在目睹修建 3 公里的通组路上得到更深感受。当时工期要求短，而且又是在冬天就要完成，但是群众踊跃报名而且都自带干粮，忘我工作，不计一分报酬，在规定的时间内顺利完成，当时我还给高山村的支部书记开玩笑说到"过几年，我们高山村再也没有光棍，外地姑娘还争嫁高山村"。高山村的群众通过自身努力想寻求新的幸福之路的勇气，今天我回想起来还是觉得我学习，还是很想再去高山村看看。

尽管在高山村的"精准扶贫"工作中，痛风常发，但是难忘高山村的一些群众说的纯朴但暖人心的话语："高主任，你脚不方便，打个电话就行了，不用亲自来走访""高主任，你慢点，怕摔伤"。这些话好似一股精神力量，让我按时完成高山村走访工作和宣传工作，并积极为高山村精准扶贫群体在自己能力范围内解决一些实际问题，比如低保户的收入不能按时到账、学生生活补助不能及时到位、贫困患者的医疗报销不能准时解决等问题。

在高山村的"精准扶贫"工作中，我没有担任"第一书记"，只是一名普通的帮扶干部，但我积极为高山村群众解决实际困难的心情，还是得到当地群众的认可，特别是在高山村某组一名张姓群众想解决多年没有解决的与兄弟因为土地纠纷发生的打架事件中，我还是出了力的。

当我接受组织委派负责调和张姓兄弟和好如初的工作后，我第一时间在村支两委的帮助下，查看张姓兄弟通过村、镇多次调解的卷宗，并带着张姓的土地承包证和包组的村干部走访群众和查看土地四周边界后，向县农业部门寻求政策方面的帮助，在县农业部门的配合下，我组织张姓兄弟和村组干部在村会议室利用一天的时间，从早上干到晚上，为张姓兄弟理清多年纠纷发生的脉络、理顺土地承包关系，从情理入手，在法理引导下，特别让张姓兄弟对我提到的清康熙时礼部尚书张英为家人修书要求解决六尺巷纠纷一事而写的"千里家书只为墙，让他三尺又何妨；万里长城今犹在，不见当年秦始皇"有所灵魂深处的触动，最终握手言欢，尽释前嫌，和好如初。

今天想起当年在桐梓扶贫的经历，还是有所成就感，尽管在我的记忆深处已是历史，但还是想有机会能再去曾经在桐梓做过扶贫工作的地方转转，和当地的群众再手拉手走到田坎中间，抒发发展后发生变化的情怀，当然也只是一种单相思，但是这种与群众"水乳相融"的情怀是长期工作历练的结果，不是头脑发热，只有和群众打成一片了才会有此体会。因为群众才是这片土地的主人，古往今来，无论哪个时代都一样的。

四 司法扶贫展真能

2018 年年初，我正式调离桐梓县，调到了贵州省遵义市播州区（原遵义县）司法局，从一名纪检监察干部变为了一名司法行政工作的新手。

遵义市播州区司法局在精准扶贫工作中挂包我的家乡遵义市播州区泮水镇纸厂村，所以我又开始了新的"精准扶贫"挂包之路，挂包了一户杨姓群众。

在挂包杨姓群众的几个月时间里，我切实为他办了点实事，表现在为他家儿子读书的事情亲自到播州区教育局衔接并让他的儿子成功入学，以及为他发展辣椒产业寻求政策支撑，在不熟悉的泮水镇农业服务中心与相关负责人衔接沟通并得到解决。

时间匆匆，刚把杨姓群众的挂包工作做到上心上手，我又被播州区司法局派到播州区司法局新民司法所负责全镇的司法行政工作。

在新民镇工作的时间里，我按照新民镇党委、政府的工作安排，先后帮扶了贫困程度不一的 10 户贫困户，并为这 10 户贫困户做了不少实事。具体表现是与新民镇扶贫办对接各类补贴一事，为韦某某和邹某某等贫困户争取到了该得的养猪补贴和建房补助。为了赵某某和张某某等贫困户的家庭成员住院报销得到及时解决，我亲自对接镇合医办，并自掏车费到区合医办进行办理。最后赵某某和张某某两户都露出开心的笑容，这也是对我为他们的事情从摩托车上摔下来表示最真心的谢意吧。在新民镇 10 户贫困户的日常走访过程中，我尽管无车，但我通过搭同事的车或者自己租摩托车，没有一次迟到，也没有一次把这 10 户贫困户的各类应做的补助表册工作耽搁过。新民镇的其他同事都笑我是一名真正的"既贴钱也贴身体摔倒的帮扶干部"，当然是否褒扬，我并未过多猜想，只求尽自己的努力当好一名帮扶干部，尽自己的能力为贫困户多做实事就可以了。本来我就将近 40 岁的人，凡事问心无愧就可以了。

高开勇（左）2019 年 2 月在农村工作

我在新民镇挂包这 10 名贫困户后，又按照组织的需要，于 2019 年 7 月被遵义市播州区委组织部派到泔水镇纸厂村担任一名驻村队员，专业从事"精准扶贫"工作，比起 4 年半前在桐梓县楚蔬社区担任"第一书记"的经历，只是一个"第一书记"和"驻村队员"的字眼区别，但干的工作都是一样的，都是要为更多的贫困户做更多的实事，为他们早日脱贫而努力。

尽管身体原因只在泔水镇纸厂村呆了 8 个来月，但这 8 个来月的"精准扶贫"工作我还是用心的。

纸厂村离泮水集镇有 10 来公里远，而且山路崎岖不平，甚至有部分串寨路、连户路都没有落实到位，我感触较深的是我所挂包的一名任姓群众，摩托车都开不到他家，每次走访都只能停在离任姓群众家 1 小时远的马路边再走小路到任姓群众家。这名任姓群众的户主以前是一名村支书，我为他数十年如一日甘受清贫而不向组织讨价还价的精神折服，这名老支书也为我的工作作风感动，常打电话告诉我有事只需电话沟通就可，无须前来家里。但我每次都做到再没车也要包车，再不能走也要带伤前往，从没有耽误这名老支书家的帮扶工作。其他几名挂帮群众，针对有就业的需要和上学的需要，我都在主动向组织汇报的同时，分别联系相关部门及时解决。2020 年春节时，我还自费为我帮扶的贫困户购置了春节慰问品，让这 5 户贫困户感受了淡淡的暖意。

在泮水镇纸厂村的 8 个月驻村生活中，我克服痛风带来的折磨和无专用交通工具等困难，走遍了纸厂村的 130 多户贫困户，并逐一完成交心谈心活动，并对贫困户所思、所想、所盼的东西一一记录在案，第一时间向纸厂村"第一书记"和村支两委做了详细汇报，并提出自己对做好精准扶贫工作促进纸厂村全面脱贫的一些想法，表达了自己渴望家乡全面进入小康社会的愿望。

在纸厂村帮扶工作中，我还积极利用自己的私人资源为纸厂村努力。比如针对纸厂村 2000 余名群众都没有一间正规的卫生室，不能享受零距离的医疗卫生资源的实际困难，我积极协调省里卫生系统的一些资源为纸厂村卫生室的落地努力，尽管还未成为现实，但努力也未放弃，只是需要等合适的机会。有时，机遇的到来需要巧合吧，为家乡群众筹钱修建一间卫生室是功在千秋的事情，至今这个梦想还在我心中盘旋，并非沽名钓誉、哗众取宠。

一晃 14 年过去了，我现在由于身体原因已在组织的关心和帮助下，又调离了遵义市播州区泮水镇"精准扶贫"的主战场，专业从事司法行政工作，不再参与"精准扶贫"工作。

一个人的时间是有限的，在短暂的人生岁月中，在爱惜自己身体的情况下，做点对国家和社会有用的事情，是无比幸福的。大学毕业后的 14 年时间里，大部分的时间都是和基层特别与扶贫工作联系密切，尽管没有其他同龄人在仕途上顺风顺水的成就感和商场上叱咤风云的满足感，但我问心无愧，无比满足：人生能有多少个 14 年，特别是能接地气并且和基层群众零距离接触，此生无比幸福。

总结 14 年的基层工作经历有几点感受：一是个人的理想只有置身于国家发展的现实主旋律中，并且要勤于学习、善于总结、及时消化和增添各种知识，才能不被时间和历史淘汰，才能在百年后问心无愧；二是个人要根据自身能力素质和身体素质选择适合自身发展的长远事业，并且要干一行爱一行，而不是图一时的哗众取宠，更不要在意外界的舆论压力，因为每个人要走自己的路才是最幸福的；三是每个地方的发展要结合当地实际选择致富之路，不能千篇一律，盲目大搞不切合实际的建设；四是要珍惜个人发展的每个历史阶段并细心保存笔记本、相片等工作痕迹，若干年后可以将之作为美好的回忆以及教育子孙的生动历史教材，避免想找却找不到的遗憾；五是要发挥团队精神，善于在不同的团队沟通和协调，因为毕竟个人的能力和精力有限；六是任何一个团体要有全局思维，不要故步自封，毕竟世界的发展一天也不耽搁。

2020 年是脱贫攻坚的收官之年，2021 年是"乡村振兴"战略的开局之年。我相信有中国共产党的正确领导，我们的祖国会更加繁荣昌盛。今后，国家有需要，组织有召唤，我依然会积极服从安排，到最需要的地方去，克服高血压、痛风等疾病的时常折磨，为祖国的发展尽自己的一份微薄之力。

三线子弟的一线扶贫情

受访人：胡铁磊

访谈人：何欣桐　林浩

访谈时间：2020 年 7 月 5 日

2020 年 7 月 24 日

访谈形式：线上访谈

访谈整理：林浩　何欣桐

访谈校对：胡铁磊　何欣桐

故事写作：林浩　何欣桐

受访人简介：胡铁磊，中共党员，"三线"子弟出身，贵州大学硕士，毕业后主要供职于贵州省科学技术协会，现任贵州省科协省院士专家服务中心主任。2014 年到 2020 年，应党委、政府下派，先后赴贵州省遵义市余庆县、贵州省黔南布依族苗族自治州平塘县参与扶贫工作，历任余庆县小腮镇党委副书记、余庆县科协副主席、平塘县委常委、副书记等职务，扶贫期间发挥政策了解、科技资源等优势、深入基层，结合实际，助推当地产业可持续发展、交通大疏通、村落建筑修缮，并与当地民众建立真挚情谊，曾获"贵州省全省优秀驻村干部"等多项荣誉。

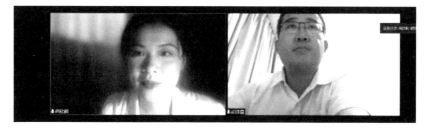

2020 年 7 月胡铁磊（右）接受何欣桐（左）访谈

一　割剪不断贵州情

我的祖籍在安徽休宁，父母应党"好人好马上三线"① 的号召来到贵州，我是三线子弟，出生在贵州，成长在贵州，这里就是我的家乡。在我的童年，甚至包括少年时代，那时候的贵州，在全国的经济（实力）是不强的，在某些方面还受到了一些歧视。外界对贵州不了解，总认为这里什么都没有；我们呢，就想着有朝一日离开贵州到外面工作，所以说当时，本科我选择读的是在省外的南昌航空工业学院②，学习航空材料（专业），那个时候还没有像现在这种想在贵州做事、想为贵州人民做事的朴素理念和情怀。

在读大学本科的时候，有一件我成长经历中非常难忘的事情，就是我们一个年级里面，很多学生来自三线地区，比如说四川、贵州、陕西，这些（地方）生源非常多，快毕业的时候，我就发现大家（贵州生源地学生）想方设法地离开，不希望回到贵州工作。为什么大家都不想回去（贵州）工作呢？这给我当时很大的思想触动。我的父亲是个老党员，他有着典型的"献了青春献终身，献了终身还要献子孙"（的思想），对党、对国家抱有很朴素的、感恩的心，他就希望我回贵州，所以在大四的时候，我基本上确定了是要回贵州的（想法）。从以前要离开贵州，到后面必须要回到贵州，我在贵州应该怎么好好工作的思考，这是我人生成长与思想上世界观、人生观形成的一个分水岭。

回到贵州，刚开始我是在企业工作了 6 年，当过技术员、工程师，企业是在比较偏僻的山区，周围就是农村，我能看到周围的农民和比较发达地方的农民有差距。那个时候我才开始真的觉得自己作为一个贵州人，到底能（为贵州）做些什么？后面便萌生了要从企业离开，希望自己能到一

---

① "三线建设"是中共中央和毛泽东主席于 20 世纪 60 年代中期做出的一项重大战略决策，它是在当时国际局势日趋紧张的情况下，为加强战备，逐步改变我国生产力布局的一次由东向西转移的战略大调整，建设的重点在西南、西北。400 万工人、干部、知识分子、解放军官兵和成千万人次的民工，在"备战备荒为人民""好人好马上三线"的时代号召下，跋山涉水，来到祖国大西南、大西北的深山峡谷、大漠荒野，风餐露宿、手提肩扛，用艰辛、血汗和生命，建起了 1100 多个大中型工矿企业、科研单位和大专院校（资料来源：搜狗百科）。

② 2007 年 3 月 16 日，教育部正式批准学校更名为南昌航空大学（资料来源：搜狗百科）。

些岗位来做些事情（发展贵州）的想法。那时候我还没有治理体系和治理能力的概念，想着去增加一下自己的知识，（于是）到贵州大学去读公共管理的硕士，希望从管理的角度来做好工作，做好服务，（毕业）之后就在贵州省科学技术协会①做人才服务这方面的工作。

对于我们贵州这些中西部干部来讲，脱贫攻坚就是锤炼我们的一个必须过程。只要在这个（公务员）系统工作，都知道贫困是我们贵州千百年来的一个标签，所谓"天无三日晴，地无三尺平"②，只要在贵州工作的，都有这样的认识。第一，对贫困，我们是有切身体会的；第二，咱们中国脱贫攻坚的相关工作渊源长久，在党的坚强领导下，贵州的脱贫攻坚工作这些年来一直在做。所以说，从参加（公务员系统）工作开始，我们与脱贫攻坚就有了联系。

我有两段扶贫工作经历，第一次是 2014 年到 2015 年在贵州省遵义市余庆县③，第二次从 2017 年 9 月份到今年 2020 年的 2 月份在贵州省黔南州平塘县④参加脱贫攻坚工作。2014 年下去（的时候），当时我是挂乡镇（小腮镇）⑤ 的副书记，同时兼一个村（迎春村）的名誉村主任，工作（内容）是直接、非常具体的，跟村接触比较多，但是就围绕一两个村，面比较窄。第二次，也就是 2017 年 9 月份开始，是应我们贵州省委书记、人大常务委员会主任孙志刚⑥的指示和部署安排，当时在全省的省级单位选拔了一批 45 岁以下的干部充实到脱贫攻坚一线。这次下去，我主要是在县（平塘县）里面任副书记，协助县委书记和县长这两位同志来抓脱贫攻

① 贵州省科协是中共贵州省委领导下的人民团体，是中国科协的地方组织，是党和政府联系科技工作者的桥梁和纽带，是国家推动科学技术事业发展的重要力量（资料来源：搜狗百科）。
② "天无三日晴，地无三尺平"是贵州谚语，意思是贵州多阴雨天气，地形崎岖，人均耕地面积小。
③ 余庆县是贵州省遵义市下辖县，地处黔中腹地，遵义东南角，截至 2017 年，余庆县辖 8 个镇、1 个民族乡、1 街道，共 70 个村居（资料来源：搜狗百科）。
④ 平塘县隶属贵州省黔南布依族苗族自治州，位于贵州省南部，享有"玉水金盆"美称，居住着汉族、布依族、苗族、毛南族等数十个民族（资料来源：搜狗百科）。
⑤ 小腮镇，属贵州省遵义市余庆县辖区内，是典型的山区农业镇，下有迎春村等 6 个行政村（资料来源：搜狗百科）。
⑥ 孙志刚，2018 年 1 月起，任贵州省委书记、省人大常委会主任，省军区党委第一书记（资料来源：搜狗百科）。

坚工作，（这次）要考虑怎么样把资源整合得更好，怎样配合好县委主要领导和政府主要领导把工作开展好。总的来说，第一次下去只面对一个村，比较单纯，只要把这个村的项目工作落实好就好，第二次下去呢，要参与县委的分工，不仅仅只是要考虑一个点，还要考虑一个县的统筹发展，因而承受的压力会更大一些，在这一点上，两次经历中我的心境有一定区别。

二 亲密无间鱼水情

第一次下去扶贫地，给我留下深刻印象的是农村的贫困情况。当时我在余庆县小腮镇迎春村，（见到）一位姓汪的大姐，这位大姐非常能干，但是家里的境况并不好。一个（原因）是（汪大姐家有）孩子读书，我们贵州有句话，叫作"贵州文化看遵义"，意思就是遵义这个地方它是黔北文化，老百姓是想方设法地要让自己的孩子多读书。汪大姐家里有三个孩子，那个时候没有现在这么好的教育扶贫政策，家里面可以说是砸锅卖铁地支持孩子读书，这就造成了贫困。另一个造成贫困的原因是（大姐的）丈夫身体不太好，很多年前就患上了类风湿，我见到他时，他基本已经失去劳动能力。当时也没有现在这么好的医疗扶贫和医疗保障的相关政策，他们那个时候还没有参加"新农合"①，医疗上得不到保障，家里的经济条件又不允许（治病），（病情）只能一拖再拖，像这种情况，往往拖到后面就越严重，甚至会造成瘫痪。我当时去到大姐家的厨房，看到厨房非常破旧，到处漏风，没有炉子，用的是"地炉火"，也就是在地上挖一个坑，里面埋柴，就把锅架在上面煮饭。厨房里的食物比较匮乏，种类也很单一，只有一点米，两三个鸡蛋。这次下乡扶贫，我感觉要更茫然一些，因为那个时候国家的精准扶贫政策还没有像现在那么完善，资金投入力度不比现在，如何真正开展扶贫工作对我而言十分困难，感觉无从下手。

当时，老百姓的抗风险能力很弱，脱贫攻坚相应政策也没有现在这么完善，老百姓心里面就很容易担心，（投资、经营）做不成功怎么办？老

---

① "新型农村合作医疗"（简称新农合）是指由政府组织、引导、支持，农民自愿参加，个人、集体和政府多方筹资，以大病统筹为主的农民医疗互助共济制度。其采取个人缴费、集体扶持和政府资助的方式筹集资金。该项制度于 2003 年正式启动试点，2008 年基本实现全覆盖（资料来源：搜狗百科）。

百姓思想上、内心动力上（举步不前），是我当时认为最大的困难。想要攻克这个难关，就要想办法动员他们沿着这条（发展）路走，这时候，和群众的交流就显得尤为重要了。（我们党员干部和老百姓的关系就是）我们是鱼，老百姓是水，离开了老百姓，我们什么事情都做不成；做什么工作，如果我们不首先想着老百姓，工作到最后也一定是假大空的东西。这两年走基层就非常强调，叫开好群众会，要联系好群众，一切以群众为先，这就是我们脱贫工作的一个准则。

跟村民之间交流，动员群众（的方式），主要就是开群众会，这个在我们当地称为开"坝坝会"①，村子里有多少人，就找多少人来开，有老人就把老人召集来开，有妇女就把妇女召集来开，总之是想方设法地动员他们来开会。群众会刚开始的时候，一般不会开门见山地谈工作，而是大家坐在一起交流聊天，我先介绍一下我是谁，我来这里是要干什么的，再和大家拉拉家常。开会的群众里有妇女，就问："姨妈②，你们家里有几个孩子啊？兄弟和姐妹都在哪里打工？"碰到上了岁数的大爷，就（问）："爷爷，你子女每个月给你多少钱（生活费）啊？"从这些细节开始，先让他们觉得我是自己人，慢慢地，他们会从很拘束，到跟我一起说说话，最后还会邀请我到家里吃饭。在中央八项规定出台③之前，我有时就会和村里人坐在一起吃饭，有什么菜吃什么菜，有什么酒喝什么酒。群众会之外，我们还会逐家逐户地去跑，比如说这几户人家住得比较近，我就把周围那两三家邀过来，请他们在一起喝茶吃饭。这样不断地大（群众会）和小（走访）交叉、交融，到我们能和村里人面对面坐在一起吃饭、喝酒、抽烟的时候，你说的话，他能听进去百分之六七十了。这时候再来说，"我今年打算给村子里面搞多少钱来，找多少项目来，这些项目和钱，我也不知道怎么花，想和你们商量商量"。切切实实，让他们感觉到是真的有钱、有项目，我来到这里，是真心实意地想为他们做事的，这个时候他们才会

---

① 所谓"坝坝"，是四川、贵州、云南地区人们对空地的称谓，"坝坝会"指的是在空地上开群众会。

② 当地称呼他人，是随小孩的口吻。

③ 2012年12月4日召开的中共中央政治局会议审议并通过了中共中央政治局关于改进工作作风、密切联系群众的八项规定，其中就有厉行勤俭节约，严格遵守廉洁从政等有关规定（资料来源：搜狗百科）。

说："那行吧，那我试一试。"

我们有一句话叫作扶贫先扶"志/智"，两个字，一个是志气的志，一个是智力的智。志，是说老百姓要有敢与天斗，与地斗，我要脱贫，我一定要脱贫，我一定要富裕起来的这种志气和信念。智，是老百姓在脱贫的过程当中，要有我怎样掌握好生产技术，减少一些风险的意识，并且付诸实践地去学习。我认为，志气/智力是扶贫工作最重要的因素。内在决定外在，经济基础决定上层建筑，志与智是非常基础的东西，却也决定了最后能不能做成事。如果贫困户自身没有脱贫的信念，不愿意做事的话，我们提供多少项目和资金，那都是一种输血式的扶贫，而不是造血式的扶贫。把老百姓的内生动力给激发出来，让老百姓的志气和智力有所提高，我认为这个才是（扶贫工作中）最最重要的内容。

我在余庆县待了一年多，主要就是协调一些项目、资金来做几件事情。第一件，助推当地发展林下养鸡的产业。第二件，就是想办法对一些村舍民居，进行修缮和包装。第三件就是想方设法地在交通上做一些协调，打通几条"肠梗阻"①的路。让我非常欣慰的是，（调离后）当我再次回到这个挂职工作的地方，也确实能看到当地的一些发展成果：首先可以看到村居发生了很大的变化，整个村落看上去干净整洁，能感觉到老百姓很爱惜，（把房子）保护得很好，这说明老百姓自己有这种精气神了，把这个地方真正当成自己的家。其次是产业实现可持续发展，这些产业或许并没有什么跨越式的发展，却非常平稳，能长期给老百姓带来比较稳定的收益，这个也是当时我们工作留下的部分成果。还有，种种条件共同地推动交通大变化，我当时离开余庆的时候，村与村之间还有很多道路不通，现在回去看到路都通了。这说明这些年不仅仅是我，还有很多的扶贫干部、当地老百姓和党委政府一起努力，把最困扰老百姓的"肠梗阻"交通问题打通了。当然，我也一直在强调这些改善不是我挂职期间才有的成果，而是这么多年来，许多集体、干部与当地老百姓共同努力的结果。

在余庆县扶贫的一年多里，当地老百姓给我留下很多美好的回忆，我们也结下了深厚的情谊。直到现在，他们（有时）还会专门给我捎来土鸡蛋，自己家种的米，逢年过节的时候还要专门抓鸡过来。我让他们不要

---

① 本是医学用语，这里是形容道路阻碍，难以通行。

来，他们就说："我们就给你带一点土鸡蛋，你给小孩吃。"这种感情非常真挚，但也让我很是为难。拿钱给他们，在他们看来，就是看不起他们，但我也不能让老百姓吃亏，那怎么办呢？我后来把钱就转给村委会，让村委会给他们安排适当的工业劳动，这就把钱送回到了他们手上。这样一来既不让老百姓吃亏，也维系了我们之间的感情。

到现在，我还常常会回到以前扶贫的地方。一是为公，遵义市余庆县是我们贵州省科协的一个党建扶贫点，我们采用的是挂钩联系，一对一帮扶的方式，我作为支部书记，要带领我们支部的同志和当地村支部联系。二是为私，出于个人情感私下回去看一看，有时也是应当地的一些要求和请求，发挥我们科协工作的一些个特色和优势，组织我们的一些专家再下去（帮助当地进一步发展）。这样一来，我几乎每年都会有机会再回去几趟，只有2018年、2019年这两年，因为在平塘镇挂职没有办法回去看看。在这之前，每一年我都会回去，像今年上半年就有回去过，过段时间我也还要去。

三　淘尽迷茫得感悟

第二次挂职，我来到了平塘县。平塘县位于贵州省黔南州，它有个特别的名字，叫"天眼之城"。为什么叫"天眼之城"呢？因为我国500米口径的发射望远镜就在我们平塘县境内，所以平塘得名"天眼之城"。平塘县总共有九镇、一乡、一街道，主要的少数民族有苗族、布依族和毛南族这三个少数民族，平塘县有比较丰富的旅游资源，有天眼①，有全世界最大的天坑②"打岱河天坑"，有风景秀丽的瀑布、峡谷、冰臼③这些地质

---

① 指的是由中国科学院国家天文台主导建设的一座射电望远镜，位于贵州省黔南布依族苗族自治州平塘县的喀斯特洼坑中，该设备是具有中国自主知识产权、世界最大单口径、最灵敏的射电望远镜，被誉为"中国天眼"（资料来源：搜狗百科）。
② 天坑，是指具有巨大的容积，陡峭而圈闭的岩壁，深陷的井状或者桶状轮廓等非凡的空间与形态特质，是特殊的地理现象，中国的天坑分布在南方喀斯特地区，绝大多数位于黔南、桂西、渝东的峰丛地貌区域。其中打岱河天坑是已知的世界上最大的天坑（资料来源：搜狗百科）。
③ 冰臼是指第四纪冰川后期，冰川融水携带冰碎屑、岩屑物质，沿冰川裂隙自上向下以滴水穿石的方式，对下覆基岩进行强烈冲击和研磨，形成看似我国古代用于舂米的石臼，它是古冰川遗迹之一（资料来源：搜狗百科）。

奇观。

平塘县的支柱型产业是茶产业，整个贵州省最早的春茶就在平塘。县里有多个乡镇都产茶，其中最有名的就是大塘镇。我们现在的省长谌贻琴同志①，2008 年时任贵州省委常委、宣传部部长的时候，她的帮扶点就在大塘镇。那时候，整个平塘县的茶叶产业是一穷二白，她比对当地的气候、土壤和水资源条件后，提出在平塘发展茶叶（产业）。所以说平塘的茶叶是从 2008 年正式起步，到现在，我们全县已经有近 10 万亩茶田。虽然说茶是一个比较主要的产业，但由于平塘的气候条件多元，我们的精品水果、食用菌、药材，以及蔬菜，特别是反季节蔬菜，在全省也都是小有名气的。我们据此也提出一些相应的发展战略，不仅仅只考虑农业，在工业方面，我们也有自己的一些思考，一些探索。

我刚到平塘的时候也有几次迷茫期，对我影响比较大的有两次。第一次迷茫期是刚刚到平塘的时候，我从省级机关到县里面来工作，而且是在县的领导班子，这和以前在机关里面的工作方式、思考的方式不一样了，解决问题的办法也不一样。那个时候我确实感觉很茫然，不知道该怎么做，该怎么去开展工作。实事求是地讲，一开始我总是不自觉地用机关的一些思路来处理县里面的实际问题，闹了不少笑话。比如说没有调查就放空炮，没有调查就下结论，还有想当然地觉得某个事情好就想去推广，结果并不受老百姓欢迎等，这些都是经验教训。

讲一件我自己的小糗事，平塘县的海拔比较高，全年有 240 天左右都是云雾天气，尤其进入 10 月份，基本晚上就会升起大雾，什么也看不清。2018 年的时候，大塘镇正处在城镇建设的收尾期，一些建筑材料和光纤电缆因为还没有完全完工就暂时放置在一边，整个城镇稍显凌乱，因此也发生了几起偷窃事件。有一天，我和镇里面的党委班子开会，讲到这个事情的时候，我就说："怎么搞的啊，怎么就查不到（盗窃者）？一年花几十万搞这个天眼工程，设置了这么多摄像头、电子眼，怎么就抓不到人？你们搞什么吃的啊！"这其实就是官僚主义的表现。当地的同志就比较委婉地跟我讲，说："胡书记啊，这里是大雾天气，两米之外都看不清楚人，别

---

① 谌贻琴，2018 年 1 月起，任贵州省委副书记、省长、省政府党组书记，省委党校校长（兼）（资料来源：搜狗百科）。

说是这个电线遭偷了，我们的这个摄像头没遭偷，都算是好的了。"这说明什么？说明我的调研工作不细不实，没有真正地从大塘出发，没有考虑到它的气候条件就来分析问题，解决问题，就闹了笑话。从此以后，我再做这些调研，再进行解题和破题的时候，就很注意，一定要考虑到当地相应的一些条件，无论是气候条件、人文条件也好，还是交通条件也好，这些都会纳入我考虑的范畴，这就是吃了教训后的一个经验。

2019 年 8 月胡铁磊（右二）在精品水果基地查看新品种果苗生长情况

　　第二次迷茫期是在什么时候？是县委主要领导和县委把我安排到平塘县大塘镇——全省 20 个极贫乡镇之一，去当第一书记，来统筹当地的脱贫攻坚工作。那个时候我也很迷茫，为什么？实事求是地讲，很多（时候）别人认为挂职干部就挂（名），反正要走，顶多就出主意，说话就行了，参与什么实际工作呢？当真正的担子压上来的时候，我心里面还是觉得底气不足。因为黔南首先是一个少数民族州，主要居住的是苗族和布依族，北方的一些政策，在南方的少数民族地区是并不适用的。举个例子，大塘镇它有几个比较纯粹的苗族村寨。那个时候，苗族同胞如果家里碰到了事情，比如说家里边有人生病，或者说有人碰到了一些意外之灾，他们首先想的不是去看病、找医生，也不是去找政府，找党委来解决，而是选择去杀牛来祭祀祖先，或者说进行一些鬼神崇拜的仪式。那怎么办啊？如果我们不让他杀，他就说："我要祭祀祖先，为什么不让我杀，你不让我们杀是什么意思？你是要咒我们家不好是吗？"这时就要我们跟他分析别的道理了，告诉他杀牛花了多少钱，最小的也得五六千，甚至大一点的要七八千上万元的都有，你应该怎么办。还有苗族同胞杀牛的时候会请很多人吃饭，这其实更多是出于面子问题，这时候，如果说村里面的村规民约规定不能因为小事杀牛，谁家如果杀牛乱请客，那就要罚款。这种罚款是村里的自治会或者寨老①发起的，而不是说我们党委、政府去罚他。这时他们心里面就觉得有底气了，他们会想："我不杀牛，我把钱节省下来干别的事情，因为是政府喊我不要杀的，也不是说我不想招待你们。"当我们先把他的后顾之忧解决了，他们就慢慢地，从杀大牛到杀小牛，再从杀小牛到不杀牛。往后遇到问题，他们就会知道，我应该把这钱拿去看医生，去找当地的政府来解决。改变有个过程，要慢慢地从少数民族的风俗习惯、民族信仰入手来处理这些问题。

再举个例子，扶贫工作中很重要的一项内容就是补住房短板，房子要能遮风挡雨。在北方汉族聚居地这不存在什么大问题，把房子（洞）全部封好，百姓是没有意见的，但是这在南方却行不通。因为南方气候潮湿，老百姓放谷物的阁楼一定要透气，这时候如果我们单纯地搞政策"一刀切"——要求必须把有洞的地方堵上，这就罔顾当地现实了。还比如说，原来当地的少数民族的住房习惯是下面一层养牛，上面一层住人。因为我们有住房补短板，住房有保障这么一个政策，人畜混居问题也是一定要解决的，但我们不能直接跟他说："不行，你下面就不能养牛，就必须住人。"这个时候就要给他出主意，告诉他："是，下面（住）牛可以，但是必须和人隔开，你不能像以前那样，你在楼上是能看得见楼下的牛的。"我们单独地在楼下给他修建一个牛圈，喂牛、饲养牛是一个门，人从另外一个门进入到居住的空间。这样一来，他也放心，（心想）"牛就在我（住的地方）下面，我也看得见"。（解决他的后顾之忧）同时，我们也是执行了政策，做到了人畜分离。少数民族地方在落实政策的时候有不同，首先我们要坚持原则，同时也要考虑到他的民族习惯，以及他们生活中的便利（做到具体问题具体分析）。

除此以外，我们作为挂职干部，有时候也会认为基层在执行相关决议和执行企业相关工作的时候，因为不符合我们过去的一些个思维模式，我

---

① 当地少数民族往往会推选声望较高的人担任寨老，解决一些纠纷事务。

们对他们（当地干部）不理解，存在互相的一种不理解不信任，我个人认为这是驻村挂职干部刚开始到当地的时候比较容易产生的一个问题。为什么我们讲，到一个地方一定要转换角色？我要融入当地，要从当地实际去考虑问题，我才能真正和当地干部们最后融为一体，（这）需要个过程，需要大量的实实在在的调查研究。（具体解决的方法），第一点就是要多听、多看、少说话，不了解情况的时候不要觉得自己比别人多点墨水，比别人职务高，非要去发言。第二点就是要虚心请教，真的得放下架子，问一下别人"这件事情你们会怎么处理，教教我。"第三点就是，大量的非常实际的调研，要摸准情况，现在制度非常规范，我们心中如果对情况熟悉了，就基本上可以在制度规划好的路径上走，这样一般不会出太大的问题。这三点我都能把握得比较好，因此很快就能转换角色，融入当地，融入集体。

我们这些挂职干部大都是从上级机关到下级机关，（也确实）能带给当地一些益处。第一点，政策方面的了解优势，也就是说，以后可能会推出什么政策，政策会往什么方向走，这方面我们可能会比基层要多一些了解的渠道。像教育保障的相关政策，这些已经非常配套，非常完善了，基本上，只要是小孩们到了该学习，该入学的年龄，他们就一定会有书读。对于贫困家庭的孩子，我们通过各种减免政策与支持政策，保证他有书读，而且生活还有保障。这个就是我说的政策越来越完善（我们是能及时掌握的）。第二点，我觉得是（挂职干部和当地干部）彼此（受益）的，大家你了解一些我解决问题的办法，我了解你一些处理问题的方法，就可以互相促进，比如说这件事情，你从基层的角度想办法找人解决，我从我们的这个角度想办法解决，大家共同发力（有更广阔的思路）。

第三点，从我这个角度来说，专家方面，我们能掌握的专家资源，能组织能邀请到的专家资源，肯定比当地多一些。原来当地很多村合作社都发展茶（产业），但是产业发展存在不少问题，像是茶田产量很低，茶叶品质不理想，产品中有一些精品，但更多的是一些品质不太理想的茶。为此从2018年开始，我们当地就和贵州大学相应的专家在一起（研究），然后逐步将现在一些比较先进的（茶）种植技术推广、应用在我们过去的茶田上，主要的（技术）比如说管护、除虫（灾害），还有茶品质的更新换代。（推广后）可以明显地可以看到由贵大专家技术支持的产品有了发展，我们进行了一个统计，茶叶产量比以前提高在 70%~85% 之间，而且产出来的茶青质量也非常好。

再比如说，这几年由于受猪瘟的影响，猪市场一段时间内是非常空缺的，很多地方在发展养猪产业，但这也是不能乱发展（乱养殖）的。（过去）老百姓用土办法养猪，又脏又臭，猪长得慢，产崽率低，死崽率高，现在我们平塘也在大力发展以养猪为主的养殖业，但无论是从环保方面也好，还是从猪的喂养也好，这些都是按照专家的建议，遵循科学的管理来进行的，因此产业发展前景很好，现在平塘最少就有 5 家国内知名的大养殖企业，是属于全国性、省一级以上的龙头企业。还有像这两年，我们在做旅游（开发），围绕"天眼"为龙头的旅游资源开发，同时做天坑，还有甲茶瀑布①等一些旅游相关内容，（在专家技术支持下）把大数据应用在旅游产业上。游客到平塘，通过旅游云这种智力平台，就能很轻松很愉快地去体验（当地）旅游，同过去那种旅游方式（相比），那就是一种质的改变，这也是发挥科技的力量，应该说科技，它一定是会在产业中发挥支撑作用的。

去年，黔南州（评定各项先进）给了我一个先进（荣誉称号），应该来讲，工作很扎实，比我做得好的同志有很多。当地的党委政府和老百姓比较认可我，推荐（我参加评选），最终给了我这么一个荣誉。我心里面既非常激动，高兴，同时也很忐忑。我们基层的干部是非常辛苦的，抛家舍业的人非常多，他们（很多人参加扶贫工作）生活物质条件，比我差的多得多，只能讲，给我这样的荣誉，它时刻提醒我：无论人走到哪里啊，都不要忘了出发点是哪里；人无论走到哪里，尤其是党员干部，心里面一定要装着老百姓。

四 为民精神传子女

除了这两次（扶贫工作）以外，我曾经还在 2011 年的时候去北京（参加学习），每次挂职，或者长时间地出去学习、工作也好，身后都是有

---

① 位于贵州省平塘县摆茹镇甲茶村的甲茶风景名胜区以甲茶瀑布等景观著称（资料来源：搜狗百科）。

我的家庭大力无私的支持，应该说，家庭后方的支持是我在前方能安心做工作的一个巨大保障。我家里面有两个孩子，我妻子是人民教师，长期担任班主任、年级组长等，工作也比较繁忙，（对于我长期在外工作）说她要是一点埋怨没有，那绝对是讲假话，但总的来讲，大方向上，整个家庭都是比较明确、不含糊的，他们知道我作为一个党员干部，那就是一块砖，听组织听党的话，跟党走，组织喊到哪里就到哪里。我的孩子们也通过自律、听话，来支持我，让我在前方做事情时充满干劲。

在我们家，我一直在讲，最少是要把自己的一种信仰和自己的（共产党员）精神在家庭范围内传递下去，因此我经常会给孩子分享一些我的经历，我的孩子们都知道我在哪里工作，甚至于具体在哪个镇、哪个村。每一次，我外出工作、学习、挂职，我的孩子们都会到我工作的地方来，有时与我一起，想办法捐钱捐物，慰问老百姓，他们在老百姓家吃过饭，帮老百姓家打扫过卫生……（我）就是至少要让他们知道，爸爸在外面做了什么事情，做这种事情有什么意义，孩子们的年龄还不是很大，能明白一些（扶贫工作的意义）就已经很好了。以后，我再慢慢地在他们的成长过程当中，逐步向他们灌输：爸爸为什么做这些（扶贫工作），做这些（给当地老百姓）带来什么变化，那到了最后，他们就会知道脱贫攻坚工作，爸爸参与的这项工作多么伟大。

孩子们（以后）有了本事，出来工作，愿意到基层（服务），我觉得这是好的。我并不希望我的孩子出国，或者说至少我希望他们是要学成归来的，而且就是要从基层做起，（以后）孩子要从农村（工作）做起，我很高兴；如果孩子在城市的社区做（工作），我也很高兴；那如果说他们经商，做的事情也能为老百姓带来一些益处，那我也很高兴。人啊，有时候，必须要得到锤炼，才会成长。我不是单纯地说，像一些（人）一味地说非得要吃红米饭，要睡土炕，那才叫锤炼。在我看来，孩子们如果有机会到基层（工作），在基层做点事情，和老百姓站在一起，为老百姓创造更好的生活出一份力，那我觉得（这就是一种锤炼），我的家庭教育就成功了。

老兵再上扶贫战场

受访人：陈红军

访谈人：罗浩奇　郭世平

访谈时间：2020 年 7 月 19 日

访谈形式：线上访谈

访谈整理：罗浩升

访谈校对：罗浩奇

故事写作：郭世平

受访人简介：陈红军，1976 年生，安徽亳州人，江西省委党校工商管理专业在职研究生，1993 年从安徽入伍到江西部队，是江西省民族宗教事务局选派驻村干部，原任民族社会事业处副处长，选派到赣州市南康区赤土畲族乡杏花村担任村党组织"第一书记"。

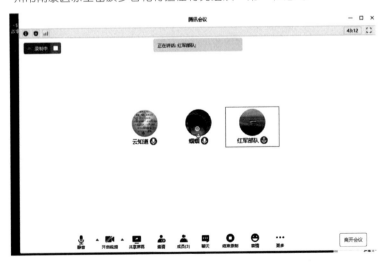

2020 年 7 月陈红军（右）接受罗浩奇、郭世平线上访谈

一　永葆军人本色，不改扶贫初心

我是 1993 年从安徽入伍到江西部队的，在部队待了 17 年，做过士兵、班长、排长、指导员、教导员、机关政治干事。在部队大部分时间主要是带兵搞训练，搞服务保障。转业后，在江西省民族宗教事务局民族社会事业处任副处长，主要负责少数民族社会事业这一块工作。2019 年 2 月，局里选派我到赣州市南康区赤土畲族乡杏花村①担任村党组织"第一书记"。单位在选派扶贫干部之前，在全局干部职工中广泛征求过意见。在单位选派征求个人意见时，我只说了一句话——"服从组织决定"，因为我曾经是一名军人。虽然家里这个时候是最需要我的，但只要是国家需要，我坚决服从组织决定。我有两个小孩，大儿子今年读六年级，正面临小升初，小儿子还在读幼儿园中班，他们都非常需要父母陪伴。我父亲去世得早，母亲更加需要人照顾和陪伴，家里的担子都落在我爱人一个人身上。她也是部队出来的，也是当过兵，现在也是转业在省直机关。在家里最需要我的时候，我却要到 500 公里之外的地方去驻村工作，而且驻村干部是两年一轮换，最少需要任期两年。我爱人即使有一百个不舍，但她还是十分支持我的决定，家里人也都是非常支持我的工作。

挑战前所未有，机遇稍纵即逝。我曾经是一名军人，复员后转到机关，可以说对农村工作一点也不熟悉。很多人都说"第一书记"不好当，说实话，我也生怕当不好。驻村之前，我就自己问了自己几个问题：一是敢不敢担当，怕不怕吃亏？二是敢不敢作为，怕不怕担责？三是敢不敢创

---

① 杏花村：位于江西省赣州市南康区赤土畲族乡西部，总面积 24 平方公里，其中耕地 2200 亩，山地 1.8 万亩。全村共有 41 个村民小组，1254 户 5303 人，党员 58 名。共有油茶、蔬菜 2 个专业合作社，村主导产业为油茶、蔬菜、脐橙、葡萄种植和小龙虾养殖、食品加工、光伏发电，其中油茶 4000 多亩，蔬菜 106 亩，脐橙 1600 亩，光伏发电 599kW（贫困户 399kW 和村集体 200kW）。全村现有建档立卡贫困户 142 户 494 人，其中一般贫困户 62 户 281 人，低保贫困户 69 户 200 人，特困供养贫困户 11 户 13 人。贫困户按主要致贫原因分为 6 类，其中缺技术致贫 51 户 191 人；缺劳力致贫 46 户 127 人；因残致贫 21 户 70 人；因病致贫 13 户 53 人；因学致贫 8 户 39 人；缺资金致贫 3 户 14 人。2015 至 2019 年全村共脱贫 133 户 474 人；未脱贫 9 户 20 人，边缘户 2 户，监测户 1 户。贫困发生率为 0.377%，全村于 2016 年通过省第三方评估，顺利脱贫摘帽。

新，怕不怕担事？我的回答是：当兵打仗死人都不怕，我还怕什么？流血流汗不怕死是我们军人的本色。退伍不褪色，军人的胆识和魄力是我做好一切工作的勇气。单位非常重视扶贫工作，每次选派一批驻村干部，单位的主要领导都会来谈心谈话，详细了解情况。当局领导找我谈话，说组织和局领导都了解我家庭的实际情况，但是党组会认真研究之后，还是觉得我比较适合，所以决定派我去驻村扶贫。最后，领导问我还有什么困难时，我只说了一句话："坚决维护党组织的权威，坚决服从组织的决定。家庭的困难我会克服，既然组织决定了，我会把组织的信任和重托记在心里，扎实做好扶贫任务。"谈完话的三天后，我们这一批选派的驻村帮扶干部就已经到岗到位开展工作。

　　驻村工作必须要与原单位工作脱钩，吃在村里，住在村里，沉到村里。第一次到杏花村时，觉得这里生活条件确实很艰苦。因为村委的办公用房比较紧张，我们住的房间既用于住宿又用来办公，用水用电也不是很方便。由于我们这个村在山区，电路不稳定，每遇刮风下雨，时常会停电。村里建有自来水厂，有时候水压太大小会停水，我们只能用山上引来的泉水，用水会遇到一些麻烦，但基本生活用水还是能够有保证的。最担心的还是夜间出行安全，因为山里的蛇比较多，必须非常小心。这里的生活虽然十分艰苦，但我都能够一一克服，毕竟我是当过兵的，经过部队十七年的培养锻炼，我的适应能力还算是比较强的。再者，我老家安徽与江西又是邻省，在饮食和当地风俗习惯上相近，前期对全村的基本情况、人文情况、风俗情况也有所了解，所以很快就适应了这里的生活，能和当地老百姓打成一片。

　　生活上的困难还是比较容易解决的，最难啃的还是扶贫工作上遇到的三大难关。首先是交通关，因为这几年的扶贫政策落实到位，道路基本上都已经修好。我们扶贫需要上户，到贫困户家里去了解情况，但是这途中由于缺少交通工具，增加了上户的难度。我们不能总是借用人家村干部的车，人家的私车也不能当公车用，后来我们想办法，决定骑电动车或者自行车上户，虽说比较辛苦，但是也解决了上户交通工具缺乏的问题。其次是语言关。我长期在部队服役，身边的同事和战友都是来自五湖四海，所以我们一般都会选择用普通话交流，但是到村里后发现，我们接触的对象基本上以老年人居多，年轻人大多都外出打工了。当地的老年人说的都是土话（方言），他们反映的问题，我都听不懂，语言不通成为我和当地老百姓沟通上的最大障碍，为了克服这一困难，每次我都带上村干部，在沟通过程中，村干部充当翻译，多配合几次，基本上就能够正常的沟通了。最后是思想关。当地村干部思想守旧，他们长期生活在农村，接受新思想、新理念、新事物有一定的难度，当我们给他们讲一些新的东西时，他们却接受不了，导致与他们沟通时存在困难。除此之外，他们的创新意识和执行能力较弱，工作作风较懒散。为了解决这一问题，我坚持与村干部多谈心，多沟通，多引导，多协商，多做他们的思想工作，事事以身作则，慢慢地大家的思想觉悟、创新意识、工作效率都得到了提高。当然当地村干部也有他们的长处，我经常向他们讨教农村工作经验和农业知识，然后结合我的优势积极为村里寻找好的发展路子，多渠道帮助农民群众脱贫致富，充分调动每位村干部的积极性和创造性。

今年是全面建成小康社会的关键之年，也是脱贫攻坚的收官之年，时间紧，任务重，压力大。为了更好地开展驻村工作，我回家探亲的次数是越来越少，因为回一趟家太困难了，需要耗费太多的时间和精力。每次回家我一早就得起床，从村里面走到乡政府，这段路程大概有6公里，到乡政府后再坐乡政府的小中巴车到南康区的汽车站，从汽车站再坐公交车到赣州市的火车站，这一共大概需要两个小时，然后再坐火车回南昌。从我们村里到南昌将近500多公里，在没有开通高铁之前，回家大概需要花费7个小时。每次回去确实是一道难题，因为路途的不便和工作的任务比较重，所以说两三个月回去一次都算是很正常的。我到村里扶贫的一年多时间里，最长将近四个月回家一次，平时也是两个月左右回一次家陪家人一起过周末。长时间的驻村，有时候时间久到回家后孩子见我都很生疏。我很感谢我的爱人对我扶贫工作的全力支持和默默付出；自我扶贫以来，她一个人带两个孩子，不仅要管孩子学习和生活，自己还要工作，她的付出我觉得比我还要多。但是她理解这是国家的一项重要工作，也非常地支持。而每次谈到孩子，我都不知道用什么语言来表达。有一次我出门时孩子问我"爸爸你什么时候才能回来"，出门后我都暗自流泪。陪孩子的时间真的太少了，和他们分离的时间太长，每一次回去也就是过个周末，短短的两天时间。有同事、朋友问过我："你们这么辛苦，值得吗？"对此，我可以很肯定的回答他们："值得！我们做了很多实事，不说成绩有多显著，但至少让我们村的贫困户都享受到了党和国家的扶贫政策！在部队里觉得，生命里有了当兵的历史，一辈子也不会感到后悔。现在把自己最好的年华挥洒在脱贫攻坚的一线更是我人生最大的自豪。"

二 "亮剑"扶贫一线，护航扶贫之路

"智者察势而为，勇者乘势而进"。我所在的驻点村有 24 平方公里，共有 5303 人，这是由三个村合并而来的，人口多且贫困户也多，省、区、乡都派了驻村帮扶干部来这里帮扶，目前共有 24 人。我们这些驻村帮扶干部平时也经常交流工作经验，互帮互助，因为我们有一个共同的目标，就是让贫困户全部脱贫，让老百姓过上好日子。组织既然选派我们作为"第一书记"，深入一线驻村帮扶，这是组织对我们的认可。既然接受了组织的任务，我们就必须用真心、真情和真意，放下身段真抓实干，做出成绩、干出实效。只有干出成效，取得实效，才能不辜负组织的重托，才能对得起"第一书记"的称呼。作为一名合格的"第一书记"，就要安下心、扑下身、扎下根，和群众打成一片，谋划发展致富路；还要勤走动、多跑路、争扶持，牵好帮扶村与派出单位这根线，解决群众生产生活困难；更要抓眼前、谋长远、稳脱贫，确定一个发展方向，实现全面建成小康。

扶贫先扶志，思想要攻坚。大部分贫困户中很多都存在"等、靠、要"的思想，甚至有人认为"国家的不拿白不拿"，不愿脱贫、不想脱贫、以穷为荣的观念与风气严重制约脱贫工作的顺利开展。我作为"第一书记"要对全村的基本情况、人文情况、风俗情况有所了解，更要清楚地了解每户贫困户的家庭情况、收入支出情况，分析每户贫困户的致贫原因。针对每户贫困户，要设身处地为他们着想，设想如果我是他家中的一员，那么我家有哪些困难、需要什么、需要扶贫干部为我家做什么。时刻站在贫困户的立场来考虑问题，再以帮扶干部的身份来寻求解决问题的办法，在各级党委、政府的指导下，我们驻村帮扶干部及时调整了工作重点，把开展"扶志"工程作为重点，加大宣传教育，通过村民小组会议、与贫困户谈心聊天等形式，在潜移默化中把"要我脱贫"转变成"我要脱贫"的意愿，解决贫困户中"靠着墙根晒太阳，等着别人送小康"的思想。比如说我驻点村的贫困户张国波，我多次上门与其谈心，晓之以理，动之以情，做了大量耐心细致的思想工作，才改变了他的思想并激发出他的内生

动力，现在不仅干上了村里护林员工作，还时常干些村里帮其联系的临时工，大大提高了其收入，其他贫困户备受感染和鼓舞。另一方面选择自力更生的贫困户当村脱贫带头人，起模范带头作用，用身边的先进典型激励引导贫困户转变等靠要思想，树立自强自立脱贫致富的信心。

扶贫路上困难重重，单靠我们驻村帮扶干部的个人力量远远不够，需要帮扶单位和多方力量的支持。习近平总书记不是一直倡导，做工作要"把方方面面人士的积极性都调动起来，团结一切可以团结的力量"。我经常在琢磨脱贫攻坚工作还有哪些力量是可以依靠和调动的呢？我分析了下，主要还在六个方面：一是驻村工作队；二是派出单位；三是村"两委"班子；四是致富创业带头人；五是村民群众；六是社会团体、各界人士。只要驻村工作队用心用智，派出单位竭力支持，村委班子团结肯干，致富带头人敢闯敢拼，村民群众、社会团体、各界人士捐助扶持，这六股力量一旦汇聚，那么村里脱贫攻坚任务的完成则指日可待。

派出单位是我们坚实的依靠，不管是资金、政策和项目上帮扶单位都给予了巨大的支持。首先，我每个月都会把驻村帮扶工作开展情况编写成工作简报，把帮扶过程中遇到的实际困难编写成请示报告，让帮扶单位都能及时了解到各项扶贫工作的进展情况，帮扶单位对我们驻村帮扶工作也是非常的支持。其次，我经常带着村干部到区里的相关部门，向当地的党委政府和扶贫办寻求帮助，为当地群众争取一些好的政策和投资。最后，我们还联系了很多慈善会和国企，寻求社会团体和各界人士的支持。在他们的热心帮助下，我们去年就获得了价值将近60万元①的物资。

我们驻村帮扶干部在村里常常和群众结对子，认亲戚，主要目的就是

① 为进一步提升群众满意度和获得感，陈红军书记先后争取了省政协海外扶贫基金会投资25万元，帮助杏花村实施道路亮化工程，安装太阳能路灯91盏；积极沟通协调中建五局南康家居小镇项目部，为杏花村老年活动中心广场开展植树活动，捐赠各种名贵树木40余株，并在沉河安装了景观护栏70余米，保证了村民安全；主动联系中国化学驻南康总部对接农副产品消费扶贫，已帮助销售农副产品6万余元；积极争取到了公益敬老"留住最美夕阳红"活动，为村中60岁以上老人免费摄影；积极协调卫生院组织医务人员为杏花村建档立卡贫困户、65岁以上老人、35到64岁妇女以及四类慢性病患者开展免费体检活动；积极沟通协调东林寺慈善护生会到杏花村开展慈善慰问活动，为110户困难家庭送去2万多元慰问金和价值3万多元的大米及食用油；江西青原弘济慈善基金会助学捐赠20万元等。

想和他们拉近距离，解决他们的操心事、烦心事、忧心事。群众有困难有诉求，我们第一时间给予帮助，能解决的立马解决，不能立马解决的也要给予解释和反馈，这是我对自己和村委干部的要求。百姓的事无小事，把百姓的小事做好了，民心就顺了，百姓就会支持你、拥护你，就会在脱贫奔小康的道路上配合你、信任你。其实，农村最讲实际、百姓最讲实惠，说一万句好话，不如干一件实事。比如，仅去年我们村委就现场调解村民矛盾纠纷百余起、做通村民思想工作40多人；组织召开两次退役军人座谈会；为残疾贫困户申请轮椅5辆、各类特殊用品60余件、改建12户；开设了"暖心食堂"；不断完善基础设施建设，安装了91盏太阳能路灯；绿化了村老年活动中心广场；建设了风雨门球场、修缮了文化娱乐广场；安装健身器材，新建图书室和老年人活动室；购置腰鼓、锣、二胡等娱乐器材；开展公益敬老摄影、体检、健康讲座等活动；积极为全村农副产品"代言"，扩大销售渠道——自2019年驻村扶贫以来，我们共帮助销售脐橙、酸枣糕、贫困户土养蜂蜜等农副产品达25万余元。

除此之外，我还经常自掏腰包为老军人购置餐桌、自费购买礼品看望贫困户。我驻点的贫困村里有一个老军人，但是他又不是贫困户，他有几个儿子，都在外面工作。但是儿子留了老两口在家里生活，平时也很少打电话问候，更别说回来看望，有时候连最起码的生活费都不给。我对军人有一种情怀，当我看到他这一家人连一张像样的饭桌都没有的时候，我当时就掏出600块钱给他买了一套餐桌。他是个老军人，他也经常主动帮助我们去做一些群众的思想工作。老百姓是非常实在的，只要让他们看到实实在在的变化，就能坚定他们的脱贫信心。我作为"第一书记"必须履行任职承诺，把承诺落实到富民强村行动上，把有限的人力、财力、物力用于解决群众最现实、最关心、最直接的利益问题上，真正干成几件群众看得见、摸得着、能受益的实事好事，让群众从发展中得到更多的实惠。

目前，经过我与村干部们的共同努力，村里的贫困户已经从142户，将近494人，减少至9户。这9户至今还未脱贫的原因，主要是因病因残，没有劳动力。我们现在通过一系列的帮扶政策，增加公益性岗位，让他们增加收入。比如鼓励他们做一些力所能及的养殖、种植，然后通过消费扶贫，通过政策慢慢地来提升他们的收入。这些贫困户有的常年卧病在床，有的终身未娶，孑然一身。虽然还有9户贫困户，但是我们有信心，通过我们驻村工作的开展，以及各项政策、社会力量的帮扶，到2020年底一定能够顺利地实现整村全面脱贫。

三　践行人民至上理念，打赢脱贫攻坚硬战

作为"第一书记"来到村里，为了尽快转变角色，吃透摸清村情民意，有针对性地开展帮扶工作，我用3个月时间遍访了142户贫困户，总结分析了各户贫困的现状和成因，制定了《省民宗局定点帮扶杏花村2019年—2020年驻村工作队帮扶工作计划》：2019年共争取资金304.1万元，建设实施民生项目17个。

为了真正改善村民的生活条件，我一直坚持"走出去"和"引进来"相结合的工作理念。做好我们村的推销员，使村里的农副产品"走出去"，同时不断引进企业，做好"引进来"工作帮助村民脱贫。记得国务院原副总理吴仪就曾经说过："我是一个推销员，我推销的是我的祖国。"可见，作为"第一书记"，推销我们村也是我的一份责任。正所谓"酒香也怕巷子深"，现在的时代，好的农产品也怕卖不出去。驻村以来，我向致富带头人推销我们村，通过当下流行的直播带货对农副产品进行宣传，有一次直播了4个多小时，销售出了将近10万元的农副产品。在线上制作宣传推介视频5部、线下参加江西广播电视台"第一书记"好产品推介展销、绿地博览城"第一书记"好产品对接等活动。我也先后接受了江西广播电视台广播专题采访两次、《江西新闻联播》头条报道一次、南康区电视台报道四次。让杏花村在广播里有声音，电视里有画面，手机里有转发，极大地拓展了杏花村农副产品的知名度和销售渠道。通过大力宣传和报道，现在我们杏花村在外面的影响就出来了，带动了当地的村民和贫困户的共同发展。我们先后引进了三家企业入村，利益链接贫困户75户，直接带动就业26人；引进企业投资建设了30多亩葡萄基地、40多亩小龙虾基地，扶持壮大酸枣糕生产基地；引进食品厂，农户种植的农产品就有了销路，不仅解决了土地荒废问题，还解决了贫困户的就业问题，村民在家门口就可以有收入。村里的贫困户说"红军书记来了，我们的幸福生活更有希望了"。村里的群众善良淳朴，也懂得感恩，他们知道我们来到村里的目的就是帮助他们摆脱贫困，所以基本上各项工作都能够顺利落实。一方面群

众看到日子一天天变好，感受到了党的温暖，另一方面群众的表扬和认可也让我感到很值得，很温暖。

经过我们一年多的努力，扶贫取得了阶段性成果。但是为了推动全面脱贫，接下来就要集中要素投入，补齐基础设施短板，加快公共服务能力建设，办好民生事，夯实发展的基础。紧扣产业发展的观念，筑牢夯实脱贫攻坚的基础。发展产业是实现脱贫的根本之策，要进一步大力发展产业，切实增加低收入农户的收入，帮助低收入人员在家门口就近就地就业，提升自身造血能力。要促进村集体经济发展，增强脱贫攻坚内生动力，发展集体经济是实现共同富裕的重要保障，是振兴贫困地区农业发展的必由之路。要完善和壮大农村集体经济的支持政策，提高政策针对性和有效性。要强化总结和创新，建立健全解决相对贫困长效机制。人才是脱贫攻坚的中坚力量，也是后备力量。我们目前开展的这些工作都离不开人才，特别是青年人才。我们驻村后，召集村里的所有大学生，组建了一个微信群。这些大学生有着丰富的知识和超前的思想理念。我们把他们组织在一起，就是希望通过他们来宣传自己的家乡，为自己的家乡贡献一分力量。今年假期期间，我们把村里所有的大学生召集到了一起，邀请了赣南师范大学的专家教授来上党课，来给他们辅导，让他们也参与到我们扶贫攻坚工作中来，发挥出青年人的力量。俗话说得好"妇女能顶半边天"，扶贫中除了调动青年力量外，还用充分发挥妇女（干部）的作用，要经常组织她们开会，鼓励她们带头搞活动，通过她们来影响和带动其他的百姓。

作为"第一书记"，强化基层组织建设是重要责任。我以提升基层党的组织力和政治功能为目标，以党建促脱贫为主线，全面加强村级领导班子建设，积极做好党员的教育培训和培养工作，充分发挥党员的先锋模范作用。通过党建和各类党员示范活动，村里的老党员主动充当"村里的纠纷调解员、政策法律宣传员"；青壮年党员积极承担"双带"作用，在乡村环境整治、文明建设中带头奉献，出智慧、献热情、洒汗水。令人感动的是在抗疫期间，我们作为驻村干部，工作量巨大，但是我们村的全部党员都是自发主动投入战疫，自觉站岗、视察、组织捐赠物资，体现了伟大的团结力量，杏花村两委班子、全村党员凝聚力更强、干劲更足、示范作用发挥更加明显，百姓的生活更加丰富多彩、满意度不断上升。

在大灾大难、大是大非面前，作为驻村"第一书记"，我们一定要心系村民，靠前指挥，冲在最前面。2019 年 7 月，杏花村遭受 20 年一遇的特大洪灾。我毫不犹豫带头和村里的党员干部冲在一线，确保了百姓生命财产安全。抗洪事迹先后被凤凰网江西综合、中新网江西新闻、手机江西台等媒体报道。疫情来临后，我也第一时间赶回村里靠前指挥，在战疫物资紧缺之际，协调解决了医用口罩 2000 个，手套 500 双，防护服 10 套，消毒液、酒精 200 公斤，为杏花村防疫工作提供了坚实保障。在推进帮扶精准脱贫工作上，出谋划策，指导和协助村两委和帮扶干部进一步摸清扶贫底账，详细掌握贫困户全面资料，确保精准帮扶到位。以"敢于担当"的勇气和"能够担当"的能力，以贫困户的获得感和幸福感为衡量标准，带领所有帮扶干部，对贫困户进行逐项排查，制定政策落实清单，精准落实扶贫政策，确保了建档立卡贫困户持续增收。目前，我们村无返贫现象发生，脱贫成果明显。

2019 年 7 月陈红军（右）徒步排查洪水过后险情

这段扶贫的日子是我一生中宝贵的财富。我这一年来的驻村扶贫工作，不说成绩有多少，至少让我们村的贫困户都享受到了国家的扶贫政策。在村里扶贫的时候，我们也和农民一样，整天都要在外面奔跑，虽然说晒黑了脸，熬白了头，但我们始终坚守着共产党员的初心，奋战在扶贫第一线。现在我把我最好的年华挥洒在脱贫攻坚的一线，我觉得是我人生最大的自豪，也增加了我的人生阅历，学到了书本上永远得不到东西。经历了一段最基层的工作时期，接触了最基层的一线村干部和百姓群众，这是我最大的收获。如果以后要将这段可贵的经历告诉我孩子，我会和他说，爸爸曾经是一名解放军战士，现在爸爸是一名奋斗在脱贫攻坚战场上的"第一书记"战士。因为扶贫攻坚任务不能只是想想，所以爸爸不能总回家。虽然爸爸在乡下，但是爸爸的苦累和付出是值得的。我想对他说，你的坚强让我感到很欣慰，你的可爱让我感到很宽慰，你的暖心让我感到很安慰，你的善良让我很陶醉。虽然相隔千里，但你永远是我的牵挂。我还想对孩子说，我在村里的每一天都在想念你，想念着家里的人，但爸爸还有很多重要的事情要做，希望你不要埋怨我，你长大以后就会知道爸爸所做的扶贫工作的意义。我每天都要记录我的生活热情，我会把它全部收藏起来，等到他们长大了，能够理解了，我再把我的扶贫日记给他们看。回忆驻村帮扶一年多经历，每一次碰到老百姓，看到和听到他们面带笑容地喊我一声陈书记，百姓的那种淳朴和友善让我感到无比的温暖。一声陈书记记录了我扶贫的路程和老百姓的肯定、信任和赞誉。

我在报京乡的扶贫之路

受访人：黄介武

访谈人：谢治菊

访谈时间：2019 年 6 月 3 日

访谈形式：当面访谈

访谈地点：镇远县报京乡报京村

访谈整理：刘峰

访谈校对：李敏　　卢佳盈

故事写作：李敏　　卢佳盈

受访人简介：黄介武，男，1977 年 7 月生，理学博士，时任贵州民族大学信息与数据中心副主任，2018 年 3 月派驻镇远县扶贫工作队，任队长与报京乡报京村第一书记。驻村后，他凭着踏实的工作态度、扎实的工作作风、科学的帮扶方法使报京民众的生产、生活、环境方面得到较大改善，2019 年被评为"贵州省脱贫攻坚优秀共产党员"。

一　在奔赴报京的路上一往无前

我在 2018 年 3 月 14 日接到学校的通知，通知要求我要在 3 月 16 日当天到岗，当时我还在给研究生上课。与往年不同，今年（2018 年）的通知比较紧急，因为 2018 年是我们国家脱贫攻坚的关键一年，国家对脱贫的工作对驻村干部一定会有更高的要求，比如拥有丰富的政治工作经验、为人可靠、具备领导团队的能力等，至于其他的岗位选拔可能倒是相对宽松一些。学校上报了 8 批名单，之前上报的几批人员都被退回，我是学校第 8

批人选之一，刚好被选上了，到目前为止前前后后差不多有 20 人参与这里的扶贫工作。

突然就被安排到报京村参与扶贫，当时自己肯定也有一些顾虑和难处：我和家人都不在这边生活，我的父母也不在这儿。我爱人是学校研究生院的办公室主任，行政人员，负责统计学、数学、系统学 3 个硕士点，所以她的工作压力特别大；我的孩子才 10 岁不到，我俩每天上下班还得接送孩子上下学。然而通知要求 3 月 16 日报到，当时队长的名单还没有确定，按理说，学校应该在放假之前通知我们，好让我们有所准备，但这是学校的安排，通知紧急，我也没有足够的时间考虑太多，所以当时的处境特别尴尬。2018 年我基本上没有回家，现在我一周回家一次，来回折腾还是挺累的，2018 年的时候按照组织的要求需要确保每个月驻村不少于 20 天，但是那时候每个月能够回一次家就算是奇迹了。现在我的家人还没有搬过来，我爱人有时也会带孩子过来看望我，家里平时有什么急事也只能委托同事帮忙了。

2018 年 3 月 16 日到岗之后，我发现这边的工作比我预想中的还要困难。原先这里的生活环境挺恶劣的。首先，村里的土地面积碎片化严重，比如几亩地被划分为一块土地，而且土地坡度超过 25 度，平地稀少。我们经常说一方水土养一方人，老实说，这样的情况很难养活一个村的人，这是制约村里发展的一大因素，也就是自然资源影响经济发展。其次，气候不好也是制约发展的主要因素。这里一年雾气最重的时候得有好几个月，出行困难。另外，相对于贵州其他镇级地方而言，这个村子处在一个比较偏僻的乡镇，种种因素导致这个村的高贫困率，所以我感觉在这儿的工作压力特别大。这是我最初来的第一感受。

刚来那会儿也不是很适应这里的生活，有一个挺大的难处就是语言障碍。这边是一个比较传统的村子，可能 50 岁以上的人都讲"客话"①，我不会讲，所以我得慢慢学。我是靠发音去猜的，比如说喝酒啊，就说"急修"，我以后听到急字音，就猜到他们要吃东西，听不懂就要靠猜。出于语言障碍，在出现纠纷需要调解矛盾的情况下就需要当地干部介入。毕竟有许多矛盾的产生是因为历史遗留问题，若不了解情况是没办法解决矛盾

---

① 客话：镇远报京的当地方言。

的。比如有一回村民闹矛盾是由一张地契引起的，这张地契可能是他们的祖辈留下来的，但是我又不了解这些历史问题，这个时候得有当地干部在场帮忙翻译和梳理，了解具体情况后我才能提出一个折中的解决办法，让老百姓现场评估。

2018 年 10 月黄介武（中）调节村民矛盾

我花了两三个月时间才逐渐适应这里的生活，其他的倒没什么，就是走山路特别费劲儿，山路崎岖不平，我从来没走过这么多的山路，这一路走下来膝盖痛了两个月。这个村有 10 个自然小组 8 个寨，现在这个寨还算是距离比较近，我刚刚带你们下来的是挺近的，别的还有更远的。

我不嗜酒，但是当地人很喜欢喝酒，他们很单纯，热情好客，平时恰逢饭点看到我就会请我吃饭，和他们吃饭就得喝酒；工作上的事儿让我精疲力竭，这种情况下让我喝酒实在令人难受。对于我们做学问的人来说，喝酒确实很浪费时间。但是和村民们解释也很麻烦，生怕他们会说我轻视他们，所以很难解释清楚。好不容易向他们解释清楚了还是很麻烦，入户到某一家吃完饭得做好基层工作才能离开，虽然没有要求入户时长，但是入户也不能只待几分钟就直接走掉啊！但是被留在那儿就无法进行下一个入户，老百姓很淳朴，但是也容易误会我，一看到我去别人家吃饭，他们就心理不平衡，会问我为什么去别人家吃饭不在他们家吃饭。这个问题蛮棘手的，尤其逢年过节，我不敢出门，就待在房间里吃泡面。

二 用纪律锻造同心合一的扶贫队伍

我来之前就自己预想到和上下级、同事们相处的过程难免会存在一些分歧。关于这个问题我给自己设置了定位，我把它总结为"上与下，左与右"，意思是协调协同做事，我们工作的时候要协调起来，协调大家工作的同时也要实现一致，这即是协同。这个镇上有六个村落，不同的村落都有各自的问题，发现问题之后我们就会整合起来解决，为了应对这些问题，我们成立了党组织，书记是我们进行各项工作的指挥官，由他来指挥、领导，村里的干部们都要服从他的指挥，工作上一切坚持民主的原则。不过倒是会出现级别问题，我刚上任的时候确实没有人敢给我指派任务，于是我跟他们说以后工作中提及我的名字时不要害怕，尽管说出来，都是分内的事情，无关乎级别。

设立指挥部后也出现一些矛盾，主要涉及两个方面：首先是组织形式，我认为应该理顺关系；其次是下层干部们应该进行自我调整，我们需要给予他们这些牵头工作的人一定的决策权。工作上有必要的时候每周会召集开会，2018 年工作压力比较大，所以基本没有开过会，现在每周会开一次会，有时采取视频会议的模式。

脱贫攻坚任务主要由上级指派，从州到县到乡到村层层落实，下发至村层面实操时肯定会出现和政策产生偏差的情况，但这并不是工作没有落实到位，我认为是工作不实的问题。我们在入户探访时也会尽力和老百姓解释清楚，并且告诉他们应该怎么做，并不是入户后签到就算完成任务了。打个比方，何谓先建后补？让老百姓养猪时应该告知他养一头猪工钱是 800 块，但是如果没有在入户时告知他，之后他通过其他任何渠道才了解情况，我想老百姓肯定会闹意见，最后政府和百姓之间就会有大矛盾存在，这个时候很难找到一个标准去衡量工作成效。

包括捐款在内的各种扶贫资源都由乡镇府进行统筹，这一方面涉及资金的使用分配问题，资金到村就用于村里的项目，但是钱并不是直接到村，而是先转到乡镇账户，再由乡镇一级拨款到村财政上，报账也要遵循正规的流程。另一方面关于资金的监管问题，资金流向之处就拥有资金的监管权，比如钱到乡镇则由乡镇统筹，这项拨款涵盖镇上各村，有时村里也无须这笔拨款。到户项目的资金直接转至个人的账号，例如我提到的养猪，只要不超过十头猪，村民养 1~10 头猪能获得每头猪 800 元的补贴，养多少头猪由村民自己决定，经验收合格后，乡镇府会将补贴款打到贫困户的账号。每个贫困户都有一折通，记录个人的流水账，所有的钱都在账户里，有些贫困户夫妻二人都有账户；现在我们正在尽可能地清理多余的账号，但是这样也会带来一些麻烦，可能会有人不愿意，或者不承认乡镇打了钱。

相比以前，我现在每个月要增加两三千块的开支，就拿路费来说，学校每个月报销 400 块钱路费，即便买了最便宜的卧铺，从村里出发去高铁站，还需要包车才可以到达；况且乡下的交通不方便出行，平时搭公交也很耗时，这里山路崎岖不平，自己开车非常不方便，也不合适。有时为了提高办事效率只能自己掏钱雇车了，这样一趟下来报销的路费是远远不够的。

省政府发放的薪酬、补贴视级别不同而定，州级、县级和乡镇级单位的薪酬和补贴不一样，具体有多少我也不是十分清楚。县里发工资是在乡政府处统一发放的，我倒是觉得没必要计较薪酬多寡，扶贫干部们的工资都是一样的，不要想着讨价还价，在我们学校也是如此，每个层级都有相应的管理制度，不会因为谁而改变什么。但是老实讲，无论是省、县还是乡镇，各个单位的补贴都没法支撑当下的生活开支，就像我在这里工作，开销确实比之前多了；而且平时的人际花费也在所难免，在这里开展工作，碰上红白喜事都得花钱，就算不去参加也得给点心意；有一回我到贫困户家探访，他家里实在太穷了，看到这般场景做不到视而不见，于是忍不住掏了 200 块接济他；大家在这儿工作都很辛苦，所以每个月我们也会组织常驻的干部们聚餐，可以一边吃饭一边谈工作呀，300 块一桌也不是很贵，也没理由不去。我们这 8 位常驻干部都是自己掏腰包租房子住，毕竟这边的生活条件太差，我们只能自己掏腰包了。每个月一间房的房租大概 400 多块，就住在农户家里；每日三餐也要自己掏钱，吃饭要在乡政府刷卡付钱，每顿饭 5 块钱。尽管有的地方会为扶贫干部提供三餐，但是我也不会心理不平衡，我认为这需要视当地的财政状况而定。

平时我在村里的工作蛮复杂的，包括入户、解决群众纠纷、开展政策宣传等，要是帮扶一户还好，但有时几项工作要同时进行就很棘手，比如我要帮扶 10 户，走访一户完成时间大概是 1 小时，完成相关工作也要两三天，而且经常与贫困户在家空余的时间存在冲突。虽然有在工作登记簿上登记工作事项，但是由于工作忙碌，没时间把每一项工作都记录下来；上级平时也会对我们的工作情况进行考核，实行下压式的考核方式：上级下达任务给我们，我们完成后就向上级上报，平时工作开展情况都记录在记录本和台账上，上级也体谅我们，倒是不会过分强调痕迹管理，毕竟我们确实太忙了没有时间。比如你一个人下乡的时候，需要别人帮你拍照做记录，但是老百姓不会使用你的手机，这个时候没有帮手就很麻烦了。2018年有 5 个驻村干部没有完成扶贫任务被处分了，我认为是他们管理的意识不足造成的，对待工作不够认真负责的干部必须受到惩戒，但是惩戒也仅是一定程度的告诫或提醒。

就扶贫干部的监察与考核方面，政府开发了专门的应用软件，上级倒是不会要求我们每天都在 App 上登陆报备情况，除非发生大事，上头对于驻村干部的监管还是挺人性化的。举个例子，驻村干部开展入户之后，县级纪委下村检查却无法从当地老百姓那儿得知驻村干部的去向，这时候县纪委难免会怀疑这个驻村干部是否将入户工作落实到位，这个时候就会在 App 上查找这个干部的行踪。

按照上级政府文件要求，我个人的工作考核结果是依据扶贫工作内容和情况决定的而不是由在学校的工作情况决定的。由于从高校下派的扶贫干部人数并不多，对我们进行年度考核时会宽容一些，同时也会多给予一些优秀名额，毕竟大家下乡工作都很辛苦，至于评选脱贫攻坚称号可以依据自己的扶贫事迹向上级申报。

现在脱贫攻坚处于决胜时期，既然是决胜期就应该严格要求各级干部，对干部们实施严格监管，不能搞形式主义，否则对群众是很不负责的。我认为尺度严格是好事，要是你下乡的时候就签个到然后直接走了，会对群众造成不好的影响。如果真的有不能推脱的急事，干部们可以向上级领导申请，3 天以内的假期要告知村组织部，领导们也不会太绝情，3天以上的假期就要上报乡镇府，6 天以上的就得经县政府同意了。请假事先报备是必须的，我认为讲究程序是对自己的工作负责，这也是我的个人习惯。有些没有基层工作经验的驻村干部协调能力不足，对自我没有明确清晰的定位，行为比较散漫。请假之前必须报备，之前有个干部的父亲过世了，我就帮她向乡一级报备请假。

三 以脚踏实地的作风寻求扶贫真知

我下村扶贫有一年多了，这段时间以来我发现目前脱贫攻坚还是存在短板的，主要是因为自然资源条件不理想，很难突破。比如养猪的问题，我们认为圈养猪不仅会占据可利用土地，而且也不利于保护环境，因此需要建造化粪池，后来在考虑选址问题时我们发现村里没有足够多平地建猪圈，选址也不能距离村民家太远，毕竟他们早已习惯自己煮猪食，所以我们现在遇到比较棘手的问题就是无法实现原有习惯和卫生需求的平衡。

前段时间，省政府要求我们干部入户摸查，寻找当下贫困户短板。我认为主要短板有两点：一方面，政府发放的补贴不足以支撑他们的日常生活开支。老实说，一户三口之家一年只能获得一万块钱补贴，如果不省吃俭用可能会被饿死；另一方面，村里的房屋外观往往会造成视觉贫困，会让人误会。举个例子，村里有腌制腊肉的习俗，熏腊肉时就得开窗透气，外来那些不接地气的人就会以为村里的屋子透风漏雨。

2014 年村里发生了一场火灾，这件事的影响面很广，央视还对火灾进行报道。当时正好要过年，村里总共有 297 户房子被大火烧毁，幸运的是没有人员伤亡，这多亏了村里建房子用的木材，防火能力特别强。后来由政府出钱建房，大家可以根据自己的愿意选择住在哪儿。政府给移民们在社区修建的房子倒是不错，但是移民入户后屋子里又脏又乱，我们也不能说这是陋习，这么形容不太恰当，只能称之为"生活习惯"。

针对被迫扶贫这个问题，我认为需要从几个层面去剖析，讲讲其中一个方面：扶贫工作由政府引导转变为政府主导，这与时代变迁有关，当今信息已经很发达了，通过政府引导，发展落后地区的贫困户能够主动向政府、向社会求助，政府引导下的扶贫能够凸显出贫困户真实脱贫欲望；当脱贫工作转变为政府主导时，可能是贫困户还没有找到依附的落脚点，比如村里能和贫困户交流的基本是 80、90 年代的人，那个时候由于家里经济条件太差，实在没办法才被逼出去，他们现在成了村里的顶梁柱和标杆。

由于农村人对土地的依赖性比较高，有些贫困户不愿意搬迁。同样的，其实现在让我搬到广州生活我也不愿意，毕竟我的家人都在贵阳，我的根扎在贵阳，我也不愿意离开这儿去其他陌生的地方生活，若是背井离乡了，想必也是下了很大决心。贫困户搬到城里后，就业、生活等都遇到了难题，他们担心政府帮他们找的工作没有保障，同时也顾虑自己的能力无法胜任在城里的工作，陌生的环境让他们很不适应。老百姓们也不知道如何倾吐心声，在他们看来，家乡就像是自己的孩子，无论怎样、去哪里生活都无法割舍。作为扶贫干部，我眼中的易地扶贫搬迁一方面解决了农村土地资源短板致贫的问题，驱使贫困户走出村外，另一方面，从意识思维的角度看，走向外面的世界才有可能转变传统、封闭的认知，但是转变认知的过程是漫长的，所以才会出现移民一代、二代。对于贫困户的户口问题，现在全国实行户口取消制度，贫困户搬迁之后户口就不在老家了，虽然如此，但是全网都能查询到每个人的身份证，异地就医就学都有保障，户口迁到城里也不碍事。然后针对如何处理不迁户籍的贫困户犯罪的问题，在我看来，即使户籍不在这，无论是谁在这里犯错就得接受惩罚，就像我在这里辅助扶贫工作，要是犯错受处分的时候不会考虑我的户籍的，而且暂住证从法律层面是全通的。

四　凭求真务实与恒心重塑报京乡风

虽然这里自然条件不好、工作压力大，但是到岗一段时间之后，我反而觉得这里的乡党委、政府单位基层工作做得很扎实，也许是因为自然条件不理想，所以反过来工作做得比较扎实。自 2017 年以来，这里的扶贫工作完成得不错，其中包括易地搬迁和"三改"，"三改"即是改路、改厕和改圈；所有的村路工程确实做得不错，比如寨寨通和村村通。如果我没有记错，国家的规划首先是县县通，接着是乡镇通、村村通。不仅如此，村里的庭院绿化也做得很好，我感觉比我老家的绿化建设都要好，无论是贫困户还是非贫困户，政府都会出钱出工帮助他们进行庭院绿化。村里都覆盖了绿化灯，在基础工程这一块做得还是不错的。

自从我到岗后，村里的确是发生了一些变化，我总结为生产、生活和环境上的变化。生活上的变化很大，我记得去年村里每家每户门口都有个平坝，我来之前是没有进行绿化的，我下乡之后为 1.4 万多间庭院增加了绿化，工程量很大，这项工程花了挺大功夫的，基本覆盖了全村。另一方面，在环境问题上，老百姓的环境保护意识也得到很大提升，我认为提高村民的环境意识是很重要的；我们干部在宣传环保这一方面下了一番功夫，所以现在村里的环境很干净，比如厕所、猪圈、羊圈、牛圈的环境得到了改善；以前有"人圈不分"的说法，意思就是人住在哪儿，鸡圈猪圈就设在哪，这样对老百姓的身体健康非常不利，现在老百姓对于这方面开始重视起来了。你们下乡的时候就可以看到村里的环境真的很干净了。在饮水安全问题上，现在村里基本实现每一户开通自来水的全覆盖，老百姓饮水更加安全了。村里的消防问题也得到了改善，传统的房屋是木质结构，我们对此进行了电路改造，并且改良了消防栓硬件设施，目前已实现全村覆盖。同时，我们在木房电改上做出很多努力，要把用电开关的铝丝线改装为铜线。事实上在农村用电并不是很安全，要实现安全用电必须进行电改，这也是我们花这么大力气进行电改的原因。

2019 年 11 月黄介武（左）入户政策宣传

谈及村里的变化，都是很小的变化，但是我们都能在细微的事儿上找到变化，这些变化渗透到老百姓生活的方方面面。然而这些改变也并不是从去年才出现的，比如电改工作是按照批次进行的，以前用的铝丝线现在改为铜线了。老百姓生活的变迁具备历史性，现在每家每户都有冰箱、电视机、洗衣机等家用电器，原有的供电量明显不够，需要进行电路改良，并且还要防止电路短路发生火灾，提高用电安全系数，所以社会进步是不断递进的，不是一蹴而就的。我们再以教育问题的变化举个例子，教育上的进步十分明显，就贵州民族大学2016年的帮扶情况而言，这里考上二本以上院校的学生只有两三人，2018年考上二本以上院校的学生增加到10人，当然教育方面的进步不可能一蹴而就。2016年到2018年这三个年头正处于扶贫阶段，我们在下乡帮扶的过程中，提升了老百姓对于教育的意识。现在村民们都开玩笑说："我没有上过大学，但我天天在听大学老师说话。"这体现了老百姓对于教育意识的改变。可以说，我们贵州民族大学的帮扶唤醒了这个村的家长和学生的教育意识，然而这并不完全是我们加强教育宣传力度的结果，更在于村民们信任我们，他们知道大学老师能带给他们不一样的见识。我们所做的教育宣传事实上就是在进行教育帮扶，我想这一方面的工作成效是值得肯定的，而且成效大家都看得见，特别像前面说的从2016年的3个大学生到2018年的10个大学生。

当然，这不仅仅是贵州民族大学的帮扶使这个村落在潜移默化中发生改变，还有其他原因。我曾经提过一个理念：以文化为纽带，促团结谋发展。为什么会提出这个理念呢？实际上，一个传统村落也是一个非物质文化遗产村落，同时它也是一个比较封闭的村落，生活在封闭村落的村民们一定是团结的，因为封闭的村落为了实现自我保护的目的就必须团结起来。那么"促团结谋发展"又如何理解？举个例子，村里之前有个孩子考上了大学，最初村民们都觉得这是很光荣的事儿，乡亲们都会登门祝贺，但是近几年来村民对考上大学这件事都不是很关心了，有人会说："你家孩子考上大学关我什么事？你家孩子找到一份好工作又关我什么事？"我认为这样的风气很不好，所以我来到这儿之后就大张旗鼓地表扬考上大学的孩子们，借村民大会喊寨的传统，我在村民大会出了红榜，对考上大学的孩子表示肯定和鼓励，这样可以带动在读的孩子们，给他们树立榜样示范，如此便实现了教育可持续发展。如此的带动示范会对村民进行潜移默化的影响。现在都有村民主动找我聊天："黄老师啊，我家孩子要考大学了，到时填志愿的时候能不能帮他指导一下？"我回他："没问题啊，以后生活学习上有什么问题，都可以来找我啊。"村民看到村里别人家的孩子考上大学上红榜，会心生艳羡："哎哟，你看他家娃娃考到大学了，还会得到表扬，好有面子啊。"在我看来，村民会主动寻求我的帮助是一件令我感到很欣慰的事情。

村里还有一个变化，那就是移风易俗，我初来时便在推行这项工作。原先农村的红白喜事流程烦琐，特别劳心费神，都是按照村里原有的文化习惯办事，具体的细节我也说不清楚。村里有很多侗族村民，假如有人去世了，按照这边的习俗，丧事前前后后要持续六七天，下葬去世的人很讲究仪式，我倒是不反对仪式，毕竟要尊重当地百姓的丧葬文化，我反对的是办丧事的时候非要几户一起办，分大房小房、外区内区，着实麻烦。这样一来他们一年大部分时间都在走亲戚，这个人际圈可能扩展到远方亲戚的远方亲戚，老百姓自己也觉得很累，但是无法摆脱人情的束缚，因为在这里如果不办仪式，别人会说"哪家哪家没人情味"。他们会想：是不是要多办几天才能体现孝心？是不是大家都要参与才能体现办事的意义？是不是只有这样办事的人才是体面的呢？

我个人认为大办红白喜事这种事情劳神劳力，因此提倡并推行简化程序。现在老百姓自发提出要移风易俗，让我给他们提一些建议，我认为应该从表达程序和表达方式上去精简红白喜事，既要尊重传统习俗又要解放自我，比如如何处置逝者尸体的问题得到了解决。这些工作不断推行下去，想必整个村落的精神面貌也不一样了。我们知道移风易俗的过程是循序渐进的，新的规定也必定与传统习俗产生冲突，因此目前还没有形成村规民约。有的人会说这些规定没人情味儿，但是我相信老百姓能够渐渐理解并接受简化程序的。

国家每年都会评选一些优秀的扶贫人物，省里每年也会设置评选标准和不同梯度的评选，比如脱贫攻坚省优秀共产党员、省优秀个人、省优秀党组织、省优秀党组织书记和优秀驻村第一书记等；不过获奖名单暂时还没有公布出来，也许明年会进行公示。从学术角度而言，这类群体目前受众度不高，他们的影响力还不是很大。

关于将扶贫工作经历写成口述故事之后出版，我认为是可行的。确实这段扶贫时期很特殊，下乡扶贫的干部面还是很广泛的，不仅有来自我们学校的干部，还有来自其他各单位的干部，这些长期在一线扶贫的干部为此付出了青春与汗水，于我而言，这一年的扶贫时光是充满艰辛而有意义的。

理科高材生变身荒塘村"摩托仔"

受访人：陈敬区
访谈人：周凯茵
访谈时间：2020 年 7 月 21 日
访谈形式：线上访谈
访谈整理：张凯滢　周凯茵
访谈校对：张凯滢　周凯茵
故事写作：张凯滢

受访人简介：陈敬区，男，1982 年生，浙江苍南人，中共党员，2009 年毕业于华南理工大学。2016 年 5 月从广州市荔湾区桥中街办事处到连州市大路边镇荒塘村担任扶贫队长。在扶贫过程中，他不仅因地制宜，大力发展当地光伏产业，鼓励当地发展种植业，更是从贫困户入手，分析其致贫原因，并通过落实国家兜底政策——解决这些问题，极大地改善了当地贫困状况。

一　入门难关初现

2016 年，单位领导找到我，由于在党建工作中他们对我协调能力和统筹能力的认可，希望我能到连州市大路边镇荒塘村担任扶贫队长。刚听到的时候我还是很犹豫的，因为那个时候我新婚，也还没有小孩，首先当然是家庭方面会有不赞成的意见。毕竟是要去扶贫嘛，那肯定是要长时间不能待在家里的，不仅我妻子以及父母不赞同，其实我自己也很担忧：这样长时间不能够陪伴在家人身边，会不会影响家庭关系呢？而且啊，我在学

2020 年 5 月陈敬区帮助贫困户复工复产

校读的是材料学专业，比较偏向理工科，我本人对扶贫是非常陌生的，很多的国家政策，包括现在的一些关于扶贫大环境的情况我也都不了解，不知道应该从哪里干起，也不知道什么时候干起——这就像是一个新的领域吧，充满未知。

这个时候，领导也对我做了很多的工作，大概是找了我有三次的谈心吧，他们就和我说："扶贫可以星期一去星期五下午又回来，在家里的时间也可以满足，去那边反正也不会很辛苦，也能锻炼你，家里边如果有什么需要单位照顾的，也放心交给单位。"就像是给了我一个定心丸吧，没有后顾之忧了，加上扶贫从党和国家的大方面来说是一个重要的政治任务，而对于个人而言，为老百姓做好事，这也是我从学生时代就希望能够实现的心愿，所以最后也就答应了。当时是局里面派车的，所以我就坐上了单位的大巴到连州去了。这路途说来也是挺辛苦的，路上从广州出发，到村里面估计 7 个小时差不多。然后由各个乡镇派车去接我们这些扶贫队长，到各自乡村。一大早出发来到这边镇县已经下午 3 点了，然后开始开个会，进到村里面都已经快太阳落山了，就五六点了。

除了刚进来的这些条件，包括交通，进来之后也是花了挺长时间去适应的。这里毕竟是贫困村嘛，条件是不太好的，住的地方因为是新的楼，环境还行，主要是买菜这些问题，生活不是很方便，物资比较缺乏，买什么东西可能只有一两种。另外，这里的饮食口味跟广州是大相径庭，完全是湖南的口味，偏咸偏辣，所以刚来的时候经常会因为饮食问题而闹肚子，需要慢慢去适应它。而且这里生活也很无聊，娱乐活动特别少，不要说打个球都找不到地方，根本也没有（人）跟你打球。我可能是刚从广州这边来，（来自）相对繁荣的城市吧，刚来到这真的很不适应的。另外还有一个难的，就是当地的语言问题，他们当地有一个叫"星子话"的，因为这个村的老祖宗基本上是以前从江西移民过来的，江西九江那边，（话）很难听懂，也很难说，（我）头都痛了。村里面老年人和小孩子比较多，年轻人能打工的，都出去打工了，他们平时习惯讲当地话了。虽然偶尔也有一些听得懂普通话的，但是他们讲普通话跟你沟通，他们会觉得很别扭，就很习惯性地用星子话讲。刚来我还得要学，找会讲普通话的人（讲话），慢慢猜测这是什么意思，让他们解释一下说得对不对，现在倒是都能听懂了。

但是这个能够帮助我融入村民当中，那我就得去做、去学习。只有用心交流沟通，才能换来群众的支持和信任，村民们包括贫困户才会有什么话都对你说，让你知道他们的想法，真正明白怎样做才能帮助到他们。所以每年我都会自掏腰包请七个自然村的村主任和村主任代表一起吃饭，联络大家感情，争取他们的支持以及信任。我觉得目前来说我和村民们的关系也是非常好的，任期满了的时候大家都很希望我能继续留下来，到最后我做了留任的决定时，他们都很开心。

二　因地制宜迈经济难关

因为扶贫毕竟是一个比较严肃的事情，各方面涉及很多，比如说住房这些。要解决这些问题，或者怎么用资金，这些都要慎重，因为有可能怕出问题什么的，也怕程序方面做得不完善，有点担心。另外，我觉得这边的扶贫问题非常复杂，导致他们贫困的原因有几个方面。首先就是经济产业的问题。刚来的时候，这里村集体年经济收入 1.1 万元，贫困人口人均可支配收入每年 3620 元，农民人均可支配收入 6200 元，整体收入是比较低的。从大的环境来说，荒塘村位于连州东北角，地处粤湘交界处的山区，地理位置太偏，交通很不方便，且其素来有"九分山，一分地"的说法，因地处山顶，虽地广人多，但耕地面积少，难以形成规模种养。三分之二的村民外出务工，仅剩下一些老弱病残及有劳动能力但难以外出的村民留在村中耕种、打散工。山多，田地少，制约了这边的发展，农业项目不能发展，工厂也不能到这边来。所以经济发展的潜力肯定没有珠三角那边的多、那么方便嘛。所以，我就因地适宜，根据本地的特色，既然地是散的，那就把产业分散开了，发动各家自有的优势，再集中来收购、出售，这样分散开再集中来处理。首先是发展光伏产业①。这个原先村子里是没有的，在我们的考察下，发现这个村子虽然山地很多，但是十分缺水，以至于影响了他们的农业发展，另外，这个村子有一个很大的学校，学校楼顶上面积比较大而且空旷没有遮挡，完全可以利用这个优势来发展光伏产业。光伏产品的投入比较少，收入的可持续性强，所以我们通过与当地教育部门的联系沟通，得到了许可后就在这里建了 300 到 400 平方米的光伏发电站，有效期为 20 到 25 年，建设费用都是属于专项扶贫资金②，于 2018 年 6 月建成，7 月正式发电。这个光伏发电站每年可以发电 4 万多度，如果我按照每度电 0.98 元来计算的话，这 36 户村民差不多每年共计能够增加 4 万元收入，每人可分得 400 元，对于他们每一户来说真的是一笔不错的额外收入。

另外是农业项目，有一个是生态种植农业项目，跟其他村一起搞，如果有些农产品卖不出去的，可以联系公司来组织发动消费，可以卖到广州去。例如，有一户贫困户，他原来只是依靠政府扶贫的，但是在我们扶贫的过程中发现他平时会自己养鸡，并且技术还很不错，那就可以让他规模养鸡，最后集中到广州来卖，这样就成了一个比较创新的模式。对比去年，有劳力的贫困户人均光分红就达到 1800 多（元）。再加上他们自己卖的东西，一户平均下来有几千块钱，加起来一户人家差不多七八千块了，

---

① 以硅材料的应用开发形成的光电转换产业链条称之为"光伏产业"。指利用光伏效应，使太阳光射到硅材料上产生电流直接发电。

② 该资金是中国国家财政预算安排用于支持各省（自治区、直辖市）农村贫困地区、少数民族地区、边境地区、国有贫困农场、国有贫困林场、新疆生产建设兵团贫困团场（以下简称各地）加快经济社会发展，改善扶贫对象基本生产生活条件，增强其自我发展能力，帮助提高收入水平，促进消除农村贫困现象的专项资金。

算是一个比较大的进步了，虽然不是非常大的改变，但是大问题是解决了。另外，现在村子里有些人返乡创业，扩展了经济思路，其中一个人是开展了水晶梨的种植，大概种植了 120 亩，还有另一个年轻人开办了养鸡场，现在扩展到了十个养鸡棚。这样陆陆续续通过村委广大党员的号召，吸引更多外出务工的青年人回来创业，在见到成效后村民们有了一定的信心，把他们作为榜样来把这些产业做大，发展特色产业，将荒塘村变"输血式"扶贫为"造血式"扶贫。

现在的村集体年经济收入达到 11 万元，贫困户年人均可支配收入达 12591 元，全村年人均可支配达 16000 多元。去年，全村 67 户贫困户 130 多人 100% 脱贫出列。我认为这个进步是非常可观的。

三 处处细心助贫困户脱贫

经济是大的方面，具体到每一户来说，主要是贫困户很多都是家庭经常出现因残疾或者因病，或者有一些小孩多的因学，这三个主要就是他们致贫的原因。刚到村子的时候，我手头上能拿到的资料很单薄，当时共计有 825 户 3000 名村民，其中有贫困户 71 户 149 人，为了能更加精准地策划扶贫计划，我只能一家家去到贫困户中做普查和探访，而荒塘村下辖的 7 个自然村①散落在各个方向，最远的离村委有五六公里，上门拜访说实话还是挺困难的，只能徒步前往。

在大概花了半个月的时间对贫困户的家庭成员基本信息、家庭收入来源组成、家庭成员身体健康状况、疾病史这些情况都了解清楚后，首先要做分类，实行建档立卡精准扶贫机制②，根据每一户的情况精准施策。因

---

① 自然村是农民日常生活和交往的单位，但不是一个社会管理单位。是一个或多个以家族、户族、氏族或其他原因自然形成的居民聚居点，其起源是由村民经过长时间在某处自然环境中人们自发形成，自然聚集在一起居住的村落；一般情况下它只有一个姓氏，是同一个祖宗的子孙后代，有相同的血缘关系。

② 将受帮扶的贫困户分为 A、B、C 三类，其中 A 类为具备劳动能力、帮扶难度小的家庭，B 类为有劳动能力，但有病人或教育负担重等家庭，C 类为特困对象需要重点关注。同时针对三类贫困户制作贫困户动态跟踪管理看板，通过看板实时反映贫困户的家庭种植和收入情况。为每户贫困户建立了一个档案、一本台账、一个脱贫计划、一套帮扶措施，以做到精准识别、精准帮扶。

残的，那我就是要落实好残疾补贴政策；如果他还有劳动力，也要帮他就业，例如（经营）一些种植业增加收入；无劳动力的话，就要确保将他们全部纳入社会保障体系，让他们获得低保①或者五保②。如果是因病的话，基本医疗保障都是有大病报销，那要纳入大病医疗保障体系，他们因病的支出减少了以后，他们就也会生活得好一点。我记得有一户，一家三口人，老婆跟孩子都是残疾，精神残疾，扶贫以后，他小孩去了精神病院治疗，现在都觉得是跟正常人没什么区别了，见到我都会"陈队好，陈队好，过来坐一下"这样说，感觉完全看不出他曾是个精神残疾病人。他小孩如果好的话，对这个家庭就会减轻很大的负担。另外他自己本人又勤劳，可以介绍（他）去养鸡场打点工，还有他自己种点东西，可以帮他拿到广州去卖。

另外农业生产这块或者外出务工，能介绍就业的当然也是相应要做的嘛。而如果致贫原因是因学的话，也会提供相应的帮助，目前村子里有19名学生都是在读的，毕竟我们也强调扶贫先扶智，要确保孩子学习不间断，所以首先是和他们讲关于读书的重要性，农村小孩一定还是要靠学习来找出路的，要坚定他们学习的信念；另外就是申请教育补助了，小孩读书义务教育肯定是全免费的，全部都要落实到位了。如果家里有上大专的，就申请荔湾区的帮扶资金，给予支持，至少他学费这些不用愁了。现在，兜底的那些基本上已经全部落实到位了。另外务工的务农的这些介绍工作，或者支持他们生产物资，还有就是以奖代补，奖励他们务农务工的措施，基本上现在都已经做到了。

关于脱贫户脱贫，我记得有一户贫困户，家里三口人，两个儿子，其中有个小孩残疾，因为早年在小孩几岁的时候他老婆就已经去世了，他一直一个人带着，既当爹又当妈的。现在小孩大了，毕业了在广州工作。当然了两个小孩也很争气，现在两兄弟一起凑钱，在老家盖了一个两层的房子。因为他那个残疾的大儿子在广州打工，一年收入有几万块钱吧，再加上小儿子也有一点收入，他本人也很勤劳，现在种姜或者种一些农

---

① 低保指因家庭成员存在重度残疾或疾病丧失劳动力，享受最低生活保障补助的家庭。其住房或收入明显低于当地低保标准的居（村）民，建立实行最低生活保障的制度。

② 农村五保供养，是指依照本条例规定，在吃、穿、住、医、葬方面给予村民的生活照顾和物质帮助。即保吃、保穿、保住、保医、保葬，简称"五保"。

作物，我看今年的行情又不错，估计他有望有个大丰收，收入应该会很可观。所以现在他家的情况就好很多了，房子盖了，里面装修啊这些都很漂亮。

至于贫困户，具体来说，四户解决了户口问题，总共人数应该是六个人。这四户（中）有一户，有一个女人，她因为是嫁过来，户口当时没有迁过来，结果在派出所又查不到。通过各种努力吧，终于让她解决了户口问题。另外一个（例子），有一户也是嫁过来的，贫困户的女儿嫁到这里来的，她嫁过来之前，她是别人的养女来着，应该以前是个弃儿吧，被人收养了，一直是养在那里，户口一直没解决，嫁过来以后，（成家时）没有办法去办理结婚证，连小孩子的户口也落不了，我们就帮她做亲子鉴定啊什么的，解决了这个问题。另外一户是贫困户，是在很久（以前）的时候在路边捡了一个老婆，也不知道从哪里来的，老婆精神又有问题，到这边生了小孩，老婆连户口也没有，生下来的小孩因为父母没有结婚证也没有落户，这种也是通过了亲子鉴定才帮他解决了户口。最后一户就是一家四口人的，他母亲精神残疾，他本人也是精神残疾，小时候可能是土办法接生的，当时接生的时候又没有出生证，一直到他 20 多岁的时候，我们这边才通过他跟他老爸亲子鉴定，才帮他落了户口。

目前精准扶贫的成效还是很不错的，通过这几年来的努力，荒塘村总共有 67 户 134 人已经于去年 10 月份按程序完成了退出，那么接下来就是巩固的工作了。

四　别样难题尽心突破

当然，（发展当地）总体经济以及贫困户的扶助等方面有一定的困难，除此之外也有很多别样的难题。例如，我和当地的干部（就是村委会原来的干部）在一些施政方面的理念，比如说扶贫工作方面的理念，会有分歧，虽然他们已经是村干部，在知识认识上还可以，但有的工作认识上还会存在不足，像扶贫工作的重要性；另外他们自己该负的责任，还是有点不太清楚。他们开始可能会认为，反正扶贫的事你这边全部搞定就行了，他们可以不用管。一开始他们都是存在这种想法的，那首先肯定是要通过政策的宣传，这毕竟是五级书记抓扶贫①，是非常重要的工作任务，另外从情感方面而言，这是为村民做好事，做好了村民会感激你、表扬你。他们明白这一点就会认识到扶贫还不单是我一个人的事情，也因为（他）是村书记，在村里面也要负起主体责任。我们要把握的原则是不单要服务集体，贫困户那边也是要扶的，是要兼顾到所有的贫困户的，这两样我们都是要做到同时进步的。但是他们的观念可能是觉得扶集体就行了，对贫困户这块他们还是少了一点帮扶意识，后面他们认识到如果没有扶贫困户以及解决贫困户的问题，那你扶集体也是没有可能性的，更因为有扶贫困户的这个政策，你才有可能扶到集体。当然主要是要通过多开展例会，把这个理念逐步地传达到他们的心里去，这也是我作为调派来的扶贫干部应该去疏导、去传播扶贫思想的责任。而现在他们也都能够明白我们的扶贫方针，并且积极去配合工作，这在工作上是能够给予很大帮助的。

另外，当地的贫困户会出现一种争当贫困户的现象，这个是懒惰的表现。在我待的村子里也有个别的案例，例如他被帮扶又不怎么去干活，老是说自己有什么毛病。我们就说：有毛病的话，你就去医院检查，真的有大病，就落实相关政策；如果没有，（或者是）小病的话，谁都会有累的时候，该干还是得干。主要还是通过引导，让他们知道贫困户也不是这么好当的，当了贫困户以后，全村人都知道你是贫困户，你如果不干活的话，唾沫都能淹死你。我记得最难说服的一个贫困户，我自己说了两三次，然后让村里的那些人也说他两三次。后来经过了多方的多次的沟通，才最终改变了他的思想。

包括基础设施的建设，特别是道路这一块，我们来的时候对两个比较远的自然村的道路做了水泥硬底化，可以直接连接到国道，而另外的五个村子本身有连接主干道的道路，所以整体在运输或者交通上方便了不少。而我也主导建设了路灯以及党群服务中心等设施，对村子也有了很大帮助。今年因为疫情原因，对扶贫工作造成了很大的影响，一个是贫困户外出就业难度增加，另外一个是农户养殖的东西不好卖。我们主要采取了几个方法，一个是积极发布就业信息，通过就业奖补来支持他们积极外出务

---

① 在党中央坚强领导下，省市县乡村五级书记真抓实干，不放松、不停顿、不懈怠，全力提高脱贫质量，扎扎实实把脱贫攻坚战推向前进。

工，另外一个就是积极开展一些公益性的岗位，让他们就近就业，还有就是积极发布消息，帮贫困户推销他们的农产品。

除了这些工作上的压力大，还有环境艰苦以外，另外一个就是不能陪在小孩身边、家人身边，觉得有点想念。正常情况下是每周都会回去一下，但是有时检查任务比较重，像我们在村里面加班，因为要排查那些贫困户的情况，比如说家里有没有破旧危房或者漏水之类的问题，再把它解决，还有厕所有没有不干净啊，把它全部排查，全面解决就得要加班了。最长的 20 天没回去过，差不多三个星期。家里人肯定会有点意见，就说又不回来什么的，我妻子就会抱怨我，可能老是刚回来没多久又要回去。2017 年 10 月，我的儿子出生，但因手头上有对扶贫家庭进行住址定位的紧急工作，所以我也只休了一周的陪产假。此后，我大部分时间只能通过手机关注孩子的成长。现在，我的孩子 2 岁 9 个月了，虽然说话还不是很利索，但是基本上都能说的。每次我要走的时候他会说（留）在家，或者干脆不说话，肯定就不开心，也难过。这个时候（我）就觉得很愧疚，感觉我没有能多点花时间去陪伴孩子的成长。

五　不惧困难未来可期

现在在整个连州扶贫中，荒塘村是作为 66 个省定贫困村的其中一个，我们的扶贫服务正在陆续推出，慢慢巩固扶贫的成果。而"三清三拆"①工程也基本完成到了百分之九十五以上。距离小康村这个目标，现在已经基本达到了，至于更好的小康，后续再加上两三年的乡村振兴，改善好村子的各个方面，那么我觉得二三十年就能够实现真正的小康。这样的小康，不仅是每一个村民都安居乐业，有固定的收入，精神文化也是比较充足，有自己的娱乐活动。做到物质生活和精神生活双丰收，并且有一个良好的生活环境，这也是我所期望的目标。

未来的重点肯定是要让所有的贫困户应保尽保，到今年年底，所有的

---

① "三清"指清路障、清淤泥、清垃圾。"三拆"指拆危房和残破建筑、拆违章建筑、拆旱厕。深入推进"三清理""三拆除"能加快推进贫困村通组道路和巷道硬化、垃圾和污水处理设施建设、集中供水、基本公共服务均等化各项工作。

贫困户人均可支配收入要达到省定标准。另外，2020 年是脱贫攻坚奔小康的关键一年，是国家"十三五"规划收尾的一年，也是"十四五"规划启动的一年，扶贫工作是一个重点项目，所以接下来我们要迎接省的交叉巡查以及国家扶贫的总体考核。相应的配套设施能够完善的，也尽量去完善。更加强调把项目开展运营得更好，提高资金的使用效率，做到"两不愁，三保障"①。在国家那么大力的政策支持下，我预期能够完成我们脱贫的任务。当扶贫工作进入到一定的阶段之后，我觉得首先各类的保障，像残疾政策、医疗还有教育这些，有中央政策在，肯定是没问题了。另外一个主要是这边观念的转变，不管是做事的程序，（还是）做事的态度，我觉得会有一个大的提高。

参加扶贫工作以来，我觉得，扶贫工作很能锻炼一个人，我收获颇丰。因为扶贫是全方位的，各项工作都有，所以对一个人的能力，包括整体的把握，还有各方面能力的提高，都是有很大帮助的。过去，我在广州的工作中作为一个执行者，只要按照领导部门安排任务去做就行了，现在除了是一个执行者，我更多的是一个领导者，需要统筹更多工作。你要让别人同意你这个项目，那你要主持、开会，组织能力这些都要不断地去培养、去提高，学会怎么表达、实现你这个意图。另外，我原先是华南理工大学的一个工科生，我专业的知识肯定是没问题，但是你来到这边以后，从一个工科生变成一个扶贫干部，你很多专业性的（知识）基本上没用了，因为这个专业知识差得太远了，你这边需要掌握更全面的（其他知识），比如说各方面的政策要了解，项目申报、项目审批这些程序要了解。

当然，这些都是具体实际上能力的提高，对我来说还有心态上的培养吧。我觉得扶贫，特别是下到农村一线，经历过农村大大小小的事务，如果农村的这些事能解决的话，我觉得以后在更重要的岗位，遇到更大的问题都会迎刃而解。例如，我印象中很深刻的是一次摩托车的事故。因为当地都是山路嘛，所以我还特地花了一个星期去学了摩托车，那个时候冬天最低气温只有两三摄氏度，户外寒风刺骨；夏天雨水多，要穿着雨衣开摩托车进村，碰上雨雾天气的时候，在山路上骑摩托车是很危险的。天气恶

---

① "两不愁"就是稳定实现农村贫困人口不愁吃、不愁穿；"三保障"就是保障其义务教育、基本医疗和住房安全。

劣的时候，我都要小心慢行，基本上是要花上一个半小时才能进村。我还记得当时我是骑摩托车去镇里面送资料下去，经过那个山路，差不多是 90度的一个弯，在我转弯的时候，突然迎面来了一个大货车，很长的那种大货车，他开的速度很快，车身基本上压到了我这边路面的差不多三分之二吧，太危险了，当时我的心跳都快到不行，压完只剩下我这边路面的三分之一的位置给我开，当时我就急转弯啊，把方向盘打死了，就是为了不撞上去，基本上已经贴到他的车身了，也因为（方向盘）实在打得太狠了，只能顺势倒下。倒下以后左手掌撑地，左手掌就骨折了，然后还不止，因为我的右边又是一个沟，很深的沟，我肯定不能开到沟里面啊，所以我只能把方向打死了摔在地上，手掌撑地就手掌骨骨裂了。受伤后医生建议我至少要休息一个月的，但是当时恰逢扶贫云数据采集等一系列工作开展，我自己心里放不下心，所以休息两个星期就又返回了工作岗位。

作为扶贫干部，我们现在的角色是一个村与单位的沟通者，更是扶贫政策的宣传者以及扶贫工作的组织者和发动者。在荒塘村这里，我的责任是把广州先进的扶贫理念带到这里来，同时我也代表着党委政府，代表着党中央对精准扶贫的一个贯彻和实行。

现在，对于扶贫的事情，我的妻子虽然还是很希望我能尽快完成工作回归家庭，但这些年来她看到了我的努力和成绩，也觉得这是一件很有意义的善举，不仅支持我，还会把《广州日报》《信息日报》等刊登的关于我的扶贫报道都搜集起来，想等孩子长大了作为教育的题材。我想，等我的小孩以后长大了，我一定要告诉他，扶贫肯定是一个很苦的过程，但是只有苦中才能学到东西。这边的各种艰辛，不管是家庭的或者开展工作方面的，都（像）是比较艰辛的一个旅程。当然艰辛中也有收获，我感觉也是一个值得回忆的事情。

志智双扶梦下的瓮安之路

受访人：张东方

访谈人：李威　王颖

访谈时间：2020 年 7 月 22 日

访谈形式：线上访谈

访谈整理：李威　王颖

访谈校对：李威　王颖

故事写作：李威　王颖

受访人简介： 张东方，女，1983 年 5 月生，中共党员，广东省南粤优秀教师，广州市海珠外国语实验中学办公室主任。2018 年 12 月 26 日主动参加广东省对口帮扶黔南州组团帮扶活动，并进驻贵州省瓮安第六中学，挂任贵州省瓮安第六中学副校长。扶贫期间，默默坚守岗位，忠实履行园丁职责，积极参与受助学校教育教学研究，把握教育发展方向，承担课题撰写，帮助受助学校成功申报贵州省第七批人才基地，实现黔南州教育界省级人才基地零的突破，获得"黔南州脱贫攻坚优秀共产党员""贵州省瓮安县教育先进个人"等荣誉称号。

一　不忘初心教育梦，风雨兼程赴黔南

我本科毕业于黑龙江的一所师范院校，读的专业是数学与应用数学。2006 年，我通过全国公招来到现在的广州市海珠外国语实验中

学[①]任教，当时这所学校叫广州市第四十二中学。参加工作 13 年来，我一直担任班主任其中，兼任德育副主任 2 年，教导处副主任 2 年，现任办公室主任，并且连续 13 年都是年级数学备课组组长，从 2012 年起，我还成为院士班课程研究负责人。多项工作任务使我肩上的担子变重了，责任也随之更大了，但我没有忘记当初自己想要成为一名人民教师的初心与使命，始终以高度的责任感和事业心战斗在教育教学的第一线，努力为孩子们提供更好的教育。

我在申请贵州省黔南州的教育扶贫项目时，女儿还很小，刚上二年级，我也深知或许这样做会让我少了许多原本可以陪伴在女儿身边的时光，但我还是选择坚持自己内心最深处的想法：扎根到扶贫一线。因为我自己本身是党员，在党和国家需要你的时候，那就更要挺身而出，起到模范带头作用，舍小家为大家。此外，我觉得一个真正爱岗敬业的人，最可贵的是奉献精神，要想改变一个民族、一所学校、一名学生，是从最贫困、最基础的地方开始的。虽然我知道自己的能力有限，但是我希望自己能从点滴做起，感染更多的年轻教师，跟那里的老师和孩子们一起，努力提高偏远地区的教育教学水平，这是我一直以来的梦想，一个一直想去完成的教育梦，那刚好有这样的一个宝贵的平台，所以我也没考虑太多，就义无反顾地去了。在 2018 年看到教育局下发的通知时，我是主动自愿报名的，让我很感动的是，我的家人在知道我报名参加教育扶贫项目后，都十分支持。因为我的先生和妈妈都是中共党员，所以他们觉得这是一件非常有意义的事，都对我说："你就放心去吧，家里面的事情和照顾孩子都有我们呢，不用太担心，去了以后就要全身心地投入到教育中，不要辜负大家对你的信任。"在扶贫的这一年里，我也没有更多的时间去孝敬父母，关心爱人，照顾孩子，所以我十分感谢家人的理解，特别是我的先生，在这一年里他把我们的这个小家扛了起来，使我能够全身心地投入到扶贫事业中，一想到这些，我的内心是更加愧疚和感动。

从时间上来看，我挂职约 1 年 2 个月，从 2018 年 12 月出发，在 2020 年接近 2 月份返回，按教育扶贫那份文件上来看就是一年，但实际上比一

---

① 广州市海珠外国语实验中学（Guangzhou Haizhu Foreign Language School）（原广州市海珠实验中学；广州市第四十二中学），是广东省一级学校，广州市示范性高中。

**2019 年 9 月张东方被中共瓮安县委、瓮安县人民政府
授予"优秀教育工作者"称号**

年要多。我们整个团队是三个人一起过去的，但实际上是分了两批走，挂行政职务的这一批时间久一点，大概 1 年多，作为老师的这一批是不到一年，但大家没有一起出发，我们这一批较先走。我印象特别深刻，因为到瓮安县①的交通不太便利，没有火车直达，所以我们很早就从广州出发，然后到了瓮安县那边的中转站，一下高铁就看到地方的教育局副局长早早地在车站等候我们了，于是我们再一起转车，最后到达了瓮安县。我们抵达的时候已经很晚了，但让我很惊喜的是，学校校长和他们的主任已经亲自在门口等候我们，十分热情地迎接我们进县里，这些细节让我明白当地政府对孩子们的教育是很重视的，我们都很感动。这一路上的确挺奔波的，但当看到他们带着期许的目光在门口等着我们的时候，就那一瞬间，我内心一切的疲惫都烟消云散了。告别熟悉的广州，来到一个全新的环境，多少都有一些因为未知而带来的忐忑，但在他们身上，我感受到了家

———————————

① 瓮安县位于西南腹地，是国家卫生县城、中国生态魅力县、贵州省森林城市，国家磷化工生态生产基地，素有"亚洲磷仓"的美誉。

人的温暖，很亲切，渐渐抚平了我内心的紧张，同时也使我对于即将踏上的这片土地更加充满了向往。当然，我们海珠区教育局的领导班子们也非常重视这次的教育扶贫工作，出发前对我们做了细心的嘱托，并对我们进行心理指导，也给大家布置了任务，要求我们制订详细的帮扶计划，更好地保障贫困家庭学生的受教育权，（用教育）阻断贫困代际传递。我作为一名教育者，深知教育对贫困家庭学子的意义，为了让他们更好地接受知识，更加茁壮地成长，我也一定要坚守好这份教育使命。

刚来到贵州省瓮安县帮扶学校的时候，我的第一感受是这里非常冷，因为我们是在城乡接合部，没有在县中心。虽然我是刚从广州优渥的环境中出来，在面对这样一个相对较偏远的环境时，我的内心是没有任何退却与抵触的，而是尽力去适应。因为我既然选择来到了这里，就没有给自己留有"后路"，只管风雨兼程便是了。当然，如果说跟广州比，肯定是不如在家里吃得好住得好，但其实于我而言，居住环境或生活条件的好坏都是次要的，最关键的是要让自己尽快调整好状态，投入到实地的教学中。因为教育扶贫是要靠实打实干出来的，我们既然有心想要做好教育工作，就不能抱着来享受的这种想法。而且我深知无论是当地的老师、小朋友们还是其他从事教育扶贫的先行者，这么多年过去了，大家都是这样生活和成长，有的可以说比我们更加辛苦，所以我去到那以后很快就被这种淳朴向上的风气所感染，自然而然地就把自己当作本地人，跟那里的老师们一起生活起居，很快就融入这个大环境。我相信既然别人都可以任劳任怨、坚持下来，那么我们也一定可以发挥我们所学，帮助那里建设更好的教育事业。

二　妥善协调多方关系，互助友爱走好扶贫路

在离家参与教育帮扶的整个过程中，家人是我遥远的牵挂，毕竟孩子还小，父母年纪也大了，不过现在网络很发达，我们可以通过视频联系，也算是缓解了这种思念吧。所以我没有产生过任何放弃的想法，因为我觉得这是圆了自己的一个教育梦，特别是能够在脱贫攻坚年来到那里，本身就是一种幸福，是发自内心的幸福，这也是组织对我们的信任，我很感动。我也早把瓮安县的百姓们当成自己的家人，看到学生们在学习上取得

的进步我会很自豪，这种感情是油然而生的。我们很明确自己过来的目的是做教育帮扶的，所以在整个挂职期间，我们都很少回家，我在扶贫的 1 年 2 个月时间里一共就只回了两次家，大概 19 天。因为学校安排暑假放假 11 天，另外的 8 天是我要回广州当评委，参加评估工作，所以这次也不算是真正的回家吧，这样算来，真正回家看看的时间就只有十天左右。而且回家也比较麻烦，我们是先坐当地的雷锋车①，大约 1 个半小时到 2 个小时到达都匀②，再从都匀坐 4 个半小时的车到广州南站，最后回到自己的家，基本上就是早上出门，晚上才到家。虽然这一年与家人在一起的时间是非常短暂，但是我经常用林崇德③教授的话告诫自己，"疼爱自己的孩子是本能，而热爱别人的孩子是神圣！"。同时，我也一直坚定"回归教育本真"的初心，用行动诠释奉献的"爱"。更何况公务员和部队扶贫都是 3 年期，甚至有 5 年、6 年不等，所以我也并不觉得自己辛苦，而是想要利用这一年左右的时间做好自己该做的，完成身上的使命。

我在广州的原单位担任班主任一职，在协调扶贫工作和原单位工作上，原教育局和原单位的领导、同事们都付出了很大的努力，我很感谢他们，不仅信任我，给予我这样一个机会，而且还不辞辛苦地为这次扶贫做好调配工作。因为每一间学校都是一岗一人，那么如果我出来了，就意味着我所在的岗位人员空缺，这就需要教育局和学校的协调，找到合适的同志来顶上。所以我认为其实他们更不容易，因为我们同样都是坚守在教育工作的战线上，只不过形式有所不同。但因为我们是冲到了扶贫攻坚的第一线，所以名义上听着十分光鲜亮丽，相应的荣誉也给了我们。但我自己内心是很清楚的，个人之于团队，正如小溪之于大海，团队的精神与力量

---

① 连云港市新浦汽车总站"雷锋车"组，是在雷锋精神哺育下成长起来的一个先进班组，现有成员 28 人，均为女职工，班组的行政名称为长途服务组，主要工作任务是承担发往全国 18 个省、直辖市的 700 余个班次的旅客候车、检票发车工作。

② 都匀，简称"匀"。贵州省南部政治、经济、文化中心，西南地区出海重要交通枢纽，黔中经济区五大主要城市中心之一，黔南布依族苗族自治州的地级行政区首府。

③ 林崇德，男，浙江宁波象山人。现为北京师范大学资深教授，中国心理学会前理事长，教育部人文社会科学委员会委员兼教育学、心理学学部召集人，中组部联系高级专家。在过去的 30 余年中，林崇德教授围绕儿童青少年认知能力发展，开展了大量有关中小学生智能促进的研究。这些研究有力地推动了我国基础教育改革，提高了教育质量，也促成了思维理论领域的重大突破。

才是助我攻坚克难的法宝，所以我们更要心怀感恩与感激，感恩那些能够顶在我们岗位上的老师们，感恩教育局和学校的细心协调。并且，我们在空闲的时间也会完成自己相应的本职工作，像我在原学校负责宣传，所以我也会挤出时间，在扶贫之余，尽己所能地跟进原单位的宣传资料、审核稿子。最后在资源共享方面，我们把原海珠的学校资源，例如先进的办学理念、办学特色、办学经验引进到我们黔南州的瓮安县，努力实现教育教学上的优势互补和资源互通的结构完整性，更好地帮助学生们的成长。另外，我们也在海珠的学校里大力弘扬瓮安县孩子们那种坚忍、不怕苦的求学态度，对广州的孩子们进行艰苦奋斗的教育动员。所以说教育是互通的，不仅我们在帮助他们，反过来他们也在潜移默化地感染我们，扶贫是一种双向互利的活动。

在与当地扶贫干部或者说本土干部的关系上，大家相处得很开心，没有存在分歧。所以我觉得正是因为在一起共事得非常融洽，大家都互相扶持理解，才使得我们顺利拿到了贵州省人才基地①，这是瓮安县也是黔南州的零突破。当然这其中也离不开海珠区及当地政府的大力支持，才让我们帮学校拿到了这样的一个荣誉。另外，我在瓮安县是挂职为副校长，我们的郑小华校长人特别的好，十分支持我们的扶贫工作，我们也经常会密切合作，制定了上半年全面抓德育，下半年全面抓教学的工作计划，所以每个点都做到了位，不留教育上的"死角"，这就有利于促进学生们的全面发展。然后教研室和教育局那边就会让我们跟进所有的学校，包括比赛、教育培训的开展情况，所以我们对每一个不同的环节点都有着深刻的认识，由点到面，由浅入深，最后才会对瓮安县的教育情况有一个宏观了解，这样才能有基础和底气去申报项目。

相比于挂职干部，我觉得本土干部辛苦多了，因为我们可以不用参加一些会议，而且我是挂的副职，但他们是正职，所以他们的会议与当地的工作要比我们多。比如说脱贫攻坚、精准扶贫、教育脱贫一批的工作是要落实到具体个人身上的，做到了零辍学率，这点是很不容易的。所以他们

---

① 人才基地，是培养和聚集高层次人才、促进人才作用发挥的重要平台载体，主要面向重点学科、重点领域及重点产业等，依托优势企事业单位或产业园区建立，具有领军人才突出、高层次人才聚集、专业和年龄结构合理、促进经济社会发展作用明显等特点。

的工作力度要比我们的大，我们一般是跟他们一起去家访，走到乡下，或者是深入到最基层的地方，有目的、有条理地逐一核查，做到不漏一户、不漏一人。此外，因为扶贫学校的学生是住校的，所以老师们就必须安排好学生的就寝后才能回家，每晚回家都接近12点了，所以有些老师就索性住在校内。而广州没有这个条件让老师们都住校，所以老师的压力反而没有本土干部的这么大。每次我和他们一起实地走访后，都觉得自己的政治觉悟有了一个很大的提升，掌握了更多与百姓沟通的方法，认识了党的英明决策和惠民苦心，体会到教育扶贫这项工作的政治性和严肃性，同时也深刻检验了自己的师德觉悟和工作作风。

在跟当地群众的关系上，我跟他们能够较为密切接触一般是在家访和家长会的时候，然后我们也给他们开办了家长学校，方便家校沟通。另外还有招生的时候，我们也可以跟家长面对面进行深入交流。我觉得瓮安县的百姓们很淳朴，也很热情，我们相处得都很融洽。在与当地居民建立关系的过程中，我觉得最主要问题就是要注意当地的风俗习惯。因为当地有不同的少数民族，例如水族①、苗族②、布依族③，所以我觉得首先是要尊重地方的节日和少数民族的习性，这个是一定要了解的，因为让别人感受到你对他的尊重，那就很容易融入当地。第二个就是要待人真诚，让他们看到我们不只是挂了一个职务，而是踏踏实实代表着党和政府的期望来到这里做实事的，这样大家看到你的确是在做事的，内心的芥蒂就会放下，只要心连在一起了，就很容易团结在一起为同一个目标奋进。

三 求真务实校领导职责，推动学校文化力提升

我怀揣着追梦人的大爱，怀揣着教育帮扶的梦想，怀揣着广州市教育

---

① 水族，有本民族的语言和传统文字，水语属汉藏语系壮侗语族侗水（侗台）语支，水族古文字体系保留着图画文字、象形文字、抽象文字兼容的特色。
② 苗族有自己的语言，苗语属汉藏语系苗瑶语族苗语支，分湘西、黔东和川黔滇三大方言。由于苗族与汉族长期交往，有一部分苗族兼通汉语并用汉文。苗族的宗教信仰主要是自然崇拜和祖先崇拜。
③ 布依族，中国西南部一个较大的少数民族，民族语言为布依语，汉藏语系壮侗语族壮傣语支，与壮语有密切的亲属关系，通用汉文。

局、海珠区教育局的嘱托，传递广州经验为帮扶学校凝练校园文化。

帮扶的关键是"智"，因此我特别重视师生的德育工作，将学校文化力通过具体的物象展露出来。广州的学校在这点上做得特别好，我也吸取了我在海珠外国语实验中学任职的经验，决定用讲座的形式来内化提升教师团队的德育素养，以德育物象化建立师生归属感，为扶贫学校的班主任们开展了"如何打造幸福班集体"的专题讲座，并及时跟进教师的心理状况，举办了系列的心理疏导等活动。教育扶贫是一项很大的工程，离不开每一个主体的配合，而师资培训作为教育扶贫的"牛鼻子"，一定要抓牢、抓好，这就要求我们不仅要重视老师们的专业技能，也要提高他们的职业道德素养，多点给予他们参加座谈、讲座的机会，在交流分享中共同进步。由于每间学校都有自己独特的校园文化与办学理念，不能千篇一律地使用同一种方法来治学，所以在扶贫期间，我向当地的老师了解校史、校风、办学宗旨后，与团队一起设计出适合本校的三个主题长廊，分别是"生命教育长廊""传统文化教育长廊""中国心世界眼长廊"。为什么要设计这些长廊呢？我觉得"生命""文化""国家"，贯穿了我们的一生，读懂生命、学好文化、报效国家，是我们的孩子在求学过程中需要不断要去思考并实践的。其中"生命教育长廊"是以人的生命为主线，用形象生动的方式让孩子们认识"我是谁?"，不仅感受到生命的力量，领悟成长其实是一种精神的蜕变，还可以引导大山里的孩子尊重生命，健康生活，从而实现自我生命的最大价值；在未来，年轻人将是传承传统文化的主力军，所以要在孩童时期就向他们弘扬我们优秀的传统文化，于是我们通过"传统文化长廊"，创新采用了互动式、可替换式的模式，将传统文化渗入日常生活中，为师生打造了一个互融互动的环境。这样一来，书香诗韵弥漫在温暖的校园内，老师和学生们就能有更多与传统文化零距离接触的机会，会在潜移默化中影响他们的思想与行为，彰显出年轻学子们那种"敢于创新、不断完善准则、展现筑梦人生"的态度；在"一带一路"倡议的大背景下，我与学校一起开设了"中国心世界眼长廊"。由于交通、通信等的不便利，山区里的孩子可能很难及时接收外界新闻、了解国内外动态，所以我希望能用图文并茂的方式带着他们感受祖国的力量，看看世界的发展，让孩子们在学习生活的同时，立足于国家情怀，放眼之国际视野，在他们少年时就埋下一颗"逐梦"的种子，为实现"中国梦"乃至

"世界梦"贡献自己绵薄的力量。

其次是重教学，于是我们将院士请进校园里来。教学是学校的中心工作，是教师提升自身核心素养的中心环节，也是学生、家长悦纳学校的中心要素。我借用移植广州将顶级教育专家引进校园的经验，邀请中国科学院张景中①院士及其教育团队进入校园，为帮扶学校的学生授课、捐书，并为全县初中数学教师做了专题讲座。这也是建县以来，第一次院士进校园，为师生搭建了与院士面对面的交流平台，为县里带来了巨大的变化。广州教育的经验不是"昙花一现"的讲座，而是建立教学合作平台。为此我与张景中院士交流，为帮扶的贵州省瓮安第六中学建立合作平台，使得所帮扶的学校正式成为张景中院士工作站实验基地学校，为该校后续的教育教学发展提供了专家团队的保障。这里我想讲一下我的感受，我觉得中国老一辈的科学家真的值得我们尊敬，张景中院士进到瓮安县，没有要一分钱，还捐了5000块钱的书，把全部书都捐给了那里的小朋友。你想一个老人家在早上7:30从广州出发，一整天马不停蹄地赶到瓮安县，一进校园后就马上举办讲座，与学生们亲切地交流互动，真的令人非常感动。

在我的心里一直记住一句话："做老师就要执着于教书育人，有热爱教育的定力、淡泊名利的坚守。"是啊，只有离孩子再近一点，离功名再远一点，以饱满的工作热情完成教学工作，才不会辜负领导和同事对我的支持与信任，我也是一直这么鞭策自己的。要想学校稳步前进，就一定要有坚实的科研成绩来做支撑，做科研讲求机遇与实力，所以我认为自己很幸运，抓住了"广州 - 黔南教育对口组团帮扶"②的这样一个宝贵的机会，通过"组团"的方式，从教育教学管理、教师的专业化成长、校园文化、学生心理教育等方面入手，帮助学校推进各方面的工作，收获颇丰。教育

---

① 张景中，河南省汝南县人。曾用名井中。中共党员、中国科学院院士、计算机学科和数学学科博士生指导教师、中国科普作家协会理事长。现任广州大学计算机教育软件研究所所长，中国科学院成都计算机应用研究所名誉所长。1991年开始享受政府特殊津贴。曾获"全国优秀教师"等称号及"全国五一劳动奖章"。

② 一年多来，根据中央和省委工作要求，广州和黔南两地教育系统坚持以"组团"为引领，深入推动东西部扶贫协作向纵深发展，目前，两地共有272所学校达成结对帮扶关系，其中广州组织选派了10支共30人的帮扶团队，分别到黔南州10个贫困县开展了为期一年的教育"组团式"帮扶工作。

是一个博采众长的艺术，没有绝对的好与坏，所以哪怕再有经验的老教师还是新入职的年轻老师都要在这个过程中不断地交流学习，这样才能帮助学生们更好地取得进步。于是我们有派出教师赴贵阳、绥阳、都匀等地开展教育培训，与福泉二中、福泉凤山中学、瓮安县白沙中学等学校开展了校际交流活动，打破区域局限，盘活教育资源，认真做好"请进来、走出去、敞开门"①的工作。每当这些外派老师回来后，都会神采奕奕地与我们分享他们一路上的所见所闻，其中有感动的、励志的，也有遇到的困难与挫折，但这些丝毫不会阻碍我们前进的脚步，反而让我们在每段经历中吸取了不一样的经验，我认为这是一件特别幸福的事情。"一花独放不是春，百花齐放春满园"，随着我们师资队伍地不断扩大，许多年轻教师要不断提升自我，因为你不进步，哪怕是在原地踏步，很快就会被其他人赶超了。所以我很乐意带领师生们参与各种教学活动，有压力才会有动力嘛。可能刚开始大家还不熟悉这些活动的流程、关键点，但随着参加的比赛多了，经验也就积累起来了，现在的话约有 20 名老师获得了优质课评比、课堂展示和实验操作技能创新大赛等的各类奖项，有 30 位学生也获得了大大小小的表彰。当然，拿奖是值得我们大家庆贺的，但哪怕真的是没有获得一个较好的名次，那也没有关系，最重要的是我们老师和学生在参赛的过程中巩固了教学及读书的方法，提升了自己的专业素养，这个比什么都强，我也是经常这样鼓励他们的。

四 "一把钥匙一把锁"，引领师生共成长

习近平总书记说过，"党和国家事业发展需要一支宏大的师德高尚、业务精湛、结构合理、充满活力的高素质专业化教师队伍，需要一大批好老师"。这句话对我的启发很大，也再次让我感受到老师的影响力是很深远的，同样的，这就意味着教育帮扶的根本任务就是建立一支"带不走"的优秀师资队伍。为了实现这一目标，我也一直在琢磨，并在这个过程中

---

① 在教育教学领域中，"请进来"指邀请国内外教育专家或优秀教师团队等到校内讲学、举行报告会、开展互动研讨；"走出去"指鼓励教师或带领学生出去学习考察，参加学术交流、培训会议等；"敞开门"指打造开放的格局，进行校际交流活动。

提炼了学校文化，为帮扶学校申报了省级课题。有了一定的基础后，我与老师们一起商讨，制定出了"推门听课"方案，就是以一课堂为立足点，开展听课、评课、议课，时刻监督任课老师的教学质量以及收集学生们的课堂反馈情况。除此之外呢，为了实现以点代面的帮扶，我调动自身的资源，并发动身边的力量，在多所学校开展心理示范课、青春期教育讲座、班主任工作讲座等，例如为全县初中和高中的县级培训担任主讲老师，为全校教师开设"观课、议课""如何提升教师竞争力""如何打造幸福班集体"等专题讲座，为学生开设"二次函数面积问题"课程。虽然举办各类型的讲座是十分具有挑战性的，需要前期不断地磨合与协商，敲定讲座主题，安排讲座场地等，但每场讲座结束后，师生们的好评让我感到很开心。只要他们能在听讲中学到有用的知识，那么一切的辛苦就都值得了。终于，在我们共同努力下，帮扶学校成功申报了2个贵州省乡村名师工作室，并成功申报成为贵州省第七批人才基地学校，实现黔南州教育省级人才基地的零突破。这一连串的好消息无疑给我们当地老师以及扶贫队伍极大的鼓舞，未来的路，我们更有信心走下去了。

教书育人以来，我遇到过形形色色的学生，老话不是说嘛，"一把钥匙，开一把锁"，那更何况是我们的学生呢？我认为一名优秀的老师不仅要教会学生知识，更要懂得学生真正的内心需求，与学生交朋友，因为每个学生的素质、才能、个性等都是不同的，没有办法做到用一样的方法去教授不同的孩子。于是为了更好因人而异、因材施教，我针对学校需精准帮扶的186名学生的具体情况，购置了学生学习资料、彩色打印机、大型心理活动的部分用具、全套沙盘用具，建立了心理沙盘室，为特殊学生进行心理疏导，帮助他们缓解在学习上的紧张与焦虑以及在人际关系问题处理上的自卑与不安等。并走访辍学学生，重塑他们的自信，不要在小小年纪就错失接受教育的机会，鼓励他们返回课堂。都说扶贫先扶智，虽然走访工作不容易，但是工作的成效让我觉得十分感动。当然，成功动员辍学学生返校上课不只是我一个人的力量，还有我们的校长、班主任以及教师队伍在这其中都付出了巨大的心血。这些学生辍学原因是多方面的，有的是为了打工挣钱，帮补家用，有的是因为成绩不好，心生厌学情绪，有的是出于家庭缺乏劳动力，让学生帮忙种地。所以我们要抓住造成学生辍学的主要原因，晓之以理，动之以情，尽我们最大的努力劝返每一位辍学生，让他们重返校园，茁壮成长。还记得最多的一次是我们去了一位学生的家里家访了五六次，并且还不断地以电话、短信的形式与孩子和家长沟通，对症下药，为他们排忧解难。因为我相信，让家长感受到学校的真诚，感觉我们老师是真的在为他们的孩子着想，用真心换真情，就能有效降低辍学率，提升教育的幸福满意度。那群花一般年纪的少男少女们，每当看到他们，内心就百感交集，像是看到自己的孩子一样，你又怎么忍心放任他们不回学校，不读书呢？所以每当成功劝回一个孩子来上学时，我们老师都会开心地像个孩子一样在那里手舞足蹈，这种激动的心情是难以言表的，一切的努力都太值得了。其实在教育扶贫这条道路上，我们老师的心愿也很朴素，首先就是大家团结一致地做好"控辍保学"①工作，切实保障适龄儿童接受义务教育的权利，助推全县脱贫攻坚工作顺利进行。

在瓮安县教育扶贫的路上，面对这样一群青春稚嫩的孩童，我深知梦想对于他们而言，是无比重要的。为此，在初三这一关键的学年，我为初三学子们开展了"我们都是追梦人 思源筑梦"主题活动，还通过"筑梦树"活动②让教育物象化，以形促心，鼓励他们在最后一年要坚持下来，把目光看向更远、更美好的未来，不管结局如何，都不要让自己的初中三年是带着遗憾结束的。此外，我还多次深入到不同的班级，开展"生涯规划"主题班会，给学生们讲述了许多关于青春的故事以及对于未来的憧憬、计划，希望通过每一次的讲述让更多的孩子对自我价值有一个更加清晰的认识，引导他们务实确定目标。青春期是学生成长的关键时期，我特意为瓮安三中的全体女生开展了"青春期健康"专题讲座，对女生在青春期的身心变化和卫生保健知识进行细致讲解，让孩子们懂得了青春期有关的注意事项，并指导学生怎样有效缓解青春期的困惑、怎样与父母老师相处，以及如何防范伤害、保护自己。

今年情况很特殊，在全国上下努力抗击新冠疫情的同时，我们也十分重视帮扶学校的学生教育进度和学生们的心理状况。于是我和自己现在所

---

① 控辍保学，是指控制学生辍学，加大治理辍学工作力度，保证适龄儿童和少年完成九年义务教育，提高"普九"的质量和水平。

② 筑梦树活动，帮扶学校的校园内种了许多桂花树，每个班级都会认领一颗，并在树上挂上班级名称，再由班级同学亲手写下自己未来的梦想并装进许愿瓶，再与校长和班主任一起将它埋在树下。旨在校园内营造积极向上、努力奋进的温馨团结氛围。

在的学校领导商量，与瓮安县的学校一起合作，举办了4场线上讲座，学生们的反响都挺好的，"停课不停学"嘛。教育情怀是每一位老师都具备的，但如何更好地将理论与实践相结合，切实促进学生们德智体美劳全面发展，是要全体师生共同努力的。所以我也很感谢我现在挂职学校的校长吴朝晖同志，他十分重视这种教育的帮扶，告诉疫情期间更要关注那边孩子的心理健康。因为是网课，那边授课资源、授课效果等肯定没有咱们广州的好，在吴校长的大力支持下，我们共同为扶贫学校的孩子们在疫情期间开设了丰富的教学活动，一共是分了三个学段进行心理疏导，再加上4个专题讲座和36节的网络公开课、班会课。此外，我们还及时关注贫困学生在学习生活中遇到的困难并妥善解决，注重加强爱国主义教育、生命教育和心理健康教育，鼓励他们增强信心，健康成长，让贫困学生乃至整个家庭感受到真真切切的关心爱护。疫情的来袭加大了教育扶贫的难度，但我都把这些挑战当成锻炼的一次机会，关关难过关关过，不经历风雨又哪能见彩虹呢？经过这场大考，我也更加坚定了自己的教育初心，要更努力地工作才能不愧于国家对我们的期望，因为老师真的是一个引导者，一个陪伴者，我们应该要正确引导孩子们成长得更好，陪伴孩子们行走的更远。

　　帮扶期间，我坚持每天与其他老师一起探讨管理心得，和学生们谈心谈话，所以他们都管我叫"知心姐姐"。我说孩子是真的很可爱、很天真，只要你愿意走近他们，他们肯定会拿出百分百的真心来对待你。除了关爱健全的孩子，残疾儿童也是我关注的一个重点群体。他们就像一群"折翼的"天使，虽然生活给了他们许多磨难，但也不曾放弃，那我们作为老师，更有责任与义务去为他们修复"羽翼"。为此，我主动提出去"特殊学校"交流学习，了解特殊儿童的教育现状和存在的困难，并提出为特殊儿童和从事特殊教育的教师进行心理疏导，并为特殊儿童带来了"保护自我　了解自我"的公开课。此外，为更好地落实脱贫攻坚要求，强化群众的"主人翁"意识，引导农村群众共同参与、争先脱贫，我多次参与召开脱贫攻坚和教育扶贫专题会议，开展了"干部访亲友、政策送万家"大型家访活动23余次；与当地政府帮扶人员一起组建了临时党小组，担任副组长，积极参与支部组织的"三会一课"学习，将党的政策和声音带到每家每户。

十三年来我资助了4名学生，为了不伤及孩子们的自尊心，我一直将这笔钱说成是学校的奖学金。因为我觉得有的时候小朋友的内心是很敏感的，一旦让他知道了，他面对你的状态就会不一样。所以我们没有跟他们讲，而是选择默默地在背后支持他们，让他们不要有太大的心理负担，健康快乐地学习与成长，我觉得这样可能更有价值。因为真正的大爱不是让他知道你的付出，而是你找到合适的方法，通过无声的帮助，在无形中促进他成长。对于学生的成长，我认为凡事都要通过自己的努力来获得，虽然努力的最终结果不一定是取得成功，但在这个过程中却一定是可以收获许多宝贵的经验，这一样值得庆祝与鼓励。来到帮扶地，我主动申领资助一位失去母亲的留守儿童，从物质和精神上给予他帮助。我也是一个孩子的母亲，我很清楚母亲对于孩子意味着什么，是一种润物细无声地关怀与呵护，是在你累的时候能够第一时间想到的依靠与怀抱。面对孩子成长的关键节点，我不仅愿意做他学习上的老师，更愿意做他生活上的"妈妈"，尽力抚平他失去母亲的伤痛，给予他爱护，让孩子在爱中健康成长。此外，为做好精准帮扶工作，我先后主动捐献了八九千元的物资，关于火车票、汽车票等的费用，我也从未想过报销，因为我觉得组织派我们老师出去也很不容易的，就希望尽量能为组织分担力所能及的，为祖国下一代健康成长继续做出自己的贡献，共同把教育扶贫这项工作落实到位。

五　初心化恒心，使命成担当，
扶贫路上的收获与感恩

首先，谈一下自己扶贫路上的感触。我觉得只有深入基层，才能更加真切地感受党和国家为打赢这场扶贫攻坚战所付出的心血，感受到伟大的党和国家始终心系人民。因为我们去家访，无论山多偏僻、路多崎岖，党和国家都为他们铺了水泥路、通了电、通了水。能够实实在在看到党和国家的好，这是第一点。第二点就是采取实际措施，帮助贫困户重新修建房子。当我一走进大山里的时候，就看到哪怕在山顶上住的，山腰上住的甚至是一连些汽车都开不进去的地方，都建立起一栋一栋统一颜色的小红房。因为对于广大农民朋友来说，在农村建房是生活最基础事情，有了房子才算有了家。而农村的房屋很多都是以前的老房子，由于年久失修，很多都已经不适合居住，也很危险。所以为了保障农民生命财产安全，让他们有个安全的"避风港"，党和国家铆足力气为贫困户修建房屋，切实改善他们的生活水平。不仅是我们的扶贫队伍，当地的百姓也深深地感受到了党和国家对扶贫的力度和决心，特别感动，也备受鼓舞。

关于在工作中的感触，最大的收获就是拥有了"家人般"的温暖。当地的百姓和我们海珠区的领导们，让我受到家人的温暖，虽然瓮安县与广州距离挺远，路途也几经波折，但这一路上我从未觉得自己是孤独的，反而能感受到我的身后有数只无形的手给予我力量。尤其是我们到了瓮安县那边以后，当地百姓和领导干部特别热情，对我们嘘寒问暖。第二个就是更加坚定了自己的教育初心和对教育的态度，因为深入扶贫一线，我一边工作，一边成长，更能看清自己内心所追寻的，知道自己该做什么、怎么做、为什么要这样做、要做到什么程度，以及我所做的事情对将来会有什么影响。年轻的时候，我对自己的未来曾许下过豪言壮志，但随着年龄的增长，经历的坎坷不断，我也有过彷徨与困惑，当年的誓言与梦想好像慢慢地被淡忘了。但梦想与初心是有无限力量的，会在冥冥中指引我前进，所以我来到瓮安县，看到孩子们天真无邪的笑脸和渴盼知识的眼睛后，我的内心激动万分，当年的热情与激情又再次被点燃，我暗自对自己说：一定要在这儿干出一番成绩。此外，我是申请再留的，但领导和同事们考虑到我家庭的情况，劝我还是回家为好。但教书育人的魅力就在此，一旦我开始做了，就不会想离开，因为教育不是一个点，而是一条完整的线，你要做下去就至少应该是三年。因为教育不是一蹴而就的，而是一个慢慢熏陶、逐渐内化的过程，需要教师、家长和学生共同的努力和沉淀，才能在未来看到真正成效，这既是对自己的承诺，也是对学生负责。但毕竟对于任何一个家庭而言，三年都不是一个短时间，其间我或许会错过许多自己孩子成长的瞬间，无法陪伴父母度过晚年。但每当看到瓮安县的学生们在学业上取得的进步，对生活有了更深刻的感悟时，我不禁热泪盈眶，我也终于明白只要用自己炙热的爱心，去发现、去探索，定能给孩子们带去春风化雨。

其次，除了师生的共同努力，领导的鼎力支持也是让我能够继续前行的一大"定心丸"。在经济层面，在经费有限的情况下，区里的领导们没有因此放松对教育的扶贫，没有降低扶贫的力度和质量，反而是多次亲力亲为，与我们老师一起深入一线，考察情况，及时解决御寒用品、医疗保健等问题，是我们强有力的后盾。就像海珠区的教育局局长蔡健安和扶贫工作对口的李中良处长，为了让我们老师能更好地投入科研，他们不仅亲自带着优秀的师资队伍来到扶贫地，而且全程陪伴，与我们一起深入扶贫地，了解当地百姓真实所需，这极大程度在精神上鼓舞了我们。还有就是我特别感谢我们海珠区人民政府，政府领导们都特别有心，集体慰问了海珠区挂职医疗和教育的老师们，然后他们承诺，只要贫困户们同意，他们的子女或者家人都可以来海珠区务工，政府会在第一时间解决就业的问题。这个是我亲眼所见的，我也十分敬佩海珠区政府助力教育扶贫攻坚的义举。除此之外，今年海珠小学已经在瓮安落户，而且本学期实现了所有对口帮扶学校均有老师到岗，可见海珠的教育扶贫力度非常大。关于扶贫老师的选拔，海珠区教育局积极响应党中央、国务院和教育部的号召，倡议动员优秀老师深度介入扶贫工作，经过层层考核，从多维度挑选合适的老师参加扶贫，所以我们扶贫队伍的素质都很高，包括现在仍然在瓮安县奉献的老师们，都是名师。他们不仅具备过硬的科学知识，而且更具备对孩子、对教育、对未来的温暖情怀，这样才能使教育扎根于人性，才能实现走向人的教育。

同时，我对瓮安教育局的张超局长和罗明梅副局长、瓮安县思源实验学校（六中）的郑小华校长也心怀感恩与感激，我与他们三位相处得非常融洽，因为他们的教育理念和教育情怀让我十分感动。他们每天在岗时间超过16个小时，真的是每天如此，而且他们是住校的，而且有时还要下乡驻村，这份对教育的坚守值得我们后辈学习。当然，他们不仅对自身十分严格，而且对于我们扶贫老师们也是用同样的标准来要求，这既是对我们极大的信任，也是对学生的负责。所以我们也都全身心地参与到教学活动中，不仅要在校内教书，还要下乡镇、下村进行实地调研，走遍山山水水，才能尽可能地帮助更多的孩子，包括他们整个的暑期培训也让我们参与进来。也得益于这样一个平台，引领了更多年轻老师的成长，才使学校有一个飞速地提升。

最后，我觉得扶贫工作的一大难点就是在覆盖面。在这点上我认为海珠区完成得非常好，扶贫覆盖面特别广，因为瓮安县很大，很多山村对老师的需求量很大，所以在2020年，许多瓮安县的老师来到海珠区跟岗学习，同时我们海珠区也有大量老师赴定点帮扶的学校进行扶贫教育，实现了学校点对点的全覆盖。按照以前的做法，我们是点、线、面三级联动，前期我们是三个人都住在一个学校，一个是在教育局副局长角度从大的层面统领，一个是我在校级层面，还有一个老师在一线。

　　"教育是阻断贫困代际传递的治本之策。贫困地区教育事业是管长远的，必须下大力气抓好。扶贫既要富口袋，也要富脑袋。"这是 2015 年习总书记在中央扶贫开发工作会议上特别强调的。有很多人其实是因为没有文化，不知道怎么样去与人沟通，有一些人真的是因为文化素养不够，无法脱离贫困。但是我觉得当地的居民也在慢慢地认识自己，改变自己，看到国家不遗余力地帮他们，他们也都愿意送小朋友来读书。我觉得扶贫先扶智，只有振兴教育，让大山里的孩子也能读得了好学校，是不仅能改变他个人的命运的，同时也是贫困家庭走出贫困的希望所在。所以我们也是尽可能地去与孩子和家长们做心理疏导，动员辍学的孩子重回课堂。教育扶贫一路走来，回头观望，既有艰难的抉择和执着的坚守，也有鲜花的簇拥和掌声的陪伴，还有许多激励我前进的力量，这里面有领导的关怀、同事的配合、父母的呵护、孩子的理解。教育，是我认定自己会一直从事的工作，是会为之倾心倾力的事业，因为我认为一个人的价值不是看他一生中做出了多少惊天动地的事，而是看他如何在平凡的岗位上踏实地履行职责。

一片桑芽撬动的扶贫产业

受访人：陈观志

访谈人：温思敏

访谈时间：2020 年 7 月 23 日

访谈形式：线上访谈

访谈整理：温思敏

访谈校对：温思敏

故事写作：温思敏

受访人简介：陈观志，男，广东省英德市人，1981 年生，2018 年由广州荔波工作组王润泉引荐，到贵州省黔南布依族自治州荔波县小七孔镇①投资注册"贵州粤盛生态农业有限公司"，担任公司负责人，桑蚕项目经理。他有十年以上管理农村产品的经验，他利用贵州粤盛生态有限公司最大限度开发桑叶，发现了桑叶除养蚕外的不同用法，如桑叶袋泡茶和桑叶袋包装蔬菜，把"种桑养蚕"逐步变成"种桑养人"。此外，公司还给当地贫困户提供就业机会，提高了小七孔镇的生产力水平，带动当地经济发展。帮扶一年后带动贫困户 160 户 629 人脱贫。

---

① 小七孔镇位于荔波县西南部，东与朝阳镇和瑶山瑶族乡毗邻，南与广西接壤，西临独山县麻尾镇、里湖乡、芒场镇，北与甲良镇相连，区域面积 110.7 平方公里，是两省区（贵州省、广西壮族自治区）三县（荔波县、独山县、南丹县）七乡镇（小七孔镇、朝阳镇、甲良镇、瑶山瑶族乡、麻尾镇、芒场镇、里湖乡）接合部。

我叫陈观志，广东省英德市人，虽然只拿了高中文凭，但我有着十年以上农业及农村产品的管理经验，现在我在贵州粤盛生态农业有限公司①担任总经理。

2018 年 7 月，在我们广州荔波工作组的领导——王润泉副县长的引荐下，我带着公司广东总部气候、土壤方面的技术人员，从 7 月到 9 月对荔波进行了 6 次考查，实地模拟了这边的气候、土地成分、风土人情等因素，然后 2018 年就过来了。2019 年我们在桑芽菜②种植的项目投入了 1100 万元左右，不过只是第一期，因为这边各项工作的运作方式和广东不太一样，所以我们在调试机器、协调基地等事情上面花了比较长的一段时间，直到 2019 年 5 月 15 日我们的工厂才开始正式生产。我们公司自成立

2020 年 7 月陈观志接受
温思敏访谈

以来，始终坚持以解决就业帮扶脱贫为宗旨。公司落地、建设、投产不到一年时间（2019 年 5 月 15 日—2020 年 12 月 30 日）就吸纳就业员工 113 人，其中有 76 名贫困户在家门口就近就业，年收入可达 7000 元以上；通

---

① 贵州粤盛生态农业有限公司是一家设立在贵州省荔波县以蚕桑养殖，桑芽菜、桑叶茶、桑叶副食品深加工，农业 123 产业为主的企业。公司助力当地，努力务实地做好脱贫攻坚工作，为荔波县带来了"一片嫩芽撬动一个新产业"的崭新农业模式。作为东西部扶贫协作产业合作项目，粤盛公司 2018 年 8 月在荔波县小七孔镇尧花设立桑芽菜基地，并建立桑芽叶的深加工车间建设。目前公司是广东援黔企业家联合会会员单位，公司在 2019 年 9 月荣获广州市白云区餐饮行业商会"优质食材供应商"，2019 年 10 月中国餐饮协会评为：中华绿色餐饮企业。

② 桑芽菜是最近市场上出现的一种新型冷冻蔬菜食品，别名桑叶菜，是采摘桑树枝干上的芽头为辅料或者主料进行制作的一种菜的名字，是 2013 年流行的一种菜式。桑叶为桑树的叶子，传统的利用仅是桑叶用作单食性昆虫——桑蚕的饲料，用途单一，随着蚕业资源的研究、开发利用，桑叶在药用、饲用和食用等方面得到了进一步的研究。

过土地流转带动建档立卡贫困户 84 户 307 人脱贫。自 2019 年 5 月投产短短半年时间，我们公司通过白云区销售平台，共计销售桑芽菜 70 吨、销售金额 196 万元，既助推了当地经济发展，又有效带动当地农民持续快速增收，助力脱贫攻坚。

一　初到荔波，困难重重

其实刚到这里的时候，我真的非常不习惯。以至于我总是怀疑自己："来这边做这个事是不是错了？是不是我们企业的方向不对？是不是我们选项目选错了？"

首先，我一开始不是很适应这边的吃住，晚上睡觉总是能听到虫子的声音，这边的饮食我也不是很吃得惯。其次，可能是因为这边的政府部门工作比较少，所以他们在处理事情上的时长、积极性也会和广东有一些区别。我一开始问："你们为什么那么慢啊？"他们回答："我们这边干活就是这样啊。"上到政府，下到物质都跟广东有区别。

我印象比较深的一件事就是刚开始从事这边的扶贫工作时，我以我个人的名义在这边租了土地，一开始那边的负责人说好了 79 亩的桑园，有 60 亩是存活的。我也试着去目测了一下，但那边的土地不是平整的，视线被阻挡了无法目测。不过因为有政府的领导带着我去签合同，所以我就放心地签了。

谁知后来我们带着 GPS 去测量的时，发现只有 20 多亩是存活的。但合同已经签了，定金也给了，怎么办？我们只能和他们协商说能不能把价格降下来，降一半。那边的负责人一开始不同意，还找一些人来公司为难我，十来个人围着我问："给不给（钱）啊？"虽然我从小一直练武术，但遇到这种事也不能和别人发生冲突，我们是有理的，而且现在是法治社会，于是我和他们说："我们要不在法院里面谈吧？我们输了我们就给钱。"

但最让我们难堪的是，去到法院的时候，当地的法官可能出于保护当地农民的心理，就一直在劝我们"你们企业那么大，就不要干这种事啦，就给他们钱吧"。但我觉得这个要公平处理，所以最后我们还是坚持通过法律途径解决了，本来要给的 7 万块，我们最后就给了 4 万，法院判的。

刚来的时候我会想是不是要放弃这个项目了，或者是不是要换一个人下来，但我们公司已经没有第二个人愿意来了，因为这边真的比较辛苦，对于很多在广州生活的年轻人来说都不习惯。其实有时候在山里跑跑步、散散步对我来说是可以娱乐的，但他们连卡拉 OK 都离不开，所以这边的生活方式对有些年轻人来说可能有点艰难。

正因为上到政府部门，下到物质方面都跟广东区别挺大的，所以我们刚来这里的时候会觉得压抑。我们领导对我们也是非常的关心，会每个星期都来探访我们，时不时过来和我们聊聊天，讨论一下工作的方向，也能缓解一下我们的压力，毕竟我们来到一个比广州落后很多的城市，语言交流加上生活环境都是一个大的变化。

二 调动农户，带动产量

刚到当地的时候，镇里面的人给我们贫困户的名单，我们就买点水果，以慰问的形式到他们家里做客，他们是很欢迎的。寒暄一会儿后我们就开始说重点，比如我们这里工作的待遇是怎么样啊，如果想来，我们优先录取贫困户啊，我们可以直接分配你们来这里上班，等等。我们走访了十来二十家，但他们大部分人觉得上班就没有贫困户补贴了，就不愿意来上班。

后来我继续劝他们说："我们公司的工资是一个月 2500 元，你可以先来试一试，要是不习惯就不做。"才开始有人慢慢过来了。开始是成功的一半，有人来上班了，还可以让他们进行一些宣传，就像一个连锁反应。如果其中一个人说"我要去上班啦，人家招人了""这边上班还不错呀"等等的话，其他人就觉得："哦！那我也去啊。"就这样，在我们这边上班的贫困户回去和其他人说在我们工厂上班的好处，加上我们也努力地对贫困户们做思想工作，慢慢地，来我们工厂工作的贫困户越来越多。直至2020 年年底，我们工厂吸纳了就业人员 113 人，其中有 76 户贫困户①。

但让贫困户来工作，并不意味着我们解决了劳动力的问题，我们没想到，前方还有更大的难关在等着我们。

---

① 数据来源于 2020 年 10 月对陈观志的补充访谈。

　　要知道，荔波的风土人情和我们广东的非常不一样，这直接影响到了他们的工作态度和效率。我打个比方，在这边他们三个人的生产效率加起来都没有我们广东一个人的高，就是说我们广东人一个顶他们三个。而且这边的人生活比较节俭，打工经验比较少，平时不想干太多活，觉得有钱拿，够基本生活就可以了。

　　其次他们少数民族的节日非常多，红白喜事也办得比较隆重，一到这种情况，他们假都不请，直接不来上班。去年有一个非常夸张的例子。那一天是他们的鬼节①，平时五十多人的工厂和两百多人的基地，到那一天我们厂里居然没有一个人来上班，基地也只来了两三个。问他们为什么不来，他们就说今天是鬼节，要给自己放假。我们基地有 3000 亩桑园，明明到了采摘的时候，却因为他们的少数民族节日，地里的桑叶没有人摘，几百万的东西在田里面浪费掉了。那使我意识到，这是一个很严重的问题。

　　部门领导们也很重视这件事，为了解决燃眉之急，我们去技校找了学生来帮忙，但他们毕竟还是小孩子，叫他们做也做不了。

　　针对这个我们想了一些办法，我们请了一些心理老师过来开培训会，花钱请贫困户们来听，50 块一个，打算从思想上改变他们。但其实这个方法不太可行，因为很多贫困户签完名领完钱就跑了，效果不明显，还导致我们在这个方面用了很多资金。

　　但经过去年的不断摸索，我们弄了一个奖励机制，一个工人 2500 元一个月的基础上（一个月上 28 天班），我们公司规定如果你来 28 天以上，另外奖励 200 块。这个机制推出的结果就是现在我们想要多少人，就有多少人来。之前没有这个机制的时候，工人们都是想来就来，想走就走，大不了就辞职。但对于我们公司来说，老是换人也很麻烦，因此去年我们在调动贫困户积极性的方面做了很大的努力。

---

　　① 鬼节是重要而特殊的节日，是一次全族的祭鬼活动，祭祀的形式有三种：自家祭鬼，祈求鬼神保佑家人健康平安叫祭小鬼。全寨子祭鬼，祈求鬼神保佑整个寨子安宁叫祭中鬼。同宗族祭鬼，以驱逐恶鬼为目的的叫祭大鬼——祭大鬼就叫"过鬼节"。过节当天，全宗族出动，男人必须人人上山参与祭祀活动，女人不得外出、不得干活、不得聊天，必须停止一切活动，待山上的祭祀活动结束，方可一切恢复正常。祭鬼是一些少数民族非常重要的祭祀活动，必须一切按律行事，若有违反者，视为对鬼神不敬，必招恶鬼惩罚。出于对恶鬼的恐惧，以致家家户户供鬼神，男女老少求消灾。"鬼节"至今长盛不衰。

到今年，贫困户工作效率的问题算是基本解决了。我觉得主要从两方面推动吧：第一就是当地人推动，也就是本地人宣传；第二就是由我们来推动。工作效率提上来了，我们的产量也就高了。2019 年我们带动了 160 户贫困户 629 人脱贫。

三　改变方式，种桑养人

我觉得这边的人（之所以）贫困，主要还是在于他们的思想。第一，他们的水稻只种一季，一般 9 月底之后就没有农作物了，下半年就一直在玩，只有 3 月到 9 月在农耕，这是导致他们贫困的原因。第二，他们的思想还局限在靠他人补助的框架里，开始他们认为广州的企业过来荔波，是不是可以资助一下啊？资助这件事情是要在我们的能力范围内才能去做的，但如果我们不去帮他们，他们上面的人就会不开心。

其实要帮他们脱贫的话，我们的企业一定要在当地站稳脚跟，继续发展 10 年、20 年，才是实际地致富当地。因此，我们要做的是帮他们跳出依靠他人的思想，让贫困户们明白可以靠自己的劳动和基地的农产品达到长效的脱贫。

去年我们采取的是"公司 + 基地 + 农户"的方式，但今年我们叫作"公司 + 合作社 + 农户"①，以发展"公司 + 农户 + 合作社"产业模式为主要方向，不断健全和完善农户的利益联结机制，带动农民增收、农业增效。

我们自己做好我们的示范基地，让当地人看到我们的实际收益，用示范的桑园去带动他们当地的合作社。这是我们公司今年的合作方法，你们把桑园卖给我们，生物农药我们给你，技术我们教你，跟我们签了合作协议之后，我们帮你们找买家。我们从广东上来的四个扶贫干部分管不同的片区，类似分包的形式，如果是包这 1000 亩的，那他就负责这个片区贫困

---

① 在原先"公司 + 农户"模式下，公司跟农户是一锤子买卖关系，作为订单生产也很难保证产品准时交货，因此有必要以合作社来发展和运营。有了合作社的服务，公司就能很好地利用农户手上的资源，也可以利用合作社社员之间的闲散资金共同扩大投资和进行深加工项目的打造（合作社内部资金互助）。在该模式下，老百姓地位上升，同时还让社员们获得本质上的增收。

户的协调等工作。

我们还会使用实际的数据对扶贫干部进行考核，比如有 100 亩桑园，我们的考核要求就是一亩产出 1500 斤到 2000 斤的农作物，半年或者一个季度考核一次，因为产量过多，用人就多，贫困户的参与也就多。

今年我们只用 1000 亩的示范基地带动了 6000 亩的桑园，这 6000 亩是农户自己种的，他们生产后卖给我们 3 块钱一斤，原本采摘的成本是 1.2 元一斤，那他们就可以每斤得到 1.8 元的利润，产量大的我们还可以奖励农药和化肥给他们。所以今年的收入跟去年就有了明显的区别，人员投入更多了，种植的覆盖率更大了，覆盖的贫困户也多了。

新鲜采摘的桑芽第一时间将被运输到生产车间进行加工，每天运进基地加工的新鲜桑芽菜近万斤。由检测人员进行再次检查，按照一芽两叶的标准，不合格的挑选出来。合格的桑芽经过漂汤、冷却、分包、包装、速冻等一道道程序后，变成袋中的"透亮嫩绿"，最后进入冷藏库等待出货，销往全国各地①。

今年我们产品的覆盖面积预计将达到 10000 亩左右。所以我们今年的计划是带动贫困户 500 户，大概 2000 人脱贫。

这是 2019 年的事了，我们这里有一户贫困户，妈妈以前做一些散工，一个月就千把来块钱吧，还要去 100 公里以外的地方做一些临时的小工，家里连电视机、洗衣机都没有。但是她们来我们这里打工后，女儿在这里做文员，一个月 3000 元，妈妈在工厂里上班一个月 2500 元，加起来一年就有六七万了。她们用一年的时间就成功脱贫，还买上了自己的小面包车，电器也有了。

还有一位返乡就业的大学生，24 岁的韦振盼是小七孔镇觉巩村人，在我们公司做文员，她非常看好桑芽桑菜发展的好势头，说服家人流转土地 28 亩来种植桑叶。小韦她算了一笔账：流转土地租金 500 元每亩每年由公司出，公司又将土地反承包给农户进行管理，最后公司再上门回收按照 2.5 元每斤进行回收，28 亩桑园桑芽产量约每年有 8.4 万斤，收入共 21 万元，除去请工、采摘费用，纯利约有 8 万多元，加上公司务工工资，一家人收入十几万元。如今，越来越多像小韦一样的年轻人选择返乡就业，也

---

① 来源：荔波宣传公众号。

给乡村发展注入蓬勃动力。①

我们工作最大的亮点就是"用一片嫩芽撬动一个崭新的企业",我们让以前的"种桑养蚕"变成了现在的"种桑养人",我们让当地人知道了桑树的叶子也可以吃,他们当地人养了这么多年蚕,也不知道桑叶是可以吃的。

四　初见曙光,迎难而上

来这里之前我们的领导跟我说:"陈总你去到那里千万不要被当地人同化了,你要感化他们当地人。"现在虽然我觉得反倒是我们的锐气被他们剥掉了,但我们也从中建起了一个和他们良好沟通的桥梁。

其实接触久了就会发现,这边的族长是一个很好的人,他会经常叫我们去他家里吃饭,而且什么东西都不用带,直接去吃饭就行。刚来的时候我没有去,因为我的性格不是这样的,所以可能有了点误会,族里的人传我是一个高傲的人,还是村里的领导跟我说了这件事我才发现这是我的失误。其实他们很淳朴,只要你多和他们聊聊天,他们就会很开心。

去年在有很多问题的情况下,我们经常加班,因为很多问题解决不了,我们就天天开会,有时候到十一二点,通宵也比较多,镇里面的人也会过来和我们一起讨论,所以加班也不会孤独。今年我们掌握了这个力度,加班就比较少。在此基础上,我们企业也逐渐步入了正轨。

但今年比较特别,今年本应该是脱贫攻坚战的最后一年,但因为疫情影响,我们没有收到任何订单。整个经济圈都有点低迷,以前给我们提供订单的酒楼倒闭了很多。在这个问题上广州对我们的帮助也是很大的,但现在我们就要增加重庆、上海这些销路。而且我们要更加充分地利用这个桑树,我们今年会研发一些新的产品,包括8月份要动工的一个产品叫作"桑叶袋泡茶",是取到桑叶里面第三片到第六片的叶子。现在种的桑芽菜,最上面的两片叶子我们是拿来做袋包装蔬菜的,3块钱一斤,现在我们把第三片到第六片叶子拿来做桑叶袋泡茶,也可以卖到2块5毛一斤。剩下的叶子就拿来养蚕,卖8毛钱一斤,以此增加桑树的经济价值。这样

_____

① 来源:荔波宣传公众号

我们的产量就更大，农户得益，我们也多一个收入，就双赢。

我们以生产桑芽菜为主，在广东我们已经有成熟的市场。按照订单生产，基本都是供不应求，目前主要销往广东珠三角地区、香港、澳门、重庆等地。目前，已开发的产品有桑芽菜、桑叶茶等，未来我们将往深加工发展，继续研发更多的产品。

去年我们公司在荔波县试产期生产桑芽菜共 13 万斤，创利 200 万元，带动贫困户共 160 户，月增收入 2000 元。由于广东省生产桑芽菜品质与贵州荔波有较大差异，今年基地转移到贵州荔波，预计今年公司将生产 600 吨桑芽，覆盖全县桑园面积约 8000 亩（按每亩除去肥料人工等，纯收入 1669 元），创利 2000 万元，预计带动 500 户约 2000 人就业，为荔波县脱贫攻坚尽一份绵薄之力。

五　家人鼓励，谦虚前行

其实在贵州开展这个项目以来，在家庭方面我是一个不称职的父亲和丈夫。我家里面有两个孩子，大的孩子 13 岁了，在上初一，小的只有 8 个月；夫人是幼儿园的老师。

因为工作原因我比较少回家，有时两个月回一次，有时三四个月回一次，最长的时候我五个月才回去一次。我夫人就在家一边上班一边带孩子，有时候我都体会不了那种孩子三更半夜发烧，一个女人只有自己一个的时候的那种心情。大儿子 13 岁了，也有自己的思想，他有时会问："爸爸你什么时候回来给我开家长会啊？别人爸爸妈妈都去过，就你没去过。"我只能说："你初三的时候我就回去陪你。"就这样总是往后推。那个小儿子就更不记得我啦，回去的时候就当我是一个陌生人，都不让我抱。夫人这边有时也会闹点小情绪，会给一点压力给我，我也只能告诉她因为我们还带着一些责任，第一脱贫攻坚战还没有结束，第二我们企业才刚刚起步，要注重一下企业的发展。

虽然这么说，但其实他们还是挺支持我的，我跟我老婆在一起很多年了，她也清楚我在做什么，非常支持我。她有时还会问："你那边不是刚开始吗？需要用钱吗？要不要给你点钱？"比如有一次我从家开车回贵州，她就会问我："要不要我给你 1000 块钱？"这种不经意间的嘘寒问暖是最让我感动的，我觉得这是她对我的一种很大的支持，挺贴心的。

说实在的，现在第一要务就是 打好扶贫攻坚战，我现在也没有怎么考虑以后要怎么和儿子说我的这一段经历，我觉得也不用说太多，他会懂得。

2020 年 5 月陈观志（左四）工作照片

我还记得 2019 年我们公司刚刚开业的时候，县里的书记还有县长都过来参加了开张仪式，这是我们做扶贫工作比较有成就感的，因为我们企业刚起步，领导就能给予这么大的鼓励，也是对我们企业的一种推进。

今年 5 月，贵州省副省长胡忠雄也到荔波县督战脱贫攻坚工作，他对小七孔镇脱贫攻坚工作给予了充分的肯定："龙头企业 + 合作社 + 农户"是产业扶贫好模式，把企业、合作社和农民结成"命运共同体"，增强了企业抗风险能力，为村集体经济提供了有力支撑，有力保障了农民增收势头。

我们计划今后分三期投资 2000 万，打造荔波县 2 万亩桑蚕基地，以及日产 10 万斤桑芽菜农产品加工基地。在做大产业的同时，将每年创造1500 个就业岗位和培训桑蚕养殖 500 户，为荔波脱贫攻坚出一份力，发挥龙头企业带头作用。

总结这段时间的扶贫工作，我觉得是荣誉感比较多吧，因为现在贵州省的省长也认可我们的工作，虽然这边生活艰苦，但我们以前也吃过苦。

跟你炫耀一下，如果你在网上搜我们公司，都会有我的名字在上面。这边的同事还有一些企业也非常认可我，所以我觉得最大的收获就是荣誉感，脱贫攻坚这些工作对于一个男人来说，虽然算不上是保家卫国，但我们也可以用自己的方式对国家做点事，对我们来说还是很热血的。

播种"红棉"的黔行者

受访人：周旋

访谈人：赖禧瑶

访谈时间：2020 年 7 月 22 日

访谈形式：线上访谈

访谈整理：赖禧瑶

访谈校对：赖禧瑶

故事写作：赖禧瑶

受访人简介：周旋，1972 年生，广东普宁人，时任广东省第一扶贫协作工作组黔南组综合部部长、黔南州政府办公室党组成员、广州市第十二人民医院六级职员。在 2016 年 10 月至 2020 年 1 月帮扶期间，他协助组长狠抓队伍建设，从行政、财务、后勤等各方面建章立制，强化组织管理，助力打造一支讲政治、守初心、担使命、甘奉献的广州扶贫干部队伍；通过深入调研、推动落实"广黔劳务协作红棉计划"，有力解决了贫困劳动力的就业难题；通过实施医疗教育帮扶全覆盖，促使两地 267 家医院、290 所学校结对帮扶。在参与扶贫的三年中，在他的努力下，先后有 450 人次的专业技术人才支援黔南，为当地打造了一支带不走的人才队伍，大大提升了当地的医疗教育水平。

一 初到黔南：忐忑与挑战并存

参与扶贫，其实并不是我第一次前往贵州，早在 2014 年我就到过当地游玩。作为游客，对当地的第一印象是山清水秀，同时也有一丝神秘。时

2020 年 7 月周旋接受赖禧瑶访谈

隔两年，当我作为扶贫干部再次走进贵州，才揭开它这一层"神秘"的面纱，对当地有了真正的了解。能够成为一名扶贫干部，是国家扶贫大战略大布局下的必然，也是个人机缘巧合的偶然。2016 年 7 月，习近平总书记在银川主持召开东西部扶贫协作座谈会并发表重要讲话，拉开这一轮东西部扶贫协作的序幕①。当时，广东、贵州两省的领导经过商议，计划在 9 月底派出一支扶贫队伍前往贵州；同时，中央也在调整帮扶的结对关系，广州对口扶贫的两个地点最终确定为毕节和黔南州。

在我的印象中，单位是在 9 月 23 日收到的通知，那时我正在开会，办公室主任收到了广州市卫健委发的一份紧急文件，要求各单位在中午 12 点前选派一名符合条件的干部加入东西部扶贫协作的队伍。当时情况比较紧急，领导看了选派的要求后，觉得我是合适的人选，问我是否愿意报名参加。我在简单了解情况后，便自我表态，表示愿意参与到这次扶贫工作

---

① 2016 年 7 月 20 日中共中央总书记、国家主席、中央军委主席习近平在银川主持召开东西部扶贫协作座谈会并发表重要讲话。他强调，东西部扶贫协作和对口支援，是推动区域协调发展、协同发展、共同发展的大战略，是加强区域合作、优化产业布局、拓展对内对外开放新空间的大布局，是实现先富帮后富、最终实现共同富裕目标的大举措，必须认清形势、聚焦精准、深化帮扶、确保实效，切实提高工作水平，全面打赢脱贫攻坚战。

中。之后也跟家人商量，当时家中有人照顾，家庭暂时没有太大的困难，家人对我的工作也比较支持。知道自己入选大概是在报名后的下一周，周一下班前我接到了市委组织部的通知，让我第二天到广州市第一人民医院的干部体检中心体检，周二那天认识了之后一起扶贫的同事、战友，周三我们到市委组织部开了动员会，周四便马不停蹄地前往毕节，周五开车到黔南州报到，当晚回到广州。经过国庆假期的休整，我们在 10 月 17 号正式进驻贵州。

按照当时的分工，由九位扶贫干部组成扶贫队伍，即一个扶贫大组前往贵州扶贫，队伍的总领导也即大组长统领全局，其余八人分成两支队伍，小组内又分设了一位小组长，即"一个组长三个兵"①的状态。大组长挂职毕节，同时在两地流动，两小组分别派往黔南州和毕节开展扶贫工作，我和三位扶贫干部组成最初的队伍前往黔南州，其他干部派往毕节。最初，组内除了小组长以外，三位组员身兼数职，组内分成综合部、产业部和项目部。两位同事分别负责资金项目以及产业帮扶方面的工作，我主要负责综合部的工作，包括办公室行政、文秘、档案、财务、后勤、车辆以及业务方面的组织领导、人才支援、劳务协作等内容，所以分工下来，主要是我在负责整个工作组的运转。

刚过去的那段时间，让人头疼的主要是衣食住行方面的问题。我们的队伍组建得比较匆忙，之前也没有扶贫干部到当地帮扶过，所以后勤方面准备得较为欠缺。在居住和饮食方面，我们当时住了将近三个月的酒店，长期住在酒店，在生活上还是会有些不方便。当地与川渝的饮食文化比较接近，主要以川菜、湘菜为主，口味偏麻辣和油腻，对我们过去的扶贫干部来说，饮食上需要一段时间的适应；另外，由于饮食文化的差异，自己不太能够接受当地食用狗肉的习惯，我们大部分干部在扶贫前后，体重都下降了不少，我自身瘦了 8 斤左右；在出行方面，当地的公务用车比较紧缺，加上当地本身正在进行公车改革，在公务用车方面控制得较为严格，所以我们出行也不是很方便，后来跟广州市政府申请了增加公务车的数量，增加了三台公务车后，才解决了出行的问题。总的来说，在衣食住行这方面，刚开始不是很适应，当地的州委书记在了解了情况后，十分重

---

① "一个组长三个兵"即一个组长带三个组员的状态。

视，专门在当地的干部公寓给我们安排了几套房子，解决了我们住的问题；到 2017 年，当地又修建了三栋人才公寓，竣工后我们搬过去，也请了厨师来做饭，才彻底解决了吃和住的问题。

除了衣食住行方面的问题，当时的一些细节也困扰到我们。由于我们扶贫的队伍只是一个临时的机构，没有正式的组织机构代码，所以当时报账只能挂靠在当地的相关机构上，但这又涉及财务签字的手续、发票抬头、组织代码、纳税识别码的确定等一系列问题，在协商的过程中比较曲折，因此，在最开始半年，队伍的账目没法报账，只能用车油费、过路费、住宿费报账。虽然当时遇到了一些问题，但不能因为这方面的原因耽误工作的正常运作，不合格的一些票据也没法退换，大多是由我先补贴的这部分费用。随着工作逐渐展开、办公室场所的确定，我们在当地才逐渐有了归属感，因为有了办公室，才有了真正具体的工作场所。

二 个人转变：压力来自协调各方与角色转换

在第二批扶贫干部到达之前，因为缺少人手，我们小组一直是"一个组长三个兵"的状态。直到 2017 年 3 月底，黔南州每个县区都派了一名副处级干部下来挂职做副县长，加上一个经济开发区，也是一个镇县级单位，组内总共是增加了 13 名挂职干部①，情况才有所好转。我在挂职干部开展工作前组织了一场培训会，这场会议全程由我一人负责，当时花了三天的时间准备，包括从确定会议场地、安排会议室的座签、相关资料和准备用餐等方面，到会议结束后我整个人已经完全不在状态了。因为只有我一个人负责，难免会有考虑不周的地方，当时在会议中也出现了一些纰漏，领导在会后还把我留下来批评了一顿。那时的心情是很低落的，可能会觉得自己的工作没有得到认可，付出没有得到理解，投入的精力与时间也没有得到相应的回报，最后反而还被训了一顿。

---

① 13 个县区包括黔南布依族苗族自治州 2 个县级市、9 个县、1 个自治县和 1 个经济开发区：都匀市、福泉市、荔波县、贵定县、瓮安县、独山县、平塘县、罗甸县、长顺县、龙里县、惠水县、三都水族自治县以及经济开发区，黔南州 13 个县区分别增派了一位副处级干部到扶贫协作小组，共增派了 13 人。

对自身而言，到黔南州面临的一个最大的问题就是角色的转换。在原单位时，我主要是负责医疗板块的工作，按照当时下发的文件，要求每个领域派一位干部到当地扶贫，所以按照个人的理解是只需负责自己原本所在领域的工作即可，但到了当地，我才意识到，仅单纯负责自己原先的工作是远远不够的。除了自己负责的板块需要推动，还需要负责整个工作组的运转，当时我的角色就从只需做好自己本职工作的职员转变为需要统筹兼顾、总揽大局的办公室主任。除了负责原本的工作以外，还需与政府组织部门、人社局以及两地的组织部等部门打交道，从单纯从事医疗帮扶转变为负责各方面的工作，个人感受到很大的压力。

当时感觉压力大的原因：一个方面是因为需要协调各方工作；另一方面，还不熟悉自己需要负责的业务范围，同时，个人的角色还未完全转变过来。当时扶贫队伍每个月会在黔南州和毕节两地轮流开会，所以当我们的大组长到黔南州时，我的心里就开始没底，怕自己的业务能力不过关。有一件事情让我印象深刻，因为我是办公室主任，所以刚到黔南州帮扶时要拟定工作组的相关制度，并且在第一次大工作会议中进行相关报告。一开始由于没什么经验，我便参考了援疆援藏、广东省帮扶四川省、省内帮扶梅州和清远以及广州市的相关政策文件等规章制度，再根据当前工作组的特点，草拟了二十个章节的规章制度，包括我们工作的组织架构、会议制度、行政、后勤、保密等所有我能够想到的内容，并且在会议前把工作制度的文件打印出纸质版发给大组长，也把电子版发给了同事，但现在回想起当时会议上的场景，还是觉得很难堪。

当时大组长拿着我拟的制度，逐字逐句地点评，指着某一句话我问来源是哪里，依据是什么，某个用词为何不跟中央、省里的文件保持一致，为什么要自己创造出这些词汇等。于是我又经历了一次在会议上被批评的情况，真的觉得无地自容。之后大组长也批评了其他同事，他们发现问题没有及时指出，到会议上才来讨论，只能说明之前根本没有重视这项工作，对这项议题根本没有认真地去解决研究。在大组长看来，会议是用来形成决议的，而不是用来讨论的，所以当时他对我们的基本要求就是要非常熟悉自己负责的工作内容，了解各种文件，并在每次会议前做好相应的准备，做到在会议上说的每一句话，都能了解其出处。

之后回想起来，我理解也感谢领导，虽然当时很难堪，但对我们来

说，也是一个促使我们尽快转变角色的机会。抛开原本在广州的工作和
角色，尽快投入到当前的工作中。从他的角度来说，当时的组员都来自
不同的领域和部门，他对组员的工作水平、工作能力、政治意识等各方
面都不了解。如果按照组员之前各司其职，仅负责各自领域的工作的话，
开展工作的效果可能不如他底下的原班人马，所以，领导是有远见和格
局的，只要重点抓好我们队伍的管理，那他负责的工作也能较为顺利地
展开。在第一次大工作会议中，拟定的二十章工作制度只通过了一半，
剩余的部分继续修改完善，最终才呈现出二十一章 96 条的工作制度。
经过这次会议，每次开会前我都会做好大量的功课和准备，涉及自己
的议题、自己要讲的内容时，绝对不能随意捏造，要清楚地把握每句
话的依据，了解其来源。这对提高自己的工作能力来说也是个很好的
锻炼机会。

三 "输血"与"造血"并举：特色产业显良效

通过前期了解以及实地调研，我们对当地的贫困问题也有了一定的认
识。贵州省的 GDP 在全国的排名比较靠后，从我的角度上看，当地贫困的
问题主要是历史的原因，也有交通和资源的影响。一方面，在改革开放初
期，国家的战略向东部沿海的一些省份和城市倾斜，通过先富带动后富让
一部分地区、一部分人先富起来，所以在此过程中可能牺牲了中西部地区
的利益，这是历史原因；同时，交通也是造成当地贫穷落后的原因之一。
我们在黔南州调研时，即使是去一个看上去直线距离只有几百米的地方，
也要走半天的盘山公路才能到达；黔南州地广人稀，整个黔南州的面积大
概是广州的三倍多，黔南州是 2.6 万平方公里①，广州大概是 7000 多万
（平方公里）②；而且当地的常住人口只有 320 万左右③，而广州是 1500
万④。如果要从黔南州的最东部开到最西部，即使全程走高速，也需花上 5
个小时，这些都是造成当地贫困的重要原因。由于当地领导对交通路网的

---

① 黔南布依族苗族自治州面积为 26256.5 平方公里（2019 年统计数据）。
② 广州市面积为 7434.4 平方公里（2019 年统计数据）。
③ 黔南布依族苗族自治州 2017 年常住人口为 328.09 万人，2019 年常住人口为 425.93 万人。
④ 广州市 2019 年常住人口为 1530.59 万人。

重视，现在各县市都通了高速，也修了部分的环线道路，形成了一个较为完整的路网。按照现在的增速来看，贵州省 GDP 的增速是排在全国前三的，总体也是向好发展的。

关于扶贫干部到帮扶地区需完成的任务，中央以及省、市都下发了相关文件，对扶贫干部做了相关要求。我们的首要任务就是要落实和推动两地政府达成的帮扶措施；其次，要起到桥梁纽带的作用，促进两地在政治、经济、文化等多方面的交流；最后，要在当地打造出一支带不走的人才干部队伍，把我们东部一些先进的做法、工作经验传授给当地的干部。当时省、市相关部门也提出了三个"紧紧依靠"：首先要紧紧依靠当地的党委和政府，因为党委政府是我们开展工作的重要靠山；其次，要紧紧依靠后方出力的党委和政府，这是后方出力的一方；最后，要紧紧依靠当地的领导干部和群众。从我自身的经验上看，在当地开展工作，需要扎根在当地，跟当地的干部、群众沟通交流。因为如果不了解当地的情况，发现问题、开展工作就很容易只停留在概念、理论层面。

一开始，我们刚到黔南州，主要是通过相关数据、资料，了解当地的总体情况，当时我们主要从中央、国务院建立的扶贫系统①里查找相关信息，这个系统里面专门设置了一个扶贫大数据专栏，对每个贫困户都建立档案，从中能够查找到个人的基本信息。从第二周开始，连续两周，我们到黔南州的 12 个县市实地走访调研。小组负责的资金项目主要涉及医疗教育、医院学校的建造以及当地的产业投入，所以需要到各个地方了解群众最需要的东西，解决他们最迫切的需要。在这两周，我们走了将近 2000 公里的路程。不仅仅只是前两周，在我们每年的报账费用里，大部分的经费也是花在下乡调研的交通费、住宿费等这些方面。

在跟当地群众交流时，我能够感觉到无论是干部还是人民群众，对脱贫都是抱有希望的，都有脱贫的内生动力，但也会有小部分群体存在"争当贫困户"的现象。由于现在对贫困户较为重视，在政策上，贫困户的孩子教育费用全免，还有相关的补贴补助，这就导致了一些贫困户不愿脱贫、不愿上班，自身积极性不高，即便工作，纪律性也很差，比如要求日

① 扶贫系统全称为全国扶贫开发信息系统。

2019 年 10 月周旋（左）在黔南州当地走访，了解居民的基本情况

结工资，贫困户可能拿到工资，第二天就去别人家里"吃酒"① 了；或者在日常生活中遇到自己能够解决的小问题，比如只是更换电灯泡之类的事情也要让干部帮忙解决。对于如何解决这方面的问题，个人认为需要从两个方面入手。一方面可以通过对比，让贫困户自身产生脱贫的想法，当整个村子或周围的地区只剩下这一户贫困户时，贫困户自身也会产生一种"比我穷的都脱贫了，那我也要努力脱贫"的想法，进而努力脱贫；如果只是一味地强迫对方脱贫，是没有效果的。另一方面，就是要教育好下一代，让他们能够看到外面的世界，看到希望，看到新的生活，那么，其就不会想按照现状继续贫困下去。

当然，脱贫并不是一蹴而就的事情，有可能会因当地条件的脆弱性产生返贫的情况。在面对返贫的问题上，我们主要通过解决其就业、发展相关产业等方式预防返贫。因为发展产业是可持续发展的主要动力之一，从 2016 年到现在，广州投入到（产业）这方面的资金大概达到了 12 个亿，这些资金都投往当地最需要的方面，包括基础建设、卫生院、小学，以及

---

① "吃酒"，当地称为"吃酒"，即吃饭喝酒，去赴喜宴或吃酒席。

当地想发展的一些产业, 等等。除了在资金方面投入帮扶, 满足贫困户基本生活保障的输血式帮扶①之外, 我们也通过造血式帮扶②的方式对当地进行帮扶。在帮扶的后期, 国家要求的是造血式的帮扶, 能够让当地自己造血, 能够 "授人以渔" 而不是 "授人以鱼"。因为我们的扶贫不同于粗放式的扶贫, 更多还是要根据当地的特色进行扶贫, 所以我们也在当地开设了一些相关的特色产业。像产业帮扶这方面, 之前有一家叫 "石头造"③的企业, 专门将石灰岩研磨成粉末, 制成纸箱、纸袋一类可降解的东西售往各地, 因为黔南州当地大部分是石头山, 所以十分适合成为原产地, 像这种企业就非常适合到当地发展; 另外, 还有一些生产罐装饮料的企业, 也到贵州、黔南州发展。像广药集团旗下的公司开发的一款复合果汁饮料 "刺柠吉" —— "刺" 就是刺梨, 是贵州当地维生素 C 含量很高的一种水果, 像这一类也是当地的特色产品。从 2019 年的相关统计数据上看, "刺柠吉" 系列的产品销售量约为 60 万箱, 总销售量达 6500 万元。另外, 我们这两年比较注重扶贫车间方面的建设, 在短期之内解决就业、提高收入的方法之一就是建设扶贫车间。去年白云区帮扶荔波县, 荔波引进了白云区一些生产玩具的厂家, 在当地的小区租了几间房, 对当地未就业的贫困户进行培训, 并且上岗生产, 按照计量、计件的方式计算工资。当地居民在扶贫车间工作, 每月至少有 1000 块的收入, 如果按照年收入计算, 早已到了贫困县的脱贫线④之上了, 因此这类产业也能帮助当地脱贫。

关于未来扶贫工作的重点, 我认为是在乡村振兴这方面。黔南州去年年底所有的贫困县已全部摘帽, 贫困发生率也都降到了百分之零点六几⑤, 基本上实现全部全面脱贫。到今年 (2020 年) 年底, 全国范围内都会消除绝对贫困, 按照十九届四中全会的相关文件表述, 下一阶段的工作重点是

---

① 输血式帮扶, 即输血式扶贫, 是一种经济救济式扶贫, 是解决当前贫困户的温饱、满足最低生活保障的扶贫方式。

② 造血式帮扶, 即造血式扶贫, 是区别于输血式扶贫的一种扶贫方式, 是通过扶贫能够让农民自己有能力扩大再生产的方式。

③ "石头造", 全称为广州石头造环保科技股份有限公司。

④ 2020 年全国脱贫标准约为人均纯收入 4000 元。

⑤ 2019 年, 黔南州坚持以脱贫攻坚统揽经济社会发展全局, 全力解决 "两不愁, 三保障" 问题, 13.74 万贫困人口顺利脱贫, 全州综合贫困发生率降至 0.68%, 历史性地低于全省平均水平, 脱贫攻坚取得根本性胜利。

乡村振兴方面的问题。同时，如何帮扶、如何发展中西部产业也是一个重要的命题。我们不可能永远是输血式的帮扶，最终还是靠当地自身的能力造血，这其中最重要的支撑还是当地产业的发展，因此，这又要将当地的资源与我们东部的市场、技术等有机结合起来。总的来说，这部分很难在一朝一夕得到较好的处理，像之前供应车间短平快的帮扶，短期之内能够消除贫困户，但从长远的角度来说，当地政府最希望的还是将东部的一些产业链转移过去，这方面又涉及市场经济的问题。在这个过程中，中西部地区的营商环境得到改善起着十分重要的作用。企业、商人到中西部投资落地，虽然是公益性质的行为，但还是要保证自身不亏本，因此，接下来怎样进一步去做好产业的发展，是一个非常重要的命题。

四　广黔同心："红棉"绽放黔南大地

参与黔南州的扶贫工作，我主要负责当地的医疗教育、劳务协作和队伍建设三方面的工作。在医疗教育方面，主要是从软硬件两个方面展开帮扶。具体可以从一些变化看出成效：去年黔南州先后有 8 家县级医院胸痛中心通过了国家的认证、黔南州的孕产妇死亡率也从十万分之二十几[1]降到十万分之十几[2]。派驻到黔南州的医生在当地开展的手术甚至可能是当地的第一例，比如黔南州妇幼保健院，虽然是州一级的医院，但因为一些原因，始终没有开展住院的业务，也没有负责手术的医生，所以当时派驻到当地的医生就从简单的手术做起，一年多来已经陆续开展了多项手术，也提升了黔南州妇幼保健方面的水平。

教育方面，现阶段基本上很少出现辍学、失学的情况，由于教育方面也作为扶贫的一个考核指标，当地对教育非常重视。三都县曾经有一批初中生跑到东莞打工，挂职的副县长知道后，马上带队跑到东莞，把他们劝回去上学；此外，在对口帮扶的县区开展相应的特色班级，例如广州的教学团队在长顺县和罗甸县组建的"越秀班"，让三都县优秀贫困学生到广

---

[1]　根据黔南州 2017 年国民经济和社会发展统计公报显示，2017 年黔南州孕产妇死亡率为 24.91/10 万。

[2]　根据黔南州 2019 年国民经济和社会发展统计公报显示，2019 年黔南州孕产妇死亡率为 17.9/10 万。

州市黄埔区进行学习的"黄埔·三都民族班"等,都给黔南州的孩子提供了较好的教育机会。这些孩子在学期间的所有费用,都由政府承担解决。此外,我们将一部分资金投入当地的中职教育中,这也是解决当地就业的方法之一。前年和去年我们划拨出 100 多万元作为学费资助黔南州籍的 158 名贫困学生到广州中职学校就读。在项目资金方面,我们对医疗教育也有一定的倾斜,包括建造村卫生室、当地的小学等,这些都是硬件方面的帮扶。相较于硬件设施的帮扶,软件方面的短板较难察觉和量化,帮扶主要集中在人才资源方面。在医疗帮扶上,并非投入足够的资金就可以建造出一所真正意义上的医院,医疗技术水平的提高、文化的建设、医院的管理理念等都是需要时间沉淀、经验积累的。在软件方面,我们主要通过派驻医生、教师到当地的方式进行人才技术上的帮扶。广州派往当地的医生、教师数量从 2017 年派驻的 30 位到 2018 年的 203 位,再到去年的 223 位,数量不断增加。当地所有贫困地区也已实现了学校、医院和卫生室的帮扶全覆盖,因为需要帮扶的地区数量较多,对于一些地区,主要以一对多的形式帮扶,以及通过开展定期的巡回医疗、巡回讲座等方式来达到帮扶的效果。

在劳务协作方面,我们主要是落实推进"红棉计划"①。关于这个计划,其实还有一个故事。在前期准备工作时,组长提出可拟定相关口号推动工作展开这一建议,于是我们草拟了"红棉计划"且敲定了相应的口号,之后由广州市人社局牵头铺开。"红棉计划"里的"红棉"代表广州市的市花木棉花,寓意广州推动的劳务帮扶;口号的内容为"广黔同心,携手同行"。其实无论是这个计划的名称还是口号的内容,都可以较为直接地看出我们工作的意义和价值——"广"即广州,"黔"即黔南州,"广黔同心,携手同行"寓意双方合力完成脱贫工作。后来我们找了广州市城市规划勘测设计研究院帮我们设计了一个标志:两只手握在一起作为主体,下方是贵广高铁的列车标识,列车标识下是"广黔同心,携手同行"的字样。

"红棉计划"的核心主要是解决当地就业的问题,在完成国家考核指标的基础上,通过多种形式的劳务培训促使当地贫困户学到相关劳动技

---

① "红棉计划",全称为广黔劳动协作红棉计划。

能。在劳务协作方面，我们培训的人数也逐年增长，从 2017 年最开始的几百人增加到 2018 年的 4900 多人再到 2019 年的 7000 多人①；从 2018 年开始，我们在财政上也专门划拨出部分资金用来支持当地的就业。在解决就业方面，主要有转移就业和当地就近就业两种方式。对于贫困户来说，异地转移就业可能会面临多方面的不适应，出现两地分居、留守儿童、空巢老人等不稳定的情况。因此，在完成了国家考核要求的基础上，转移就业的效果较为勉强。从个人的角度来看，只要能够帮助贫困户就业，适合贫困户就业，就是好的方式。只要个人有相应的收入，才能较为顺利地脱贫。

在队伍建设这方面，一开始我们派驻到黔南州小组总共是 4 个人，之后逐渐增加，直到 2019 年我回广州时，已经增加到了 40 人。组员们主要来自旅游局、农业局、市委党校以及各个区抽派过去的干部，按照结对的方式②，从南沙、黄埔、越秀、海珠和白云五个区抽派干部到黔南州帮扶。在前期的准备过程中，我们做好相关培训，制定了相应的规章制度，再把扶贫干部纳入相应的管理体系中，按照要求进行请假、汇报等事宜。在整个队伍的管理过程中，我最担心的是个别干部出现思想不端正的情况，因为人数一多，就怕有差错，所以对干部的管理比较严格。当有些干部出现了思想波动或者其他问题时，我们都要随时解决；在工作上完成得不够好的地方，也要及时提醒。在扶贫工作开展期间，工作组每周、每月、每季度、每半年、每年都要定期进行工作汇报。当时条件有限，又需定时召开工作组的会议，所以我们主要是通过微信办公的形式开展工作，通过网络传递信息。当地有 12 个县，我们就分成 12 支队伍，每个挂职的副县长作为队长在会议上汇报手上的工作。同时，我们也会在每个季度、每半年，根据国家考核的指标，量化每个队伍的工作，列出工作数据，再汇总情况在会议上解读。在平时的管理中，包括会议、经费的使用、车辆的运维等，都要严格遵守拟定的规章制度。在监督方面，黔南州和毕节两地的纪委也出台了相关政策进行定期巡查。在帮扶的三年多里，我接受了国家审

---

① 2017 年培训贫困人口 284 人，2018 年为 4909 人，2019 年为 7546 人。

② 结对方式，广州 11 个区划除从化区以外，其他 10 个平均分成两组对毕节和黔南两地进行帮扶，其中，南沙、黄埔、越秀、海珠、白云 5 个区帮扶黔南州。

计署、广东省审计厅、广州市审计局等的 4 次审计，包括当地资金项目的开展情况，工作经费的使用情况。因为我们扶贫干部不仅代表整个队伍的形象，也代表了广州的形象，所以在管理方面，必须根据领导的要求，讲政治、守规矩、守纪律。

此外，我们扶贫干部在当地也发挥了连接起两地的桥梁纽带的作用，前后方的政府部门都有自己的主职主业，所以扶贫工作的展开需要扶贫干部做好相关沟通和协作。比如当时白云区帮扶荔波县，我们负责包括组织领导、人才支援、产业帮扶、劳务协作、携手奔小康等在内的多个板块的工作，作为对口负责当地的扶贫干部要随时掌握情况，了解帮扶的进度情况、帮扶的短板，且要及时向前后方反馈，再讨论如何弥补或者消除这些短板。

五　回顾帮扶：有收获，也有遗憾

其实现在再回过头看这三年多的扶贫工作，遇到过工作过程中的难点，也见到了项目的成效，有收获也有遗憾。对于个人而言，工作中最大的难点还是每次考核前，需要收集各方面的数据与佐证材料。因为在工作运营的过程中，很多时候逼得你不得不留痕，但如果工作处处留痕，又会造成形式主义，所以如何平衡好两者之间的关系，是我们这些基层扶贫干部需要思考的问题。中央对此也做了改进，像在去年，国务院扶贫办专门建立了相关的数据收集系统①，但可能因为是刚建立，各方面的运营也处在一个探索阶段，数据还是需要依靠我们基层的干部收集，需要基层干部核实、提供、上传原始数据。我们有时通宵加班的部分原因也是因为要收集相关资料。当时有一句顺口溜，叫作"五加二，白加黑，外加夜总会"，就是说明加班的情况，"外加夜总会"就是夜里总要开会。现在中央也意识到加班情况对基层干部造成的压力，也会尽量考虑给基层干部减负；另一方面，个人觉得需要特别关注扶贫领域的贪腐问题。我们现在帮扶贵州，都是支票工程，也就是把钱发给当地，对方收到资金后，就成为项目建设、开展的主体，但在这个过程很容易形成腐败的情况，因此这方面也

---

① 该系统全称为全国扶贫开发信息系统业务管理子系统。

是工作的重点和难点。

三年多来，黔南州的整个城市面貌、市政建设等方面的变化是肉眼可见的。现在如果大家有机会到当地游玩，会发现根本不是原本想象中所谓的贫困县市的市容市貌。除此之外，经过跟东部城市三年多的交流、碰撞，当地（人）的观念、做事风格、做事水平都有了一定程度的提高。此外，在东西部协作中最大的成效是贫困数字的消除，这也是我们见到的一个最大的改变。2014 年当地的贫困发生率还有百分之二十多①，但到去年年底已经全部消除了。当我们看到当地的这些变化时，觉得这三年多的工作没有白费，还是很有成就感的。

个人收获上，从大方向来讲，在这个特殊时期能够参与到国家这项重大的政策举措中，对个人政治素养、政治意识的提高有很大的帮助；从个人的层面来说，参与扶贫的平台也完全不同于原单位，在这之前没有相关的经验，过去帮扶后，个人的能力、视野、格局各方面都有明显的提高跟飞跃。就如之前所说，刚到的半年压力很大，但有压力才会有进步，后面回过头来看，觉得这也是一个很大的收获。

此外，我们跟当地的群众也建立了良好的关系，刚开始我们到当地，群众为了照顾我们，基本上都用普通话交谈，比如我在政府办开党组会议，最开始双方都是用普通话交流，彼此熟悉以后，对方就直接使用当地的方言进行沟通。我们扶贫队伍过去单纯就是一个帮扶工作，所以其中没有利益、利害冲突，相当于我们过去是做好事、去帮忙，所以当地的干部和群众也都非常欢迎我们，双方之间的关系也都非常好。

从自己的角度来说，遗憾的还是不能给予家人足够多的陪伴。我的女儿现在是上初中三年级，从小学六年级到初中这三年，对孩子来说是一个非常重要的成长阶段。作为父亲，我缺失了这三年多接近四年对她的培养以及陪伴。有时候回广州开会趁机团聚，每次见面孩子提到最多的，就是问我"你下一次什么时候回来？"，会很在意下次见面的时间，也幸亏当今网络比较发达，我和家里经常保持视频联系。另外，对于自己来说，觉得最遗憾的，还是去年父亲的离开。2015 年我的母亲去世后，父亲就一直跟我的妹妹生活，去年因为心脏病的原因去世了，当时对我整个人的打击非

---

① 2014 年初当地的贫困发生率为 24.12%。

常大，总觉得对不起父亲，没有在他身边尽到孝道。其实我们父子俩的交流一直都不是很多，平常都只是很简短的对话，但等他真正离开后，才觉得心痛。其实不仅是我，后面统计下来，我们大概有 10 位扶贫干部也都分别失去家人，有的是父母亲，有的是岳父岳母，有的是兄弟姐妹等，我们干部同志都是不容易的，所以在亲情、陪伴家人这方面来看，个人还是会有一些遗憾。

七旬老人的十年扶贫路

受访人：赵明礼
访谈人：谢治菊
访谈时间：2019 年 2 月 18 日
访谈形式：当面访谈
访谈地点：水城县米箩镇米箩村村委会
文字整理：向丹
文字校对：丁菊
故事写作：丁菊

受访人简介：赵明礼，男，汉族，1951 年出生，贵州水城人，初中学历，党员，2009 年起担任米箩镇米箩村群谊组组长至今，日常配合村干部的工作，上传下达，宣传与落实党的方针政策。近十年来，不辞艰辛勇挑重担，争做产业改革榜样，积极探索产业制度改革，为米箩村产业发展找到新出路贡献出积极的力量。

一 不负众望，勇敢前进

2009 年 3 月的一天，我所在的米箩镇米箩村群谊组，如同往年，到了选举村民组长的日子。选举程序实行匿名制，三年一届，组长一直是选举产生，和村干部的选举形式不一样——村干部除了群众投票，还有组织任命。但是村民组长的选举是完全由群众产生，选举人包含这个组所有的人，共同推选品行好，有威信的人来担任。在当时，村民对我非常的信任，他们的原话讲的就是"医生要心好，人是老的好"，后面经过大家的

2019 年 2 月赵明礼（右）接受谢治菊（左）访谈

共同决定，一致同意由我担任这个村民组长。可能是因为我平时比较热心于村里面的各种事务，对工作熟悉一些，对老百姓也很负责，但我觉得做那些都是很平常的小事儿，我没有想到的是，他们竟然这样信任我。当时的我内心就很复杂，一是觉得自己不如年轻时候那么年富力强了，就是比较担忧，害怕做不好这个工作；二呢，我觉得，因为村民组的任务其实是不好做的，如果有的矛盾或者利益没有合理调节和分配的时候，是最容易产生更大的矛盾的。经过一番心理斗争，我觉得这件事落在谁头上都要做，如果每个人都这样想那是不是这个工作就没有人（干）了，加上他们的信任，我实属不能辜负，所以我就下定决心：干！然后这一干，就是十年，但是我一点都不后悔。

在刚开始的时候，一个村民组长的待遇只有五十块钱一个月，一直到现在，都才是一千多块钱一个月，这一千块钱有五百块钱是一个月绩效工资，到年底发，从这个角度上来说，村民组长的工作，是凭借着自身的奉献精神来完成的。但一开始我本来就不是奔着工资去的，我就是觉得大家都信任我这个老人，所以我就是想要为大家做点事情，我要对得起我的初心，以及群众和组织的信任。对于我这个年近七十岁的人来说，更多的是一份坚守，这份重任在我身上一天，我就要把它好好做好。日常我的工作任务不算多，主要就是配合村里面工作，上传下达，宣传党的方针政策，只要是对老百姓有好处的，我都会认真地阅读文件以后，再召集开村民组大会，通知到他们每一户，帮助村干部把政策落实下去，但是有的时候，可能真的是年纪大了，比如在走访村民家里去了解具体情况时，难免会力不从心，但是我却一直没有任何抱怨，十年了，这个组长的身份已经不是当初的那份荣誉了，而是一种职责和担当了。但是，让我更担忧的，是我们百姓的日子，始终还是没有彻底摆脱贫穷。

二　争做产业改革的榜样

近年来，国家一直都在脱贫攻坚，在我们米笋村，也在如火如荼地进行着一系列的产业结构改革。我家里有五口人，我、老伴、儿子、儿媳还有孙子，儿子和媳妇是初中文化，外出务工，儿子在押运公司，给押运公司开车，一个月 4000 元，儿媳做小生意，平时生意也还不错。我和老伴常年都是在家，种点庄稼什么的。这几年下来，通过一家人共同的努力，家里的日子慢慢地好了起来，儿子回来一起修了一栋三楼一底，大概三四百平的小楼，日子倒也还清闲。但是，这心中，总归是感觉缺少了什么，自己虽说把日子过好了，但是面对村里面的普遍贫困，我顿时又是掩不住的难过。后来，大概 2013 年和 2014 年的样子，我看到别人种植猕猴桃赚了钱，我就在想，我们也可以发展这个猕猴桃种植，我想着如果能够在我们村里面形成规模的种植，应该会给大家带来非常多的财富。于是，我便向村干部说明了我的想法，他们说我年龄大了，不适合搞这些。村委会的一致决定是认为我们米笋村的地形，不适合大量种植猕猴桃。这个时候，正逢村民组重新选举，那一届的村支书和主任，他们不是很负责任，搞"优亲厚友"，偷偷换掉了我的组长，虽说也是选举产生，但就是不知道为什么，就换了一个年轻人来做这个村民组长。对于我来说，我这么多年的老党员，我的组织纪律一直告诫我们，作为一个党员要为党负责，要遵守党的命令，我虽然一腔热血想要带领村民致富，但是也许真的是时机不适合，我也就没再说什么，就服从了他们的安排，想着把机会让给这个年轻人，或许他会有更多的想法，能为村民组做更多的事。结果，这个年轻人做了三个月都没有，因为工作搞不上来，说不想干了，然后村委会就又把我喊了回来，让我继续做这个组长。当时我心里面其实还是有点意见，但是我坚持我作为一个党员的原则，想着等到他们最终把事情核实落定了，再让我回去，我也是愿意的，因为我还想要继续完成我的梦想，把我的应有的职责承担起来，发挥我的作用，让村民致富。

紧接着，到了2015年，我想，村委会既然不让在村里面大量的发展村民种植，那我就一个人搞，所以我就在村里面率先发展起猕猴桃的种植，当时共种了6亩的猕猴桃，然后6亩的收入在去年大概是两万来块钱，到今年起码有四五万了，加上其他收入，每年额外还有3000多块，日子相比以前，也算是更上一层楼了。当时组织上一致认为，不让我们发展猕猴桃种植的原因，是因为我们这个地方原来比较偏僻，交通也不方便。现在看到的这些，其实都是后面才弄好的，特别是这个硬马路，也是后面修好的，以前我们这里靠人背、马驮，条件十分的困难，组织上考虑到如果发展猕猴桃种植，无疑这个成本会很大。但是现在事实证明，通过种植猕猴桃，以改变我们原有的生活状况，是一个十分正确的途径。

我们家正式种植猕猴桃是在2015年，2015年到今年也才几年的时间。猕猴桃的种植，一般情况下，如果管理得好，三年就能挂果，所以到了2018年，我们家有了第一批能卖入市场的猕猴桃，但是因为条件有限，又只有我们一家在种，规模比不了外面大型的种植基地，没有固定的经销商，我就只能自己拿到市场上卖，卖二十元一斤或者十五元一斤不等，但最少都是卖十五元，好一点的卖二十元，经过很长时间的市场摸索，又由于我家的猕猴桃本身口感是相当的好，一次偶然的机会，我拉到水城的消防总队和水务局旁边卖，结果后来两家单位的人都抢着要，猕猴桃供不应求，他们都看中了我家的猕猴桃口感好，个头大。

这个时候，政府已经在大力发展我们村的猕猴桃种植了，给我们派了很多专家团队，还有技术人员来到这边，还教给我们种植猕猴桃的方法，给予了大量的政策及资金支持，但是我们这个地方老百姓的思想觉悟落后，一直就觉得不适合种猕猴桃，所以我就想着，只要我把自己家的猕猴桃种的足够好，老百姓们的思想就会转变过来。我是一个比较肯学习、肯专研的人，我经常请教这些搞技术的专家、工程师们，我肯问他们，也肯和他们一起研究我在种植过程中遇到的困难，然后他们把实际经验教给我们，其实老实说，种猕猴桃，一年你只要肯辛苦这几个月，收益是非常不错的。你像我家如果种玉米卖的话，一年顶多就只卖2000来块钱，那么我们种这个猕猴桃，赚的却是翻了好多倍，但是老百姓都不会算这个账。种猕猴桃它是很难管理，但是如果你对它足够了解了，认真细致地管理，就一定是能成功的。我想到会不会大家是因为不够了解，然后才不愿意种植的呢？然后我就把这些经验开会告诉了我们村民组的村民，经过我的一番动员，我们这个组当时除了我们家，就有了另外五家人开始种了，但是我们村民组总共是30多户150多个人，除了那五家，其他的村民还是处于一种观望或者不信任的态度，就是不种，他们还是思想有点落后了，因为像我们种猕猴桃的这几家，无论哪家的收成都是上万元的。

后来，我又想到了办合作社的办法，想着是把种猕猴桃的这些农户全都组织起来，搞个合作社可能这样效益会更好。但是想要合作社的效益好，那必须就要有良好的管理，如果管理不善，一定概率上就会出现亏损。这在我们村里面是有先例的，比如说我们从2010年一直到2013年，经过几年的筹备才搞成了一个蔬菜合作社，但是合作社成立以后，集中种出来的蔬菜却找不到销路，几十万斤的菜烂在了地里，销都销不出去。其实可能也是因为有了这个前车之鉴，所以现在的百姓都不大有信心做了，连带着对猕猴桃也失望了，从这个角度上来讲，其实我是挺理解他们的。但是话说回来，无论是之前的蔬菜基地还是现在的猕猴桃基地，其实最重要的除了我们本身的品质过硬，关键的要素其实还是人才这一块，从上层组织领导来说，我们必须要有正确的方向指引，到底我们这个地方以一个什么样的方式来进行组织生产，或者蔬菜、猕猴桃种出来了，我们承担的市场风险到底有多大。是否给我们配备了相应的管理人员、技术人员等。合理的生产及销售链条，是应该有人种、有人联系、有人卖、有人售后等，每个环节都是需要能人的。随着乡村振兴的脚步加快，我们的上层组织引领现在起到了非常关键的作用，为我们配备了专业技术人员，投入了大量的人力物力，我觉得也是时候应该开始我们的产业自我改革了，也是可以搞合作社的时候了，但是现在出现的关键性的问题，是没有一帮"能人"在中间起作用，光是凭借一己之力，是很难起到大的作用。

我们还遇到了一个难题，政府看到我们已有的几户的种植成效觉得这对于当地的脱贫效果相当可观，政府为了鼓励我们大量种植猕猴桃，其实本来这是一件非常好的事情，因为政府会对我们农户种植猕猴桃有补贴，但是政府答应给我们的这个猕猴桃的种植奖励却不给予兑现，或者是兑现的时间特别长。具体的规定是，按省里面的文件要求，一亩猕猴桃基地给农户补助 3000 块钱，但是呢我们有部分种植户，没有拿到，所以就在一定程度上又影响了其他老百姓的积极性，虽然后面政府补足了资金，但是有的百姓还是对种植猕猴桃没有信心。

我们村民组发展猕猴桃种植的这种积极性在一定程度上，也带动了老百姓们想要发家致富的积极性。一时间，百姓们种杨梅的、种樱桃的，还有种甘蔗的，仿佛我们这个地方成了产业园区一样，他们种甘蔗的，一年卖个三四万、四五万的人家多得很。党的政策确实是好的，比如我们种猕猴桃一亩，政府补助 3000 元，自己要投入 7800 元搭建基地，因为我们大概算过，从开始买杆，买铁丝，买砸线，整个全部算下要投资 7800 元。但是这样下来，一亩的产出是 2000 斤，2000 斤就是 4 万块钱。政府投入的这一块，确实让我们有了更大的利润。后来，因为发展种植猕猴桃没有形成太大的规模，但是政府看到我们村的其他水果种植发展得也很好，也给我们投入了很多政策支持，现在我们村的产业，你不管杨梅也好，猕猴桃也好，玛瑙红也好，我们这地方真的不管栽什么都好，因为气候特别好。我们这地方温差不大，1 月份到 5 月、6 月份，气温都在 20 到 25 摄氏度，最高只有中午那时候二十七八，到晚上就回到 25 到 20 度。水果种植最重要的就是温度的把握，现在我们村，我们村民组，不管怎样，大家都有了能够吃饱穿暖的一份事业，尽管可能现在还在磨合阶段，但是我相信以后肯定会发展得越来越好。

三 打破制度瓶颈 赢得脱贫攻坚战

在村组织管理的过程中，我们不可避免地遇到了很多难题，也会有比较明显的一些问题，但是这个不一定只是扶贫了，整个农村的基层，在管理的过程中，比如有的基本行政事务，基层政府没有及时公开或者形式上实际也不是很透明。而我们作为村民组长，我们是站在比村委会更加一线的位置，我们需要掌握我们这个村民组有多少口人，有多少土地，有多少人有稳定的经济来源，是打工还是在做生意，在搞种植还是在搞养殖。如果有我们组长不清楚的，他们就要把我们喊到一起，让我们去了解或者给我们普及。但是有的时候会出现说组织上传达不及时的情况，因为他们工作也会很多，所以作为我们村民组长来说，我们就会不知道情况，所以就会有误差，然后老百姓就会误会，就像是以前猕猴桃基地每户补助多少钱，可能就只是延迟发放，有的老百姓马上就会说"你们讲话不算话，说话不兑现"的言论，他们有意见，但是他们也不跟我们进行沟通。

还有就是在前两年，我们米箩村引进来的这个鸿兴公司，他们和当地政府协商，提倡我们种猕猴桃的农户都入股进来，成立一个合作社的形式，然后年底大家一起参与公司分红。这本来就是件好事，因为在这之前，我们也有想过要做合作社，但是没有施行起来，当时就是因为可能会存在管理难的问题。后来这个公司在运行的过程中，确实遇到了问题，在涉及到分红的环节，公司和村干部在制度没有明确和对接好，导致在明确受益群体的时候，大家无论是种植了猕猴桃的农户还是没种植的农户，都给加入进来分红了，在准入机制的把控这块，有失严谨。事实上来说，是有的农户确实种了猕猴桃，但有部分是没种猕猴桃的，或者比如说当时张三家量的有五亩土地，有三亩种了，有两亩没种，然后就认定为没有种就没有得到分红，那老百姓就肯定不同意。

但其实这件事情，老百姓和村里面肯定都存在问题的。但是作为我们党员干部来讲，我们不会优亲厚友，也不会胡作非为，毕竟如果这样我也干不了这十多年。所以遇到这种问题，你一定就是要先按制度来进行分配，或者适当向困难的群众倾斜。首先就是要掌握好这个政策，如果你在分配的时候，给了你的亲戚朋友，那群众的眼睛是雪亮的，他肯定就会要反映，所以一定要弄准确，制度上一定要明确。然后就是这个村干部管理上的问题，他们有时候领导班子我觉得在有些事情上是应该再改进一下的，比如说这个分红的事情，因为鸿兴公司是不清楚我们具体的农户或者老百姓的具体情况的，很多东西要靠当地干部来组织领导，那如果就是这样，支书来管一下，主任又来管一下，或者某个工作户来管一下，到最后也不知具体是哪个环节出了问题。所以我觉得，这个包括工作人员也好，村里面的干部也好，大家拧成一股绳，在具体解决某一些事情的时候，我们召集起来谈，一起商量找到解决问题的办法，这样才是好的，这样对于老百姓来说，他们才会真正地感受到组织的凝聚力，在自身的发展上也会找到向上的动力。

关于制度建设，其实我的看法就是，比如像合作社这个，如果真的要实现良好的制度运行，我们就必须要靠制度来管人，而不是靠人管制度。制度把控不好，合作社就搞不好，把制度搞好的同时，人心就稳了，这也就是合作社能够正常运行的时候了。其实我前面讲过我们以前也弄过合作社，大概是在 2010 年到 2013 年的时候，我们米箩村相比于其他县或者我们县的其他地方来讲，我们当时真的是在制度管控上是非常好的，我们的合作社也运行得非常好，以前我们米箩村还当过全市的标兵！那些什么先进奖呀，我们是年年得，搞得是相当好，但是后来却不行了，原因是什么呢，问题却也出在这个制度管控上，村干部管理思路不清晰，不作为，不带着群众干实事，每件事情都推脱责任，导致合作社最终衰落了，这也是我们村里面大家都知道的事情，同时也是我们后期坚持再次推行合作社难的原因，这里面就体现了一个问题，就是制度管理，对于村民组织的管理，是非常的重要，就像我说的，要让制度来管人，而不是人来支配制度。

另外还有个例子，就是我们村民组在选举村支书和主任的时候，选举的形式和过程，其实还是有些漏洞的，虽然后面得到了整改，但是凸显出来的问题，是我们在制度建设中必须要直面解决和反思的。还有比如我们现在做扶贫，都会在村委会进行开会决定哪些人家是需要帮扶的对象，哪些人家已经脱贫了，时刻都会追踪他们的信息，村委会组织村干部到农户家里查看情况，与农户商量扶贫办法，但是就这点，我们也是走了很多弯路才达到这样的一个良好的制度运作的，原来评定贫困户其实是不合理的，有的村干部靠关系评他们的亲戚和朋友，把一些扶贫的物资给了和自己有关系的人，优亲厚友，像（评）低保，修新房，都是这样。但是现在不这样了，现在也透明化管理了，这其实都是我们重视制度建设，制度管理的结果。

再者，村组织的制度建设，我觉得应该要做到几个原则。首先作为基层工作，我们直接接触的就是百姓，而针对老百姓的管理，我觉得最主要的就是沟通，凡事你要慢慢地和他进行沟通，如果一次不行，那就两次，两次不行我们就三次，总之就是反复地和他进行沟通，只要态度好好，老百姓总是会听进去意见的，其实我做了那么多年的村民组长，我最有发言权了，就是我们的老百姓，其实心地不坏，大多数并非外面所讲的是蛮夷之人，其实有的时候和村干部或者工作人员发生矛盾也有可能是村干部和工作人员不够有耐心，因为大多数情况，经过认真耐心的沟通，我们都会得到一个良好的双方都满意的一个调解结果，关键就是给他把思想工作做好，沟通的时候注意态度和有耐心，是没有什么事情解决不了的。还有一点就是，你不能当着村民们说假话，如果是该给老百姓的承诺，该兑现的就必须要兑现，如果不能实现的就一定不要表态，切记是要做到公平正义。这就是我的看法，关于村组织制度建设，其中几个原则：一个要多沟通，第二个是要说话算话，第三个要公平正义。

现在我们村的贫困户基本上都已经脱贫了，大家普遍都比以前更加富裕了，有的人家还都住上了小洋房，日子过得有声有色。不过也有个别的人家，比较困难，但90%以上都是脱贫了的，脱贫攻坚效果也非常的显著。其实无论是对于扶贫也好，村民管理也好，最重要的，还是要把制度建设搞好，管理要透明，要公平公正公开。

这些年以来，我见证了我们这个村以及这个村民组的成长，脱贫攻坚，是我们国家的一个重大的决策，同时成为我们这些扶贫干部的事业导向，让打赢脱贫攻坚战成为我们为之奋斗的目标。但是，在我看来，脱贫事业，不仅仅只是为了让我们和老百姓的生活变得富裕，更多的我觉得是重新燃起我们对于生活的热情与希望。在我在担任村民组长的这十年期间，帮助我们整个村民组脱贫的同时，在这整个历程中，我感觉我像是回到了年轻的时候，兢兢业业，有自己清晰的奋斗目标，有自己的生活方向与重心，这种感觉让我非常的享受，因为人总是要找到自己的奋斗目标的。我回想起我在平时的工作安排中，为了让村民们了解党的政策与要求，我给他们用最简单易懂的方式表达出来。为了让大家能够都走上致富发家的道路，我积极为大家做了引领示范作用，为了让大家重新找到对种植猕猴桃的信心，我努力找各种方法去完善制度管理。去村委会开会学习，我每次也都积极地去，学习新的政策，我再回到村民组去耐心地给他们讲解和传达，组织参与开村民大会，让大家一起坐下来，一起商量张三李四的家长里短，尽可能地了解他们的真实想法，给他们提一两点意见。我觉得，在这个过程中，"脱贫事业"让我和村民们都共同成长了，在我们的人生道路上，影响了我们非常多，我希望在未来的日子里，我们国家的脱贫事业能越来越成功，我们老百姓的日子也越来越好。

后记　山海同行　决胜今朝

　　像这样的扶贫故事，我们相信，在每一个扶贫干部的身上都会发生。通过讲述赵明礼组长的故事，希望更多的扶贫干部能够被社会大众所知晓。他们的故事，让我们大家体会到什么是真正的帮扶精神，理解扶贫工作背后真正的含义。脱贫攻坚取得的显著成效，就是这些有志于献身脱贫事业的脱贫干部共同努力的成果。同时通过仔细聆听他们的故事，让我们感受到了他们无私奉献的家国情怀。在后扶贫时代，我们的扶贫目标已悄然发生改变，解决了原始的温饱问题，"扶贫"紧接着需要我们志智双扶，以及需要我们从输血式向造血式进行过渡。在这个年近七旬的老人身上，他让我们看到了本土干部为了振兴自己的家乡曾付出的心血与他在岗位上的呕心沥血。在他担任米箩村群谊组组长的这十来年，他见证与带动了这个地方的发展与变化，这个地方从原来贫困的山区变成后面盛产各种水果的种植基地之一，是他在期间十年的努力，得到了最好的体现。赵组长的辛劳付出，不仅解决了老百姓们的温饱问题，他还鼓励村民自食其力，以身作则，为米箩村的发展以及国家的脱贫攻坚事业，做出了巨大的贡献。

　　正是这些不喊苦不喊累的扶贫干部，正在奋力地悄然改写着我们千百年来贫困的历史，中华儿女一家亲，同饮一江水，我们山海情缘深，我也相信终有一天，我们一定战胜贫困，一起走向更加光明的明天。

中兰村脱贫路上的实干者

受访人：李彩阳
访谈人：梁嘉俊　周丹纯
访谈时间：2020 年 6 月 19 日
访谈形式：线上访谈
访谈整理：周丹纯
访谈校对：梁嘉俊
故事写作：周丹纯　梁嘉俊

受访人简介：李彩阳，男，1985 年生，湖南攸县人，中共党员。
2010 年毕业于云南大学国际关系研究院，毕业后任广州大学辅导员，
2018 年 11 月被选派至广东省梅州市大埔县大麻镇中兰村任驻村第一书
记、扶贫工作队队长，带头培育党员致富带头人，打造了一支不走的
扶贫工作队；落实产业扶贫，协调用地改线工作，投入 130 多万元，
建成两期共 249.26KW 光伏发电站，壮大中兰村集体经济。

一　抓住机遇，深入基层接受历练

　　我是 1985 年出生，2010 年从云南大学国际关系学院硕士毕业后，第
一份工作就在学校当辅导员，所以社会经验是比较少。来中兰村扶贫最大
的收获就是体验了不一样的生活，也非常荣幸地实现了自己的梦想。我是
2005 年加入中国共产党，"为人民服务"这个宗旨还是记得的。但是说句
实话，没来扶贫之前，我也仅仅是通过电视或者其他媒体了解一些共产党
员的先锋模范事迹。有时候自己想一想，从校园到校园，如果不出意外的

话，（我）这一辈子可能都是在校园里度过，觉得人生还是缺少点什么。所以看到学校选派驻村干部的通知，我当时简单考虑了一下，就主动跟领导提出了（愿意参加扶贫工作的）想法。我觉得扶贫并不是要成就事业，或者要树立自己的什么东西，就觉得我有这个机会来体验，换一种工作，换一种环境，可能对自己的能力也是一种锻炼。

更重要的是，踏踏实实地在基层工作，可以使我对"为人民服务"这几个字的理解更深刻。并不是说在学校的工作就不是为人民服务，而是到了基层，真正自己身体力行地去做事情的时候，有时候发现要做好一个事情，还是需要一些责任心。我自己有很多不足的地方，比如刚开始工作的时候，热情有余，能力不足，或者冲劲有余，但欠周全。但是经过这一年多的锻炼，我能够更好地考虑到工作的方方面面，能够把一些事情做到让村民、让当地政府、让我们帮扶单位都比较满意。我的能力比以前也有很大的提高。

我参与扶贫工作的时间实际上提前了。因为每年省里面对当年参加扶贫的学校是有考核的，这个考核需要做大量的准备工作，所以学校就提前派我过来配合协助。当时的驻村工作队长刘晓洋书记带着我们一起过来。我刚来的时候，有队长帮助我并带着我适应，所以还算比较顺利。融入（中兰村）这边，基本上困难不大。

这里的条件不像我们在电视里面看到的西北地区那种国家（级）贫困区那么贫瘠，一些基本生活条件都是比较完备了。而且村里已经开展了三年的扶贫，像道路、水电网络这些全部都通了。生活方面不存在什么困难。

真正有点困难可能是饮食方面，因为驻村是要自己开火做饭，我本人不是很擅长这个，而且一个人搞伙食有时候也是挺麻烦的。村里离镇上比较远，买菜需要到镇上去，所以我们基本上就是用方便食品解决一下，或者赶集的时候会到镇上买点菜。有的时候会去隔壁村，隔壁也有一个省级贫困村，是由海珠区一个单位帮扶的。我们跟隔壁贫困村的驻村干部熟悉了之后，经常会去他们村里搭个伙吃个饭。

（另一个）困难是客家话比较难听懂，实际上我是到了这边才真正接触到客家话的。我从来村里到现在，一般是跟村民和村干部聊聊天。只要年纪不是特别大的村民，基本上还会普通话，所以沟通起来没有什么问题。年纪比较大的老人家，完全不会普通话，他的客家话也有很浓的地方口音，所以一定要有一个村干部帮忙，才能顺利的沟通。不过这些都还好，因为这边的村干部对扶贫工作比较支持。像我入户，要到老人家家里面的时候，让当地的干部和我一起，他们也很乐意。所以在村里开展工作，沟通（我）现在已经没有什么问题了。

我跟这边的村干部、镇上主管扶贫的领导平时也有一些沟通。因为现在不比以前，我们经常到镇上和县里开会，跟领导沟通的机会比较多，他们都很支持工作。开展工作过程中会碰到一些小的问题，但是不会有大的矛盾，工作起来比较顺利，所以也没有碰到想要撂挑子的情况。确实，在一些工作中，当地的村干部有一些自己的想法，有时候并不是很支持，或者有一些利益纠葛，会有意见相左的时候，不过还好，镇上的干部和驻村的干部他们每周都会下来开个例会。如果碰到跟村干部或者其他村民、贫困户很难沟通的情况，我一般会提前跟镇上的干部打个招呼。因为他们是本地人，驻村的时间比我长，我会听一下他们的意见。有时候有些话由他们来说，工作开展起来就比较顺利。

可以说到现在为止，还没有碰到完全没办法解决的困难。既然选择来扶贫，有困难也是意料之中。但是一定要在学校、各级部门、各个单位的支持和领导下，把困难解决好。中途走人的话，这不是我的风格，也不是我们扶贫应该出现的情况。就我了解，第二轮来得比我晚的人，差不多有半年，到现在为止我所在的大麻县都还没有出现过中途换人的情况，可以说大家的工作开展得还是比较顺利。

二　务实为民，跋涉深山寻水源

驻村工作需要实实在在地跟不同的人打交道，同时在不同的领域学习、熟悉。一个事情交代下来，并不是动动手跑跑腿，各方面协调一下，把钱给出去，完成工作就算了，还需要时刻考虑实效的发挥，考虑工作是否能够落到实处，让村民更满意。

比如内山取水工程。我们村的面积很大，山比较多。中兰村西边是韩江。韩江边上有个码头，对面是莲塘。到了莲塘之后要往西边走，西边是我驻村的地方。但是上面北边还有一块地也是中兰村的。中兰村实际上是把莲塘给包起来了。从下面沿着韩江往前走，会看见有一个坑头，山路走进去，左上角那一块就是内山。内山比较高，存不住水。虽然内山有水，但是一到下半年降雨比较少，经常会缺水，山民用水就比较困难。山民取泉水，泉眼也不大。我到内山之后，他们给我反映内山现在路基本通了，但是（用水比较紧张），尤其到了春节，用水就更紧张。所以我们当时就计划解决这个问题。

第一次上去内山是一个村干部带我的。那时候茶刚刚泡上，还没开始喝，村民小组长就说要带我去原地看一下。我是在农村长大，放过牛也走过山路。但是因为很久没有走山路，加上这山路本身很难走，所以实际走起来蛮难的。然而我当时直接就跟着他走了，没戴草帽，也没戴套袖，还好那天穿了牛仔裤和登山鞋。第一个水源地，走路大概半个小时就到。村民小组长跟我说选址选的这里，水（量）不大，但基本上够用。我问，如果从这里开始建水池，牵水管大概需要多少钱。他跟我介绍了七七八八之后，我问有没有更好的地方，这个会不会太小。他说暂时没发现更好的地方。

因为水源地是在高处，我们从半山腰往回走，走到一半，他跟我说有一个比较大的水源，但是更远，要我去看一下。我就说走吧。其实我已经比较累，一口气走了半小时山路，但我还是跟他走过去了，又走了半个小时，到了很深的山。我本来想在那里发一个定位，手机完全没有信号发不了。走的时候碰到一丛茶树，茶树一般都是比较矮的，最多就腰那么高，那个茶树已经高过人头了。从村民小组长那了解到这是内山一个贫困户种下的茶树。他说那个时候内山人多，没有地方可以去，就只能往更深的山地走，自己开荒种田，山上比较平的地方就种点茶或者其他农作物，现在都已经没有了，因为太远那些人基本上也不会再去种什么东西。我们走到茶树那，再往前走到了水源地，水源地周围都是山里的刺头，还有我也说不出来的植物，因为它靠着水，所以叶子比较茂盛。这些植物的叶子很割人，我穿的是短袖，没有袖套，走过去没注意，一挥手，手上就割了个口子。

看完水源地之后，他说水源从这里牵过去大一点，基本可以保证春节用水。我说要牵水源就一次性把问题解决，从这里牵出去，最多是预算高一点。我说到时候你们报一个方案，我们来讨论一下，之后村民小组找些人，大家辛苦一点，跑到这里来施工。因为请外面的人专门来到这里施工，太辛苦了，人家都不愿意。在水源地修蓄水池，要用到砖头、沙子，动不了大型的机械，全部都得靠人工。修好了蓄水池再铺PV管，因为不锈钢的管或者是铁管怕损坏，也不好维修，所以一般选PV管。而且PV管比较轻，背进去比较轻松，不像铁管和钢管（那么沉）。因为内山常住的居民不多，有劳动力的也不多，劳动力不够，我说可能还要村民小组到旁边的村民小组请一些人。他说这个没问题，只要资金我们广州大学能够支持，基本上人力方面他们可以搞定。所以我们就初步定了这个方案，谈得差不多，我们就往回走。

回来的路上，可能我们俩心里比较轻松，一路上就聊得比较多。他看着我说，其实今天就是试一下我，因为他第一次看到我，想看我是不是真心来帮忙的，所以进门喝了一口茶就带我进山了。我说我就是来帮大家解决问题的。他就说："你还行。"我们扶贫干部下来了，可能有时候习惯性会讲一些政策道理、"我们是来帮扶大家的"这些话。我们确实带着钱来，但是帮扶并不是说这里有什么困难，我们给钱他们搞定。这种做法不太能落到实处，也不接地气。乡亲们还是比较喜欢我们实实在在地为村里做事，为村里着想，从他们的角度出发去考虑一些问题。

就跟内山饮水工程一样，如果村民提出要搞一个饮水工程，我们给他们一些钱，让他们自己去搞定，这跟我自己去踩一遍山路，跟村民沟通交流，到村民家里坐一坐，喝口茶聊一聊，再去做这个事情，两种方式是真的不一样。我现在每次去内山，都先问一下用水的情况。用水没有问题，我就放心。担当和责任感也是在工作中锻炼出来的。自己要发自内心地从实际考虑问题，才会真正地把责任意识培养起来，实实在在发挥党员先锋模范作用。

三　另辟蹊径，因地制宜助村脱贫

村子里的贫困情况其实没有我想象中那么严重，相比西北的一些贫困地区，我们这边的生活条件基本算是比较完善了，包括道路、水电、网络等方面都实现了互通。但我们中兰村在韩江的东边，河东是属于发展比较晚的地区，最主要的原因还是交通不便，从镇上到我们村子还要坐渡船，

2019 年 8 月李彩阳（左一）实地考察

没有直通村子的桥梁，要是渡船没赶上趟，还得绕道到隔壁的镇子上才能进村，进村的路还是一条陡峭的山路，这种种因素结合使得我们村子上的产品很难运送出去，经济也得不到发展。除此之外，村子里的自然资源也比较匮乏，虽然我们村子的面积比较大，但大多数是林地，耕地只有一千多亩，无法养活那么多村民。所以村子里很多青壮年都外出到珠三角地区打工赚钱，村子的劳动力流失太多，很多工作都是开展不起来的，比如农忙的时候，只有妇女和老人根本忙不过来，只能减少耕种的面积，脱贫工作自然难上加难。还有一个原因是因学致贫，村子里的小学由于交通不便以及学生太少等原因，在 2000 年就被拆除掉了，村里的小孩子只能到镇子或者县城上学，也需要家长陪同照顾，村子里的劳动力自然缺失了许多。其他的原因也有很多，比如村子里残疾生病的人比较多，以及村民没有技术或者是有一些好想法却缺乏资金等，这些问题都限制了我们村子的发展。

我们这一轮扶贫针对这些问题制定了一些策略。俗话说"想要富，先修路"，扶贫工作最首要的就是解决交通问题，道路通了才能进行其他扶贫工作。我们现在在修建一座莲塘大桥，可能有人会问为什么不在自己村子里面建，一来是因为莲塘村是紧挨着我们中兰村的，二来莲塘村地势比较平坦，修建桥梁的工程量要小得多，价格也是便宜许多，在桥梁完工后我们村子就可以通过这座莲塘大桥跨过韩江与大麻镇连接，不用再通过渡船进出村子，交通顺利了，村子里的农产品也能够顺利运送出去。村子的田地比较少，以林地居多，自然资源贫瘠，我们不能简单依靠种植粮食作物脱贫。经过我们前期的探查，有些村子是种植莲子，有些村子种植水稻，大家都有不同的作物种植，对于这点我也是想了很久也没有想到其他比较好的作物，后来经过村干部大家一起讨论，决定另辟蹊径，搞特色产业扶贫，把村里闲置的一些资源集中起来，然后发动村民，比如在村务工或者务农的贫困户，把他们的力量集中起来，发展一些回报高的产业。我们也听取了大家意见，因地制宜引进了板栗南瓜这种特色农产品。这种南瓜喜温热，特别适合在梅州这种气候下生长，而且南瓜耐储存，不容易变质和损坏，方便运输。另外板栗南瓜在市场上的价格也是比他们本地的南瓜要高一点，这种长期有效的农产品经济能够更好地帮助村民们脱贫。我们也紧跟潮流，根据国家政策搞消费扶贫，把产业扶贫的成果顺利地卖出去，换成实实在在的钞票，保证村民们的利益，于是我们以村的名义，让一个贫困户开一个微店，把板栗南瓜放到网上销售；同时发动整个大麻镇的同事帮忙，依靠自己的人脉资源销售，今年的板栗南瓜在大麻镇同事的朋友圈里已经卖出了大半。我们也跟梅州市当地的一些企业合作，比如喜多多超市等帮助我们销售了一批，成功保证农产品能够变成钞票，惠及村民。

除了种植板栗南瓜这种特色农产品之外，考虑到种养产业的风险比较大，我们也不敢冒太大的风险，因为农业基本都要看天吃饭的，农业脆弱的地方就在这里。无论是开微店也好，或者是种南瓜也好，说句实话，老天不给饭吃，老是下雨，那就只有亏了。我们很多的贫困户今年也出现这种情况，去年的生猪价格比较高，他们赚的钱比较多。但今年有一个贫困户，他是从福建那边进了一批猪苗，回来之后出现死猪的情况，他说差不多亏了三万块钱。对他来说是一笔很大的损失。所以种养行业风险总是有的。在刚种植板栗南瓜的时候，我们也遇到了困难，梅州的雨水比较多，自然南瓜的产量也就低了，那年村民的收入得不到保障，很多村民向我们抱怨板栗南瓜的成效不明显，我们也是苦恼了许久。后来我们一起开了一个会议商量了以后的扶贫工作，决定做两手准备，降低种养产业产生的风险，考虑到梅州这边日照比较长，阳光也十分充足，投入资金开设了一个光伏发电的项目。利用光伏发电我们可以在天气好的时候卖电给供电公司，在板栗南瓜收成不好的时候补贴村民的收入。虽然每年的收入可能也不多，因为我们做的是一个一百三十五点三千瓦的发电工程，能够产生的电并不多，但是它可以保证十到十五年的有效使用期限。经过一年的投入使用我们计算到每年大概有八万块钱的收入，如果尝试过发展好的话可以持续使用，对于村子来说也算是有一个长期稳定的收入来源。即便以后特别贫困户或者普通农户出现重大的变故而返贫致贫时，我们也有一笔资金可以进行临时的救济，保证他们不会因为突发的情况变成贫困户；或者说变成贫困户之后，我们也有一笔钱可以作为救急使用。

然后像因残因病致贫的村民，我们按照国家的政策向上级申请给予这些村民在政策上的经济兜底。每个月根据这些村民实际情况，提供低保维系他们的日常生活，并且每年年底也有给予他们村子集体收入的分红；对于因学致贫的村民，国家政策有教育补助，在义务教育阶段每一个学期有一千五百块钱的教育资助金，而现在已经把这个教育扶贫的覆盖面扩大了，像高中、大学以及研究生也有相应的资助额度，地方政府也会给予一些额外的支持，村里的小孩子也能顺利读书，家长们也能安心就业。

四 成果喜人，克服困难谱新篇章

要说扶贫工作是一帆风顺、没有困难那是不现实的，其实我们在种植板栗南瓜等扶贫工作上也是遇到了很多困难：一个是土地的因素，另一个是劳动力的因素。在我们第一次决定种植板栗南瓜的时候，当时的想法就是把闲置的地集中起来租用，以我们扶贫合作社的名义把土地租下来开展比较大面积规模化的种植。但是村里的惯例是这样的：你在村里，我不在村里，土地你可以拿去用，土地租金基本上也是好商量，甚至可以不用给我租金了，比如说你种水稻的话，你可以给我多少米多少谷子，如果你是种其他的可以给点地里产出的产品给我当作租金也可以。有一部分村民他们外出打工了长期不回来，他的土地自然会荒掉，留守在村里的村民会跟他说："你的地荒了也是荒了，不如拿来种南瓜。"他说："行呀，你种南瓜就种南瓜，但是土地开荒你得自己开，开了荒种下去，种出来的都归你。"当我们提出来要租地的时候，很多村民他们自己借了或者租了人家的地的，就会说："你们来租地，把我们村里的土地租金抬起来了。本来我租人家的地或者借人家的地，人家不会找我要钱的。但听说你们扶贫要来租地办产业，人家就说那我的地也可以租给扶贫团队，如果你还要租或者还要种的话，我要收点租金。"这样就会损害到一部分留守的村民的利益，所以还是有些村民会不理解，会来找我们投诉抱怨。他们认为我们的到来是打破了他们多年以来约定俗成的习惯，破坏了小农经济，他们就觉得我们这种搞法会导致租用土地的价格飙升：本来我种人家的地基本上不要钱的，你一来你说租这个土地你会付租金，人家也会跟我要租金。所以部分村民不希望我们这样子搞，这也是我们对土地方面没有考虑周全。另一个是劳动力的因素，当时我们想的是把地租下来平整了，可以搞小型机械化，可以省下点劳动力去发展其他行业。后来发现南方很难实现机械化作业的，因为当地的土地是高低不平的，水田你要拿来种南瓜的话，就要用泥土把地面抬高，不然排水不好容易烂根。山地种是好种，但是山地又搞不了机械化。如果全部请人来种植的话村子里的资源不允许，因为现在村里在做工的工人都是年纪比较大，青壮年劳动力很多都出去打工了，要请人干活，有钱都请不到。当时就没有考虑到地和人这两个困难，后来我们商讨后决定改变思路，我们不以合作社的名义去租土地。第一个因为农民是把地看得很重，你租了他的地，一个是租金，你要达到他满意的标准；第二个，他不会说你租一年两年，然后你就走了，他会说你要租就长租，而且要一次性付清租金；第三个，你租了他的地，还要保证他的地界的完整。你把土地填平了，原来的地界找不到自然会产生纠纷，因此我们改用另外一种方法，找一两个在村的且有劳动力的贫困户，我们给他们提供板栗南瓜的种苗。因为他们自己租地依靠村民之间的关系，他们租金比较低而且时间是比较灵活，租了地，村民们自己去协调，能租到多少亩土地就种多少南瓜，劳动力方面也是这样解决，能找多少人来帮忙开垦这个地，由村民们自己去考虑，因为种植板栗南瓜并不是说每天都需要很多劳动力去打理。一个是种下去的时候，因为要赶天时种，就需要多一点人，这时需要多请几个人过来帮忙也好，由村民自己来安排。然后收获的时候也是一样的，集中一到两天雇用一些村民来工作，也就解决了前面土地租金的纠纷以及时间限制的问题。我们购买了当地一家种苗龙头企业最好的苗子提供给村民，并且在刚种植板栗南瓜时请到了专业的技师来教村民如何培育种苗。同时我们也是大力投入资金，免费发放种苗，帮忙推销，卖到梅州去的运费也是由合作社出。最终还是齐心协力克服困难，扶贫工作也逐渐走上正轨。

我在村子里工作了一年半，感觉扶贫的成果还是十分明显的，原来村子空心化十分严重，村子里的年轻人不仅仅是出去工作，当他们在外面赚了钱会选择在外面买房定居不再回来，村里剩下的都是一些老人和小孩，经过我们帮扶之后村里发生了很大的变化，道路通畅了，水电也能保证顺利供给，网络架设也好了；村子的文体活动中心、图书室、公厕以及篮球场等这些基础设施全部建好了。现在很多外出的村民都开始回来，而且村里很多的老板、普通村民还有贫困户都开始在村里建新房，村里建房的热潮现在还没停。我在大埔县农业局有一个同事，他就是我们中兰村的人。有一年回来他跟我说，很感谢我们学校，很感谢广州市对村里的帮扶。他说原来他出去工作之后，过年没车子回来都很难进村，因为走过那个县道，一到村口就是土路、泥路，一下雨就是坑坑洼洼的，想回来也是心有余而力不足。因为客家人非常注重乡土观念，像清明拜山、春节祭祖这些节日活动是必不可少的。但村子的条件限制了村民们回来，很多村民都感到很无奈，他们很想回来多住一段时间，但是条件实在是太差，一个是路不通，第二个是水不通。用水要到山上去接水，接的水可能还是比较浑浊的，还要过滤沉淀一下才能用，诸多不便使得他们都无法长留在家乡。他说现在我们帮扶了之后，在村子里的生活变得很方便而且村里的环境越来越好。我们把村子里小溪的河道疏通了，然后我们在道路两边种植了绿化，可以说是一般的城市小区可能都没有这种优美的环境。他说他现在也愿意回来，而且愿意回来长住。像今年的疫情期间，广州和深圳当时疫情比较紧张的时候，我们村里的防疫任务也比较重，因为很多在外地的村民都回来了，我加了很多村民和贫困户微信，我看他们每天发的很多都是村里自然风光，有一些原来住在很偏远地方的村民小组，当时他们搬出来，现在都搬回去居住，他们感叹说当时不觉得村子里那么漂亮，现在回来一看风景太好了。不仅如此，也有不少人回村创业，现在我们村里有一个乡贤他出资请了村里一个年轻人搞农业生产，这产业是集养殖种植还有果木苗一起发展的混合产业。我当时在村里还去他那个基地看了，因为那个乡贤老板比较出名，村民也比较信任他，都把土地租给他了，乡贤老板把闲置的荒地集中起来，搞了一个养猪场，下面有水的地方就养鸭，山上就种树。这种混合产业也是有益于我们村子的发展，大户带动散户，资源也得到充分利用。

总的来说，扶贫工作成果还是比较显著，现在村里的村民生活变好了，不少年轻人也回来村子里定居建房甚至创业，而当下我们基础设施初步完善了，但是还是有一些需要改进或者说是需要整改的地方。因为我们每一年都有回头看，反思这一年的工作，针对的就是扶贫的效率指标，我们有没有完成上级的要求，有没有为村民谋福祉等。像内山的话，前段时间我们回头看，发现有一个贫困户他的房子是危房，其实当时我们已经帮助他修建了一间安全稳固的住房，但是他还是习惯在危房里面生活。除了睡觉在新房之外，其他的日常起居比如洗衣做饭等都还在老房子里面。因为他那个老房子确实不安全，山体滑坡已经冲垮后墙。但他就觉得无所谓，他说在这里方便，搬过去太麻烦了。所以我们现在还在做他的工作，就帮他协调一下异地搬迁或者异地重建，让他搬出原来那个危险住房。因为很多这种尤其是上了年纪的老人比较念旧，他们觉得原来的地方方便好住，不舍得搬走。我们村里也有一些危房改造修缮了之后，很多人还是住回原来的那个房子。所以像这种存在隐患的住房，还要继续整改。第二个就是刚才说的，按照我们官方的说法是 2020 年是收官之年的，一定要打赢脱贫攻坚战，基础的扶贫目标一定要完成。接下来的工作重心一个是产业另外一个是消费。产业的话就是要有一个长效的机制来保障贫困户的生活或者出台相关具体规定让大家来遵守。包括有的搞光伏或者水电站，有的搞产业种植基地，我们村就是光伏发电项目加上种植板栗南瓜。还有修建了一个光伏发电二期，我们准备原来一期做完了以后，再找一个闲置的地方，再开一个发电的工程。然后消费的话就是帮助把种植出来的产品换成实实在在的钞票。这个也是现在的市、县、镇各级重视的事情。大家也看到习总书记在调研的时候就是经常去当地的扶贫车间、产业基地或者种植基地去视察。所以这一块，相信在国家引导下，应该有一个比较好的处理。虽然今年经济形势不太好，我们确实也有压力，但是有党的领导，我们觉得没有做不成的事情，肯定能够把这个消费扶贫和产业扶贫搞起来，一起谱写扶贫工作的全新篇章。

接下来，在2020年之后要搞乡村振兴。因为扶贫结束之后，乡村建设不会停，脱贫了就要建设美丽的、更美丽的农村，像浙江那边很多的村子在乡村振兴这一块是做得很好的，所以我们镇上的领导也组织干部去学习，同时我们在梅州培训的时候也了解了相关的信息。大麻镇的隔壁有个三河坝，那里有一个国家认定的战役遗址。当年八一南昌起义军战略转移的时候在这里跟国民党有过比较激烈的战斗，战斗完之后，有一支队伍去了井冈山，才有了井冈山会师。萧克老将军当时对三河坝有一个评价：没有三河坝战役①，就没有井冈山会师。这在党史上都有明确记载的，是一个比较重要的红色战役点。我们在县志和相关的史料上找到了记录，中兰村当时也是三河坝战役的一个主战场。因为战斗时间比较长，从三河那边交上火之后，因为敌众我寡，为了保存实力，起义军是往后撤，所以在中兰村也有比较激烈的战斗。我们现在在中兰村的山上，通过金属探测仪找到了很多弹头弹壳还有刺刀等遗物。所以准备跟大埔县的党史办还有梅州市相关部门（联系），看看怎么样把中兰村的红色资源保护利用并开发起来，准备在村里设一个历史馆，搞一个小的展览室。因为现在很多的年轻人其实对村里的一些历史都不熟，也没有人专门给他讲。广东省有编纂过农村的地方志，但是也很少有人主动去看。所以，在村里搞一个历史陈列馆，做教育也好，做展示也好，也是保住我们村历史的一个方法。

第二个，村里的建设。我刚才说过很多的外出的乡亲都回来建房子。我们发现乡下的房子各种各样，有的是欧式风格，有的是混中式风格，有的是土洋结合的。向浙江那边做得比较好的村学习，然后搞好村里的建设。最好能体现客家的风格，比如客家的围龙屋、客家的风水池，还有客家人喜欢的诗书传家元素。我们想到时候让学校组织相关专业的老师和同学到村里做一个调研和方案，帮村里的建筑风格做一个统一，比如色彩或者装饰。因为现在很多地方都搞农村的外墙装饰。最重要的就是能够把村里的整体风格，特别是要比较原汁原味地展现出客家的东西。因为客家的房屋其实是很结实的，村里现在有很多的房子看上去不起眼、破破旧旧

---

① 1927年农历九月初八，三河坝战役打响。1927年八七南昌起义后，国民党钱大钧部约两万余人，由今梅州市梅县区松口扑向三河坝。朱德和25师师长周士第、党代表李硕勋指挥了这场阻击战。起义军在三河坝地区逗留的时间虽然不长，但革命的行动已经深入人心，扩大了党在农村的影响。起义军虽然走了，但给三河地区播下了红色的种子。

的，但是一问就是建了很多年，很多房子外面的彩绘，跟客家崇文重教以及中国的传统文化结合得特别好。现在很多的乡民回来发现，这些基本上很多都被抛弃了。一些损坏的部件找不到原来的老师傅来做，所以有些东西还是要继承的。因为现在也有一个新农村建设办公室，所以我们想到时候在学校和当地政府的支持下，把这一块的工程结合起来。我们到村里老的民居上面去收集和整理一些传统文化元素，然后看看怎么样在新建的房子上面体现出来。当然也不是照搬，有的老房子中不适合居住的设计还是要改进的。但是我们还是想尽量地把客家的元素、客家的味道体现出来。我们要继承和发展历史的文化，经济跟上来了，文化也不能落下，乡村振兴是一个长期坚持的活动，我们不能一蹴而就，但我坚信水滴石穿，只要我们齐心协力，在党和国家的领导下一定能够越做越好。

八年真情满黔香

受访人：吴恒

访谈人：陈沛瑶　姜函希

访谈时间：2020 年 7 月 19 日

访谈形式：线上访谈

访谈整理：姜函希

访谈校对：姜函希　陈沛瑶

故事写作：陈沛瑶

受访人简介：吴恒，男，贵州黔西人，2009 年正式参加工作，2012 年起开始扶贫。作为一名在黔西扶贫的 80 后工作者，自对广办服务机构成立后，一直服务于东西部扶贫协作工作，圆满完成了贵州省 2019 年度东西部扶贫协作现场会。扶贫工作期间，他多次协调企业复工复产，指导建立了全市第一个残疾人扶贫车间；成功争取非东西部扶贫协作资金帮扶包保乡镇实施石漠化综合治理项目，接受国土资源部检查；积极推荐企业让东西部协作项目全部找到经营主体，杜绝项目闲置；组织团队成立易地扶贫办事处，努力帮助搬迁社区建学校。

一　初来乍到，心态难平

我叫吴恒，是一名贵州的本土扶贫干部。其实大学刚毕业时，我并没有想到自己会走上扶贫这条道路，没想到一转眼，我就已经在贵州扶贫攻坚的道路上走了八年。我是 2003 年的时候进入大学，学的是社会工作专

2020 年 7 月吴恒（右上）接受陈沛瑶、姜函希访谈

业。在 2009 年，我正式参加工作，在一所民族学校里当老师，兼任民族班的班主任。一年零七个月之后，我被调到民族宗教部门，也就是从那里，我开始逐渐接触到扶贫方面的工作。因为我是贵州人，所以在 2012 年的时候就被调到了黔西，之后一直在黔西县工作，直到现在。

说实话，一开始接到任务去扶贫时，我也才刚刚工作了三年，实际上还什么都不懂，对扶贫对象也抱有一些抵触心理。这是因为我们 80 后参加工作的这批人，正好处于一个时代转变的时期。我们考大学的时候正遇上大学扩招，文凭变得没那么值钱了，工作都是自己辛辛苦苦考来的，而且我们没有享受过太多优惠政策，一直是通过自己的努力去争取美好生活。让我觉得特别不公平的是，要去帮扶的对象中有大部分人是自己懒惰才导致面临贫困的处境，还要无偿帮扶他，我心里难免不乐意。我那时候就想："他穷他的，关我们什么事，又不是我们让他穷的。"所以我当时对贫困户的态度处理得非常不好，有时候同事喊我去拜访农户家，我都直接不去，觉得自己看到他"等靠要"的样子，都想直接把他打一顿，去了有什么用，不去！

后来工作的时间慢慢长了之后，我就发现实际上贫困有时候不是贫困户本人愿意的。比如说有因学贫困的情况，像原来政策没这么好的时候，一个家庭里如果说有两三个孩子都考上大学，那基本上就是贫困了。因为当时的大学学费不允许你拖欠，贷款又不是百分之百能贷到的，巨大的经济压力下，一个家庭走向贫困是很难避免的。这种情况是值得同情的。当然现在条件好了，银行面对贫困户的贷款是百分之百要贷给他的，只要他申请。原来可不是啊，我记得原来我读大学的时候大家还要坐在一起竞争贷款名额，我们系一百个同学里有八十个申请贷款的，但农行只给我们四十六个名额，就是要从八十个里面挑四十六个。所以以前不是所有人都能贷到款的。但现在贫困户每个人每个学期四千二的贷款额度是肯定能保证。还有因灾、因病、因残致贫的，这几种人真的的确值得同情，因为发生贫困的原因都不是他们自己造成的。

就这样，对致贫原因有了更深入的了解后，我的心态也慢慢有所改变，也渐渐发现了扶贫这项工作确实值得去做。毕竟自己作为一名共产党员，应当对国家建设有责任感和使命感，更何况我们党和国家并没有亏欠我们这帮人，支付了我们应有的工资与资金保障，只不过是分工和以前有所不同。原来我从事的是民俗方面的工作，只是现在相当于把更多的精力投向另一份工作而已。那么我走上这个岗位，就必须要求自己去做这个事，试着去了解一下他们。而且我通过不断的学习教育也了解到，如果我们再不采取一些措施来对贫困问题进行一个调整的话，国家的发展进程很有可能会受到贫困问题的影响，这样一来，那我的工作就是有必要，有价值的。在思想上进行转变以后，我也就慢慢去尝试去做这些正能量的东西，也就愿意到乡村，到村民家里多做一点工作。

二　以心换心，拉近距离

当然，扶贫工作并不是一个人轰轰烈烈干一场就能完事的工作。他需要与村民进行接触交流，获得村民认可，以建立信任关系为前提。人作为群居性生物，难免会对外来人员产生提防的心理，那在扶贫工作展开的过程中，我们扶贫干部就会有很多需要注意的细节。

比如下队的时候，如果跟老百姓在说话的时候说普通话，就会让老百姓觉得很不舒服。他们会觉得你高高在上，和他们有距离感，这样你就绝对融不进这个小集体了。如果他们无法对你产生信任，那往后的工作也会难以开展。

　　之前广州恒大援建了我们县的易地扶贫搬迁点，让我们可以把比较贫困地区的贫困户转移出来，在县里发展。我们县其中一个易地扶贫搬迁点住了一万七千多建档立卡的贫困户，还成立了一个新的街道办事处叫锦绣街道办事处。相当于新规划了一片区域让他们生活、发展。当时街道办事处面临的最大的问题就是卫生问题。你根本想象不到会有这些情况，比如你走在住宅区外边的绿地上，走着走着都有可能会踩到他们的大便。或者不管周围有没有人，他们喝醉酒后就会在路边直接开始小便，出太阳的时候会成群结队地提着几瓶酒坐在绿化带里划拳。搞得好好的一片住宅区，看起来就像十几二十年前黄沙飞扬的农村。

　　在这种情况下，如果你操着一口普通话告诉他们这样是不对的，是没有文化、没有素质的表现。他们会听你的？不骂你几句，不说你穷讲究就不错了，有些情绪激动的，就可能挥舞着拳头上来了。

　　那时我面对这些陋习，也是头疼得很，但又没办法，总不能不管。就先从拉近关系开始做起，有事没事就问问他们家现在情况怎么样啦，房子住得还习惯不，家里娃儿上学表现如何之类的问题。别的不好说，一谈起孩子的事，他们十有八九是有很多话想说的，谁不为自家的孩子骄傲呢。慢慢熟络以后，他们有时还会喊我上他们家喝酒，一杯酒下肚，他们看我的眼神就像看亲兄弟一样了，刀山火海那都是在所不辞啊。等到关系有所缓和后，改陋习的事就该提上议程了。我专门挑周末先带他们中的一个去他认为我们县城比较繁华的地段看看，那中心地段周边肯定都有商品房的呀，我就问他："诶，你以后想不想让你家孩子在这些地方住？"百分之百的父母都愿意的，这个没话说。然后我就说："好，那我去带你问一下这个房子的价钱。"过去一问，均价是一平方米三千八九百元，就是四千左右吧。我就接着跟他说："你家有多少个孩子，然后自己算一下你的房子要买多少平的。"一般来说我们县城这儿的人都是有四五个孩子的，一个孩子至少四十平方米，然后连着老人算一下就得接近两百平的房子了。那么好，我就又问："按你现在的经济收入，近两百平的房子你什么时候才买得起？"然后他就自己开始算了，他如果在农村从事农业生产的话，一年的农业收入再加上养牛这些，抛干打净，刨掉全部花费，一年大概可以剩下一万块钱左右，一万块钱他要去买一个接近六十万块的房子，得花六十年，按他现在的年龄来看根本就不现实。然后我就再带他回到恒大①这边看，他就会发现恒大这边的环境不比他刚刚看的差，而且恒大的房子是不要钱的，这样一对比他就会觉得这房子来之不易，需要去珍惜。我再趁热打铁告诉他，你向往刚刚的繁华地段，不也是觉得那边的环境好，干净体面嘛？你现在有这么个免费的房子，环境也不差，你还不好好珍惜，不就浪费了嘛。就这样，通过这种方式让他认识到了改正陋习的重要性，从而改变了整个街道的风气。

一般来说，男性干部融入贫困户家庭进展会相对顺利一些，因为男性有两样行为是最好融入村民家庭的，一是陪他喝酒，二是陪他抽烟。因为村民们都很淳朴，你一进门，他都会倒一杯酒给你。说句实话，那种酒大家平时都不太愿意去喝的，太便宜了，五六块钱一斤的酒，两三块钱一包的烟，但是只要你接了，喝了，抽了，他瞬间就会把你当成他自己的人了，他会觉得你没有瞧不起他。你不接他的烟，除非是你真的不会抽烟，你从来没抽过烟，如果有一天他看到你抽烟了，但之前你也没接他点给你的烟，他可能会马上跑到村委会骂你，说你不尊重他，以后你再找他开展工作就根本不可能。这种递烟倒酒的行为其实像一种特殊的仪式，村民们能借此看到你把他当成和你一样的人的一种表态。

三 真情帮扶，培育信心

贵州作为少数民族集中地区，存在着这么一个情况：贫困户占比很高的一部分都是少数民族。少数民族所在的地方由于区域问题还有教育问题，它的贫困面发生相对于一般地区更大。

因此扶贫工作的开展就需要针对区域建设落后、教育缺失等突出性问题采取措施。当时贵州对外交通建设非常差，我刚刚到黔西的时候，黔西是连一条高速公路都没有的，到2019年、2020年我们已经有了五条高速公路贯穿整个黔西县。当时黔西县街道办事处没有一个乡镇是在高速公路出口的，但我们今年30个街道办事处有29个乡镇有高速公路的出口。人如果能够走出去，那么他就能找到赚钱的路子，看了外面的世界之后，他

---

① "恒大"指的是赞助修建易地扶贫搬迁点的房产商名称，文中指代贫困户的新住址。

2018 年 3 月扶贫干部吴恒（左三）与村民们谈心

就知道要让孩子好好读书。因为一个人到外面打工，见识了外面的经济发展程度后，可以让他在意识观念里形成一种对比，而且这种对比会越来越明显，他就会明白读书的和不读书的从事的行业实际上差别非常大，而且工资待遇差别也很大。这样，他就会更加努力工作，重视下一代的教育问题，从而避免陷入"你养羊干什么？养羊卖。卖了干什么？卖了讨老婆。讨老婆干什么？讨老婆生孩子。生孩子干什么？生孩子养羊。……"这样一个恶性循环之中。

针对教育问题这一点，十八大之后国家就要求我们公务员压缩办公经费，比如说我们单位的接待费、公车使用、纸张购买这些费用都全部压缩，压出我们办公经费的很大一部分。上至省委省政府、市委市政府，下到县委县政府都要求必须把这笔经费拿去放在教育口使用，加上广东省对贵州的帮扶、广州市的帮扶缔结。去年贵州总共得了几亿元，黔西县得的是两千六百八十万元，我们县现在的做法，是用这笔经费专门为易地扶贫搬迁的小孩修了一个一到六年级的小学，从根本上阻断贫困的代际传递。除此之外，我们也注意到很多贫困户的孩子是在村里的小学读书，教育质量相对城里的孩子要略差一些，所以大部分学生很难考上很好的高中。于是我们决定换一种思路，安排他们毕业后去读职业学校，也就是我们传统意义上的中专。因为现在是广州帮扶毕节嘛，毕节的各大职业院校都会有广州对点企业，孩子毕业后学校会安排他们去广州工作，再慢慢深造。我们整个毕节办了将近二十个这种对广的相应班级，比如说广气、广旅。现在还有一个叫刺梨班，就是王老吉在毕节办的班，专门招人去帮它做饮料。因为王老吉现在不是出了一个刺柠吉嘛，那个就是刺梨制成的饮料——刺梨是我们毕节的特产，所以王老吉就在毕节设了一个分厂。我们就是通过这些措施拼命把贫困户拉动去就业，从而改变他们生活的。

当然，扶贫工作的开展也不是一帆风顺的。我在扶贫的工作中也遇到了很多村民不配合扶贫工作或者不信任扶贫干部的情况，下面我就说两个相关的小故事吧。

第一个故事是发生在我在甘棠大营村当第一书记的时候，当时我受县委的安排作为科级干部挂任第一书记。我自己帮扶的贫困户是有六户人，六户人每家每户都有自己的情况。当时有一户贫困户存在这么一个情况：一家四口人，但老婆已经外出不归，偷偷跑掉了。原来是他们俩结婚的时候都还没到法定年龄，就没有办理法定的结婚手续；后来老婆很喜欢拿微信和陌生人聊天，聊着聊着就跟别人跑了，把两个孩子都甩给了老公；这个男的一个人拉扯两个孩子，日子过得特别苦。他一开始就特别不喜欢我们扶贫干部，因为在他的认知中我们这些干部都是走走过场，不会实际上帮他什么。而且最恼火的一点是他有个特别不好的习惯：好喝酒，特别特别好喝酒，还不讲卫生。喝完酒以后，就会去得罪街坊四邻，仗着酒劲大声嚷嚷，就说些我家又怎么怎么样，你们都瞧不起我之类的话。在村里口碑很不好，村民们都躲着他，他也就慢慢地产生一种嫉妒、自卑的心理。产生自卑以后呢，面对所有的帮扶，他就陷入一种既想要帮扶，又认为"拿了别人东西，他就低人一等"的矛盾心理之中。

我们的做法呢，就属于领导经常说的，"扶贫干部嘛，就是要把嘴说破，把脚磨破"，就多上门，多去跟他交流教育吧。光男的说不行，我还带着女同志一起去劝，然后又帮他孩子找学校读书，想办法送他孩子去读职业学校，在他思想有所松动以后，又去帮他找工作。因为我毕竟是招商局的局长嘛，可以提前和各企业的老总先沟通好，说明第一个月他肯定会带一些烂习惯过来的。我就和老总们说好以鼓励为主，但鼓励之余，要配合惩罚，比如说发现他在上班期间喝酒，就大胆地收拾他，让他能清晰看到如果他不喝酒一个月能赚多少钱，如果喝酒违反纪律一个月得罚多少钱，必须形成一种对比，让他自我改变。然后短短一年多两年以后，他日子就过得还不错了，至少家里该买的也买了，前不久，据说他都准备结婚了！①

然后再说另外一个故事。这个人的名字我现在还记得，叫杨开宇，是今年帮扶的一个对象。他是一个残疾人，但他的残疾不是先天的，是后天的。因为 20 世纪 90 年代末到外省去打工出了车祸，撞到了腿。20 世纪我们的社保体制是不健全的，有很多企业为了节省社保，并没有帮职工购买相关保险。他撞到腿后，对方企业也没有赔钱，就只好自己回贵州黔西，回到我们县。但我们县当时医疗条件也差，相关技术并不发达，治疗这种撞断腿的情况，基本上得一两万打底，他也没这么多钱，就到农村里找土医生，就是没有行医执照挖草药治病的那种。土医生就拿草药来给他包腿，没想到包了以后他的小腿肌肉就萎缩了，萎缩到像得了小儿麻痹一样。这对他的打击非常大，可以说是失去了基本的经济来源，也就被纳入了贫困户。

当时我接手他以后，就把他安排进我们的一个扶贫车间。他刚进去的时候很多人都认为他干不长的，因为我们说好给他 1280 元保底的时候，他却连保底工资都拿不到。效率非常低，主要还是喝酒导致的问题，他根本就不愿意去上班，就想着随便去跟别人学点，换点钱。这个车间主要工作是用电烙铁在葫芦上烫画，按件计工资，做一个得八块钱。别的贫困户一个小时可以做一个，他同样大小同样的材质同样难度系数的情况下一天才能做一个。每个月他最盼望的就是 28 号领工资那天，领完工资 29、30、31 号或者到下个月 1 号，这四天是决不会来工厂上班的，就去喝酒，把钱喝光为止。我们县里办了一个农民讲习所，我们就拼命地去给他讲，给他"洗脑"，带他去培训，慢慢地慢慢地他就阳光一点，克服了心里的自卑。现在他还算是搞得不错，中央电视台好多电视台都来采访他积极转变的故事，一个月现在也可以干到接近 3000 元了。

扶贫工作进行了这么久，我慢慢感受到我们工作核心实际上就像温家

① 因为扶贫对象脱贫后，访谈对象不再帮扶这个村，结婚的消息是朋友转告的。

宝总理在经济危机时说的那句话："信心比黄金还要珍贵。"贫困户的帮扶工作，我进行了六年，我发现工作中最先需要攻克的问题往往是思维的问题。大家现在都能看到，国家的政策是越来越好了，在资金上的支持也达到了一个新高度，我所在的黔西地区借助东西部扶贫协作和广州的援助资金，能够把建档立卡贫困户中的适龄劳动力送去培训，还能推荐他去厂里面打工；在沿海十个省区内打工，如果企业不给他买社保，当地政府还会兜底帮他购买。但光有经济上的帮扶还是不够的。我读大学的时候，我的心理学老师跟我说过这么一句话"极度的自卑可以产生极度的自尊"，很多贫困户都很自卑，他们明白自己和别人的差距，但他又不愿意迈出来，就愿意在自己原有的状态下生活，他觉得自己迈出来会受到别人的歧视，还不如天天和一帮贫困户待在一起，舒服，自在！他就想活在那个圈子里，从而换取"比上不足比下有余"的满足感。我们的工作就是要打破那个圈子，让他自己走出去，去改变他的陋习，让他更有信心地迎接更好的生活，这是一个非常现实的问题。

四　心系孩童，激励前行

因为工作原因，我现在基本上是两头跑：如果一个星期以五天来计的话，在我的扶贫点上至少要去两天。再加上我现在的部门是一个成立了四年的机构，是专门为了负责东西部扶贫协作成立的一个服务性机构，因为我们还要服务广州的嘛。而且我又是单位的行政主管，所以一旦广东或者沿海省市区的要到我们县里来调研时，我就必须要参加，陪完他们之后又顺便去乡镇看自己的贫困户。如果单位上有什么需要处理的，就又要赶回去，就会有三天基本上是待在县城。

从我开始到乡镇一级工作的时候起，就和爱人孩子两地分居了。因为爱人是在市学校里面工作，而我是在县里。长时间的分离，工作日内我又照顾不了孩子，爱人有抱怨是难免的。每次都安慰她周末就可以回去了，但有时候碰上检查加班，就又回不去了。我爱人常和我说，两个孩子都非常想我，大一点的孩子还能体谅爸爸的难处，小的那个就经常哭想找爸爸。我听了心里也十分难过，回是回不去了，就只能每天坚持跟孩子们视频电话。有时候我的同事还很好奇，说："吴书记，你平时工作都这么累了，还能坚持天天和孩子们视频呀？"他其实不知道，我一看到孩子们，心里就觉得十分高兴，一天的工作疲惫全都忘掉了！因为孩子不像我们大人，大人们遇到的很多都是烦心的事，心里难免有不愉快的情绪，七八岁的孩子还不知道什么是忧愁呢，每次视频通话就会把学校发生了什么趣事，妈妈给他们做了什么好吃的都告诉我，所以看到他们我就高兴了。很多人可能不理解说你回到家里面你还会带孩子玩吗？必须带，工作日都已经这么辛苦了，不和孩子玩生活怎么过得下去啊，而且有时候看到自己的孩子，就会想起那些贫困户的孩子，推己及人，对扶贫工作也会更加上心和耐心。

有人可能会好奇我爱人对我扶贫这项工作的态度如何，其实就像我前面提到的，抱怨肯定是难免的，毕竟我一个星期也不怎么着家，所以空闲的时候还得多哄哄她。其实我爱人还是能理解并支持我的工作的，因为我爱人是农村出来的，我也是农村出来的，我们都对农民、土地有很深的感情，她也希望我能踏踏实实地为父老乡亲们多做一点事；而且我爱人是老师，她们学校也有结对的乡镇学校，也需要到乡村去支教，只不过没有我需要驻扎这么长时间而已。她接触过那些渴望走到外面去的孩子，希望他们能成才，从而改变他们自己的命运，所以更能谅解我，支持我的扶贫工作。

说到这里，我想起了一个令我印象非常深刻的经历。2018 年我们东西部扶贫协作，在黔西投资建起了一个学校，由广州市财政匹配资金 2680 万元，我们县自筹资金 3000 万元，就是相当于是 5680 万元修了一个一到六年级的小学，30 个班，1600 个孩子，目前在校生是 1650 人。今年因为疫情，我们开学开得比较晚，5 月底开的学，然后 6 月底第一届学生就毕业了。毕业的时候我作为代表去参加了毕业典礼，当时我们在走道里聊天，就从教室里喊了几个孩子出来问一下他们的感受。记得是六年级的孩子吧，就有很多孩子就哭得稀里哗啦的，其中一个孩子发自内心地说他在之前想都不敢想能到这么漂亮的一个学校读书，然后就很舍不得老师，舍不得离开这个学校，他觉得自己的老师是我们县里最好的老师。后面我们又到三年级的班上调研，有几个小姑娘每人剪了一个剪纸窗花送给我们，看见她们的笑脸和送窗花给你时那种期待的眼神，我心里就觉得酸酸的。因为当时如果没有这个政策的话，这个兴趣课在农村的话是开不起来的，她们可能很难学习到这些兴趣技巧。然后她们和我们说的一些感恩的话，虽然现在回想起来可能辞藻用得不是特别好，但那时确确实实地感动到了我。那些孩子们读书都非常努力，因为他们来学校的第一节课就是学会感恩，感恩党、感恩政府、感恩帮扶你的人，他们明确知道只有更努力地读书才能更好地改变自己的命运，甚至未来几代人的命运。为了这些孩子，我还有什么理由不继续坚持下去呢？

五　八年扶贫，收获真情

回望这八年的扶贫工作，如果非要我总结出什么扶贫的制胜法宝或者说秘密技巧，我其实也说不上来。我只是觉得扶贫工作很考验人与人之间相处的一些智慧：如何去和村民们沟通，从他们的角度为他们思考问题，而不只是高高在上地大讲道理。

有些老百姓的确有的时候会不讲道理，他们会妒忌别人的帮扶资金，会认为扶贫干部的评定标准不公平。中国的老百姓又比任何一个国家都要淳朴，他们如果看到你愿意站在他的立场帮他说话，你能够真真正正地让他的腰包鼓起来，他会无比地感激你。你走到哪里他都会喊你说"来我家吃鸡啊！"，说完就会马上去杀鸡。平时逢年过节，都会捎上一句问候，一段祝福，哪怕你已经不再帮扶他们村了。那种时候我们是非常快乐的，成就感也很多。

我记得我们村的饮用水原来是从山里引流的山泉水，但这几年因为水土流失比较严重，加上贵州雨季多发，水渐渐就不能饮用了，我就去县里争取到资金，打算用来修一个蓄水池和相关配套措施。也就是从这件事中，我更充分地体会到村民们的淳朴。那些我们平时觉得非常不配合、常常胡搅蛮缠的村民，当他知道需要铺一条水管从他田里面过的时候，他没有和我们进行任何的讨价还价，还十分愿意配合这件事，因为他知道他自己将会从这件事中受益，而且这会是一件有利于全村人的好事。他不但没有漫天要价，甚至还主动准备了一些茶水提到工地上来给工人们喝。你也就一下子看到了他们的可爱之处。

说实话扶贫工作并不轻松，你会面对村民们最初的敌意，会遇到村民们胡乱上访①后领导的批评，你需要忍受离家的孤独……而工资只是在原有待遇上每天多给五十块钱而已。我在最开始有过抱怨，其间也想过放弃，但正是这些和村民们相处的点点滴滴，他们身上那些淳朴可爱的闪光点让我一直坚持将这份工作进行下去。抬眼望去，有这样一群人在等着你，有那样一群孩子想要去看看更大的世界，你就会发现一切的付出，一切的委屈与孤独，都是值得的。

---

① "胡乱上访"指的是个别村民会因为妒忌他人的扶贫资金，而上访谎称扶贫安排不公平。

四载扎根只为客乡蝶变

受访人：耿素芬
访谈人：赖景行　廖立楷
访谈时间：2020 年 7 月 11 日
访谈形式：线上访谈
访谈整理：赖景行　廖立楷
访谈校对：赖景行　廖立楷
故事写作：赖景行　廖立楷

受访人简介：耿素芬，女，汉族，中共党员，广州珠江装修工程有限公司党群部职员。2016 年 5 月起至今，受广州珠江实业集团有限公司委派到梅州兴宁市龙田镇羊岭村任第一书记，落实金鸽特色农业产业帮扶项目，助推贫困户年人均收入增收 1100 元以上，助推羊岭村76 户贫困户 163 人全部脱贫。

一　与天地抗，和人心向

来羊岭村之前，我对南方的农村所知甚少。原以为市里会安排培训工作，但接到任务后两天，我们就被要求前往梅州驻地。一开始我还不知道具体到梅州市哪个村，出发当天才得知是兴宁市龙田镇的羊岭村。来到梅州之后，我们通过一边干、一边培训、一边摸索的方式，才成功解决了对未知的恐惧。

在羊岭村就职后的几年里，我从与当地村干部的交流中学到了这么一句话，那就是"与天斗，与地斗，与人斗，最后跟自己斗"。这番话让我

2020 年 7 月耿素芬（下）接受赖景行、廖立楷访谈

到现在还记忆犹新，因为它正代表着，我们驻村干部所要历经的挑战。

首先我们面对"天时"与"地利"的困难。兴宁市被称作"七山二水一分田"，描述的正是这里恶劣的自然环境。我作为一个北方人，印象里农村都是大平原。所以小时候，我看到的多是大规模的机械化种田。但是来到了羊岭村以后，我发现这里满是丘陵山地，平坦的地方十分少。羊岭村人均才 0.4 亩①，这个标准仅仅够村民温饱。因此村里的年轻人都选择外出打工，许多条件稍微好一点的村民，也陆陆续续到镇上或者城里租房，导致全村的常住人口只占总人口的三分之一。

梅州春夏季常有梅雨天气。2016 年的 5 月份，我刚来到这里就正好遇到梅雨天气，当时省里要求我们对村里选出来的贫困户进行全面核查，于是我和当地一位负责扶贫的干部必须一个个自然村地去拜访。那时天天下雨，很多自然村的道路十分泥泞，因为在 6 月底之前我们就需要完成这次的核查工作，所以我们俩那段时间几乎每天都要冒雨下村，不仅经常会被淋湿，甚至还有一次遇到了车祸。

恶劣的自然环境导致村里的交通出行十分不便，也由于外出的人口多，村里没有办学校，孩子们都需要骑单车到镇上上学，"风雨无阻"真的就成了他们每天上学的代名词。

---

① 羊岭村共 3000 多人，耕地只有 1200 亩。

为了解决好孩子们的教育问题和村民们的出行问题，我们开展的第一个项目就是将连接镇里的1.6公里的泥路进行道路硬底化。修缮完后，村里有了直通到镇上的水泥路，紧密了镇村之间的联系。

然后我们解决的是"人和"方面的三个问题。

第一是要和村民广泛接触。我们驻村干部需要了解村民们尤其是贫困户的近况。我刚驻村时，最担心的是我这个不会说客家话的外人，如何赢得村民的信任。没有办法，我只能慢慢克服包括语言、地域差异在内的各种难题。那段时间，我几乎每天都下乡，拜访各家各户，倾听村民们的心声，关心他们的生活，想办法真正弄清他们的致贫原因。我想，只有心系百姓，我们才能精准发力，将好的政策落到实处，真正解决好村民们的实际困难和问题。

第二是要和村干部有良好的合作。我们驻村工作者需要恰当处理好与村干部的关系，因为双方都需要一个磨合和沟通的过程。比如刚开始我们与村干部对接时，企业采用的规范化思维常常与镇村管理下形成的粗放式思维产生冲突；再比如村干部的年纪偏大，文化水平都比较低，只有1人会使用电脑，许多文案、技术工作都需要我亲力亲为。但是村干部发挥的作用是不容替代的，他们在村里家喻户晓拥有较高的威望，他们的耐心和智慧常常令人佩服，在群众工作中他们往往有独特的逻辑和办法；面对我们驻村干部的想法他们也会尽力认可和帮助落实。因此，我们一方面充分借助村干部的"地头人头熟"优势，将扶贫工作一项一项落实下去；另一方面鼓励支持村干部学习新事物，提高他们的水平，利用现有条件转变他们的想法，培育一支村里永不撤退的队伍。

第三是要寻找可以支撑扶贫造血的灵魂企业，充分挖掘本地的优势资源，培育发展稳定增收产业，才能确保贫困村脱贫致富。羊岭村与镇上的农业龙头企业合作发展陈小鸽项目，就是牵到了灵魂企业的"牛鼻子"。在各方大力扶持下，陈小鸽项目积极反哺贫困户近距离就业、长期性受益。羊岭村的村民因此获得了稳定的收入来源，生活得到了更持久的保障。羊岭村所在的龙田镇，也因陈小鸽项目的带动，被评为全国农业产业强镇。

最后则是与内心的斗争。扶贫期间其实也有很多对家庭的亏欠和工作中的委屈，让我曾经萌发过放弃不干的念头。但是每当我看到那些贫困户、贫困学生期待的目光，我又重新燃起一腔热血。我们驻村干部就像医生一样，虽然工作毫不轻松，但是当你遇到病人时，自己会变得仁心仁术，医者父母心，舍不得离开这里。因此，面对扶贫工作，我觉得是首先心理上要有做好长期作战的准备，当遇到工作不顺之时，需要及时调整好心态，继续重新出发；其次是需要常动脑筋，想办法克服各种困难。毕竟，光有雄心壮志去应对扶贫工作，是不能支撑你持续战斗下去的。

二　产业造血，一鸽启航

产业帮扶，首先需要解放思想。一般来说发掘本村的优势资源来发展产业是最佳选择，但当时羊岭村的各类资源都很匮乏，如果我们单单局限在这一亩三分地是不可行的。

后来我们听说邻村有个由梅州市金绿现代农业发展有限公司开办的鸽子厂，便前去了解。经过一番调研，发现金绿公司①不仅养鸽，还计划往食材深加工、餐饮业等方面多元化拓展。经过与公司负责人陈伟波先生多次后交流，镇村干部都认为该项目具有作为羊岭村产业扶贫项目的可行性。首先，该项目有一定的规模和实力，能最大限度地保障扶贫资金的安全；其次，公司核心团队多是有活力的 80 后，对企业未来规划有想法；再次，龙田镇的农民长期以来就有养殖鸽子的传统，发展肉鸽养殖，在当地具有一定的群众基础；另外，企业计划由养殖向深加工转型，把村民养殖环节纳入企业产业链中，企业提供培训和技术支持，村民有了稳定的收入来源。所以，在 2016 年 12 月，我们促成羊岭村与金绿公司签约，首期投入近 30 万元资金。2017 年初，在我们的建议下，该公司又注册了"陈小鸽"品牌。

陈小鸽项目离不开大家的集思广益。广州驻兴宁工作组组长蓝蓝，给金绿公司的员工上课培训，将企业的一些流程，企业文化和文化建设的理念传达给公司。比如刚开始合作时，我们发觉金绿公司的管理方式比较粗放。为了保障"陈小鸽"项目能够给羊岭村村民持续造血，我们说服陈伟波陈总逐渐引进现代企业规划的管理理念。第一，建议公司制定岗位说明

---

① 金绿公司是广东省的重点农业龙头企业，主要养殖美国、法国品种的优质肉鸽。

2019 年 5 月耿素芬（左）在鸽子场向技术员了解鸽子养殖技术

书，引进钉钉等办公系统。第二，加强品牌建设。第三，加强资金管理。因为"陈小鸽"品牌一共跟 16 个省级贫困村、20 多个"面上村"都有合作关系，资金的管理环节就要求非常谨慎且细致，"资金什么时候来，收益什么时候发"，这些都是我们与品牌合作之时约定好的原则问题，因此在平时我们都会去强调合作双方都应坚守契约精神。

为了鼓励羊岭村村民积极尝试去饲养鸽子，我们还提出了带薪学习的激励政策，承诺参与并经公司评估胜任的村民一个月可以收入 3500 元。当村民们完成三五个月的养鸽课程以后，他们就可以承包鸽子棚工程，每产出一只合格的鸽子就可以提成 1.7 元。这样累积下来，熟练的养鸽户一个月的收入可达到六七千元，这在当地来说已是很有吸引力的收入了。这个激励措施实施后，受到村民们的广泛欢迎，成功地让羊岭村的村民基本都纳入了"陈小鸽"的养鸽产业链，心甘情愿地和企业共同发展致富。

产业帮扶，还需要敢于担当。经过两年的培育，"陈小鸽"项目不断发展壮大[1]，扶贫项目的合同履约也非常好。经过深加工产品的试验，我们都非常看好深加工行业。但是新的问题来了，项目扩产不仅缺少新资金的投入，也需要寻找新的用地。在这样的情况下，广州驻梅州指挥部、广

---

[1] 2019 年 5 月份，养殖规模已达到 1000 亩，10 万对种鸽。

州驻兴宁工作队决定大胆统筹项目周边贫困村的土地和资金资源。

经过各方面努力，"陈小鸽"项目的资金和土地问题都获得了圆满的解决——集约了广州帮扶兴宁的 15 个省定贫困村和龙田镇 13 个面上村扶贫资金①；占地 35 亩的深加工中心也在兴宁工业园开工建设。

解决了产能扩大问题，我们还发动各方力量为"陈小鸽"的营销助力。广州驻梅州指挥部和广州驻兴宁工作组还充分利用消费扶贫政策，把产品带入单位饭堂和工会，帮助"陈小鸽"打开知名度；今年 5 月开始，广州天河区在全国顶级繁华的商圈——万菱汇，每天为"陈小鸽"产品免费播放巨幅 LED 广告。今年疫情期间，我们还抓住了目前最爆火的销售风口——直播带货，通过借助广州电视台的专业指导，我们在线上带货的过程中讲述属于我们的"梅州故事"，分享我们的养鸽助农经验，突出我们的鸽品优势，让消费者在买到物美价廉的商品的同时，使项目能在这个疫情冲击下仍然保持继续发展的势头。

在梅州和广州两市各方的共同浇灌下，陈小鸽项目茁壮成长，拥有了令人振奋的生命力，并进而实现了反哺贫困户②。村民通过出租土地获得租金，羊岭村则收取管理费；不少贫困户在家门口就可以工作，有了稳定的收入；另外 6000 平方米的鸽棚还同时用于建设光伏发电项目，不费多少力气又获得了发电收入③。在羊岭村，一座座鸽棚正在荒山上拔地而起。上面光伏发电，下面养鸽致富，充分利用土地资源，"农光互补"的产业合作新模式带来了双层产业效益。接下来，我们还会继续寻找养鸽以外产业帮扶新路径，为初步实现脱贫的村民迈向小康致富路打造更多的"造血"工程。

三　基本保障，落实妥当

教育、医疗、住房保障，是与贫困户利益密切相关的工作内容，也是一个家庭的基本保障和希望。

---

① 截止到 2020 年 5 月 31 日筹集了 1310 万元资金。
② 珠江实业集团用羊岭村名义注资，可为羊岭村贫困户人均年增收 1100 元。
③ 据统计，截至 2020 年 5 月 31 日，3 年多时间里，1933 名贫困户在陈小鸽项目中共获得分红 280 余万元。

　　说到羊岭村的教育帮扶，可以分为两个方面。首先是来自国家财政的教育补助金。现在国家对贫困户的教育很重视，除了每学年教育部门提供每个贫困户学生 3000 元的基本补贴，无论是小学、中学、职业学校，还是大专、本科、硕士、博士，每一阶段的学历都有配套相应的国家补贴[①]。这样的资金帮扶系统解决了贫困学生的后顾之忧，我的工作就是确保这些国家补助金落实到羊岭村的每一个贫困户学生身上。

　　其次是来自社会各界的奖学金。在我和我的同事们的努力下，由我所在的帮扶单位广州珠江实业集团有限公司和"陈小鸽"项目的母公司广东金绿农业发展有限公司共同成立了"珠江·金绿奖学基金"[②]，用来长期奖励品学兼优的贫困学生。

　　以上两个渠道的教育扶贫，确实使羊岭村的 31 个贫困生发生了很大改变。其中有一个叫陈峰的小孩，就是非常典型的例子。

　　陈峰的母亲在生下来他的两三个月便离家出走，父亲也因患上抑郁症在深圳打工时跳楼自杀。之后他与患有残疾的奶奶和同父异母的弟弟生活在快要塌掉的围龙屋[③]里。

　　好在陈峰很争气。虽然生活贫困，家务繁重，但他却从没落下任何功课，学习成绩一直名列前茅。尽管命运残酷，但是他一直保持阳光乐观，乐于助人，对同学和邻居，都不吝帮助。2018 年 12 月，他被评为"梅州市自强不息好少年"。去年中考，陈峰考上了市里的沐彬中学。一开始他奶奶希望陈峰能选择在镇里的龙田中学上学，一是担心城里开销大，二是担心城里离家远，家里有事他帮不上忙。我得知此事后，便找到陈峰奶奶，说服她：陈峰能考上那么好的学校是很难得的，可以享受到更加浓厚的学习氛围，为了孩子的前途，有些困难我们大人应该自己去克服，有事也可以让镇村帮忙解决。后来陈峰便顺利地去了沐彬中学。

　　作为驻村干部，我不仅仅要为孩子们争取到上学的机会，同时还会持续关注他们成长时的心智变化。像陈峰这样的孩子初中的时候成绩比较突出，但去了竞争激烈的重点中学沐彬中学上高中后，成绩却差了很多，他

---

① 学生达到高中学历补贴可升至 5000 元，达到大学或高职学历则能达到 7000 元。
② 目前，该基金共发放奖学金 2.3 万元。
③ 围龙屋，又被称为客家围屋，是传统客家民居三大样式（客家围屋、客家排屋、客家土楼）之一，主要分布于广东、福建、江西等省。

因此变得有些自卑，而其他贫困生也同样有类似这种情况。于是我便给孩子们传达这样一种观念："有一些东西不一定是用钱可以买到的，你也可以靠自己的努力去弥补。"陈峰逐渐明白，差距是因为来自穷人家的孩子成长时缺少优质的教育资源，要想追上其他同学，需要付出比别人多一倍、几倍的努力，"要趁自己还能为梦想打拼的时候，就要大胆地往前冲"。

我很欣慰羊岭村现在没有失学的孩子。因为在羊岭村里，条件再不好的家庭也会重视下一代的教育问题。扶贫要先扶智，如何解决羊岭村的持续输血难题，我认为提高年轻一代的教育水平是化解此困境的关键之一。

说完教育，接下来要说到的，就是与村民身心健康相关的医疗问题。在国家的关怀下，羊岭村的建档立卡贫困户，拥有了医疗的保障，在省内就医通常能够通过医保、二次报销等方式解决80%的医疗费用。不足的部分，我们集团还有镇村去帮助解决。我想通过村民王胜强的例子来说明这个问题。

王胜强和我年龄相当，前些年他在干农活打农药时不小心让脑部神经中毒，现在又患上帕金森病生活不能自理。2019年上半年，他得知北京一家医院可以医治这种重病，这让他燃起了重生的希望之火。但是手术费高达17万元，即使有医保报销，因为跨省就医、差旅食宿等，他仍需负担8万元左右，并且要先垫付17万元手术费。王胜强早已陷入深度贫困的家实在无力承担。

看到王胜强对新生活的向往，我不能坐视不管。于是，我先和龙田镇党委书记曾小芬说明了情况。她一听，马上带头捐款，并先组织镇村干部捐款。又根据政策向乡贤和当地爱心企业募捐、向慈善机构申请善款。当天就有龙田镇当地的一家爱心企业，将2万元善款转给王胜强。这家企业还表示愿意帮助王胜强先垫付住院费，待出院报销后，再无息归还。同时，我又向珠江实业集团汇报王胜强的情况，集团也马上拍板为他提供大病救治专项帮扶资金2万元，并在集团员工内部发起募集善款。

在两地众多好心人的帮助下，前后不过短短一个月，17万元费用和食宿费都有了着落，王胜强登上了去往北京的飞机。一个月后，王胜强出院回家了，我约好去他家家访。见面后他激动地对我说："耿书记，重获新生的感觉太好了！干不了别的，孩子走读好几公里上学我可以接送了呀。"以往他是全天全身颤抖，连喝一口水都要哆哆嗦嗦好几分钟。看到他从摩托车上下车、走来，我感觉到，这分明是另外一个人啊！

目前，除了低保外，王胜强妻子务工也能享受到本村提供的扶贫务工奖励。他和妻子现在正谋划着加入陈小鸽项目的扶贫产业基地，承包一栋鸽棚，想要通过学技术当老板，改善当前的生活。

看到全新气象的王胜强和他正在变好的一家，我感叹万分：正是因为有党的精准扶贫政策，我们才能汇集那么多的有效资源。大家对王胜强的爱心传递，成功塑造了一个全新的、内心更加强大的王胜强。

最后再讲讲很多人关心的贫困户的住房问题。这往往通过"政府补贴＋村补贴＋社会资助"三方结合的方式进行危房改造来解决。羊岭村共有 20 个危房户，政府补贴加上我们集团的资助，每户可以享受到 6.1 万元的补贴。

危房改造不算很麻烦，但每一户都有各自的问题，需要具体去想办法。比如危房改造过程中，住户需要找到临时居住点。

有一个五保户，精神不太正常，分得一间围龙屋不能拆除，根本没有宅基地建新房。于是我跟村干部就去跟他的侄子和兄弟进行协商，希望他们能给这个老人置换一个地方。但与他们交流过后，我们才发现这个五保户年轻的时候跟别人相处不洽，所以现在大家都不想搭理他。虽然遇到这样的关卡，但不解决问题我也誓不罢休，所以我跟村干部想了各种办法，比如找村里德高望重的老人、乡贤，还有这个老人的其他亲戚一起来说服，最终帮助他渡过了这个难关。让这个老人在晚年，住上了新房子。

再说一个大姐，她的丈夫不在了，房子坍塌后，虽然依靠政策帮助将房子修缮完毕，但她的电视却不能正常播放。在我们危房改造项目里，要求里有一个指标，就是需要家中配有电视信号。于是，我们通过给她买一个山寨锅盖安装上电视的方式，最终让她成功地接收到了电视信号。

目前，羊岭村 20 个危房户的危房改造项目已经全部竣工，贫困户的生活大为改善。

四　历经跌宕，重新出发

前段时间广东电视台来采访我们，他们拍摄了整整 9 天，甚至有一天他们拍摄了 13 个小时。后面记者问我："面对这么艰苦的环境和许多现实的困难，你为什么可以在这里坚持下来？"

我这样回答："应该是一份责任感吧。扶贫工作是国家现阶段的重点工作，国家既然需要我在这样的岗位上尽一份责任，哪怕有很多艰辛和困苦，我也不能后退。再说，哪一行就很容易很舒服呢？就比如你们的工作，我们平时看到电视台的记者主持人很光鲜很出名，但是其实你们背后的工作也一定是很难的，镜头的背后你们要做很多准备、很多工作。"像我们广州珠江实业集团的工作是归属房地产方向，世界各地都有我们的项目，甚至在一些政局不稳定的地方我们也有项目。如果派你去这种地方，你说你要做逃兵，那下一个项目呢？你不可能每一个项目都不干，因为你下一份工作也可能会是这样子的，因为你总会有遇到挫折困难的时候。所以你要战胜自己，慢慢地你就会发现，其实没有什么大不了的。

对于羊岭村的未来，我有一些想法。

习总书记曾说过，脱贫摘帽不是终点，而是新生活新奋斗的起点。具体到我们羊岭村，我首先希望村干部的整体工作效率能够有再进一步的提升。因为火车跑得快全靠车头带，带头人是非常重要的。经过 4 年的磨合，现在的村干部工作效率比 4 年前整体上高了很多，不过我觉得还可以有更大的提升空间，比如有一些工作流程可以更加规范。因为对于羊岭村来说，他们才是永远不会撤退的主力军，所以我还是希望村党支部可以成长得更加迅速，加快羊岭村日后发展的步伐。

其次，我也希望我们的陈小鸽项目能够在市场经济的竞争中不断地发展壮大。我们看着陈小鸽项目这样一步一步跨越各种关卡走过来有了一定的基础，但其实到现在为止它仍然不够强大，不能保证遇到更大的市场风险时它能够都顺利克服。作为一个企业来说，很多困难是没法想象的，就像今年的疫情就是突如其来的。虽然有很多政策上的扶持，一些扶贫资源的投入，但我们更希望陈小鸽产业能够回归到市场经济的本质中来，能够在市场经济中健康地发展下去。这样我们羊岭村和我们的群众才能更稳定地脱贫和逐步致富。

最后，我希望自己在扶贫的过程中，能力也好，自己的心理也好，能获得自我成长。回顾这四年的帮扶经历，自己虽然一开始人生地不熟，遇到了许多以前想象不到的困难，有的时候也会因遇到困难或是同事家人的误解而默默伤心。但是来到羊岭村，我也真正了解了广东和中国的农村、农业和农民的真实状况，学到了在城市中学不到的许多知识和技能。特别是我在四年扶贫路上，遇到许多令我感动的人、令我牵挂的人，包括乐观面对困难的镇村干部、扶贫同行，包括努力读书想改变人生的贫困学生，包括像王胜强这样求变欲望强烈的困难户。因此，每当我产生懈怠和放弃的念头时，我都会想起他们从而又充满了力量。我觉得，这段扶贫的经历，一定会成为我人生很宝贵的财富。

在以后的人生路上，我会带着对生活的热爱，继续乘风破浪。

奔赴大方育桃李芬芳　扶贫
扶智播穗香满园

受访人：刘新才
访谈人：何嘉昕　冯诗敏
访谈时间：2020 年 7 月 27 日
访谈形式：线上访谈
访谈整理：何嘉昕　冯诗敏
访谈校对：何嘉昕　冯诗敏
故事写作：何嘉昕　冯诗敏

受访人简介：刘新才，1984 年生，中共党员，广东龙川人在广州奥林匹克中学初中部从事德育教学工作，时任政教处副主任。2020 年 2 月参加广州天河对接贵州毕节扶贫工作，4 月 23 日担任贵州省毕节市大方县第二中学副校长，兼任大方县教育科技局东西部扶贫工作小组办公室副主任，挂职一年。履职期间负责开展德育工作，推广学科模块教学，系统化、精细化校园管理，秉持着"二中所需，奥中所能；大方所需，天河所能"的理念，将广州奥林匹克中学的先进经验带到大方二中，教学工作之余慰问当地贫困户，将所见撰写成新闻稿件刊发。

一　从零开始：踏上新的征途

我在奥林匹克中学①做了 12 年老师，会带同学们在体育课上尽情挥洒

---

① 广州奥林匹克中学，依托广州市示范性高中东圃中学创建，是广东省首家以奥林匹克命名的公办中学，是天河区重点打造的自主教育品牌。

2020 年 7 月刘新才（下）接受何嘉昕、冯诗敏访谈

汗水，也会在巡堂时严厉批评违反纪律的学生。然而，重复的日程使我面对工作更加游刃有余的同时，也难免会带来职业倦怠，这使得"出去走走"的想法从去年开始在我脑海逐渐成形：有时是在朋友圈里看到前往纳雍帮扶的同事分享的生活碎片时，有时是在扶贫培训班上老同学的分享会上，有时则是在周末和同行老朋友相聚的闲聊时。

所以今年 2 月 7 日，我收到两校结对帮扶的文件①后立马就报名了。其实文件上并没有对德育教师的需求，但我作为学校的政教处副主任，刚好满足了文件上对中层干部的需求，就抱着先报名了再说的心态提交了申请。学校这边报名很顺利，但家里人却和我意见不一。大女儿读二年级了，小儿子也才两岁，妻子并不支持我远离家庭长达一年，况且还要麻烦老人家们从老家赶来照顾孩子们。我多少是有点愧疚，最终可以说半哄半忽悠，还是做通了思想工作。长远地看，也许这并不是一个二选一的难题。

然而年初严峻的疫情又一次绊住了我的脚步，我们一行人迟迟未能出

---

①　2020 年 2 月 7 日，广州市教育局下发了《广州市教育局关于深入做好组团帮扶毕节市、黔南州工作的通知》。2019 年 10 月，大方 73 所中心校与天河 63 所学校结对签约，广州奥林匹克中学结对帮扶大方二中。

发。但我们也没有闲着，和一些挂职干部交流了心得和经验后，又做了一系列准备①。我主动承担为期一个月的线上教学任务，面对如何把握线上教学、怎么指导学生居家锻炼等新问题、新挑战，查阅各种资料、请教其他老师，认真学习了微课录制方法。其间虽然因为熬夜、强练发音导致喉咙肿痛，但最终还是录制了五节微课供全校初中学生练习。因表现突出，我又参与了广州电视课堂体育学科的录制工作，录了两节课。虽然反复示范、高规格录制要求导致膝关节积液水肿，但我还是克服伤痛完成了录制，为全市学生居家锻炼提供优质课例。人虽未到，但是心里已经在牵挂了。

4月23日，我们终于等到了那张从广州南到大方站的高铁票。我们一行三个人②抵达了当时气温只有4℃的大方。从广州穿来的冲锋衣面对高原的冷空气稍显单薄，但看到黄雯副局长、二中副校长都在门口迎接我们，二中的热情让我也暖和了不少。

到二中的第一件事当然例行是参观校园。从"一校三址"的困境中挣脱，到2017年搬入新校园，这个百年老校一直在克服艰苦的条件。坦诚而言，从一个体育老师的角度看来，目前的校园环境不容乐观，甚至并不适宜开展教学：由于新校址是按照应急工程修建，修建资金属于临时划拨，后期资金未预算，学校相当于一个施工停滞的工地。这里仅有一个300米露天水泥运动跑道，四个露天水泥篮球场，没有规范的体育运动场地，也没有体育运动器材和保管室。学生在水泥跑道跑过，身后的黄沙跟着脚步扬起来。但大家都明白原因，也明白这亦是我们来到这里的一个原因。

适应在贵州的新生活是我必须时刻要面对的第二件事。二中给了我们很多关心，但各种不适确实是客观存在的。我们一行人的住宿安排在学校外，每天步行10公里，到学校大概需要半小时，贵州的大风大雾有时会让发根都湿透。加上高原反应，有时晚上三四点钟醒来就睡不着了。睡眠不好就导致第二天特别是到了中午之后，整个脑袋就非常地混沌。早餐的碱

---

① 2020年3、4月，经天大教育工作组组长、大方教育科技局黄雯副局长（挂职）的组织和协调，广州奥林匹克中学陈汝深副校长、刘新才老师线上远程就高三备考做了针对性讲座。

② 2020年4月，经广州市教育局天河区教育局选派，广州奥林匹克中学刘新才、曾建军、李慧琳3名组团帮扶教师到大方二中开展挂职和支教工作。

水面用水一烫就下肚，伙食十分单一，基本都是素菜。俗话讲贵州有"三宝"——土豆、洋芋、马铃薯①，咱们一天天就"换"着吃。这边偏辣的口味也让我这个没有离开过广东的人很难适应。这一系列不适应和随之而来的情绪在五一假期的时候达到了峰点。那时我刚到贵州一个星期，什么都还不了解，下雨，天冷，衣服不干，睡不好，吃不惯，到了周末也不知道干什么，去县城也远，去学校也远，在这里准备要度过的一年的日子好像望不到头。

当然，二中校领导和老师们也很关心我们，为我们开过"小灶"，早餐要给我们每个人煎个鸡蛋，也经常问我们"吃得惯吗?"。但我清楚我们是来扶贫不是来享受的，当然不能搞特殊，所以总是连忙答应"吃得惯，吃得惯!"。为了让我们尽快适应，校领导们周末时还轮着来带我们去参观大方周边的一些人文景区。我们和二中的老师们在周末还经常会打电话联系，过端午节时很多老师都邀请我们去他们家里过节，就像一家人，这样的温情一定程度上也帮助我缓解了情绪。

克服不适最大的帮手还是时间。从早上 7 点到晚上 7 点，用工作塞满生活，周末就去乡下学校调研或者慰问困难同学，充实起来就不会想眼下的这些困难了。

来二中是我早在一年前就埋好在心里的种子，看到二中孩子们的眼睛，想要呵护这颗种子生根发芽的动力就又呼之欲出了。加上同行的两位老师都让我很敬佩——李慧琳老师是半年前才从湖北调到我们奥林匹克中学来，对广州一点也不熟悉，这次到贵州来挂职，实际上是从一个新环境到另一个新环境；曾建军老师今年已经 52 岁了，但出于地理老师的职业天性，想要亲身了解贵州的风土人情，于是不顾高龄和高原反应也来了——多么有教育情怀的老师。我很受激励。正如曾老师所说：来到地处"地无三尺平，天无三日晴的云贵高原"的大方，感觉离太阳更近了，我们在从事着太阳底下最光辉的事业。既然选择跨越 1000 多公里来到这里"从零开始"，在这里种下新的希望，就应该踏实负起应负的责任，做出成绩，在这里也在我的人生中留下新的脚印。

---

① 洋芋、土豆均为马铃薯的别称。

二 一个使命：点燃教育扶贫的星火

在奥中 12 年的工作经验给予了我充分的底气，但亲身参与后才发觉这份新工作远没有想象中简单。

在奥中，我作为政教处副主任主要解决一些班务、会议中的零碎问题，工作状态也比较被动。但我现在作为大方二中的挂职副校长和扶贫小组组长，我代表的是奥林匹克中学的形象，更代表了广州天河的形象，这就要求我要做解决问题的人，更要做提出问题的人。

我提出的第一个问题正指向我自己所在的体育学科的教学方式。在二中，一没有塑胶跑道作为教学场地，二没有足够的器材协助锻炼，老师们因此根本无法组织教学活动。上体育课时，学生们要么三三两两地坐在一旁聊天，要么随意走动，根本无法达到放松身心、增强体魄的课程目的。了解到这种情况，我的朋友们慷慨解囊，寄了 10000 多块钱的器材过来。这也向二中表示了帮扶教师的决心，随后，二中也跟进购买了不少的运动器材。

硬件的问题解决了，更重要的是老师们的教学方式。我在二中开始推广体育模块教学，设计不同的模块的教学内容。比如上体育课的时候，我们让同一个年级的三四个班一起下来操场上体育课，把上课的内容分成篮球、足球、羽毛球、乒乓球这几个模块，根据学生们的选择重新编班。以学生们的兴趣为导向，通过一个学期的训练，他们就会掌握一定的运动技能，现在学生们都喜欢上体育课。学生们积极，体育老师们的热情也就一起调动起来了。通过开展体育模块教学，我们改变了过去枯燥无味的教学课堂氛围，挖掘了学生个性天赋，丰富了学生的特长爱好。老师教得轻松，学生也学得快乐。原来大会小会体育老师都挨批的现象，转变为现在的大会小会都在表扬我们，效果可见一斑。

这种体育教学方式不仅在二中开展，也面向这边的高中进行了推广。就在 6 月份，我们开展了"天河－大方教育共建暨联合教研活动"，效果非常好，大家纷纷表示力争在自己所在的学校进行推广，让体育教学真正地落地开花，落到实处。

作为德育教师，我的第二个问题指向了德育工作中的难点。二中正在创建毕节市的德育示范学校，首先文件资料就要准备好。但二中作为百年老校，档案资料却散落在不同的科室里，缺乏系统化整理。而奥林匹克中学是广东省的德育示范学校，拥有各类评估、收集资料的经验。借此，我成立了大方二中的第一间档案室。分解目录、收集整理、装订成册，这些工作持续了一个学期，现在就等着贵州省教育厅的专家组下来督导验收。这些是看得见的改变，看不见的，是对各班主任整体德育意识的培养。在二中，班主任和普通学科教师并没有很大的不同，班主任组织领导、协调的作用还没有最大化地发挥出来，班主任之间也缺乏相互的经验分享机制。因此我建议班主任们在星期一下午的4点到5点，用一节课的时间开展班主任会议，组织班主任学习《班主任德育工作手册》，共同分享一些案例、共同探讨解决的问题。同时也会联合奥林匹克中学进行两个学校线上的德育经验的分享交流会。前不久的德育交流会上，我们面向两个学校号召老师们分享德育工作的心得，在奥中这边收到了100多篇作品。将来我们也计划将奥林匹克中学和大方二中联合起来，举办一个班主任技能大赛，通过激励机制、分享机制等方式让两校的班主任之间多探讨、多学习。所以不光是我，学校之间也有着很积极的交流，而我正好是搭起这座沟通的桥梁的人。

在教学方面，我也推动了一些具体工作的改进。学生每天早上7点就进课室了，但是7点到7点半这段时间的安排却是空白的，学生坐在教室里很容易昏昏欲睡，效率很低，这样的校园没有活力可言。所以首先是把每天早上7点到7点半这个时间段利用起来，组织早读是不错的办法。早读是一种传统的教学形式，清晨是学生学习生活中的黄金时间，每个备课组把一周要读的内容布置下来给班级的班长或者班干部，然后学生来自行组织早读。目前来看，早读的效果非常好，现在整个校园都是书声琅琅的，同学们的自律性也提高了，精神面貌都很好。

作为帮扶小组的组长，我也在协调学科教学方面提出了建议。与我同来的李老师、曾老师都非常优秀，我经常要协调两位老师上公开课或展示各种教学成果与分享教学经验。前不久7月份的联合教研活动，我们就开展了数学的联合调研。此外，两位老师各自作为学科的备课组组长和培优辅差班的老师，所辅导的尖子生百分之百上了本科线，理科的培优生们更是百分之百过了重本线。贫困生们全部都上了大学。① 这次刚结束的高考交出了让人满意的答卷，我作为小组组长，可以说是松了一口气。

困难当然是存在的，首先第一个还是硬件上的问题。比如我们开展体育教学的时候，器材总是难免会有折损。就像羽毛球，比较容易损坏，价格也贵，学校的经费有时难以支持。还有场地，大方这里地势高，风比较大，羽毛球有时就会比较难打起来。此外，也没有能完整容纳四张桌子的乒乓球室，所以平常我们上乒乓球课都要用到两间教室，不能一个班同时一起开展。但这不单是二中的短板，整个大方都是这样的，而且这些都是能克服的。最主要的还是思想上的困难，职业倦怠是每个老师必然要面临的问题。比如说之前两校开展的班主任德育工作交流会，二中的反馈与奥中相比，质量和速度都要差上一大截。这就造成了期望与现实的落差，也显示出了差别。

陷入满足感而止步不前，不仅会影响教师个人的发展，更容易影响学生的发展。不同于发达地区，孩子们在学校里学到的知识无法满足自身的话，还有各式各类的培优班、辅导班。但在这里，这些问题则更容易被放大，因为这里的老师们的教学与教育是打开孩子们从大山到外界这扇门的唯一钥匙。在通往终点的路上，我将东部的经验作为指南针指引二中老师们向正确的方向前进，而二中老师们的教学热情才是二中前进的最重要燃料。

如何点燃这把火，便是我的最大难题。我所能做的第一步便是尽我所能以身作则。老师们责任意识不够强，那我就从巡堂这样的小事开始，每天按时值守；老师们德育经验不足，那我就积极开展经验交流会，鼓励老师们多提交教学心得；二中缺乏模块教学的探索，那我就先打磨出几堂精品课程打响名号，把它放在整个大方去看看；二中面临着课题项目的空白，那我就先去领头申报一个体育课题，无论能不能通过，都是一个榜样。特别是在我们的体育科组里，我会告诉我的几个"徒弟"，你不能像老教师这样原地等，而是主动找问题。我会尽量给他们分享我的经验，言传身教，鼓励他们多进行尝试，要是他们不主动来找我，我就打电话过去找他们。比如做教案的时候，我会按奥中这边的格式标准要求他们，如果拖拉，

---

① 曾建军、李慧琳担任高三文理科临界生和优等生的辅导老师，做到一生一策，辅导精细化，作业面批面改，利用中午午休和晚上辅导学生次数达到数十次。

那我就催，催一次交不上来，催两次交不上来，催三次差不多就催上来了。

但是，单个问题的逐个击破，为的是由上而下建立起完整的德育模式。提出、解决这些问题是我们的目的，但不是我们的终点，让这个建立在外来经验上的教育模式被二中真正吸收、内化，让这种教学模式在我们离开之后也能继续做下去，不要流产，才是我们扶贫教师们的真正作用。当然，不仅是我，二中和奥中也会一直紧密携手。即使相隔上千公里，两校也依然积极开展各类线上交流会。我们还会邀请一些天河区的专家，通过线上和线下来给学生们辅导，就算我做不好，可能他们这 200 多个老师会成功，这块巨大的空白地区依然值得探索。所以，无论是教学资源还是教学经验，可以说是"二中所需，奥中所能；大方所需，天河所能"，这也体现在很多微小却务实的地方：我作为我们团队的组长，向奥中领导汇报工作时，领导们总会主动问及我们的难处，比如说我倡导开展德育活动，缺少《班主任德育工作手册》等物资，李其雄校长工作室立即捐赠了120 册价值 5500 元的德育书；组织科组长培训时，奥中立马安排时间，利用网络平台，给二中这边建立连线，进行培训、点评，开展一些活动。诸如此类的困难，我反馈给奥中，总能得到快速且有力的帮助。

当然，二中本身也是有这股劲头的，一个巴掌拍不响，我们针对问题提出的合理解决方案，二中的老师们在潜意识里也会配合、会改变，会和我们一起推进工作。一开始老师们连基本的教案都不会写，但是通过一段时间的训练，现在已经形成了一个基本的模式。事实证明，他们也可以做得很好。二中也是想进步、想发展的，他们一直在等，现在终于等来了。所以，即使工作中存在分歧，我们还是会在摩擦中不断地解决、不断去探索。不局限于二中，我们团队对于整个大方的引领示范作用以及影响辐射范围，也仍需不断增强、扩大。

所以，就算有困难，我们也要继续做，要起带头作用，去发现、提出、解决下一个问题，去扩大我们的影响范围，这是我们的责任，也是我们的使命。

三　两份心系：想家的父亲与体恤的老师

虽是我给家里人做的思想工作，但来到贵州的这四个月，我想家的情绪可以说是有增无减。来贵州的四个月里，每天晚上 9 点、10 点忙完了以后，我都会跟家里视频，但要是碰上特别忙的时候也没有办法。因为路程遥远，周末回广州几乎是不现实的，也为了不耽误教学任务，我基本都是挑时间比较充裕的时候回去，比如月考要是正好在周五，连着周末，就有多点时间。

回家的前一天，我会提前给孩子们打电话。我爱人告诉我，孩子们知道后，第二天就一直在门口等爸爸回来。（有一次）回家那天正好下大雨，我下午回来，我女儿早上上学的时候就开始担心我因为大雨回不到家。等我到家推开门的那一刻，孩子们飞奔着扑进我的怀里，这种感觉既感动又愧疚——因为每次只有短短两天时间能陪陪他们，第三天就要返程。返程的时间我一般选在下午两点左右。那时正好大女儿去上学了，我们就早点吃午饭，趁小儿子去午睡了，我就踏上返程。我经常也在网上看见有些留守儿童说他不愿意睡午觉，因为一睡醒午觉，爸爸就不见了。感觉自己的小孩现在也差不多，内心特别不好受。当时觉得是别人的事情，现在也成了我自己的事情了。

不过，现在四个月过去了，他们逐渐习惯了我不在广州的日子了，我也逐渐习惯了没有他们在身边的日子，因为我知道，我暂时离开这个家，是因为还有别的家庭需要我去奔赴、了解、帮助。

我们扶贫小组会在周末下乡慰问贫困家庭，每次我们都会凑些钱，给当天要访问的贫困家庭买些油、米，再根据孩子的年龄挑些图书，剩下的现金就当作慰问金一同送过去。这些难得的经历，每一次都让我十分动容、难过，尤其是 6 月份我们去访问的一个小女孩的家里。小女孩原来家住果瓦乡，现在搬到了县城里的奢香古镇①。那是易地移民的集中安置点，当地只有非常贫困的家庭才会被选中搬到奢香古镇，他们就是其中一户。这个小女孩刚上六年级，父亲已经去世，家里只有她和生活基本不能自理的母亲。这位小女孩每天会赶在上学前伺候妈妈洗漱好，把早餐、午饭准备好，一放学又急匆匆地买菜、做饭、给妈妈洗澡，再完成当天的作业。即使这样，这个小女孩在班里的成绩还能稳定在前三名，十分懂事。当天

---

① 奢香古镇县城易地移民搬迁社区是在全国政协关心下，恒大集团结对帮扶大方县的精准脱贫项目。

我们离开的时候，她给我们每个人都深深鞠了一躬。

还有对江镇大树村的一户人家，也让我有很大的触动。24 岁的妈妈已经生了四个小孩，小孩爸爸已经去世，70 多岁的爷爷奶奶也无力负担，妈妈只好带着四个孩子改嫁到同一个村子的另一户人家。我们六一儿童节前一段时间去拜访的时候，妈妈已经去毕节市里打工了，三个小朋友在门外玩耍，两岁的弟弟在屋里睡觉。弟弟当时全身都是泥土，这么热的天里盖着棉被在床上睡着了，出了一身的汗。房间里面乱七八糟，甚至电源插头都没有拔，安全隐患很大，但是却没有人看着他。我们把厚厚的被子掀开，帮他把汗给抹干净，告诉这几个其实也还需要人照顾的孩子们，作为哥哥姐姐们要照顾好弟弟。

2020 年 6 月刘新才（左一）等人看望对江镇大树村贫困户

在大方还有很多这样的孩子，在这样的环境下不得不担起不该是这个年龄承担的责任。我们只能尽绵薄之力，撰写新闻稿发给媒体，也呼吁企业和爱心人士资助这些孩子。这样的帮助可以说或多或少在物质上、在精神上会改变他们对世界的看法，让他们懂得这个世界上是有人关心他的，是存在爱的。但是，虽然这也是帮助他们的一种方式，可这是根本的解决方法吗？要想脱贫，根本上还是要通过教育让他们学好文化知识，走到外面去。教育才是最根本的。给孩子们知识、给孩子们眼界、给孩子们信心，带他们走出大山，这是教育的意义；不仅给孩子们一间房子，还要教会孩子们怎么装饰它，怎么把水泥坯变成温馨的家，这是教育的意义；"帮助每一个贫困户家庭培养出一个大学生"，这是教育的意义。

但教育的意义还有更多种定义的方式。前不久，我们和一位爱心人士再次去到这个小女孩的家里时，也带了我刚放暑假的大女儿。一推开门，我们看到小女孩正在给她妈妈洗脚，大家都很动容，我女儿也一下子红了眼眶，亲眼所见的经历总是比说教来得更有意义，也更触动。我想，在我的家庭和大方贫困家庭这两份心系和奔赴中，也实现了我个人认为的教育的意义。

我以东西部扶贫工作小组办公室副主任的身份、以大方二中副校长的身份、以一名体育老师的身份来到这里，进行教育扶贫。我认为从站上讲台的那一刻起，我就已经选择了这条光荣而又艰辛的人生之路，既然选择了教师为终身职业，就应当在教育的园地里精耕细作，播种爱心与耐心，迎着朝阳雨露，不断成长。但"教育扶贫"这个居高临下的词语或许并不是最贴切的说法。因为这个过程不是单向的，我们在接触孩子们的时候，也和这些孩子一同在成长、在反思、在蜕变。此行我最大的收获就是改变了自己——改变了我在教育上的故步自封和职业倦怠。见过了更加糟糕的环境后，我的心态也发生了变化。我不会再抱怨我的工作环境和工作安排，而是在自我反思中取得进步。我只是来了几个月，我的付出和收效都还是微不足道的。这条路还很长，很远。如果再一次选择，我一定依然会来到二中，把事情做得更好，更不留遗憾。

为什么？因为我们是老师，孩子们都盯着我们看。

架起广黔人才流动之桥的"主心骨"

受访人：吕志东
访谈人：王映骅　张诗婷
访谈时间：2020 年 7 月 21 日
访谈形式：线上访谈
访谈整理：张诗婷
访谈校对：王映骅
故事写作：王映骅

受访人简介：吕志东，男，汉族，46 岁，硕士，时任贵州都匀经济开发区党工委副书记，主要配合广州协作工作队开展智力援黔等工作，累计争取到广州对口帮扶专项资金 640 万元，支持州本级统筹实施重点人才协作项目，协调、动员州内单位与广州市广泛开展人才交流合作。

一　一项未经规划的事业

我叫吕志东，目前我的职务是贵州都匀经济开发区党工委副书记，我2013 年到 2019 年在中共黔南州委组织部工作，历任了人才办的副主任、主任和部委员，在此期间我们与广州扶贫协作工作组共同开展广州黔南人才交流协作的项目。2019 年 10 月底我到经济开发区进行交流后，基本上（东西扶贫协作人才交流工作）就没有接着做了。

我的家人都在黔南州的首府——都匀市工作和生活，我的父亲是安徽人，母亲是四川人。贵州从长远来说，经历过抗日战争、解放战争，1964

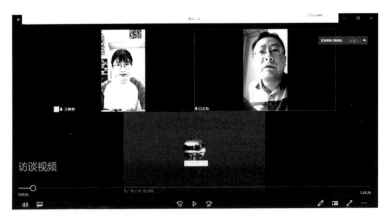

2020 年 7 月吕志东（右）接受王映骅、张诗婷谈访谈

年、1965 年期间的三线建设①，还有一些社会动荡，社会主义改造运动、建设活动等，所以外来人口很多，我们家就是在三线建设的时期迁移过来的。你就说我们都匀市这边的说话口音，有说本地话的，有说江苏话的，还有东北话、四川话都特别多，这就造成我们贵州排外不那么明显，比较包容，所以跟广州的人才交流沟通起来也很顺畅。

我大学本科是学农的，在当时的西南农业大学读的食品轻工业，2017 年到 2019 年在云南大学念了公共管理硕士，对于扶贫工作没有任何专业基础作为支撑，可以说我那时候压根就没考虑过这回事。在我们那个 90 年代能升入大学的全国每年也就 60 多万人吧，大学生是非常少的，基本上培养的都是专业技术型人才，毕业做的都是本专业的工作，但是我就恰好跨行了（笑）。我当时跨行是到了一家事业单位，从事管理工作，后来因为调动、交流，就从贵阳又回到了我们的黔南州，在黔南州人事局工作。我在人事局也是从事人才交流工作，当时是叫作干部科，专门负责公务员和事业单位的人员。2010 年机构改革②，成立了考试录用科，我就担任了考试录用科的科长。我原来的工作也算是跟干部工作相关了。应该是 2013 年，我被调到了组织部担任人才办副主任，从事我们广东这一块的人才交流工

———————————

① 三线建设，指的是自 1964 年起中华人民共和国政府在中国中西部地区的 13 个省、自治区进行的一场以战备为指导思想的大规模国防、科技、工业和交通基本设施建设。

② 2010 年机构改革，指的是《2010 年国家公务员考试录用规定》，该规定是为了规范公务员录用工作，保证新录用公务员的基本素质，根据公务员法所制定的规定。这里指的是对于省市各级公务员主管部门负责、承担本辖区、机关公务员录用的新规定。

作，恰好 2013 年 2 月国务院出台了一个对口帮扶贵州的意见，也就是我们说的"11 号文件"①，我当时心里面真的非常高兴，到了新的工作岗位，又碰上广州帮扶贵州的这个契机，正好哇，本来我们的人才状况就不是很乐观，工作存在许多短板，这个及时雨真是打开了我当时所在的人才办的工作局面。

二 在窘境中找路子——扶智

在贵广高铁②修通以前，也就是 2014 年之前，那个时候我刚到任，我们整个贵州的人才状况包括经济状况，都是比较差的。你想想，贵州是内陆省份，你看我们国家所有内陆省份，经济状况很好的都非常少，所以这个就造成了什么呢，我们的生产和生活条件都比较差一点，交通闭塞，观念落后，基础薄弱，包括引领社会发展的干部队伍、建设部门，比起东部地区，都还有很大的距离。专业基础人才这一块呢，贵州本地的高校不多，现在会稍微多一点，但还是以高职院校为主，综合性的大学或者说在领域上出类拔萃的大学屈指可数，院士更是一个巴掌都数得过来，这跟广东那边根本都没法比。还有企业人才管理这一块，大家都听说过粤商、闽商，但是贵州就特别缺乏这样的商业文化，这些都造成了贵州十分严重的人才流失。这种人才流失，一方面是贵州本地学生通过高等教育，读书考大学，到了高等学府，出去读书后就没有再回来；另一方面是其他发展较

---

① 国务院办公厅关于开展对口帮扶贵州工作的指导意见，国发（2013）11 号，意见要求各省、自治区、直辖市人民政府，国务院各部委、各直属机构，加强领导，精心组织，健全制度，强化管理，加强指导，督促落实。意见提出，要加强经济技术交流合作，加强干部和人才的交流，鼓励帮扶方与受帮扶地区开展干部双向挂职交流工作，加大基层干部培养力度，支持贵州各类人才队伍建设，重点支持培养急需紧缺专业人才，根据帮扶方吸纳劳动力的能力，组织受帮扶地区富余劳动力到帮扶方培训、就业。

② 贵广高速铁路（Guiyang-Guangzhou High-speed Railway），简称贵广高铁，又名贵广客运专线，是中国境内一条连接贵阳市与广州市的区际高速铁路；线路呈西北至东南走向，为中国"八纵八横"高速铁路网兰（西）广通道的南端部分。贵广高铁于 2008 年 10 月 13 日动工建设，于 2014 年 12 月 26 日全线通车运营，是中国首条直接连接珠江三角洲与西部地区的高铁线路，广州至桂林、贵阳的行车时间缩短至 3~4 小时，不仅带来时空距离的改变，而且增强了粤桂黔三地之间在人流、物流、资金流和信息流等的联系，呈现出一条省际的经济文化大通道。

快的城市，它们有更好的职业发展条件和薪酬，所以导致了一部分成熟的中高端人才流失。这算是我工作初期遇到的困难，但我明白这些问题并不是短期可以解决的，所以我们现在更多是希望借助东部比较好的资源来帮扶贵州的经济发展，涉及人才培养、智力引进，还有教育、卫生、交通、建设、水利、商贸流通等各个领域。

我们跟广州的交流主要是与市委组织部、人社局、高等院校等部门的沟通，这些都是常态化的互动。除此之外，我们还有一个青年人才交流计划①，每年会选派 40 名左右的优秀青年人才到广州市直单位进行半年左右的学习，他们在广州结识到的朋友和行业专家，还有一些新的管理制度都成为很宝贵的资源。比如说，我们当时选派县市的骨干医生到广州中医药大学去研究学习半年，回来之后这些骨干医生跟广州中医药大学的专家保持密切的联络，把原来他们没有能力做一些手术都攻破了。去年我们还派了同志到广州市文化广电旅游局旅行社与旅游饭店管理处跟岗学习，其中有一位叫陈仲祺的同志，他作为跟岗的一员在总结中提到了广州当地饭店的一些编制工作还有旅游宣传方面的经验，这些对于我们贵州我们黔南州旅游业的发展都有很大的借鉴意义。还有像我们商务局做物流工作的几位同志，去了广州的商务局物流处（在相关的业务处）学习之后参与了广州那边的物流规范管理文稿的理制，回来也把这些经验用在了黔南本地的物流管理方面，取得了一些成效。

我还想谈一下贵州的人才引进，实际上我们对于省外人才的需求是很大的，但可能大家对于贵州不是很了解，加上产业基础弱、学科力量弱，薪酬待遇、各方面的工作生活的保障相比其他地区还是要欠缺一些，所以进来的人很少，出去的人很多，这对贵州的发展很不利。虽然我被调来之前对于引才领域的东西相对陌生，但来了之后我做了很多策划，我感觉领导还是比较支持的，包括一些之前没有尝试过的方面，比如组织小分队去高校，去发达地区的人才市场，宣传我们贵州这边的优势和特点，与人才面对面沟通，我感觉相比以前在网上发布招聘信息的做法要高效很多。

---

① "青年人才交流计划"是《全面推进东西部扶贫协作人力资源开发战略合作协议（2019—2020）》中针对广州人才工作领导小组和黔南州人才工作领导小组进行人才交流的一项工作计划。其主要内容为每年接收 30 名左右黔南州重点领域专业技术人才和管理骨干赴广州市直相关单位跟岗学习。

2018 年 7 月吕志东（正面右二）参与选派至广州的
黔南青年人才交流计划人员动员会

2013 年恰好贵州与广州达成了人才交流，加上我们本来与西部高校有合作，所以在那以后我们引进了不少各大高校的毕业生，包括博士、硕士，可以说整个人才状况是有提升的。

近年来，无论是贵州本土的人才，还是从外地引进到贵州工作的人才，总体来说，创新创业的劲头还是比较强的，正是因为我们本身的基础弱，跟外地的差距很大，所以不管是在行业工作也好，还是在高校工作也好，我觉得这些人才的思维越来越活跃，对外的交流的机会也越来越多。从另外一个方面也说明新一代的贵州人才可提升的空间是很大的，他们和上一代人才相比，在认识差距这一块更清醒，干事、创业的劲头更足。要说短板也是存在的。我们这边的人才碰到困难问题倾向寻求外力帮助的意识就不是太强。其实现在要一个人做大事是很不容易的，现在都讲一个共享，讲一个合作，但是贵州当地的人才在跨行业领域之间的交流合作，包括引入省外资源这方面的意识都比较缺乏。讲到这里，也希望大湾区的青年人，广州、广东的青年人多关注一下贵州，多跟贵州的年轻人交流合作，贵州这边有很多创业的机会，希望你们的加入可以让贵州这个名字走出大山，可以让贵州的发展融入珠江三角区、融入我们的大湾区。

三 身边人，身边事

掏心窝子讲，最想感谢的还是家里人。虽然我现在基本上天天都会回家，早的话七八点到家，要是晚的话就要十点十一点了。如果第二天有紧急的报告会，头一天就要加班熬夜赶材料，偶尔还要通宵，毕竟是公务员嘛，忙也是常态——并不是说大家都很轻松，就你特别忙，实际上大家都非常忙、压力都很大、手里头都有很多要处理的事务。我们干部工作很赶很急的时候，部门所有科室、处室都要参与，就相互支援嘛。其实我的爱人也特别忙，她是一个副主任医生，两口子在一块，对于双方的职业是什么状况？需要做哪些付出？这个职业对社会能够贡献什么价值？都是可以相互理解的。我的儿子今年10岁，平时我们有和他沟通，他也很理解我们的工作性质，遇上我们两口子加班，如果要一起吃饭就比较晚了，他就会自己在外面买东西吃，等外卖什么的，很少让我们操心。

如果要谈工作中印象深刻的呀，其实我感觉还是在广州协作组的一些事情。你比如说杨伟强①组长、周旋组长，因为他们是从广州派过来的，算是离家比较远，虽然有高铁，但是周末的时间会非常紧张，所以他们回家很少，在贵州的时间比较长。另外呢，他们从广州协作组派过来之后需要在当地建立一个全新的人际关系，还要处理部门之间的关系，遇上在工作协作上相对还不是很有力的部门他们就得一家家去拜访。虽然是东部地区过来的，但是他们特别谦和，特别积极、认真，跟咱们沟通也特别充分。总之无论是他们的精神风貌、工作态度，还是对东西部协作的认识都让我们特别感动。我们产业的发展包括跟广州的顺利对接都少不了他们的努力。这个呢，我想黔南州受过他们帮助的同志都会很感激他们，对他们感情也很深。他们通过自己身上工作风貌的体现，实际上也撬动了我们本地干部对广黔东西部协同合作的热情。

我去广州拜访交流的时候也有比较深的感触。首先是到广州市委组织

---

① 杨伟强，男，汉族，1968年8月生，广东省潮州市饶平县人。现任广东省扶贫办副主任、广东省第一扶贫协作工作组组长、广州市协作办巡视员，挂职贵州省毕节市委常委、市政府副市长。

部的拜访，我特别突出的一个收获就是广州市人才工作领导小组办公室，它充分体现了党管人才这个原则。实际上，广州市委人才处也就是市人才工作领导小组人并不多，也就七八个人。广州市是一个人口近两千万的城市，但是他们出台了非常多结构完整、层次清晰的人才体系。第二个就是广州市人社局及其他下属的人才服务机构的交流。最突出的感受就是信息化建设特别强，包括南方人才市场通过信息化建设五五人才①，建设联络行业人才之间的桥梁，真正做到了人岗相适，人尽其才。因为党委负责抓部署，具体到政府部门就是抓落实工作，所以在这块我感受就特别深。第三个是跟高校这边的交流，其实我更多的还是能够体会得到他们对我们西部被帮扶地区的深切的感情。你比如说广州各大高校会接收我们这边的优秀学者，还会派出人才为我们提供智力支持，虽然它们也有一些困难，有自己的教学计划和科研任务，但是仍然给了我们这边足够热情的帮助，在"智力扶贫"这方面它们功不可没。此外，我个人跟着部里面拜访过很多开发区，其中一个经济开发区里有一个比较特殊的企业，它是专业从事人才服务工作的国有企业，这就说明广州市人才工作和人才在产业发展中的支撑作用已经是到达了非常高的层次，配备专门的国有企业去跟进人才的引进和猎头、服务人才工作的建设和分配、人才优化政策的兑现等，用企业化的方式去运作，而且精细化、专业化程度非常高，这个给我留下了特别特别深的印象。所以这些收获应该说给我们回来之后思考和提升贵州、黔南这边的人才工作提供了很多可借鉴案例。你比如说在广州经济开发区对人才工作的精细化管理，其实我们针对贵州本地的人才、公务员，也借鉴他们的一些方式做了精细化的管理，如人才公寓的建设、供给、配置、分配等，不仅得到了领导的认可，还改善和促进了贵州人才的发展状况。

要说敬佩的还要再提一下这个贵广高铁，实际上贵广高铁的开通有着非常强的象征意义。为什么这么说呢？主要有几个方面：第一个意义是它

---

① "5＋5"人才模式，即综合运用传统与现代管理思想，构建以安全、创新、责任、关怀、廉洁五方面为文化子项，以日常管理、愿景管理、文化管理、绩效管理、自主管理五管理为路径的企业发展体系，树立文化标杆，依托规范实践，提升思想管理效能，催生文化杠杆效应，让优秀的国网文化在潜移默化中内化于心、固化于行、转化于效，改变员工行为、激励员工上进，打造政治素质好、专业素质强、文化素质高的优秀队伍，促进"五统一"企业文化在队伍建设中落地。

在 2014 年的开通让贵州正式进入了高铁时代；第二个，这条铁路是通往珠三角的，这说明了我们欠发达地区跟我们一线城市，跟这个经济发达的东部地区，特别是广州直接就联系上了。贵广高铁是广东省的林树森①到贵州当省长之后去争取的，规划得最晚，修成却是最早，这体现了广东老一代同志对我们贵州的关心啊，还是很（让人）振奋的。

四　脱贫的道路是光明的

应该说我没有直接参与扶贫工作，但是广黔人才交流协作算是间接地支援了我们贵州的扶贫攻坚吧。我的感受就是扶贫工作是一个非常庞大的工作，一定要具备并坚持大扶贫的观念，扶贫它并不是说我们原先理解的帮助贫困户、让他多增加收入（这个表层意思）。其实扶贫是一个非常宽泛的概念，它跟整个国内政治经济环境是挂钩的，包括有我们的志智双扶②、市场观念上的扶贫、经济发展水平上的帮扶、对恶劣生活条件的帮扶，还有我们整个区域的教育，特别是基础教育上的大帮扶。只有这些基础的、特别广的方面的工作上一个台阶之后，特别是儿童的教育、基本的公共卫生这些工作在全社会各领域搞扎实之后，才有真正意义上的脱贫。脱贫是光明的、光亮的，是思想层面上的，是基本公共服务层面上的。在我们中国能够提出脱贫这个口号，而且能够用这么集中的 10 年左右的时间里，把贫困人口减到非常非常低的数字，在现行的标准下使其全部摘帽，我觉得这个工程是非常伟大的！它的伟大体现在两个方面：第一个是从历史的层面来说，只有我们中国共产党领导的中国有这样强大的组织力和决心去做这个事情，它是对国民的负责，是对历史的负责，既体现了我们中国的气魄，也是对未来的担当；第二个是从国际层面来说，特别是从今年

---

① 林树森，男，汉族，1946 年出生，广东汕头人，1970 年参加工作，1981 年 12 月加入中国共产党，华南理工大学土木建筑工程系工民建专业毕业，大学本科学历，工程师。曾任贵州省委副书记、省长，十一届全国政协港澳台侨委员会副主任。

② "志智双扶"指的是：一方面，要帮助贫困群众树立起"我要脱贫"的信心和决心，通过鼓舞脱贫斗志，激发致富热情，让贫困群众从"要我脱贫"的错误认识中走出来；另一方面，要通过指引致富路径和提供技能培训，让有劳动能力的贫困群众靠自己的智慧和双手挣取财富，变被动"输血"为主动"造血"，树立勤劳致富的典范。

的疫情之后，国际环境发生了翻天覆地的变化，我们的外部经济形势，包括国内的经济形势都非常的严峻，这个时候我感觉就有一点庆幸——幸好我们提出扶贫攻坚这个事情，我们早起步了几年。它为我们未来能够相对健康地进入下一个经济周期打下了非常好的基础，因为它全面提高了包括乡村在内的基层教育水平、社会保障水平和医疗水平。再者，通过资金的注入、项目的投入和产业的发展，为我们实体经济打下基础，为我们国内增收也奠定了一个非常好的基础，为下一步扩大内需市场，增强我们应对国际上的严峻形势打下了一个非常强、非常强的基础。

虽然没有直接在一线，但是看到了我们脱贫一线干部的付出，看到了我们基层贫困户不甘贫困、自力更生的这种努力劲，看到了我们东部地区特别是广州来的帮扶干部对我们欠发达地区、对扶贫事业深沉的爱和努力，这些都能给我很大的精神振奋。他们的到来也让我们在工作思路上有很大的开拓，扶贫事业要啃的都是硬骨头，在这短短的几年中大家出谋划策、各尽所能把原来很多年没有克服的、没有解决的问题都解决了。比如农村的一些基础设施建设、农产品增收、资源起步的问题等，这些都解决了。这就说明在攻坚的这几年对所有参与扶贫工作、所有接手扶贫工作的人——特别是贵州（的人）吧，可能东部体会不太大——在思路开拓上（起到很大作用），引领我们在未来要尽力去找方法、找资源，这方面我觉得启发特别大。

经过这几年，我越来越觉得为了这个国家、为了这片土地上的老百姓、为了我们自己，要更加自强自尊自爱、自力更生的这个心，这种感情更深了。中国是中国人的中国，扶贫事业是贵州的、是欠发达地区的、是西部地区的事业，但是我们通过努力干出来了——虽然说有一些东部的帮扶，有一些资金上的支援，但是最终具体主要还是得靠自己，还是得珍惜自己的生活。

我现在就只想着要努力工作、要知足常乐、感恩生活。（笑）想想组织上的关心，同志间的关爱，也有个人的努力吧，应该说有了能够发挥自己作用、能够为社会为家乡做一点事的平台和机会，所以非常感恩，很知足。大概就是这样子了。（笑）

我是劳动力的搬运工

受访人：龙霖

访谈人：梁晓宇　廖勉钰

访谈时间：2020 年 7 月 19 日

访谈形式：线上访谈

访谈整理：梁晓宇　廖勉钰

访谈校对：梁晓宇　廖勉钰

故事写作：梁晓宇　廖勉钰

受访人简介：龙霖，1980 年生，贵州黔南州人，计算机专业本科学历，本科毕业后，任职于黔南州人力资源和社会保障局，现任人才服务中心主任，兼顾广州和黔南的劳务协作。2007 年曾作为党建扶贫干部，到农村挂职；2013 年广州市人社局开始对口帮扶黔南州人社局，2018 年他主动要求到扶贫指挥部工作，在广州组建粤－黔两地劳务协作工作站，通过组织东西部劳务协作，帮助贫困户就业脱贫。

一　组建工作站的弯路，走着走着也就直了

我属于标准的 80 后，也就是现在所说的油腻大叔，我扶贫的一线有些不太一样，我的一线是在广州，不是在我们本土的农村。2013 年秋就陆续与广州这边有联系，于是就被派到广州去组建劳务协作工作站。（派我）组建工作站对我来说在意料之中也在意料之外：意料之中是我一直作为黔南跟广州对接工作的干部；意料之外是，组织应该会选其他干部，没想到选了我去。当时有一些家庭原因也犹豫了一下，因为孩子还小，需要有父

230

2020 年 7 月龙霖（下）接受梁晓宇、廖勉钰访谈

亲的陪伴，虽然鱼和熊掌不可兼得，但最后还是选择去了，我只能尽量抽空陪陪孩子。

当时我们接收到组建工作站通知的时候，不知道该怎么做，可以用"两眼一抹黑"来形容。因为我们毫无前车之鉴，对口帮扶黔南扶贫协作工作站，是一个全新的东西，全国各地也没有示范案例，我们也是一边学习，一边摸索，花了差不多一年才建下这个工作站。我们工作是围绕珠三角地区，给黔南贫困户提供就业帮扶——贫困户找工作，薪资待遇不满意，生活有困难等，都是我们要解决的问题。工作站的定位是追踪服务到广州工作的贫困户，但实际操作起来，很多工作都突破了原定的工作职责，我们做了很多超出我们职责的工作。

最开始的工作站是由我和同事总共 14 个人组建起来的，建站初期遇到许多困难。暂且不说广东省，单是广州市就要面对一万多的贫困户，跟踪起来感觉力不从心。因为人流动性特别强，特别是务工人员，他今天在一个地方，明天换个地方，很多时候我们了解的就业情况都只是（大概）情况，还不能说是非常的清楚，而且我们工作站人手不够，也影响工作效率。有一次，通过广州市公安局南区管理局拿到的贫困户数据有八万多，我当时看到这些数据名单"头都炸了"——我们工作站几个人怎么去做？面对很多困难，我们还是要冷静下来解决问题，想方法。我们连续加了几天班，把这些名单分门别类，有重点地去做。我意识到转变工作方式很重要。

我们找了那些务工带头人，帮我们追踪外出务工人员的情况，我们这边一般都是"亲带亲，邻带邻"，同个村寨互相认识的人一起出去的，所以这些务工带头人会比我们更了解外出务工者的情况，包括住所、工作、生活的情况，他们都能帮我们了解。除此之外，通过摸排也能拿到相关数据，广州提供的数据和务工带头人的数据，两者反复比对，也能得出一些信息，比如贫困户家庭成员，收入多少，在哪打工。但是具体问题，关于贫困户生活是否适应、习不习惯、有没有换工作、生活困不困难等，我们不好得知，所以就通过广州当地人社部门、带头人、企业家，想办法了解他们的困难。

2019 年 1 月龙霖（右）慰问黔南籍在黄埔区务工贫困户

国家也会出台相应政策，我们一定要理解透政策，善用政策。中央、省里的政策不可能直接给你画一条线，让你就按这条线走，我们更多的还是因地制宜，结合工作实际。我记得当时我们做方案，也是想了好久，在研究能不能做、怎么去做、补贴的标准，都需要很完整，才能让政策很好地去落地。

最开始是东西部协作，到 2017 年提出劳务协作。我记得 2017 年的时候，我们是转移了 700 个劳动力，2018 年底统计下来是 2565 个，2019 年是 5014 个，基本上都是翻倍增长。到 2018 年以后，很多务工人员就能稳定下来了，因为我们有工作站在跟踪他们，如果有困难，有需要，那么我们可以帮忙。2018 年还在开拓阶段，2019 年已经进入良性的循环阶段了，现在很多事务性的工作是我同事做，但我也在兼顾这项工作。因为局领导说对口帮扶还没结束，对工作我已经很熟悉了，新同事接手以后了，他对以前的工作不是很熟悉，需要我做一些指导帮助。这些成果真的不是说我带来了很多变化，其实我觉得是大家努力的结果。即使每个区的情况都不一样，我们也都在一起讨论，也无意促成很多东西。

虽然工作初期我们走了很多弯路，但是走着走着也就走到正路上。在这段艰难地组建工作站的日子里，我们也受到许多帮助，这给我们帮扶工作增添很多信心，大家也能够迎难而上，不畏挑战。

二　摘帽脱贫，转变"贫困户"思想

从 2013 年开始，每年我都会跑好多次广州，我感觉广州人很务实，包容性特别强，广州不是排外的那种城市，对我们这边的贫困户出去务工来说，广州是很好的选择。贫困户贫困的原因，除了因病、因学，很大一部分还有因为懒惰，低学历、低技能。

很多贫困户从来没有走出过大山，没有看过外面的世界，都不知道外面是怎么样的，他们来到县城，就觉得已经很好了。而且黔南州的工业不是很发达，我们很多企业并不是大规模用工的劳动密集型，他们也不太愿意用我们本地的工人，更愿意用外地的工人。在黔南州有个"魔圈"吧，因为我们这边有个习俗，如果同村同寨人遇到红白喜事，就要去帮忙。比如说一个厂，他肯定用周边的工人多，假如遇到红白喜事，可能有三分之一的人请假。关键不是说一两天，我们这边的红白喜事持续两个星期的都有。对于企业来说，承担不起这个损失。所以我们这边的企业都是从外地引进工人，都不太愿意用我们这边的工人。

但是在广州那边的工厂愿意用我们这边的工人，我们也积极地帮助贫困户外出就业——就业是手段，更重要的是转变贫困户的思想，开拓他们的视野。

我感觉 2014 年到现在转变的过程很艰难，贫困户就觉得反正我是贫困户，你拿我也没办法。我记得我去贫困县，遇到一个三十多岁青壮年，还没结婚，他父母的年纪也比较大了。当时我问乡镇的书记能不能帮他解决一下就业，就在黔南周边就业，书记马上就答应了，说那没问题，于是安排他到乡政府，打扫打扫卫生，一个月一两千块钱，能够解决基本生活。他又不愿意，一是懒，二是还有那种思想：我是贫困户，国家你必须得管。

我们遇到有些贫困户特别难沟通。比如，当时答应帮助他们去广州打工，我们说一月能拿个四五千块钱，如果拿不到的话他就来问我们，为什么没拿到四五千？企业有薪酬机制，有些贫困户适应生产需要过程，而且贫困户没有技能，学历低，学习能力弱，又着急想拿到钱。广州市的政府都还出台了一些政策，就直接给他们补贴，一个月都是在一千块左右，哪怕他们的收入不是很高，如果和他干同样活的人相比，不是贫困户的，能拿到三千块的工资，贫困户能拿到四千块，我们也是尽量想办法让贫困户稳定下来。

除此之外，广州和贵阳的气候差异大，贫困户们对气候、饮食不适应。广州夏季炎热，饮食偏向清淡，而贵州更加凉爽，且喜欢吃辛辣的食物。这种差异对外出务工的贫困户来说也是一种考验。我记得有一次，我的同事下午把他们送到海珠区的广州酒家工作，当天晚上他们就觉得不适应，觉得这边天气太热，说要回家，我们立马就去做思想工作，安抚他们，希望他们留下来，通过就业，带动脱贫，让他们走出黔南的大山，看一看沿海这边的生活是什么样的，把眼界、思维打开。

尽管广州人社局提供很多工作岗位，我们也希望贫困户能走出大山，但在交谈中，贫困户们总觉得我们在骗他们过来，等来到广州，想回去又回不去，就一直跟我们闹。

我们也有成功的例子，他们在广州这边打工，回到家乡，整个人的想法就完全变了。以前他们只知道在家种田，现在在广州打工以后他学会些技术，能看到广州和黔南的差距，知道哪些东西是广州有的，黔南州没有的，他就会把物资技术从广州带回来，做一点小生意，这无形中，促进贵州贫困地区的发展。我们更多的是想通过工作就业来转变他们的认识，就业是手段，最终的目的还是希望他们大脑里面能形成主动工作，主动去赚钱，主动改变自己的想法。

　　我们致力于摘帽脱贫，还重视扶贫培训，培训之后，对于他们思想转变还是有效果。技能培训很多，说起来主要是两大类：比如说开挖掘机，电工焊工、厨师这些；另一种是农村的实用技术培训，主要是针对种植养殖技术培训，比如说我们的百香果种植园，需要农户具有种养殖的技能。贫困户一年可以接受三个工种的培训，全免费的，每天还有四十块钱的伙食补助。为的是让他们掌握更多的技能，让他有更多的就业机会，扩大就业面，主要目的是转变他们的思想，能有主动就业的意愿，通过自己的劳动来实现脱贫。很多的扶贫干部都说过，最开始他们去老百姓那，说要空着手去，老百姓都不理你的，必须得拿点东西，这就是贫困户思想问题没转变，不过现在好很多了。

　　除了培训之外，我们给扶贫车间补贴，根据吸纳的贫困户数量，吸纳五个的我们给两万元，十个的给三万元，超过三十个给五万元补贴。鼓励他们吸纳贫困户，还有开发公益性岗位即扶贫专岗（打扫村镇卫生、护林员等），解决不能外出人员的就业问题。比如说老弱病残群体，扶贫专岗在 2018 到 2019 年以来解决了三万多人次的就业。

　　我们还有一种特殊的培训，估计你们没有听过，叫作市民化培训，帮助他们适应城市生活。如何坐电梯，如何使用交通工具，小区生活和农村生活不一样，他们不会用液化气都需要我们给他们培训，让他们知道到城市以后怎么去生活。这个对口劳务协作，就业帮扶对于贫困户来说，迈出第一步很不容易，我们也付出了很多。

　　在白云区有个环卫工，一九九几年从黔南出来打工，还带动他们同村、周边的人一起出来打工，据统计，由他带出来的大概几百人。公司给他提供了住的地方，公司也比较照顾他，看他也五十多岁了，年纪大了，让他负责运动场的管理。这位务工人员家里人口多，也是被逼得没办法了，逼着走出来的，因为家里太穷了，没钱，生活不下去，单靠种田连吃饭都有问题的。但现在走出来就能够看到路该怎么走了，也能够带动其他贫困户一起去找路。

　　从 2018 年到现在，帮助将近两千人到广州就业。2018 年帮助 600 多人，2019 年 700 多人，截至目前（2020 年上半年）帮助了 400 多人。

　　摘帽脱贫，不仅是摆脱贫穷，让银行账户的收入翻一番，更重要的是"思想"脱贫，脑子里具有赚钱致富的思维和清醒的认识。

三　疫情返工难，帮扶压力大

今年因为疫情工作压力大，现在广州那边给了我反馈，企业情况都不是特别理想，对外贸订单的影响也比较大。前段时间我统计了一下，从广东省回黔南的有两千多人，我们一个一个打电话，问他们情况，为什么会回来，担心他们失业。大部分还是因为家庭原因回来的，有二十多个是因为企业破产、裁员回来的，我们很快通过其他渠道，给他推荐就业。目前来说并没有造成重大规模失业的情况，但是我就感觉，我们和广州两地的人社部门的压力都很大的，因为不知道哪天会出现企业破产，企业的经营状况完全不是我们能够掌握的东西，没有订单他们就生存不下去，员工失业以后我们怎么去帮他们。

原本我是在指挥部，专职做东西部劳务协作工作。现在我回到人才服务中心，在主持工作，有很多工作我也得必须做，上半年疫情期间，我还在指挥部，当时大量的人员也需要往外走。黔南州每年有六十万人常年在外务工，在珠三角、长三角等地。今年疫情期间，我们局里面成立了工作专班来应对疫情，把我的手机号直接对外公布了，所有省外的、回不去的、出不去的，全给我打电话，每天负责接电话，接到头都疼——半夜打的都有。比如说过来接工人的车被扣了，或者在这边遇到问题了，都打电话给我。刚接完，另外一个又来了，又把前一个电话给忘了。每天都在接电话，每天都在记；累是累，但其实最重要的还是我能帮助他们把困难解决了。后续工作，我们整个局都在做，全局都在推动，因为每年外出打工都是上万人。企业也很着急用工，我们就想办法把人送出来，甚至还动用专机接送务工人员。

原本黔南这有公务员事业单位考试，计划在今年上半年开展，全部堆到下半年，时间就特别紧。我们是有四个考试，基本上时间是重合的，我还要同时兼顾就业扶贫的工作。前几天到县里面，刚刚做完"稳就业"的调研。因为现在"六稳六保"①，压力大是肯定的。特别是"稳就业"，我

---

① 六稳：稳就业、稳金融、稳外贸、稳外资、稳投资、稳预期。六保：2020 年 4 月 17 日召开的中央政治局会议首次提出"六保"，即保居民就业、保基本民生、保市场主体、保粮食能源安全、保产业链供应链稳定、保基层运转。

们都在想方设法，出一些政策，帮助企业发展，想了很多办法。尽量让企业正常地去发展，尽量不要引起裁员、破产，不然就意味着我们的工人就要失业。应该说整个就业一块的工作压力都很大。

不久前我们抽查回访反馈下来的是，浙江、江苏一带开工还是比较正常，订单还是有一定的减少，最明显的现在的务工收入比以往降低，但是工厂还是正常运转，他们的收入，还能够维持生活，他们也并没有想要回来。因为回来的话，收入没有那边高。这一点我还是蛮欣慰的。

我们在本地的入村入户走访，对本地"386199 部队"① 走访，了解他们子女在外的务工情况、收入情况。我们跟踪下来的情况，他们还是受到了影响，但是还没有像想象中的那么严重。长三角感觉不是太明显，但广东的感觉稍微较严重，因为珠三角边外贸产业多，广东外来人口多，疫情也反反复复的。

四　我是一块"砖"，哪里需要往哪搬

我现在是广州和黔南州两地的工作都在兼顾，局领导也十分关心，每几个月会向黔南那边汇报工作。我印象深刻的是有一次两个月没回去，回到家的时候汽车因为太久没开已经发动不了了。

刚开始决定去广州的时候，我爱人很不舍得，而且孩子也还小，才四岁，还在上幼儿园，因为我和我爱人工作的地方不在一个方向，我上下班接送孩子方便，而我爱人就不方便。后面就连哄带骗吧，我说我去了广州，正好周末你就可以跑来广州，带着儿子过来广州玩，我可以陪你们去玩，当时许诺带他们去长隆、小蛮腰，后面也履行了承诺带他们一起去了长隆。儿子对我也是有意见的，他说爸爸怎么老是往外面跑，男孩子就觉得跟爸爸在一起的话，玩得特别疯。我感觉蛮对不起家里面的，但是工作需要没办法，主要看自己和家人怎么沟通，在一定程度上会有人做出一些牺牲。还好，后面家人也慢慢理解了。

---

① 386199 部队：随着中国城市化快速的发展，农村男性青壮年劳动力进城打工的数量剧增，广大农村留守的妇女、儿童、老人也作为一个特殊群体备受关注，被戏称为"386199部队"。

做扶贫工作的这些年，我会研究上面的政策，提出意见，希望出台一些更好的政策来帮助就业，帮助企业发展。我们很多同事基本上每天都是到凌晨两三点才睡，甚至通宵的都有。说实话能静下心来做些材料都是晚上，白天做一些事务性的工作，晚上大家一起头脑风暴，研究政策。国家政策没有很具体的实施细则，更多的是靠我们基层的人，结合我们工作的开展情况去思考怎么做。这些都是需要我跟我的同事们去思考、商量的。

我是少数民族干部，也是民主党派干部，我对扶贫不反感，我不认为"贫困户你就该贫困"。以前党政扶贫的时候，很多东西我没有办法去做，更多的是靠一些社会力量帮助他们。少数民族的身份让我更接地气，大家一说方言就感到熟悉，我也能够很快融入他们。民主党派带给我的是不同的视角去看待事情。没有做脱贫攻坚之前，我也参与社会化帮扶，所以当接到扶贫通知，我不排斥，还很开心觉得能接触一下不一样的东西，我工作经历是最丰富的，经常换岗位，尽管如此，我个人觉得这份工作挺有趣的，可以和不同的人打交道，乐在其中。

在广州和黔南对口帮扶这两年，我就是两边跑，除了平时的调研、慰问工作，还做了很多原本工作职责之外的事情，比如帮助贫困户解决就业、生活上的细节，我觉得我就像一块砖头，哪里需要往哪里搬。

五　劳务扶贫协作市场化，稳中向好决胜收官之年

习总书记在讲话中谈到，2020 年是脱贫攻坚的决胜阶段。黔南州从 2014 年开始，被认定的贫困户有九十二万多户，今年上半年还有不到两万户了。剩余贫困户，他们确实是因为生病，因为受伤了，因为家里有孩子读书，这些更多的是靠政府给他解决。其他贫困户都已经通过各种方式，比如自己做一些小买卖、外出务工等，不同程度上解决了他们的收入的问题。现在重点解决剩下一部分，怎么让他们解决基本生活问题，怎么让他们所有的人都能够消除贫困，是工作重点所在。

现在我们广州扶贫工作站的工作人员没有以那么多了，原来干部是广州、黔南两边兼顾，现在是收官之年，黔南的任务重，大家都回到本地工作。现在广州采取市场化购买服务的方式在做，并不是派我们自己的干部去做。政府能力范围有限，我更希望的是通过市场化的手段，市场化的方

法去做，因为有些贫困户真的不是太相信政府组织他们出去务工，他们对政府的信任度不是很高，他更信任同村同寨人和街坊邻居，我们现在也在逐步转变运作方式。实际上，跟踪服务这一块，很多广州的人力资源公司、劳务公司他们做得比我们好，我们都觉得吃惊，我到现在也没搞明白，工人为那么听他们的。

当时我们在广州的办公经费，一年有一百来万元，我们十几个人，每天的财政的负担不小。我跟领导也提出来过市场化，一开始由政府去引导，等条件成熟了，慢慢过渡到市场化。比如越秀区的务工人员，相对来说比较集中，比较好管理跟踪，产业也比较单一，没有太多的工业，就已经完成了市场化的运作。

其实我们作为政府工作人员，我们去和企业打交道，有时候也觉得尴尬的，因为有些企业用工本来就不规范，没缴纳社保，没签合同，这本来是属于人社部门管辖范围内的工作，当我们去跟企业对接劳务情况的时候，比如说了解用人的情况，企业也不是很愿意告诉你。因为我自己不能去管，但我又希望企业接收工人务工，就觉得很尴尬，这就是一个难点。

市场化购买服务是有一定好处的，在劳务公司，工人相对比较稳定，劳务公司有一定的收入，政府会给劳务公司一定的报酬，我们的工作人员就不用去面对那么大的就业群体，而且劳务公司是广州当地的，比较了解当地企业情况。所以我们还是以政府为主导，用市场化的方式去做，广州的劳务公司还是很希望跟我们的工作站建立起联系的，让公司掌握一定的资源，又帮政府做跟踪，以达到双赢。

习主席提出，"四个不摘"①，摘帽不摘帮扶。劳务协作一直以来我们都在做的，特别是今年疫情，我就感觉怎么去跟踪他们，怎么服务他们，确实也是我们要破解的难题。两地政府之间会出台一些政策来稳定就业，广州与黔南帮扶关系，就算脱贫攻坚结束了，以后肯定还会继续的。广东是用工大省，黔南州算是劳务输出比较大的地方。我们就 420 万人口，260万的劳动力，100 万左右是在外务工，在外务工里面就有三分之二，即 60

① 四不摘：摘帽不摘责任、摘帽不摘政策、摘帽不摘帮扶、摘帽不摘监管。其中摘帽不摘帮扶是指：各级帮扶单位和帮扶联系人继续履行帮扶责任，每季度至少上门回访 1 次，对脱贫户的生产生活予以指导帮助；继续开展精准帮扶网格化工作，发挥驻村专业扶贫工作队主要帮扶作用，推动脱贫摘帽后的帮扶工作更加精准有效。

万到 70 万人左右，都是长期在外稳定务工的。有一部分不是那么稳定，我们的工作重心，还是继续做好劳务协作，不仅是继续做好和广州的劳务协作，还包括长三角地区，江浙一带。我们将会继续努力，让这些务工人员进入良性的发展，让他们能够稳定地走出去。

我们这边有位企业家，叫钱真友，在花都有一家箱包公司，他是农村孩子，跑到广州来了，走到今天，也算是打下一片江山，他说想回报一下家乡，我们就跟他合办培训学校，让务工人员掌握一些就业技能，帮助务工人员去到他的箱包公司工作。

我们接触的这些成功人士，有老板，也有普通打工仔。他们在广州的时间长了，跟广州也有感情，他们也是挺不容易的，为了生活。我记得当时局里面的领导去看他们的时候，曾经说过一句话："以前你们出来创业、就业，政府并没有帮你们，但是现在政府只能是厚着脸皮来请你们帮助我们。"成功人士帮助我们带动就业，务工人员赚钱了，也减轻了我们的负担，也帮助黔南州发展。那天我就跟厂里面聊了一下，他们说有位年轻小伙子，才来了一个月，现在已经是厂里的技术骨干，我觉得是很欣慰的，感觉自己做的工作都没白费，看到他们稳定了。他自己知道去努力，要去学东西。厂里对我们这些工人还算比较肯定的。

在广州的这两年收获很多，用我们局领导的话来说，"我发现你现在写材料比以前还写得好"。因为在广州的时候经常写材料，挖掘典型事例，基层宣传，我开玩笑说，在广州工作两年，我把前十年的材料都写了。说到收获，其实是对自己个人成长的收获，不是说材料写得多好，而是原来从事人才的工作，接触更多的是高端人才、高校毕业生，这类人很好沟通。现在做脱贫攻坚，接触的群体完全就不一样了。我必须得要站到一定的高度，去思考广州市和黔南州两边怎么协调，而不是某一项很具体的工作，这是对我自己的锻炼。我们就业局的局长跟我开玩笑说，"你要不来我这里锻炼两年，怕你现在回去的话，你都没有那么轻松"。扶贫在去年得市里面的认可，我很怀念这段时光，那帮同事们都还在跟我说，你永远是指挥部名誉副部长。

扶贫扶志走出一条康庄大道

受访人：曹景碉
访谈人：曹珏宇　田美琪
访谈时间：2020 年 7 月 20 日
访谈地点：线上访谈
访谈整理：曹珏宇　田美琪
访谈校对：曹珏宇　田美琪
故事写作：曹珏宇　田美琪

受访人简介：曹景碉，男，1975 年生，湖南益阳人，中共党员，广东省广州市海珠区市场监管局一级主任科员。2006 年从武警部队转业到地方工作，在扶贫一线奋战八年。其中，2011 年至 2013 年，担任广东省梅州市五华县河东镇再新村驻村工作队长；2016 年至今，先后担任广东省梅州市大埔县茶阳镇洋门村扶贫工作队长、驻村第一书记。帮扶洋门村以来，2017 年洋门村 100% 脱贫，2019 年年底全村贫困户人均年可支配收入达到 13000 元。洋门村实现贫困户子女九年义务教育阶段入学率、危房改造任务指标完成率、养老保障覆盖率等 100%。多次圆满完成了扶贫任务，多次被广东省委省政府、梅州市委市政府评为优秀驻村干部。现仍驻扎扶贫一线工作。

一　一项伟大的事业

我从 2013 年开始到一线进行扶贫工作，当时是第一轮扶贫，即"双到"扶贫，在梅州市五华县河东镇再新村，担任了三年的驻村工作队

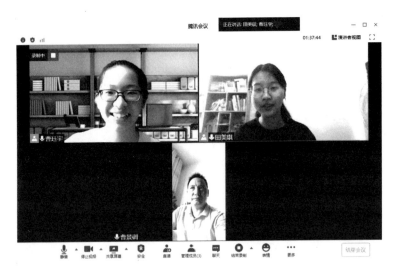

2020 年 7 月曹景碉（下）接受曹珏宇、田美琪访谈

长。2016 年至今，担任梅州市大埔县茶阳镇洋门村①第一书记兼工作队队长。长达八年时间都是奋战在扶贫的第一线，对农村有着深厚感情和丰富的工作经验，也深知农民疾苦，始终坚持为农民、农村服务。

为什么我会选择到扶贫一线工作呢？主要有两个方面原因。我出生于农村家庭，所以对农民的了解会更深一些，彼此的距离更容易拉近。另外一个方面，我在部队待了将近 13 年，再艰苦的环境，我们都经历过了。我坚信没有我们战胜不了的困难，完不成的任务，也更有信心做好这项扶贫工作。

说到具体的工作，我们很多时候工作到凌晨甚至通宵。一些文字工作只有晚上才有时间处理，白天有很多基础工作，比如说入户走访，实地摸查贫困户家中的真实情况，落实项目，跟村干部开会协调，这是一种常态。为什么说基层干部是一项高危职业呢？前一段时间我们梅州市财政局的一个干部，才 50 多岁就牺牲了。这跟长年的压力和高强度的工作有很大

---

① 洋门村位于梅州市大埔县茶阳镇北部，全村总面积 7.1 平方公里，耕地面积 2370 亩。属亚热带季风气候区，主要经济作物有蜜柚、水稻、烟叶。共有洋门、企领、马兰 3 个自然村，人口 1748 人。由于区域偏僻、基础设施薄弱、经济来源单一、缺少发展资金，一直制约着洋门村的发展，是一个典型的劳动力输出大村和省级相对贫困村。全村共有建档立卡贫困户 40 户，贫困总人数 89 人。其中有劳动力贫困户 19 户 32 人，无劳动力贫困户 21 户 57 人。

的关系，当然也跟他自身的身体素质有关。这是一项需要独当一面的工作，一个人要负全责，压力是可想而知的。

另外一个是工作方法的问题，包括一开始怎么跟当地的村民交流等都是很大的考验，所以家人和单位对我扶贫工作的支持是非常重要的。我的家人大部分是支持我到一线进行扶贫工作的，但也有反对的意见，认为扶贫工作太辛苦了。我们来自农村，但毕竟在城市生活几十年了，会有一点不适应，生活节奏是一方面，到农村去办事，更多的是跟农民百姓打交道，城乡居民的思想观念和政治素养方面同样存在差异。到了扶贫地以后，要面对很多的困难，比如一个人住在村委分配的一栋楼里面，其实是很孤单的，如果不是那种能够沉得下心的人，很难坚持这么多年，所以对我来说这是一个很好的学习和提升的机会，能够锻炼自己的意志。

扶贫工作不是我一个人的事，它是整个家庭、整个单位、整个社会的事，我们每一个人都是参与者，只不过我们冲在前面，家人在幕后付出。我感受很深的一件事情，在女儿很小的时候，我有一次几个月没回家，回到家里女儿就抱着我的腿，有好几分钟一句话也没说。谈到这个问题，心里还是蛮感慨的，甚至想我为什么要这样做。我想说的是其实每一个家庭成员都是奉献者，我们只是走在最前面的那个人而已，仅此而已。

说到单位，单位是我们强大的后方。没有这个强大的后方，我们能力再强，热情再高，也无法完成任务。单位给予了我们很大的支持，不管是生活、工作、资金还是政策，全方位多角度，要人给人，要物给物，要钱给钱，要政策给政策，可以说是尽了全军之力来为我们提供各方面的保障。

当时我来扶贫地方，单位很重视，领导和同事会陪着我们，把我们送到扶贫点上。当地也开了座谈会进行工作上的介绍和实地走访，让我对这个地方有了更多了解。那时候我的第一感受就是党中央的政策是非常正确的，是英明的决策，体现了我们社会主义制度的优越性，我们党确实是全心全意爱着老百姓，全心全意为我们每一个老百姓着想。

多年的工作经历给我提供了扶贫的宝贵经验，我也跟扶贫事业结下了深厚的感情，深深地爱上了这一项事业。这是一项伟大的事业，是全世界人民、全中国人民都在关注的一项伟大的事业！

二　富口袋要先富观念

在扶贫工作中，我们常说扶贫与扶志相结合，用思想指引行动，通过扶志激发村民自我脱贫内生动力。思想观念进步了，脱贫就比较容易了。但在实际工作中，群众的思想工作是比较难做的。有时候个别老百姓不理解，比如说按照我们国家的扶贫政策规定，60 岁以上属于无劳动能力者①，能享受疾病保障政策性兜底资金②的帮助。

我们村有一个六十多岁的农户，想要发展种植、养殖产业或外出打工。但在政策上他属于无劳动能力者，如果我们再给他资金帮助的话，是不能通过省级审批的。所以这是矛盾的，怎么办呢？动之以情，晓之以理，讲政策、讲法规、讲感情，一次又一次地上门解释，甚至发动多方力量，包括村干部、当地政府、家属亲戚、社会有威望的人等。工作总有个过程，慢慢他们也都能够理解和支持了。从某种意义上对我们来说也是一种成就。因为老百姓的观念改变了，思想认识就进步了。这是一种精神扶贫，是符合我们党的政策的，是志智双扶的体现。

思想是行动的指南，文化扶贫、观念扶贫是我们要传达的工作理念，思想和观念的问题解决了，很多问题就迎刃而解了。比如说乡村振兴中的"三清三拆三整治"③ 工作，先前到处搭建的茅厕不仅影响农村生活健康和整体面貌，而且给我们的整治工作带来很大的困难。虽然这些茅厕现在毫

① 我国规定劳动年龄人口为男性 16～60 周岁，女性 16～55 周岁。

② 兜底保障是一项社会保障制度，是"精准扶贫""精准脱贫"的重要组成部分。目前，我国扶贫开发已经从以解决温饱为主要任务的阶段转入巩固温饱成果、加快脱贫致富、改善生态环境、提高发展能力、缩小发展差距的新阶段。在这样的背景下，兜底保障政策主要针对无法依靠产业扶持和就业帮助脱贫的家庭和个人，尤其是对患有重病、重残、无劳动能力的对象要优先按照程序认定其为兜底保障对象，实施兜底保障工作，实现社会保障兜底政策的作用。

③ 2018 年初，中共中央办公厅、国务院办公厅共同印发了《农村人居环境整治三年行动方案》，以三年为期，抹去农村"脏乱差"，让村庄环境基本干净整洁有序，以补齐经济社会发展中这块突出短板。广东省以"三清三拆三整治"为切入点，力争到 2020 年全面完成农村人居环境综合整治任务。"三清"，即清理村巷道及生产工具、建筑材料乱堆乱放，清理房前屋后和村巷道杂草杂物、积存垃圾，清理沟渠池塘溪河淤泥、漂浮物和障碍物；"三拆"即拆除旧房危房、废弃猪牛栏及露天厕所，拆除乱搭乱建、违章建筑，拆除非法违规广告、招牌等；"三整治"主要是整治垃圾、生活污水及水体污染。

无作用，但老百姓就觉得那属于个人财产，无论如何都不能拆。如果我们拆迁整治好了或者修建更好的公共厕所，老百姓也是受益者，这就是观念的问题、思想的问题。如果落后的观念和思想能够及时纠正和调整，那很多问题包括脱贫致富、就业、发展当地产业就能更加顺利地解决。转变观念，解决思想问题，是脱贫的重要工作，是排在第一位的。

扶贫工作就是做人民群众的思想工作，必须要深入到老百姓中去。我刚来洋门村的时候，这有 41 户贫困户，共计 97 人，每一个人的信息包括年龄、爱好、家里具体的产业，养了多少只鸡，种了多少棵果树，我都是一清二楚的。我去农户家里的次数甚至可以说是没办法用数据来统计了，因为不知道去了多少次，规定工作时间里只要有空就到他们家里面，哪怕只有 10 分钟——可以说不是在农户家里面，就是在去农户家的路上。扶贫工作就是这样一个过程，我们深入到老百姓生活的时间多了，自然而然就会发现很多问题，比如农户的产业问题，老百姓的需求问题，我们的工作谋划问题，这都需要我们一一解决。

在城市里面，我们可以通过讲法规、讲组织、讲纪律来解决一些问题。但对贫困户群体来说，我们讲这些作用不大。农民没有想那么远，他们更关注扶贫能够给予和提供的帮助，需要的是实实在在、看得见摸得着的东西。做人民群众的思想工作其实是很艰难的，这个过程需要智慧和能力，把这项工作做好以后，整体的扶贫工作就事半功倍了。

就思想工作而言，从我个人经验角度出发，把握以下两点。第一点，把握好政策；第二点，老百姓的眼睛是雪亮的，办事要公平公正。我是怎么做的呢？我们村里有 6 个村干部，加我一共是 7 个人。我要求每一个项目的决定，每一笔扶贫资金的使用，在村委会里面必须是全票通过，这个项目我们才去推进。当然达到这样的程度是很难的，那要如何做呢？首先是前期的沟通，基础工作要做好；更重要的是这个项目是实实在在的、落地的、得到老百姓的拥护和人民群众的认可的。

"要不是扶贫工作队和村委的帮助和鼓励，我的生活早就没有了方向，没有了目标，没有了奔头。"这是我们洋门村的低保贫困户张贤友说的一句话。他自幼受伤致残，丧失劳动力。后来通过自己的勤劳肯干也拥有了一个幸福快乐的家庭。但紧跟着孩子的意外早逝，妻子的无理由出走，这个原本幸福美满的家庭变得支离破碎，也让他对人生彻底失去信心。我们

2020 年 4 月曹景碉（右一）陪同大埔县委领导调研
洋门村贫困户收入情况

了解到这个情况后，根据张贤友伤残现状与贫困实际，立刻联系当地有关部门，为他申请落实了应有的补助，让他的生活有了最基础的保障。多次到他家拜访，跟他沟通，后来交流多了，很多问题他自己就想通了，生活一下就改变了。现在的张贤友恢复了从前的勤劳肯干，他想养羊和种植烟叶，我们就给他扶贫资金支持，他现在种植了 60 亩蜜柚和 5 亩烟叶，饲养了 7 头羊，还喂养了一群鸡鸭。在农活不忙时，他还在附近工地、果园等打些小工补贴家用。房子修好了，蜜柚产业做起来了，生活稳定了，日子过得越来越红火。无论什么时候见到他，脸上挂着的都是发自心底幸福的笑容。

我们村还有一个贫困户，他的故事在梅州市和大埔县的电视台都有报道。他喜欢打牌赌博，还有一个未成年的孩子要抚养。我们了解到这个情况后就跟他沟通，进行政策上的引导和教育。只要他肯踏踏实实地干，我们就给他提供扶贫资金。我记得他当时是几乎没有任何收入的，后来他承包了 1000 多棵柚子树，他今年的纯收入可能会超过 10 万块，这就是劳动致富。他的儿子成年后，我们给他提供一个学习理发技术的机会，去理发店当学徒，他现在已经在惠州开了自己的理发店，收入也非常好。

所以我觉得扶贫工作最核心的一个问题是观念的转变。思想指引行动，富口袋也要富观念。观念转变后，我们进行扶贫引导和帮助就会顺利很多。比如张贤友，虽然他只有一只半手臂，但一样能过上正常生活，甚至比部分正常人的生活条件还要好得多。我们不仅仅要帮老百姓经济脱贫，还要强化思想扶贫，摆脱意识和思路贫困。老百姓通过自己的辛勤劳作，增加了收入，改善了生活条件，提高了生活质量，日子过得越来越红火，这就是我们的扶贫之心。

三　实现了几代洋门村人未能实现的愿望

洋门村的贫富悬殊非常大，富裕的人占多数，但贫穷的人也很多。贫穷到什么程度呢，可能有时候我们是没办法想象的。贫困户的家里可能真的没有一样东西是值钱的，甚至连房子都是摇摇欲坠的，没有安全预防能力。贫富差距大的原因是多方面的：第一个是历史原因，比如说洋门村的地理位置、交通条件，还有百姓的观念等；第二个是现实原因，有些老百姓年纪大了，没有劳动能力了，身体条件不太好，没有办法去创造更多的财富。

更主要的原因还是思想观念，有一句话说得很好，思想是行动的引领。问题是有些人安于现状，觉得这种状态也能接受，所以我认为贫困户思想观念的转变和进步是脱贫工作的一个关键点。

我们村里贫困户的脱贫、村集体项目还有一些公共项目的建设都发展得非常好。洋门村现在桥架好了，路修通了，路灯亮了，环境整洁了，广场、文化大楼、文化中心发展起来了，每一个自然村的小花园基本雏形已经出来了，这都是老百姓能够看得到、摸得着的脱贫致富的发展成果。

我们的扶贫工作，有以下四个特色和亮点。

第一个特点，根据洋门村的实际情况，要想脱贫，首先要发展产业。变"输血式扶贫"为"造血式扶贫"是贫困户脱贫致富的根本。产业发展起来后，贫困户通过产业实现脱贫，我们才能更好地完成扶贫工作，真正地帮助老百姓脱贫致富。

结合当地条件，我们主要发展蜜柚产业。我率先在洋门村引进电商，与南方传媒旗下的梅州市农管家服务有限公司建立合作关系，做到统一管理，统一培训，统一技术指导，统一采摘，实现产、供、销一体化，引导电商公司与合作社、农户签约种养，提高贫困户种养积极性，增加贫困户经济收入。我们镇有 8 个广州市海珠区对口帮扶的省定贫困村，包括花窗、党坪、太宁、古村、恋墩、西湖、梅林等，我把这 8 个村的兄弟召集在一起抱团发展，整合各个村的蜜柚资源，发挥地理优势，带动茶阳 8 村联动，进行连片开发。

我们按照科学的方法栽种蜜柚，老百姓种植有经验有技术，蜜柚高品质高保障。我们还成立了大埔县茶阳镇 8 村精准扶贫服务中心，实现资源共享和贫困户稳定增产。这些举措产生了看得见摸得着的利润，得到了当地老百姓的认可。

当然蜜柚产业在发展初期也存在一些困难。老百姓接受新事物需要一个了解和接受的过程。比如我们引进电商，有些老百姓就持怀疑态度：到底电商能做什么？能够提供什么？认识和实践告诉我们，引进电商是正确的。老百姓能感受到，现在洋门村的蜜柚产业明显提高一个档次，产品的质量也提高了。尤其是产品附加值的提高，在某种程度上甚至已经超过了产品本身。因为蜜柚质量有保障，我们的东西好、品质好，带来的就是实实在在的收益。除此之外还有老百姓对我们扶贫工作的认可。扶贫干部可能会撤走，但产业是不带走的，是永远留给他们的。

我觉得另外一个亮点是劳动力转移，实行就业扶贫。我们鼓励就业，提供岗位、培训和信息，在充分地调研和了解洋门村现状的基础上，制定以奖代帮方案，鼓励有劳动能力的贫困户到城市务工，做到了转移一个劳动力，脱贫一个贫困户家庭。这一举措为洋门村脱贫打下坚实基础，为其实现造血扶贫提供了有力保障。目前为止，洋门村里因为劳动力转移实现就业和脱贫的有 19 户，共 38 人。

第三个亮点是发展村集体经济，这是扶贫工作的一大命脉。虽然村集体经济在扶贫工作中没有作为一个硬性考核，但作为一线扶贫干部，我清楚和明白村集体经济在推动农村发展的重要作用，就好比一个家庭，我们说得再好，没有经济的支撑，也是很难继续生活的。

洋门村集体经济的发展，一方面我们结合蜜柚产业，成立了合作社和提供电商服务，另一方面我们开发了一个蜜柚粗加工产业园。工厂的配套设施方面，我们建了一个地磅。地磅每称一次蜜柚能够产生 70 块钱的利润，一年下来，可以称将近 1000 多车蜜柚。这是一个非常好的、可以直接产生效益的项目。

第三个，在工作政策上，为了发展村集体经济，我做了大量工作。我们入股了大埔县西河镇旅游产业、大埔县水电站和大埔县自来水公司项目：在水电站投资 50 万元，年收益为 9.6%，约 4.8 万元；在自来水公司投资 37.8 万元，收益率 7.2%，年收益约 2.72 万元。

旅游、地磅、合作社、水电站、自来水公司、水电站出租所有项目收益加在一起接近 20 万块。这是非常实在的收益。我在 2016 年刚接手洋门村的时候，村集体经济不到 5000 块钱，今年我们村集体经济收益已经接近 20 万元了。

有了村集体经济以后，很多事情就可以推进落实了。我们可以用村集体经济给贫困户分红，实现长期的基本生活保障。另一方面，村里的公共事业和公共建设，都需要村集体经济的支撑。所有的基础建设建好了，如果没有村集体经济的保障，就没办法持续地维护和管理，所以村集体经济是非常重要的。

第四个亮点是助学，多方位多角度开展分类帮扶。我来自农村，知道要改变一个家庭甚至改变一个村庄的命运，归根到底要靠教育、靠知识，所以在助学工作方面，这几年我一直坚持在做。驻村工作队协助当地跟进贫困户子女的教育补助工作，洋门村贫困户子女九年义务教育阶段入学率达到 100%。与此同时，争取国家、广东省政策倾斜支持和引导社会各界和社会热心人士，多渠道筹集贫困生资助资金，积极推动社会力量采取"一对一"的方式帮扶贫困学生。只要政策允许，我就把政策用足用好。目前为止，我们村里在读的高中生就有 6 个，大学生有 5 个。

前段时间有个大学毕业生通过微信和我聊天，他在公司里被评为"优秀员工"，每年的收入接近 10 万元。我觉得这不只是个人的成功，还能带动整个村子进步，甚至影响更多的人。我们的助学方法简单，给家庭经济困难的大学生提供教育补贴，提供学费和生活费，帮助他顺利读完大学。

对于自身扶贫工作的评价，从大的方向来讲，完成任务和指标是必须要做到的，但我想更多地通过农民百姓真实的反馈来体现。我们村有一个无劳动能力贫困户，今年已经七十多岁了，一个人生活，是个五保户①，享受国家的政策补助，每个月大概有1100多块钱的补助资金，维持日常的吃住行开销是没问题的。

为什么提到他呢？因为他做了一件让我感觉特别温暖的事情。茶叶对客家人来说，是日常生活的必需品。他用有机肥种了山茶树，采摘好后，特地印制了塑料袋和好看的盒子包装好山茶三番五次地想要送给我，我确实很感动。当然我不可能收他的东西，心意我收到了就足够了。他并不富裕，但能够做到这样，我真的特别感动，也很感恩。

还有另外一个事例，我们村一个有劳动能力的贫困户，他去深圳参加一个亲戚的喜宴。在喜宴上有两瓶可乐没喝完。一瓶已经开过了，另外一瓶没开，他把那瓶没开过的可乐带回家。我估计他带回来是给他小孩喝的，但他到村委会的时候看到我，毫不犹豫地把他包里从深圳带回到洋门村里的，跨越几百公里甚至还带有他身上体温的可乐送给我。这可乐的表层意思，我们好理解，更深层次的是对我们扶贫干部和扶贫工作的认可。当然我没有收下可乐，但他的这个举动不仅温暖了我的心，而且给了我更多的决心和勇气，增强了我进一步做好扶贫工作的信心和力量。

常言道"金杯银杯不如老百姓的口碑"，我跟老百姓的关系是非常融洽的，是能够得到老百姓的认可和肯定的。当把自己当成村里的一员或当地的干部，和他们并肩作战，携手处理好各种矛盾和困难，站在他们的角度去说话，去办事，去服务百姓，我觉得人与人之间相处起来就很自然，就没有困难了。洋门村的百姓有这么一句话："曹书记你就是洋门村人。"

群众和干部之间是一个自然的关系，不存在隔阂，没有不和谐的声音或不合适的地方。我们做的每一件事情都是着地的，实打实的。经过真帮实扶后，现在的洋门村集体经济由原来的几千元到今天的20万元，一系列基础建设全部建成并已投入使用。这些扶贫成果老百姓看得见感受得到，他们本身就是受益者，对我们的扶贫工作是非常认可的。

百姓们的日子过得越来越好，生活质量得到了提高，生活幸福感不断

---

① 所谓五保，主要包括以下几项：保吃、保穿、保医、保住、保葬（孤儿为保教）。"五保户"常见于我国的农村地区，这种制度的设立体现了我国法律保护老人和儿童的一贯原则，是社会主义和人道主义的具体体现。

增强。我们始终坚持"在扶贫的路上不落下一人，不让一个人掉队"的工作信条，全心全意爱着我们的老百姓、为我们每一个老百姓着想。洋门村通过这几年的发展，可以说是发生了翻天覆地的变化。洋门村民这样评价我们："你们是天底下最好的人！永远感谢你们！是你们帮我们实现了几代洋门村人未实现的梦想！"

四　扶贫工作一直在路上

洋门村现在已经走上了一条良性发展的道路。我们村集体经济的投入为贫困户脱贫提供了重要保障。从基础设施建设到现在的新农村建设、乡村振兴建设，都在同步开展。今后两年，洋门村会发生更大的变化，老百姓的生活也会越来越好。

洋门村的有序发展少不了一个高素质、高效率的领导班子引领。村党支部和村两委干部是领导班子的重要核心，真正发挥着领头羊的作用，冲在前面，以人民为中心，为百姓谋福祉。

我们县共57个贫困村，每个村至少有1个扶贫干部，驻扎在大埔扶贫一线的队伍有近百位扶贫干部，大部分都是各个单位的中层干部，都是各个单位表现比较好、比较突出的优质人才。对来到一线进行扶贫工作的扶贫干部来说，这是一个更好的台阶和发展，更重要的是个人的能力和素质得到了提高和锤炼。对于来自脱贫攻坚最前线的我们来说，就是在这项伟大的扶贫事业中，在这平凡的岗位上，做好这不平凡的工作。

今年是脱贫攻坚之年、收官之际，要下大力气来优化利用各方面资源，全力以赴消除贫困，改善民生，全面建成小康社会。与此同时，各级政府和领导都很重视新冠肺炎疫情对脱贫攻坚工作的影响，有这么多人关注和支持着我们这项事业，我们有信心、有能力高质量完成脱贫攻坚目标任务，奋力打赢脱贫攻坚战！有人在的地方就会有瓶颈，这是必然的，今后的扶贫工作仍需要落实政策，充分发挥各方面的优势，调动贫困户老百姓的主观能动性，协调各方面资源，才能够保障扶贫事业的稳定和安全。

参加扶贫工作带给我最大的收获是我能够全身心投入到这项伟大的事业中。到一线当第一书记，是对我现实生活中处理各种复杂问题能力的巨大考验，我的意志得到了锻炼，能力和素质也得到了提升。

2020 年 9 月曹景碉（左三）主持扶贫工作座谈会

　　扶贫工作给我的人生留下了浓墨重彩的一笔，因为有这段扶贫的历程，我的人生才会更精彩更完美。从大的方向来讲，中国共产党真的了不起！它使这么多人摆脱了贫穷，拯救了这么多困难家庭，我们要感谢伟大的祖国和党；从小的方面来看，百姓的幸福指数是呈现在脸上的，由贫穷到脱贫再到现在的致富，他们的生活一天比一天好。我也特别享受、特别感谢这段岁月。当我们把艰难的任务当成是一项快乐的工作，我们就会轻松很多。我是参与者、见证者、践行者。我很高兴，也感谢自己的幸运，这段经历是精彩的、丰富的！

双手成就美丽溪口

受访人：黄斌
访谈人：梁嘉俊　周丹纯
访谈时间：2020 年 7 月 17 日
访谈形式：线上访谈
访谈整理：梁嘉俊
访谈校对：周丹纯
故事写作：周丹纯　梁嘉俊

受访人简介：黄斌，1982 年生，广东梅县人，2008 年毕业于广州大学土木工程学院，现任广州大学黄埔研究院副院长、黄埔研究生院副院长。2011 年被选派到梅州市大埔县青溪镇溪口村担任村支部副书记，帮扶期间帮助村民种蜜柚、烟草等作物，带动村集体增收 18 万元，解决了产业单一以及劳动力不足等问题。曾获广东省"优秀驻村干部"、广州市"青年岗位能手"等荣誉称号。

一　从大学到乡村　一心舍小家为大家

2011 年学校派我去梅州大埔县清溪镇溪口村进行扶贫工作，从 2011 年 9 月开始，历时一年半。我们是"扶贫双到"的第一轮人员，也就是所谓的责任到户、规划到人。第一轮是从 2009 年开始的，因此还有一个上一任的驻村干部，我们两个人共同完成了"扶贫双到"第一轮的任务。

当时学校要挑选驻村干部，选派干部需要具备政治素质、思想品质、工作能力包括社交能力等。因为梅州是客家地区，所以学校希望找一个会讲客家话的梅州当地人，这样方便跟当地的干部以及村民们交流。我是梅州人，虽然跟大埔县不同，但起码都是会讲客家话的，梅州也是我的故乡，听到这个消息我自然是想要为故乡的建设献上自己的力量，于是报了名，最终也顺利被选派成为驻村干部。

那时候我还是一个比较年轻的小伙子，2008 年留校工作，2011 年被选派去扶贫，实际上工作刚三年，对工作方面不熟悉也导致我有点信心不足。我是 2011 年 1 月结婚的，结婚不到一年就被选派去驻村，而且在等待确定被派去驻村那段时间我还不知道我夫人怀孕三个月了，但是当时上级已经开过会决定了驻村干部的人选，那我肯定是义无反顾就去了。所以对于参与扶贫工作来说，我的家庭是做了一些牺牲和付出的。比如扶贫工作中要求每个月工作 22 天，休息 8 天，也就是把四个周末拼在一起连续休息 8 天。因为路途遥远，不可能每个周末都返回广州，当时交通也不是很方便，从广州到梅州大埔县村里有五百多公里，我们通常是早上 9 点从学校出发，到下午 5 点才能到达村里，也就是要花费一个白天的时间在路上。现在从梅州到大埔县开通了高速公路，当时还没有高速公路，主要还是走省道，因此在路上花费的时间更长，现在高速公路开通了之后路程时间节省了许多。

所以在扶贫的那两年还是有些困难，一个是交通没有那么便捷，来回路上时间比较长，另一个是我夫人怀孕之后我一个月只有 8 天时间能在广州陪伴她，大多数时间还是要留在村里。但是我夫人还是很理解我工作的难处；其实每一个驻村干部都会有这种情况的发生，家庭都要做出一些牺牲，除非你是单身，只要你有了家庭，肯定都会不可避免地遇到这种情况。好在也没有留下什么遗憾，怀孕后期我夫人的单位已经让她回梅州休产假，虽然在怀孕期间没能经常陪伴，但她生产和休产假基本在梅州度过的。从大埔县到梅州市区还要两个小时的车程，当时路还不是很顺畅，要坐农村的客运汽车辗转大概两个小时。但起码在距离上近了，在这期间去看望和陪伴她的时间也多了，与回广州相比路程也相对顺利点，但等她休完产假回广州上班了，距离又变远了。扶贫期间一直都属于夫妻俩没办法常常在一起的状态，但这些因为工作需要都显得很正常，也可以说是一种奉献吧。舍小家为大家，能够为故乡的村民们做一些事情，我感到十分自豪和欣慰。

在这为家乡服务的两年里我也收获了许多，第一个就是磨炼了自己的意志。因为本身在一个比较艰苦的环境，而且还远离了家人和朋友，所以说挨得过寂寞的人以后的心智会更加成熟，扶贫可以说是一种磨炼、一种锻炼。第二个是让我们的视野更开阔了。到村子里主要是跟各级政府、村干部和村民打交道，除此之外还会和各个单位的同事一起工作，接触的人变多了，各行各业、形形色色的人都有。而且在这样的交往中能锻炼出一种与人相处、共事、交流甚至应对一些比较繁杂问题的能力，社交能力也得到了一定的提高，而且经历丰富了就会变得更有自信。处理得了村子里的事情，回到原单位再处理类似的事情就会更加得心应手。经过扶贫的历练，作为职场新人我也对将来的工作充满了信心。

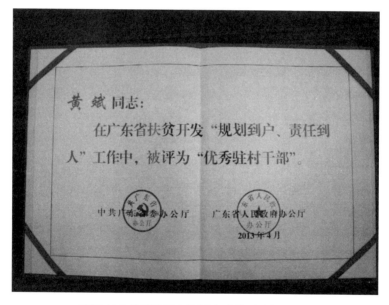

2013 年 4 月黄斌同志被评为"优秀驻村干部"

二　从贫困到小康　扶贫喜获累累硕果

刚到村子的时候，我觉得虽然没有什么发展，但也没有我想象中那种破败的感觉：我们村子的地理位置相对来说还算是不错的，离镇子也比较近，而且在村口就有一条省道。

　　虽然不能跟广州相比，但第一感觉是这个地方山清水秀，空气也很好。等真正住下来一段时间之后，还是觉得在这里的生活比较孤独单调，没有大城市丰富。白天的工作就是去跟一些农户进行交流、收集资料，到村委会去处理一些材料信息以及文字上的工作。因为没有家人和朋友的陪伴，更多时候自己一个人还是感觉很枯燥的。刚去的时候会经常想家，因为和村镇里面的干部不是很熟，与农户之间也不熟，到了一个完全陌生的环境肯定是会有一些不适应，包括对当地一些饮食文化的不适应：当地饮酒文化比较盛行，去到村民家都会很热情地招呼客人喝两杯。

　　不过这种不熟悉感大概持续了一两个月就慢慢地消失了，跟村民的交流比较顺畅，与村干部的配合也比较好，因为我们驻村的干部本身的思想就很好，大家对做好扶贫工作能够形成共识。扶贫工作的顺畅进行，村里领导班子是很重要的一个因素，一个是村干部的班子团结、给力，第二个就是村干部班子与驻村干部配合好。我个人感觉这两点我们的村干部都做到了，他们非常团结，有什么意见建议的话都会一起来讨论。其中村支部李书记他带领的班子非常好，干部们都很支持他，李书记个人也很有威望。我作为一个外来人在村子里挂职村支部副书记，尽可能协助他完成工作，同时我也很尊重他。人与人之间都需要互相尊重，我尊重他反过来他自然也会尊重我，虽然我们是从广州带着物资来扶贫的干部，但我们也要谨慎处理与书记之间的关系。总体来说我们跟村里的关系还是比较融洽的，我们的工作比较扎实，做事也能做到公正公道。

　　在逐渐熟悉情况后，我发现了村子贫困的根源所在。当地产业比较单一，都是传统农业，长期以来都属于种养行业，当地村民大多数都是种蜜柚，有些村民种烟叶，还有少部分村民养蜂，传统的种养方式导致他们的收入比较低。第二个问题是劳动力不足，村里的年轻人很多都到珠三角地区务工，年轻的劳动力都出去打工了，意味着留守在村里面的大多都是老人、小孩以及妇女，真正能干农活的劳动力不多。农忙的时候外面打工的年轻人可能会回来帮帮忙，但大多数时间都在外面打工。没有劳动力想做什么产业也是做不起来的，因此长期处于农业供给式的一种状态，很难有稳定的经济来源，以致村子的集体经济很长一段时间处于一个较低的水平。我们来对口帮扶之前，村里的集体经济收入一年不到三万块钱，这里的三万块钱已经包括了当地各级政府的工作经费，我们来到村子的时候是完全没有集体经济产业的收入。还有一个问题就是位置偏僻，因为村子距离广州也有五百多公里，相比珠三角城市一小时生活圈来讲，从村里开车到广州要五个小时，而且还是山区，你说经济怎么能发展。这边有一个高丰自然村，它是五个自然村里面唯一一个没有开通高度一体化道路的村子，村里出行的话要绕道到隔壁的茶阳镇再兜回来才能到达清溪镇，这也导致他们很多山荒废了，完全开发不起来，因此经济也得不到发展。

针对这些问题我们开始着手去研究和解决，针对产业单一的问题其实并没有太好的解决办法。村子里家家户户都在种蜜柚，不过是从散种到现在我们建立了蜜柚种植合作社，建立合作社之后我们把村民聚拢起来，这样就不会导致今年蜜柚价钱好村民就赚钱，价钱不好就赚不了钱。合作社的形式是大户带动散户，这样一来散户蜜柚价格就能得到更大的保证，引入合作社的方式，也大大激发和保护了村民种植蜜柚的积极性。通过帮扶村里面的经济，让村子富裕起来，村民自然也就受益了。同时我们也结合了高校的特点，邀请主要研究蜜柚种植的森林科学学院吴教授，来给村民们开讲座，讲授蜜柚种植的技术，充分发挥高校的学科优势。

当时村子里是有小学，大概三四十个学生，所以我们也组织了高校大学生进行社会实践，开展了一些教育帮扶，希望能从教育方面帮助村民们脱贫。对于劳动力不足以及村子集体经济收益低的问题，我们也是想了许久，决定可以通过改变产业的形式解决劳动力不足的问题，以投资代替劳动，在我们来之后我们投资了 30 万元到茶阳水电站这个项目，可以保证一年有 3 万块钱的收入；后来我们先后两次投资了 130 万元，入资到广州 – 梅州的转移工业园区，每年也获得 13 万元的收益；还有投资了 20 万元给村里面的一个养猪大户，每年有两万块钱返还给村民，总共加起来一年可能也有 18 万元的收益。

在我们帮扶之后，村子可以在未来十年到十五年中每年都能稳定地获得 18 万元左右的集体收入，当然随着各级政府的投入增加，每年各级政府拨出的工作经费也在上升，每年大概有二三十万元的收入，村民也可以利用这些收入做点事情，一方面保证了村民们有稳定的集体收入，另一方面也能缓解劳动力不足的问题。道路闭塞更是我们扶贫的重中之重，俗话说："想要富，先修路。"道路不通自然无法发展经济，于是我们到村子之后省里下发的第一笔 50 万元资金就用于高丰自然村修路，修了这条路之后对整个高丰自然村的发展有很大的改观，首先村民出行更方便了。慢慢地我们也感受到其他可喜的变化，比如村里面很多荒废的山头被重新利用起来了，现在可以看到整个高丰自然村的山是绿的。很多村民开始养猪，道路畅通了很多产业都可以做了，由此就带动了那一片地区的经济发展，所以说路是很重要的，为什么村子会贫困是与交通闭塞是有关系的，而且这些村庄远离珠三角，又属于山区。道路等基础设施的缺失使得他们的经济发展存在很大的困难。

时代在不断发展变化，我们可以清晰地感觉到整个村子发生了许多令人振奋的变化，正在不断焕发着新的生命力。总的来说，我们来帮扶对整个村子的发展帮助还是比较大的，我们所做的工作普遍得到了大家的认可，村民们对我们很欢迎，毕竟我们是带着资金过来要做一些事情的，比如说对贫困户的帮扶，帮助他们发展种养或者是养殖家禽，同时帮助他们转移就业、进行教育帮扶，等等。所以对于贫困户来说他们感受到了实实在在的得益之后，肯定对我们是十分支持的。另一方面就是对村集体的帮扶，比如说修路、装设路灯、修建村子里的文化广场、增加一些体育设施、修建水利设施水池以及自来水工程，另外我们还给全村的60岁以上的老人购买了新农村合作医疗保险。我们做的很多事情大家都是能看得到的，全村人都是实实在在得益的，因为得到了民心，我们工作开展起来就会很顺利。

三 从稚嫩到成熟 感叹扶贫道阻且长

当然在扶贫的过程中我还是遇到了不少困难的。第一个困难是吃饭的问题，因为我们这个村子离清溪镇有六七公里，离茶阳镇也有快十二公里，到镇上面吃饭就会比较麻烦，所以只能同当地的村民和村干部同吃同住。一个人在宿舍煮东西吃是很难的，村里也没有菜市场或集市，大多数农户都是自给自足，巧妇难为无米之炊，总不能每一顿都煮面条，作为驻村干部也不能采取种养的方式来获取原料，所以吃饭是一个比较难的问题。第二个困难是学校给我们配的是摩托车而不是小汽车，摩托车就存在一些局限性，比如山路不好走，骑摩托车到镇子上的时间也很长。第三个就是我们要应付各种的评估考核，要做很多的材料，加上每一年的考核体系都不一样，考核指标都会变动，因此每一年我们都要对考核资料进行更新。对扶贫工作的考核，省扶贫办会对我们的工作成果进行考察。全国都有各级扶贫办，我们都是围绕广东省扶贫办下发的通知开展工作，他们会颁布一些工作要求和通知，我们要根据工作要求去完成指标，所以花费了很多时间在电脑前、在做材料上，不断地在适应新的考核办法。

除此之外，我认为在扶贫干部的管理以及选拔任用等方面还有待改进。我先说说对扶贫干部的管理吧。广东省扶贫办与广州市协作办公室都会对扶贫干部进行注册管理的，并且有考勤管理的要求，每个月 22 天是在村里工作，8 天连续休息，驻村干部要保证一定的驻村时间，因为保证了驻村时间才能保证工作成果。另外，对驻村干部其实是实行双重管理，一方面是原单位的管理，原单位要负责监督扶贫干部的工作是否达到了预期的效果，另一方面是村镇对我们的管理，驻村干部的党组织关系会跟随我们转到村里面。比如我的党组织关系就转到了清溪镇党委溪口村支部，并且担任党支部副书记，那就意味着我要接受村镇党组织的监督和指导，既是作为驻村的行动指导，又是接受当地党组织的监督。

在驻村干部的激励方面，省市级别的扶贫办都有发过文，提到驻村干部在任职期间表现出色、扶贫成效显著的，可以从原职级往上提拔一级。比如说原来是科员就可以提升为副科，副科提拔为正科，以此类推。但是虽然有这么一个政策，具体还是要看各单位的执行情况。我们单位的执行情况还不错，该提拔的都已经提拔上去了，但是有些单位是没有提拔的，各单位都有各自的说法，并且具体要求也有所不同的，比如有的单位有次数的要求。我认为还是有必要去保障驻村干部的权益，已经驻过村的干部应该落实的政策和待遇还是要确保落实到位。

在扶贫中最难的工作我认为还是做好沟通，扶贫干部兼具双重身份，既是原单位的外派干部，同时也是村里面的干部。所以代表了原单位的利益和意见，也在为本地的村民做事情。我认为扶贫干部应当发挥原单位和帮扶村的桥梁纽带的作用，要协调两方面的意见和诉求，完成他们的任务目标，扶贫干部归根到底最重要的作用还是桥梁。一方面，我们要帮助帮扶单位向省市方面争取资金物资，另一方面，又要跟村里面的村民们商量资金该怎么用，用到什么地方，怎么才能最好地让大家获利。其次还要监督，监督实际工程的进度。因此桥梁的作用是非常重要且不可忽视的。要做好沟通本身也是很不容易的，需要协调好各方的诉求，才能更好为村民服务。

第二个难点是现在对扶贫干部的素质要求越来越高了，一个是做扶贫材料的要求，还有就是关于考核方面的。比如说资金如何保证规范使用等，并不是想象中的那么简单，当地村子的项目建设很多做法没有城市里那么规范，既要让村民们接受，又要符合规定，资金还要通过审计。投放大笔资金下去是要评估你资金的使用效率，并不是驻村干部就是住在村子里，指指点点人家干活那么简单，驻村干部还要去评估使用效率，还要兼顾统筹平衡各方面的利益。比如一个村有很多个村民小组，每个自然村都要有一些惠及他们的东西，需要平衡他们之间的关系，所以要制定科学合理的使用计划；这是一门学问，而不是说简单砸钱就行，有的时候砸钱太多反倒会砸出矛盾来。

扶贫的两年里我印象最深刻的是有一次身边的扶贫干部发生了车祸。在溪口村，除了我们学校以外，还有广州市民政局、广州市公安局以及广州市财政局的同志。四个单位的驻村干部住在一起，我们做考核材料的时候经常熬夜，然后还有考核指标的压力，所以在考核期间经常都会失眠，睡眠不好又会产生比较大的压力。有一天早上，刚好是考核期间，村里广州民政局的驻村干部用单位下派的车到镇子里去办事，从村子上省道的路上有一条很陡峭的斜坡，平时这个斜坡虽然比较难走的，但也没有出过事故。那天不知为什么鬼使神差地——也可能是那个驻村干部没有休息好走神了，快上到坡顶的汽车却突然间失灵后溜，一下子就摔到山坑里去了，掉到斜坡下面大概有二十多米高的山谷里。当时这个车子是四脚朝天的，我们住在村委会，那天约了一个村干部过来填写一些评估和考核资料，就见妇女主任急匆匆地冲过来说："书记书记，那个村干部出车祸了。"当时不知道是怎么回事，就想着赶紧去救人。我们到了后马上叫救护车，把这位驻村干部送到梅州市里的医院，在这路上我心里十分感慨，想着驻村是平常工作，但是也有一些驻村兄弟搭上了性命，这件发生在我身边的事情让我也很受触动。我们也赶紧跟民政局的领导报备情况，家属也马上到了县城医院去看望。试想那天如果我跟着他的车一起去镇政府办事的话，后果也是很难想象的。平时也能看到一些相关报道，或是扶贫干部累死在工作岗位上，或是在扶贫工作中出了事故，像我刚才提到的那位干部是开汽车出事故的，还有很多是骑摩托车出事故的，有的甚至直接摔下山崖。

这确实是我在扶贫工作中遇到印象最深刻的一件事，因为它是一件比较严重的事情，严重到可以说是见证生死：我感觉就是一个生死考验，一不小心就到了生死边缘，直到现在那个驻村干部说他的胸口还有一块钢板，下雨天的时候就会有风湿病痛。因为是自己在扶贫工作中每天相处的兄弟，他遭遇到这种意外虽然我们没有亲身经历，却能感同身受。我认为驻村不仅是一个工作，有的时候还是非常残酷的，有的驻村干部的家人和朋友都不在身边，即便累死在工作岗位上也没能见到家人最后一面。扶贫路上道阻且长，我也希望能有更多的人投入到扶贫的队伍中去，为国家为人民作出应有的贡献。

对话省委"大书记"的磋播"小支书"

受访人：徐祥峰

访谈人：张楠　周泓汛　孟航宇

访谈时间：2020 年 5 月 17 日

　　　　　2020 年 5 月 24 日

访谈形式：当面访谈

访谈地点：水城县县委党校　花戛乡磋播村

访谈整理：张楠

访谈校对：张楠

故事写作：张楠

受访人简介：徐祥峰，男，中国共产党员，水城县花戛乡磋播村党支部书记，曾入选人大论坛"脱贫攻坚人大代表在行动"群英谱，获中国扶贫基金会先进个人、贵州省优秀村党组织书记等荣誉称号。在磋播村任职 13 年，其间他筹集资金，利用自己的挖机为磋播村修通了通村通组公路，解决了当地村民出行难致富难的根本问题；又将产业八要素和磋播村的实际情况相结合，在磋播因地制宜种植食用菌、猕猴桃和刺梨，以此解决当地山高坡陡、土地贫瘠、难以发展产业的问题，带领当地村民脱贫致富。而磋播村因地制宜发展产业的好办法，得到上级重视，2018 年年底，贵州省委主要领导肯定了磋播村产业发展模式，并将该模式作为好经验在全省范围内宣传推广。

　　2019 年 10 月 17 日是国际消除贫困日，中央广播电视总台在黄金时段用 5 分 45 秒重点报道了水城县花戛乡磋播村正在推进的农村产业革

2019 年 10 月 17 日央视采访磋播村村民杨檐妹

2020 年 5 月 24 日徐祥峰（左）接受张楠访谈

命。这两年来我们花戛乡采访的媒体太多了，领导们正忙着脱贫攻坚的关键项目，是我带着他们下去的。记者问我："你们现在这个产业有多少人"。我说："我们这个产业现在人多得很，晚上都有人在里面睡觉"他说"那我们晚上再去"，他们晚上去，就遇到杨檐妹。

杨檐妹有个特殊的情况，她家是我们进行土地流转时的最后一个钉子户。村干部做她家的动员工作做了很久很久，最后工作做通了，她和丈夫都进入食用菌基地务工，每人每年都有五六万元的稳定收入。

杨檐妹一边采摘香菇，一边对着央视记者的摄像机，用质朴实在的水城普通话讲述了自己在食用菌大棚获得稳定收入的新鲜事。

"赚到钱，心里热乎乎的……"我记得杨檐妹当时对着镜头这样说。新闻播出后，省、市、县几级领导都看到了，上级领导问我：小伙，那个村民是不是你们提前安排的？我就懵了，那是她自己说的，不是我们排练的。当时中央电视台来，记者看我们食用菌发展好，他们想去采点视频，我们根本不认识他们是中央电视台的。

也幸好不知道是央视的记者来采访，假如提前去教群众咋说咋讲，杨檐妹肯定就说不出这样原汁原味、浸透着泥土芬芳和丰收喜悦的话了。而且，央视记者绕开各级干部，夜里十二点直接到食用菌大棚随机采访在一线劳动的贫困户，恰恰证明了我们脱贫攻坚的成色是足足的，这才是真脱贫、真新闻。

花戛位于水城县最南端，离县城有 140 公里，以前从县城到花戛乡需要四个半小时车程。由于山高谷深、沟壑纵横、土地破碎，农业生产条件不好，所以之前的花戛一直是边远、贫穷的代名词。水城县干部中甚至还流传着一句玩笑话"再不好好工作，就调你去花戛"。

一　在心底埋下的誓言

我就是土生土长的花戛①当地人，没有水田的磋播村实在太苦了，生活都是以洋芋、苞谷（玉米）、荞麦为主，全村至少有一半的人家解决不了温饱，更别说小康了。想吃点大米稀饭都只有过年过节或者生病需要补养的时候才有。

8 岁的时候，邻近的顺场乡有一户老师调到县城工作，在顺场的房子和水田闲置了下来。父亲为了全家人每年能收上几百斤大米、喝上一口米

---

①　水城县位于滇黔桂石漠化集中连片贫困区，花戛乡更是石漠化严重的石山区和深山区。很多自然村寨地处高山之巅，山高坡陡广种薄收，栽种苞谷、洋芋时，千辛万苦地种上一山坡，收获时一个箩筐就背下山；这样罕见的深度贫困，让花戛群众祖祖辈辈甩不掉贫穷帽，困在深山苦苦煎熬、苦苦等待。

汤，就通过亲戚的关系接手。后来，我随着父母搬家到顺场。因为磋播的土地还在，后面六七年，每个星期也会走路一个半小时到磋播村的责任地上耕作。

18岁那年的夏天，我又一次走回磋播村来看护自家的苞谷。爬过山垭口，远远看到那片千余亩的苞谷地，我就隐隐约约感觉不对，走近一看才知道，前一天的暴雨和山洪已经把辛苦半年、即将收获的千余亩苞谷摧毁了大半。磋播群众都无助地坐在苞谷地上，下半年和明年的口粮怎么办？十几个从小看着我长大的老人，手捧残存的苞谷杆，忍不住老泪纵横、失声痛哭。

当时磋播的群众只盼望苞谷、洋芋糊口就行，可就这样可怜卑微的愿望老天爷都不答应。当时我就暗暗发誓——如果有机会，一定要带领乡亲们致富，一定要苞谷、洋芋管饱，一定要吃上一口米汤饭。

21岁时，我开始发展烤烟，一边种烤烟，一边当烤烟技术人员。烤烟技术人员一个月有200块工资，加上种烤烟我一年能赚个七八千。在20世纪90年代这算是一笔巨款了，赚了钱，我在顺场乡的街上修了一间300平方米的房子。

在建房的过程中，我发现全乡的老百姓都在街上集中卖烤烟。我想，大家从早卖到晚，得吃饭呀，于是我又建了一栋房，和媳妇两人开起了小餐馆。

渐渐的，顺场乡的人也爱来我家餐馆吃饭，他们觉得味道好、服务周到。那个时候到乡里都是土路，坑坑洼洼的，交通很不方便。不像现在走高速一个多小时就能到。所以不管是省里、市里还是县里的干部下乡，基本都是早上八点出门，下午三四点到乡里，在乡住一晚上以后，第二天工作一天，到第三天才会返程。也就是说，干部们下乡必须要吃两天饭，住宿两个晚上。我发现了这个商机，把餐馆的房子往上升了一层，开起了餐馆加旅社。做了这么些年以后，家里条件还算不错。

2008年我已经37岁了，国家大力推进脱贫攻坚工作，开始修建通村通组公路。我转变思想：修路不能全靠人工，肯定要用机械。这样想着，我去贷款、借钱加上前几年攒下的积蓄，花了26万元买了一台二手挖掘机。媳妇在家开餐馆，我就去外面做挖机生意。2008年有几个人买得起挖机？挖机买来，生意好得不行，整个农场那片就我这一台挖机。要租用的得提前预约，不然就租不到。后来，做了一年多，赚了钱，挖机我也换成新的了。

就这样，我自家的生活渐渐迈向小康，而心中许下的那个誓言总在夜深人静时浮现，我一直在等，等着为磋播的乡亲们做点什么。

二 辟山路 兴产业

我最大的心病是村里的路，每次回乡，走过那条烂泥路时，我都在想，不把路修通，磋播永远也发展不起来。记得 1982 年我家从磋播搬到顺场，所有行李只能靠人背马驮。我和姐姐当时才几岁，走不了路，也算在"行李"之列。父亲在马背担了两个箩筐，让我和姐姐坐在里面。那时候，姐姐长得没我壮实，还得在她的箩筐里加东西才能够平衡两边的重量。如果不平衡，其中一边就会往下坠，路又烂，马走不了。

2008 年我一边做挖机生意一边回村里当代理主任。开始盘算修路的事，实际上那时候村里已经通了一些毛路，但是过不了车。我向县交通局写了一份申请，首先是改造从高坎小村（属于磋播的一个村民组）到水井组的路。因为以前在顺场做餐馆生意，一些领导吃住都在我家，接触多了无形中积攒了一些"人脉"，报告写上去很顺利就给批了。水井是一个独立的小村，从高坎组到水井组，拉直线只有两公里，接通到水井的路就可以直通花戛，这就相当于间接修通高坎到花戛的路。

虽然高坎组属于花戛乡，但主要的经济交往都在邻近的顺场乡。从高坎到花戛要走 25 公里左右，但是到顺场只用 5 公里。所以不管是买东西还是卖东西，高坎的村民都是往顺场乡那边跑。

第二条路我瞄准了从高坎到顺场的路，上面批准后，市、县两级交通局请了专家团队下来测量，修这条路必须打通一座 30 余米高的名叫二道崖的山崖，100 多米的隧道预算需要 50 万元左右。我一下就傻眼了，但是箭在弦不能不发，返路不能不修。我来来回回跑各单位寻求支持，终于从市直机关事务局、市民政局、县交通局三家帮扶单位筹集到 23 万元资金。但是距离 50 万元，这个差距太大了。并且当时为了防止村干部在工程中谋私利，乡党委、政府对村干部有回避的要求，不允许村干部接工程。

我们联系外面的施工队，每个施工队都要价 40 多万 50 万元，最后找到的一家施工队，40万元，少一分都不做。可如果没人接手，路修不成不说，向三家帮扶单位筹集来的资金会被收回去。这时候，乡里面对我说："钱是你自己要来的，你要负责修好路。"我说："没事，只要政府认可我，知道我没在工程里赚钱就可以，政府支持我，修就修。"

之后，我将就这点钱，主要购买建筑材料和作为施工机械的油费。五个月后，靠着大家努力和挖掘机的无偿投入，到顺场的路打通了。

当时如果把自家的挖机租出去，一个月是3万元的租金，相当于我五个月少赚15万元。但是把这条路打通了，方便老百姓啊。路不通的时候，老百姓需要一包肥料要用马去驮，烧点煤要用马去驮。并且在我走村串户的过程中，刘营村民组颜少忠一家的困境让我感慨万千：颜少忠辛辛苦苦养了两年的大肥猪，自己吃不完，本村群众也不会买。公路不通，货车进不来，活猪拉不出去；如果杀了猪，再背猪肉去乡场上卖（花两小时走到乡场上，一个人最多能背一百多斤），当天卖不完就会坏掉；一头七八百斤的大肥猪，卖出两三百斤新鲜猪肉，其他的只能熏成腊肉慢慢吃。以前在磋播村，农产品因为公路不通而滞销导致群众受损失的，颜少忠家不是个例，现在路通了，生产出来的农产品，就不愁销路了。

修通了这两条路之后也不是一帆风顺，我们还遇到了不少困难。比如交通局修路，自然村寨居住的农户要达到30户以上的才修通组路，达不到30户农户的，路将会作为"三改三化"项目，移交住建部门处理。如果需要住建部门来将路硬化，群众得先把路基凿出来。可我们村里的年轻人大都出去务工了，只剩下老年人在家。没有劳动力，一条路如果靠老人，可能挖两年都挖不出来。没办法，我只有开着挖机免费给百姓们挖毛路，类似于这种情况的路，我挖了三条，将近两公里，也是无偿的，没叫农户出一分油钱。毛路挖出来后，住建局接着就给硬化完工。现在我们基本上每家每户都可以开车进去了。

今年，《贵州日报》的记者来采访，我带他们在路上转了转，他们说："你们贫困发生率这么高，但我们走进来看，一点都不像深度贫困村。"磋播是包括高坎在内的四个小村合并的，当时我们的贫困发生率很高很高。我们就是在2018年、2019年这两年，干出了这些翻天覆地的变化。

三 新磋播 八要素

史料记载：磋播境内为"两山夹一冲"的高山峡谷地形，耕地分布于冲子和两山缓坡地带；元代已经是一块大坝子，明代开垦为油沙地，被称为"磋布"，意为"一大块油沙地"。不过，当地群众对"磋播"有更有趣的一种说法，"得把鞋上的泥巴都搓下来，才够播种的土壤"，说明我们这里的土地贫瘠。

确实，磋播的土地太少了：整个村只有一个 1000 多亩的坝子。磋播的土地太"瘦"了：坝子四面是高山，每逢大雨，山涧的雨水汇聚成九股洪水，夹着石头、沙子直冲到坝子里，栽种的粮食毁了，土壤也被雨水冲走，只留下一片光秃秃的石沙地。而遇到无雨的旱季，由于土壤层太薄，不能涵养水分和基本营养物质，农作物又活生生地干死在地里。农业条件好的地方是旱涝保收，而磋播却是旱涝都难得丰收。磋播太难了！磋播人太苦了！

2011 年，我 40 岁。县委组织部安排我们村支书去华西村学习考察。从华西村回来的那段日子，我总在想，学习是向人家学习了，那怎么才能达到共同富裕？我们没有矿产，要讲种植业，就凭磋播那几亩瘦土怎么种？后面我想来想去还是觉得只有搞产业才是唯一的出路。毕竟一块土地，不论贫瘠还是肥沃，总有适合这里生长的东西，总有一条生路。

2015 年，我 44 岁。看到邻村群众热火朝天地种植刺梨，心想磋播的气候和海拔与邻村差不多，我们也可以试一下，于是带着村干部和群众试种了 100 亩刺梨。

2017 年，100 亩刺梨初次挂果就收获 13 吨，卖了 8 万多块钱。乡亲们赚到红彤彤的"票子"，喜笑颜开的同时，也消除了之前"种刺梨果果能当饭吃？"的等等顾虑。就此，磋播产业革命的第一炮打响了。2017 年年底，全村刺梨扩种到 5882 亩，覆盖农户 3332 人，其中贫困户 941 人。

2018 年 2 月 9 日，贵州省委书记孙志刚提出了农村产业革命"八要素"。我从报纸上看到"八要素"的具体内容，兴奋得几个晚上睡不着，感觉孙书记提出的"八要素"样样说在农民的心坎上，件件为磋播的产业革命指明了新方向。白天我在地里抓产业，夜里认真研学"八要素""三个革命""五步工作法",碰播村农业产业革命的轮廓渐渐清晰。

当时我们准备以刺梨为主,但光有刺梨产业,碰播村还不能真正富起来。我谋划着,想把坝子上方全是石块的土地平整后建成食用菌大棚,因为土地是被水毁过的,泥巴全部被冲走了,下面全是泥夹石。只要一星期不下雨,不论在上面种什么都存活不了。我当时想如果用来建大棚种食用菌,只要有足够的面积并且土地平整就可以。甚至,我还想种植产值更高、已经让其他乡镇群众富起来的猕猴桃。但是给领导说想种猕猴桃,领导说我们不适合。在村里开会商量时,有班子成员说:"食用菌大棚可行,但猕猴桃对土地和环境的要求高得很,我们村这个沙石土质怕得不到吃哟。"("得不到吃",贵州话"行不通"的意思)还有的人说:"能种好刺梨已经是老天爷赏口饭吃了,我们见好就收喽。"意见不统一,种猕猴桃就先放一放,但我不服气啊,别的村能种为什么我们村不能种。我有意识地把我们村最肥沃的土地留着,就是为了种猕猴桃的。

2018年11月19日,贵州省委书记孙志刚到六盘水市调研;21日召集全市深度贫困村的村支书、第一书记在水城县座谈,我有幸在其中。接到这个消息我知道我的机会来了,碰播村的产业是按照"八要素"来推动的,我有一肚子的话想给孙书记汇报,特别是种植猕猴桃的想法,我特别想向书记请教。一夜没睡,我把碰播村产业发展成效和下一步的思路梳理成文字材料。

座谈前一天晚上,我看到了发言名单,是第18个汇报人。所有深度贫困村的支书、第一书记加起来20个人,我排在倒数第三,领导时间这么紧。也许轮不到我汇报,领导就会离开会场去看农村脱贫的现场。想着碰播村贫困乡亲的殷切期待,我抱着发言材料找到六盘水市委组织部常务副部长蒋体佩,我说:"蒋部长,碰播的情况您是了解的,以前乡亲们连米汤都喝不上,现在我们按产业'八要素'来发展,我有很多心里话想给书记汇报,这是我写的汇报材料,您看看,能不能把我的发言次序提前一点嘛?"

蒋部长翻了翻我厚厚的发言稿,可能他觉得我的材料比较实在,是根据产业"八要素"来写我们村是怎么发展产业的。他想了想说:"汇报工作不能照着材料念嘞,要讲实际情况,要讲出特点来。"我连忙说:"不念不念,我们平时怎样做的,明天就怎样讲。"蒋部长说:"那,你就第六个汇报吧。"

第二天，省委书记孙志刚接见了全市深度贫困村的村支书、第一书记；孙书记很亲切，让大家畅所欲言。面对省委的"大书记"，第一个发言的村支书有点紧张，时间拖长了点，也没有一个比较明确的主题，我们市委书记坐在孙志刚书记旁边，有点着急了，他就站起来走到门边，给村支书示意，让他讲重点。

第六个终于轮到我发言了，我想，我们村就是按照书记提出的产业"八要素"来做的，好讲得很。我开始抓住刺梨和食用菌来重点汇报：食用菌在平整土地，但是还没开始建大棚，猕猴桃直接没有做，刺梨全部布下去了。我就把从产业选择到按产业"八要素"来落实的前因后果，给孙志刚书记叙述清楚。我心情激动地讲完了，书记很认可，还在会上表扬了我；他说，磋播一个村支书都能够叙述清楚并且围绕产业"八要素"来发展脱贫产业，你们六盘水全市的干部职工每个人都应该认真学习并了解清楚这个事情。

原来大领导更感兴趣的，是这些带着泥土气息的一线故事啊。座谈会结束后，我忐忑地找到蒋体佩，我问他：蒋部长，我是不是讲得太土了，都是口水话。蒋部长笑笑说，你汇报得很好，领导们要听的就是这些实际情况。

座谈会后，磋播村一下子就出名了，接下来的几星期，省、市、县的干部职工纷纷"组团"到磋播村调研产业、学习经验。来的人特别多，县委书记带着县农投公司下面的几个子公司：种刺梨的、种猕猴桃的、种食用菌的、种茶叶的、种蔬菜的……也全部到了磋播，来看我们村适合布什么产业。当时村里刺梨全部布完了，食用菌也正在布，我就指着我预先留好的那块土地给县委书记汇报，我说：这块土地就是留来种猕猴桃的。县委书记听了，马上让有关人员下去考察，考察回来当场就拍板落实了。当天晚上四台挖机连夜到场，就开始动工，一个月时间，就把1300亩猕猴桃全部栽下去了。

刚开始布产业时，部分老百姓们不支持，因为他们只会传统的玉米种植，在他们心里，这些新产业既不能填饱肚皮，又不能挣到钱。

我们就算账给农户听：刺梨栽下去要三年才挂果，这三年，农民的收益怎么办？通常农民们拿土地来入股，每年每亩土地能得到400块钱土地流转费，如果村民在地里施肥、除草、剪枝把一切管理好，那他将获得每亩 260 块钱的管理费。也就是说农户拿出土地来，只要管理得好每亩土地就将获得 660 元。而种苞谷一年每亩的收成也就是四五百斤，算 1.2 元一斤的卖家，最多一年收入也就五六百块钱，还没有除去本金。所以这三年没产生收益的时候基本生活我们是给村民保障了的。这样一算大多数的农户思想就转变了，愿意把土地拿出来。

食用菌、猕猴桃采取的也是流转土地，是按照四个五年递推。第一个五年土地流转费是 500 元，第二个五年是 800 元，第三个五年是 1000 元，第四个五年是 1200。但是食用菌、猕猴桃和刺梨不一样，刺梨过了三年挂果后按照四四二分成：收益公司占百分之四十，老百姓占百分之四十、合作社占百分之二十。并且在合同里面特别注明一点，如果老百姓分红的时候达不到分给老百姓每亩 400 元的土地流转费，要先保证老百姓的每亩 400 元的土地流转费后再来分红，这样老百姓就不会亏本。

老百姓看到实实在在的收益后，思想就会发生转变。就像磋播村尖山组的刘英俊家，一开始他土地不拿出来，很坚持要种苞谷。第一年我们在他地里种刺梨，他都要把他的苞谷套种进去。到了第二年，我们把土地流转费给他，并且让他在食用菌大棚里务工，后面叫他种苞谷他不种了，他说："我拿劳力到大棚里打工，比种苞谷划算多了，今年我不种苞谷了。"

还有尖山组的另一个村民朱明方，他家一开始也是反对发展新产业，后来食用菌大棚建好了叫他家两口子进去做工，一天一人 100 块钱。现在他说，进去的时候两个人账上 100 块都凑不齐，现在两个人的账上已经存了三四万块钱了。

所以，老百姓他只要得到实惠、看到效益，不管你发展什么，别说要你去监督他说服他，他都会自己去。

如今坝子里修了沟渠，用来疏流积水，再大的雨也不用担心农作物被淹了。干旱问题我们也考虑了，2020 年 5 月中旬，水城南部乡镇连续好几天超 40℃ 的高温，有些地方的猕猴桃苗都旱死了；我们一株没死，因为全部安装了喷灌设施，不间断地给猕猴桃苗喷水。另外，担心土地的肥力不够，我们重新拉来肥沃泥土又覆盖了一层，而每株苗上都长了一层紫花的植物。这种植物叫绿肥，把它的种子撒在土里，其他杂草长不起来，土壤的水分也不会蒸发。腐烂过后就是最好的农家肥。连着撒三年，土地的肥力就会改变。

另外，我们把地势稍高、石漠化严重、肥力较差和大于 25 度的偏坡地，采取"公司＋农户＋合作社"方式种植刺梨 6108 亩，覆盖贫困户 347 户 1542 人（目前农户依靠刺梨增收的途径主要有土地流转费，刺梨种植费、抚育费和刺梨销售等方式），户均增收 3390 元。

海拔适中、气温稳定、湿度适合的深谷地块的沙地，建成了占地 375 亩的食用菌大棚 389 个，从 2018 年 11 月开始一边流转土地一边建设，2019 年 3 月建成试运营，2019 年 5 月正式投产（目前农户依靠食用菌大棚增收致富的方式有土地流转费、资金入股、务工收入和利益链接等方式）截止到目前，生产销售新鲜香菇 400 余吨。

光照较好、集中连片的"肥"地种植猕猴桃 1306 亩，猕猴桃从 2018 年底开始种植，通过精心管护，目前猕猴桃枝条已上架，长势良好；按目前长势，2021 年将实现初挂，2023 年进入盛挂期。目前，猕猴桃产业给群众带来的效益主要有土地流转费、种植费和抚育务工费这三种方式，能吸纳劳动力 50 人以上，每人每天工资为 80 元，能带动 37 户 180 余人人均增收 6000 多元。

我们在磴播村因地制宜发展产业的好办法好经验，得到上级重视，省委办公厅《调研信息》2018 年第 11 期刊发了《紧扣"八要素"奋力"拔穷根"水城县磴播村高质量打好产业扶贫硬仗》，梳理上报了磴播村克服恶劣自然条件、脱贫攻坚工作井井有条的经验。2018 年年底，省委主要领导、省委宣传部主要领导做出批示，肯定了磴播村产业发展模式，并作为好经验进行宣传推广。

如今的磴播村，在农村产业革命"八要素"的引领下，不仅仅实现苞谷、洋芋管饱，还实现了产业兴旺、村民增收、乡风文明：一度贫穷落后的磴播，成为脱贫攻坚大潮涌现的明星村寨。

跑毕节山水，圆扶贫之梦

受访人：贾文召

访谈人：郑铮敏

访谈时间：2020 年 7 月 19 日上午

访谈形式：线上访谈

访谈整理：郑铮敏

访谈校对：郑铮敏

故事写作：郑铮敏

受访人简介：贾文召，河北人，时任广汽本田汽车有限公司技术部产品技术科车身系科员，兼任广汽本田汽车有限公司技术部直属团支部书记等职位。2016 年任广东省第一扶贫协作工作组毕节组组员，到贵州省毕节市进行扶贫协作工作，在离家任职的三年期间，几乎跑遍整个毕节，调研产业项目，搭建农产品电商平台等，为毕节帮扶做出了巨大贡献。

一 挺想去艰苦偏远的地方看看

我回想自己为什么会选择这个路，其中还是有很多缘由的。首先从我本身来说，我大学就在学校的校团委工作，从大一开始直到毕业我印象最深刻的是 2008 年汶川地震的时候，本来是校学生会要组织相应的捐款，但学生会出了一点状况，所以老师希望校团委来组织全校的捐款。当时大概是一个星期的时间，每天都在我们校园的 BBS 上面宣传地震捐款，通过摆摊和办公室设点组织学生捐款的方式，募捐了三四十万元。一开始看到地

2019 年 7 月贾文（右）接受郑铮敏访谈

震的新闻我还没有什么太深入的感觉，后来随着新闻报道，各方面的死亡
数据增加，感触很深，所以我积极主动地组织了这次捐款。学生们也是积
极响应，纷纷捐钱，把纸币硬币全塞进去。有的学生捐了之后还回宿舍拿
钱再来捐，有的还回去班里又组织捐了一次。那个时候我白天组织捐款，
晚上看到关于地震的新闻报道的时候，真的感觉自己做了一件有意义的事
情。包括这次的疫情防控，我是担任广汽集团共青团的团委干事，组织青
年们成立突击队来保障我们集团员工的复工复产。

其次，我觉得家庭氛围对我的影响也很重要，比如说我老婆，她是读
社会工作的相关专业，对公益活动很有热情，她一毕业就在公益组织工
作，参加很多公益活动和志愿活动。所以我们两个人在这方面的人生观和
价值观是比较契合的。当时领导来征求我的意见，问我去不去贵州扶贫，
要答复要的特别急①，差不多一个小时之内就要答复，我只能先给我老婆

---

① 干部补充：2016 年的时候，广州市发了一个文件给我们广汽集团，当时领导来征求我的
意见，说可以去贵州扶贫，问我去不去。一开始他们问我的时候，已经是下午四点快下
班了，本身我是挺想去的，但是我想肯定要征求一下家人的意见，要回去跟家里人商量
一下，第二天再答复。然后领导说没问题明天一早再回复。结果过了差不多十几分钟，
我们领导过来说上面催得很急，必须得今天下班前答复。我们五点半下班的，要的这么
急，只能先给我老婆打了个电话，跟她商量之后，我决定报名去参加。后来我才知道当
时是广州市要成立一个扶贫组，要找熟悉汽车产业的人，于是就找了广汽集团，因为广
汽集团属于国资委的，领导找了很多人，但是很多人顾虑要去三年，都放弃了，后来领
导找到了我，没想到我无条件无要求答应了，所以就派我去了，所以我其实不仅仅代表
广汽，我更多是代表广州市国资委的。

打个电话商量一下，当时家里小孩才两岁多，担心家里会有顾虑，因为文件上面写着要去三年，家里基本上就要靠她一个人去承担。但我老婆就只问我一句话："这件事你自己想不想去？"我说我还是挺想去的，挺想去艰苦偏远的地方看看，真正地感受中国最贫穷的地方是怎么样的。然后我老婆说你想去就去吧，家里的事有我在就好了。很短的时间内打了一个电话，我老婆非常理解和支持我，所以我下班前就答复集团说可以去。

自己本身就很热心公益，感觉是很有意义的事情，加上家人的理解支持，我才能不忘初心，很快下决定去参加三年多的扶贫。

二 毕节是一个神奇的地方

我第一次听说毕节，是从新闻报道的留守儿童一氧化碳中毒事件①，是当时挺轰动的一个新闻事件。几个留守儿童晚上出去玩，因为天气很冷，就跑到垃圾箱里面烧垃圾取暖，因为垃圾很多都是有毒物质，结果一氧化碳中毒全部死亡。当时我就想，都21世纪了，还发生这样的事。所以就是通过这个新闻事件了解到毕节原来是这么贫穷的。第二次听说毕节，是恒大当时要帮扶毕节的大方县，一投就是60亿元，当时感到很震惊，一个县就投了这么多钱。第三次是同事知道我要去毕节了，就帮我在网上查了一下，结果查出了一条公路叫贵毕路，就是贵阳到毕节的一条高速公路，说这是一条死亡公路，发生很多事故。所以当时就怀着这三次对毕节的印象去了毕节。

当时是坐飞机过去的，快降落时看到毕节的第一反应就是：哇！山，到处都是山！飞机降落的时候就感觉是降落在群山之中，被群山包围。下了飞机，坐车的时候感受就更深了。记得要去最偏远的县调研的时候，整整开了七个小时的车，一路下去，感受更深，越往下越贫穷，就已经走到了车根本到不了的地方，但是去村里还要走很长很长的路，所以我的印象就是山真的太多了，并且这里真的太穷了。随着了解越深入，我更加了解

---

① 2012年11月16日晨，贵州省毕节市七星关区流仓桥办事处环东路一垃圾箱内，发现5名男孩死亡，年龄均在10岁左右。经初步调查和勘验，5名男孩排除外伤性致死和机械性窒息死亡，尸检结果系一氧化碳中毒死亡。警方发现小孩死亡的垃圾箱内有木炭生火取暖的痕迹。

毕节的贫穷，这也更加坚定了我这三年要好好干，努力找寻方法，帮助毕节老百姓脱贫的决心，这也是我后来遇到困难和挫折想放弃却还是坚持下去的初心和动力吧！

虽然毕节贫穷，但是这里是一个神奇的地方，物产丰富，有许多非常美丽的地方。例如百里杜鹃①，你真的应该来看一下，漫山遍野的杜鹃花，一座大山连着一座大山，好几座大山的杜鹃花同时开放，不同颜色交错，实在是美极了。还有著名的韭菜坪②，在高海拔地区，由于昼夜温差大，一个韭菜花可以开到拳头那么大，也是非常壮观。并且这里还流传着一个传说，听说过夜郎自大吗？据说这里曾是夜郎古国的遗址。③

三　几乎跑遍了毕节

到了毕节之后，我们成立了一个工作组，这个工作组设在（毕节）市里面，只有四个人：组长是广州市发改委的；有三个组员，我是代表国资委的，一个是代表广州市商务局的，还有一个是代表广州市人事局。我们有固定的地方办公、吃饭、住宿，然后再根据自身负责的工作内容，像我就要经常往乡下跑去调研，我经常要去各个村走访，了解村民的情况。我大概统计了一下，毕节大概有 260 个乡镇，三年多我应该去到了 200 多个。毕节有 1981 个贫困村，我去到了有 1000 个左右。基本上所有的县都去过了，所以可以说我是几乎跑遍了毕节。

这其中也发生了很多令我印象深刻的故事。我记得当时是在赫章县褚市乡核桃村，这是一个在全省深度贫困的贫困村，深度贫困村的概念就是

---

① 百里杜鹃风景区位于贵州省毕节市大方、黔西县交界处，因整个天然杜鹃林带宽 1~3 千米，绵延 50 余千米，总面积 125.8 平方公里而得名。百里杜鹃是"世界上最大的天然花园"，有"地球的彩带、世界的花园"的美称。百里杜鹃风景区内，马缨杜鹃、露珠杜鹃、锈叶杜鹃、水红杜鹃、繁花杜鹃、美丽杜鹃、紫花杜鹃……姹紫嫣红、争香夺艳，方圆 250 平方公里的这一片土地上宛如一个天造神设的巨大花盆，点缀着群山起伏的贵州高原。

② 韭菜坪，山名。在贵州赫章县，有两座名叫"韭菜坪"的山峰，分别是"大韭菜坪"和"小韭菜坪"。其中小韭菜坪有"贵州屋脊"之称，是贵州的最高峰，主峰海拔 2900.6 米，山顶石林密布。大韭菜坪风景秀美，山顶韭菜郁郁葱葱，故名。

③ 夜郎古国是汉代西南夷中较大的一个部族，或称南夷。地域大致是及贵州及湖南西部、广西北部一带。

贫困发生率①超过 20%，但它这个村的贫困发生率当时已经超过 60% 了。我们第一次去的时候，车是到不了的，不仅要走路进村，还要爬到山上才能进去。进去之后，都下不去脚，没有什么路走，都是泥坑，到处都是烂泥粪便，人和动物共用的路。我们去到一个贫困户大哥家里，给我的感受首先是他的房子是土坯房，墙是把土压成土块垒起来的，上面的屋顶是用茅草盖起来的，只有一个很小的窗户，用塑料布糊起来，塑料布也是很破旧的，进到屋子里面，也没有什么像样的家具，唯一有的就是睡觉的床吧，睡觉的地方和吃饭的地方是在一起的，灶台和桌子也是没有的。灶台基本上就是用石头垒着的一个状态，上面放着一口锅，石头下面烧着煤，锅里面常年煮着一些土豆玉米，又当菜又当饭的。整个屋熏得乌漆嘛黑的。跟大哥一聊天才发现，这个大哥是长年患有慢性疾病的，只有一个人，没有人照顾，所以每天只能这样勉强度日。

我们到的另外一家贫困户，基本状况跟这个大哥差不多，是一个老奶奶带着一个小男孩生活。我们问那个小男孩"你父亲母亲去哪里了"，他奶奶说他母亲受不了这个穷日子跑掉了，也没有把孩子带走，他父亲出去打工的时候意外去世。当时我们听了之后真的挺难受的，当场就给他几百块钱。还有一个就是在另外一个县的李子村，那个村贫困发生率是 50%，我们看到有一户家里有好多鞋子，大大小小，还有好多床，后来一问才知道他们总共有七姐妹，最大的是在上大专，最小的还没上幼儿园，父亲也是出去打工时意外去世，母亲上山种地被滚下来的石头砸死了，所以七个姐妹就变成了孤儿。幸好有她们的大伯和大伯母照顾，她们住在大伯家，但是大伯有三个女儿和一个儿子，总共要养 11 个小孩，生活压力非常大。

其实类似这样的情况还有很多很多，我们也通过这样的情况总结了贫困的几个原因：一个是生病致贫的，没有办法劳动；一个是生育小孩多，负担重；还有因为发生意外失去抚养人，也没有任何社会保障，失去了经济来源。

通过这样走访了解情况后，我们总结出最根本的问题还是要创造就业

---

① 贫困发生率也称贫困人口比重指数，是指农村低于贫困线的人口数占农业人口的比重，也就是贫困人口除以农业人口的比率，它反映的是地区贫困发生的广度。

机会，让外出打工的人回流，让一些老弱病残的村民也可以自力更生。所以接着就要讲到我的工作，我们工作组是有六个方面的任务，也就是国家定的六个任务，我主要负责其中两个方面：一个是资金支持，一个是"携手奔小康①"。

在资金支持这一块，资金主要就是来自广州市的财政资金。我们把资金全部投在了贫困村，那要怎么用呢？就是要围绕"两不愁三保障②"来开展工作，监督资金在这些方面的落实。所以我们的钱就是按照这个基础的补短板。所以后来我们在县城围绕"易地扶贫搬迁③"项目，建立了很多学校和医院。还建立了很多产业项目，在农业方面我们结合贵州省这个改革政策，把一些比较平整的土地进行整合用来建蔬菜大棚，然后从广州引入了很多龙头农业企业来管理这些蔬菜大棚。那么老百姓可以从三方面来增收：首先是土地租金，土地是租老百姓的，有租金给到老百姓；其次是我们广州的资金是算在老百姓头上的，比如我们投几十万元，每个人几千块钱，把这个钱入股到企业里面，那每个人每年就会有分红；第三笔收入就是老百姓从原来自己种地到给企业打工，每个月拿一定的工资。这样下来，附加值就大大提升了。那你可能会问企业生产的和老百姓相比怎么差别这么大呢？因为这个龙头企业是专业的，有技术，懂管理，有渠道销售，种植效率高，附加值大，收入多，可以带动周边老百姓增收。老百姓一开始肯定不同意，惯性思维影响嘛，那我们就先做给你看，老百姓自己

---

① "携手奔小康"是国务院扶贫办每年考核东西部扶贫协作的六个方面之一，其中还包括组织领导、资金支持、产业合作、劳务协作、人才支援五个方面。"携手奔小康"主要考核东部地区组织经济较发达县（市、区）参与帮扶情况；携手奔小康行动覆盖结对省（区、市）贫困县情况；县（市、区）组织实施帮扶工作情况和党委政府主要负责同志赴结对县调研对接情况；与贫困乡镇和贫困村结对帮扶情况。考核西部地区贫困县党委政府主要负责同志到东部结对县调研对接情况；贫困县组织实施帮扶工作情况；帮扶资金和项目精准聚焦贫困村和贫困人口情况。
② "两不愁三保障"是中国在易地扶贫搬迁中提出的主要目标，"两不愁"即不愁吃、不愁穿，"三保障"即义务教育、基本医疗、住房安全有保障。其中，住房安全有保障规定，建档立卡贫困户人均住房建设面积不超过 25 平方米。
③ 易地扶贫搬迁指的是将生活在缺乏生存条件地区的贫困人口搬迁安置到其他地区，并通过改善安置区的生产生活条件、调整经济结构和拓展增收渠道，帮助搬迁人口逐步脱贫致富。由于中国地域广阔，贫困连片发生，很多老百姓生活的环境条件差，也就是"一方水土养不起一方人"，就需要搬迁到新的地方以改善生活环境，做到搬得出、稳得住、有事做、能致富，确保搬迁对象尽快脱贫，从根本上解决生计问题，最终达到脱贫致富。

算账发现很划算，就支持了，所以我们 2018 年就已经全面铺开，建了很多的蔬菜大棚。当地也成立了很多的农业合作社，这是村民自己决定成立、自愿加入的一个组织，牵头来跟龙头企业进行合作，组织村民进行生产。

当地有一些很有头脑的人也慢慢在组织发展起来，成立一些中药材公司，种植中药材如半夏、天麻、何首乌、板蓝根等，我们还引入广药集团与他们合作。当地还种植了大量的食用菌，因为是在高海拔地区，所以农产品的质量都是非常好的。我们大力开展消费扶贫，自己建了一个电商平台，把农特产品挂到平台上进行个体销售，建立一个完善的物流包装配送机制，把农产品卖出去。我们也正在让毕节的农产品与我们广汽对接，成为我们广汽集团员工健康稳定的一个菜篮子，我们现在就在做这个事。一方面能够持续长远地帮助到村民，让他们有一个销售的渠道，另一方面又能给我们广汽集团的员工提供一个健康农产品的渠道。从我们广汽集团电商平台建立以来，已经有 1.7 万个人注册了，有很多订单，差不多有 60 多万元的销售额，大概是我们这两个月的成果，还没有完全统计。如果稳定下来，一年有一两万个订单，销售额可以达到一两千万元的话，那效果就非常好了。钱都是回流到老百姓手上的，可以持续长久地帮助他们，关键还是有这样一个稳定的渠道。

四 民风淳朴，热情好客

毕节当地民风非常淳朴，热情好客，毕节虽然有很多少数民族聚居，但是不同民族之间相处非常融洽。包括当地的治安也是非常好，晚上十一点走在路上是完全不用害怕的。

我们去到所有的老百姓家里，他们知道我们是政府的干部，也不知道我们是哪里的，他们就会跟我们说党的政策好，感谢党，感谢习主席。后来知道是广州的资金帮助的，就说感谢广州。我可以感受到这些都是发自内心的感恩，非常真诚和朴素，发自肺腑。还有一些苗族的村寨，本身他们的民风就是很淳朴好客的。有一些村寨后来我都不敢去了，因为太好客了，每次去都会拉我去喝酒，酒是他们自己酿的水花酒，类似于我们广州的白酒，上来就必须喝一大碗他才放你走，去一户就给你倒一大碗，胳膊都快被拉断了。后来也有广汽的领导去，领导们也是觉得村民们太好客

2019 年 3 月贾文召（中）考察产业项目

了，这种感触还是跟其他扶贫地区有所差异的。

也正是因为有脱贫攻坚的工程，大大缓解了我们基层干部与老百姓之间的矛盾。之前新闻会报道一些干部和百姓的矛盾很深的事件，那是因为以前干部经常干一些与老百姓切身利益相冲突的事情，那老百姓见到干部肯定反感。但是现在不一样了，现在每一个贫困户都有建档立卡，每年的收入都要一笔笔给他算这个账，所以干部对这个老百姓的关心比老百姓自己还用心。以前，一年见不到几个干部，现在村干部每个月都要去遍访一遍，每个乡干部几个月去遍访一遍，还有县的市的干部，定期会来走访慰问，老百姓几乎天天可以看到这些干部，所以老百姓肯定是很开心的，物质和精神上都得到了满足，脱贫攻坚的意义和伟大就是从这些方面反映出来的。包括我自己也是在不断地去认识和受教育。

五　毕节和我都发生了很大的变化

这三年来，毕节发生了很大的变化，我自己也发生了很大的变化。

通过这些产业项目的建立和运营，带动毕节的经济发展，就业机会也增加了很多。大概是 2016 年底，我们刚去时是 92 万贫困人口，到我们走的 2019 年底，贫困人口大概还有 20 多万。这是一个根本性的改变！留守儿童的问题也慢慢得到解决，在当地没有就业机会，人们被迫走出大山，到沿海地区打工，城市的包容性也不是很好，所以小孩被迫留在了家乡跟老人生活在一起。那么解决的方法只有两个，要么成为城市人，城市有他们的一片天，这个现在很多城市也在做；要么在老家有就业机会，这个是最直接的解决办法。那我们把产业搞好之后，老百姓一看回家工作也挺不错，干吗跑这么远，还能照顾到老人和小孩，就都回来了，所以留守儿童问题就解决了——这反而导致东部沿海地区"用工荒"。但其实这也有利于东部产业的产业改革，东部地区不能一直发展劳动密集型产业，也应该发展高科技产业，也是有利于东部地区转变经济发展方式。

村里的环境变化也是非常大的，一开始我不是说那个车是到不了村里面嘛，然后我们就从大路给修了一条公路进去村里面，再把村里的泥路都硬化了。把村里符合要求的房子全部改造成安全房。还在村口那里建立了一个扶贫车间，例如有一个是少数民族的服装车间，它从市里面拿一些货来加工，之前提到的那个大哥和老奶奶都可以来这里加工，每个月有两三千块的收入，所以现在 60% 的贫困户已经脱贫摘帽了。我们还修了路灯，改善毕节老百姓的饮水问题。说到这个饮水，以前村民们喝的都是"望天水"，就是每家每户在房顶上面都有一个管子下来，我当时就很疑惑，后来才知道是把房顶当成蓄水池，雨水通过管子流到地窖里，然后用于生活。其实这样水的质量很难保证，但是要去河边打水也很难去的，来回路途遥远非常麻烦。于是我们就建造了一个工程把河里的水提到山上，进行沉淀净化，再输送到每个村民家里，让每家每户都有干净的水饮用。

对于我个人来说，收获也是非常多的。首先就是我个人能力真的是得到了一个全方位的提升。我在广汽的团委也只是负责其中的一部分工作，但是到了工作组，我要参与整个广州市和毕节市两个市的合作，面对大量复杂的状况，还要到各个县、乡、村调研，跟村民打交道，跟干部打交道，面对各种各样的问题，培养我有了一个更好的大局观。作为一名共产党员，对党性的理解也更深刻了。尽管我在 2008 年就入党了，但是我对共产主义理想信念这些还不是非常理解，这次扶贫更加坚定了我的共产主义理想信念：真的是看到我们党是不忘初心，牢记使命，带领老百姓追求幸福生活。自己的心态也有很大的转变，我是大学毕业才来广州工作，没有任何的亲戚朋友，一个人在这里打拼，跟周围的同事比还是挺自卑的，心态很焦虑。但是参加三年多扶贫之后，心态慢慢平和，没有那么焦虑了，更多是感激和知足；相比于贫困地区，我的生活实在太幸福了。现在觉得唯一能做的就是踏踏实实过好每一天，尽自己所能多做一些有意义的事情。当然组织也是对我很关心，对我个人也是破格提拔。

唯一遗憾的是这三年来没有照顾到家庭，全是靠妻子一个人；错过了陪伴小孩从两岁多到现在已经快上小学了这样一段美好时光。对家庭我还是挺遗憾，现在也正在弥补。

六　毕节这个事我一直记在心上

在毕节待了三年多，要离开还是很不舍的。回到广州之后，我也回去过一两次，每次听说我要回来，朋友、村民都特别高兴，早早地就在酒店等我，特别热情。今年新冠肺炎疫情暴发，在春节期间情况比较严重，毕节的相关部门的领导联系我希望我能够帮他们买一些口罩——他们复工复产需要口罩嘛。我当时其实也是干着急，我也没有渠道，也要到网上购物平台去抢，很难买到口罩。后来广州市给我们广汽集团下了一个任务，就是能不能改变一下生产方式来做口罩，我们广汽的领导在春节期间也是专门带队去东莞考查，一开始是要买机器设备，但是厂家说没有了。后来就是转变思路说自己研发设备，因为我们有一个研发中心，我们成立了一个口罩突击队，用了十天的时间生产了四十多台机器，所有人二十四小时加班加点赶出来的。大概到了 2 月初，我们集团复工，自己的员工就可以用上口罩了。其实我们自己只留了十台，其他都捐出去了，各个地方同步来生产。一开始机器会出现各种各样的情况，所以十台机器一天大概才生产五万个口罩，然后还要支援整个广州，所以我们集团自己还没有口罩，推迟了复工复产，到了 2 月底才复工。

当时 2 月份就是这么一个状态，但是毕节这个事情我一直记在心上，回来我第一时间跟领导报告毕节很缺口罩，集团也是大力支持，在 2 月中旬，我们协调了十万个口罩送给毕节，我们还担心如果由快递公司送货的话会被截，所以用我们自己的商贸物流，专门派了一台车，把口罩送到了毕节。后来毕节市还专门给我们来了感谢信，感谢集团解了燃眉之急。后来我了解到有很大一部分口罩是用在脱贫攻坚上的，他们要全面开展贫困户的普查，干部们要下到村里，没有口罩很难开展工作，还有一部分是用在工厂的复工上面，起到了一个很大的作用。所以这其实也算是扶贫的一部分。到了 2 月底我们想再捐的时候，毕节那时候渠道也慢慢畅通，疫情也缓解了，口罩也慢慢能够买到了，也就不需要我们的帮忙了。所以虽然我现在不在毕节，但我一直在关注，能帮忙的我都会尽我所能去帮忙，扶贫故事不会因为我离开了就结束，故事还一直在继续！

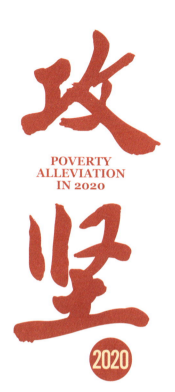

POVERTY
ALLEVIATION
IN 2020

2020

一线扶贫干部亲历记

THE PERSONAL EXPERIENCES OF
FRONTLINE OFFICIALS

（下 册）

谢治菊 编著

社会科学文献出版社
SOCIAL SCIENCES ACADEMIC PRESS (CHINA)

目 录

上 册

下　册

在黔行的路上桃李芬芳

受访人：邵国英

访谈人：周丽

访谈时间：2020 年 7 月 15 日

访谈形式：当面访谈

访谈地点：岑巩县教育和科技局

访谈整理：周丽

访谈校对：邵国英

故事写作：邵国英

受访人简介： 邵国英，女，1977 年出生，浙江杭州建德人士，2000 年 9 月从事教育行业工作起，先后担任了建德市航头初级中学教师、建德市先锋职业技术学校教师、建德市三河小学教师、建德市大洋中心幼儿园园长、建德市杨村桥中心幼儿园园长、建德市航头中心幼儿园园长。2019 年 7 月由建德市教育局派往贵州岑巩县幼教支教帮扶团，支教期间工作于岑巩县教育和科技局幼教教研室，挂职岑巩县第二幼儿园园长。

一 感母恩，光荣从教反哺社会

我出生于 1977 年，第二年，伴随着党的十一届三中全会的召开，中国开始走上改革开放新征程。当时的生产力水平相对落后，买东西要用粮票。我小时候特别爱吃甜食，父亲就用其他物品的票跟邻居换了糖票买了白糖给我吃，那时也没什么水果，好像橘子是我爱吃的，父亲又挑了家里

287

邵国英工作照

的稻谷换了橘子给我吃。

父亲那一代有九个兄弟姐妹，大伯父是村里会计，二伯父是教师，还有六个姑妈。我爷爷是福利厂工人，小姑妈也是副食品厂工人，他俩的户口转出去了但名下的田还保留着，就给了在家务农的我父亲耕种，加上我们自己户头分来的田一共有六七亩。那时家里条件不好，父亲以务农为主，母亲在水泥厂上班贴补家用。我父母就把这些田都耕种了，我很小的时候就去田里帮忙。我哥比我长两岁，是干活的一把好手，父亲对他很严厉，因为实在缺劳力，很小的时候就教会他做很多活。我哥八岁的时候就会做饭给我吃，也可以说是"穷人的孩子早当家"。

我母亲在水泥厂上班，刚开始都是靠走路好像要走个把小时，轮休的时候母亲都是在田里忙。我听母亲说有时下班走回来的路上走着走着就很想睡了，几次摔倒过。后来托了熟人拿到了一张购买自行车的票，东拼西凑地买了第一辆自行车。我一岁的时候母亲进的厂，我高中快毕业的时候这个厂解体了，母亲才退了出来。因为母亲是老员工了，厂里照顾后几年就给安排到了控制室，从我上初中时，周末母亲就回家忙农务或者摆路边摊，而我就成了那个顶班的人。现在回想起来都能记起控制室里那一红一绿的两个按钮，这顶班的活一直干到厂里解体——我一度以为自己毕业后要去水泥厂当工人了。那时候好像还要交公粮，每年粮食收成父亲就拉满满的双轮车的稻谷去粮站，我和哥哥在后面推车。在我12岁的时候，我生了一场病，是肾炎。记得那时正是农忙时节，母亲没时间照顾我，白天让外婆在医院陪我，晚上几乎八点多了母亲忙完农活才匆匆赶来接替外婆。那一年我们家是吃了些苦的。我休学在家养病，也就在这一年，母亲说我反正上不了学，就听了远嫁义乌的姑姑的建议，坐火车到义乌市场进了棒棒糖、松管糖之类的，用一个米筛摆在小学门口让我去卖。我记得那时还是五分钱一颗糖，母亲每次进货好像也就二十多元，一次卖完能进账好多块钱。这小摊一摆，我家也算是走上了经商创业的小道了。记得后来有种糖卖到了二毛一包。母亲就让父亲在小学旁我家的菜园里给盖了间简单的小泥房，路边摊升级为了小店，因为母亲还要上班，刚开始都是父亲看店为主。傍晚放学后和周末都是我守店为主。我哥在18岁的时候就去了部队。我18岁的时候，家里有了点点积蓄，父母就把开小店的这个地方拆了盖了那时候流行的两层楼。而这楼一住，一直到了现在，如今我们放假回家这里还是大本营，一晃二十多年了。

我非常敬佩我的母亲也非常感恩于她，她一直是我们家的顶梁柱，做事有魄力有闯劲，对别人热心肠，从不向困难低头。

我外公外婆是徽商后代，到建德后经营小本生意，置了一些田产，"文化大革命"的时候被划为地主，这成分害惨了我的母亲和舅舅。我母亲被小百花剧团选中，后来得知是地主之女就取消了资格，舅舅考上大学也因为这名额被顶替了，还说地主的后代是不能当兵的。

我母亲嫁给我父亲的一大部分原因是因为我爷爷家成分好，母亲就是希望自己的孩子能当兵能当老师。所以，我们兄妹从小就被母亲教育，长大了要当兵要当老师。为了让我们安心上学，母亲算是操碎了心，种着六七亩田，水泥厂上着班，还要开小店，每周半月的要去义乌进货。

那时去义乌没这么方便，天蒙蒙亮就得起床煮点面条当早饭，然后母亲用自行车带着我——要骑近四十分钟到火车站，没有票就站在过道里。有回特别挤过道里都是人，汗臭味，很多人带的吃食味，现在回想起来那时候人们生活怎么那么不容易，我们就是从社会底层一步步爬起的人啊。

若不是母亲坚强，若不是母亲有开店的勇气，怎么供得起我们兄妹读高中，怎么有我们后来的平台。

哥哥高二的时候村里征兵，我妈就叫了我哥回来体检。好像我哥有轻微的鼻炎，我们都担心因此失去机会，我哥就每天把鼻子凑在水龙头底下冲。也不知哪里听来的土方法，还真当冲好了。我哥顺利地入了伍，那应该是我家那年最开心的事了，我母亲的心愿完成了一半。我哥这一去部队就三年没回家，自己也很努力考了军校，我妈心里乐开了花。那时我正值高考，母亲把全副心思放在了我身上。可能压力太大，我没能如母亲的愿，高考落榜了。那时我感觉天都要塌下来了，正准备复读，我一个远房叔叔在小学当校长说缺个代课老师，我妈一听可以当老师立马就把我应承了下去。

我小时候上学时成绩都不错，老师经常让我帮忙当小老师，也是有模有样的。1999 年 9 月，我踏上讲台开始了我的代课生涯。

一年后，我初中班主任胡孝龙老师听说了，叫人来找我去初中代课，他当时已经是建德市航头初级中学的校长了，我欣喜地去了，这一代就是五年。其间我结了婚有了孩子，考了一次编，自学了汉语言文学专业，考取了初中语文老师的教师资格证，但一直没招过语文老师，我就参加了一次英语老师的招聘，很自然地落选了。

这期间，我也灰心过，也几次瞒着母亲去杭州一些单位面试，有做保险的，有做房地产的。他们看了我的简历都很喜欢，有些面试程序都简化了。但当我跟母亲商量辞去代课老师工作时，母亲总是佯装大怒说：儿子不给你带了，你要出去打工就把儿子自己带上。那怎么可能，我只有作罢。现在想想要感谢母亲的坚持，才让我后来有了考语文老师的机会。我虚岁 31 岁那年，刚好卡在考编的末班车，那年要招四个小学语文老师，母亲万分激动，催着我报了名，包揽了所有带小孩及家务，只为了让我安心复习。我觉得命运之神还是眷顾我的，在我只有最后一次考编的机会时，让我幸运地跻身在编老师行列，光荣地成为正式的人民教师。分配到遥远的三河村，回家要倒五趟车，我开始了住校生活，儿子已经上小学了，一切重任都交给了我操劳了一辈子的母亲。常在晚上接到母亲的电话为的是探讨儿子的作业，路途的遥远、儿子作业不懂时的哭啼、母亲焦急的心情，几度让我想放弃编制回家陪伴他们。一周回家一次，每周五都赶着最后一趟末班车回家，父亲总是在公路边等我，每次我一下车父亲总心疼地说"你怎么都是这么迟的了"，眼泪唰得就下来了。母亲总是告诫我要吃苦耐劳，要对得起工作，要把人家的孩子教好。这在山区一坚持就是三年，在第三个年头我参加本市第一批公办园长竞聘。记得当时考试时有近八十个面试官，我是全程脸红着走完面试程序的，因为不是幼教专业还是少点底气。但我是中文专业文学素养还是有些的，又有了多年的从教经验，进编后又担任了中层，这么多年的锤炼还是在关键时候派上了用场，我在面试讲述时思维逻辑和语言表达自己觉得还是比较出色的，感谢学文的自己。就这样，我通过了本市的公开选拔当上了园长，这一当就过了十一年，其间调动两次，在幼儿园管理岗位上我一共经历了三个乡镇，也算是阅历丰富了。今年正是我从教 20 周年，回看来时归路，历历在目，而这一路支撑与鼓励着我的当属我的母亲为最重，她一直教导我当园长要亲民清廉，要不怕辛苦要能做贡献。直到去年七月，组织找我谈话派遣我带团去岑巩支教，母亲已不再是年轻时的母亲，但她还是给了我莫大的勇气和支持，让我有了黔行的信心和决心，因为我知道，无论我走多远，母亲一直在，她那么坚强，那么开明，会一直等着我凯旋。

二　显大爱，毅然黔行攻坚脱贫

2019 年 7 月，根据建德市委组织部安排，我被选派参与援岑教育对口帮扶工作，成了东西部扶贫协作脱贫攻坚中一员，带团赴岑巩，并挂职岑巩县第二幼儿园园长。到了岑巩，大家亲切地叫我邵园，我主要从事二幼新园环创和开园筹备事宜，因为二幼是岑巩县学前教育第二集团的示范园，作为挂职园长，我就自然地把集团园的示范引领工作承担了起来。对于支教工作，我是自愿报名的，再经过组织选拔谈话。当局领导找我谈话时，作为建德市航头中心幼儿园的园长，我也表达了一些我的顾虑，局领导周全考虑派了一位副园长到航头幼儿园主持工作，让我没有了后顾之忧。

航头幼儿园的教职工对于我赴岑巩支教是给以理解和支持的，尤其中层队伍，我们在一起共事奋斗了两年（我于 2017 年 8 月调任航头中心幼儿园园长），建设了凝聚力强荣誉感强的团队，在组织任务上是毫无二话服从的。其实大家还是舍不得的，听说我要去那么远，听说要派一个副园长来主持工作，大家难免表示出了一定的顾虑。临行前，我一直在办公室，与各科室分管工作的把新学期的事项一一落实，直到主持工作的园长来接班。局领导非常重视此次组团帮扶事宜，我们虽然是三人的团，但却代表了建德形象，领导与我们谈话都谈了好几次，了解了我们的情况与想法，明确了此行的责任，寄托了局里的期望，并嘱托有困难要及时向组织汇报。一切准备就绪，我们踏上黔行的征程。

家里人刚开始是不支持我的选择的。接到局领导电话时，我正在医院陪护父亲。当时 70 多岁的父亲得了脑梗，送医院抢救刚脱离危险期，还不能自己进食和下床活动，当组织得知这一情况时给了我考虑的时间。我只有一个哥哥，他在 18 岁时就去了部队，父亲重病时他正转业刚到省人大报到，几乎脱不开身来照顾父亲。我的爱人是一家外企的司机，只能周末抽空回来帮忙。幸好读大学的儿子放暑假，我就把照顾外公的重任交给了他。当我与母亲商量是否服从组织安排时，母亲是十万个不愿意，她年纪大了吃不消在医院陪护多希望我能留在他们身边。恢复清醒的父亲倒非常坚强，用手势示意支持我前往岑巩并让我放心。2019 年 7 月 12 日，我带着两名支教老师组成了三人的帮扶团踏上岑巩土地，开启了我们人生中特殊的一段"旅程"。在岑巩挂职期间，最牵挂的就是家中老父母，每每接到母亲电话总是泪流满面，但我既然选择了加入脱贫攻坚帮扶行列，定是自我调节全身心地投入到帮扶工作中。

我从来都没有到过贵州，建德市与岑巩结对帮扶之前已陆续派有老师在支教。打赢"脱贫攻坚"战号召在学习强国里也经常学习到。建德也曾派过两名园长到岑巩做过调研。听她们讲述在岑巩一个月的经历时，感觉那里教育理念还是比较落后，老师专业知识和能力也有所欠缺，整体的教育发展水平跟建德还是有差距。作为一名有着近二十年教龄的教育人，我深知教育发展对一个地方发展的影响力。我从小受母亲教育，要立志当人民教师，站上三尺讲台反哺社会。而今借东西部扶贫协作东风，我竟有机会成为扶贫事业人员之一，竟能将自己喜欢的工作与国家脱贫事业联系在一起，这于我似梦一般却是不争的事实，我感到前所未有的骄傲同时也感到深深的责任。

临行前，我才得知胡孝龙校长已在岑巩教科局挂职教研员。胡校是我的初中班主任，是我的语文老师，又是我后来代课的航头初中的校长，忽然就有了信心，感觉远方似有指引，更感觉自己很幸运，能与恩师同赴千里之外的异地为教育发展贡献绵薄之力，想来就是很有意义的事。后来又得知建德市委副书记周友红在岑巩挂任县委副书记，他是胡校的学生，毕业后曾回我的母校任过几年老师，我也是胡校的学生，我们三个也是老乡是同一个乡镇的，顿觉此行并没有那么艰巨，虽未启程已感受到了来自远方的温暖。胡校的确对我是关心的，问了我订票事宜嘱托路途要注意安全，并在岑巩多方协调为我们落实各项生活细节。7 月 12 日，局里安排了车子送我们到衢州高铁站，我们乘坐高铁历经 6 个小时左右到达铜仁南站。岑巩教育局安排了一个园长来接我们，到岑巩高速口的时候，远远就看见胡校站在那，握手的那瞬间内心无比感动也无比激动，黔行途中有恩师有老乡同行，是何其幸运，心中倍增了信心和勇气。到的时候已是夜里 9 点多，当时正下着小雨，出发时已科普过知道了贵州是"天无三日晴，地无三尺平"，细雨蒙蒙迎接远方而来的客人正是应景。岑巩县教科局对我们的到来表示了热烈的欢迎，随同胡校一起来接我们还有局里主管帮扶工作的郑祖林主任，早早就安排了接风宴，我也就第一次见到了我即将挂职的第二幼儿园的常务园长吴筠，我扫却一身疲惫融入这新的环境中，算是正式开始了我的帮扶事业。

接下去的短短几天，我感受到了当地对我们的需要，到的第二天吴园长就来接我们去了二幼工地，经过一番察看交流，我感受到了帮扶工作的重要性和意义所在。我挂职的幼儿园是易地扶贫搬迁安置小区——亚坝小区的一个配套幼儿园。当时这个幼儿园的主体工程已经完成，室内装修和户外场地建设还刚启动。领导说这个幼儿园是计划于 9 月份开园的。我就有了紧迫感，当时亚坝小区也在建设当中，周边配套设施和公共场所都还是给人一片狼藉的感觉，我们感觉回到了几十年前，就是觉得这个地方的经济水平和老百姓的文化层次是不高的。"教育扶贫"是"六大精准扶贫"之一，我蓦然就感受到了此行任务的艰巨。刚来的时候没有给落实固定的住处，我们就先住在了宾馆。三人一间，每晚住宿费是 120 元，可想而知住宿条件是多么简陋了。但我们三人在一块很快就适应了"三人成团"这个概念，刚开始并没有觉得有多苦。我挂职的幼儿园办公经费少得可怜，那我就不好意思让给报销住宿费了，请示了建德领导后住宿费等就回原单位报销。虽然我出来挂职了，局里也给派了主持工作的副园长，但人事财务等新来的副园长刚开始是不熟悉的，还是经常要打电话来询问我一些事宜，我是真正的一心挂两头，还要牵挂着家里老人，时间久了才感受到了出门在外的不容易。住了一段时间的宾馆，我们的住处总算是安顿好了，在幼儿园附近的一栋民房的六楼，当时还是毛坯，正值7月盛夏，哪怕我们意志再坚强也是克服不了这个困难。在二幼常务副园长吴筠费心下，房东给进行了粉刷，装了简单的厨房、卫生间，热水器洗衣机什么的都给配起来了。刚开始没有给装空调，我们搬了一趟行李上去，六楼，可想而知得热成啥样，我们当天晚上还是住回了宾馆，在我的强烈要求下装了两台空调，那两位老师只能挤挤住在同一间房，不然没有空调的那一间是无法住人的。这是我们抵达岑巩后，第一次感受到的无奈，虽然没有想要逃回去的想法，但未免想家想亲人，第一次感受到了出门在外的不易和心酸。生活习惯也不适应，什么早上的粉啊、辣椒啊、折耳根啊，我们都吃不惯，还是想念家乡的白稀饭大饼油条。也不适应这里的空气，特别潮湿，感觉衣服都晒不干，总是湿漉漉的，穿了很不舒服，没多久身上也长了很多疹子，很痒，也不知道多久才能适应这里的一切。虽然困难很多，但我们始终牢记此行的使命，我们本就是来吃苦来奉献的，吃不惯这里的东西我们就吃亲友寄来的干粮，也学着自己做一点简单的餐，慢慢地也就安下了心，我们把现在的单位当成自己"家"一样倾注感情来建设和打造。

在我们边适应边开展工作的过程中，当地教育局还是给了强有力的后盾，第一时间召开了欢迎座谈会，在见面会上向二幼的全体教职工隆重地介绍了我们，并阐释了对口帮扶的政治性和历史意义，也说明了我们的工作性质，为我们接下来即将开展的帮扶工作做了良好的开端。挂职岑巩县委副书记的周友红书记对我们的到来也非常重视，在县委会议室接见了我们并与我们进行简单座谈，言简意赅，既明确了组织纪律，又表达了对我们的关心并寄托了期望。一切都预示着美好的开端，我们虽知接下去开展工作会面临很多困难却充满信心。我们深切感受到了当地政府对扶贫工作的责任意识，也感受到了当地百姓及教育者对新的教育理念的渴望。挂职期间，我经常下乡去乡镇幼儿园调研，与乡镇园长和农村教师接触，她们扎根农村和山区，工作积极努力，还有一定的结对帮扶任务，压力非常大，但她们对国家脱贫攻坚政策还是非常感激的，尤其对这样的教育对口帮扶工作非常支持，常是怀着感恩之心与我们交流。她们渴望在脱贫致富的同时教育同步发展，我们的目标是一致的，很快的我们就将自己融入，期望脱贫攻坚取得决胜。

三　争朝夕，勠力同心成效凸显

对口帮扶是指在国家和各级政府统一领导下，动员和组织经济较发达地区扶持和帮助民族地区、经济欠发达地区，以协调地区发展，增强民族团结，达到共同富裕的一种政府行为。贵州是我国西部多民族聚居的省份，也是贫困问题最突出的欠发达省份。贫困和落后是贵州的主要矛盾，加快发展是贵州的主要任务。贵州尽快实现富裕，是西部和欠发达地区与全国缩小差距的一个重要象征，是国家兴旺发达的一个重要标志。开展对口帮扶贵州工作，促进贵州经济持续健康发展，是先富帮后富、逐步实现共同富裕的重要举措。教育扶贫是实现精准扶贫的重要路径之一。习近平总书记多次强调："扶贫必扶智。让贫困地区的孩子们接受良好教育，是扶贫开发的重要任务，也是阻断贫困代际传递的重要途径。"教育扶贫的成效不仅可以产生经济效益，而且可以产生精神力量。教育扶贫就是营造起扶贫扶志扶智的环境，解决人的素质先脱贫，转变一些贫困人群的"等靠要"观念，引导贫困农民家庭主动发展致富。因此，国家明确了教育优先的战略定位，贫困地区的教育发展和教育扶贫是优先中的优先，得到了国家政策的大力支持，这也是教育扶贫的特殊优势。在这样的东西部扶贫协作利好政策下，我何其幸担任了建德援岑幼教帮扶团的领队，在教育对口帮扶历史上挥上浓墨重彩的一笔，我是丝毫都不敢懈怠组织对我的信任和重托，一年来呕心沥血只争朝夕，保证向组织交付合格的答卷。

岑巩县属于黔东南州，是贫困县之一，是杭州市结对帮扶的，近几年借助东西部扶贫协作，引进一些产业和项目，促进当地经济发展帮助解决就业问题，通过易地扶贫搬迁等一些政策，当地居民在很大程度上改善生活条件。我们刚来时很多地方正在做路，有村道、县道、高速高铁，很多路段都不完整坑坑洼洼，感觉当地人的做事效率比较低，给人一种感觉就是会偷懒有得过且过的样子，我们心里想"穷是有原因的吧"。我想，一个地方的交通影响经济，经济影响教育，我们的职责是教育对口帮扶，对于产业啊项目啊涉及不多，但跟援友们在一起讨论的也无非是这些帮扶的事情，多少还是了解一些。我觉得，当地的生活和环境其实也不处于贫困这个阶段了，只是当地人的观念和理念跟发达地区还有差距，自己也不是特别进取，才导致有些方面发展慢了。我们是开展学前教育"组团帮扶"的，刚来时很茫然不知道该怎么开展工作，因为当地的学前教育状况还处于建德 10 年前的水平，管理模式和教育理念都还比较滞后，一开始真的不知道该怎么入手。感觉什么都想教她们，但一股脑地塞她们肯定是消化不了的。当地经济又不好，幼儿园没有经济来源也没有什么补助，教职工的工资和福利经常都没有保障，总是听园长们说要去借钱了。这种情况要谈教育改革也是十分牵强。要改革，必须要有个契点。我开展园本课程建设好几年了，整个建德现在"一园一品"特色都做得很扎实，很有韵味。浙江省特级教师李小玲，是建德资深的老园长，是我的导师，她非常支持我的支教工作，总是给我莫大的鼓舞和帮助。我借助这一优势资源结合自身经验，在岑巩首先做了课程改革的尝试。2019 年 8 月，岑巩县公办幼儿园全面引进浙江省《完整儿童活动》，课程但因为地域资源不同和教师操作课程的经验不足，老师们不懂怎么去实施这套课程。导师李小玲给了我强大的支援，借助名师工作室网络平台开展了线上教研，我们带领着岑巩老师不断地上平台学习，在线听李特的解读和指导，每月一期的主题审议送教岑巩线上活动从没落下，通过一次次的引领解析，老师们慢慢清晰了如何梳理课程内容，如何把地方资源融入教育，如何结合幼儿园自身情况生成园本活动……刚开始时，由于理念的不同和教师专业基础的差别，很多知识岑巩老师接受起来是有困难的。帮扶团的组成是一个园长带一个中层和一个一线老师，这样的组合想必组织上也是深思熟虑的，当我们的理念得不到认同无法实施的时候，我们就自己到支教老师所在的这个班级去实践。从环境创设到对活动的科学组织和开展，以及教师的教态教风，还有家长工作的开展……方方面面都渗透我们的理念。慢慢地，所呈现出来的效果就不一样了，老师们虽然没有表达出来但我觉得她们内心是认同我们的，工作就好开展了。当然这个过程很漫长，我们足足用了几个月的时间，才让老师们真正地接受我们容纳我们。这一个过程中，我们体现的不止是教育帮扶，还有两地人的文化融合以及精神修养等各方面的体现。一年来，岑巩的学前教育风貌可谓是脱胎换骨，园长们都重视到园本课程建设的重要性了，老师们都会自己梳理教材生成活动了，整体的工作氛围呈现了创新和进取，社会认同感和家长关注度提高了。

近一年来，无论生活还是工作上都吃了很多苦，加班加点就不用提了，但一切都很有意义，我觉得自己竟然还有潜力可以挖掘，觉得个人价值得到了充分的体现。岑巩投入教育的经费非常有限，做教育改革创园本特色都是需要资金支持的，因为这个资金的缺口我们有很多好的设想都无法实施。物资上我也帮不了忙，那我就想办法给她们尽量多地提供精神上的帮助。我求助自己的师父，她充分发挥工作室的资源，让各地的学员组团来岑巩送教，期间的费用都是学员自己单位承担，真的是很无私。

一年来，特级教师骨干学员团队共赴岑巩县开展现场送教9次，线上指导15次，累计培训教师数近6000人次。从集体教学、课程故事、一日活动等各方面对岑巩老师进行线上线下指导。在这样互动的过程中，还带领着当地老师运用了信息化教学、发挥了"网络课堂"资源，老师们常会感叹你们怎么会懂这么多，怎么有这么丰富的资源……有时候我挺想苦笑的，觉得并不是我们懂得多而是她们自己太不思改变，但我是一个园长，要有包容心要有大度的境界，虽然我带来的团只有三个人，但我们代表的就是建德教育的形象，我们要学着换位思考，还要能无私地把自己的经验与资源分享给她们。为了更快地促进当地教师专业水平提升，我们积极搭建一些平台让老师们展示，例如半日活动开放、家长会、亲子活动、优质课展示、教学方案设计评比……通过这样不断地敲打和锤炼，老师们增强了自信和勇气，表达能力强了，组织实施活动能力提高了，专业成长得很快。综合素质得到提升，最终受益的就是家长和孩子，不是说不能让孩子输在起跑线上嘛，学前教育对孩子一生的习惯兴趣能力培养是很关键的，有优质的师资团队是非常重要的，我想只要岑巩坚持这样做下去，前景是非常好的。

为了促进岑巩城乡幼儿园的均衡发展，我在安排好二幼各项事务的同时，也经常由教科局幼教干部李声巍陪同下乡调研。有些乡镇比较远，又正在做路施工，非常颠簸，途中就会晕车。到了幼儿园，看到一片零乱，很多幼儿园也没有一个主打色也没有什么办园理念，老师们看上去也没有什么工作激情，作为一个已有近20年教龄的教育人，内心无比沉痛和着急，每一个阶段的教育都是有着自己的特殊性和意义，若教育者本身都是稀里糊涂没有规划没有理念，于孩子的成长是很不益的。我们帮扶的时间也有限，挂职的二幼是一所新开园有太多的事情要做，到乡镇调研真的只能是蜻蜓点水，不可能到每一个幼儿园去驻扎去手把手地引领，只能帮着园长们找找问题，定定方向，时间宽裕的还能跟老师们座谈，到一线听听她们的课看看她们的活动。虽然交往不多，但园长们都很好学，也急于定位办园方向想尽快地凸显办园品味，经常会通过电话微信来沟通交流，从她们身上也看到了对教育热诚和执着的品质，我也是尽心地去帮助她们，因着那同样的教育情怀。至此，岑巩县公办幼儿园"一园一品"特色课程建设基本步入正轨，尤其帮扶队驻扎的第二幼儿园的"和暖"课程更是落地开花，与教育教学深度融合体现"和谐　美好　温暖　快乐　健康"育人目标，培育和美教师团队。2020 年 6 月，我们在岑巩开展了学前教育课改推进会，几所幼儿园都做了园本课程的介绍和汇报，感觉老师们成长得很快，内心无比欣慰。2020 年 6 月 12 日到 7 月 12 日，建德市教育局选派29 位老师、岑巩县教育局选派 25 位骨干教师开展师资互换跟岗交流活动。建德援岑幼教帮扶团从三人团壮大为 32 人的团，老师们奔赴各结对园深入一线进行全方位指导。为期一月的组团支教将岑巩学前教育课改工作深入推进，充分展现了建德教育人的形象和风采。2020 年 7 月 6 日—7 月 12日，浙江省特级教师李小玲带领名师工作室五个团队，前往岑巩开展为期一周的帮扶送教活动，从课程诊断、课程方案介绍、课程故事分享、集体教学、教研沙龙……有宽度、有广度、有深度地展现了名师工作室学员的风采，带给岑巩老师视觉上的盛宴。我为期一年的支教之旅，也在师父送来的精彩活动中圆满落下帷幕。

四　守初心，黔行无悔完美收官

　　我所工作的地方，长期短期的扶贫干部有近三十名，主要是来自建德市农业、医疗、教育系统和成都电子科技大学。各领域扶贫干部在各自岗位上发挥自身特长，带动行业水平提升，在当地还是获得好评留下好口碑的。就这一次的全省表彰大会上，在岑巩挂职的就有两位同志获得省级表彰，两位同志获得州级表彰，三位同志获得县级表彰，成绩还是非常可喜的。无论是在脱贫、医疗、教育、基本民生保障等方面，扶贫干部都努力为岑巩争取人、财、物、政策等方面的支持，推动岑巩民生改善，促进产业发展，扶贫干部在当地做出的贡献是非常大的。扶贫干部接受的都是多重管理，像我本人就要接受两地组织部、驻岑工作队、两地教育局的管理，还要接受挂职幼儿园的日常管理，纪律还是非常严明的。福利待遇什么的除了我们自己组织部发的生活补贴就没有了，在挂职地没有待遇享受，组织也没有明确说挂职结束就有升迁机会什么的。我觉得挂职人员都是讲党性讲情怀讲奉献的，什么待遇升迁提拔根本不是我们当初选择来扶贫的初衷，但我觉得对扶贫干部还是要有一些政策上的明确，比如在当地的生活问题、交通问题、甚至挂职时间长的离家特别远的同志的归属感问题、遇到传统节日的时候是不是可以组织一点文娱活动，这也更有益于帮扶同志融入当地文化融入群众，如果因为帮扶干部们都变得没有追求没有情感了那只是机械化地在完成一些任务，更别谈感化别人。只有理念和文化的交融才能从本质上去改变一些旧思想旧作风才能改革创新。

参加扶贫工作以来，我们通常都加班。我们来支教的是一所新幼儿园，环境打造和课程建设是空白，白天要跟班观察，晚上两位援友就做环境我就做一些动脑筋的活，要思考这个地方怎么装扮，要琢磨课程怎么架构，要考虑户外场地怎么利用起来……忙着忙着就到了晚上 12 点，这往往就是我们的睡点，时间久了感觉人变老了一些，多了白头发和斑。有一天我发现白头发长了两根到额头就对着镜子哭了，这逝去的青春再也弥补不回来了。在帮扶工作开展中，感觉比较难的还是理念的碰撞，还有就是当地经济比较薄弱若想做一些改革势必会需要一些资金来支持，但当地是明确告诉我们一分钱也没有，很多想法就无法呈现出来。有时候当地领导会很直接地跟我开玩笑说邵园长要是能再带点钱过来帮扶就好了。我很无措，我也想带点钱过来啊那样开展工作也有底气，回想起刚来的日子真的万般艰难。要加大教育帮扶的力度和深度，尤其是帮扶后续的跟进和持续，教育是慢过程，没有个三年五载的哪能那么快出效果，不但要引进来还要送出去，借助结对县的优势让老师们出去开眼界学本领而不只是闭门造车。都说脱贫不脱政策，我想下一阶段的扶贫工作开展，教育对口帮扶还是需要重点做，不但要送理念送精神，其实也要像产业扶贫那样给教育帮扶工作规划一定的资金。像我这样，挂职园长，一个新开园，却没有一分资金支持，能成什么气候，我所提炼的"和暖"园本课程是很美好的一个课程，但打造环境、开展活动、做专用活动室都需要资金，因为这个缘故，很多美好的设想就只能保留着实施不了，还是感觉有点遗憾。希望再来时，美好的设想已一一实现，那于教育人而言是最幸福的事。

一年来，收获最大的还是自己得到历练和提升，自我价值得到更大的体现。这对我后期的个人成长和工作是一种激励，经过这样的脱贫帮扶，感受了很多底层人民的不易，也感受了很多帮扶同志的家国情怀，有了这样的经历，觉得若不尽心工作那就是在虚度光阴。人是需要鞭策和压力的，只有到了一些特殊的环境中，才能挖掘自己的潜力，有时甚至是破釜沉舟。黔行一年吃了很多苦，会生病、会想家、遇到困难会埋怨也会哭，但都自我调节扛下来了，忽略这些，其实所做的很有意义。我的孩子马上大学毕业了，我没有过多地跟他说我支教的事情，我自己注册了个公众号，偶尔写一些小记，他自己会去看，虽然看完他也不表达但有时会在微信里体现出情感来，例如节日给我发红包时备注的是辛苦了，或者我探亲返程时给我留言路上多小心……这一年家人付出的并不比我少，他们才是我坚持下来的最大支撑，我很感谢家人的理解和无私。我想在回忆这段经历的时候，一切都很珍贵。我们三个人是 70 后，80 后，90 后的组合，黔行路上共一程，不是家人却胜似家人，这份情谊一辈子都难忘。建德驻岑帮扶工作队援友们互相关心鼓励，我们最怀念的是周末的聚会，挂职岑巩的建德男人都是好男人系着围裙下厨烧出美味的红烧鱼，个个嘴馋的，吃得稀里哗啦的时候感受到了家的味道，似尝到了人生中最美味的鱼。也怀念跟岑巩老师一起成长的日子，当理念融合的时候，一起加班一起策划活动，偶尔学学贵州话打打趣，她们跟建德老师一样亲切地叫我邵园，也有叫英姐的，周末也邀我们去家里做客。有次我们走了 40 分钟路去一个老师家里拔菜，她挑长得最好的给我们，有次老师生日邀请我们去家里就跟着一起闹一起笑……点点入心，滴滴难忘，这一年有太多不易，太多感怀，太多的收获与感动。去年我撰写了支教专题论文《引进课程，助推帮扶地课程园本化实施——以岑巩县学前教育"组团式帮扶"为例》被贵州省教科院教育对口帮扶学术研讨会选中，本人也受邀到现场参加活动，心情非常激动觉得受的苦很值得。在支教即将圆满结束的"七一"建党纪念日，我收到了组织的珍贵礼物，荣幸地作为"黔东南州脱贫攻坚优秀共产党员"参加表彰大会。听着优秀代表的发言以及省委书记和州长的讲话，眼眶湿润，往事历历，刻骨铭心的还是黔行中收获的暖和爱，在岑巩热土上，有我奋斗与贡献的印记，我无憾无悔，守住初心，付出忠诚，攻坚克难，完美收官。人的一生有太多无法预期的经历，而我们只有坦然面对并在不断的锤炼中成熟而稳重，让自己变得更完美而不负此生！

2020 年 7 月邵国英被评为"黔东南州脱贫攻坚优秀共产党员"

用双脚丈量吉心大地

受访人：陈国

访谈人：谢治菊　李小勇

访谈时间：2019 年 4 月 6 日

访谈形式：当面访谈

访谈地点：播州区泮水镇中坪村村委会

访谈整理：肖鸿禹

访谈校对：林嘉欣　黄瑞静

故事写作：林嘉欣　黄瑞静

受访人简介：陈国，男，汉族，1980 年生，贵州遵义人，现任遵义市播州区苟江镇党委委员、武装部长、吉心村驻村第一书记。2012年 11 月－2018 年 7 月任遵义市播州区投资促进局工作员，期间 2016年 2 月被播州区委组织部选派到苟江镇吉心村驻村，任村党支部第一书记；2018 年 7 月－2020 年 5 月任遵义市播州区三合镇人民政府科员、苟江镇吉心村驻村第一书记，2020 年 5 月至今任现职。驻村期间，陈国因地制宜、科学谋划，以"支部＋协会＋贫困户"的经营模式，建成现代化有机农业产业园，解决贫困户临时务工问题，助推全村顺利脱贫。

一　一个发自肺腑的心愿：誓把吉心村做大做强

我叫陈国，出生于 1980 年 6 月 15 日，是一名中共党员。2007 年 7 月

2019 年 4 月陈国（右一）接受谢治菊夫妇（左一、左二）访谈

我从贵州大学法学专业毕业，毕业后我做过很多工作，包括和大学专业密切相关的律师助理，也在海尔公司当过一年的人事经理，也作为人民教师教了三个月的中专，后面才考村官。2009 年元月我开始在原来的南白镇龙泉村担任大学生村干部，一做就是四年，同时我也任龙泉村的党总支副书记。2012 年 11 月到 2018 年 7 月，我是播州区投资促进局事业编制的工作人员，后来 2018 年 7 月我考公务员到三合镇政府①任职。由于中央 2015 年提出了脱贫攻坚战②，所以在 2016 年 2 月，我受组织的委派到苟江镇吉心村③任驻村第一书记，今年已经是第四个年头④。我基本上长期在基层一线，和老百姓面对面地打交道的时间比较多，在这过程中我看到了很多变化，不管是从前老百姓的思想变化或者是我的家庭变化，又或是吉心村的

---

① 三合镇是贵州省遵义市播州区所辖的一个镇，位于遵义市南部，镇政府所在地距南白镇 15 公里，离遵义市中心城区 35 公里。辖 12 个行政村，247 个村民组，2010 年总人口 70875 人，国土面积 227.7 平方公里。

② 2015 年 11 月 27 日至 28 日，在北京召开的中国中央扶贫开发工作会议上，习近平强调坚决打赢脱贫攻坚战，消除贫困、改善民生、逐步走向共同富裕。

③ 吉心村位于苟江镇东南面，面积 17.5 平方公里，全村辖 28 个村民组，509 户，2300 人。

④ 此处"第四个年头"为截止到 2019 年 4 月。

变化，我都有很多的感触。

我们驻村干部最基本的一项工作就是要了解当地的村规民情。按道理来说，在苟江这些地方，不管是经济还是交通条件各方面的情况应该都还可以。但是 2016 年，当我来到这个村，我完全不敢相信自己的眼睛，根本不知道用什么词来形容看到的景象。不瞒大家说，我刚到吉心村时，心底也打过"退堂鼓"，是我媳妇的一番话使我选择留下，她说："你才去了几天就觉得那个地方艰苦，那世代在那里生活的老百姓怎么办？"

我驻的这个村缺水得很。虽然吉心村离乌江比较近，但是这里的地形决定了这个地方保不住水，水都流到乌江里了。尽管我们请专业的打井队伍来钻探、勘测、打水，但是它就是出不来水。有一次我到一户人家里去，那一家的老百姓也是淳朴得很，我来了，他又是烧茶，又是烧水，然后他端了一杯水给我，我正准备拿起来喝，却闻到一股怪怪的味道，感觉不对头，仔细一看，发现杯子上面有一条大的毛毛虫，而且水里又有蚊子，又有苍蝇。我问这家人这是个什么情况，他们说他吃的是雨水。当我在房子顶上和他们一起看他家水窖的时候，我心里想：天啊，这个根本不叫水窖，这个简直比我们平时洗脚、洗脸倒的水还要脏，里面的水都变绿了。而且这个村里生怪病的人很多，后面我总结了生怪病的原因：一是这个村的水资源条件有限，百姓们长期吃这样不干净的水；二是他们不讲究卫生，缺少卫生饮水的意识，老百姓们总觉得祖祖辈辈都是吃这个水，自己这样吃也没问题。然后我通过深入走访，了解到这个地方确实没得办法，它没得水啊。不仅这一家人，我们有十个村民组，平时都在房子上面或者房子旁边修个水窖，在下雨的时候接水喝。而且因为这里季节性缺水，甚至有些组的情况更不好，稍微太阳大点，不是丰水期的时候，他们就没水吃。还有一次经历让我至今难忘，我到一个七八十岁的老年人家里去，和他介绍我是驻村帮扶的干部，我就问他："老人家，您有啥愿望没得呀，就是这辈子最大的愿望，想干吗呀？"他说："陈书记啊，愿望还有啥愿望嘛，反正这么多年都已经过去了，真没啥愿望，我们最大的愿望就是想吃干净的水，我到亲戚家去，那个东西就这样一扭，水就到家里来了，还特别干净。"听完之后，我心里很不是滋味，那个时候他还不知道那叫水龙头。从那次事情以后，让老百姓家里有自来水吃就成了我最大的愿望。

除了没水，吉心村其他的基础设施也不完善。一是村里电力不足，当时，不说用电饭锅了，就是平时照明的电压都不够，闪个不行。二是村里没有厕所，就算是有，也是农村里边的旱厕①，如果是我们外来的人去，根本不敢上。男生的话还好，女生就特别尴尬，旱厕对于女生来说是没办法克服的。当时有位帮扶干部，是位女同志，她最大的烦恼就是上厕所。她每一次来都赶忙把事情做完，然后马上跑回住处去上厕所。三是没有"好路"，当时有 28 个村民组，大概有 601 户，整个村的面积是17.8 平方公里，村大、人口少，总人口只有 2649 人，而且人口分布比较散，东一家西一家。除了从村办公室到镇上有一条硬化水泥路以外，其他的都是正宗的"水泥路"，全都是水和泥巴路。如果我们要去最远的一个组调研、走访和收集资料，就是走路也要一个半小时。四是房屋条件差，到处都是危房，鼠虫成群，就连办公的地方也是破破烂烂的。村里有个 1982 年建的办公室，上面的天花板都是以前的旧石灰，而且经常落石灰块。我们不管是吃饭还是讨论工作都不安稳，时不时要注意到天花板，生怕上面的石灰又给你落下来了。有一次我们在办公室吃饭，因为天花板落石灰块，大家都不敢在里面吃，就把碗端到院子去。在院子里，我们几个围在一起吃得津津有味，边吃边聊工作的事情，畅谈怎么让我们村里面的贫困户脱贫，怎么发展产业，讨论的时候也没注意其他的事情。结果那天我们点子背，有群鸟从天上飞过，一下子鸟屎直接落到一个工作人员吃饭的碗里，还有的落到身上了，沾得到处都是，结果那一次饭又没吃成，大家心里面都不是个滋味。这是触动我心灵的第二个事。我想，这个要怎么办啊？作为驻村第一书记，我有不可推卸的责任。特别是落在我身上的那泡鸟屎，让我暗暗地坚定了决心：不管怎样我都要把这个村整起来，我不在乎职位和待遇，我只要和村支两委②同党委政府一起并肩作战，把这村的自然面貌、人居环境和产业发展或者其他方面搞起来！

---

① 旱厕蹲坑有个贮粪池或粪缸用来贮藏粪尿。由于旱厕没有冲水、下水道和能分解处理粪尿的设备以及旱厕的贮粪池、蹲坑、小便池和粪缸里面的粪尿不能及时清掏，因此会臭气熏天，招来蚊蝇和滋生蛆虫。

② 村支两委是指村党支部委员会和村民委员会。

二 一个立说立行的工作作风：扶贫，就是要做实实在在的事

下定决心以后，我到每家每户进行调研，和他们开座谈会，了解他们的愿望和情况，比如孩子这两天读书的情况，家里有没有得到补助以及喂的猪和牛、种的辣椒怎么样了等等小事。而且在和他们沟通的时候，我要反复把党的政策方针跟他们宣传到位，虽然现在老百姓还是很感恩党的关怀，但是也得做好思想教育，要让他们知道我只是一个执行者，不是驻村干部来给大家做实事，也不是贫困户有本事找到钱了，而是国家有好的领导和大政方针，如果没有这些，咱们的生活水平就不是现在扶贫之后的生活水平了。这个话虽然听着空，但事实就是如此，并不是靠老百姓和扶贫干部一己之力就能够脱贫。

对老百姓进行摸底走访已经成为我工作的常态，一周有两到三天的时间，我都要走访贫困户，周五下午或周六我就从村里回来，如果遇上加班或有很忙的活要做，一个月也许就只回家一两次，甚至有时候一个月的周末都在加班，特别是2016年我们村在准备贫困户出列①的相关工作，不管是评贫困户②还是评低保③，都有非常多的程序，有一榜、二榜和三榜的公示，先是自己写申请，然后我们要组成三人的工作组，三人组当中要有一个是政治干部，接着进行入户。因为在推选时已经经过了大家的同意，最后公示的时候基本上没人来反对。如果有村民不同意，那我们会再商议。因为老百姓白天要做活，所以我们无论整理资料、检查还有跟老百姓做思想工作，都得在晚上找他们聊。农村的人睡得比较早，六七点就开始准备睡觉了，因此我们得不分白天黑夜的工作。我们每周的工作内容比较固定。每周一早上要参加镇里面的例会学习，下午驻村工作组都要集合到镇里面的中心听取这一周的中心工作内容；周一晚或周二就得落实这周的工作，包括整理资料、解决矛盾纠纷和宣传政策，等等；周五要调取资料，

---

① 指贫困户脱贫出列，退出贫困户行列。
② 是指年人均纯收入低于1205元的家庭。
③ 低保是城乡居民最低生活保障的简称，指国家对家庭人均收入低于当地政府公告的最低生活保障的人口给予一定现金资助，以保证该家庭成员基本生活所需。

总结这个周做了什么工作，还有哪些地方存在问题，每周都要向相关的领导汇报，这几年的情况都是这样。

村里的百姓都很淳朴、勤快，他们看到我们到家里来了解情况都很感动。因为自然环境限制了他们的思路，那时候他们的思想意识还不是很解放、不是很开化，再加上基础设施条件比较落后，存在出行难、看病难、上学难、用电难和饮水难等这些关乎他们日常生活的问题。所以我总结了一点："要想群众富，先修水和路。只有改善了基础设施，群众自主脱贫的路才会越走越宽。"① 于是我们第一步就是把水、电和路给老百姓解决了。解决这些问题就会涉及一事一议②的项目，我们首先了解好村里的情况，只要是与水、电和路相关的项目，我们就和村支两委的干部一起商量，再去跟党委政府汇报，然后播州区的相关部门根据我们的意见进行对接。最后我们争取到了 270 万元土地整治项目，把 12 公里通组路的硬化给解决了，我们的 28 个村民组，从一条水泥路都没有到现在 85% 的农户通道住户都通了硬化路。而且我也协助争取到了 "一事一议" 工程资金 500 余万元，修了有 30 公里的通组入户路，90% 的农户都通了入户路，现在村里的面貌有了很大的改善。水呢，我们有三个解决的方案：一是刚好另一个村有个在用的水库，我们让这个村的水厂和播州区自来水公司对接，然后花了 100 多万元，把接水吃的几个村民组的自来水拉通了；还有一些组，我们就扩大和改进他们的旧水井，比如有些用水量不是很大的村民组，为了让他们长期不浪费水，我们给他们修一个蓄水池，或者翻新原来的水池，把水储存好；我们还有个唯一的水源点，年纪比较大的村民说以前出的水比现在稍微大一点，因为山里垮的石头挡了道，这个水就往另一个方向去了，所以我们又花了很多精力，找人清理石头，把水淘出来，而且我们也统一在旁边修了几个大的蓄水池。以前用水方式比较混乱，大家都插根管子到水井里，现在我们把下游村民组的水全部归过来，统一地放在蓄

---

① 摘抄自印象贵州网 2020 年 4 月 20 日的文章《遵义吉心村第一书记陈国：奋战在脱贫攻坚一线》。

② 一事一议制度是把涉及村里的重大事情，比如水电费收取标准、村里公共设施建设、村镇土地开发、宅基地占用、计划生育指标的分配、救济款物的分配、重大民事纠纷调解等，由村支部和村委会集体讨论，确定议题或提出初步意见后，再交给村民代表进行"一事一议"，由村民代表讨论决定的制度。

水池里面，用管子接下去，然后再给下面的每家每户分进去，这样基本上解决了村民们用水难的问题。

我们想抓住万达小镇①发展模式的一些特点，打擦边球。所以后来我们村支两委成立了一个由民选干部组成、副主任担任法人代表的合作社，它有两个实体，一个是种植合作社，一个是遵义白马建筑劳务有限公司。以前吉心村是一个空壳村②，虽然现在我们村集体经济资金也不多，但是我们去年也有 12.8 万元的收入。它由好几个方面构成，其中一部分是遵义白马建筑劳务有限公司。而且我们还向上级政府争取了一个土地工程到村里，一是可以整治老百姓那些贫瘠的土地，二是为了照顾当地一些没有技术、只有劳力的贫困户，解决他们的收入问题。所以我们都把土地工程的劳务承包过来，然后再请当地的贫困户来做。除了有限公司的这部分收入，还有就是土地劳务费的结余了，比如土地工程一共拿到 10 万元资金，但因为我们请百姓务工没有花这么多钱，剩下的钱就是村里的收入了。再加上今年③铁路如果能够通到吉心村，那村集体经济有望突破 40 万元，这也是我们发展方向之一。

为了让百姓思想开化，顺利开展接下来的工作，我们和群众做了大量的思想工作，因为如果群众不了解做这些事的目的，就肯定不会支持。所以得从我们自身做起，解放村干部的思想。接下来要想发展什么产业，肯定要由村干部们主导引进种植大户，再慢慢带动农户，最后推进产业。如果干部的思想不解放出来，还怎么教化和带富老百姓？我们做思想工作之前，了解到老百姓主要还是靠传统的农业挣钱，一旦下雨，这些人什么也干不成，整天都在打纸牌、打麻将，甚至还有点以前的摇包谷子④的意味。但是后面我们三番五次地喊他们或办事人员到村里集中，加起来有一百多个代表，对他们进行培训，给他们讲一些相应的、实用的农村技术。口头

---

① 万达小镇位于贵州省黔东南州。小镇以非物质文化遗产和苗族、侗族文化为内核，融商业、文化、休闲、旅游为一体，涵盖吉尼斯世界最大水车、3000 米环湖慢跑道、千亩花田、四大苗侗文化主题广场、鸟笼邮局、精品客栈、街坊、酒坊、米店、会馆和酒吧、影院等众多文化旅游功能。
② 空壳村指集体经济薄弱、财政亏空的村子。年轻人到城里"掘金"，农村出现了"空壳化"，只留下老弱病残和妇孺。
③ 今年指 2019 年。
④ "摇包谷子"是一种押单双的赌博方式。

说的肯定没有亲自体验作用大，所以这几年我们也组织农户出去看，看别人怎么做产业，带他们看了包括鸭溪的菊花、泮水西安的红心柚和樱桃等产业。老百姓出来见了世面之后，和我们说："哇，书记，我们以前就在家里面挖泥巴团，还不晓得这些东西可以这样做。以前我们总觉得一亩地里能赚个一两千块就很不错了，听到他们这样说，我感觉一亩地还可以挣个五六千块钱哩。"我就和他们讲，五六千块钱都算保守的说法，肯定还能赚更多的钱。

老百姓理解之后，接下来的事情就顺利多了。因为吉心村离乌江古村落保护与旅游扶贫开发项目仅仅两公里，刚好乌江村也是贵州需要脱贫攻坚的一个村，这是一个很好的机遇，所以打算从吉心村搞一些地出来作为基地。在2018年早些时候，我们流转了村里土地搞了三百亩的四季花果园，我们把很多品种引进基地里，分块整了十七八个品种，包括蓝莓、广东猕猴桃、板栗和枇杷这些品种，所以我们和外边的说法就是"四季有花开，四季有果香"——我不敢说四季，但起码三季肯定有。而且在去年年底我们又流转了六七百亩的土地，用来发展四季香橙、蜂糖李子这些产业，我们还种植了二百亩的红心猕猴桃，六百亩的脆红李等，2018年挂果，收益还可以。除了种植合作社，我们也开展了招商引资方面的工作，我的"娘家①"作为帮扶单位代办引进了遵义白马建筑劳务有限公司。该公司工作岗位技术要求不是很高，可以更好地鼓励老百姓参加，不仅可以通过让他们到公司务工来解决村里一些贫困户的就业，而且也可以积累一些村集体经济的资本。

我们按比例分配股份，我们引进一个种植大户，他有实力占75%的股份，他负责出资金和以后的市场销售这块，村民以土地入股，入股部分占15%的股份，合作社和村委各占5%的股份。现在我们准备把这个占股的方式变更过来，想把它改为村委占百分之百的股，因为如果村委不占百分之百的股的话，很难管理。不管是75%股份也好，15%也好，或者5%也好，整个的分红都是按扣除所有成本的最终利润来分配，等于是老百姓的土地流转资金还是有的，每个村民流转一亩土地300元，一亩田400元。考虑到老百姓用钱比较紧，所以所有费用全部都得及时发放。比如说老百

---

① 指受访者原单位，即播州区投资促进局。

姓把苗一栽完，这边马上就得发放了。村民的务工费至少都是一百块钱一天，然后老百姓的土地流转费用一年发一次。整个合作社一年的花销也要好多，大家的务工费至少也要 13 万元，如果后面还需要后续的施肥和除草工作，至少也要 20 万元，百姓土地流转费起码都需要开支 27 万 ~28 万元的样子，而且还不一定开支得下来。不过现在这种发展模式势头还可以，2017 年年底才开始实行这种模式，三年之后，也就是 2020 年才有分红，有了分红就能给村民。这样一来基本上能够保障大多数的人有工作做，有钱拿。当时这个村的可支配收入人均可能只有 4000 多块钱，现在达到 1 万元，基本翻了一番。

我们获得的集体收入主要用于公益事业：比如说村民的哪个水井有问题了，我们都要把钱拿进去，通过开村民代表大会，看大家是否同意把钱拿出来用；还有就是用于集体事务，因为要发展村级经济，所以需要拿出一部分作为流转的资金，投入到村级经济发展中去。如果按我们的想法，一届接着一届干下去的话，以后我们的村级经济肯定会壮大，到时候我们就能拿更多的集体经济来帮扶那些真正读不起书、医不起病、交不起合作医疗①的人，这样就给国家减轻了很大的负担。当然，我认为要想做大做强集体经济，有两点不能忽视：一是现在还得要把村里的年轻人用起来，因为年轻人有冲劲、有明确的想法，能够干得成事，但是为什么现在村里面没多少年轻人，就是因为他们的经济、政治待遇不能满足需要，把这两个待遇解决好了，还是会有很多年轻人愿意到村里干事；第二点，村里面要有一个坚强的领导班子，群众富不富，关键看支部，支部强不强，关键看班长，所以一定要有个好的班子作为保障。好班子固然重要，成员要是不和睦做什么也白搭，我们作驻村干部到村里工作，如果和村支部书记相处得不好，这对于整个工作的开展都很不利。还好我和村支两委的关系很融洽，我们村支部书记是个实干家，他很支持我们的工作，也没把我当成外人，而是把我当成和他们一起并肩战斗的干部。我如果有两天因为事儿或者学习出去了，他们总觉得心里缺点什么，就像是家里面少个人一样。

---

① 合作医疗全称新型农村合作医疗保险，是在群众自愿互助的基础上，依靠集体经济，在防病治病上实行互济互助的一种福利性质的医疗制度。

三 一颗执着于扶贫的心：贫困户不脱贫， 我就不回原单位

说实在话，不管别人怎么评价我，不管报酬待遇是多少，即使我考上三合镇的公务员，即使当时人事调动的政策还没有出台，即使我当时工作满了两年可以离开，我还是选择了留下。

很多老百姓听说我考上公务员要离开，纷纷来跟我讲，说陈书记你那么好的人，很舍不得你，还希望你继续把村子整改得更好。在很多老百姓的眼神中，我感受到了老百姓的依依不舍。其实当时我已经做好思想准备，并向区委组织部写了申请，自愿再留一年。虽然能够走，但我总觉得有一种不舍，不舍得我和老百姓的那种感情。组织上以及原单位的很多领导找我谈话，喊我回原单位，包括同为驻村的胡书记都找我谈过话。我非常感谢领导们对我的关心和肯定，但是我真没太多的想法，有想法也是等把贫困户脱贫了再说，所以我都回绝了。很多电视台、新闻媒体也采访报道过我，我都是说："贫困户不脱贫，我就不回原单位！"说真的，我驻村的这几年，真的把贫困户当成了自己的亲戚，我走贫困户走得比我父母家还要勤。从驻村的地方到我家南白镇有三十公里的距离，因为路程远，我不可能天天回家，所以对家人的照顾非常少，没有时间管我父母和孩子。媳妇经常说我陪别人的孩子陪得多，自己的孩子一点都不陪，我只能说我也没办法，并不是我不想陪孩子。在家的时候，孩子也总说："爸爸你上的是什么班？怎么一天都要在那里？怎么就是不回来？"在孩子最需要我的时候，我却选择了贫困户，其实我内心很歉疚。

刚刚驻村的那段时间是我最煎熬的时候，我家孩子生了一场大病。正常人的血小板①是 100 到 300 个，我家孩子去遵义医院检查，血小板只有五个，孩子至少要在医学院住院治疗半年。我妻子的老家在铜仁印江县②，离这里比较远，因为父母、亲戚、朋友都不在身边，在她遇到事情的时候

---

① 血小板计数的正常值为每升（100～300）×10^9 个。
② 印江土家族苗族自治县位于贵州省黔东北、铜仁市西部，是贵州省铜仁市辖自治县，总面积 1969 平方千米，下辖 3 个街道、13 个镇、1 个乡。

就没有商量的地方。我家两个老人家身体又不太好，所以一开始只有妻子照顾孩子，我基本上没陪过他们。当时每一个星期都要去抽血化验，医生特地和我打招呼，千万不能让孩子感冒，感冒让病情反弹就更严重了，但是为了老百姓，为了能够掌握第一手的资料，我没有在孩子身边照顾他。在县城卖肉的岳父岳母，考虑到我的难处，把本来经营得不错的生意扔了，一家人都来帮忙带孩子。后面确诊孩子血小板的减少是病毒性的感染引起的，血小板本身的造血功能没有问题。医生也说还好发现得及时，而且孩子比较配合治疗，通过大半年的治疗，孩子的病好了。经过此事，我如果周末回来，妻子有时候会发火，总觉得我明明可以回来，为什么还要做下去。后来我带着她和孩子，还有岳父岳母，一起去看村子的变化。慢慢地，妻子就理解这事了，总觉得我做的这个事情有意义，现在也非常支持我。

2018年7月我考到三合镇人民政府，现在的工资待遇由三合镇人民政府发，目前未加绩效的基本工资为3900元，等公务员试用期满，能多两百块钱的车补，加起来也才4100元。再加上自己驻村花销也大，花销主要是在买车上——当时村里在修路，车子开不进去，我有时候到镇上交资料或者是从家里回来上班都很不方便。于是我贷款了14万元左右来买车，维护车还花了1万多元，当然我从来没在村里面报过一分钱。不过驻村干部还有一个按照实际情况发放的55元一天的生活补贴，逢年过节不发放。各个村的绩效工资不同，我们镇给的绩效工资要低点，分一、二、三等。进村三年，我的年终考核、脱贫攻坚评都是优秀，但由于我的情况比较特殊，导致每次绩效工资都是三等。按道理来说，扶贫干部的绩效评奖本该优先于其他普通的干部，绩效工资等次都是按一等来发。但是因为我考到政府去了，不再由我原单位派遣，而镇乡人民政府不能派遣驻村第一书记，最多只能派遣镇级驻村干部，另外省里面又规定以前驻村干部现在也要继续驻村，绩效和待遇方面不能够调整，再加上我之前没在政府工作，政府不了解我的工作，所以政府就按照自己的分配方案，以这个镇最低的标准来给我绩效工资。另外，我的绩效（工资）不是每个月都打的，今年元月份打过一次1900元后就没有打过了。从内心来说，我多少会有点想法，但是和扶贫相比，这没什么大不了。

为什么我对扶贫有这么深的执着，还得从我的自身的经历说起。

我家在茅坡①，是原来的遵义县 18 个村里排名第 18 的村，我家又在茅坡最穷的一个地方。从小学到大学，我是一直差着书学费读书的人，所以我经历过农村的这种贫苦，大学读书的时候一直勤工助学，暑假寒假也忙着打工，2007 年毕业，2008 年我才把大学的书学费还完。我爸爸是一个不识字、老老实实的农民。我觉得做农民不容易，不是说他们不想富，而是受限于自然条件和思想理念，没有一个人去给他们解剖这些事。当了第一书记之后，我终于理解"第一"是什么意思，不是说职位上的第一，而是在行动和思想理念这些方面能起到带头的作用，要用实际做的事来引领其他人，要让他们在你身上看到希望。

我同班同学里有在市政府部门工作的人，有些都有一官半职了。但是对于当官，我是一点想法都没有，做好自己想干的事就可以了。扶贫是我自己想做的事情，因为我自己就从农村来，想尽自己的一点绵薄之力、身体力行地为农村做一点事情。我历来就是这种踏踏实实的人，驻村前，领导找我谈话，我和领导说我只有两点请求：一是我去驻村时就只做村里面的事，不要喊我到单位干其他事——当然后面也有文件规定不能两头跑；二是我做不到惊天动地的事情，我就做一两件实在的事。当时我就这样给领导表态，把自己的心态放得非常低，也比较平衡。

四 一些扶贫中的深度思考：破除群众固化思想，形成强大造血功能

村民思想和时代发展不可避免地会有矛盾产生，农村每一户人家的思想参差不齐，思想固化比较严重，他们的思想和这个时代的发展不协调。社会在快速推进和发展，老百姓的有些理念跟不上。即使我们追着他也赶不上，比如说我们采取了那么多措施，但仍然有一部分贫困户还是旧思想，土地宁愿荒废也不流转出来发展，要是土地弄成其他的东西，就会担心日后的生活怎么办，比如说谷子该种在哪里，没能很好地和发展趋势相结合。

---

① 茅坡村位于贵州遵义仁怀市下辖村长岗镇西面，距长岗镇中心 7 公里。全区下辖茅坡等 9 个村民组，全区人口 2731 人，绝大多数为农业人口，主要民族为苗族和汉族。

我觉得目前扶贫工作最大的难点是在部分村民的"等、靠、要"① 思想上，部分人的"等、靠、要"思想比较严重。老百姓很现实，他不管以后会怎么样，只看得到眼前，他们都说"赊三不如现二"，总觉得今天能够得到的一点点实惠就是最大的实惠。现在的扶贫政策基本上都是针对贫困户，这导致贫困户享受的优惠政策大于一般的农户，甚至现在有些小娃儿会说："我是贫困户，你怎么会喊我扫地？我是贫困户，就应该比其他的要优惠点。贫困户就不该来扫地。"比如说异地扶贫搬迁制度②，我们村统一的异地扶贫搬迁点是搬到镇上，搬迁政策带来的问题主要有三方面：一是后续管理的问题，异地扶贫搬迁户搬迁到镇或者安置点后，家里还有点土地，需要思考怎么去盘活；二是担心没有劳动能力的搬迁户，那些一家人都有精神残疾或者肢体残疾，没有劳动能力的贫困户，他们只能一直由政府兜底来做保障；三是一般农户对政策的不理解，扶贫搬迁解决了贫困户根本性的一些问题，比如就医、就学、出行、住房。我们村里有很多谈不到媳妇的贫困户，一搬过去媳妇就谈到了。以前我们的"老儿童"多得很，现在发展起来了，原来谈媳妇要带一头大水牛去，现在还要陪嫁一头大水牛过来。所以说，异地扶贫搬迁给贫困户带来了很多好处。有些农户就不乐意了："像我们都是辛辛苦苦读书考工作，自己买房子还房贷，但政府以福利的形式直接把这些给到贫困户，贫困户为什么能拿政府的房子。我们都是人民，我们都是农民，为什么我们不能享受这个政策呢？"所以一些老百姓看到贫困户享受政策的优待，争当贫困户。我们就得给他们解释国家始终要帮扶贫困户，如果不这样，贫困户永远都买不起房子，如果他们的日子不好过，你们的日子也一样不好过。比如你一家人有肉吃，其他家都没有得吃，你也吃不下去。这样一解释，他们心里又平衡了一点，也就能想通。

所以要解决村民"等、靠、要"思想的话，首先要加强管理，你不管他，他就不理你。其次是要壮大我们村的集体经济，壮大之后可以制

---

① "等、靠、要"思想，是指贫困地区的村民不思进取的状况。"等"，是等待国家援助资金；"靠"，是靠上级财政拨款；"要"，是要扶贫资金。

② 易地扶贫是指将生活在缺乏生存条件地区的贫困人口搬迁安置到其他地区，并通过改善安置区的生产生活条件、调整经济结构和拓展增收渠道，帮助搬迁人口逐步脱贫致富的政策。

定一系列的奖惩措施，采用股份制让所有的村民入股，量化管理每家每户，如果有村民违反了，可以进行一些惩罚。最后要有村规民约，并且让当地有威望的这些人站出来主持这些事。每个镇的管理方式有差距，我的建议是针对我们村子提出的。比如说我们村滥办酒席，上面本身不允许大家滥办酒席，但因为是村民，政府拿他们没办法，我们得去管制一下。我们可以从那些接待吃饭的馆子入手，农村办酒席要请厨师，那我就约束厨师。如果哪家滥办酒席被举报了，我们就去他家检查卫生——农村办酒卫生肯定不到位，并叮嘱周围的村民："不要乱办酒席，你家本身是个喜事，政府来你家虽然没做什么，但对你也是个影响。"然后当地有威望的村民，会照张相或者拍个视频发到整个村村民共有的群，说某某家办酒席被政府查了，不允许办了，没摆成酒席的人在群里一看到就觉得没有面子。现在我们村还是有人办酒席，但至少不在这个区域办了。2018 年的年底，因为我们的检查，有三家准备办酒席的都没办成。他们有的请好了家客，有的订好了酒席，最后村民们都说有些人办了酒席反而亏了很多钱。

对于我们基层干部或下级干部，考核确实能推进工作，但是铺天盖地的检查会让我们疲于应付。上面来检查时，干部在老百姓当中不好做工作，我们要去跟贫困户说好话，担心贫困户一乱说，我们就要受处分了。现在的老百姓是上帝，我们可能是勤务员、服务员或者是保姆，老百姓都是大手大脚地走进来，大声喊："某某，我的事情你为什么没给我做好？那个事情你不给我做好，你们也脱不了关系哦！"反正一切都是由政府干部包干。我遇到过一件事，有个贫困户从外面打工回来，还没回到家，就给我打电话说没米过年，让我给他想点办法。但其实之前我给他买了两桶油和一百斤米，放在他家里面，结果他不了解情况。我们本身就在基层，什么都是我们自己承受，不比上面的干部，还有自己的下级。我们是政策的执行者，是村里所有事情的落实者，个别不理解的老百姓还要来骂咱们干部，干部给他弄好了，但他记不得。群众的期盼我们永远都满足不了，永远都有差距，更何况有些是无理的要求。我们村里有个干部，通过村党员大会，成了预备党员，但拿到组织部门却没有审批，原因是他大娃儿二十几岁了，二十几年之前的计划生育间隔期①没达到，就不予入党了。现在制度管理就是这样，所以我们基层干部的压力很大，稍不注意就可能受了处分。说句实在话，我不是怕干事儿，你要我天天不休息也可以，身体上我没多大的压力，但心理上的压力很大。

总的来说，贫困户和村干部的关系还是比较融洽。相比之下，我认为下派支书能更好地做工作，因为村干部本身也在村里面，是村民的亲戚或者朋友，常常见面，有些事情村干部不好去说，平时有矛盾发生了，总要得罪一方人。下派支书来处理要公正一些，老百姓更愿意相信下派干部，更愿意向他们倾诉，当然我们作为下派干部也很认真对他们。但下派干部的弱点就是不了解这个地方，不了解这个村贫困的根源是什么；下派干部还会受政策的约束，不能够参与第二产业，不能够很好地协助发展村里的经济。下派干部有想法，但是有些事他不能去做，但民选干部不一样，他们可以去发展第二产业，可以带动老百姓去做一事儿。

虽然省里的相关政策还是比较关心我们的，包括激励政策、平时驻村的浮动工资、55 块钱一天的生活补助等这些都落实了，而且也有选拔一些比较好的干部，但是像我们播州区每年只有一两个人，所以我还是希望能够加大脱贫攻坚一线干部的培养力度，用我们习总书记的话说就是多培养在脱贫攻坚当中经过历练和做出贡献的干部。另外，我觉得支书和主任可以一肩挑，村委和支委可以交叉任职，都可以作为民选的干部，甚至不同村之间也可以交叉任职，比如说主任可以由当地人担任，另外一个地方来的干部可以当支书。虽然其他地方来的支书在这里没有经济基础，但他是民选干部，可以发展到第二产业。相比较而言，让其他地方的民选干部担任下派干部的做法更灵活些，不太会受到现有政策的约束。当然了，在现有的干部任职条件下，驻村干部、民选干部和招聘干部在处理事情的时候需要通力合作，并不是驻村干部或者民选干部自己处理就行了。当有老百姓向支书反映某件事情，当地的民选干部或者是对当地比较熟悉的干部要去了解情况，如果能够当场处理就当场处理，处理后，要回来跟支书汇报

---

① 生育间隔期主要指可生二胎的夫妇，生育第一个孩子到生育第二个孩子间隔的时间。2008 年修订后的《广东省人口与计划生育条例》在生育政策方面，已"取消二胎生育间隔期"，依法生育第二胎不用再等 4 年。

情况。如果没处理好，村支两委就得讨论找出他家这种情况产生的根本原因，甚至遇到比较棘手或者重大的事情，还要把党员和村民代表召集起来开村民代表大会。如果村里面还不能解决，还要往上一级移交。

总的来说，我觉得 2020 年过后，最好多做一些公益上的事业，包括医疗、教育、住房、交通和饮水这些方面。未来政策的优化要从大的方面来整体把控，结合乡村振兴，以一些政策作为乡村振兴的支撑，让不建档立卡的一般户也能享受到政策实惠，形成大的造血功能，共同奔小康。

行走在壮乡扶贫路上的资政专家

受访人：林忠伟
访谈人：范飞　董秀芳
访谈时间：2020 年 7 月 1 日
访谈形式：线上访谈
访谈整理：范飞　董秀芳
访谈校对：范飞　董秀芳
故事写作：范飞　董秀芳

受访人简介：林忠伟，男，1964 年生，广东新会人，供职于广西
社会科学院，2008 年下乡扶贫，驻于广西大化瑶族自治县古河乡弄法
村、怀合村，驻村 4 年。此期间，撰写了多篇扶贫资政报告而后将其
落地，且不辞辛苦多次向相关政府部门为村申请修道路、蓄水池以及
养老院等项目资金，为当地脱贫致富事业做了大量艰辛而细致的工作，
深受政府和群众好评。

一　初见贫瘠之地，扶贫之心便生根发芽

　　2008 年 3 月 20 日这一天，我作为广西社科院的成员被党组织选派来
广西国家级贫困县——大化瑶族自治县。该县属于广西河池市，位于八桂
中部、红水河岸边，是全国 10 个、广西 6 个瑶族自治县之一。大化是一个
年轻的县份，因为红水河地势陡峭、海拔落差较大，蕴藏着丰富的水电资
源，云、贵、桂三省区实行红水河梯级开发，在岩滩、大化两个大型水利
工程的基础上，于 1988 年 10 月由当时河池地区都安瑶族自治县、巴马瑶

2020 年 7 月林忠伟（上）接受范飞、董秀芳线上访谈

族自治县及南宁地区马山县各划出几个乡镇，组建成立大化瑶族自治县。大化瑶族自治县是典型的大石山区，自然条件较差，土地贫瘠、缺水干旱、山高路险、交通不便，所以经济一直比较落后，是国家级贫困县之一。我在周围漫步了一圈，除了抬头看见四周是陡峭的山峰，低头仍然是石山环绕，走几步就走到了山脚下，几乎没有多少地可利用。有的村屯人均不到 0.3 亩地，要发展工业化和城镇化比登天还难。还有一定比例的山区老百姓尚未解决基本的温饱问题。我当时想，得需要外来力量来襄助，希望自己能够尽最大努力，拉扯他们一把。

到了吃晚饭的时间了，十几个人围在一个桌子，挤是挤点儿，但欢声笑语交集在一起，热情好客的乡干部、村干部一碗一碗地敬酒。酒是自酿的玉米酒，一碰就喝一碗——估算了一下，这一碗酒至少有半斤容量之多——两碗喝下去已经是两眼冒金星，走路已经分不清东南西北了。而这些乡村干部依然谈笑风生，兴致盎然。我在迷迷糊糊中听到乡村干部兴致勃勃聊起古河乡近年来的经济和社会发展情况。听到这个话题，我打起十二分的精神，竖起耳朵静静聆听……我仰望黑漆漆的天空，似乎向老天爷申诉：请听听这些不容易的乡村干部的苦衷吧。

时针指向晚上10点钟的时候，我一天奔波已经很困乏了。我斜躺在饭桌旁边的一张竹制凉床上，两眼都快睁不开了。这时，韦乡长的手机响了，是县政府办公室打来的电话，以不容耽搁的口气叫乡政府马上送我到县城，县委书记、县长等县领导要见我，要开一个紧急扶贫会议。听说马上要赶回县城，我一百个不乐意，只想马上躺到床上睡觉，最终拗不过他们又背又扛地把我塞到车内。待汽车发动启程，我都没法和这些可爱的乡村干部告别，就已经倒在车椅上呼呼大睡了。

这一天早上8点多我从南宁出发到现在，一路颠簸，后又在通往弄法村的路上，深受颠簸不堪之苦。这条全程六七公里长的路根本不是路，底盘较低的小汽车是无法行驶的。乡政府只有一辆破烂不堪的五菱牌面包车，这面包车全身上下没有一处是不响的，响起来的时候，好像马上就要散架似的，而且是行驶在山间中，有的地段两边是悬崖深谷，令人胆战心惊，毛骨悚然，我一路上老担心方向盘不灵，刹车不稳，胆都快被吓破了。而在上车前，潘书记的一句话早已把我吓得魂不附体——"这车这路只有我才能开，没有任何人敢开的，好在我今天没喝酒，否则……"四年后的今天，当我再次回忆起那天的"恐怖"情形时，依然有些后怕，记忆犹新，尽管这四年来我见证了太多太多这样的历程，已经对这种凶险见惯不怪了。

记得后来，有一次我跟随大化县招商局长的专车一起去大化县岩滩镇调研，那司机开的飞快，从县城到古河乡政府才需25分钟。我留意观察，大多数时速竟达120公里，如果这时速在高速路上不见得惊恐万分，而（这）是在只容纳二车道的二级路的山间行驶，时不时车来车往，险象环生，最不能容忍的是二级路段基本都是弯弯曲曲，到过大石山区乡村二级路的读者谁都会有切身感受，那就是左是山峰、右是万丈河谷或是悬崖纵深，一不小心就翻下万丈深渊，无论是多高级的小汽车，刹车多灵稳，都难逃厄运，这真是在玩命！悲惨的是，这一路上我坐在后车排座位上，左甩右抛，上颠下摔，没得一丝安宁，连早餐都差点给吐出来了。我曾多次善意地提醒司机开慢点，司机竟认为我可能嘲笑他车技不够老道，开得更快，以一种英雄的姿态回报我的善意。我真是吞了黄连，苦楚不知向谁诉说。这26岁的司机曾当过特种兵，复员回到地方后在这条二级路上开车已经近3个年头了，按照他的说法："闭着眼睛都能开得稳当，永远都不会出事！"

二 曲折调研，求真实面貌

我连续4年担任广西社科院驻大化县新农村建设指导员、扶贫队员，其间我利用自己任指导员的有利时机，自费走访了该县36个贫困村，还踏遍了广西80多个县、数不清的贫困村；我又奔波在广西、广东上百个县大大小小的乡镇中学、村屯小学，与市县领导、乡镇干部、村屯农民、基层师生打成一片，获得了可贵的第一手材料。这一路上，我遇到过许多坎坷、挫折，但也有一幕幕令人动容的场景。

由于是自费调研，为了方便调研，我必须要有一辆小车。这对于当时还没有私家车的我来说，是个不小的难题。幸运的是，我得到了好友的慷慨支持。当我把意图告知好友时，对方二话不说，一拍大腿，挺仗义地说："我可以送你到任何乡村旮旯调研，所有过路费、油费、食宿费等一切开支全由我'买单'！你就安心调研、好好写作吧！你的调研报告若能得到自治区领导的批示肯定，转化成生产力，为老百姓谋福祉，为推动广西跨越式发展建言献策，贡献一分力量，那什么都值了，这点小钱算得了什么？"

这位罗姓好友是一个经营贸易的小老板，时间充裕，又有一辆小车；最重要的是，他有一颗乐于助人、不图回报的热心。好友的这番话令我心潮澎湃、泪水在眼眶里直打滚。这份真情、这份友爱、这种朴实感人的崇高境界，怎不令我感动万分呢？

只是好事多磨，路途多舛。有一次在那坡县刚调研完毕，罗老板为了省钱，便绕道云南返回南宁。谁知天意作弄，由于十几天疲劳开车，罗老板竟忘记加水，也没看水表，在四级路半道上，小车突然冒烟且有烧焦味，熄火抛锚了。这种路段，前后几十里人烟稀少，鬼影都难寻，手机信号皆无。万般无奈之下，罗老板把车扔在那里，与我一起往回走，只要找到有人住的地方就好办了。我们就这样走了几十公里、七八个小时，终于看到路边有一个小村子，小卖店还有个修单车的铺子。此时已是星星闪烁、华灯初上。那次光修车就花去 5000 多元。

还有一次更加离奇。我们在返回南宁仅有几公里就要进入高速公路收费站了，可轮胎突然爆裂，好在没出意外。我和罗老板把车推到路旁边。不知何故，这次竟没带三脚架警示牌，只好在车后五六米处放一些石头、树枝作警示用。没过多久，巡警路过，扣证罚款，并叫拖车。尽管罚款与拖车费花去数百元、换几个轮胎 3600 元，这还得感谢巡警，否则都不知道怎么回去呢！

像这样意外的事情，真是数不胜数。

我每次去基层调研，罗老板并不一定都能伴随左右。我只得经常搭班车前往广西百色市、靖西市、德保县、田阳县、田东县、平果县，以拦截过路车、三马仔、摩托车的方式继续实地调研。在走村串屯的过程中，我了解到贫困地区贫困的原因和缺乏致富带头人的根源，找到了解决大石山区致富带头人奇缺问题的对策措施。

有一次，我在一个村开完了座谈会。将近下午 4 点多的时候，按计划我要去邻村调研。因为没有车，村支书老韦决定用村里唯一一辆 28 寸破旧自行车送我。就这样，两个中年男人、一辆旧自行车，在颠簸不堪的羊肠小路上艰难前行。也许是老天有意捉弄苦心人，没料到这辆旧自行车不堪重负，半道上车胎爆裂，链条断开。眼看天色已晚，四周无人，真是叫天天不应，叫地地不灵。我只好选择和韦支书一起往前步行。然而刚走一个小时，我就累得走不动了，两腿抽筋、发软无力。这山路太难走了！韦支书可能走山路习惯了，尽管看起来他也有点累，但体力比我好多了。两人决定，由韦支书先走到邻村喊人来接，我留在原地歇息等候。

我就这样瘫坐在路边，在惶恐不安中等待韦支书的到来。时间已是晚上 7 点多，再加上刚才走了一个小时山路，我早已饥肠辘辘、冷汗直冒，只好把韦支书留下的那个发馊的烧饼吃了。望望四周，万籁俱静，黑漆漆一片，此时此地，我深感万般无助，心突然慌乱起来。这两个多小时的等待，比度过半辈子都难过……

韦支书叹息道："老林，你如果有上级的介绍信，先找县领导，再由乡领导陪来，就不用愁没车了，也不愁吃住了，方便得很。"我知道韦支书说得没错，但我心里想：如果由县、乡领导陪来，你们还会说真话吗？如果我得不到真实的东西，那如此辛苦来调研还有什么意义？

这段前所未有的艰难困苦的历程，后来我只要回想起来，哪怕是半夜都会被惊醒。

还有一次，我在靖西市一个乡旅馆登记住宿时，发现自己的钱包里只剩下200多元钱了，不管再怎么省吃俭用，往下还有几个地方需要调研，这点钱连住宿都成问题，更别谈吃饭了。接下来的几天里，我只得用方便面充饥。最后，口袋里一分钱都没有了，怎么办？总不能上街乞讨吧？

正当我在客房里焦灼不安、一筹莫展时，旅馆农老板手拿暖水瓶推门进来，见我坐在床上发呆，主动和我聊了起来。得知我的经历后，大块头的瑶族大汉农老板突然握住我的双手，激动万分："老林，你这是为了谁呀？你这是在为千千万万农民请命啊！如果自治区领导采纳了你的建议，那你就给老百姓造福了。你不是当官的，心里却装着我们，一个人自费来到这贫困山区调研，整天日晒雨淋，还每天只吃方便面。你放心，你到了这儿，就像是到自己家了！你就安心在这儿住下，住多久都可以，我来负责你的吃住，包你满意！我要对得起自己的良心！民族团结万岁！"

农老板真是性情中人，他话没说完就"蹬蹬蹬"跑下楼，大声喊叫着老婆马上杀鸡，并且乐颠乐颠地冲出小旅馆，去通知街上所有自己认识的男人、女人、老人、小孩都来看望我这位大知识分子，陪我喝酒、给我敬酒，按农老板的说法是"慰劳慰劳"我。

但我不想再麻烦人家了，这时候我也顾不上什么脸面了，就给隔壁德保县一位朋友打电话求救。当朋友开着车长途奔波赶来见我的时候，几乎不认识我似的看了老半天，说我菜脸白头，哪像是一个堂堂的省会专家，活生生就是一个在外打工多年、营养不良的农民老伯！就这样，我在当地朋友的帮助下，暂时渡过了难关。

我觉得，自己这么做，是在尽一名社会科学工作者应尽的责任。我不能给本来已经很穷困的乡亲们增加任何负担。就这样，一个不像书生的书生，为了深入农村调查研究，食宿行用皆自掏腰包，所以经济上经常出现捉襟见肘的情况。这些只有我自己心里清楚，为党和政府做一件有意义的事、为新智库人争光的信念，一直支撑着我。吃苦一点、劳累一点，只要不流落街头，只要能获得最珍贵的一手资料，什么都值得！

经过数年断断续续的实地调研，行程数万里，我踏遍了广西的山山水水、村头村尾、旮旯胡同，记录了几十本日记、几千万字，收集了 1 万多张照片、1000 多小时录音，用坏了一台手提电脑和一部数码相机，有 36 篇资政报告荣获中央领导和自治区领导肯定性批示，完成煌煌百万字"民生调研三部曲"《就业！就业！》《居民！居民！》《扶贫！扶贫！》。这说明"宝剑锋从磨砺出，梅花香自苦寒来""博观而约取，厚积而薄发"绝非虚言。好在功夫不负有心人，后来获得的丰硕成果证明了我的心血没有白费。

三　扎根四年，扶贫之芽已结硕果，领悟生命真谛

在大化瑶族自治县古河乡怀合村、弄法村等地扶贫 4 年，我经历了不断的调研、反馈、建言、引资，使得一个个民生项目相继落地完成：小学、水柜工程、人畜饮水工程、"两委"办公楼、公路、敬老院、文化室、沼气池、危房改造、良种引进、科学种植、外出务工对接等。为大化瑶族自治县引资援建 2 所希望小学，为古河乡怀合村引资 50 万元援建大水柜，为怀合村、弄法村引资修建"两委"办公楼、援建 6.8 公里村级道路，为古河乡政府引资 50 万元援建敬老院，为古河乡小学捐赠新校服……

这些利农利民的"小事"，每一件都有我的一份心血和汗水。刚开始，当我面对村民漠然的目光和冰冷的脸，耳边只听到冷嘲热讽和风言风语时，我并没有退却，凭着多年农村生活的体验和对农村事业赤诚的心，我一家一户地去走访，为他们解决困难、化解纠纷。村里不通公路，我就到有关部门奔走呼吁，为村里修路立项。县里有困难，我就前往自治区有关部门，一次次陈述农村的苦难面貌和农民对公路的热切期盼。最终搭上了大会战的东风，国家为村里修起了宽阔、平坦的硬化马路。

精诚所至，金石为开。后来，当村民看到这个上面来的"官儿"不是走过场的，而是来干实事的，是来帮助他们脱贫致富的，也就敞开胸怀，如迎接亲人一般接受了我，他们愿意在我的带领下共同努力奋斗，改变落后状况。

2019 年 1 月林忠伟（右一）在大化古河乡中心小学
捐赠衣服给小学生

有一次我女儿发烧病重，我站在路口等候到南宁的顺风车。当一位过路的村民从别人嘴里知道这就是林忠伟以后，就迫不及待、飞也似地奔跑回家，绑上两只自养的土鸡过来硬塞到我手里，死活劝我收下。闲聊才知晓，这村民是感念我为怀合村立项引资援建了一个大水柜，解决了人畜饮水的问题。

最令我难忘的是，我为救治白血病患者蓝燕而奔波筹款甚至为求得大款捐助医疗费大醉一场的事。事情起因是这样的：

2011 年初，我得知一位初中女生患上白血病，急需大笔钱救治，乡领导和校领导与师生都希望我动用一切人脉关系，呼吁社会救救这可怜的孩子。乡长把该女生的一篇短文传给我。我看完后，心潮澎湃，久久不能平静。

从照片上看，蓝燕长得很漂亮，清纯可爱，温柔善良，有一种与众不同的亲和气质，完全看不出她是一个农村女生，身处逆境却有一种大家闺秀的风范。也许是我的神经太脆弱，或许是我来到农村扶贫后见到太多的悲情事与几十年来从来没遇到过或听到过如此多的人间苦难，（她的短文）

令我悲伤倍增，泪如雨下。

我为此专程跑遍南宁主流媒体，希望能得到主流媒体的宣传，动员社会力量，筹款 40 万元救治蓝燕。电视台、报纸、网络、电台栏目负责人都十分同情，但都无奈地表示：像这类癌症患者需要主流媒体呼吁社会力量来帮助筹款救治之事，几乎天天都有人来求助。主流媒体开始都尽全力呼吁社会力量来帮助他们，但实在是太多了，读者对这些已经不新鲜的善事开始不那么热情了，很多企业家和读者都建议，建立健全"新农合医疗"制度和政府救治才是正道。所以，此事确实无能为力了……

我不信这个邪！我又跑了南宁一些实力较强的企业，想用真诚打动这些腰缠万贯的老板们，但都无功而返。就在我身心极度疲惫、一筹莫展之际，一位早上拜访过的老板打来电话，邀请我赴晚宴。我闻讯大喜，欣然前往。

宴席上，自称姓钱的老板先自我介绍一番公司的业绩如何如何好，然后把话题转入捐助医疗费救治蓝燕之事。

"我只能捐 10 万元，但必须有条件。"钱老板说。

"有条件是正常的！在商言商，您说，只要是我能做到的，只要能救蓝燕，什么条件都可以答应。"我满怀虔诚之心地回应。

"是这样，只要你动员 100 人加入我的公司成为会员，这 10 万元就捐给你，由你支配。"钱老板慢条斯理地说。

是什么事情这么轻易就得到 10 万元的捐款？当我得知该公司主要经营化妆品，产品贵得出奇。更离奇的是，每个人必须购满一个 1 万元的"套餐"才能成为会员。钱老板介绍说，其实每个会员都不会亏的，成为会员后可以介绍亲朋好友、同学入会，累计满 100 人入会，也同样得到 10 万元的捐赠或奖励。

我听完之后，怒不可遏，摔门而去。

"简直是愚弄人！别说我的亲朋好友、同学哪个买得起 1 万元的化妆品，就算有，这事能做吗？"一路上，我仍然怒气难消。在坐等公交车的时候，我喃喃自语地说："这都是贫穷害的，都怪我，没有带领大家脱贫致富，我无能啊！"说完我已泪眼婆娑。

"蓝燕还能有救吗？"过了一会儿，我失神的眼睛透出热切的求助，说实话，此时我已绝望之极，这几天来，我跑媒体和企业，找我熟悉和认识的领导、朋友，倾吐此事，希望能得到他们的理解和支援，很多人都深表同情，有的拿出 100 元、200 元甚至是 1000 元让我转交患者，但都离 40 万元医疗费十万八千里，仅仅是杯水车薪而已。

"走，我们喝酒去！"我突然拉起挚友往中山路走去，此时才意识到很晚了，中山路夜市已经热火朝天。

这一夜，我和朋友谈了很多，也喝了不少白酒和啤酒。常说"借酒消愁愁更愁"，此话一点都不假，平时半斤白酒不醉、6 瓶啤酒小意思的我竟然在今夜中山路夜市上仅仅喝了没到二两白酒和二瓶啤酒，就醉得一塌糊涂。当挚友和黎文书一起扶我上的士的时候，我突然口吐秽物、精神恍惚……

我其实已经尽力了，蓝燕真的没救了吗？

过了几天，我买了大包小包很多零食，特别是甜甜的、酥软好吃的"萨其玛"来到蓝燕的病床前，撕开包装塑料，把"萨其玛"放到蓝燕的嘴边。蓝燕笑了，笑得很甜，拼尽全力地说："很香，很甜，我从上小学起，一直都奢望品味一下，但都太穷买不起，无法实现这个愿望。现在好了，我可以闻到它的香味了，还能舔一下甜甜的，可惜我已经没力气吃了……"我哽咽了，看着即将凋谢的鲜花，我心如刀绞，恨不得仰望天空，大声呐喊：苍天啊！何为公平？何为命运？何为怜香惜玉？！

此时此刻的我痛苦难当，我一反常态号啕大哭起来。主治医师和护士闻声赶了过来，都以为我是蓝燕的什么亲属，当病友交头接耳说我仅仅是挂职扶贫干部而非亲属时，医生和护士被震撼了。主治医师紧紧握住我的手，热泪在眼眶里直翻滚，声音哽咽，表示尽其所能挽救蓝燕的生命，医院会尽快申请按"新农合"规定办理，以解决巨额的医疗费。

云淡风轻，像等待一场洗礼，像等待一场天下的共鸣。在走出医院的大门之际，我恢复了往日刚毅的神情，我坚定的话语铿锵有力："放心，我回去之后，卧薪尝胆，'以富得民，富乡安民'一定能实现，一定！一定！"

正是怀着这么一颗对蓝燕、对无数农家学子、对广大底层人民群众的怜悯之心，我如一个苦行僧一般，数年如一日地奔走在八桂壮乡，对"三农"尤其是扶贫方面的实地调研，寻找真正解决问题的良策。我忠诚于党的事业，向党委、政府建言献策，为广大农民脱贫致富奔小康执着追求，担当无悔，这就是我送给这片热土最珍贵的礼物。

在大化瑶族自治县扶贫4年，我深入人民群众，忠实贯彻党的优良作风，与基层同志同吃、同住、同劳动。由于表现突出、成绩显著，我年年荣获"广西壮族自治区扶贫先进个人"，及河池市委市政府、大化瑶族自治县县委县政府授予的"优秀指导员"称号。

四　执手中之笔，建设壮美广西，共圆复兴梦想

已经凌晨三四点钟了，万籁俱静，偶尔有异常的狗吠声和野猫的惨叫声，撕碎正常人平静的心，预警着这一天似乎要发生什么大事。正在伏案写作的我微微扬起头，舒坦地长吐一气。这是我多年养成的一种研究写作习惯，这个很普通而习以为常的动作在告诉天上的星星月亮和关心爱护我的亲朋好友：我的一篇长篇资政报告已经完成，这篇资政报告有可能会获得中央领导或自治区领导的肯定和批示，瞬间转化成生产力，有关部门为此制定相关政策规定，惠及"三农"百姓切身利益……

当我敲下"。"完结这篇长篇建言对策的报告站起来的时候，突然感到天旋地转，整个天花板在高度翻转不停，自己好像要掉进十八层的地洞里，一阵又一阵，即使躺到床上依然如故。公鸡打鸣的声音从远处传来，我感到没有以往的悦耳振奋、情绪勃发，此时此刻深感刺耳烦心。值班门卫班长闻讯来到床前嘘寒问暖，没有丝毫犹豫，拨打了120电话……

通过输液，我的颈椎病有所好转。一天下午，病房探视期间，突然来了一群"不速之客"。他们"叽叽喳喳"闯进我病房，医生护士忍不住过来干预强调要小声点，不要影响别的病人休息。邻床一位老大哥笑眯眯地对这帮人说："你们是不是刚从乡下来的农民？"一位老者回答说是瑶乡大化怀和村的，听说我病了来看看表表心意，并且说："你看，这是我们养的土鸡土鸭，全部用玉米喂出来的，纯绿色食品，有钱买不到。老林虽然不驻村扶贫了，我们可想念他了。几年来，老林为我们做了多少好事，他脑子好用，想出的点子极其实用有效，为百姓谋划了多少利，数也数不清。"

这帮"不知天高地厚"的山沟沟来的十几个瑶乡农民七嘴八舌地扯开了话题：说什么今年惨透了，每家每户养的叮当鸡卖不出去，滞销很严

重。如果在春节前再卖不出去，养殖户损失惨重。有不少人是借钱养的，本来想养鸡脱贫致富，现在完了，完了。现在离春节没到 20 天了。……乱糟糟的吵闹声此起彼伏，全然不当这里是病房，把病房里的三个病友当作空气——说明他们心急如焚，方寸大乱了。

我忍着病痛认真听了他们说的情况，仔仔细细地询问一些养殖户的鸡的质量后，马上给朋友打电询问山村"土鸡"在南宁市和周边县区的价格与销路状况，做到心中有数。在听取医生的意见后，我随这帮农民回到大化看看养殖户的鸡场和规模状态。尽管行动不便，我说就是抬也要抬去。

我的工作习惯是，不经过调研就不要乱发言表态或做什么决定，要到现场去看一看、听一听、想一想。于是出现了一种奇特的现象——

从南宁市到大化县，一个多小时的路程，这些"不懂事"的农民因凑钱不够包租一辆中巴车，准备去找在邕打工的同乡借钱时，我制止了他们，自己掏出钱支付了包车费。车到达大化县城后，又要转车一个多小时的山腰乡级路到达古河乡，再行程半个小时的山路才能到达怀和村。如果不包车的话当天是没有车到乡村了，十几个人在县城住下是一件麻烦事。

身边的几个年轻人干脆说走回去，走到古河乡，走到怀和村，最多走大半天。村支书大声骂起来："你们这帮自私的人，想着自己，老林病着呢，能跟你们这样走吗？"我劝住了他们的争吵，在村支书的搀扶下，带领他们在街上寻找车辆，车站是每天才有一趟车次到古河乡，现在已经过了中午就不再奢望车站有车。在街上胡乱逛了几圈后没有看见一辆中巴车。就在大家都很绝望的时候，我想起了在大化法院工作的一位老朋友，也许他有办法。事不宜迟，我拿起手机拨打了谢勇主任的电话，说明了来意后，谢主任联系上了一位在六也乡搞运输的朋友。没到一个小时，一辆破烂不堪的中巴车轰隆隆停在我们跟前。谢勇从车上跳下来，紧紧抱住我，当他得知我患有颈椎病还在医院住院治疗时，这位瑶族大汉盯住我脸庞半天，泪水在眼角里直打转，声音哽咽，说了一句"什么都不用说了，我跟你们一起去！"，然后挽起我的手上了车。上车后，他向朋友吹起口哨，大声喊道："古河，出发！怀和，出发！"

终点站是国家级岩滩水电站，中巴载着一车人在红水河的边岸斜坡上的山腰行驰，左拐右弯，上颠下簸，正常人都会感到头晕目眩，胃翻难忍，何况还在住院的我得的是颈椎病，一路上的痛楚只有我自己深有体会……

我就这样在病床上用手提电脑一个字一个字地敲打出 23000 多字的调研报告《做大做强大化县特供土鸡主导产业的对策建议》和 16000 字的《做大做强贫困村百香果产业的对策建议》，随后报送自治区党委。没过多久，两篇调研报告获得了自治区党委副书记的批示。

责任与信仰，这些特殊名词似乎已经过时，但在我的心中无比的干净、高尚，是我日常遵循的行为准则与指南标针。正是有了为党和政府建言献策、为千千万万的贫困群众寻找脱贫致富科学之路的资政情怀，那份责任与信仰，我十余年来始终一直忍辱负重的坚守。以至于在社区担任党委副书记的妻子在陪护时，含着热泪问我："你这四年扶贫的那份苦只有我知，这十几年来你专注资政扶贫的那份累也只有我知。你这份为瑶乡扶贫事业建言献策而试图改变贫困、为民代言的情怀，只要有一点点良心，哪怕是个盲人都看在眼里，明白心里。但有几个人真正懂得你的苦、你的累、你的泪？又有多少人对你理解、信任？我不知道你到底图什么？"

是啊，我到底图什么呢？广西优秀专家、广西社会科学院资深研究员、文学艺术研究所原所长蔡定国老专家认识我 28 年，也亲密无间 28 个春秋，对我数十年的逆境了如指掌，深为感叹。他多次饱含老泪对我说："你这么多年如此忍辱负重，坚守信念，换上别人，早已放弃。"正是我对党和政府扶贫事业的无限忠诚，心怀壮乡贫困地区的脱贫攻坚，自费调研，资政扶贫，孜孜以求，在壮乡扶贫路上艰难行走，忠诚，干净，担当。

"理解""信任"，短短的四个字包含着多少汗水、泪水与苦心的交融，包含着我多少日夜渴望同志们真实的情感与爱护，渴望着多年的付出为党委政府工作提供有价值的决策参考得到一种起码的尊重和认可，渴望着被众多的专家学者如国务院特殊津贴获得者、广西优秀专家、自治区党校二级教授陈学璞和广西教育学院党委书记容本镇教授等赞誉"广西社科界林忠伟现象"并在高校、机关单位培训活动宣讲我出色的事迹，期望"不忘初心，砥砺前行""众人拾柴火焰高"成为见贤思齐的奋发常态，建设壮美广西，共圆复兴梦想，指日可待。

正如习近平总书记强调的，到 2020 年现行标准下的农村贫困人口全部脱贫，是党中央和全国人民做出的郑重承诺，必须如期实现。这是一场硬仗。这些年中国在扶贫工作方面所取得的世界瞩目的辉煌成绩，除了各级党委政府正确领导，始终重视扶贫、科学决策、思路清晰、措施得力、注重实效外，更重要的，恐怕就是因为拥有一大批像我这样牢记宗旨、立志扶贫、深入基层、无私奉献的志士仁人。党和政府要不忘初心、牢记使命、坚定信心、顽强奋斗，以更大决心、更强力度推进脱贫攻坚，坚决克服新冠肺炎疫情影响，坚决夺取脱贫攻坚战全面胜利，坚决完成这项对中华民族、对人类都具有重大意义的伟业。

退役军人的两度扶贫之路

受访人：金进
访谈人：黄碧容
访谈时间：2020 年 7 月 21 日
访谈形式：当面访谈
访谈地点：广州市黄埔区中山大道东 222 号益庭阁鱼珠
　　　　　街道办事处
访谈整理：黄碧容
访谈校对：黄碧容　　金进
故事写作：黄碧容

受访人简介：金进，男，1963 年 10 月出生于湖南省长沙县，中共党员，革命烈士的后代，有过 24 年军旅生涯，曾两度投身脱贫攻坚主战场。2010 年 7 月至 2013 年 3 月，由广州黄埔区选派驻广东省丰顺县开展"双到"扶贫工作，任扶贫工作组副组长。2017 年 3 月至 2020 年 2 月，由中共广州市委派驻贵州省都匀市开展对口扶贫协作，任都匀市委常委、副市长。帮扶三年来，成功引进相关企业签约产业项目 7 个，累计完成投资 17.48 亿元；协调帮扶都匀市财政资金共计 2563.24 万元，实施项目 35 个；发动和组织广州 46 家机关企事业单位分别与 33 个贫困村开展结对帮扶，积极推动"黔货出山"，在都匀设立粤港澳大湾区"菜篮子"产品配送中心。

一　九处历练尽己能，甘把异乡作故乡

1981 年 10 月，我离开了故乡湖南长沙，那年我正值十七周岁，应征

2020 年 7 月金进（左）接受黄碧容访谈

入伍奔赴河北涿州某部队。新兵训练结束后，我服从组织的分配，去到了北京房山某通信团当战士，经过刻苦复习，随后考上了湖北一后勤学校。军校毕业后，我响应国家军队的号召，决定到边疆去，到祖国最需要的地方去。我搭乘七日七夜的火车到达了内蒙古莫力达瓦达斡尔族自治旗某营地，在部队任排长。到了 1991 年 3 月，我被调配到黑龙江嫩江县总后嫩江基地政治部组织科任干事，后来又南下到广州第一军医大学政治部。2004年 12 月转业到广州黄埔区委党校，2010 年受黄埔区委派驻梅州市丰顺县九河村扶贫，2017 年 3 月又转战到贵州都匀市实施东西部扶贫协作。

从北向南，自东往西，我在每个地方都工作了一至三年。今年是我参加工作的第三十九年，这些年来，走过九个地方，看过九种风貌，对每个地方都怀有"故乡之情"，在每个工作单位都尽我之责、尽我所能。酸甜苦辣、成功与失败、喜悦或失意，我都感触颇深。

2004 年，军旅生涯到达了第二十四个年头。那时我在第一军医大学研究生管理大队四队政委岗位已有三年，而第一军医大学为了适应国家发展和改革的需要，整体移交广东省，更名为南方医科大学。我与同在部队里的妻子刘莉，需要在部队调整改革之际做出去或留的决定。征求他人的意见时，也做过一番思想斗争，即便我曾想过把自己的一生献给军营，但面临选择时，脑海中只留下了那句军人的口号："坚决服从组织安排！"于是，我离开了我深爱的军营，被组织上安置到黄埔区党校一个主任科员岗位上，妻子则继续留在学校内，担任南方医科大学南方医院呼吸科护士长。

从部队到地方需要一个适应的过程，因为部队的纪律体系、组织架构、生活作风等各方面都比较特殊。我在主任科员岗位适应和奋战了一年后，因为工作出色，又被调整到办公室主任岗位，持续开展工作。到了2010年初，广东省委下发了一个文件，意在选拔一批政治素质过硬、善于吃苦，既有组织管理能力，又有扶贫意愿的人去梅州丰顺县开展扶贫工作。我心想，自己是农民出身，又是一名能力过硬的老兵，能够到贫困地区去为人民做点好事、做点善事，那就一定要去。当时妻子的工作稳定，小孩正在出国学习阶段，家里能够走得开，于是我当即报了名；获批后，担任黄埔区对口丰顺县扶贫工作组副组长，兼任丰顺县留隍镇九河村支部第一书记。我们按照"一村一策，一户一法"的方略，实施省里组织的"双到"扶贫①，在那里扶贫了三年。

从办公室主任再成为到实地工作的扶贫干部，便更加需要注重与人民群众打成一片，和人民群众同学习、同工作、同生活。初到梅州丰顺县，我感觉到当地确实比较贫瘠，相较于广州这座城市来说差距很大。那时候我所在的九河村条件非常差，基础设施较为落后，我就住在村委会一楼一个很简朴的空屋子里头，平时自己煮着吃，偶尔也去村干部家里蹭饭，吃得都很简单。生活起居上渐渐适应习惯后，扶贫的工作也逐渐铺展开来。

丰顺县九河村的村民面临一个历史遗留的问题，那就是用水，村民们常年用盛水工具挑水喝。我去到那里的时候，当地的饮水建设工程都已经做好，但没有资金来进行后续的引水入户工程。于是我向黄埔区打报告并申请了资金，再发动企业投资，一共筹措了56万元左右的资金，投入到后续的工程中去。九河村家家户户买了水龙头和管子，饮水工程全部竣工，村民的饮水问题和用水问题得到了解决，这在当地引起了很大的反响。我深感为人民群众做好事、做善事是值得的！

---

① 扶贫开发"双到"工作是广东省委、省政府从广东经济社会发展全局出发，针对省内区域发展不平衡、城乡和贫富差距不断拉大等问题，创造性提出这一重要战略举措。"双到"，即规划到户责任到人。扶贫双到中的扶贫工作和以往最大的不同，一是没有具体扶贫项目的不给资金，二是帮扶的对象要"到户、到人"。

九河村的一切都百废待兴。当时，我看到九河村有四个村民小组，稻田荒废，无人种植，经打听，是无水灌溉导致种不了水稻。于是我组织人员，筹措资金，昼夜奋战，抢修了一条3100米长、60厘米宽的水渠，村民得以种上水稻，当年获得了丰收。当地的不同区域因为交通阻隔，往来十分不易，于是我组织建设了一座4.5米宽、500米长的桥梁，把九河南边和北边的村民连接了起来。还有一件值得骄傲的事情是，我组织重建了九河小学。2011年初，我发现九河小学破烂不堪，且大多是年久失修的危房，于是经过多次沟通协调，从黄埔区筹措到扶贫建校专款，又发动乡贤及村民捐款，合计筹措460万元左右，重建了九河小学，解决了九河村多年来未解决的教育问题。

2010到2013年，在梅州丰顺县九河村的三年间，我们通过资金、产业、教育、医疗、危房改造等扶贫路子、方法和措施，为九河村改善、修建了大桥和道路，发展了种植橄榄和编织竹筐产业，建立了文化广场，重新建设了九河村的小学，还修通了灌溉稻田的水渠，使整个九河村发生了非常大的变化——不可谓是"翻天覆地"，但确确实实让九河村的方方面面都焕然一新。

二 主动请缨上"前线"，黔南山水待新颜

2013年，我离开了九河村回到原单位岗位上继续工作，任黄埔区鱼珠街道党工委委员、武装部长。2016年年底，党工委会上传达了一个文件——按照对口帮扶的政策，国家要对新疆、西藏实施大力扶贫，文件中计划派出一批广州干部去实施对口帮扶。当时我没有细看文件，知道是要去扶贫便很快把名字报了上去。之后党工委给我的反馈是，去新疆和西藏的干部规定年龄在45周岁以下，我不符合条件，所以组织上没有批准我的申请，无奈之下，我只能留在鱼珠街道继续工作。

到了第二年的2月份，又来了一个新的政策，即实施习近平总书记提出的实行东西部对口帮扶，由东部发达的城市对口帮扶西部欠发达的地区和城市，广州市也计划再招一批干部前往贵州省对口帮扶。我心想，上次我报名没有获批，这次应该可以继续报名，于是先和组织在口头上汇报了自己的意愿。区组织部则派人到我们街道来调查了解我各方面的情况，一

看，我的工作作风、政治素质，还有组织协调等各方面能力都挺优秀，于是把我列为其中一个人选，将我的名字上报到广州市组织部。经过多番沟通交流，广州市特批了我这个超龄干部——我是整个广东省第一扶贫工作小组三十六个成员中年龄最大的。

在都匀时，有记者曾问过："金进年龄已过五十，为什么还能够加入扶贫队伍？"黄埔区分管扶贫工作的副区长回答道："我们扶贫队伍要选拔最优秀的干部，金进就符合这个条件！他政治觉悟高，整体素养强，勇于担当、激情高涨，组织协调管理能力强，又有在梅州丰顺对口帮扶的经验。所以我们黄埔区极力推荐他去参加扶贫，负责管理协调我们整个黄埔区在黔南州的扶贫工作。"

接到自己能够去都匀参加扶贫的通知时，我的脑海里跳出了这么几个字："哇，真的要去了。"这次前去的是贵州省，属于中国西南部高原山地地形区，平均海拔1000米左右。这样的地形下，当地又是贫困地区，我的工作任重道远。但此次去往都匀之前，我爱人极力反对。

"金进，你呀都50多岁的人了，还去折腾什么呢？都已经去扶过贫了，你还要跑去这么远的地方，儿子也不在家，你又把我一个人丢家里！"

然后我便给她做了思想工作，我说："我去扶贫也不是讨什么名利，就是自己想为人民群众做点好事、做点善事。西部的地区确实是欠发达，各方面条件都不好，贫困人口又多。习总书记提出'2020年全面脱贫，不落一人'这个战略目标，我得去为西部做出一点我应该做的事情，也没什么惊天动地的。我们当兵出身的人有优良的作风和较强的能力，怕不了什么苦，有苦我们也吃得消。更何况我是农民的孩子，还是烈士的后代，身上传承着红色基因，我坚决得去，必须要去！"在一番游说之下，我爱人同意了，于是我便跟随大部队一起踏上了前往都匀扶贫之路。

2017年3月23日，出发当天上午十一点多，广东省第一扶贫工作小组所有扶贫干部在广州南站集合，乘坐近四个半小时的高铁直达贵州省都匀市的都匀东站，黔南州州委组织部前来接待我们去往青云湖酒店安顿。

刚刚下火车到达黔南，便感受到黔南州的自然环境得天独厚，比广州这座繁华城市的空气新鲜很多。一路上我注意到当地的宣传口号，"抢晴天，战雨天，斗夜间"，一看，便觉得当地干部作风不错，斗志也很强。

当天傍晚，当地召开了"迎接广州东西部对口扶贫干部交流座谈会"，会上，黔南州委书记向我们致欢迎词，州组织部部长和工作组组长对我们提了具体要求。议程中有一个扶贫干部表态发言的环节，在广州市委组织部带队领导致辞完毕后，他们决定在所有东部到西部对口帮扶的广州干部中选一位代表发言，思来想去说："来！年龄最大的金进同志你来讲讲。"

我当时并没有推脱，开始发言："根据国家和广东省委的要求，经过基层单位推荐，广州市委组织部批准，我们的扶贫干部一行，今天到了贵州省黔南州，我就代表我们这批干部做个表态。我们一定本着'怀激情，查实情，献真情，做事情，脱贫情，结友情'的理念，做'六情'干部。我们一定要向党组织，向贵州省委、广东省委交出一份合格的答卷，向人民群众交上一份最满意的答卷，坚决完成党组织交给我们的扶贫任务。"

虽然贵州"天无三日晴，地无三尺平"，气候条件比较潮湿，但我在部队那么多年，四海为家，到哪里都适应得快。扶贫期间，我挂职贵州省都匀市委常委、副市长，住在组织安排的公寓楼里，早餐和中餐在单位跟都匀的干部一起吃，晚饭则自己做。都匀地区的人爱吃辣的，生在湖南长沙的我也尤好这口。到都匀的第二天，我把住房和办公室整理了一番，从第三天开始就向市政府办公室主任提出：我要到市里面逐步去了解，摸探一下实情。当天，我去了最边远、最高寒、最贫困的海拔 1860 米的毛尖镇摆桑村和距离市区最远的归兰水族乡的极贫村翁奇村，探查致贫原因和实情。

都匀当地的基础建设还可以，比我来之前想象的要好些。城市相对较好，但农村的基建便不尽人意。道路没有修好，交通不方便，村里没有群众服务中心，没有基层干部的办公场所，也没有供村民休闲娱乐的文化设施，更重要的是尚未有任何可以造血的产业。我感受到当地确确实实是很贫穷，还有很多非常贫穷的人需要帮助，还有很多扶贫工作等待开展。

三　招商引资助脱贫，结对协作奔小康

经过一番实地考察，我认为都匀的贫困原因是多方面的。其一是当地的人观念相对落后，没有改革开放前沿地区敢创、敢撑、敢为、敢做事的精神观念。其二是当地教育比较滞后，仍旧停留在普通的、呆板的应试教育模式中，没有更多尝试和创新。其三是产业滞后，没有任何主导产业来

推动经济的发展，没有任何可以"造血"的产业为都匀带来经济收益。还有一方面是与贵州的喀斯特地貌有关系，当地的土质、土壤各方面较差，发展种植业较难；且山地很多，成片的、密集的土地比较少，我们很难找到一块完整平坦的土地来开发，而这也是很难发展产业的一个原因。

在培养当地观念创新方面，我采取了"人才培训"的方式。在我工作期间，我从都匀市干部当中选取一批优秀的干部，到广州市黄埔区和广州其他区挂职一年。第一年选派12名，第二年选派8名，第三年选派6名，到广州担任局长助理、街道主任助理或党建指导员等职位，让他们在这里真正地体验、真正地感受，在工作中得到充分的锻炼和培养。我十分注重人才培训，所以每个季度到广州来给他们开一次会议，了解他们的意见，帮助解决他们在工作中的问题，并带动他们树立改革和创新的观念意识，使得这一批干部回到都匀后，工作能力明显得到了提高。还有一种人才培训的途径是，针对都匀这边的干部，在广州办领导干部能力提升班、学习十九大精神培训班、"不忘初心，牢记使命"主题教育培训班等，共计六期培训班。然后，我又把广州和都匀两地的组织部结成对子，在我们黄埔区和都匀市两边挑选干部，合力举办能力提升班，让他们在一起学习、工作和生活，多多沟通交流，互相交换先进的思想，也间接地提升和改造了部分人相对落后的观念。我认为"人才培训"是对口帮扶中的一大亮点，对人进行观念的引导和改变，是扶贫工作中影响力最长远的一项措施。

而针对都匀没有任何可以造血的产业的现状，我们则发挥对口帮扶的实质，利用东部发达地区的优势，有的放矢抓产业，开展产业扶贫。为了深化产业合作，增强新动能，我积极引导广州企业参与都匀市资源开发，加强经济技术合作。三年来，先后拜访或沟通协调广州、深圳、东莞、佛山、港澳台等地90余家企业赴都匀考察调研，寻求合作项目。大力宣传都匀地理、交通、人文、生态优势，解读都匀招商优惠政策。成功引进东部相关企业签约产业合作项目9个，总投资额17.48亿元，促成7个大项目签约落地。

其中，广东海大集团（中国500强之一）投资3.8亿元建设平浪生态养殖项目，成立都匀益豚生态农业有限公司。两年间，已经建设了年出栏30万头的仔猪繁育基地及相关配套设施，于2019年正式投产。采取示范养殖小区建设与"公司＋农户"模式全面运营。这一产业带动了200多个合作社或家庭农场，帮助 1100 余贫困户脱贫，促成 2000 余人就近就业。

第二个产业则引进了石蛙产业园。黄埔区广州开发区投入了扶贫资金 120 万元，用于扶持贵州省级深度贫困地区的都匀市归兰水族乡合兴村养殖石蛙生态循环养殖基地建设。养殖基地中采购了 9000 只种蛙和 2000 斤黄粉虫（饲料），发放给了 168 户贫困户共 602 人饲养，它采取入股、分红的方式进行发展，至今已经分红三次，每年每户饲养户可以分到 1000 ~ 2000 块钱红利。现在石蛙产业园的规模已经成型，由公司负责技术指导、管理及销售，并有效形成与精准扶贫相对接的利益联结机制，确保全村脱贫。

此外，广东新农人农业科技股份有限公司投资 2.1 亿元，建设墨冲农业科技产业园项目；广州三佑生物科技有限公司投资 3 亿元，建设都匀大健康产业园项目；广州新桦威有限公司投资在都匀市建立"绿水青山粤港澳（都匀）文化旅游产业发展有限公司"。这些产业，为都匀的脱贫工作注入了源源不断的活力和血液。

你看桌上的这罐绞股蓝，它也叫"匀之蓝"，这也是我引进都匀的。绞股蓝茶业在都匀已经落地成型，今年为止，种植规模已达到 300 多亩，一亩能够产生 8000 元至 1 万元的利润，这也是我们产业扶贫的项目之一。

产业的发展离不开资金帮扶，但按照国家政策，都匀市没有被列为国家的贫困县，因此没有申请资金的条件。没有资金，产业就很难起步，无法发展起来。在此情况下，我坚持沟通协调及游说，向组织上打申请报告，努力争取广州黄埔区的资金帮扶。三年来，我们一共获得财政资金 2563 万元，用于帮助对口帮扶都匀市的项目。最终实施的项目大概 35 个，值得一提的是，这些项目没有出现资金上任何违规违纪的问题。对于专项帮扶资金，我们加强了对资金的管理，制定了黄埔区广州开发区对口帮扶都匀市资金项目管理办法，对资金实行监督、检查、审计，从而发挥帮扶资金的最大效益。

在产业扶贫方面，我还提倡采用"强强联合"的形式，即两家国有公司组合起来结成联合体。我们把广州开发区的科学城集团与都匀市投资有限公司联合起来，组建成为科匀集团，到都匀运作。迄今为止，广州开发区的科学城集团已经投资 4.6 亿元到都匀，开发都匀当地的产业。都匀如今已形成系列产业链，这是令我自己尤其骄傲的。

产业发展起来了，也需要解决村民的就业问题。针对这一方面，我们首先开展了劳务合作，拓宽新的扶贫领域。我们在广州和都匀两地建立了劳务协作工作站，搭建起就业的平台，让都匀的富余劳动力外出到广州来工作，并为他们提供岗位的培训和法律援助的服务。三年以来，一共帮助都匀贫困户到广州地区就业共 547 人，到其他东部省份就业 320 人，在本地就业 401 人。其次，用扶贫基金在当地建立手工、纺织、玩具、袜子等 8 个生产车间，采取"就地就业"的形式，吸引和招募本地的富余劳动力。同时，我们对劳动员工加强就业技能培训，共进行了 14 期培训，其中培训建档立卡贫困户 762 人，培训致富带头人 165 人，最终成功创业的有 83 人。

接着要讲到"携手奔小康"行动。扶贫期间，我们汇聚各方力量，广泛发动"百企帮百村"的活动，即引进企业到都匀去，与都匀市的深度贫困区结为"企村对接"，发挥企业的优势进行帮扶。目前广州黄埔区有 4 个街道对口都匀市的 4 个乡镇和 16 个村；活动还辐射到了海珠区，我们发动海珠区与黄埔区一同联手，实现了都匀 30 个深度贫困村都有街道或者企业对口帮扶的现状。

这种"结对子"的帮扶形式拓展到教育扶贫和医疗扶贫方面。广州黄埔区与都匀市的 45 所学校，其中包括 4 所幼儿园，形成结对子帮扶。我们派广州的老师到都匀挂职一年，都匀的老师也到我们这边挂职锻炼，互派教师，互相学习和交流，携手发展教育。在医疗方面，我们广州黄埔地区的医院对口都匀市的 24 家医院和中心卫生院，开展医疗对口帮扶，互相之间取长补短。我们根据都匀所需，发挥我们黄埔所能，把该办的、能办的都做到了，契合了"携手奔小康"行动的理念。

如今，都匀的村容村貌发生了极大的改变，胡广村、新场村等其他几个村落有了供居民休闲娱乐的广场，有了党建走廊、党建阵地，还有了村民服务中心。村里的道路得到改善，河流桥梁逐步建设起来，村民的交通出行从而有了更好的保障。通过对口帮扶、携手合作，得力于全市干部群众众志成城，脱贫攻坚成效显著。截至 2019 年底，都匀市 52 个村全部从贫困村出列，实现贫困人口 14611 户，53115 人全部脱贫，发生率从 2014 年的 13.65% 降为零，这也是我在都匀扶贫工作中取得的最大的成绩。

四　营销合作拉经济，智志双扶促教育

回顾自己在都匀扶贫期间最满意的工作，我想便是极力推动消费扶贫和极力推动教育扶贫。

黄埔区每年都会举办"迎春花市"活动，此时正是销售货物（农副产品）的一大时机。在都匀扶贫年间，我们利用起广州城备受欢迎的"迎春花市"，在花市范围内专门设立了供黔南特产销售的区域。花市的档口需要出租金，黄埔区政府就出钱为黔南的货物设置了十个档口，把都匀（含黔南其他县市）的产品拉到花市上供广州市民采购。售卖员穿着贵州省少数民族的服装，在花市上吸引了来往市民的注意，产品也得到了热卖，效果十分理想。利用广州花市推动"黔货出山"的活动办得很好，广州市张硕辅书记对此非常赞赏，对我们的工作给予了极大的鼓励和支持。因此，我们拓宽了黔货出山的平台，利用"粤港澳大湾区名品联展会""国际食品食材展览会"等平台，发动黔南贵天下茶业公司、匀酒公司等20余家有实力有品牌影响力的本地企业多次赴广州深圳展览推销，取得了良好的经济效益和社会效益。

2019年初，我陪同都匀市委书记到广州招商引资，其间去拜访了广州市农业农村局，与该局书记袁桂扬达成协议，意在把我们都匀的农特产品推销到广州来。当时恰逢广东省省委常委、广州市委书记张硕辅提出建立粤港澳大湾区"菜篮子"平台，将安全优质的农产品通过大湾区平台供往港澳及内地市场，得知这一消息，我马上树立起信心，坚决要争取在都匀市建立粤港澳大湾区"菜篮子"分中心，我向农业农村局的朋友说道："都匀的产品生态环保又优质，一定很受青睐。花市时期，我们拉了两千斤都匀的大米去卖，原本计划需要两天时间将大米卖出去，没想到市民们购买相当踊跃，大米当天就断货了，可见都匀的产品很受大家伙喜爱。"而后我又联系了广州市农业农村局的书记袁桂扬，但他对于在非国定贫困县（市）都匀市设立中心有些迟疑，我则说道："都匀是黔南州的首府，首府要打首战，把中心设在都匀吧！"就这么的，经过一番积极组织协调，粤港澳大湾区黔南（都匀）菜篮子配送中心正式成立。2018到2019年一年间销售到广东地区1.35万吨农特产品，销售金额达到7650万元，带动

贫困户 2700 人脱贫。黔南菜篮子中心的建立，实现了都匀产供销一条龙作业，开启了广州对口帮扶黔南消费扶贫领域的新篇章。

2019 年 5 月金进（左一）参加都匀市粤港澳大湾区"菜篮子"产品黔南州（都匀）配送分中心建设动工仪式

另一项满意的工作在于我极力推动教育帮扶。扶贫期间，我沟通协调黄埔区优秀校长到都匀市挂职一年，通过言传身教，开展两地幼儿园及小、初、高中结对活动，不断提升本地教育管理水平；动员和沟通协调民营企业捐赠 50 万元，完成了都匀市毛尖镇摆桑小学（幼儿园）新校的后续建设，极大地改善了教师和学生的工作和就读环境；同时发动企业捐赠财物 220 多万元帮助山区学校改善办学条件；此外，我还开展了"扶贫济困红色育苗"助学公益活动，动员自己的家人、朋友及社会爱心人士等自愿帮扶贫困学生。

"扶贫济困红色育苗"助学公益活动由我自发组织进行。去了都匀一年左右，我发现那边的贫困学生上学成了难题，秉承着"扶贫先治愚""志智双扶"的理念，我决心自发帮助都匀当地"读书难"的学生们。于是，我起草了一个关于帮扶建档立卡贫困户学生的文件，其中包括原则、范围、条件、金额和具体方式，并召集了都匀市的教育局开专题会议，计划由我组织帮扶当地 100 个贫困学生。计划开始实施后，我在自己的人际关系和能力范围内，发动了我的同学、战友、朋友还有我们体制内的工作人员，从建档立卡贫困户里挑选 100 名贫困学生，根据自身的能力选择帮扶 1 到 5 个学生。帮扶方式是根据受助学生的受教育阶段给予相应的金额补贴，如小学阶段学生每月 100 元，初中 150 元，高中 200 元，每月的 1 至 10 号由帮扶人直接拨到学生的家庭账户中，据统计每年大概会有 20 万元被汇到都匀学生的家中。我和妻子帮扶了两名学生。

这项助学公益活动并非在我三年扶贫工作结束后终止，而是会一直延续到学生的学业完成。除了为贫困学生提供资金帮助，我还从这批受助学生里挑选十至二十名学生到广州参观，带他们体验改革开放前沿地的风情风貌。同时在广州内选取同数量学生成批到都匀去，感受当地的贫困程度，让两地学生之间交流往来，结成友谊。

我的爱人刘莉原本对于我坚持加入扶贫队伍有些不解，自从我把她带到都匀实地考察过后，她意识到这个地方确实需要扶持和帮助，于是加入了资助贫困学生上学的行列，主动发动了自己的朋友和战友，也发动了自己所在工作单位南方医院，一起为都匀的孩子们送去温暖和关爱。六一儿童节和 9 月学生开学期间，她们还专门到都匀的学校看望学生，带去了篮球、乒乓球、羽毛球等体育器材，还为当地的幼儿园修建了绿色草坪和塑胶跑道——最多的一次带了 11 万元的物资到都匀去。有了妻子的支持和参与，我对帮助当地的孩子有了更大的信心和动力。

在都匀扶贫时，我最长 64 天回家一次，最短时为了工作一周回广州两次。每次离家前儿子会向我说道："老爸，我回国后，看你的劲头很好啊！你做扶贫工作非常优秀，我给你加油！"他也很热爱都匀，很喜欢都匀的环境条件，与我爱人一样十分支持我的扶贫工作。

现在我已经离开在都匀扶贫时的岗位，对于都匀的建设发展有了自己的看法。都匀的发展难点仍然在于难以引进强劲的大型优质企业的产业，首先是因为它地处西部欠发达地区，人才培训的方略滞后，人的思想观念落后，产业发展的动力不足。其次在于都匀地大物博人少，它地域很广，覆盖 2744 平方公里，但只有 50 万人口。当下人们在物质条件得到满足的前提下，需要寻找文化、精神方面的满足，而都匀是一个建设康养基地的佳地，适合发展康养产业或大健康产业，开拓精神市场。因此，都匀以发展旅游产业为主，吸引游客到都匀旅游、消费是一个很好的发展门路。

都匀贫困村去年年底已经全部出列，往后需要建立防止返贫的相关机制，同时做好乡村振兴工作，把建立返贫机制和建设美丽乡村衔接和统筹起来，使脱贫攻坚工作立持住、巩固好。

五　吃苦耐烦敢担当，攻坚克难振乡村

我从小在农村长大，习惯散漫的生活和工作状态，但部队气质严谨、纪律严明，在部队二十四年的磨炼改变了我，这对我的扶贫工作有很大的影响。我给自己的评价是"吃得苦、耐得烦、霸得蛮、合得来"："吃得苦"就是遇到什么难题、吃什么苦我都不怕；"耐得烦"就是能努力为群众答疑解惑，遇到很棘手的事情，我也能很耐烦地、很心细地做群众的思想工作，并且把不同的意见集中成群众的智慧；"霸得蛮"是我的作风，只要是党委政府定下来的任务，要做也得做，不做也得做，蛮干我也会把它干好；"合得来"就是主张团结合作，我善于把周围的同志团结起来，一道为共同目标奋进。

扶贫的时候每天都有不少工作。遇上扶贫检查的时期，工作强度便较往常来说更大，通常从早上 8 点钟开会，午餐都是在会议中边开边解决，一天的工作安排布置得相当紧密。有时候还免不了接到临时的通知，我记得 2017 年底的一个晚上，市府办 9 点半通知我半小时后准时参加市委扶贫工作检查督导组的考核会，会议一直进行到凌晨四点，但第二天早晨 7 点便要起床收拾，赶往市政府 8 点的会议，直到 9 点钟之后继续下乡进行考核工作。

印象最深刻的是 2018 年的 8 月 30 日，那是我三年扶贫工作里最难忘的一天。那天我从早上 6 点半起床，7 点便到达办公室整理资料，紧接着 7 点 50 分领着广州新农人科技有限公司的董事长邓肖辉还有他的团队到市长办公室汇报工作，争取请政府协调帮助解决该公司在都匀遇到的困难。8 点半，我又到市政府参加政府常务会，半小时左右又无缝衔接赶往下一个会场，代表都匀市到州里面开常务会。会议议题进行到一半，我便到都匀东站接待广州对口帮扶的代表团，带他们到归兰乡等地方下乡考察，直到下午 5 点又赶回都匀迎接广州康顺集团的董事长，一起前往由他出资建立的摆桑小学，并向他沟通汇报小学的建设进展。完了以后我又去到我的帮扶村里面核查贫困户的基本情况，在村里吃了几口饭后继续进行核查工

作，直至深夜 11 点返家。但车开到海拔 1500 米以上的毛尖山时，山上突然下起了大暴雨，雾气很浓，继续往上开十分危险。我的司机对我说道："市长，我们不能上去了，要折返山下，从毛尖镇绕回平浪镇政府，再从镇里这条路返回市里住所。"经过一番路途波折，我于凌晨两点左右才到达居住场所的路口处，并且由于没带伞，只能淋雨跑回了屋子里。

我推开屋门瘫倒在沙发上，虽说"男儿有泪不轻弹"，但我当时便放声大哭起来，心想："这么辛苦这么累，50 多岁我还要来干啥啊！也不知道做那么多事情到底有什么意义！"现在想来，那真的是令我终生难忘的一天。

再说到都匀本土的干部。平时我经常下乡过问当地干部的工作进展，在常委会上反复跟他们强调："我们是来对口帮扶的，不光带来资金帮扶，不光是形式上的帮扶，从内容上、行动上我也要把你们的作风带起来。我们要敢打硬拼、敢打硬仗、敢作敢为敢担当。"而我自己也是这么做的，以此带动他们树立良好的工作作风，配合我工作的干部都对我佩服有加。此外，我们还专门成立了东西部对口扶贫检查督导组，督导外派干部和本土干部抓紧工作建设。

我与都匀本地的干部和对口帮扶班子的成员相处得很融洽，我们经常一起下乡同劳动、同生活、同战斗。2019 年年底，周亚伟书记去都匀看望我们并检查指导我们的工作，都匀市委王建忠书记还跟亚伟书记提出："亚伟书记啊！我们有一个不情之请要跟您汇报一下，金进政治素养很高，各方面能力很强，对口帮扶成效也很显著，听说你们三年要换一批干部，我们想把他留下，继续跟我们一起战斗！"亚伟书记询问我的想法，我说："一切听从党召唤！时刻准备着！"后来都匀市向广州黄埔区委、广东省第一扶贫工作组和广州市委组织部写了《关于继续留住金进同志在我市实施对口帮扶工作的函》，希望能把我留下来，但经过多方协调后，我还是按照国家规定的扶贫干部派驻帮扶地三年的轮换机制，回到了原单位工作。

而我和当地人民群众的关系就似"鱼水情"的关系。我是受广州市的委托，代表广东省委到都匀去实施对口帮扶，虽然我是市委常委、副市长，但我始终把扶贫工作放在第一位，履职又尽责、履职又尽职。我认为扶贫干部与群众相处，最重要的是放下身段，不要觉得自己是从大城市来的，自己文化程度高，就高别人一等——这种思想绝对不可取。我时刻记得自己是农民的孩子，我从来没把都匀的人民群众当成是西部贫困山区的人，没把他们看成低谁一等的人，我对大家一视同仁，与大家平等相处。到了乡下以后，我们同围在一起吃火锅，同吃同住同劳动。每年的干部考核，我们先是自己述职，然后撰写材料，经过市人民政府、市委常委考核后，再由人民群众来评议，评议完又交由市政府和市委常委对我们做出评价，我年年的结果都是优秀！

回想参加工作以来的所有经历，我最大的感受有三点：第一是只要思想不滑坡，方法总比困难多。无数的经历可以证明，做任何事情，只要坚守信念，永不放弃，遇到再大的问题和困难，总会找到解决的方法。2010年我在丰顺县九河村任村书记，2017年又到都匀市扶贫，都是在一开始人生地不熟，语言也不通，情况又不明的情况下艰难地开展工作，我就是靠着内心的信念，紧紧依靠两地党委政府，充分调动各方面的工作积极性，才闯过无数艰难困苦。第二是凡事只要有心，一定能成功！2017年到都匀实施对口帮扶工作的第一天，我就给自己立下一定要做"六情"扶贫战士的决心，即怀激情、查实情、献真情、做事情、脱贫情、结友情。农民出身，烈士后代，我更应该不忘初心，牢记使命，永远奋斗。第三个是讲原则严律己，勤做事求实绩。小事讲风格，大事讲原则，严格要求，保持本色，光明磊落做人，踏踏实实做事。

2019年12月18日，我陪同州委常委、市委书记王建忠同志及各部委办调研组，深入林荫村、胡广村、斗篷山村、谷江村等调研一整天，感受感触感慨颇多。即将离开都匀的扶贫工作岗位，那时都匀的人民群众已经全部脱贫，我的梦想已经成真。回想起我在都匀的1023个日日夜夜，回想起与村里的驻村第一书记、驻村队员的聊天谈话，我彻夜难眠，夜深人静，我随手写了一首《扶贫先锋之歌》。

扶贫先锋之歌

我们是优秀扶贫战士，
坚决听从习主席号令，
不忘初心精准扶贫，
我们远离亲人驻扎乡村，
走家串户掌握实情，

真情扶贫奉献青春，

敢于担当牢记使命，

攻坚克难振兴乡村。

奋进吧，扶贫战士扶贫先锋！

我们是优秀扶贫战士，

听党指挥服从命令，

不忘初心攻坚脱贫，

我们远离城市扎根基层，

战天斗地满怀豪情，

倾心扶贫风雨兼程，

敢于担当牢记使命，

带领群众梦想成真。

自豪吧，扶贫战士扶贫先锋！

　　来访的学生记者向我说："您在丰顺县九河村扶贫，因工作业绩突出，被广东省委评为'优秀驻村干部'；这次在贵州都匀市实施东西部对口帮扶，成绩斐然，群众赞不绝口，被贵州省委评为'脱贫攻坚优秀共产党员'。的确了不起，我写这篇口述故事报道，就是号召大家向您学习。"而我始终认为，我没有做什么惊天动地的大事，只是为人民群众做了我想做的事。组织给了我这么高的荣誉，我就当作是对我的鼓励。希望当代的大学生，有理想有抱负，一定要勤奋学习，勇于创新，为中华民族伟大复兴贡献自己的力量！

延期奔波丈量纳雍

受访人：詹雯

访谈人：谢丽敏　冯烨彤

访谈时间：2020 年 7 月 15 日

　　　　　2020 年 7 月 19 日

访谈形式：线上访谈

访谈整理：谢丽敏　冯烨彤

访谈校对：谢丽敏　冯烨彤

故事写作：谢丽敏　冯烨彤

受访人简介：詹雯，女，1975 年生，新疆阿克苏人，中共党员。从事教育工作 27 年，在 3 个省 11 所学校有履职经历，任过 4 所学校的副校长，现挂任贵州省纳雍县教育科技局党组成员、副局长，纳雍天河实验学校首任校长，获得广州市"优秀教师"、贵州省"脱贫攻坚优秀党员"等荣誉称号。2018 年 5 月怀揣梦想到毕节市纳雍县支教，同年 8 月放弃与家人相伴的机会，选择延长支教时间，至今扶贫支教 2 年多。其间，她为纳雍孩子们提供了新的学习方法，开展了 40 余场培训，参与过"星火计划""用爱撑起一片天空"等多项扶贫项目。在疫情期间，她连续奋战近两个月，只为做出一所易地扶贫搬迁优质学校——纳雍天河实验学校。

一　做有信念感的老师

1975 年，我在新疆阿克苏出生。我从小就喜欢和孩子在一起，当时大

2020 年 7 月詹雯（中间）接受谢丽敏、冯烨彤访谈

人们搞不定的孩子，我都能带好，所以大家都称呼我为"孩子王"。这正和我做幼儿园老师的梦想相符合。

时隔 22 年后，我从新疆阿克苏来到广州市天河区从事教育行业工作，在龙洞小学、渔沙坦小学等学校任职过，如今又在广州市天河区车陂小学任校长。以后，我也将一直在教育这条道路上走下去。

做老师一定要做班主任，因为班主任的工作能最好地锻炼一个老师的能力。学校最重要的责任就是让许多孩子受到良好的教育，而这个责任更多搁在班主任身上。班主任管理班级的方法，自身的人格魅力以及学识魅力等这些都会对学生产生非常大的影响。

而下乡支教扶贫对我来说本身就是一个梦想。在 2010 年到 2016 年这段时间的寒暑假，我就曾去过西藏、新疆、云南、四川和粤北等地方进行短期支教。当时那边的环境条件真的比较艰苦，孩子们对外来新知识的渴求，还有他们欢乐又清澈的眼神，对美好事物的那种向往，真的让我久久不能忘怀。因为我以前的支教都是短期的、假期期间的，时间很短，最长的也就 15 天，所以我一直很想在一个地方支教一学期甚至一学年。

2017 年 10 月，那是我第一次随着我们广州天河区的教育专家团到毕节纳雍考察，并给纳雍的孩子们和老师们上了为期一周的培训课，也对纳雍的部分德育校长做了为期两天的正面教育培训。因为我正好是正面教育的讲师，所以就给他们传授一些做正面教育的方法，比如家长如何和孩子沟通对孩子的成长比较好，（培训）得到广泛的好评。一周过后，我发现那边的孩子和老师很渴望这种新的教学理念和方法，这真的让我特别感动，自此我也就和当地结下了不解之缘。后来我就同教育局的领导说："如果再有这种帮扶挂职教育的机会我来参加。"纳雍是天河区对口帮扶①单位之一，2018年4月，当我看见天河区教育局发出的支教公告，我第一时间就主动报名。经天河区教育局选派，我来到贵州省毕节市纳雍县开启了三个月的挂职支教，挂任纳雍县教育科技局德育办公室副主任和纳雍县第一小学副校长。当时真的觉得圆了一个梦，心情很激动、很期待，希望赶紧到那边帮助孩子们。

记得2018年5月17日，行李刚放下，我就迫不及待地摸索到学校，看着破旧的教学楼，我以为我已经做好了面对一切困难的准备。深吸一口气，我迈进教室："同学们，准备上课了。"看着底下黑压压一片小脑袋，我赶紧又说："请隔壁班的同学回到自己教室去。""我们都是这个班的呀！"我当时真的愣住了——底下坐着起码一百人呐！后来我才知道，在这不足一万平方米的校园，有四千多号学生，相当于广州94个班，教室的课桌条椅挤挤挨挨，我这样身材的人坐着都费劲。如果这些硬性的基础教育资源都无法保证，这些孩子如何好好学习？我的心揪成一团。

面对环境的落差，我仍然按照我们在广州的习惯，每天清晨7点半，准时到纳雍县第一小学校门口迎接孩子们进校，与孩子们击掌、拥抱、大声问好，学生们纷纷说学校来了一位特热情的"女保安"。

为什么孩子有这样的叫法？因为在纳雍这个国家深度贫困县，男性多是外出打工，女性做保安工作的居多，保安同志来得是最早的，所以他们就以为我是"女保安"。刚开始，孩子们都挺内敛、腼腆的，慢慢通过上课还有学校活动接触下来以后，他们就非要在校门口排起长队，跟我击掌后才进校。刚好当时我们有一个数学老师要生产了，校长就跟我说能不能

---

① 对口帮扶是国家一项重要的扶贫开发政策。1996年10月，中央召开了扶贫开发工作会议，在《关于尽快解决农村贫困人口温饱问题的决定》中确定了对口帮扶政策，要求北京、上海、广州和深圳等9个东部沿海省市和4个计划单列市对口帮扶西部的内蒙古、云南、广西和贵州等10个贫困省区，双方应本着"优势互补、互惠互利、长期合作、共同发展"的原则，在扶贫援助、经济技术合作和人才交流等方面展开多层次、全方位的协作。自2016年起，广州市对口帮扶贵州省黔南布依族苗族自治州和毕节市，广州天河区对口帮扶纳雍县和大方县。

上个课，我说那肯定可以啦，因为我本来就是来支教，所以就带了孩子们的数学课，每周十节课。我给孩子们带去了数学手抄报、思维导图、数学日记、数学游戏等新颖的教学方法。

三个月的时间匆匆而过，原定的支教时间已经到了，县领导就跟我提出能不能延长挂职时间，到教育科技局任副局长，这样可以更好地带动更多的老师。那时，我还是挺纠结的，因为那一年刚好我家的孩子即将高考了，而且我的父母跟我居住在广州，八十多岁了，身体又不是很好。爱人既要照顾高三孩子，又要照顾老人，根本忙不过来。我丈夫说："孩子中考你不在身边，现在高考也不在身边，不知道孩子会不会有想法?"其实，我听出丈夫的意思，他作为一名大学老师，也是农村出来的一个孩子，所以他很明白一位好老师对山区孩子的影响，但因为孩子即将高考了，他还是对我延期与否这件事情很犹豫。当我征求儿子的意见时，儿子说："你这个做妈的确实心大，从小跟着你，你就是以校为家，中考三个月你不在家，高考你又计划一年不在家，如果考不好，就不要怪我喽!"儿子的话，让我感到很内疚，想想我确实对他的照顾少了，所以我（决定）还是陪他走好高考的重要时期吧。因此，我原本是不打算延期的。

但是我走（指离开纳雍）的时候没想到纳雍的孩子们写了一封封信恳求我留下，信里都称呼我为"广州妈妈"，当时我真的被这些孩子写的这些信打动了。后来，我的父母知道后，毫不犹豫地支持我的工作，因为他们都是新疆生产建设兵团①的第一代建设者，我父亲当时也是去祖国需要的地方，所以我父亲对我这次延期支教的事情就非常赞同，他就觉得我应该到脱贫攻坚的前线去，到祖国需要我的地方去。他们就跟我说："你安心去支教，我们回老家住，看看你二姐能不能帮忙一起照顾高三的孩子。"儿子看到我带回来的一箱子信件时，他也感动了，他说："老妈，你去吧!我去住校，一周回来一次，你在不在家也没关系的。"听到儿子说出这样的话，我特别欣慰，果断地决定：那我再干一年，将梦想进行到底!

---

① 新疆生产建设兵团，是新疆维吾尔自治区的重要组成部分，承担着国家赋予的屯垦戍边职责，实行党政军企合一体制，在自己所辖区域内，依照国家和新疆维吾尔自治区的法律、法规，自行管理内部行政、司法事务，受中央政府和新疆维吾尔自治区双重领导，在国家实行计划单列的特殊社会组织，是国务院计划单列的省（部）级单位，享有省级行政区的权限。

二　开启许多个"第一次"

第一次，我自己组织开展四十余场培训。2018 年 8 月 22 日，我再次去到纳雍。9 月，挂职纳雍县教育科技局党组成员、副局长。那一年，纳雍县正在迎接全国义务教育均衡化的评估，每个学校都在紧锣密鼓地做这些准备。还记得那个时候短短的三个多月，我就跑完了二十六个乡镇三百多所中小学，开展了四十余场培训。每到一所学校，我都为孩子们上课，为老师们开展培训、讲座以及观摩活动，其中有五场"正面教育"班主任主题班会现场会和五场"纳雍人说自己的纳雍故事"系列活动，培训人员从幼儿园教师到高中教师，从学生、教师到校长，从公务员到武装干部，参与人员多达 6000 余名。

第一次，我主持开展了"星火计划"。从 2017 年 11 月，纳雍先后分四期抽派 100 名学员（指骨干教师、后备干部）到广州天河区各中小学、幼儿园跟岗学习两个月，为纳雍教育脱贫储备人才。去年，我们有三期在广州跟岗学习两个月回来的学员，他们回来以后，我就慢慢地发现他们刚开始因为当地的一些情况并没有把学到的东西用好或者用尽。那我就想着咱们也不能浪费两边政府的钱，因为广州掏了这么多钱，纳雍也要出钱出力去抵这些学员学习的各项费用。因此，我就跟大家说，我们还是要制定一个"星火计划"。所以在 2019 年 9 月 28 号，大家一拍即合成立了"星火队"这样一个组织。我们就在 10 月 24 号开展了第一次的活动，正好当时是第三期的时候，我们每期就派几个学员去到每个乡镇（共二十九个乡镇）的一所学校，每逢星期四就对这所学校做了一些工作，比如观摩、了解、诊断、管理、研究、调查等，最后我们再跟这个学校进行反馈，让我们的星火学员从中得到成长，也让我们自己本土的学校通过本土老师发现学校存在的问题（包括优势、劣势、机会、危机等），进一步为学校的发展提出切实可行的策略和建议。

第一次，我捐出第一份钱，发起"用爱撑起一片天空"爱心活动。我原来在广州市天河区珠村小学任教，刚好利用珠村小学的庆"六一"的活动，我们就搞了个跳蚤市场，这样子跟从他们那边募捐到的钱，就给纳雍的孩子们买一些体育用品、学具等。珠村小学连续两次"六一"给我们筹了有两万多块钱，我们也是用这些钱资助了姑开、新房、维新的贫困生。

第一次，结合纳雍县教育现状，我们逐步探索出教育帮扶的"六个三"模式，也就是所谓的"三下、三帮、三转、三培、三启、三抓"[①]。当时，我争取各种各样的机会，希望能够帮助老师们"走出去"，我们派出了校长和老师三十七人次，分别到北京、哈尔滨、四川、厦门、珠海、兰州、平坝区、铜仁等地区学习，这也让一批老师迅速成长起来，帮助大山里的孩子得到更好的教育，早日实现"小手拉大手"的梦想。

第一次，我多了一个新角色——纳雍天河实验学校首任校长。纳雍天河实验学校其实就是一所易地扶贫搬迁学校，广州天河区投资4250万元建了这个学校，纳雍也出了钱，只是学校的领导叫我去做了一个首任校长，这样也就解决了2393户异地搬迁贫困户子女上学的问题。岁末年初，我八十多岁的父亲很不幸查出肺癌三期，家公又因为骨折手术后要卧床休息两个月，爱人年前也住院了有二十天，家里实在忙不过来。但又因为学校还没有建好，我也只能一边顾家，一边协调解决学校建设各方面的问题，不仅自己出钱为纳雍县购买了五千块钱的口罩和防护镜，也联系了各大有爱心的企业筹备了疫情的一些防护用品。今年受疫情的影响，各大有爱心的一些企业，也是受到了一定的影响。因此，在筹款的时候，不像以前，现在很多的企业它们自身都遇到一些困难，但是基本上，还是比我想象的要好，还是筹到了一些款项。每次企业和爱心人士慷慨捐赠，都说因为我感动了他们，让他们觉得应该为学校做点什么。到了2月13日，全国的疫情也渐渐受到控制，贵州的防控措施也很到位，为了能够顺利迎接开学，我在2月19日启程回到纳雍。4月10日，我的父亲也不幸离世。其实他在去世之前也不让我回来，他就跟我说一定要带好这个学校，孩子的安全是最重要的，工作是最重要的。所以我觉得他真的是那种把为国家的工作摆在最上面的、不怕吃苦、不怕付出生命的老一代革命者。

第一次，我让纳雍的高考在天河区教育局的倾力帮扶下，取得了全市高考上线提升一个位次的喜人成绩，纳雍四中高考二本上线率提升了十个

---

① 三下是下乡镇、下学校、下课堂；三帮扶是帮扶偏远乡镇、帮扶薄弱学校、帮扶青年校长；三转变是转变观念、转变作风、转变工作方式；三培养是培养校长、培养班主任、培养青年教师；三启动是启动高中教育联盟、启动乡镇共同体、启动特色教研活动；三抓是抓典型榜样宣传、抓教研活动的开展、抓工作部署回头看。

百分点，纳雍一中获得毕节市综合质量公办高中第三名，纳雍五中获得了教学质量提升三等奖。

三 纳雍的生活百态

纳雍是一个国家级的深度贫困县，它位于云贵高原地带，而且属于喀什特地貌，到处都是连绵起伏、高高低低的大山，也正是它的地理位置限制了它经济等各方面的发展，这才积累下这样的贫困问题。但是这几年，特别是林树森①书记，也就是我们原来的广州市委书记，担任贵州省省长以后就开通了县里的高速、高铁，连通以后当地的情况也有了很好的改善。虽说如此，但是我们纳雍县有 106 万人，是一个百万人口的大县，因此大山里的很多贫困问题还是依然存在的。

我刚到纳雍时，纳雍的教育水平、教育观念都相对落后，比如我们（广州）处理事情比较优化、高效、务实，执行力也比较强；而纳雍处理事情的方法就比较落后一点，执行力也稍弱一些。

但是在我开展了相关的授课、培训后，老师们的作风和教育理念发生了变化，包括对教育的认可和获得感也改变了，这些授课和培训燃起了他们对教育新的希望，给予他们更坚定的斗志。以前老师们大多都只教自己的课，满堂灌，上完课也是直接离开，缺少了和学生之间的互动。我来到纳雍之后，给老师们带来了一些教学的新方法，加强了和孩子们的互动，所以现在纳雍的教育理念也改进不少。另一个变化就是孩子们更注意自己的仪容。当时我到乡镇时，就向全县推广每个学校一定要装两面镜子，我觉得这会让孩子们提高对自己面貌的审美——我第一次去学校的时候孩子们都脏兮兮的，第二次再去就感觉到孩子们的穿着打扮，还有脸蛋都干净了许多。

虽然如今"县县通高速，村村都通水泥路"，但乌蒙山区的蜿蜒和崎岖，加上一些路段是有比较远的距离的，还是让我每次下乡都成为"探险

---

① 林树森，男，汉族，1946 年 12 月出生，广东汕头人，1970 年 8 月参加工作，1981 年 12 月加入中国共产党，华南理工大学土木建筑工程系工民建专业毕业，大学本科学历，工程师。2003—2006 年，任广东省委常委、广州市委书记，2007—2010 年，任贵州省委副书记、省长。

之旅"。记得在纳雍县第一小学挂职时，我报名参加了一小帮扶工作。那时天还没亮，我们几个老师就搭车出发去阳长镇海摩小学参加陈娅玲名师工作室开展的"送教下乡"活动。一路上，大雾弥漫，能见度五米左右。车转过一道又一道弯，翻过一座又一座山，我的眼睛就没睁开过，紧紧抓着车座扶手，苦苦地挨了两个小时，咬着牙忍着晕车呕吐，下车的时候，缓了很久才醒过神来。

我刚去的时候，他们（指教育局）还没安排好合适的住宿，就让我住在纳雍县第一小学三楼的心理室里。教室里用帘子隔着床，一边是上课的地方，一边是给我住宿的地方。上洗手间要到一楼的后操场，洗澡要到学校外走十几分钟的公用澡堂，洗漱要到二楼学生冲拖把的地方。当时，我想，既然是来支教的，就是要体验最艰苦的环境，那就住吧。后来，天河区在纳雍县挂职县委常委、副县长的陈介东同志知道后，非常生气，他说："你住的地方，后面就是烈士陵园，每天上厕所、冲凉、洗漱都不方便，还是先去住酒店，我安排人再找找地方。"我的家人也不想让我住在那么艰苦的环境里，就让我搬去酒店住。在酒店住了二十多天后，一个偶然机会，领导们就让我干脆搬进县人民武装部的院子里，他们正好也有一个多余房间，环境也特别好，起码可以保证挂职干部安全。

2019 年 5 月詹雯（左一）同孩子们在茶场采茶

但我是比较能吃苦的，还是比较"泼辣"的，每次遇到困难的时候，这些孩子和老师都会给我带来很多惊喜和感动，让我能够坚持下去。有一次，我身体不舒服没能在校门口迎接孩子们，就有一个孩子给我写了一封信，信里写道："我有一个好老师，时光你别伤害她！"还有我父亲去世的时候，我的星火学员们就过来对我各种慰问和关怀，当时他们以为我父亲是在广州去世，还说要开一辆车过来广州看一看，这些都让我觉得特别感动。

而最让我难忘的是让我最牵挂的一个小男孩张平。记得 2019 年 5 月 28 日，我来到纳雍县沙包镇龙古小学，因为"六一"要到了，那天我给孩子们送去一些玩具，孩子们可高兴了，一下子就围住了我。当时，我注意到有一个男孩躲在大树后面，不敢上前，我就让另一个小孩喊他过来。当这个孩子站在我面前时，我惊呆了，吓坏了，也心疼死了，一个特别大的包长在孩子的左脸，把眼睛都扯到变形了。后来，我从他们校长和老师那里了解到这个孩子的家庭情况，因为孩子的家庭十分困难，根本无法治疗孩子的病。从 2017 年发病到现在，也曾去贵阳、四川看过，但因为医疗费昂贵，加上没有好的治疗方法，家长选择放弃，随他"自生自灭"。回来后，我就同陈介东同志讲了这个事情，联系了广州第一人民医院在毕节三院挂职的副院长李晓岩同志，第二天就带这个小孩去毕节三院做检查。检查出来后，得出的结果就是如果不治疗就是非死即残，可治疗预计要 20 多万元的手术费。这对于一个贫困家庭，又怎么负担得起呢？当时，在陈介东书记的号召下，这个小男孩成为纳雍天河东西部协作党支部①的孩子，11 位党员分别捐款，陈介东书记和我也四方联系，多次筹款。记得陈书记跟我说，不管怎样，先得让这个孩子活下去。在李晓岩院长和广州第一人民医院的安排下，6 月 19 号，孩子被送到广州，6 月 27 号，孩子进行了第一次手术，这六个半小时的手术非常成功。孩子给我打的第一个电话就是："妈妈，谢谢你。我很好，你放心。"当时我兴奋得在电话那头都高呼起来，真的特别感谢可亲可敬的医生，让这个孩子过上正常人的生活。后续孩子又去了两次广州，为了让孩子随时得到亲人照顾，我把男孩子的父

---

① 从天河区去的挂职干部成立一个党支部，陈介东任书记，詹雯任副书记，在 2019 年获得贵州省脱贫攻坚优秀党组织。

亲安排在纳雍天河实验学校当保安，孩子和他哥哥就读于这所学校。现在的他们，哥哥立志做医生，弟弟立志做教师，他们因为广州，从此与众不同。

四　做世界上最难的两件事

今年出现了新冠疫情这样的状况，虽然纳雍很少会出现病例，但疫情对纳雍也造成了一定的困扰，我们也要开展一些的教育帮扶工作。3 月 16 号是高中开学，初中紧接着就在 4 月份开学，小学是直到 5 月 27 号才开学。孩子们在没有开学之前，都是用"空中黔课"上课。线上"停课不停学"也是遇到蛮多困难的。一是大山里有好多户有孩子的家庭，并不是每一家都能有很通畅的网络。二是山里人和少数民族他们生孩子比较多，一家都有好几个，上的年级也不一样。因此在如何让每个孩子都能使用智能手机或电脑听课这方面有些困难。三是教育必须是一个有温度的教育，通过连线的这种教学方式肯定会影响我们的教学质量。如果我们是面对面地和孩子们做一个分享的话，他们对知识的感受会更加深刻，所以还是线下的教学方式更直接、有效。而且纳雍留守儿童居多，家庭对他们的监管力度不够，所以这些孩子就经常趁着拿手机的机会去打游戏。那怎么办呢？办法总是比困难多嘛！我们老师的任务就很重了，我们就把村子里上同一个年级的学生聚集在一起观课。当然，这不是我一个人能去解决的问题，这是需要政府来解决的问题。政府也会去提升网络的通畅度，然后安排我们所有的老师下乡到这些家庭去了解、走访，看看他们这些孩子有没有上课，从而提高他们的学习效率。

在下乡的时候，我们也会碰到很多讲得非常好的、很优秀的老师，他们对大山、对乡村的坚守真的让人感动，我就会把他们树为榜样，同时把他们聚集在一起进行教育的改革，一点一滴改变纳雍的教育面貌，让更多的孩子能够有更加优质的学习资源。

挂职扶贫干部在纳雍也是（秉持着）一种对大山、对乡村的坚守，很长时间不能回家。就比如我自己以前一个月就要回一趟家，现在在纳雍天河实验学校的工作就比较忙，所以都已经一百多天没回家了。而且整个纳雍县的扶贫干部是没有星期六和星期天，没有节假日的。通常都是白天下乡、晚上开会，工作连轴转，时间跨度很长，基本上除了吃饭、睡觉的几个小时，其他时间都是忙碌工作的状态，一天应该有三分之二的时间都在工作，甚至有的时候，睡觉时间都没有四五个小时。所以，每次我回到家想做的第一件事是睡觉。因为在纳雍太累了，一到白云机场，离开广州的那一刹那，我就会有一种莫名的压力。毕竟我们是在做世界上最难的两件事：一是把我们的先进理念和思想装到纳雍人民的脑袋里，二是把别人口袋的钱拉回到那里。所以你说这难吧？难！脱贫攻坚那么重的任务就摆在那里，大家（指扶贫干部）都要去做，这是一个没有硝烟的战场。在战场上的变化是非常大的，不可定因素非常多，因此一去到纳雍就有种压力感、紧迫感。相反，一回到广州，一离开贵州的高空，心情就会很放松。

其实每一个在前线的扶贫干部都是这样子的。这些扶贫干部带着纳雍的群众努力实现脱贫攻坚、奔向小康而付出许多的时候，你就会觉得作为一个党员，你应该像他们一样在脱贫攻坚第一线做出自己的贡献，那么作为一个教育者，当你看到你的付出，让你的孩子们眼睛里有光，让你的老师们内心的动力开始燃起，每个人都为教育付出自己的努力，你就觉得值了。其实很多时候，我真的觉得我自己都很想放弃了！但是想到我们还有一百多天就要打赢脱贫攻坚战了，我就能看到我所带的1300多个孩子成长起来了，"小手拉大手"让自己家乡发生了变化，就觉得值了。

然而纳雍也存在"争当贫困户"的现象，有些人不愿意去勤劳致富，不愿意去付出就想收获，出现这种现象是因为他们受教育的程度比较低，他们心里没有要去改变自己的想法。要消除这种现象还是要靠教育，肯定要去带领他们、帮助他们找到原生的动力。家里有孩子的，就靠"小手拉大手"的模式，让他们看到这种美好的生活、有希望的未来，一定是要把他们内生的动力激发起来。"扶贫先扶智"[①]，智志双扶这块是很重要的，除了扶智力，还要扶内心的志气——一个教育的智，一个就是志气的志。因为你给贫困户钱，你给他带的物资总有一天会用完。那么就要靠志气，要让他内心产生脱贫的动力，他想要变成更好的自己才能变，他想要脱贫才能努力地去致富，所以这个志更重要，内心的这种志气和原生动力更重

---

① "扶贫先扶智"这句话出自习近平总书记2015年10月16日在2015减贫与发展高层论坛的主旨演讲。

要。现在处于扶贫"最后一公里"阶段了，打通"最后一公里"是最重要的。很多的扶贫问题，比如就像你们说的"争当贫困户"的这种人比较多，所以就难在这吧。

在纳雍，扶贫干部在我们党的带领下真的是用全身心地在付出。我才真正地觉得，生在中国是非常幸福的，有中国共产党领导是我们人民的幸福。未来，帮扶的路还很长，纳雍教育和天河教育会继续携手努力，我和所有帮扶队伍成员也都会真正把纳雍当成故乡来建设，在扶贫的路上我们必将大干一场！

群星点亮兴宁未来

受访人：赖祖豪
访谈人：罗浩升
访谈时间：2020 年 6 月 1 日
访谈形式：线上访谈
访谈整理：罗浩升
访谈校对：罗浩奇
故事写作：罗浩升

受访人简介： 赖祖豪，1983 年生，广东兴宁人，中共党员。2006 年，赖祖豪毕业于华南师范大学。之后十年，赖祖豪在广州天河区新塘小学担任语文教师。2016 年到 2019 年，赖祖豪前往广东兴宁群星村扶贫。其妻陈宇为了支持丈夫的扶贫工作，毅然辞职，最后成为他的助手。在帮扶期间，先后创立共建蔬菜基地项目和分布式光伏发电项目。其中，在 2020 年之前，共建蔬菜基地项目收入的 80% 平均分配到每名贫困人口，预计人均增收 550 元/年。分布式光伏发电项目收益的 80% 分配给贫困户，20% 用于壮大村集体收入。贫困户预计每年增收：有劳力贫困户 1200 元/人，无劳力贫困户 500 元/人；村集体预计每年增收 5.7 万元。扶贫之前曾任新塘小学副教导主任，现任广州市天河区旭景小学副校长。

一 游子返乡扶贫，妻子辞职相随

我出生于 1983 年，今年 36 岁。在我读初一的时候，我爸爸就因病过

2020 年 6 月赖祖豪（左）接受罗浩升访谈

世了，那肯定家庭的顶梁柱就倒了，我们家就陷入了困境。在亲人、老师，还有社会各界的帮助下，我才能继续我的学业，最后读了高中，考上了华师大，还从事了自己喜欢的教师这个职业。我非常感恩社会各界的帮助。当年也有扶贫干部来对接我们家，是我们镇上的一位干部。我们那时候的扶贫①是要别人帮助我们能够自食其力。当时的扶贫干部给我们家送了一只羊，我就带羊去给它喂食，喂了几个月，还生了小羊。

2006 年从华南师范大学毕业之后，我就成为天河区新塘小学的语文老师。在 2016 年，也就是在我工作后的第十个年头，去到了兴宁市叶塘镇群星村②扶贫。因为当时在 5 月初的时候，我收到天河区教育局下发的一个文件，说征调中层干部去天河对口的兴宁参加帮扶工作。兴宁是我的家乡，有一份家乡情在那里，然后也觉得自己当年是受过多方帮助的贫困

---

① 1994—2000 年时是中国"八七"扶贫攻坚计划阶段。1994 年国务院制定并发布《国家"八七"扶贫攻坚计划》，主要采取了以下扶贫措施：其一，重新确定国家级贫困县；其二，强化扶贫资金，扶贫项目进村入户；其三，广泛动员社会力量参与扶贫，号召党政机关及事业单位与贫困县一对一定点扶贫。

② 兴宁市叶塘镇群星村，是由广州天河区冼村街道办事处对口帮扶的省定贫困村。群星村位于兴宁市叶塘镇东部，全村总户数 668 户，总人口 3251 人，贫困户 68 户，贫困人口 185 人。

生，今天能够有这么个机会，那我就报个名吧，没想到就被选上了！

在 2016 年 5 月 5 号那天晚上，我知道自己确定要去扶贫。因为我是全脱产的，就是我原来的工作是全停了的，所以在接下来的三年里边我没有再回学校给孩子们上课，包括我走的时候——那个星期五我还给孩子们上着课，下个星期一我就已经在兴宁了，我都没跟他们好好告个别。

在我前往群星村参加帮扶工作之前，局里面的领导跟我进行了一场谈话，单位领导也有跟我交流过，他们都勉励我在群星村好好工作。因为我是教育局推荐到天河区委组织部，然后由组织部选调去冼村街的，我算是抽调，所以我有两个指导单位，一个是我所在的教育局，另外一个是我代表的帮扶单位冼村街①。这两个单位，当然，由于我代表冼村街，所以冼村街对我扶贫工作上的指导肯定会更多。街道会给我解决一些后顾之忧，让我在那边专心地工作。

对于我参加帮扶工作，我太太给予我极大的支持。报名之前我就征求她的意见，她第一时间表示了支持。大概过了两个月吧，我在兴宁和广州两地跑，开着车，有时候交通路况也不是很好。有一次回到家比较晚，脸色都是发青的。她觉得我这样跑太辛苦了，于是就辞掉自己的工作②，跟着我一起回到了兴宁。最后在街道的关心下，我太太成为我的助手，就是一个资料管理员。很感谢她对我的支持，一家人在一起，肯定对我专心工作，更投入地工作是有帮助的。但是她也因此中断了她的职业生涯，对此我很感激，也很愧疚。

我第一次去群星村时没有选择自己开车，而是坐我们天河区华颖中学的校车去到了兴宁，然后在兴宁，坐当地镇上的车子到邻近的群星村。在2016 年 5 月 9 号那天，村里边给我和我的搭档召开了一个欢迎会。我的搭档叫朱一晖，他是梅州粮食局派出的扶贫干部，当时他是第一书记，我是驻村队长。

我和我的搭档相处得很不错。我们有共同的目标，都是为了贫困户脱

---

① 2018 年，冼村街累计筹集资金约 667.28 万元（其中街道拨付自筹资金约 195.97 万元），通过落实劳动力就业、医疗保险和医疗救助保障等八大帮扶工程，对兴宁市叶塘镇群星村开展精准帮扶。

② 妻子陈宇，曾任职于某生物科技公司的财务经理，2016 年 8 月追随丈夫来到群星村，协助丈夫扶贫。

贫，为了贫困村发展得更好。虽然在工作上我们会有争论，但是都会朝着一个共同的目标前进，不会有不可调和的矛盾。比如贫困户养猪问题，当时猪价不稳定，但是一些贫困户还是想要养猪，一些本土干部也觉得那干脆就让他们养。后来我们觉得把有限的资金投入到意外比较多的，而且环保又可能不太合格的一个行业里面，风险会很大。我们就进行了谈论，最终还是决定不搞养猪这个产业链。当时有一个贫困户，他自己养了十几头猪，还建了猪场，但是第二年他发现这个不太好搞，养的数量就比去年少很多了。

因为我是在那片土地上长大的，所以我对群星村的生活环境没有什么不适应的，生活习惯也都了解。我跟当地的村民的语言是相通的，交流也比较顺畅，他们对我这个返乡的游子也比较照顾。为了解决我们住的问题，村里边还专门为我们安排了一个宿舍。

二　消除贫困，产业扶贫是关键

刚到群星村的时候，我对这个地方的第一感受是这个村很大，人很多，村集体的基础也确实比较薄弱。因为在叶塘镇里，群星村是一个比较大的村，人也比较多，那时候是有 3250 人。"朱坑断桥，打路四条，公厕要建，卫生站冇"这首打油诗是我刚进村的时候作的，里面有一些是我们客家的方言，那个"冇"，就是没有的意思。

在公共服务方面，这个就不单单是贫困村了，包括我家乡的很多的乡村，它们也是缺乏资金的投入的。因为只能一个村一个村接着搞，不可能所有的村一下子全部把卫生站都建好，因为这涉及庞大的资金。所以我们扶贫的话，除了行业的资金，我们所说的行业①，就是他们交通部门就会有交通补贴和交通方面的补助资金，在卫生方面就有建设卫生站需要的资金和医疗方面的资金。我们把行业资金和我们的扶贫资金结合起来，往往就能够补齐资金短板，就能把这些东西建好。像我们村以前的卫生站，那

---

① 指的是扶贫"三位一体"中的行业扶贫，行业扶贫是指行业部门按照国家法定的部门职能分工，运用各行业部门所能配置的公共资源，把改善贫困地区、贫困人口的生存与发展环境条件，推进基本公共服务均等化作为重要任务，在政策、资金和项目等方面向贫困地区、贫困人口倾斜。

个是用村民家自己的，就是村医他们自己家的一楼，所以这个条件就不是特别好。我们建好符合标准的卫生站以后，那我们村年纪大的人他就可以不用跑那么老远地去进行普通的治疗——当然大病还得往更好的医院走。平时日常的医疗检查，包括身体的变化方面，我们村医就可以帮他们进行检查了，我觉得这是个很好的民生工程。

为了摸清群星村的贫困状况，我们这些扶贫干部就每家每户地去走访，去贫困户家里面，去跟他们进行深入的交流，了解他们家庭贫困的原因，各个方面的原因。我们发现，在所有的贫困户当中，导致贫困的主要原因是残疾和疾病。百分之八十是因为残疾和疾病造成的贫困①，另外百分之二十多是因为灾害，或者是他个人的天赋弱一点等原因。

虽然残疾人他是有一定的补助的②，但是残疾人他没有劳动力了。还有就是因病的话，也有相关的医保政策和一些大病补助政策，这些政策都会帮助到他们。但是因为这个病，他们家就少了一个劳动力，或者另一个劳动力需要去照顾病人，因此他们家就没办法全心全意地进行经济生产活动了。所以我们感觉到能留在村里面，好好地进行生产劳动的人，可能只有二十多个。如何把这二十多个力量集中起来，这是一个难题。因为他们有自己之前习惯的工作方式，比如农忙的时候就干农活，然后农忙结束了呢，就打短工；打短工呢，那可就不一定有稳定的收入了，一个月三十天可能只有十几天在工作，另外十几天是只能够休息的。那我们就想能不能有什么办法避开劳动力不足这个问题。

我们就想了两个路径，第一个是共建蔬菜基地③，这是我们在村里面做的第一个大的产业项目。我们村里面有一个乡贤林先生（林道明），他以前是在梅州那边经营着自己的客运公司。后来他听说家乡正在搞这个扶贫，我们也去多方寻找乡贤，他是其中之一。我们找到他的时候，他斟酌

---

① 群星村共有 68 户贫困户，其中因残致贫的有 33 户，因病致贫的有 22 户。
② 针对因残致贫家庭和深度贫困残疾人脱贫攻坚的突出困难和问题，在 2018 年，残联印发《着力解决因残致贫家庭突出困难的实施方案》。
③ 蔬菜种植基地项目一期共投入 140 万元，其中天河区财政引导资金 60 万元，顺民农业发展公司投入 80 万元。2017 年 12 月 26 日，兴宁市叶塘镇群星村的 185 名贫困户拿到共建蔬菜基地项目的第一笔分红，总共 10.6 万多元，人均分红 575 元。2020 年之前，该项目收入的 80% 平均分配到每名贫困人口。预计人均增收 550 元/年。

了一下就决定回乡来发展，把那个客运公司交给他的儿子经营，他就专心来到家乡做这个蔬菜基地项目。然后选址、集约土地，成立公司进行公司化经营，成立农民的合作社等①。在这一系列的综合措施之下，我们把这个蔬菜基地搞起来。因为有公司在，所以它的销售是公司全力去拓展，农民就只需要在里面听从技术指导，然后去专心地种植，领工资，就是农民转化成农业工人那样子。

通过公司化的经营，那就不仅仅是贫困户可以在蔬菜基地里面务工了，包括其他的农户也可以在里面务工，这就是等于一个产业惠及了本村以及周边村的一些富余劳动力。他们年纪都稍大一点了，如果外出广州、珠三角等地务工的话，可能不太好找到工资比较高的工作。但是在我们村里面，就近就可以实现就业，我觉得这个非常好，因为保就业保民生嘛。

我们做的另一个大的产业项目是分布式光伏发电项目。我们村的光照条件不错，之前也有探索过，建光伏电站。但是之前因为土地属性的问题，所以没有推行。我就想着，刚好我们隔壁的扶贫村，就同镇的扶贫村，有一个是国电投的，就是国家电力投资公司广东公司的扶贫干部，他们是有发电的专业背景的。所以在2016年的8月份，我们就请他们到村里面来考察了一下，发现这个光照确实不错。因为我们这里连丘陵都没有，是个缓坡而已，所以光照的话还很不错。于是我们就探索了一下光伏发电。后来我们没有搞集中式的电站，而是选择了分布式的光伏发电②，就是利用我们中学小学，还有贫困户所住的楼顶进行分布式的光伏发电。利用阳光来发电，那就等于是说贫困户可以不直接参与，对劳动力，对土地的使用，就比较少受限制，充分利用了楼顶的那个位置。这个项目每年能够给他们带来稳定的收入，收益时间可以长达二十年到二十五年。

---

① 群星村蔬菜基地项目采用了"公司+合作社+基地+农户"的发展模式，带动全村形成蔬菜种植产业规模。
② 群星村驻村工作队筹集214.76万元实施光伏扶贫发电项目。项目总装机容量约283千瓦，预计年发电量约34万度，每年可产生约29万元经济效益，收益可持续20至25年。2020年之前，发电收益的80%分配给贫困户，20%用于壮大村集体收入。贫困户预计每年增收：有劳力贫困户1200元/人，无劳力贫困户500元/人；村集体预计每年增收5.7万元。

当然，扶贫工作不可能一帆风顺，我们也遇到了很多的困难。一方面是理念方面的问题，比如留在村里面的贫困户，他们对于自己未来的发展往往缺乏一个比较清晰的判断。我有时候感到挺无力，不知道该走哪条路。比如说种养，他们也有种田、养猪，但是散户的种养往往就会没有抵御风险的能力，那猪价不好的时候可能就会赔本，一年白干了。怎么样说服他去从事更有前景的蔬菜种植产业，这是个问题啊。肯定要让他们先看到这个光明的前景！

啧，他们有时候也想干啥不直接给我们发钱呢，然后我说发钱那可能就是坐吃山空了，扶贫资金是不能直接发放，给你当生活费用掉的，是要你再生产的，再生产的话，那你肯定要找到好的方向，最好能更稳妥一点，找得到更有能力的人来帮助你们，或者说带领你们去创造更好的前景。所以我们就请回了乡贤，成立了公司，组成了合作社，把这个蔬菜基地建起来。蔬菜基地那也会有经营的风险，这个风险就是村集体，包括贫困户在内，和老板共同承担了，而且在经营方面老板会有更大的压力。不管怎么样，每年老板给我们村和贫困户的回报都是固定的，工资也是要照发的。所以我们就动员这些贫困户，把家里那个承包经营的地集约起来。我们就动员了洋排自然村的一百多户人家，把他们两百多亩耕地流转起来，因为耕地种水稻的话，照原来的那种工作方式，收益是不太高的。而种蔬菜的话，一年可以收好几茬，经济价值更高一点。

那你让他们把地集约起来，（有村民就说）我又很担心了，我很担心这个地会不会给拿来搞坏了，到做完承包的时候，会不会如原样一样返还给我，我很担心这个问题。因为那块地下面是以前的宁江河的老河道，下面是有泥沙的。我很担心要了我的地之后，会不会把下面的泥沙给挖走了，倒卖河沙，那我的地就坏掉了。后来签订了合同，协议里面就有将来保持原样返还土地的条款，免除了大家的担心。

还有就是在资金方面遇到的困难。如果你要把项目做得更大、更好，资金那肯定是缺的。但是如何在有限的资金里面发挥它最大的作用，那这就是要去考量的一个问题了。我们的扶贫资金，其实也就是一个启动资金，需要引导社会资金投入进来，比如我们的合作伙伴。在这个蔬菜基地里边，我们大概投入了两百万元的扶贫资金，不到两百万元，那它自己

（指顺民农业发展公司）投入的肯定不止两百万元①。

在摸查贫困户的时候，我们村也出现了争当贫困户的事情。当时有一个丈夫过世了的中年妈妈，她的大儿子刚刚毕业工作了，小儿子还在上大学，她自己身体不太好，也想加入这个贫困户。但是后来我们做了她的思想工作，说："你的大儿子已经工作了，他一年给家庭创造的收入就已经超过贫困户的标准了，你自己还能够打零工，而且你之前，在没有精准扶贫之前，上几年的扶贫你都有得到过帮助的，这一轮扶贫对家庭收入是有严格的限制的。"我说："当年在我毕业参加工作后，我们家就不是贫困户了，要不我跟你的大儿子再沟通一下，毕竟是长子嘛，肯定是要承担这个家庭的重担的。"她后来就没有再强烈地说要加入贫困户了。我说："你的小儿子以后毕业了，也可以找我们帮扶单位，我们帮扶单位说不定在广州能够给他介绍到一份他喜欢的工作。"就是说也不是完全拒绝她，也要考虑到她以后的需求。

在争当贫困户这个问题上，我觉得他们或多或少确实存在生活上的困难。对于真的困难的家庭，村里面肯定要有一定的支持，哪怕现在他不太困难，今后遇到了困难，也有能力去帮助他，支持他，所以村集体的收入要提上来。我们搞这个扶贫产业，那有一部分资金是留给村集体的，村集体有了这个资金，才能够去帮助更多的没有那么贫困的困难群众，就会把这个矛盾（指争当贫困户）减少一些。

三　走进群众，我对扶贫的看法

作为一个扶贫干部，那我肯定是需要和当地的群众打成一片的。我要怎么做才能跟他们打成一片呢？当时我们村有一位贫困户，叫黄广雄（化名），他是一名退伍军人。那个时候他已经六十多岁，接近七十岁了。他二儿子，在孩子只有几个月大的时候就走了。老人还有个小孙女。这个小姑娘很早就没了爸爸，记事起那就肯定没有爸爸的印象。她妈妈当时也很年轻，他们老两口觉得这么年轻的儿媳妇不应该阻挡她的幸福，所以就把

---

① 蔬菜基地项目总投资约600万元，其中村集体投192.6万元（由天河区财政引导资金、沙村街自筹资金及支持有劳力贫困户发展的"631"资金组成），其余资金由顺民公司筹集。

孙女留在自己的身边照顾，那时候孩子已经上三年级了。我看到他这样的情景，对老人也很钦佩。我第一次见到老人的时候，他正穿着打鱼的水服，在当地叫水服，其实就是渔夫穿的衣服，当时他正要去宁江河捞鱼虾。我说"哇，年纪都这么大了，还这么不服老，果然有军人的胆气在那里"，但是也劝他以后不要再去了，免得有什么不好的事情发生。我们会更多地去帮助他，让他不要因为衣食之忧去冒危险。不服输的老爷子他就把孩子真的从小拉扯到这么大，爷爷奶奶带着孩子，孩子在学校也很用功。但可能是因为双亲不在身边，所以孩子特别的羞涩，见到生人都不太敢说话。我和太太会定期或不定期地去看看她，平时我们也会非常关心她。嘿嘿，后来她对我们就有笑脸了，说话也很自然了。今年我还收到了她发来的信。因为我已经离开一年多了，所以黄老爷子让小孙女写了封信，然后说拍照发给我。老爷子加了我的微信，然后拍照发过来的。老人想念我们，也感谢我们当时对他的帮扶。其实感情就是这么深起来的，你把他当亲人，他也会把你当亲人。

我有一个以前教过的学生的家长，在知道他们的家境后，决定帮助他们，每个学期会给她两千块钱的助学金。那时候我刚去群星村才一个多月，回来广州的时候就刚好跟我的学生和他的家长见了面，聊起来我的工作。他知道一些贫困户的境况后，想要尽一份心，尽一份力，帮帮他们。他不单支持了这个贫困生，还支持了另外一位。另外一位虽然不是贫困户，但家境也不太好，那孩子学习很不错，如果能够给她多点支持，也许她会走得更远，走得更好，所以他就帮助了两个贫困学生。

当地的贫困户因为经济实力较差，还有人生的际遇不是很好，所以会比较敏感。他们有时候也会很依赖扶贫的政策和更多的帮扶，往往自己的信心是不足的，行动也不够。对于这种情况，那我肯定需要调动他们的积极性。

当时有一个贫困户，叫廖兴隆（化名），他本人是很努力的。这位廖大哥是一个好汉子，他的妻子在十多年前过世了，他就自己拉扯着两个孩子长大，大儿子当时在读中职，小儿子还在读小学。当时刚去扶贫的时候，我就在想，经过这个扶贫工作，两个孩子也拉扯大了，他如果重新能够拥有一个更完整的家庭，那可能也是美事一桩啊。不知道他现在有没有找到相伴终老的人，但是他是一个非常好的人。（笑）刚才说的这个养猪

2017年8月赖祖豪（左一）与妻子陈宇（左二）探访贫困户

的，扩大生产的就是他。他会想办法去打零工，其他工作他也会去做，这是一个很勤奋的汉子。后来我们搞了蔬菜基地，建起了大棚，有劳力的贫困户可以报名承包我们的蔬菜大棚，然后在专家的指导之下，进行小番茄的种植。他参与了我们的蔬菜大棚承包，也非常用心地学，学得也很不错，到现在他还在承包着。因为我也有加他的微信，所以每年看到他发出来的蔬菜大棚里面的小番茄的照片，长势不错，红的红，金黄的金黄，他应该是很开心，我看到也很开心。（笑）

对于我们扶贫干部来说，加班那是常有的事，我最长的一次加班是到凌晨三四点。有时候所说的白加黑，五加二，那当然不是全年三百六十五天都如此，但是大部分的时间我们都是这样子度过的。像在学校工作，晚上五点半下班这样子稳定的时间是不可能存在的，任务来了，你就得冲上去。

在收入方面，我的收入是没有变化的，扶贫补贴会比以前高一点点。保障是足够的，各方对扶贫干部的关心还是很到位的。对于扶贫干部的待遇，我觉得需要看各自的实际情况。有的扶贫干部他是在比较边远的地方，可能他有时候要开自己的车往返，花费的费用就比较多，那在交通方面的补助就可以斟酌一下，提高一点。所以这个要更多地结合各个地方的实际，尽量不搞一刀切。

扶贫干部的工作是需要考核和监管的。我的考核是教育局和洗村街考核的，不在原学校考核。对于扶贫干部的考核，我觉得应该结合他在工作地和当地的老百姓、贫困户他们之间的联系，从他们之间相互的熟悉度、认可度来考虑。工作的效果不仅仅是从数字上去了解一个扶贫干部他给贫困户带来了多少的经济收入，肯定要看一看他有没有走进贫困户的家里，走进他的心里，真正给他带来心理层面和精神层面上的改变，让他们感受到力量，这个是很重要的。我是怎么做的呢？因为我自己就是从贫困生成长为一个老师，然后成长为一个扶贫干部，那我对贫困户的经历肯定是感同身受！看到贫困户他遭遇家人离世，或者说是各种困境，包括疾病那一些，仅仅是给他经济上的补助，我觉得还不够，那可能只是缓解他的燃眉之急，但是在这之后呢？人的思想层面，精神层面，怎么样去树立战胜困难、迎接未来的良好心态？我有时候会把他们当成自己的亲人，当成朋友一样对待。

至于在监管这一方面，我们扶贫干部会受到好几方的监管，比如原单位和帮扶单位的监管，当地村、当地镇和当地县级扶贫业务部门的监管。我觉得资金使用方面得到的监管是比较到位的。还有就是对于扶贫干部有没有经常在驻地，或者说有没有在村里面实地走访、公务，我觉得这个要根据实际情况来了解，因为如果只是把扶贫干部仅仅地局限在一个村子里面，让他常年待在那里，没有去学习考察，去调研，去联系专家，联系企业等，我觉得如果仅仅是考察到岗情况的话，那这个监管方式可能是有待改进的。应该在合理的监管范围之内，也要赋予他充分的创造性、自由度。

作为一个扶贫干部，肯定是要熟知各种扶贫政策和了解多方的措施的。同时需要去学习其他做得好的一些典型，知道他们走过一些什么样的路，也要去了解一些失败了的案例，了解他们之前走过的弯路。所以我觉得一个扶贫干部就要很多很多的学习和实地考察走访，了解扶贫的路，知道怎么走才更适合你所在的村。当想到的和设计的方案，能够跟这个村的实际结合在一起，能够让大家看到未来的发展的方向，看得到实实在在的好处，那我想这就是一个扶贫干部对这个贫困村在道路探索方面起到比较好的作用。

四 离开前的忧虑，扶贫中的收获

我回来广州工作已经一年多了，因为我是属于 2016 年到 2019 年那一批的扶贫干部。我有关注现在接棒我们的扶贫干部的朋友圈，都能够从中得到一些好消息，就是现在村里面的贫困户全部脱贫出列了①。

跟当年的扶贫措施（指"八七"扶贫攻坚计划）相比，我觉得现在的精准扶贫措施更综合、更全面，也更精准。比如在教育方面，现在每个贫困生都可以获得教育方面的补助。有劳动力的贫困户也会得到有劳力贫困户的支持资金，如果无劳力，那扶贫资金就兜底了，政策兜底了。我们现在有劳力的话，那就可以推荐你去入工。如果你要在家务农，那也会给你农资、肥料和种子等等的支持。现在引进了公司，可以让农户和公司对接，那农民的产品销路就不用愁了。其实当年的话，可能只能就近消化，想要卖出更好的价钱就比较难。现在来说，应该来说就是公司、电商对接扶贫，农民的产品都比较容易卖出去。

在离开群星村之前，我有过很多的忧虑。我很担心在我的扶贫任期结束之后，当时所创立的经营项目、产业项目能不能可持续发展下去？会不会半途而废？在往后村集体和贫困户的收益会不会受到损失？这都是我所担心的问题。就是扶贫结束之后怎么办的问题，我觉得这也应该是很多扶贫干部的忧虑所在。我们扶贫干部和扶贫单位还在帮扶着的时候，可能这个村还能够有比较好的发展。但是帮扶单位和帮扶干部离开之后呢？这个村还能不能靠自身的力量去往前发展呢？这可能就需要当地的镇、村干部好好地去体会一下自己，然后把这良好的基础好好地运转下去。

在这段扶贫经历里，很多人给我留下了深刻的印象。除了刚才讲过的黄老爷子和廖大哥，还有一个跟我是同龄人的张伟雄（化名）兄弟。当时他的妻子得了癌症，他们一家人都在拼尽全力地给他的妻子进行救治，我们后来才知道他们家已经用尽了他们所有的钱了。当时他来找到村里面，希望我们给他一点帮助和支持。我们也确实给他们家做了一些事情，比如装上了楼顶光伏，然后也介绍他在蔬菜基地跟着技术员和专家学习种植地薯。后来他的妻子还是走了，这个也是我们无能为力的事情。当时他的妻子在医院住院，他就利用照顾妻子的间隙去给别人家安装空调。他身体还是可以的，协调能力也不错。在装空调的高峰期，也就是五六月份的时

---

① 2016年到2017年，群星村共有55户贫困户脱贫，脱贫率达到了71.35%，在2019年，群星村退出贫困村。

候，他每天大概都在空中度过。能够脚踏实地的时候，他就很幸福，能够见到妻子的时候，他就感到特别的安心。这是一个面对困难，负重前行，能担当，有责任的汉子。他留给我的印象很深刻的。后来我们就像朋友，像兄弟一样地相处。他妻子走了，后来我见到他，给了他一个拥抱，他当时眼泪就下来了。他是唯一一个我去做过客，吃过饭的贫困户。在我卸任之前，我去他家做过客。那个时候他的孩子已经上一年级了，还会给我们夹菜，是一个很懂事的孩子。

在扶贫过程中，我也收获了很多。在面对困难时候，我的反应会不太一样了，耐挫力也会更强了，然后考虑问题也会更加的周全了。但我也有遇到比较难以接受的事情，就是有的贫困户他疾病缠身了，年龄也比较大，或者说他突然间因为生病就走了。我前个月还看着他，下个月他就不在这个世上了，我会觉得自己挺无力的。我们很用心地在帮扶贫困村和贫困户，但好像天意难违一样。我们很努力了，但是他们却没有好好享受到扶贫的成果。真希望在他们生前，我们能够给他们多做一点事情。这让我知道该做的事情就要尽快去做，不要留有太多的遗憾。

我是十九岁出来读大学的，有这样的机会可以反哺到这片土地，我觉得非常非常的难得。这三年对于我和我的家庭来说，当然也是很重要的三年。其实最宝贵的就是你的时间，我能够在这三年里面，以微薄之力反哺当年培养过我的故乡，我觉得特别地特别地感恩，特别地特别地荣幸。有时候看到贫困的学子，我似乎从他们的身上看到了当年的自己。我会想我现在有能力去帮助他们，就好像帮助到当年的自己，会感觉有成就感。如果以后有孩子，我会带他去群星村实地走一走，聊一聊他爹曾经工作过并洒下过汗水的地方，也会跟他讲讲当年的老朋友、热心地把我当亲人一样看待的村里人。

带上爸妈去扶贫

受访人：申慧民
访谈人：杨正莲
访谈时间：2020 年 7 月 10 日下午
访谈形式：当面访谈
访谈地点：贵阳市花溪区夜郎谷
访谈整理：杨正莲
访谈校对：杨正莲
故事写作：杨正莲

受访人简介：申慧民，1969 年生，贵州贵阳人，贵州省信达资产管理股份有限公司经理，安顺市镇宁县白马街道永和村驻村第一书记，自 2016 年驻村帮扶至今，其间帮助村集体发展产业，鼓励当地教育发展，多次受市县表彰。

一 勤耕金融业的前半生

我的老家在黔东南州榕江县，如果再往上追溯，一九二几年的时候，祖上是在湖南邵东做木匠，后来逃难才来到榕江。我的父亲在贵州师范大学念大学，毕业后因为品学兼优、根正苗红就被分配到了省文化厅，之后就一直留在贵阳。我在贵阳出生，八个月大的时候就被送到榕江去和奶奶一起生活，所以说我对榕江很有感情，从八个月一直待到六岁半。我在榕江上过一年的小学，然后才回到贵阳来念书。回到贵阳后，因为我们家住在省政府门口，就在实验小学读了五年，后来去贵阳六中读了六年，大学

373

2020 年 7 月申慧民（左）接受杨正莲访谈

考上了江西财经大学，学的是投资金融，1991 年大学毕业以后就分配到了贵州省建设银行（下称建行），刚好那个时候建行成立了房地产信贷部，我们那一批进去的人就属于最年轻的元老。房改金融就是我们最开始做的，因为以前贵阳市所有单位的集资建房、公积金都存储在建行里。那时候我当信贷科长，负责的就是房开贷款和个人住房贷款。现在这个住房贷款办法就是我那会儿写的。到了 1999 年，国家为了化解金融危机，又成立了四大资产管理公司，信达资产管理股份有限公司（下称信达）就是这时从建行分出来的。

信达是全国第一家金融资产管理公司，当时成立信达的目的是什么呢？第一个是为了得到一个好的企业，比如说债转股嘛；第二是为了得到一个好的银行，把银行的不良资产剥离到资产管理公司来，就相当于一个垃圾回收站。说它是回收站，主要是跟我们中国的投资体制改革有关系。原来对国有企业向银行借钱都是直接拨款，拨款以后因为效率比较低下，就改成贷款，所以有了拨改贷，拨改贷以后才会有债转股。拿信达来说，基本上省里的大企业我们都有份，都是股东，我们就是贷款最后贷成的股东。原来的银行是有分工的，叫专业银行。比如说：建行主要就是基本建设，信达还接收了国开行（国家开发银行）的贷款，国开行也主要是基本建设。在 20 世纪 90 年代，瓮福磷矿向国开行贷款就是 20 亿元。那时候很多发展中的公司，国开行贷出去就还不上了，债转股的时候就转到信达，我们就成了股东。所以 1999 年底信达成立以后，全省债转股的资产大概在100 亿元不到，但是金融型信贷就占了一半多。贵州省内很多大企业，我们都是股东，我自己也担任过六家大企业的董监事，我们就是被股东了。像水钢、贵钢、盘江水矿这都是很大的集团企业，还有瓮福开磷、贵化、七砂这些上市公司，我也都担任过董监事。对于我来说，也是一个角色的转换，从原来在银行做放款，相对而言是别人求你，后来转变为去收款，收银行的不良资产，这个工作的方向就转了一圈。信达通过十年的处置，还是给国家挽回了很多损失，同时促进了国有企业的改革，债转股完善了法人治理的结构，把企业的历史包袱甩出去，很多能上市的企业又重新上市，或者是因为它的债务从债变成了股，债和股之间转换，这些企业才度过了最困难的时期。因为债是要兑付的，到期要还钱，股就不一样了，股是有钱赚我们就分，没钱赚大家一起扛。信达属于央企，是财政部控股，2012 年在香港上市的一个大型金融集团，信达收了十年的不良资产以后，按照国家原来的规定，八到十年后要回原来的母体行去，但是后来出来以后就回不去了，所以当时我们就走了一条商业化的道路，把它变成了一个金融全牌照的企业。

我们单位作为央企，要承担一定的社会责任，所以我们其实是很早就开始做扶贫。像建行是一九八几年就开始，1998 年我还在建行，最开始的扶贫点在毕节市威宁县，后面调整到遵义市务川县。信达的扶贫点在黔东南州天柱县，从 2010 年开始，已经搞了六年的扶贫。六年期间我们也派出了好几批同志，因为原来扶贫干部是一年换一次。到 2016 年的时候，我们单位的帮扶点换到了天柱县，我当时觉得能回黔东南，给家乡做点事，而且脱贫攻坚是一场扶贫，这一辈子能碰上这么一个波澜壮阔的历史进程，一个前无古人也不可能再有来者的事情，很难得。当时省委组织部征求我们单位意见以后就开始发文招人，我主动写了申请。我们单位一共有 3 个人报名，最后就选上了我去驻村。当时也是想到，我一直都做金融工作，正好想找一种自我的价值，刚好又有这么一场波澜壮阔的事业，我当时想的是，如果我能够身在其中，还当一朵小浪花，以后回想起来整个人生，可能比单纯干个金融更可圈可点。再加上我们单位扶贫的点在天柱县，也属于黔东南，我也想回老家去。这个事情出现一下子就把我儿时在黔东南长大的那个回忆勾了起来。想到小的时候，在小河沟边把两边的水流堵上，捞那些小鱼小虾的那种乐趣。加上我自己是一个党员，所以一开始是抱着反哺家乡，实现党员价值，履行企业的社会责任的想法去的，到最后发现不是黔东南，但是来不及了。

二　带着父母去驻村，开启民智办书屋

我母亲原来在贵阳中药厂工作，厂子就在贵师大对面，现在又恢复了原来的名字叫德昌祥药厂。她在中药厂做工人，各个工种都干过，所以一直对中药材比较感兴趣。1996 年，我母亲退休后就一直想着干点什么事，想要老有所为嘛。我父亲就说，那干脆带着她去山里面挖药，所以 1996 年他们退休以后就去到黔东南月亮山沿线的从江县、榕江县这些地方去采草药，也访问了一些当地的民间医生。我父母他们也收集了很多方子，有些土医生的偏方还是很管用的。我父亲本身也比较喜欢学习，像是《本草纲目》这些书他读得非常熟，所以他在山上能认识 400 多种药，他自己就根据这些药方来治一些疑难杂症。2016 年我们的扶贫点调整到安顺，他们正好听到我要申请下村扶贫，安顺离贵阳还比较近，他们就比较积极，想跟着一块下村。他们下村主要是两个作用：一个是解决一下我的生活问题，像我们从省里面下去扶贫的干部，吃住是很大的问题，特别是吃的。中午，村干部和县乡扶贫的干部大家都在，还能一块吃饭，但是到晚上人家就回家了，像我们从省里面下去的又不可能回家，所以我父母他们就说跟着我一块儿——我在贵阳工作时，能在家与老人相处的时间反而更少，他们下去的话还可以享受一下天伦之乐。第二个原因是，他们想去看一下安顺的山水，看一下安顺到底有什么药，而且他们还可以教老百姓认认药，教他们用用药。出于这些原因，我就带着父母一起下去驻村了。2016 年父母跟着我一块儿下去以后，他们把永和村周围的山山水水都转了个遍，哪个地方有什么药材都很清楚，跟村里的老百姓也相处得很熟。村里有些土医生也懂一点药理，他们可以跟我父母交流。村民们觉得，我父母会看点病，还会认点药，他们俩就和村子里的人比较投缘，大家也相处得很开

心。但到2018年3月份，当时是3月13号，这个我记得很清楚。在永和村，我父亲突然觉得腹部痛，到晚上实在觉得痛得不行了，我们就决定送到贵阳检查，结果一检查就发现，结肠那里有包块，而且还有扩散的地方，已经到中晚期。我父亲他2018年3月13号从永和村离开后，就一直在贵阳接受治疗。到2018年11月15号，人就那样去世了。父亲去世后，母亲又跟着我回到永和村，直到现在。

我刚到永和村的时候，村子给我的印象就是很普通，它并不美丽。贵州其实不缺风景，如果不经过打造，永和村甚至还是很土的。我当时总结了一下，永和村之所以穷，就是因为志、智这两个因素。这里面有一个故事，我资助了一个家庭的三个孩子读书，我资助了两年，每个月都给他钱，村里面很多老百姓知道以后跟我说：申书记，你不能帮他那种人，这人人缘不好，家里面对老人也不好。这个家庭的老太太有三个儿子，两个女儿，三兄弟都不想赡养老人，老人家一个人住在漏水的房子里，后面三兄弟达成协议，一年一家给这个老太太2000多块钱。我资助的这一家呢，他说他没钱拿不出来。我跟他商量，我每年资助几千块钱，看他能不能从这里面扣2000块钱，先给老太太。结果我资助的这家有一个已经上高中的女儿给我发微信说，申书记你这种说法是侮辱我父母。我都没告诉她，你父母拿去给老太太这2000块钱都是我给他的。就是很多东西你给得太多以后，他反而会觉得是应该的，这就是为什么我们传统上说救急不救穷嘛。因为穷一定是根子上的，要靠他自己的内生动力来去解决，老是想躺着去靠要的话，就不是个办法。所以我就准备在永和村修建一个书屋，就叫"济慧书屋"。济世修身，"济"是我父亲名字里的字；慧智敬人，"慧"是我名字里的这个慧。我贵阳的一个朋友也是我们青年法学会的会长，他已经捐了十几万的书到书屋里；我就想着，建这么一个书屋让村民有一个读书的地方。

因为有一个东西你必须承认，就是人与人之间还是存在素质上的差别。所以我们信达对于教育这一块的帮扶力度是特别大的。单单是通过我们信达的一个全资子公司就募资了10万块钱，捐助每个贫困户义务教育阶段在读的孩子每人2000块，分四年总共捐助了55人次。这点钱不多，但是有些家庭，同时三个孩子在读书，一年就有6000元，四年下来也是两万多块钱，也能够给到他们一些帮助。

三 聚全家之力，荒坡变身花果山

永和村花果山这个项目也是我父亲一直在念叨的。我们村里有一位老支书，新中国成立以后就来当了村支书，人也有些文化，与我父亲比较谈得来。他跟我父亲聊天，就说永和村的风光美，离黄果树又近，下面的王二河水库看起来比黔灵山还美，但是为什么没有人来欣赏呢？我说贵州不缺风景，缺的只是欣赏风景的人，从此心里就有了初始的想法。想做花果山的现实意义是什么呢？永和村光靠樱桃这一个产业，但樱桃的季节太短，我想的是，如果一年四季都有花和果，就能够吸引更多的人。恰巧当时有这么一个机会：当地政府在修机耕道，也就是我们的产业道路，村里面大概有两百亩左右的放牛坡，是一个荒坡。以前山路不好走，现在机耕道修了起来，就想把这个荒坡利用起来。但这个荒坡也有一些争议的地方，主要是两个：一是跟邻村的地界有争议。1982 年，我们在做土地承包的时候有个问题，土地的划定不精准，很多都是估计的。而且那个时候是以这亩田能够打多少粮食来算的，粮食打得少那么田地就多算一点，比如说三亩算一亩。但是能打得多的话，那么一亩就是一亩。第二个是村里面有些人自发去开垦，也占了一部分，如果村集体再不动起来，别人看到仿效，一个人蚕食一点，那最后这个集体土地可能会被蚕食完了。有这些历史原因沉淀下来，就出现了纠纷。这个土地在解决的时候其实也费了老劲儿，我们这个村子，前任村支书是一个转业的军人，他觉得脱贫攻坚任务太重，家里面老是提他意见，孩子也要结婚，最后他就辞职不干了，临阵脱逃，做了一个逃兵。让他开会他不去，打电话不接，后面还背了个处分，党内记大过。

做这个花果山项目面临的两个问题：一个是集体土地要拿回来，怎么弄？第二个搞什么项目，他们心里面不清楚。第一个没有资金，第二个对风险没有抵抗能力，后面村里面跟我商量，我说现在先想办法去拿土地，然后项目我们来支持，我去找一个公司来投资，让公司来最后兜底。本来当时我都准备放弃了，因为投资这个事情，始终是我介绍人家去的，万一赔了心里还会是有负担。就这样到了 2018 年底，说起来也很巧，我父亲是2018 年 11 月 15 号去世的，大概 12 月初的时候，我做了一个梦，梦中我父亲拿着照相机在村里的这个荒山上拍照，但是我看不清他的脸，印象里面他就蹲着，然后拿相机在那不停照。醒来后，我就想一定要完成他的这个遗愿。正好我在贵阳跟一个做环保的公司很熟，他们老板跟我父亲也比较熟，而且我到永和村扶贫这几年，他们公司也一直都捐款捐物，对我们村也有印象。最后项目还是做下来了，采用的方式是由贵阳的这家环保公司来投资，与村集体合作社合作开发，风险由这家公司承担。村集体合作社的收益主要由三部分组成：第一是土地流转的收入；第二是项目上贫困户用工优先，就是山上的所有活都由村里的贫困户做；第三个收益是分红。这里面也有一个问题，虽然说是合作开发，但是我们村集体合作社是一个空的合作社，也没钱。所以我让我们信达捐了 8 万块钱给合作社购买贫困户的股份，合作社又拿这 8 万块钱，放在这个山上作为投资款，由贵阳这个公司每年给他们发收益，每年就有 6000 多块钱，这是第三个固定收益的由来。

2018 年底签完协议，2019 年，我们就赶着时令种树，整个山的规划都是我妹妹来做的。我妹妹在中南民大毕业以后分配到了省林科院，现在是林科院的高级工程师，我就顺便让她做了一个规划，他们院里面也比较支持，拿了很多科研用苗到我们山上栽种，因此我们的花果山上面就种了很多在贵州比较名贵的一些植物。比如说楠木我们都有十个品种——都是编好号的。还有一些贵州比较珍稀的，像珙桐、日照花、红豆杉一类。当时老百姓还不理解，说申书记你种那么多树，又不值钱，又不能结果，我说山里面的必须有一些大的树木，这样的林子才有魂。当然了，果树我们也种了十种左右，以樱桃为主，然后桃子、李子、枇杷、杨梅、葡萄，还有蓝莓、核桃，总共十来种。我妹夫也在林科院工作，他也是高级工程师，所以也请他们去了很多次现场，请他们先从测土配方开始，看当地的土质适合种什么，根据这个地方的海拔，还有气象资料，来布置规划，做了效果图出来。永和村的土质是属于酸性土壤，pH 值大概在 5.5 左右，海拔从 1280 到 1340 米，它就适合果树和块茎类的植物，像我们本地的樱桃就已经有了产业雏形。还种了草，种了茶叶，在云雾缭绕的山上搞茶园。

整座山有 200 亩地，规划分成三个部分，最山顶的地方是一个山体小公园，有步道、凉亭、樱桃小屋，游客可以休闲娱乐，可以烧烤，山上凉亭的楹联是我请村里面的秀才写的。步道上去就是茶山，同时给村里作为一个小公园用。山体中间这块就做了露营基地、接待中心，再下来就是这条机耕道的路，机耕道这条路往下就是花果山，花果山我们现在大概种了6000 株树苗，从 2019 年 1 月 5 号开始种的，现在也基本上都长大了，像樱桃明年就可以挂果了。在花果山的底部，我们搞的是林下养鸡，现在又装了两个鱼池，准备用山泉水养鱼，那么整个山从山上到山下，形成了垂直分布的农业体系，是一个垂直梯形。永和村正好在宁龙黄旅游公路边上，我们村正好在两个 5A 级景区之间，到黄果树直线距离是 10 公里，到龙宫 20 公里，中间就是王二河水库，正是因为有这个得天独厚的地理优势，我们就想把永和村的花果山做成这条带动全域旅游的宁龙黄高速上的一个小中枢，事实上我们也这样做了。

四　第一书记的职责与乡村工作的出路

我是 2016 年到永和驻村的，按照原来的安排是一年一换，理论上我应该是 2017 年回来的。刚好省委组织部按照国务院的要求，第一次将驻村时间调整为两年，所以我们这批人的驻村时间也就改成了两年。因为总结以前的经验，驻村时间太短，做不了多少事情，所以为了下去的这些同志能够更专心的做这些事，就调整成为两年。本来 2018 年我应该就要回来了，结果这个时候又遇到镇宁县脱贫摘帽的验收。从工作的角度来说，你都熟悉情况了，4 月份要验收，如果 2 月份换人的话，新来的人他接不上，所以我就主动给单位的领导申请继续留在永和村，我说反正我在下面情况也熟悉了，干脆搞个"加时赛"。然后一待又是两年，到了今年 2020 年，本来准备年初要换人，结果又碰到疫情，所以现在省里面又推迟了。这样的话我在永和驻村就已经是第五年了。

通过这几年的扶贫工作，我发现，其实更多时候是在宣传我们党的好政策，然后通过这种宣传，让老百姓确实感到一种实在的获得感。我们现在的扶贫，跟前几年的扶贫有点不一样，就是我们更多是需要拓展老百姓的眼界，就是让他知道外面的世界是什么样的，自己可以怎么做。所以现在我们这些下去的第一书记跟原来的有点做法不一样，以前就是靠自己的同学、朋友的关系，在各个厅去跑一跑，弄点项目下去就行了。现在这条路已经走不通了，因为八项规定之后，我们省里面的这些资金都采用因素

2019 年 3 月申慧民（左）在永和村田间地头与村民交流谈心

法分解到县里面直接安排，现在更重要的真正要解决好的问题，就是怎么市场化。换一种说法，就是要让我们的脱贫攻坚能产生良性循环。我们经常说的，你要去找市场，而不是去找市长。所以我说我们要良性的市场，就是产品出来必须让它直接面对市场。比如说老干妈，它一定不是我们政府拿钱就能砸出来的，它是自己到市场里面滚出来的，这样的东西它才可能长久。当然，我们现在这样说不是在批评政府，而是我们有些钱的用法有问题，没有让老百姓真正得到实惠，反而搞乱了市场。像我们的樱桃在20 世纪 90 年代时候都卖很贵的，那么现在为什么卖不起价了，因为现在种得太多，同质化严重，产能过剩了。还有现在的村集体合作社怎么来发展，怎么能够让村里的产业直接去面对市场，就要靠我们这些驻村干部下去干活，然后把村民们带出来。通过我们下去的第一书记，能够形成城和乡之间的一个媒介。

在驻村帮扶的工作中，第一，重要的是要到位，而不越位。第一书记干的就是宣传党的好政策，包括加强我们的基层党组织建设，帮助产业的发展，这些东西叫帮。但是你不能越位，你不能去替代（村支书）。像我们有些第一书记去了以后，去帮老百姓去修路，本来也挺好的一个事，但是力气不够，搬了石头砸了自己的脚。甚至还有和村支书抢夺公章的，要夺权，觉得到了那里我是第一书记，我说了算。这样的话，跟村干部的关系就会搞得很紧张，有些村也有直接要求把第一书记退了的。第二，你不能不当回事，但也不要太当回事。你不能不当回事，因为现在各项考核、各项要求很严，这个肯定要认真去对待的，但是你又不能太当回事，因为太当回事以后你会搞得自己很痛苦，毕竟每个人的力量是有限的，这种改变也不是一天两天能够改变完成的，你要自己给自己一些周旋的地方，要给自己留余地。我在我们第一书记的微信群里，跟他们说了这两句话，他们很多人都很认同。对于老百姓来说，按他们的说法就是，这只鸟来了，还叫得比较好听就可以了。（笑）

现在作为村这一级，这几年我们一直面临着一个尴尬的处境，就是现在的事情越来越多，村干部的收入虽然也在逐年的调整，但是凭这点收入去支撑一个家庭的生活是不够的。现在会议多，加班多，资料多，事情安排也特别多。我们现在有个说法叫支书主任一肩挑，涉及整个农村改革。下一步对村这一级到底怎么来进行管理，怎么能够做到一种最佳效果，这个是目前乡村工作中比较大的课题。有一种方向叫村干部公务员化，但是公务员化一个最大的问题是我们国家的财政开支能不能受得住，因为一个村最少四到五个干部，如果都按公务员化来管理考核的话，这个支出对全国来说这个量是非常大的。

农村最大的问题还是在于土地政策，怎么能够集约化起来，达到更有效的生产率。第二个问题是土地产出的东西怎么更好地去对接市场。因为像现在包括欧美、日本的这些国家，他的农业都走"计划经济"，计划经济的意思是通过农会、农协然后直接去跟市场对接。农业天生具备一些特性：投资比较大，收效比较慢，风险比较大。很多农民去做这种事情的时候，他在投资风险上是分散的，相对来说比较安全。但是如果一个公司集中来做的话，可能很容易就被击垮，因为农业本身的风险还是很大的。

像今年永和村的樱桃采摘季，每天都有好几个旅游大巴进去村里。特别是我们搞了樱桃认养活动以后，村里的老百姓就跟我说，他树上的樱桃从来没有被摘得这么干净过。因为去的人多，反复扫荡，都摘得干干净净的。同时，我们合作社又搞了一个兜底回收，因为今年受到疫情影响，他们摘下的樱桃到晚上没卖出去的，我们给兜底回收，拿回来做樱桃酒。前几天，我们去这些老百姓家访的时候，他们都说家里今年的樱桃比原来多卖了几千块钱。其实通过这些形式让老百姓的眼界拓宽，他就会知道，原来还可以用这些形式去销售樱桃。以前我们卖樱桃就两种方法：摘了以后自己挑去卖，或者是有商贩固定每天都蹲在那里批量收。我们这些第一书记进来以后，把渠道拓宽了，通过电商让其他人来下单，通过旅游把游客带进来采摘，通过做深加工把产品销出去。虽然说在深加工这一环，目前里面采摘、分拣、包装都还有一些问题，但是老百姓的这种意识起来以后，我们要做的就是怎么从一个农产品变成农商品，然后下一步我们再打造农精品，这个过程中农民的眼界打开了，拥抱的市场也就更大了。现在，我们正在往前走的过程中。

致力于"知识扶贫"的呼吸科
海归博士医生

受访人：李晓岩

访谈人：李雨石

访谈时间：2020 年 6 月 11 日

访谈形式：当面访谈

访谈地点：广州市第一人民医院内科大楼

访谈整理：李雨石

访谈校对：李雨石

故事写作：李雨石

受访人简介：李晓岩，女，中共党员，副主任医师，广州呼吸疾病研究所医学博士，美国约翰·霍普金斯大学医学院呼吸与重症医学部博士，广东省杰出青年医学人才。目前担任中国医师协会呼吸医师分会中青年医师工作委员会委员、毕节医学会呼吸分会常委、广东省医学会呼吸学分会 COPD 学组委员、中华医学会会员、广州抗癌协会会员。从事临床工作近 20 年，擅长诊治各种呼吸疑难重症疾病，主攻慢性阻塞性肺疾病和缺氧性肺动脉高压的诊断和治疗。2018 年 8 月到 2019 年 8 月在贵州毕节参与扶贫工作，2020 年 2 月再赴贵州救治新冠肺炎确诊病人。

一 为信仰甘做苦心人

我是主动要求到毕节进行扶贫工作的，当时广州市第一人民医院（我

2020 年 6 月李晓岩（左）接受李雨石访谈

扶贫前所在单位）的领导在办公网上发布了招募医生到毕节挂职帮扶的信息，我第一时间写了申请书。经过医院、卫监局的层层筛选，2018 年 6 月，我被批准前往毕节市挂任第三人民医院（以下简称为"毕节三医"）副院长一职，成为院里 8 位报名者中唯一成功入选的一线医生。

　　成为一名悬壶济世、无私奉献的医生是我儿时起便坚定的理想，治病救人不仅仅是职业对我的要求，也是爱心、善心、同情心的外在表现。当我在医院里看到病患因贫困而治病困难、因错误的医治方法而抱憾离世，心里满是难言的苦涩。选择做一名医生，大概是想尽自己的力量能帮助他们一点也好。之前听人说"毕节是我国医疗洼地中的洼地"，我来到毕节后，我对这句话有了更深的感触，切身感受到这里的艰难与落后。不过我庆幸自己能够来到这里，能够作为一名博士毕业的中国医生，义无反顾地利用多年所学帮助贵州同胞治愈病痛。

　　收到通知后我果敢地做出了前往毕节挂职帮扶的决定，同时也得到了家人的全力支持。究其缘由，曾屡次请缨战斗在救治 H1N1、H5N1 及 H7N9 禽流感重症患者救治一线的经历以及对传染病这方面的防治经验给了我很大信心。出发时我抱着很单纯的想法：发挥敢于攻坚克难、勤恳扎实的工作作风，充分发挥自身业务特长，全身心投入医疗帮扶工作。尤其在详细了解当地环境、经过调研后能及时发现当地医疗体系中存在的问题，再因势利导、因地制宜地来解决问题，尽自己最大的努力去帮助他们。我深知自己的作用是将脑袋里的东西给予当地医生，要进行知识帮扶，贯彻"扶贫先扶智"的理念。相比起送医送药等硬件设施，更需要将

"软件"紧紧地嵌入毕节，将先进技术、正确理念、管理方式留在毕节。

但若要以世俗眼光看待这项工作，它并不是个"美差"，而是个名副其实的"良心活"。离开繁华富裕的大都市广州，到尚未全面小康的山沟沟里去，需要克服的困难实在不少。尽管相比普通扶贫干部，上面对扶贫医生工作的任务指标要求较低，但与此同时我们的收入和整体生活水平也下降了。在毕节工作时我拿着平均薪资和每个月 2500 元的奖金，与之前在科里的待遇比不了。另一方面，我失去了不少机会，职位的晋升之路也被暂时切断了。比如科室里的好岗位原先本可能都会想到我，出去以后人家都想不到我了。一年以后再回来，很多事情要从头学习，包括每天早起看肿瘤治疗的最新技术、专业上的前沿论文等——知识的更新很快，我要补习的东西堆积着就越来越多了。跟紧发展、终生学习对我来说至关重要，不然很快就会被时代淘汰。

不过经济方面带来的"短暂损失"可以通过勤劳再次得到，但是精神上的富足和在毕节的宝贵经历很难再有第二次。我在毕节辛勤付出的过程中收获了很多，财富和功名与之相比不值一提。经年后我救助过的病患、指导过的同仁可能在某天会想起我，想起李博士到这里带领大家取得的那些成就，想一想都会有一种成就感油然而生。在毕节帮扶的这一年我从头到尾做了许多事，看了很多病人，也救了很多人，内心感到非常满足。我是一个很简单的人，在内心始终不功利地追求身为医生最朴素的快乐——治病救人。

这几年，我留给毕节的总是风尘仆仆的身影，是不断奔跑着的忙碌的形象。我来到毕节三医进行帮扶工作，而毕节三医还要帮扶底下更加贫困、处于大山深处的诊所、小医院。因此我需要经常外出进行义诊，在短短半年时间里大约出去义诊了不下三十次。我会到各种地方去，比如去大山沟里面的农村，在途中见过坐着滑索上学的孩子们，处于都市的人很难想象这里的环境。如果我不来毕节，一辈子我也只会在纪录片里才能看到世界光鲜亮丽的另一面。我们开着车沿着它的山沟走里面的盘山道上山，磕磕绊绊地让人头晕目眩。记得有一次我跟着当地医生进山去评审山里各镇医院的医疗质量，一上车我就晕头转向了，一路上再加上感冒，一走那个盘山道我的头又晕又痛，真的很难受。山里的冬天非常冷，我只好隔一段时间就请司机师傅暂时停车休息会儿来缓解不适。

2018 年 12 月，广东省扶贫协作组的杨伟强组长曾极为恳切地向我提出在毕节多帮扶一年的建议，对我工作成果的取得表示充分肯定，期待满意之情溢于言表。我被深深感动了，更相信一载时光的努力已经让毕节三医里的很多事有了起色，延长挂职时间会更有成效地带着毕节医疗向上走。但由于手续、条例的种种现实原因，我还是在向毕节三医的龙院长许下"毕节有需要，我必归来"的承诺后依依不舍地作别了贵州大地。

2020 年新冠爆发后我又一次主动请缨，在毕节三医收治新冠患者之际，再次千里驰援，救治新冠重症患者，为三医保驾护航。2 月份贵州形势已经较为严峻，我孤身重返毕节，彼时三医已检测出两例从湖北武汉返黔的确诊病人。防疫工作注定会空前艰难，稍有不慎就会酿成大祸。我甚至做好了牺牲的准备，在临行前无数次想到死亡，却没想过当逃兵。因为毕节的医疗水平和预防经验还不足以接收新冠确诊病人，我不能逃走，我必须勇敢。当断就断，决定以后我立即投入到穿脱防护服的培训和医疗物资的各项准备中，带齐装备随时准备奔赴危机四伏的"战场"，没有时间留给我害怕和犹豫。

2020 年 2 月 3 日，由于新冠期间机场大规模停飞，我只好走陆路颠簸辗转再次来到这片人情味厚重的土地。两次动身远走，身上负担的使命各异，而为责任、信仰奋不顾身的初衷始终未变。

二 有条件要上，没有条件创造条件也要上

2018 年 8 月 1 日我第一天来到毕节，毕节三医派专人来接我前往医院。当天我在座谈会上与院里医生畅谈，听院长介绍三医的基本情况和发展历史。我记得当时发言的主要内容是围绕增强医院整体实力展开的：医院从 2006 年起在很短时间内从四十张床发展到四百多张床，医生团队也由一百多人发展到四百多人，这是很好的趋势，受到了国家脱贫攻坚政策的惠及。而事实上在我看来，三医的扩建速度虽快，但基础还是严重不牢的，相当于一个虚架子，骨架虽已初具规模，但水平仍没上去。

细细想来其中缘由，最严重的问题是贵州整体医疗水平较低，完全跟不上时代的步伐。当地医疗物资极其匮乏，我刚到时全医院找不到一台无创呼吸机，从来没有给病人插过管，甚至连太平间都没有。有一位病人半

年都躺在医院没起色，但后来我为他上呼吸机后一个月就脱机出院了。另一个基本原因是毕节医生的努力和上进的意识不够。有一句话叫"扶贫先扶志"，但在毕节仍有不少人安于现状，满足于当前的生活状态，对工作的冲劲不足。这里的医生学历都不高，与在大城市同类型医院工作的同行的专业素质差距较大。这里优秀人才外流严重，因为当地的医生只要水平和职称达到一定高度就很快到更好的地方去就职，人往高处走，毕节本身的地理位置、经济发展水平等劣势也决定了它留不住好人才，"医疗洼地"也就如此产生。我曾对当地同事说，如果毕节医生的医疗水平提高一大步的话，毕节的人均寿命就会提高，我们整个国家的寿命都会提高，这不是随便说说的假话。

其次这里还存在科室组织混乱的难题。我在毕节身兼数职，既是毕节三医副院长，也是广州对口帮扶毕节医疗帮扶前方专家团长，同时担任着毕节市医学会呼吸分会常委。除了业务指导，还肩负着提升医院管理水平的重任。那时摆在眼前的难题是三医里没有呼吸内科、消化内科等基础科室，医院的专科建设上不去，而三医想往三甲医院的行列上靠，需要更专业规范的科室和强大权威的医生团队，当时无法获得三甲医院的评选资格的现实困扰了我们很久。思前想后，我下定决心要在三医建成配套完善、管理明确的科室体系，广泛招揽人才并尽快进行医生培训。

不过贵州的现状是医生从业者稀缺，好医生难寻。没有执业医师证、毕业于本地专科院校而能经常看诊、坐诊的大夫占了十之八九，毕节三医都往往只有主任级别的主治医生和下面个别几位医生有执业医师证。但如果不任用那些"无证人员"，科室里的人手会不足，比方说收了心脏病病人却找不到人做心电图机，找到操作机器的医生又没有多余人手出报告。要是任用他们，碰到疑难杂症和难度较高的病例时又指望不上，像一些要用到心电监护仪的危重病人，没有经验和资历的医生是不能胜任抢救工作的。而且这样的医生由于自身业务能力的不足，会轻易地判断一位病人"不行了"，要求家属带回去到家里度过最后时间，这是很可怕的。其实"判死刑"对任何一位医生来说都是很难的，与医生水平有很大关系，一个病人是否"不行了"，不是某一个医生一句话就能盖棺论定的。打个比方，我在毕节会诊中遇到过一位心衰病人，本来用上药后就能痊愈出院，寿命有可能延长几年乃至几十年，但那些医生判断不好，都没有经过心衰处理就判断这个人"不行了",又不给用药,这样的话即便神仙也是无力回天。

来到毕节三医的第一天我就开始分管医务科,有一位患有肺结核、高热的病人被一口痰堵住后猝然离世,这件事对我的触动很大,当时我立即带着医生进行病例讨论,说起这样的病人要是放在广州市第一人民医院绝对不会宣告死亡,但是这里不懂如何进行吸痰抢救,就白白地看着一个鲜活生命逝去了,我第一次意识到手把手地教他们怎么做是迫在眉睫的。后来有很多人以公务、个人名义邀请我参加会诊,我也常常去毕节市许多地方为人看病。比如到七星关区医院、毕节一医会诊时,我抢救过来好几位濒临死亡的患者,他们患上的根本不是不治之症,只要对症下药都不会走到死亡的局面。

在毕节,我遇到很多患了这样的病就糊涂死去的人,我深深地同情他们,但力量有限,很难面面俱到地向每一个病患都施以援手。因此我在医资力量上下了很多功夫,从医生到护士都手把手地教技术、输入正确救治的思想。我经常亲自逐一教他们怎么进行心脏按压、怎么判断病人病情,抢救的第一步、第二步、第三步应该怎样操作,各项医疗事故预警,包括CPR心肺复苏术都要亲力亲为地教……长期强化下来,讲课讲了无数遍却收效甚微。因为我面对的绝大多数是技术水平很低的中专、大专生,接受能力有限,他们经常跟不上我的进度:问他们是否清楚时,他们脑子里还是一团糨糊,完全是空白的,讲一遍不行,讲两遍也不行,所以我必须不停地讲。此外,我先后提携了多个部门主任,他们在培训时帮我分担了很多工作。比如护理部的主任十分能干,我就把招募人数多的护士群体交给他管理。相比起医生来说护士的培养相对容易一些,人才流失程度稍轻。慢慢地我建立起了7个崭新科室:呼吸科、消化科、内分泌科、心血管科和心血管ICU、重症ICU,医院的各项工作终于步入正轨。

值得骄傲的是,在三医我培养了两个能独立工作的团队,我的扶贫任务是在当地带一批好医生出来,这两个团队的组建是我心血的结晶。其中之一就是呼吸科,呼吸科在我去之前原名为综合内科,收的病人多为高血压病、血管痛、皮炎、腰腿痛的病人,根本不是真正意义上的呼吸专科。那边呼吸科的力量极为薄弱,而我作为呼吸科的专科医生,组建专业的呼吸科是当仁不让的任务。我开始着力培养呼吸科医生耿成亮,并亲切地叫

2020 年 2 月李晓岩（左一）为毕节市第三人民医院医护人员做培训

他小耿；在这里引进了七项新技术并展开培训，包括呼吸睡眠监测、无创呼吸机使用、纤维支气管镜、肺穿刺等呼吸科常用的技术。医资力量的培育和技术推广都有条不紊地开展起来了，那么接收呼吸科专科病人就是水到渠成的事情了，包括一些胸腔积液的病人、睡眠呼吸暂停综合征的病人、慢阻肺的病人、哮喘的病人、肿瘤的病人，慢慢地都到我们毕节三医就医了。后期我还与呼吸科主任一道向院长申请做一个呼吸科专科联盟，将毕节市的所有呼吸科串联在一起，让全市的呼吸科的病人能放在一起进行会诊，享受相同的优惠条件，同时各大医院的呼吸科医生们也能到我们医院进行培训——我当时还送了两位医生过去到广州深入学习进修。其中一个医生是学肺功能的，肺功能是呼吸科最常用的一种技术，哮喘以及慢阻肺都要用到。另外一个是去学习纤维支气管镜的，在毕节时我教了他一些，到广州的医院来进修的时候，可以进一步让他在广州巩固他的技术，逐渐的就可以独立工作了。所以就相当于是组建了两个团队，一个是呼吸内科这些的医生团队，另外一个就是做纤维支气管镜的团队。他们在我回到广州以后都具备了独立工作的能力，我们也保持着紧密的联系，他们有一些疑难杂症会打电话来咨询我，我也会及时地给出意见。

三 身处艰难环境，我亦自得其乐

我在扶贫帮扶时的宿舍建在毕节三医里的行政楼上，那里后来就成了我的起居室和办公室。那种居住条件还挺艰苦的，三十平方米的办公室一样的一间房，在房子的中间打半堵墙，墙没有到顶，只砌了一半，留下一个大大的豁口，这半堵墙上连门都没有，但是挺通风的。墙的这边是生活区，墙的那边是工作区，后来我自己装了个帘子，假装是两间独立房。这个地方又用玻璃打了一个洗手间，也设在房间内，而且还挨着墙边放了一张床，下床走两步就到洗手间了，工作生活都在这一个地方。宿舍里有一个小暖风，让我在毕节度过的冬天不算冷；毕节三医的龙院长很不错，也尽量对我们的生活有所照顾。因为不可能像旅游走到哪里都像住宾馆一样的，所以我见识了很多当地的风土人情，了解了不少贵州老百姓的真实生活。我认为自己在三医的生活条件是比上不足，比下有余的，我很知足。此外，医院还做了一个小食堂并找了个厨师解决我的吃饭问题，但是我确实不太习惯贵州这边大油、又咸又辣的饮食。我每天都有很多工作要做，加上我本身也不太计较物质上的东西，这些小烦恼很快被我抛之脑后了，感觉好像日子过得飞快，一年很快就过去了。

即使有很多工作要完成，我也不是守着办公台"死"工作的人，我偶尔还是会有跟一些人多多联系，我们会坐在一起聊聊天或真正出去走一走。很多时候我会跟我们的一些来自广东省的扶贫干部小聚聊天，他们来自妇幼医院、广州市中医院，还有番禺、增城的很多医院，和我一样到镇上面帮扶。有的时候他们有一些事情需要我帮忙，我就过去帮忙看一下病人，这些交际活动也在一定程度上缓解了我的压力。我会挤出时间来放松自己，到周边走一走，看一看，了解贵州的风土人情，换一个环境用心听听自己内心的声音，静静地梳理自己的思绪。我在毕节三医工作了一段时间，偶尔到镇里面去看一看，业务上帮忙指导一下或者去医一下诊，相当于出去换换环境的感觉。

我是一个热情开朗的人，治好的病人多了，我在当地的名气也与日俱增，我有了很多贵州的朋友，甚至在我回到广州后还有很多毕节那边的朋友过来找我看病。我总是很热情地对待每一个人，所以他们也不把我当外人，有事就找我。有其他科的病我不专业，看不了，就帮他们介绍过来在广州这边做手术。我很喜欢贵州人，他们很淳朴很善良，会跟我真心交朋友，不掺杂利益关系。他们感受到我的善意后会真正地掏心掏肺地对我好，觉得李博士能帮助自己，有事就去找她。我也常跟他们讲，不要觉得好像找我很多次，要我帮助他们解决困难，感到不好意思，你有事情我只要能帮上，我就会不遗余力地帮你。2019 年底毕节开通了高铁，从广州到毕节只需要 6 个小时，他们很有趣地坐高铁下午来找我看病，看完病第二天就可以坐高铁回毕节，我觉得特别好。

在毕节期间，我中间回过两三次家，最开始的时候大半年都没有回，后来回过两三次都是为了送患者和医生。第一次我带着我们毕节三医医务科的、护理部的、检验科的同事，还有结核病科的主任到胸科医院考察。第二次是回来请求广州医生来贵州帮扶一回。第三次是为了送一个生病的孩子来广州做手术，我还参加了他们的学科会诊。做手术之前，我把医院所有能涉及的科室全部请来会诊，介入科做手术之前我们都将病情摸得很清楚。孩子做完手术后我还给了他 1000 块钱买东西吃，那个小孩很好玩，让我感到很亲切。我时隔大半年再回到广州那次，我还在家里待了两天，让同事先回去，因为要处理家里厨房楼顶漏水的问题。我住的房子的楼板都快掉下来了，而且全部是黑的，包括厨房里面家具全部长毛了，家里没人住，我一个人爬上爬下把厨房好好地整了一遍。我独自生活，一个人能够很自由地去做自己想做的事，我其实很享受这样的状态。毕竟人的精力是有限的，有的时候像我们这样的普通人很难将想要的事情都兼顾，独居可以拥有有很多自己的时间，我觉得挺好的。

我到毕节这一年增长了很多见识，对自己也是一个历练，但不论我去哪里帮扶，如果是单枪匹马自己去，不会有事半功倍的效果。如我去帮扶时广州市第一人民医院给了我很多鼓励和强有力的支持。我在毕节三医管理那么多科室，其实很多时候有不少东西我还是要从广州医院里获取资源。广州市第一人民医院对我们毕节三医的帮助是很大的恩情，相信毕节三医和毕节人民都会记住广州市第一人民医院的帮助。

四　像陀螺般不停地发挥所长

我没去帮扶之前，毕节三医里的呼吸科大夫与整个毕节医院的呼吸界是脱钩的，从来没有联系过。我过去以后将他们全部都联系在一起了，包括毕节一医、七星关区人民医院、毕节三医、毕节二医以及各县级医院的呼吸科，经常在一起开会讲课授课。各院的有资历的医生会轮流讲课，我们变成了一个团队，有病例可以互相分享，有问题可以互相谈论，我相当于是一个中介力量把大家都串联起来，说是领军人物也不为过。现在整个毕节呼吸界发展得越来越好，之前的七星关区医院虽然有纤维支气管镜，但操作、管理都很不规范，于是经常邀请我过去帮助他们规范使用，看看哪里还存在问题。虽说我是对口帮扶毕节三医的，但其实只要是呼吸科这个领域的，不论是市医院还是下面分属的县医院，我都是会去提供帮助。包括经常下去给县医院的病人会会诊，看过的病例也涉及方方面面，后来新冠疫情期间我也是用尽了我的所长，帮助毕节医疗渡过难关。

所以到一个地方进行知识帮扶，不是说到了一个点就永远地固定在那个点，而是要利用现有的知识帮助更多的人，要想办法将知识的作用真正发挥出来，我在管理、专长方面肯定是在毕节三医是充分发挥了。在毕节三医挂职当副院长，行政方面的东西需要我进行管理，但是呼吸科这个专业我也没丢掉，主动与广州市的大医院牵线，和大家一起努力地将毕节呼吸往上带。比方说原呼吸科收治的结核病人很多，但是有很多都是不规范的，后来我慢慢地帮助他们在实践中学习、提高业务能力。

拿贵州的多发病——肺结核为例，这里的重症结核非常多，而医疗系统从防护到治疗都存在很大缺陷。防护方面，一个病人从外面得了结核等到肺部损毁得很严重、咳血了才来问诊，到医院吃药后只要不发烧就回到家，医院也很少阻拦，结果是病没完全治好却把全家人都传染了。上至七八十岁老人下至三四岁小孩一家都患有结核病，这是很可怕的。但在广州市胸科医院到贵州帮扶后，当地防治肺结核病的水平提升了很多。

一年的时光过得很快，好像一眨眼就过去了。我常常在周末和下班以后到各地参与会诊，身为副院长，我一个星期至少开一次院务会、一次执委会，按时管理医务科、护理部、人事科、医保科的医疗质量和医疗安全。此外在管理方面我还先破后立，我废除了许多陈旧的制度并修改了近六十项制度，包括首诊制度、会诊制度、死亡病例讨论制度、疑难病例讨论制度，每一项制度都有明文规定的。比如我为护理部加强了护理二线制度，实现了护理的零差错，毕节三医的护理得到了很多表扬，常作为范本经常被提及；医保科这边我也管理得非常仔细，医保科虽然只有一个科员，但是工作是很重要的，因为无论临床做多少工作，医保没卡好的话会造成很多不应该的损失，所以我在医保科花了很多工夫；包括人事科，我组织了六七次大型的招聘活动，尤其招聘护士的时候有上千人报名，工作确实很多，还有规培生①报名等等许多事情都需要我加班加点地干。

我的办公室和起居室是合并的，几乎是半夜工作完躺在床上就睡着了，工作日几乎都在连续工作，没有休息时间。有的时候病人晚上八九点钟来了，我也要立刻起来工作，周末下着雨我也在手术室抢救病人。在睡梦中被吵醒的时候也很多，龙院长说自从我到了毕节，他基本上晚上没接到过电话，电话都打到我这边了，小到氧气没有了，大到需要抢救都打电话给我，我 24 小时都在医院，随时准备着为病人服务。

在毕节三医工作、生活的经历应该会成为我老年时回想起还觉得意义非凡的事情，我感到非常满足，这段时光没有白活。

---

① 医学规培生，也就是要经过"住院医师规范化培训"的学生。住院医师规范培训是医学生毕业后教育的重要组成部分，对于培训临床高层次医师，提高医疗质量极为重要。占据了医学终生教育的承前（医学院校基本教育）启后（继续医学教育）的重要地位。

用十年谱写威宁的扶贫之诗

受访人：胡雍辉

访谈人：蔡漫溶

访谈时间：2020 年 7 月 4 日

访谈形式：线上访谈

访谈整理：蔡漫溶

访谈校对：蔡漫溶

故事写作：蔡漫溶

受访人简介： 胡雍辉，男，汉族，贵州威宁人，中共党员。自 2011 年以来，在威宁自治县斗古镇斗古村、麻乍镇双胞塘村、观风海镇野鸡河村、龙场镇白岩脚村、龙街镇红星村开展驻村帮扶，任驻村第一书记、同步小康工作组组长、民生监督委员会主任等。在十年的驻村帮扶工作中，他根据当地实际情况，创新工作思路，带领群众逐步摆脱贫困，做到扶贫扶"关键"，帮困帮"心坎"，深得群众信任，群众亲切地称其为"活雷锋"，同时在 2019 年，上榜"贵州省脱贫攻坚群英谱"。在龙街镇红星村的帮扶工作中，以"两不愁三保障"为帮扶思路，从三个方面展开，分别是解决红星村的基础设施建设问题；调整当地产业结构、搞产业发展；党建引领脱贫，发挥党员的带头模范作用。

一 生于农村，更"懂"农村

我生于 1979 年 9 月，从小就生活在农村，我就是土生土长的农村人，

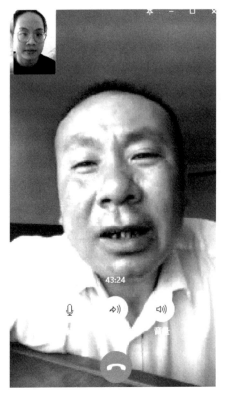

2020 年 7 月 4 日胡雍辉（下）接受蔡漫溶访谈

所以说对农村的生活比较习惯。我家在威宁①，父亲是民办老师，1994 年转成公办，母亲是农民，从小父亲就用良好的教育思想引导我。

人们现在的物质生活条件比我们小时候要好得多，在我童年那个时代，一个家庭的孩子通常有很多，比如我家是六姊妹，其中五哥弟，个个都要读书，而家里的生活条件很差，从小能够把肚子填饱就不错了，尤其在上初中的时候，我们家隔初中学校很远，那个时候又不兴住校，早出晚归很辛苦。在我们那，从小学考上初中，都要参加全乡选拔，一个乡 300 多个学生选拔出 50 个学生来读初中，剩下的 250 个学生考不上初中就只好

① 威宁县全称为威宁彝族回族苗族自治县，位于贵州省境西北部，北、西、南三面与云南省毗连。是贵州省面积最大的民族自治县，毕节市辖县。面积 6295 平方公里，人口约 140.2 万；其中彝、回、苗等少数民族占总人口的 24.3%。县府驻草海镇。威宁县是贵州省人均国民生产总值最低的县，当地人以马铃薯种植为主业，是国家实施新阶段扶贫开发重点扶持县。

回家。90 年代初期，当地只有唯一的一所初级中学，一个年级只有一个班，从 300 人当中考到前 50 名也不错了，但我还是考了全乡第一名。我一直都是属于品学兼优的学生，从 1993 年到 1996 年，我在班上一直都是第一名，当时我们那个班只有 4 名学生考进师范，我是其中的第一名。当时能够考上一个中专，我们称为中师，即中等师范专业学校，对于周围的人来说是很有面子的，可以说比现在考上重点大学都有面子，我感到很荣幸，为父母争光，一句话就是考到了"铁饭碗"。

我为什么能够考到呢？是受到我三哥的影响。因为我家是五弟兄，我大哥二哥没考到工作是务农的，我三哥他考到了工作，他对我说："如果你考不上工作，就像大哥二哥一样要在家里面务农，一辈子就是做农民。"因为我三哥考到师范，也是当老师，所以呢，得到他的启示我就努力学习，然后就考上了师范。从 1996 年到 1999 年，我在毕节师范①读书，读完书之后被分到了老家兔街中学②教书，2004 年继续读书进修，我原来的学历很低，才是一个中专生，到了 2009 年，我把专科、本科、研究生读完，2010 年出来又教了一年的书，之后调到县教育局里面工作，因为我以前比较喜欢写文章，教育局把我调来写材料，然后 2012 年调报社工作，2014 年调人社局工作，在人社局已经工作了 6 年。

我的驻村帮扶工作是从 2011 年开始的，当时每个单位都要选派干部下乡去驻村帮扶，我是自愿报名的，大家都知道下乡是要吃苦的，和在单位上工作不相同，我是觉得能够把单位安排的事做好，又能够下乡去真切地为人民群众做脱贫攻坚工作，是一份非常光荣和神圣的职责，而我们威宁县本来就是全国的贫困县，能够为脱贫攻坚出一份力，是义不容辞的。据我了解，能够做到十年来一直驻村的，全县目前只有我一个人，能够坚持下来，这一点我感到幸运，同时在这十年的驻村帮扶工作当中，我从没受到过处分，还获得省市县相关部门的表彰，以及领导和群众的赞扬。能够得到他们的支持和认可，我感到很高兴。

十年来的驻村帮扶工作都在农村，我对农村工作和农村人非常的熟悉，总是有种很深的亲切感，农村的群众告诉我，他们一见到我就像见到

---

① 毕节师范全称为贵州省毕节地区师范学校。
② 兔街中学位于威宁县兔街乡。

自己家里人一样。来到红星村①驻村帮扶，刚开始进村里面，还出现了我当时无法接受的一句话，但是现在我能够接受了。原来村里七八十岁的老人，一到家中走访，他们就喊我"老胡""老胡书记"，我说我还没你一半年纪呢。一下队，大家就称呼"老胡，老胡"，当时我不接受啊，我说我年纪比你们小得多，不能这样喊，后来，喊着喊着连几岁的小娃娃都喊"老胡书记""老胡来了"。现在我理解了，我认同他们喊我"老胡"，因为那是一句亲切的话，是一种亲热感。从那个时候到现在，我在村里面，他们都喊我"老胡"，村民们都会说"老胡"来帮扶，"老胡"这个身份在老百姓心目中已经留下了很深的印象。

其实，驻村帮扶工作，要和群众打成一片，要把群众看成自己的家人。到群众家里面的时候，年纪大的该喊爷爷的喊爷爷，该喊奶奶的喊奶奶，喊叔叔的喊叔叔，喊哥哥的喊哥哥等等，把他们当作一家人，他们非常高兴。因为我觉得我是从农村走出来的，深知农村人的心理，所以很受群众欢迎。群众把我当作自己家里面的人一样看待，所以我在村里能很好地开展工作。

二　舍小家，为大家

我的家庭总共六个人，父亲 81 岁，母亲 80 岁，妻子在学校教书，我有两个孩子，大的孩子 15 岁，现在读初二，小的孩子一岁零十个月。对于我的工作，家人实际上也不是很支持，因为我的父母都年纪很大了，说句实在话，他们也希望我在他们的身边，一家人笼笼络络的很好，可是我选择了下乡去搞脱贫攻坚，虽然他们嘴巴上支持，但是心里面也希望我早一点回来。于我而言，这是工作的需要，我不得不坚持脱贫攻坚。

做扶贫工作加班是常态化，白天要下去走访百姓，要去做硬件，指导村民如何硬化路面，搞产业发展等等，根本就没什么时间来做资料，只有晚上回来做资料，做到十一二点钟、凌晨两三点钟的都有很多。我一般一

---

① 红星村地处龙街镇西北部，距威宁县城 82 公里，距镇政府 21 公里，总面积约为 11.5 平方公里。其中耕地面积约为 1650 亩，人均耕地 1.22 亩，林地面积 3430 亩，荒山草坡面积 1500 亩。全村辖 7 个村民小组，308 户 1536 人，少数民族人口 321 人，占总人口的 20.95%。种植业以玉米、烤烟、太子参、马铃薯为主，养殖业以猪、羊、鸡为主。

个星期回一次家，但有的时候还不能回去，比如在 2020 年 7 月 1 日以前要补短板，要为老百姓做很多事情，所以现在我一个星期都没有回家一次。我记得最长一次是三个多月没回家，就在今年战疫情的时候。1 月 24 日是过年，我 1 月 23 日回到家准备过年，但是大年三十晚上镇里面就发通知说马上返回岗位，直到 4 月份我才回家一次，这段时间是离开家最长的一次。

我的小孩子现在会走路会说话了，每次回家就跟我很亲，都要跑到我怀里抱，每次一看到我收东西准备下乡，知道一走就是要好久才回来，就要哭闹跟着我走，我很不忍心，心里面很难受，但没办法，每次走的时候都得悄悄走。大的孩子呢，说起来我心里面也是很愧疚的。因为我们是要打考勤的，早上 8 点钟打考勤，晚上 9 点钟打考勤，周末轮休一天，回家要两三个小时的车程，到家就是夜间 12 点钟了。这还有个小故事，记得是 2018 年的时候，有天晚上我回到家，准备悄悄地开门，轻轻地回去睡觉，家里只有我大儿子在，他不知道是谁来了，以为是贼来偷东西。那天晚上确实把大儿子吓着了，因为那天刚好停电，我太太生完小的孩子回娘家住，家里只有大儿子在，他以为是贼来了，拿着斧子便要砍要杀，我急忙喊他，我说："儿子儿子，是我是我，是爸爸，是爸爸。"他终于稳定了情绪，给我印象最深刻的就是这一次，他还把这件事写成了作文。

我的爸爸是脱贫攻坚扶贫英雄[①]

有贼！有贼！贼来了！

是我！是我！儿子别怕！

夜间十二点，爸爸轻轻推门进屋，把我吓一跳。第二天一大早，爸爸又下乡去驻村脱贫攻坚了！

在我记忆中，爸爸是个大忙人，很少在家里。他说他驻村帮扶十年，在了五个乡镇五个村。爸爸留给我最经典的一句话就是：一年易过，两年能挺，三年可熬，十年就不知道怎么熬了，可还是熬过来了。

在家里，爸爸的荣誉证书堆了一柜子，不是这样优秀就是那样先进。书架上，放着他写的很多很多文章，一本又一本，房间成了他的

---

① 胡雍辉大儿子所写的作文《我的爸爸是脱贫攻坚扶贫英雄》。

收藏室。

最值得我骄傲的是，我的爸爸是脱贫攻坚扶贫英雄，看着那本又大又红的荣誉证书，上面写着贵州省脱贫攻坚群英谱，还写着爸爸的名字。另外还有两大本书，在第218页，有着爸爸脱贫攻坚的故事。我的一个同学，他说他的爸爸也是搞脱贫攻坚，他爸爸也有同样的两本书，在第218页也有我爸爸脱贫攻坚的故事，听了我心里很高兴。

我知道，脱贫攻坚就是扶贫，扶贫就是脱贫攻坚，就是要让老百姓富裕起来。我们的国家真好！长大了，我也要像爸爸一样为人民服务。因此，我现在一定要好好努力读书，将来才能用知识服务人民。

对于我来说确实是顾不了家里面，只能舍小家顾大家。像我的父母，年纪大了，母亲的一只脚走路是一瘸一拐的，上街买菜很不方便，父亲耳朵也不怎么好，生活很不方便，我又不在他们身边。对家人我非常地愧疚，尤其是对我的父母，他们年纪很大了，而我又不能陪伴在他们的身边。想到这些故事，这些过去，我确实还是对不起家里面的人，对不起父母妻儿，特别地遗憾。但这是工作，只有当脱贫攻坚结束了，可以回去了，我才能回去，否则的话我不能为了家庭丢下工作，因为现在千千万万人都在坚持做扶贫工作，国家的扶贫工作是大事，我个人的是小事，不足为道，能够为国家做这样的大事情，我感到很荣幸，所以说我不能为了自己的私事，而放弃国家的大事。

三　帮扶三方面，努力摆脱贫

我帮扶的每一个村都属于贫困村，贫困村有个特点，就是在基础设施建设方面很薄弱，其次群众的思想意识很淡薄。

我的帮扶思路主要集中在"两不愁三保障"① 等方面，第一方面是帮助解决基础设施建设方面的问题，比如说帮他们修修路，硬化院坝、解决饮水困难，还有就是给他们进行危房改造、抗震房改造，这个是基础设施方面。

---

① "两不愁"即不愁吃不愁穿，"三保障"即义务教育、基本医疗、住房安全有保障。

第二方面是给群众调整产业结构，搞产业发展。在调整产业结构这方面，老百姓大体是非常支持的，有极少部分老百姓，他们习惯种植传统作物，很不好给他们做思想工作，但是大部分老百姓都知道我们是给他们带来指导思想的，他们还是支持的。威宁县是高寒山区，群众都搞传统种植，长期以种植玉米为主。我们第一书记的职责是要给群众做宣传思想工作，调整产业结构，调减玉米种植，让群众多种植一些经济收入好，效益高的农作物，比如种植马铃薯、魔芋、酥麻、大蒜等，像魔芋在我们当地种子的价格是十块钱左右一斤，大魔芋卖出去至少也是两三块钱一斤，这个收入很好。我们还指导建议当地群众，尤其是 18 岁到 60 周岁的青壮年劳动力，让他们到广东、浙江、福建等地务工，务工是一个收入比较好的项目。比如说我们现在的红星村，总人口是 1536 人，这 1536 人中有将近一半青壮年劳动力，这 700 多个劳动力中又有 300 多个是长期在外务工的，而在我们本地务工的或者在家里面搞创业的就有 400 多个，所以说劳动就业收入这一块工作是非常受到群众欢迎的。比如说我们帮扶的有些贫困户，他们经常待在家里面，不去外面工作，就造成了家庭的贫困，于是我们挨家挨户地去做宣传思想工作，我们就跟他们讲，出去做一天工作，至少就有一两百块钱的收入，甚至如果说做得好的有上 300 块钱一天，如果不工作呢，在家里面就没有生活来源，假如一天有 100 块钱的收入，就可以买几十斤大米，可以生活好多天了。懒惰是不行的，我们做扶贫工作要治懒，通过三番五次地动员贫困户去务工，贫困户知道了外出务工有好的收入后，他们也是很高兴的，并且愿意接受我们的指导建议。

除了种植、务工，我们还指导群众搞养殖，比如对贫困户的帮扶措施，拿 10000 块钱给他买牛喂，在我们威宁这个高寒地区搞养殖，其实是一项很不错的收入，假如今年买一头几千块钱的牛来喂，喂一年时间，到明年就可以卖一两万，如果养到两头三头牛，收入就不错了。除了养牛，还有养猪，花几千块钱就可以买几个小猪来喂，到了明年也就是几头大肥猪，只要人勤快不懒惰，贫困户也一定会慢慢地富裕起来。实际上，我觉得贫困的原因，懒惰是其中的一个方面，另外一方面是贫困户不懂得如何去发展，找不到发展的项目，不知道做什么好。比如说搞养殖，担心买来的牛和猪喂着喂着就死了，怕病情灾害；到外地务工，又怕挣不了钱；搞种植又怕栽下去的庄稼达不到收益的效果；一句话就是胆子太小。我们作为帮扶干部，就要解决贫困户这些错误的思想，所以我们跟贫困户说，如果怕去外地务工挣不到钱，那么就先和亲戚朋友或者邻居打听，他们在哪里打工，就跟着他们到哪里去，和他们一起打工，请他们当老师做指导，你去挣两个月，如果说这两个月都挣不到钱，那么你再另作打算。通过正确指导，很多贫困户就跟着他们的熟人，三个一群五个一帮出去务工，然后到年底都净赚了几万块钱回来。就这样，在我们村常年在外务工的人一个宣传一个，渐渐地一年比一年的外出务工人数增多。总之，我们在政府的指导下，给老百姓调整产业结构，给他们种植效益高的经济作物，通过大量地去做思想宣传工作，老百姓还是知道我们是为他们好的。

第三，就是对老百姓的宣传，宣传党建引领这一方面，就是说带动我们村的集体经济合作社和农民专业合作社，来做思想工作引导老百姓来搞产业发展，这是一个很好的思路。脱贫攻坚工作，五级书记联动抓脱贫，五级就是省委书记、市委书记、县委书记、镇党委书记、村第一书记和村支部书记，五级书记抓脱贫，以党建引领群众脱贫致富增收。比如说我们村，在一个季度召开一次党员大会，一个月召开一次支委会、一次党小组会，然后通过召开支部大会、支委会、小组会，给党员讲党课，通过"三会一课"的开展，让党的政策深入群众深入人心。我们村目前有 11 名党员，通过召开党的会议，宣传党的路线方针和政策，让这 11 名党员对我们村的群众做思想宣传动员工作。党建引领脱贫，通过党员带头做示范作用，这个思路做得很好。

四 做实事，全心全意为了群众

做第一书记，老百姓有事情都会来向我反映，我也尽力帮他们解决。印象最深刻的是 2020 年 5 月份，我们村的一个贫困户，他家是在 2018 年享受 35000 块钱的危房改造，然而在 2019 年 1 月的时候，他就自行去取了 20000 块钱，但他说政府给他的是 35000 块钱，最后却只拿 20000 块钱给他，还差 15000 块钱。我刚好今年 3 月份帮扶他家，得知这件事就顺藤摸瓜一处一处地查，我就想：这 15000 块钱究竟在哪里？究竟是到哪里去了？接着，我查到确实是下发了 35000 块钱，考虑到还差的这

15000 块钱绝对是在哪个人的手里，于是一步一步地查，带着这个村民拿着他的卡去查。果不其然，35000 块钱是一次性打到他的银行账户上的，去年 1 月份他好像听别人告诉他说这个卡上是 20000 块钱，就把这 20000 块钱取出来，认为卡里一分钱都没有了，然后我一查发现那 15000 块钱谁也没动，一直在卡里面，最后 15000 块钱"失而复得"，这个贫困户非常的高兴。

驻村帮扶这么多年，偶尔也遇到群众不支持的现象。比如贫困户的房子不是安全住房，国家出钱给他修建，他不愿意；比如有的群众他的门口院坝是土路，一到下雨天相当的难走，贫困户也知道但就是不愿意硬化。有一个村的一个贫困户，他本人在外打工，然后政府拿 35000 块钱给他做危房改造，修建的框架已经出来了，但是他长期在外务工，一直联系不到，由于 2020 年 7 月 1 日前，必须要把贫困户的所有短板补齐，村干部没办法了，就去帮他把房屋装修，给他把砖砌起来，把门窗安好，把内部粉刷，这个贫困户知道了后就不高兴，打电话来辱骂村干部。当时问这个贫困户：村干部来帮助补短板帮助修房屋，你为什么还要辱骂村干部？这个贫困户说，距离那么远骂两句也找不到他。他认为这个是小事情，他不怕的，但最终还是被找到了。

还有一次，我下队遇到一位村民，他说在好几年前，村干部组织大家来收钱交押金修小水窖，村干部还吃他一百块钱，我就把这个村干部的名字记下，回到村公所①，向被举报的这位村干部了解情况，原来这位村干部并没有吃他一分钱，村干部和这个村民是通过商量好的，当时那一百块钱是给他转交养老保险用的。跟村干部了解完情况，我又到这个村民家里跟他讲清楚，告诉他村干部当时是跟你通过口头商量，得到你的认可和同意的，修小水窖要交一百块钱的押金，当时你们两个说好这个押金不用退回来，直接给你交了养老保险。这位村民恍然大悟，最后村民和村干部沟通了后，误会消除二人握手言和很是高兴。后来这个村民还向他周围邻居说："胡书记来了，哪里有整不清楚的情况，反映

① 村委会是人民公社制度废除后，随着农村经济体制改革出现的农村基层群众性自治组织。从性质上讲，它不属于一级地方政权。从理论上讲，村公所作为乡政府的派出机构，其权力直接来源是乡政府，其工作性质是行政性的，与其相对的村委会是自治性的工作机构，工作性质是村民的自我管理与服务，其权力来源于村民。

了之后都可以搞清楚。"

类似这样的事例很多，其实村干部是很受气的，脱贫攻坚任务重，每样事情都要亲力亲为，贫困户又会说，他这样也没得那样也没得。像我们作为国家正式干部，跟村干部的工作还是有区别的，村干部的工资可能只有我们的一半，但是要干的工作却不比我们少，我很理解他们，同时他们也需要支持和鼓励，要从精神上鼓励、赞扬，我也会跟他们说，要好好干工作，有前途的。扶贫干部毕竟是由党和政府选派下去的精兵强将，思想意识方面比普通的村干部要先进，能够做很多事情。有一个报道说脱贫攻坚的扶贫干部驻村来了，当地的村干部就后退了，实际上也不是。虽然有的村干部不会使用电脑，电子表格不懂，弄不成，有的不会用智能手机，用的是老人机，有的发个信息都发不了，要请扶贫干部帮助，但是村干部对村里面的基本情况很了解，所以各有各的优势，各有各的长处，要相互配合。

通过这些事例，我觉得我们搞帮扶，宣传工作还要大力地推进，贫困群众哪家享受到什么政策，要在阳光下操作，比如说在贫困户每家每户的门边都有明示牌，享受了什么帮扶措施，要写得清清楚楚。

2020 年 6 月胡雍辉（左）在红星村走访贫困户

五　见证了从无到有，也将见证从贫困到振兴

十年的扶贫工作，共帮扶了 5 个村，我不能一一地讲述，现就讲一下现在所在的村。我是 2017 年 9 月来到红星村，当时我比较好奇，首先去看一下这个村，村公所还没有修好，我到的时候，几个工人正在里面粉刷墙壁，门口乱草长的很深。原来的村公所纯粹是一个危房，不能住人，门口没有操场没有院坝，到了 2018 年年初，村公所历经四个月修好了，修好之后我们逐渐完善各项基础设施建设，包括村公所的院坝、操场、篮球场，向县文体广电旅游局争取篮球板，乒乓球台等体育健身器材，各项设施基本完善，再向镇里争取二十多张开会用的办公桌椅。在此之前，我们开会是在村民院坝、田间土坎，哪家的院坝门前宽我们就在哪家院坝召开群众会议——想起来都很寒酸，自从把办公桌、会议室、接待室、图书室等功能完善后，村公所功能齐全了，现在群众来开会方便了，大家都觉得真正像一个办公阵地。原来在老百姓家开会，特别是下雨的时候，群众会开着开着村民都跑到这家跑到那家去躲雨，现在修好了这个办公阵地，确实方便了群众，这是一个非常好的事情。现在村卫生室也修好了，群众来看病方便了。原来群众需要到镇里 20 多公里远的地方去看病，现在不出村就可以看病；方便群众医病，大家非常高兴。

群众说现在最方便的有三个事情：第一个事情，就是有事情他们就来村公所找村干部，找第一书记，找村主任、支书就能把事情办好；第二个事情，就是在村里面就能够把病看好了，看病不出村，办事不出村；第三个事情，很大的改变是基础设施和环境方面的改变。原来在村里面，群众养猪、养牛、养鸡、养羊，卫生情况很糟糕，下队的时候，尤其是下雨天，那个路走都不想走，走都不敢走，看到路面上都是粪便，脚都不敢放下去，当时我们来搞环境卫生整治，搞人居环境整治，你叫群众不要养这些牲畜那是不行的，本身就叫他们搞种植和养殖，搞产业发展致富，他们要养很多猪牛鸡这些牲畜，但是环境卫生相当差。来到红星村，我们通过召集群众开大会，给他们做思想工作，做动员工作，通过我们的宣传整治，一家一家一户一户地讲解，让群众把牲口关在一边，人生活在另一边，使得群众人居环境得到改善。当时我们给群众讲，人要在客厅里面

住，要在厨房里面做饭吃，但有的群众连客厅是做什么的都不知道，我们就跟他们说，你家的亲戚朋友来了，在的这个地方就叫作客厅，同时教他们把每间房子用作不同的功能房。但有部分贫困户，他们又出现了一个问题，就是家里只有一大间房子，既要做客厅，也要拿来当厨房做饭吃，还要拿来做卧室，一间房子具备多个功能。面对这种情况，我们就教他们把房间做隔断，用木板就可以隔开，通过隔断把这间房子分出好几个功能区，这样居住起来就舒适了，这对于群众来讲是很大的变化。

还有一个基础设施方面的变化。每次遇到下雨天，我们下队的时候到村民家中去，穿个皮鞋是去不了的，要穿着雨鞋，如果不穿雨鞋，那么裤脚上、鞋上会沾满泥巴，走都走不了。群众生活还是很艰难的，天晴还好一点，一到下雨天就很难，我们通过院坝硬化，串户路硬化，组组通公路建设来帮助群众解决这个问题。从 2017 年年底开始到 2018 年搞了一年的组组通公路，我们村有 7 个村民小组，这 7 个小组我们先实施的工程叫作组组通，修了 7.76 公里，还搞了串户路，也就是一家到一家，一户到一户。

除了硬化道路，还有危房改造，建安全住房、医疗、管饮工程和教育，总之前前后后变化挺大，脱贫攻坚渐渐已经补齐短板，通过扶贫干部的努力，群众该有的已经都有了，到下一步就是乡村振兴了。

于我而言工作成效有两个方面，一个是得到群众的认可，一个是得到领导的认可。群众的认可表现在群众把我称为"活雷锋"，我记得他们给我写了一张感谢的字画。领导的认可表现在一些表彰，我得过两个省级表彰，2018 年 12 月 29 日，我被贵州省委宣传部收录入"2018 年度贵州脱贫攻坚群英谱"——在我们威宁县的第一书记中，只有我一个人得到这个荣誉。2019 年 3 月 22 日，获得了"2018 年度贵州人社新闻事件"这样一个省级表彰，关于脱贫攻坚方面的省级表彰就是这两个，还有其他县、市大大小小的表彰，这些就暂时不提了。通过这两个方面我认为在脱贫攻坚的工作中，我得到了群众的认可，得到了领导的认可，我非常高兴，非常感谢群众和领导的支持和认可。

下一个阶段就不叫"脱贫攻坚"，而叫"乡村振兴"！下一步不管我是回单位去工作，还是要继续现在的工作，我都要按照"吃苦在前，享受在后"这种思想，继续干好自己的本职工作。

一朵铿锵玫瑰的悠悠"三用"战贫路

访谈对象：冉颖

访谈人：李华

访谈时间：2020 年 7 月 16 日

访谈形式：线上访谈

访谈整理：李华

访谈校对：李华

故事写作：李华

受访人简介：冉颖，女，1985 年 8 月出生，重庆酉阳人，中共党员，重庆市酉阳县全县 130 个扶贫"第一书记"中的唯一女性。2015 年 8 月到酉阳县清泉乡清溪村开展扶贫帮扶工作，2016 年 10 月担任清溪村第一书记、驻村工作队队长。在扶贫期间，她聚焦"两不愁三保障"，充分整合部门资源优势，认真落实各项政策，为百姓办实事、办好事。从 2016 年 10 月至今，常年吃在村、住在村、干在村，田间地头到处都是她忙碌的身影：带领村里的贫困户开荒山种李子树、解决贫困户家里用水用电难的问题、经常下班后为贫困户的孩子辅导功课、深更半夜报警保护贫困户的财产……她为村民用心、用情、用力做的每一件"小事"，温暖着村民，感动着村民，鼓舞着村民，也让她成为村民们常常挂在口中的"那个女儿"！

一 毛遂自荐，踏上一线扶贫的新征程

2007 年大学毕业的时候，我原本是打算到四川达州工作的，但是后来

想一想，我是土生土长的重庆酉阳人，爸爸妈妈都在酉阳，就想着能回到自己的家乡做一点贡献。当时酉阳县是比较贫穷的，高中的时候县城挺小，条件也很艰难，很差。想着自己从农村长大，希望我们的弟弟妹妹或者比我们小的、我们酉阳将来多一些人才出去，我就回来尽自己的一点力量，为他们做一点事情。2007 年我回到酉阳县一所农村中学当老师，教了4 年书。

2011 年，我考调至酉阳县民意调查中心，任策划科科长。2015 年脱贫攻坚工作刚刚开始，县委组织部就要求每个单位要选派优秀的中层干部下乡参加扶贫，我们领导给我透露了这样一个信息，我就自告奋勇地报名了。因为民调中心是在 2011 年刚刚成立的一个新单位，人员基本上都是从乡镇或者学校考调上来的，相对来说比较年轻。除领导以外，我们一共有7 个人，除了有一人比我大一点，其他人都比我小。从客观条件上讲我是最符合条件下村开展一线扶贫工作的。而且我是从农村出来的，在农村教了几年书，明白农村老百姓生产生活上的诸多不易，读了这么多年的书，真的想到基层为他们实实在在做一些事情。要为老百姓实实在在地做事，就只有一线才能做得到，于是我就自告奋勇地报名了。

2015 年 8 月，我就成为酉阳县清泉乡清溪村脱贫攻坚驻村工作队的一名队员。当时组织上没有要求常驻，基本上是一个星期两天到村上工作。2016 年 10 月，我开始担任清溪村驻村扶贫第一书记、工作队队长，组织上也要求我们常驻，就是要我们吃在村、住在村、干在村。那个时候我是可以申请不来的，但我觉得既然迈出了这一步，那么就要坚持走下去。2016 年的时候，全县共下派 130 名第一书记，其中包括我在内一共只有三名女性，没过多久另外二人就因各种原因离开了，最后就只剩下我一个女书记还在一线继续脱贫攻坚工作。

二　克服万难，成为村民心中的"那个女儿"

在最初担任驻村扶贫第一书记的一段较长的时间里，我的一线扶贫工作面临着多重困难。首先就是家人对我主动要求下一线参加驻村扶贫工作的不理解。当时我家的情况比较难：小孩不到 4 岁；先生在县环保局工作，当时恰逢三大攻坚战，他们的事情很多，也挺难的。我是先做通了先生的工作，我说我年轻，而且已经在下面做了，就想下去做点事情。更因为我正在积极引导自己做驻村队员时联系的一户贫困户发展产业种植青花椒，帮他联系和信公司①，想通过公司帮他发展22亩青花椒，这家贫困户很希望能做成这件事。当时我觉得自己要是放弃了，其他人来的话未必能够一直把这件事做下去，更重要的是这户贫困户的脱贫致富梦也可能泡汤了，所以我就请先生理解、暂时克服一下困难。双方父母最后是在我给他们立下了"扶贫工作一结束就生二孩"的"军令状"之后，才同意帮我照顾小孩、支持我驻村扶贫的。当时双方父母都在催我要二孩，催得挺厉害，我就说只要你们现在支持我的工作，帮我照顾小孩和家庭，等我脱贫攻坚归来以后，我一定完成二胎计划。下村以后，我对家庭、小孩和老人的照顾非常少。尤其是2019年我们县"摘帽"的那段时间，特别忙也特别累。记得11月份我就休息了一天，而这一天还是因为过敏在医院检查身体、做治疗。这个月基本上也没有回家，跟孩子偶尔通过视频、电话联系。这些年，我的家人一直默默地做着我的坚强后盾，支持我、鼓励我。

我以前在学校、部门的时候没来过清溪村。下来看到的情况确实跟我想象的不一样，一个是偏僻、落后，包括集镇跟我想象的确实也不太一样。清溪村是集镇所在地，虽然村里通了公路，但是便民路、入户路还没有。我记得当时入户的时候，都是斜坡路，路上铺满了腐烂的树叶，特别滑，尤其是下雨的时候。我根本没有办法慢慢地走，经常是一下子就冲下小路，十分危险。另外老百姓家里的环境卫生也不是一般的差。所以刚来村里的时候，心理落差很大，甚至还有一点点担心和后悔。

刚开始下来驻村的时候，村委办公室根本住不下，我就住在村委会旁边一个山上的农业服务中心二楼的一间很小的房间。我经常调侃说："我可是一进寝室，就上床了！"而且它后面挨着居民房，采光也特别不好，特别回潮，条件挺差的。当时驻村工作队队员是我们乡上的干部，他们自己住在乡政府，住在乡上，只有我一个人作为下派干部，就给我协调了这么一个房间。在驻村的前几个星期我是在乡政府的食堂吃饭，后来上面要求我们必须吃在村、住在村，所以我就在住处旁边的一户老百姓家租了一

---

① 和信公司即重庆和信农业发展有限公司，2008年11月14日注册成立。主要从事蔬菜等农作物、经济作物、园艺作物、中药材的种植经营以及其他相关项目。

间房，自己买菜煮饭。

现在我们新修了村委会，办公条件和居住条件好很多了，我也住在了村委会，自己在寝室做饭。每周末我从县城买菜带过来一般吃一个星期。有一些蔬菜我可以到贫困户家里去买，顺道给老百姓进行了一点消费扶贫。

刚来村里的时候，我给老百姓介绍自己是从部门下来的，他们包括村里的一些干部都不看好我。当时在他们眼里，我是一个白白净净的、瘦弱的女孩子，肯定是不能干什么事的，不过就是作为部门的中层干部下来走走过场、走走秀、镀镀金，过两年就回去了。甚至乡上有干部也认为我吃不了农村的苦，待不了多久，只是下来完成上面的任务。所以最初无论是村民还是村干部都是不配合我的。我记得当时去老百姓家里，感觉他们对我都是不屑一顾，认为我那么年轻，又是从部门下来的，关键是认为我根本不懂基层、不懂农村的苦、不懂农业，怎么可能帮他们脱贫致富、过上好日子呢？根本就不信任我，对我爱搭不理。

无论是老百姓还是村干部首先给我定性了，不看好我。就觉得我不能做什么事，我在这儿做不了事就算了，或许还要给他们添麻烦。但我就是主动要求村干部带我去走访了解情况，反正不管是多大的太阳还是下雨，我都去，不管老百姓是一个什么样的态度，我都非常耐心地去走访。当时真的很辛苦，因为我们在部门没有了解这么多政策，自己确实花了很多工夫，一个是自学文件、政策，另一个就是向村上的、乡上的干部去请教。

我驻村做的第一件事就是花了不到两个月的时间把清溪村 9 个村民小组的 1000 多户人家全部进行了一次走访。如果农户在家里，我就到他家里去了解情况；如果农户在地里，我就到田坎上找他了解情况。如果白天找不到人的话，我就晚上去和农户们拉家常，聊一聊他们的想法，同时也对他们说一说自己对清溪村未来的一些想法。那段时间基本上我是白天走访农户，晚上回来整理走访记录，形成工作日志，确实很辛苦。对于外出务工的农户，我就通过电话的方式跟他们沟通了解。现在我对整个村可以如数家珍，每家每户什么样的情况，尤其是贫困户，我都了解得一清二楚。比如哪些是因病因学致贫，哪些享受低保，哪家的孩子今年高中毕业，哪家的孩子初中毕业了，哪家喂了几头猪、养了几头羊、种了几亩地，这些我都记得很清楚。

　　通过走访贫困户，了解到他们在生产生活各个方面的具体困难，因此我在村里开展的第二项工作就是尽可能在最短的时间里帮助解决贫困户家里最要紧的困难。比如，在村里，我直接联系的那家贫困户（就是前文提到的种植花椒的贫困户），因为前些年计划生育的事情，他家不仅被罚款，还被拆房、牵猪，所以家里的老人对乡上的干部非常反感、抵触，自然而然对我也一样是爱答不理。但是我就不管老人怎么想我，也不管她欢不欢迎我，只要一有空了我就"厚着脸皮"到她家去串门子，到家里帮她打扫卫生。她胃不好，所以我就经常介绍一些养胃的方法，时常在言语上关心她。从 2016 年 10 月份到 2017 年的 3 月份，我一直在努力地帮她家种青花椒、与公司洽谈。2017 年 3 月 8 号，我作为全县扶贫干部中的唯一女性，当时县里报社有记者下村来采访我，跟踪了解一下我在下面工作的情况。之前我还没觉得有什么变化，但是当记者直接到我联系的这户贫困户家里去，问老人"你觉得冉书记怎么样？"，当时老人没有直接说冉书记，而说的是"那个女儿"，听了以后我当时心里十分感动。

　　另外，老人家里有两个正上小学一年级的孙子和孙女，儿子儿媳都在外打工。去年冬天的一个下午，我去老人家里，恰好碰上老人在地坝里骂自己的孙子孙女，原来是孩子不会做作业。老人自己小学没毕业，只要孩子不会做作业，她就在那里吼，孩子就哭，形成了恶性循环。当时我看了特着急，就跟她说："阿姨，你别骂了，我来给他们辅导吧。因为以前我当过老师，有经验。"老太太半信半疑地同意了，很快两个孩子开心地做完了作业。我回来就想这种隔代的教育确实是成问题的，关键是对小孩子的成长不好。从那天开始，我就决定，无论每天多忙多累，吃完晚饭做完我的工作以后，都要花 1—2 个小时去给孩子辅导功课。即使是我去县上开会、学习、培训，自己辅导不了，我就让工作队员去辅导，一直坚持到这个学期，基本上没有间断过。现在，这两个小孩子每天都是眼巴巴地盼着我去家里，一看到我就特别高兴，他们就说："娘娘①，你今天现在才来啊！"老人家给儿子打电话也会说："是你姐姐每天在家里辅导孩子的作业，是你姐姐怎么怎么样……"我觉得老人家现在就是把我当作自己的女儿，把我的孩子当成自己的孙子。比如说今年她家李子熟了，她就跟我

---

　　① 重庆方言，阿姨的意思。

说："要不你来带点李子回去给我孙子（就是我的孩子）吃？"上个礼拜，老人家听说有一种草药可以治疗我的过敏，她就到山上采了好多这种草药，然后给我打电话，让我去拿。我接到电话的时候心里很感动，这是只有妈妈才能为自己的孩子做到的事情，阿姨就像关心自己的女儿一样关心我。我为她家做的只是一些微不足道的小事，对我来说可能就是举手之劳，却换来了她对我像关爱女儿一样的感情。

我们8组有一个贫困户，大爷家里只有一个儿子和一个孙女，儿子有残疾，儿媳因为家庭贫困前几年跑掉了。祖孙三代日子过得特别困难。每次去他家，看到家里特别的脏乱差，我都要先帮他打扫卫生。他家里的电线就像蜘蛛网一样，全部裸露在外，看着十分危险，我就特别担心他一家人的安全。于是我主动去找乡上电力公司的工作人员，请他们帮忙把大爷家里的电线改善一下。经过多次协商，电力公司的工作人员就带上电线等各种配件，把老人家里的电线改好了。他的儿子虽然有点残疾，但是没有残疾证，在外面务工的话就只能满足他自己的生活，一个人够吃够用，爷爷和孙女在家里就比较恼火①了。考虑到老人家的实际情况，在安排公益性岗位的时候，我就主动给他找了一个岗位，每个月有300块钱的收入。这些收入虽然不多，但至少能为他家缓解一定的困难。去年的时候，大爷因为到了退休的年纪，不能再在岗位上干了，没有了收入，但是孙女还在上小学，儿子又生病了，家里的困难骤然降临，于是我就主动让他申请最低生活保障。在我看来，我为大爷一家做的都是分内的小事，但是大爷让我特别感动的是什么呢？有一次我们乡上的干部，去8组那边开展宅基地复垦的工作，他们的车子回来的时候路过他家门口，大爷一下子就从他家的坝子上跳下来，拦住那个车，当时把乡上的干部全都吓到了，就问他有什么事儿，他就说："你们等我一下，我这儿有一点红苕（红薯），你们帮我带下去，带给我们冉书记。"当乡上的干部把红薯转交给我的时候，我觉得这几斤红薯沉甸甸的。不是说我想要大爷的东西或者说他的东西有多么贵重，而是我觉得大爷是在用他最朴实的东西在真诚地感谢我。礼轻情义重，看似不值钱的红薯却饱含着大爷对我的浓浓深情，这是对我极大的认可和信任。我当时真的哭了。

---

① 重庆方言：困难的意思。

刚开始我对村里的情况不熟悉，我就每天主动邀请村干部带我一起"走组串户"；主动要求和村干部们到山上找水源，为村里建净水池，走山路的时候我一点不比他们慢，他们能走的我也能走，他们能做的我也能做！一遇到不懂的问题我就虚心向村干部、乡干部请教，并且主动承担村委的一些工作，比如有一些事情他们不会做，尤其是电脑操作、档案资料的处理，或者有一些与其他部门进行沟通和衔接的工作，我都主动去完成，而且做得很好；帮助村委进行班子的凝聚力建设，利用下村途中，或者吃饭聚餐，或者只有两个人在办公室单独相处的时候，我都会跟他们交流谈心，做一些思想工作；带他们到酉阳其他做得好的村去学习，学习别人的优势、长处，改进自己，大家逐渐拧成了一股绳。平时我有写工作日志的习惯，一般白天下村走访的时候我要记笔记，晚上回来就及时整理记录，把白天在工作中遇到的任何问题都进行仔细梳理，不停反思自己的工作方法。村干部经常就看到我在办公室写工作日志。当时我们的队员就说："冉书记，你真的好用心好刻苦，回来了还要整理。"经过长期的接触和了解，村干部们觉得我这个人很实诚，做工作非常认真。慢慢地他们对我的认同和信任也提高了。到现在为止，我和村委在工作上配合得十分默契，跟村里的老百姓也处得十分融洽。

后来，我们的一个驻村领导告诉我的队员（队员是乡上的干部），他说："人家冉颖之所以能够当队长、当第一书记，就从这些地方体现出来了。"还有一次，乡上一个领导来村里看我们扶贫工作队，他就对我说："冉颖，没想到你不但在清溪村坚持下来了，而且还在村里做了这么多的事情，我真的是对你刮目相看。我要重新认识你！"

三　开荒种李，小果子承载脱贫致富大梦想

清溪村一共有建档立卡的贫困户235户1013人，如何让这些村民过上好日子成为我日常工作的重点。国家鼓励农村通过发展产业来脱贫致富。那清溪村的主导产业又是什么呢？最初我在想，能不能去其他取得突出成绩的地方学习取经，看看人家是发展了哪些产业？我们可不可以借鉴一下？但是转念一想，各个地方的产业都有各自的特殊性，不能完全照搬照抄，找准清溪村已有的自然资源优势、创新发展才是硬道理。坚定了这条

产业发展思路之后，我就开始着手调研。原来清溪村有一种在当地还小有名气的水果：李子。清溪李子个头大、口感好，是当地老百姓很喜欢的一种水果。我想这不就是很好的自然资源吗？我们为什么不把小有名气的清溪李子做大做强、让清溪李子在重庆甚至在整个中国都大有名气呢？

发展李子产业说起来容易，做起来难！一方面主要是因为老百姓历来认为自己家的土地是用来种玉米、种水稻的，因为人要吃粮食，所以水果只是一种副业。李子树一般就栽在土地、田坎的边边角角。大家都没有把李子这种水果当回事儿，也根本没想过把李子这种日常的水果当作产业来做，靠这种小果子发家致富。另一方面，传统的李子种植缺乏先进的技术支持，一年挂果多，来年可能挂果少甚至有时没有果，产量十分不均衡。农民们也不知道究竟为什么。长此以往大家就顺其自然了。多方面的原因导致大家刚开始听说我要在村里发展李子产业的时候都十分怀疑，根本没有信心。但我知道这完全是纯粹的技术问题。所以，我清楚地知道，要发展李子产业就必须先解决两个问题：一个就是运用现代农学技术对李子树进行科学的培育，进一步改善口感，提升产量，不能再像以前"靠天吃李子"了，这是让清溪李子能够成功入市、产业成功的核心；另一个问题就是要让大家主动自愿地接受现代种植技术成规模地栽李子树。这两个问题解决起来可不是那么容易的呢！

一下子要让农户们转变传统的思想观念是很难的，必须循序渐进，用事实说话，让他们看到希望才能激发他们的信心。所以，一方面我跟农户们商量，先不扩大李子的种植面积，不发展新的，我们就把现有的李子树管理好。另一方面，我从西南大学农学院请来专家到清溪村实地考察，让专家跟农户们进行面对面的交流。当老百姓听说我还专门请了专家来教大家种李子的时候，有人就调侃说："不就是种李子嘛，我们自己都种了多少年了，我自己就是专家！"大家都认为我有点小题大做了。但不管大家怎么想，我认定的事情就一定要去做。专家来了之后，我把农户们召集到李子林里，让农户们直接向专家提问，让专家为他们答疑解惑。当时农户们就提出一个问题，说："我们这个李子一年有一年没有，不知道这是为什么？"专家就给他们讲："这就是大小年，一年开花开的多，李子就结得多，来年开花开的少，李子自然就少，这是因为没有给李子树疏花疏果造成的。果树就跟我们人一样今年透支了，明年就结得少了。"通过教授的讲解，农户们觉得好像是这么回事，有道理。专家又给他们讲树上是什么虫，哪个季节该施肥哪个季节该用药，该怎么剪枝，该怎么疏花疏果，在现场教他们。虽然农户们学到了一些李子树的现代种植技术，但是真的要让大家买树苗专门去种李子树的时候，没有一个农户主动站出来。为了进一步打消农户们发展李子产业的顾虑，我和专家特意拿了一棵李子树做实验，我们按照科学的种植技术给这棵李子树疏花、施肥、剪枝、杀虫，结果那一年这一棵李子树结的李子个头大，口感好，而且它的产量并不比农户们那些传统种植挂果挂得多的李子树产量低。这样一来，我就用事实让农户们意识到科学种植技术的重要性，也逐渐意识到靠先进的科学管理技术还真有可能让小小的李子成为帮助他们脱贫致富的大产业，增强了他们跟我一起发展李子产业脱贫致富的信心。另外我也积极向大家宣传："我们种李子树，发展李子产业，现在国家政策好，大家种李子都是有补贴的，而且大家只管种，销售的问题我来负责。"第二年，有一个贫困户主动买了300多棵李子树苗，自觉自主发展。他觉得这里确实有道理，也主动给我说他想要有一些技术上的培训。后来每一年我基本上都要请西南大学的农学专家到地里来指导一次。或者农户有什么疑问，我就通过微信、电话的方式与专家进行反馈。

2018年的时候，村里有几百亩荒山，山上杂草茅草比我都高，荒了十多二十年。我想只是鼓励贫困户主动种植李子树，这离我的"李子产业梦"还有不小的距离。为啥不把村里这几百亩的荒山开发出来，种李子树，既可以壮大李子产业，还可以发展村集体经济，何乐而不为呢？我们又是移民乡镇，移民办这边有扶持资金，开荒山的经费不也就解决了吗？说干就干！我们开出80块钱一天的工价，雇请村里的农户和我一道开荒山种树。记得当时有人看见我们在开荒山，就调侃我说："冉书记，你又在给我们'栽柴'了哟！"不少人觉得我们栽的李子树不会有什么效益，栽了以后反正也是用来当柴烧。农民们的"调侃"说实在的还是有点打击我的积极性。但我坚信可以成功。我就给他们说："我们栽的不是柴，我们栽的是摇钱树！"今年我们村一共种了近700亩的李子树。明年开始就陆续有李子进入市场，收益应该是不错的。

由于李子的生长周期较长，收益周期也较长，所以不能只等着李子这个主产业来脱贫致富，还得兼顾发展其他生长周期短、收益较快的经济作

2018 年 11 月冉颖与贫困户们一道在村里开荒山

物，于是我们就实行"以短养长"的产业发展模式。我们在李子林里套种油葵、辣椒等短期农作物。去年，我们在李子林里种了 200 多亩的油葵，再加上这边的地理位置很特殊，地处百里乌江画廊的中间段，还有中华大石磨、乌丁廊桥两个景点，我就利用这个优势，从旅游和产业融合发展的角度，一边发展乡村旅游，一边利用油葵榨油获益。由于经验不足，去年油葵的收益不算成功，但也不算失败，至少我们摘掉了集体经济"空壳村"的帽子，村集体经济有了收入，虽然不多，但是突破零了。老百姓也从中看到了一点希望。今年我们没有种油葵，因为去年栽的李子树已经成型，长起来了。油葵长得高，如果再栽油葵的话，就会影响李子苗的生长。所以我们就在李子林里改种了矮的辣椒、黄豆。去年我们还把村里的300 亩地流转给湖南的一家脐橙公司，这家公司正在 7 组那边发展脐橙产业。由于脐橙的生长周期也比较长，所以采取的也是"以短养长"的产业发展模式。据我的保守预算，这几年以来，我们种青花椒、柑橘、油葵、辣椒、黄豆等不同的农作物，各种农产品的初产量近 26.4 万斤，初产值大约 94.8 万元。我们还通过代建的方式让那些不在家的农户也参与到乡村产业的发展上来。现在，我们村的235户贫困户，家家有产业，人人有盼头。

还有我想把李子打造成我们自己的品牌。当然我的这个想法可能有点幼稚，但我想先把这个李子做出来，脱贫攻坚结束以后，接下来就是乡村振兴，乡村振兴我们还是要发展产业。我想的是到时不仅仅是李子作为水果做出来，我还想做成李子干、李子酒、李子饮料，如果我们这里引进加工厂来做这些的话，就可以真正带动整个村的发展。

四　整合资源，清溪旧貌换新颜

清溪村地处酉阳县西陲，全境都是深丘和山地，脱贫攻坚之前，村里的基础设施比较落后。但这几年村里的变化却是很大的。首先就是实现了公路从无到有、从有到优的质变。9个村民小组有7个小组实现了"主公路通畅，入户公路基本有"的目标，另外2个在江对面的小组到目前只是有了入组公路，并且已经开始硬化。村里交通的基本畅达，既方便了村民的日常生产生活出行，又利于产业的发展。

以前，我们村由于各种客观因素，有好几个组的电压是相当不稳定的，只要有点什么刮风下雨就要停电，老百姓家里的电饭锅、洗衣机因为电压的问题根本用不了。所以村民中就日渐流传着这样一种说法："我们村的电就是月母子①电，虚弱得很哦！"比如我们一组有一个小地方叫大坳，是一个小寨子，有一次我在那里开党员会的时候，一个老党员就提出来说寨子里还有几根木电杆、电压不稳等问题。我就实地去查看，同时拍好照片，然后跑到乡上电力公司去找相关的领导跟他诉苦，说我一个女孩子在下面也不容易，老百姓遇到这些困难，希望他们下去帮忙解决，我还说这本来就是你们的责任和义务。当时就觉得自己有一种初生牛犊不怕虎的感觉。电力公司的领导给了我很大的帮助和鼓励，不仅为村里新增了6台变压器，还排除了好几处安全隐患。现在基本解决了全村用电难的问题。

吃水在以前也是村民生活中的老大难问题。由于我们这里是山区，吃水十分困难。从"十三五"开始，我们和水务部门多次协商沟通，齐心协

---

①　重庆方言，刚生产完小孩需要修养至少30天的妇女。

力，积极为村里新增净水池。现在全村共有净水池 24 口，老百姓饮用干净水的问题得到了彻底解决。

随着脱贫攻坚工作的开展，清溪村从外在的基础设施、村容村貌，到村民的生活质量，再到村民的精神面貌，都发生了翻天覆地的变化，大家的日子越来越有盼头，越来越红火。

五　用心用情用力，老百姓的小事就是我的大事

村民们日常中的每一件事情，在我这里就是大事情。只要老百姓有需要，无论什么时候我都会去尽力帮助他们。以前很多人都问我，说："冉书记，你们在村里搞扶贫工作，是不是很辛苦？是不是经常加班？"我很坦然地回答："我们的工作没有加班的说法。加班是针对城市里朝九晚五的工作来说的。我们农村工作的开展一定是要根据老百姓的生产生活时间来进行。比如，白天老百姓都要去种地干活，我们要么在田间地头去开展工作，要么就等到晚上，老百姓种地回家之后再开展。无论是在午夜还是凌晨，无论是在工作日还是在休息日，只要老百姓有困难，我都会尽力在第一时间出现在他们身边。这就是我的工作日常。"之前村里有一个老人，家庭比较特殊。他的儿子、儿媳、孙子在两三年内相继去世了，家里就剩下他和一个孙女，日子过得挺苦的。后来孙女到重庆去读幼师，就留他一个人。他家是木房，因为年久失修，有一些破漏的地方。"两不愁三保障"首先就是要保障农户住房安全，我们就去劝他做危房补改，危房改造。但他就不愿改。因为他觉得反正我一个老头子在家里，没盼头没活头，房子还改造什么？考虑到老人的安全，我们当时是跑了很多次去劝他。但是，老人一日三餐都喜欢喝点小酒，你跟喝了酒的老人谈是根本谈不拢的，所以我们就早上 6 点钟起床，趁他没喝酒之前去做他的工作。还有一个贫困户，有一次他凌晨三四点给我打电话，说他家的脐橙被人摘了，我立马帮他报警想办法处理。这些对我来讲，都很正常，这就是我们该做的，是我的工作和责任。

虽然扶贫路上困难重重，但我从来没有后悔自己当初的选择，反而为自己当初的自告奋勇多了几分自豪。因为有一次我和儿子在回家的电梯里，他就问过我，说妈妈你是干的什么工作啊？因为孩子小，我没办法给

他讲得特别深奥，我就很简单地说，妈妈在扶贫。他就问我，扶贫是干什么的。我就简单地告诉他扶贫就是帮助那些需要我们帮助的人。他当时就说那你这个工作还挺好的，能够帮助那么多人。当时我特别感动，因为我觉得至少我知道他是能够理解妈妈的，他也很支持妈妈，虽然他对扶贫不是很理解。

从部门到村上，无论是工作履历、工作经验还是个人的修养，我自己觉得是得到了很大的提升。我在部门和基层遇到的群体不一样，我要能上能下，能左能右，真正做的是实实在在为老百姓做事情，对我来讲，这是我一生中最难以忘记的。我喜欢这份工作，喜欢为大家服务，看到他们的困难得到解决了，我喜欢看到他们的笑容，喜欢他们把我当作女儿的感觉。昨天一个阿姨就说："我看到你就像看到了自己的女儿。"我为他们做的真的是微不足道，但老百姓的淳朴，让我很幸福。我觉得自己作为一名党员，这是我应该做的，是我的初心和使命。我能为大家服务，我也很高兴。我就是用心用情用力，老百姓的小事就是我的大事。清溪村的老百姓对我的认可度和满意度还是很高的，这一点我很欣慰。

扎根乡土的扶贫之花

受访人：谢彩英
访谈人：刘鉴萱
访谈时间：2020 年 7 月 27 日
访谈形式：当面访谈
访谈地点：赣州市章贡区文化馆
访谈整理：刘鉴萱
访谈校对：刘鉴萱
故事写作：刘鉴萱

受访人简介：谢彩英，1968 年生，江西瑞金人，中共党员，1989 年毕业于江西大学中文系汉语言文学专业，文学学士，先后在章贡区畜牧水产技术服务中心、章贡区南外街道劳动保障所和党政办工作，现任章贡区文化馆党支部书记，长期"脱岗"从事征地拆迁等工作。2014 年底开始，先后在沙石镇埠上村、水东镇虎岗村、水南镇长征路社区参加扶贫工作。

一 从"三送"① 过渡到精准扶贫

长期做基层工作的我，对挂点、驻村工作都习以为常了。大概在 2010

---

① 2010 年底，江西省赣州市根据中央关于开展"创先争优"活动的要求，开展了"送政策释民惑，送温暖聚民心，送服务解民难"活动（简称"三送"活动）。具体做法是：以 20 户左右农户或居民为一网格，要求全市所有行政事业单位的干部每人结对联系一个网格（教师、医生除外），以一个村（社区、企业）或一个乡镇（街道）为一（转下页注）

图1　2020年7月谢彩英（右）接受刘鉴萱访谈

年底的时候，赣州在全市开展"三送"工作，就是"送政策、送温暖、送服务"，这项工作要求干部下沉到基层，并成立驻点工作组。章贡区文广系统派出了两个工作组分别在赣江街道南市街社区和沙石镇埠上村驻点开展"三送"工作，当时我正"脱岗"参加章贡区的另一项重点中心工作——征地拆迁，并且刚调任文化馆党支部书记不久，便接受了分管"三送"工作的任务。文化馆主要负责驻点南市街社区开展"三送"工作，为社区和居民群众做了不少具体实在的好事实事，与干部群众建立了良好的感情。2014年上半年，由于当时文广局的领导班子配备不齐，主持工作的副局长刘日龙让我暂时担起文广局分管"三送"工作的责任，并兼任驻沙石镇埠上村"三送"工作队队长。刚到埠上村的时候，我们跟村干部的关

（接上页注①）个工作组，每个村（社区、企业）安排1名正科级干部结对帮扶联系并担任工作组长，每个乡镇（街道）安排1名县级干部或副县级后备干部帮扶联系并担任工作组长；以1个县（市、区）为1个工作团，每个工作团安排市党政班子成员帮扶联系并担任团长，实现了下派干部对群众的网格化服务，使各种矛盾纠纷能在第一时间发现化解、群众的困难问题能在第一时间帮助解决，党的各项决策部署能在第一时间有效落实。明确结对联户干部每年驻点时间不得少于20天，驻点期间，必须与所联系服务的网格内的群众同吃同住同劳动，如遇突发事件，必须连续驻点，直至问题解决为止。

系不是那么融洽，相互之间配合的不够密切，我们主动依靠村组干部，让他们支持配合我们开展工作。因为村民毕竟是村民，我们不认识，上门都要村干部带路。村里有包组干部，我们找包组的村干部陪同一起去上门入户，了解每家每户的情况，同时，根据"三送"工作的要求，帮助村级组织发展壮大集体经济，对生活困难的群众开展结对帮扶、将党的惠民政策、党和政府的温暖送给基层和群众。

精准扶贫是实现全面建成小康社会重要目标的一个重要举措，为此，章贡区召开了动员会进行全面动员，要求每个单位都要抽调干部组成驻村工作队。全区干部按照"321"的模式①对各村的贫困户开展结对帮扶，驻村工作队 3 名成员从单位"脱岗"，几乎每天在村里，负责日常工作，比如调查摸底，建档立卡（一户一档），制定一村一策、一户一策帮扶措施，走访慰问，将贫困户信息录入全国、全省扶贫信息系统，组织联系其他干部开展结对帮扶、建立、整理基础台账资料，协助村"两委"开展工作等等。2014 年年底对贫困对象进行进一步调查摸底，并按照精准扶贫"七步法"予以公示、审定，驻村工作队改名为"精准扶贫工作队"，同时指定一名有培养前途的年轻党员干部担任村第一书记。也就是说，开展精准扶贫工作的时候，我们已经在村里开展了一段时间"三送"工作，有了一定的群众基础和工作基础，精准扶贫的工作模式、流程和服务对象也基本上与"三送"工作一脉相承。

虽然我们在沙石镇埠上村制作、悬挂了不少条幅对"四个全面"进行了宣传，但是对于精准扶贫工作，当时认识不是那么高，也没想到工作要持续那么久。2016 年之前我们挂点沙石镇埠上村，2016 年下半年被调整到水东镇虎岗村。由于人事变动，到了水东镇虎岗村后，我只是作为文化馆负责扶贫工作的领导和结对帮扶干部参与精准扶贫工作。2019 年 8 月，章贡区又开展了城镇困难群众脱贫解困工作，由全区各单位派出工作组挂点社区开展结对帮扶，文化馆挂点水南镇长征路社区，我又兼任了社区第一书记，并结对帮扶 2 户贫困户：一户的帮扶对象，53 岁，因脑膜炎导致脑瘫；一户的帮扶对象，12 岁，是一名患先天性青光眼的男孩。

---

① "321"的模式是指县级干部每人结对帮扶 3 户、科级干部每人结对帮扶 2 户、一般干部每人结对帮扶 1 户。

章贡区地处赣州中心城区，城乡群众总体生活条件和生活水平应该算不错了。但为什么会贫困呢？懒的是比较少的，主要是因病返贫、因残致贫，就是家里的主要成员患了重病，或者是智力有问题，残障的，这样的家庭才容易贫困；其次是子女多，劳力少，即所谓"越穷越生，越生越穷的"，这种对象主要是受传统生育观念影响，重男轻女，前几胎生了女孩，非得要生了男孩才罢休；再次是年老体弱无劳动能力的贫困户或五保户。这些贫困户说到底都是弱势群体。懒，也是因为他智力不好。沙石镇埠上村有一户贫困户家里有 3 口人，父子 3 人都是光棍，3 个人大脑都不太灵光，他们家又没有女人。男人没有女人，没人料理家务，缺乏家庭温暖，生活不正常，还容易导致心理不正常。这个家庭中的一个单身汉儿子，有40 来岁了，看起来身强力壮，我们多次给他推荐工作，他不是嫌远就是嫌累嫌苦，硬是不去。还有一户户主，他生了两个女孩后，第三胎是个儿子，却患先天性脑瘫，智障加肢残，结果生了三胎又生四胎。每次我去他们家走访慰问，看到一群小孩像觅食的小鸡小鸭一样围拢过来，心里真不是滋味。

我们围绕着扶贫开发"两不愁三保障"的总目标，始终把握精准扶贫工作总原则，对所有贫困对象进行精准识别，分类施策，即坚持"精准识别、精准帮扶、一户一策、精准施策"，因村因户因人施策，对症下药、精准滴灌、靶向治疗。

对于无劳动能力的弱势群体，我们除了帮助他们解决生活中的一些具体实际困难，主要的帮扶措施是落实兜底保障政策。兜底保障政策中，一个主要保障政策就是"吃"低保。贫困户基本上都是低保户，都有低保金。每年逢年过节，政府会组织慰问，还有慰问金。一年至少有一次，起码春节的时候，都有慰问金。此外，还有健康扶贫"四道保障线"以及残疾人"两项补贴"，即困难残疾人生活补贴和重度残疾人护理补贴以及物价补贴、养老保险、文化扶贫，等等。政府该免的都免，能给的都给。如果是没有人赡养的老人，就属于"五保"①，政府完全给他解决养老的问题，有养老金还有五保金。章贡区的五保户，有的还有其他收入，像虎岗村的一个五保户，她丈夫已去世，独自一人生活，虽然她没有儿女，但有

---

① 五保，主要包括以下几项：保吃、保穿、保医、保住、保葬（孤儿为保教）。

房子，老房子拆除后，政府给她安置了功能齐全的住房，并且补助了拆迁款，办理了失地农民养老保险，还有 80 岁以上的高龄补贴，等等，各项收入加起来每月 2000 多元。

大力实施乡村振兴战略，出台许多相关配套政策支持各村成立合作社，建立产业扶贫利益联结机制。对贫困户发展产业给予贴息贷款扶持，对于少量分散种养的贫困户，则根据数量给予适当补助，其他贫困户则通过利益联结享受产业扶贫分红。对于因病返贫的贫困户，我们帮助他们积极治疗疾病的同时，还鼓励他们大力发展生产。沙石镇埠上村的村民有种植无籽西瓜和桃、李等水果的传统。我们就根据他们的实际情况，鼓励他们发展这些适合他们当地的产业，组织他们种瓜、种果、种植蔬菜，发展养殖业。其中有一户，他和妻子本来在广东打工，后来因为妻子患了病要回赣州治病，他只好回来接管家里的低产果园。他家的果园已种了几十亩奈李，由于父母年迈，对果园的管理比较粗放，产量很低。我们实地察看后，请来果业和养殖专家帮他进行会商后，动员他发展立体种养，对果园进行改造追肥的同时，在果园里挖塘养鱼、鸭子，饲养土鸡。对于有条件发展产业的贫困户，我们不仅鼓励他们发展生产，而且发动整个系统的干部来帮助他们销售产品。比如宋湘强老师帮扶的对象家种了不少南瓜，结了上百个大南瓜，他自己销不掉，宋老师向领导和同事们提起这件事，领导就发一句话在系统工作群里，"我要几个"，领导做了示范，虽然没有发号召，大家根据自己的需要，争先恐后在群里订购，并且转发到自己的朋友圈，动员亲友去购买。有一户贫困户利用家庭小作坊生产了米烧酒，现任文广新旅局局长王金花亲自策划，对米烧酒进行生产工艺和包装设计改良，将扶贫产品转化为旅游商品，并亲自向各景点景区推荐销售。

对于一些有劳动能力的贫困户，则通过建立扶贫车间和村级环卫所，积极拓宽就业渠道、开发就业岗位，安置贫困对象就业，并通过培训、介绍就业、发放务工补贴和交通补贴等方式，积极鼓励他们实现就业和再就业。对于家庭子女多、有学龄前至大学教育阶段子女的贫困户，则根据不同情况分别享受教育扶贫资助。

二　委屈撑大了胸襟和气度

我在水东镇虎岗村结对帮扶的这一户名叫李敦凤，是个跳楼致残、离异独居的可怜女人，她的肢体重度残疾，被鉴定为二级残疾。可能是当初摔坏了脑子，加上长期独居，她不仅口齿表达不清晰，而且思维混乱，比较难正常沟通，被医生诊断为精神异常。她原本有一个幸福的家庭，有丈夫，还有个可爱的儿子。十几年前，儿子才五六岁的时候，她因为怀疑老公有外遇，生气愤怒，吃了酒以后借着酒胆冲到自己家两层楼高的楼顶上跳下来，人没摔死却摔成了残疾。刚开始她的身体是完全没有知觉的，躺在床上，脚都被老鼠咬烂了，有的脚趾头都咬没了。到现在，她的好几个脚趾还是往里面弯曲，而且脚背一直是肿的。后来，她还是离了婚，属于"离婚不离家"的这种性质，前夫充当她的监护人，由前夫及其家人照顾她的生活。本来是要她前夫照顾她的，但是这个男人看到她就生厌，基本上不怎么搭理她，于是他七八十岁的老娘承担起照顾她的责任。我们刚到虎岗村的时候，李敦凤就在虎岗村村委会对面的马路边上住，离她前夫家比较近，他老娘几乎每天在家做好饭菜给她送一点过去，生活还算正常。没多久，因为修建高铁桥——贡江特大桥，马路边的房子要拆迁，前夫就把她放回老房子里去了。老房子在高铁桥附近的贡江边上，离他家更远，交通又不方便，他老娘因为年纪大，腿脚不太利索，不能坚持每天送饭菜，于是不定期给她送米和菜让她自己煮，这样，常常断米断菜了，他老娘也不知道。李敦凤的儿子当时还在读书，且因为自幼没跟她在一起生活，对她的感情比较淡。近两年她儿子中专毕业后，在外面打工谋生，很少抽时间去看她。

我看到她这样有一顿没一顿，连吃饭都没有保障的情况，经常打电话给她前夫，也会到她前夫家（他早已再婚，并且和现在的妻子生了一个女儿）当面沟通，让他们多关心她，而且我自己也经常买东西给她吃。有的时候会买早点，有的时候给她带点水果等等。我还自己掏钱给她买了很多东西，像座便椅、米桶、收纳箱之类的日用品。去年年前，在镇、村领导和驻村工作队的共同努力下，李敦凤被安置到水东镇养老院，我又给她买了一张床和一套床上用品。刚接触她的时候，我注意到她的轮椅坏掉了，于是我到区残联①帮她申领了一张免费的新轮椅，并亲自送到她的住处。她的老房子那里本来是没有电视的，文化馆出钱给她买了一台电视后，我联系本系统广电新闻中心给她安装了俗名叫"锅头"的广播电视村村通卫星电视接收器。

L敦凤住的老房子的设施及周边的环境卫生也是很大的问题。老房子也面临拆迁，是已经废弃准备拆除的房屋，但因为有两层楼，还有个小院落，她前夫为了增加收入，抢在高铁桥建成通车前把房子租给中铁十六局修铁路桥的工人和技术员，因此，院子里不光住着她一个人，还有租住在那里的十几个人。常常，她的院子里酒瓶子、矿泉水瓶子等瓶瓶罐罐扔得到处都是；还有桌子、椅子、床、衣橱之类的旧家具和不用的农用具，乱堆乱放，环境非常的脏乱差。我根据精准扶贫"五净一规范"②的要求，经常要帮她把大院、住房打扫干净，有时组织全单位干部一起去帮她整治环境卫生。我们系统内其他干部的帮扶对象也有精神有问题的，他们的家里也都是乱七八糟的，像这种情况都要帮扶干部去帮他们收拾、打扫。对于这些人，我们既不能动员她去发展产业，也没办法给他介绍工作，只能尽力为他们解决生活上的困难。

出于同情的心理，我曾经五十、一百地拿过好几次钱给L，后来我才发现产生了一定的负面效果：她"巴不得"（希望）我每次去都拿钱给她，但她不会直接问我要钱。她经常会问我类似的问题："谢书记，你们可有发工资？""谢书记，你们发了工资可是会去旅游？"起先，我没有领会到她的意思，后来多问了几次，我才晓得（知道）了，她是想问我要钱。

渐渐的我还发现，只要我没满足她的要求，没有达到她心理上的预期，她马上就会冒出许多带负面情绪的话。有一天，她又问我类似的问题，我没有按照她的预期回应她，她的态度突然就不好了。她责问我："你来我这里干什么？我自己有儿子，又有老公，我没什么困难，不要你帮我做什么，你去帮助那些家里没什么人的人吧！"像她这种人，我跟她说东，她偏说西，甚至她常常念念有词地自说自话，没办法正面引导她。

---

① 赣州市章贡区残疾人联合会。
② "五净一规范"："五净"指院内净、卧室净、厨房净、厕所净、个人卫生净；"一规范"指院内摆放规范。

还有一次，刚好上级要来检查，我一大早就跑过去帮她搞卫生。我在那里扫地，她坐在边上问我，"你经常来给我扫地，你可是我家的保姆？"后来到了什么程度，她直接骂我。有一次，因为我要拿她的一卡通存折填一些表，为了方便，我叫她前夫送到她的住处来。因为我的主要交通工具是公交车，每次下乡，我都是乘坐公交车到虎岗村委会以后，步行几公里路去李敦凤家，有时候还要步行去她前夫家，来来回回也有蛮多路程，走得也很辛苦。这一次，我为了少走一点路，叫她前夫把存折送到她家来，我把政策性帮扶资金信息登到干部帮扶手册上。因为她不高兴的时候，会把家里的东西撕掉、丢掉或者烧掉，加上她出行又不方便，平时要靠她前夫和他母亲买好东西送给她，因此，存折一直在他前夫家里。还有一些重要的证件，如她的身份证、户口本、社保卡、医保卡等都是在她前夫家里保管。登完资金信息以后，我交代（告诉）L："存折我先放在你这里，你老公或者儿子来看你的时候，你给他们带回去。"不知道她怎么想的，她竟然不愿意把存折交还给她前夫了，想把存折拿到自己手上。可能就因为这件事，他前夫骂了她，她把怨气发泄到我身上。之后我去她家，她对我的态度越来越不友好。后来还有一次，我又在她那里填个表，她却在边上问我老公的情况，东问西问的。我感到奇怪，一边回答，一边不经意地问她："你问这个干吗？"她反问我："我问一下都不可以呀？"我以为说过了就没什么事了，结果她马上沉下脸来，很尖刻地责问："我就是问一下你，看你有没有老公……你三天两头跑到我这里来，是不是想勾引我家老公啊?!"然后，她就开始辱骂我，越骂越难听，搞得我"落荒而逃"。总之，她经常会这样子，突然之间发神经，精神异常。离婚，更是她内心无法面对、不能触碰的痛，如果不小心当着她的面说她离了婚，她就会大哭大闹，伤心欲绝。几年来，我在她那里受了不少气，经常会感到很委屈，但看到她活得那么悲惨，我根本无法和她计较，只想着如何才能让她活得更有尊严，如何让她从痛苦中得到解脱，为此我还曾动员社区艺术团的文化志愿者、带动身边的朋友一起去看望、慰问她，给她送演出，为她唱歌、弹琴，给她送去精神慰藉。尤其值得一提的是，广州培英中学教师、摄影家刘明女士从朋友圈中得知L的情况后，利用回赣州探望父母的机会，多次去看望慰问L，推着轮椅带她去江边看风景，为她拍照。

说起她前夫及其家人，我跟他们沟通也挺艰难，他们都不是心甘情愿照顾、服侍她。刚到虎岗的时候，她前夫不太配合工作，我上门去找他沟通协调，他都没有好脸色。她前夫家里开了个小卖部，还兼营麻将馆，我有事找他，他半天不搭理我，只顾着打他的麻将，我只有在一旁干等着，或者找他现在的妻子聊聊天，直等到他愿意接待我为止。他对精准扶贫工作有抵触情绪，认为政府只是走过场、忽悠老百姓，甚至对我说："你们就是骗人的，说什么扶贫、扶贫，你们扶了什么？"后来他看到L实实在在得到了很多实惠，又看到工作队、帮扶单位、帮扶干部做了很多具体实在的工作，态度才慢慢有所转变。

那时候，我的工作也得不到村里人的支持，就连村干部也不是很支持。我找村干部及周边群众调查了解L的情况，他们都缄口不言：一是因为他们认为L的问题很敏感，涉及他人隐私和脸面；二是他们认为帮扶干部的事情就是你帮扶干部自己的事情，每次来检查也是检查你帮扶干部的工作，他们不管。L住的房子太老旧了，门、窗破损，电线老化、房屋渗水，内墙发霉发黑，我把情况报告驻村工作队和村委会，希望由村里牵头请人修整、粉刷。这些事情，经过多次反复沟通协调，才在驻村工作队的帮助下，最终得以解决。

三 理性面对危险，无惧无畏

很长一段时间，我没有发现L具有攻击性。接触时间久了，才发现她其实是个很厉害的女人，很会骂人，骂起人来很土（很多脏话）。她不光对我这样，对其他女人也可能会心生妒忌，并且因妒生恨。同她在一个院子住的那群修铁路桥的工人，每天吃住在那里，因此他们先后请了几个女人给他们做饭。出于同情，她们都曾主动将做好的饭菜给L吃，可据她们反映，L经常不领情，甚至认为她们把剩饭菜给自己吃。先前的那个女人，长得比较漂亮，性格比较耿直泼辣，平时我跟她见面会打打招呼，偶尔也会聊到L的一些表现和对她的看法。有一天，不知道具体因为什么事，L竟然跟她吵了起来，骂那个女人骂得很难听，甚至还想打架。那天我就在现场，看到L一手拿着把菜刀，一手将轮椅推得飞快，"蹿"过去要跟人家打架。后来，那个女人因为这件事一气之下辞了工。你别看她坐轮椅，她是做过农活的人，手上力气好大，加上长期推个轮椅，手上力气就更大了。我看到这种情况，心里有点后怕，我跟单位领导和同事说，"L有很强的攻击性，我一个人去那里有一定的危险，我以后尽量不要一个人去看她"。宋湘强老师的扶贫对象Z也有一定的攻击性。Z在乡下出生，由于生产时间太长，发生了窒息，大脑缺氧，所以生下来就是脑瘫。他是80后，没结婚，可能因为生理原因，常常会焦躁，他经常会离家出走，也会骂人甚至动手打人，而宋湘强老师是个"文弱书生"，比较难制止得住。所以说，我们在面对这些具有攻击性的弱势群体的时候，都有一定的危险性。

当然，因为我从事基层工作时间长，面对的各种复杂情况也比较多，看到L拿刀也没什么心理阴影，能够做到理性面对，无惧无畏。我以前做拆迁工作的时候，不仅参与应对过多次群体性事件，还曾经近距离接触一个持刀乱砍的女人。那个女人一边挥舞着菜刀对着我们那么多人，砍、砍、砍，一边骂骂咧咧地吼叫："反正我没有生到儿子，也没什么盼头，你们逼急了，我不如死掉去，我杀死你们，大家一起死……"当时她真的把我吓呆了，幸亏我们有好几个高个子的男人，他们都粗壮有力，而且奋不顾身去夺她的刀。总之，做农村和城市的基层工作，常常会碰到这种过激言行，很正常。

四　为民奉献，锤炼品格

目前为止，扶贫工作只是纳入全区的绩效考核，对个人没有进行考核。但是，各级的检查、督查不少，因此，我们都能按照各级的要求，自觉地去做好扶贫各项工作。我参加精准扶贫工作多年，不论是作为驻村工作队员还是作为结对帮扶干部，经常自己掏钱买东西去看望困难群众，给他们送钱、送物，这些都是自觉自愿的事。之前我们没有下乡费，只是近两年，每个月有180块钱的下乡费。

初到虎岗村时，文化馆①负责的9户贫困户都是我一个人进行联系、帮扶，每一户我都走访到位，把每户的基本情况摸得比较清楚。大部分群众还是比较淳朴、比较友好的。对于个别不支持不配合的对象，我们只有通过自己的工作，用自己不厌其烦的态度，得到他们的理解、认可和支持

---

① 赣州市章贡区文化馆。

的。很多帮扶干部做到了像他们家的"保姆"一样的，经常给他们打扫卫
生、整治环境。刚到虎岗不久，区里组织帮扶干部与帮扶对象开展"五
同"活动①，即同吃、同住、同劳动、同谈心、同谋划，其中"同吃"是
要求帮扶干部自己买菜到帮扶对象家去与他们同吃一桌饭。我从联系的 9
户帮扶对象中选择了 3 户，自己去菜场买了生菜和熟菜，由同事陪同一起
去走访，很快就拉近了距离，建立了感情。其中一户就是五保户陈玉金，
老太太 80 多岁，身体还算硬朗，生活条件也不错。我跟老太太说"我们
有要求要到你家来和你一起吃饭聊天"，她说："我刚摔倒了，手受伤了，
拿不起锅铲，没办法做饭。"我说："没事，我会带菜来，正好我可以做餐
饭给你吃，让你尝尝我的手艺。"在老太太家，从择菜、洗菜、炒菜到饭
后洗碗筷，都是我操作，且边做饭边与她拉家常，老太太很感动也很开
心，一个劲称赞我炒的菜好吃。虽然后来她不再是我的结对帮扶对象，但
我们每次见面都感到很亲切。

　　要想处理好和帮扶对象的关系，关键就是要用真情、真心，把他们真
正当成自己的亲戚一样。同事王志梅结对帮扶五保户陈玉金老太太后，经
常从家里带吃的、穿的、用的去看望她。老太太则把自己种的茄子、辣椒
等蔬菜送点给王老师分享。其他同事一样，即使没有要求，也会自觉为帮
扶的对象帮钱、帮物，用自己的言行赢得帮扶对象的信赖和认可，得到不
同的情感回馈。因为大部分贫困户都是懂得感恩的，也是非常质朴善良
的，你对他好一点，他就会非常的感动，也会回报你真情感。蓝建民老师
和宋湘强老师先后结对帮扶患脑瘫的曾广健，每当曾广健离家出走，他的
父母便打电话给他们，然后，他们便开车或者骑电动车到附近和城里他经
常出入的地方找。为了方便寻找，宋湘强老师给 Z 买了一个定位跟踪仪
器。Z 的父母也会送点自己种的蔬菜给他们。当初由我一人负责联系 9 户
变为按要求实行一对一帮扶的时候，我把难于沟通的 L 留给自己，而把其
他比较好沟通的贫困户，分给其他同事。不论何时，我都能恪守共产党员

---

　　① 根据赣州市委组织部、市精准办《关于印发〈赣州市开展"机关干部下基层，连心连情
　　　 促脱贫"活动实施方案〉的通知》（赣市扶攻办字〔2018〕57 号）的要求，2018 年 10
　　　 月至 12 月赣州市各部门机关领导陆续带领帮扶干部，深入挂点帮扶村，开展"机关干部
　　　 下基层，连心连情促脱贫"活动，与贫困群众同吃同住同劳动，排查群众实际困难、倾
　　　 听群众呼声诉求、解决群众实际问题。

"吃苦在前，享受在后"的品格操守，把方便让给别人，把困难留给自己。

做扶贫工作最大的收获就是，我们的干部得到了锻炼，工作作风得到了转变，思想得到了洗礼，精神境界得到了提升。因为通过这几年的努力，我们确确实实看到帮扶对象的变化，感受到了工作的意义，我们收获了一些真情，赢得了群众的口碑。以前，单位有一些干部，很不情愿参加直接面对基层、服务群众的中心工作，他们认为自己是专业干部，应该做专业的事情。几年下来，参加了精准扶贫结对帮扶工作的干部都发生了很大的转变。大家都跟自己的帮扶对象结成了亲戚一样的关系，上级没有要求带东西去上门，大家都会主动带东西去，几乎每次上门都不会空手去。帮扶对象有什么诉求和需要，总是第一时间回应，迅速赶到现场，尽最大的努力帮助解决。帮扶干部与帮扶对象之间真正的建立了一种不是亲戚胜是亲戚的深厚的感情，相互之间已经没有隔阂了。曾纪全老师研究生毕业后以人才引进的方式来到文化馆，也是多年在基层参加"三送"和精准扶贫工作，对每一名帮扶对象都倾注自己的真情，看到困难群众舍不得吃肉，经常给他们买肉吃，甚至亲手料理了一位帮扶对象的后事，给他送去"临终关怀"。正如郑板桥《墨竹图题诗》所写："衙斋卧听萧萧竹，疑是民间疾苦声。些小吾曹州县吏，一枝一叶总关情。"

扶贫工作的经历对年轻干部的成长帮助更大。年轻干部平常深入基层更少，接触社会、贴近群众比较少，通过深入基层，深入群众，真正用心去做一些事情，对社会有了更真实更深刻的认识，不会停留在道听途说的层面，对群众的感情也更贴心，能够想群众之所想，急群众之所急，与群众同呼吸共命运、心连心，保持同人民群众的血肉联系，人生观、价值观都会有所转变。通过直接联系服务群众，沟通、协调能力也得到了明显的提升。通过观察他人的生活，对社会、对人性了解更多以后，还会变得更包容，看人、看事能够多一些角度，不会那么固执己见。L的生活状态让很多人可怜，但却没几个人真正同情她，更没有人认同她的做法。很多人都说，这个女人怎么这么傻，干吗去跳楼？看到她活得这么可怜，我们也更明白了：无论遇到什么事情，自己都要想开一点，不能太较真，更不能钻牛角尖，凡事要多站在别人的立场看看，学会换位思考。要调整好自己的心态，碰到再大的困难，再大的问题，一定要有正确的态度和认识，找到正确的解决办法。

五　交出无愧于人民和时代的答卷

今年是决胜全面建成小康社会的收官之年，精准扶贫工作也将接近尾声。扶贫工作最大的难点，我觉得就是"应付"各种检查。确切地讲，最大的难点是在于没有一个明确、统一的检查考核标准。特别是我们自己区内的检查，有时候换一个领导或一个检查组，就有一套新的标准出来，所以经常同一项工作要反反复复做，一会这样做、一会那样做，尤其是台账资料方面。比如，之前要求我们做一个"水改"的鉴定报告，原来有关部门做过一个"水改"鉴定报告，交上去，上面说不行，又要另一个部门重新做，重复之前做过的事情。当然，自从去年开展"基层减负年"① 以后，情况明显好多了，各级的检查也少了。要不然的话，上级动不动就来检查，检查的标准不一样，似乎还缺乏一个科学系统的检查考核标准，真的疲于"应付"。正如某位驻村第一书记说：精准扶贫工作的正确答案永远在路上。其实真正地讲，做实事、做好事，并没有多烦琐，没有多难。除了面对极个别精神有问题而又没有其他家庭成员的人，做他们的工作很辛苦很艰难。我们在虎岗村就碰到了好几个这样精神有问题的人，他们特别偏执，特别难以沟通，有时甚至拿他们没办法。当然如果他精神没有问题的话，他也不是过这样的生活。

听了那么多，你可能会觉得我这段经历很有意思。但我自己觉得多年的基层工作，让我磨平了一些东西，比如工作激情和对自己个人人生梦想和目标的执着，渐渐变得甘于平凡。这或许也不是坏事。我本人是江西大学（现为"南昌大学"）中文系本科毕业的，参加工作以来，一直都在基层，用南外街道一位领导对我评价的话说，"具有非常丰富的基层工作经历和经验"，耳闻目睹基层干部、寻常百姓的生活、故事无数。我也曾想

---

① 2019 年 6 月，为认真贯彻习近平总书记重要指示批示精神，落实中央、省委关于解决形式主义突出问题为基层减负的文件要求，推进"基层减负年"取得实效，赣州市委日前印发《关于解决形式主义突出问题切实为基层减负具体措施》，着重从精简文件、压减会议、统筹规范督查检查考核和调研活动、坚决整治"挂牌多""挂牌热"和"过度留痕"问题、完善问责制度和激励关怀机制、强化组织保障方面等 6 个方面明确了 20 条具体措施（摘自《赣南日报》记者：张宗兴）。

过用自己的笔书写记录下来，但却一直没有认真去整理过。你来采访我，把我经历的、目睹的扶贫故事记录下来，我觉得还是很有意义的。让我觉得更有意义、值得欣慰的是，通过讲述我的扶贫故事，我发现自己在"谱写了人类反贫困历史新篇章"（《习近平谈治国理政》第三卷）的脱贫攻坚战中，自始至终坚守在一线，敬业奉献，勇于担当，尽己所能为基层、为群众办了一些实事好事，解决了一些困难问题，发挥了一名基层党员领导干部的先锋模范带头作用，做到了无愧于党、无愧于人民、无愧于这个伟大的时代！

收鸡蛋搞直播的第一书记

受访人：张冬冬
访谈人：唐茂琦
访谈时间：2020 年 5 月 28 日
访谈形式：当面访谈
访谈地点：贵州省晴隆县茶马镇战马村群众服务中心二楼办公室
访谈整理：唐茂琦
访谈校对：唐茂琦
故事写作：唐茂琦

受访人简介：张冬冬，男，出生于 1983 年 9 月，河南洛阳人，中共党员。2019 年 7 月被中央统战部选派到贵州省黔西南州晴隆县挂职，先后在易地扶贫搬迁安置点和贫困村担任第一书记，2019 年 8 月至 2019 年 10 月任贵州省黔西南州晴隆县三宝街道新露社区第一书记，2019 年 10 月至今任贵州省黔西南州晴隆县茶马镇战马村第一书记。张冬冬发挥自身优势、链接社会资源，筹建贵州省首个易地扶贫搬迁安置点图书馆——三宝儿童图书馆；大力发展农村电商，创建"晴隆好物"电商平台；筹建"战马书屋""爱心超市"；联系派出单位为战马小学更新 240 套课桌椅；开展"幸福战马·小事暖心"计划；动员社会各方力量为乡亲们做实事、办好事。

一　来时路，义无反顾

2019 年 7 月份，中央统战部下发通知，决定选派干部到 5 个定点贫困

2020 年 5 月张冬冬（左）接受唐茂琦访谈

县挂职扶贫，其中包括驻村第一书记人选。我所属单位的领导在给各个部门开会动员后，已经做好了没人报名的准备，我经过再三考虑主动向单位报名，领导对于我的报名表示很吃惊，毕竟我的孩子还比较小。提交报名表后，经过学院推荐和中央统战部遴选，最终我有幸被选为目前中央统战部在全国的唯一一名驻村第一书记到晴隆县挂职。脱贫攻坚是一项历史性工程，是中国共产党对人民做出的庄严承诺。打赢脱贫攻坚战，中华民族千百年来存在的绝对贫困问题，必将在我们这一代人的手里历史性地得到解决。贵州地处西南腹地，是全国脱贫攻坚的主战场，贫困面广、贫困程度深、脱贫任务重，全省 88 个县（区）中 85 个有扶贫开发任务，85 个县（区）中贫困县有 66 个，其中重点贫困县 50 个、深度贫困县 14 个，我所在的晴隆县是其中之一。基于以上两点原因，加上我是曾经做过新闻的人，总是站在历史的现场，于是我就报名到这里当驻村第一书记。

就这样，没有过多的顾虑，匆忙打包行李，提前做足功课，我来之前为了解挂职贫困县的风俗和语言看了很多关于贵州的纪录片。从报名到接到通知，大概三四天的时间，我就离开北京来到晴隆。我的家人在这其中给予我莫大的支持，离开北京后，我丈母娘一直帮我的妻子照顾孩子。正是由于家人给予我的强力支持，我才能义无反顾地做这个决定。

在我看来，2020 年是中国将彻底消灭绝对贫困、脱贫攻坚与乡村振兴衔接的关键之年，民族不分大小，地域不问西东，全中国人共同进入小康社会，是一个重要的历史时刻。如果能够在这个时空的交汇点、在脱贫攻坚的主战场贵州，同当地乡亲们一道、和全国人民一道迈入全面小康社会，让个人的生命体验与国家民族命运发生有机的连接，对我来说是一件特别有意义的事情。

二 初到新露社区，心系留守儿童

初到晴隆，我被安排在易地扶贫搬迁安置社区工作，担任晴隆县三宝街道新露社区第一书记。虽然提前查了资料，大概了解了一些情况，但是深入到社区开展工作时，内心还是受到了很大的触动。我所在的新露社区是晴隆县目前居住人口数量最多、居民来源最广泛、民族构成最多元的易地扶贫搬迁安置点之一。社区现有居民 1354 户，安置人口 6783 人，其中建档立卡贫困户 1186 户 5897 人，居民包含布依族、苗族等 11 个民族，少数民族人口占 58.94%。这些居民来自晴隆县 11 个乡镇中最偏远、最贫困的村子，绝大多数是整组、整寨搬迁。自 2017 年从山里搬迁出来之后，有劳动能力的年轻人多半外出打工或者在附近做零工，剩下爷爷奶奶带着孙子孙女，甚至是哥哥姐姐带着弟弟妹妹住在这里读书。我逐家逐户走访，看尽留守儿童的辛酸苦楚：哥哥姐姐放学后先要洗衣、做饭，照顾弟弟妹妹；几名失去父母的孤儿，放学后只能在暗淡的灯光下，就着一高一矮两个塑料凳子写作业……很多乡亲们也迫切希望孩子们能够学到更多的知识，他们跟我说："之所以愿意搬迁到城里来，就是为了让孩子们免于每天几个小时走山路去上学的辛苦"，"我们不识字，不能让孩子不读书"，"我们苦一点，希望孩子们能到大城市去读书"。

我走访后发现，绝大多数孩子除了课本之外没有其他书籍以及留守儿童家庭陪伴缺失的状况。有的孩子学习时没有桌椅可用，只能坐在地上、趴在凳子上写作业；有的铅笔就剩一点点，还舍不得扔掉；有的写字本正面写完，还要反过来用……我和孩子们聊天的时候，发现他们很有想象力，也都有各自的梦想，很多孩子渴望读更多的书，了解更广阔的世界。

我想起城市的孩子们，他们还未出生父母就会准备很多绘本、故事书和各类玩具、教具。孩子长大后，之前看过的很多书、用过的玩具都会被收在书柜、箱子的最下面，甚至有很多是未开封的也再无用武之地。为什么不把这些封藏起来的书、玩具、教具重新利用起来呢？正好可以给这些大山里的孩子们用！我就持续地在公众号上写文章，号召社会力量给孩子们捐书。

于是便发起一场"爱心图书漂流"活动，在社区为孩子们建设一座儿童图书馆，希望可以辐射街道五个易地扶贫搬迁安置社区的几千名孩子。在每天下午放学之后社工可以替孩子们在外打工的父母看护他们写作业、陪伴阅读；假期时让社区的在读大学生组织初中、小学的孩子一起学习，开展活动，互助帮扶；让孩子们爱上阅读、了解更广阔的世界，通过读书真正改变命运，也让大山里的世界不再闭塞，不再贫瘠。

倡议发出后，我被来自四面八方伸来的温暖的手包围：很多朋友、同事、领导、同学、校友，甚至是他们的朋友，或直接微信、电话和我联系，或在朋友圈转发文章用自己的信誉帮我背书；做出版的朋友决定把店里的图书整理打包邮寄给我们；做绘本馆的朋友不但捐赠了全套绘本给我们而且还无偿提供图书管理系统；还有匿名爱心人士通过图书出版公司将300多套1400本、价值三四万元的书捐赠给我们……经一家新闻社协调，温州一位爱心人士为我们赞助了可供100个孩子使用的课桌椅；我原单位同事们在工会统一组织下，为我们捐赠了15箱、几百公斤重的儿童书籍。

新露社区的居民知晓我的计划后纷纷以实际行动支持我们，各个快递代收点免去了我的快递代收费用，每天义务将几十包书籍运送至社区；一位七十多岁的阿姨背着小孙孙帮我们搬运包裹……建设儿童图书馆的计划得到了三宝街道党工委、办事处的重视和大力支持，社区腾出约150平方米的空间专用于儿童图书馆的建设，但是图书馆的建设还受制于装修资金。有一次领导来视察，我不认识那位领导，但是为了孩子，我就鼓起勇气跟那位领导说，能不能给我们支持一下，我们缺装修的钱。后来那位领导联系了上海的一家企业，给我们捐了20万元；我们部里的单位捐了8万元。

最开心的莫过于社区的孩子们。每次有新的包裹来，他们都会很兴奋，帮忙整理收拾。遇到自己喜欢的书，就会很认真地打开读。他们还用大家捐赠的画笔、绘画纸，画出了自己心中的图书馆——爱心图书馆、大树图书馆、月亮图书馆、星星图书馆……每一幅画都是孩子们的心愿，也是他们的梦想。目前，三宝儿童图书馆已收到来自全国各地捐赠的书籍15000 余册，落实装修及购买设备的资金 28 万元，图书馆装修基本完成。

在新露社区担任第一书记期间，我还动员社区大学生参与社区服务，发动社区大学生带领低年级的学生参与图书馆的建设，通过大带小的方式共同建设图书馆。摆放书籍、擦拭书柜、打扫地板全部由孩子们完成，让他们体验劳动，收获成果。我经常号召社区的大学生们到图书馆去带着小学生们一起看书，给他们进行辅导，陪伴他们。除此之外，我动用自己的资源，邀请毕业于兴义八中的朋友到社区给孩子们开讲座。我这样做的目的不是告诉孩子们有多少种学习方法，而是希望告诉孩子们跟他们同在一个环境下的人通过自己的努力能达到怎样的高度。

三 内心呼唤，到贫困村去

在易地扶贫搬迁安置社区待了一段时间后，我内心渴望到贫困村去，于是我跟单位沟通，申请到贫困村开展扶贫工作。2019 年 10 月 23 日，我来到了距离晴隆县城 20 公里的战马村，战马村位于贵州省黔西南布依族苗族自治州晴隆县茶马镇西南面的海拔 1200 米的山间里，因村庄脚下为西泌河峡谷，四面为山峰拥簇，故有"西泌河北岸第一村"之称。谈到我们村的贫困问题，其实这并不只是我们村的特点，可以说整个晴隆县甚至是一定区域内都具有这一特点。我认为主要是由地理环境造成的问题，石漠化问题、喀斯特地貌、缺水、道路建设不足等。说到缺水这个问题，我来之前从来没有想到贵州会缺水，因为在我印象中南方应该是人杰地灵、雨水充沛、大河小河贯通……这里真的超出我的认知。不过再难的题必有解题的方法，围绕着战马村存在的难题，我携手驻村干部、村支两委成员、战马村村民一步一步破解难题。

破解"战马难题"，首先便是了解村情村貌，熟悉村里的一切事物。战马村离茶马镇镇政府驻地 6 公里，总人口 801 户 3303 人，其中建档立卡贫困户 169 户 729 人，2014 年以来已脱贫 147 户 675 人，截至目前，尚有22 户 54 人未脱贫。战马村属典型的喀斯特地貌，山高坡陡谷深，人均耕地面积仅有 1 亩，为深度石漠化地区，土地破碎贫瘠、农作物产量低。交通基础设施建设滞后，此前主要以土路、砾石路为主，通行条件差、标准低。缺水现象严重，主要靠天饮水，饮水工程和工程性用水工程建设滞后。产业以传统种养殖业为主，规模小、产量低、抗风险能力弱。居民以汉族为主，60 岁以上群众文盲、半文盲居多，群众思想观念较为保守，内生动力不足。不过凡事都有两面性，战马的优势在于 2016 年出列贫困村，是茶马镇第一个出列的贫困村，基础条件不算差。人杰地灵，人才辈出，有众多乡贤在外。地理位置优越，交通条件便利，是晴隆县北部乡镇第一个村庄。历史悠久，文化深厚。明清时，战马村地势平坦、宽阔，草资源丰茂，为地方政府选马之所，故为"战马田"。产业发展有基础，烤烟、小米等作物种植以及牛羊养殖等素有传统。

其次是学政策学方法，我通过不断学习以增长有关脱贫攻坚的知识，这其中包括学习习近平总书记扶贫工作重要思想以及关于实施乡村振兴战略重要论述精神，还有总书记对于贵州脱贫攻坚重要指示，中央到县各级要求以及脱贫攻坚部署、打法等。此外，我还阅读扶贫的书籍，学习帮扶的方式方法。在我阅读的图书《扶贫小思》中有这样两段话："要做密切联系群众的好手，把群众当亲人，把民事当家事，用心用情解决好群众最关心、最直接的诉求和困难。只有心里装着群众，认真回应解决好群众的合理诉求和民生困难，才能最终赢得群众。""去关心群众的痛痒，就得真心实意解决我们的生产生活问题。要深入里子、不怕麻烦，一户一户了解分析群众的诉求，切实做到拖欠群众的坚决补还，承诺群众的坚决兑现，答应群众的坚决做到，一点一点把群众的困难化解掉，一点一点把群众的信任巩固起来。"做中学，学中做，这些知识积累无疑是为我后面的工作开展奠定了坚实的基础。

再次是整治环境，凸显精气神。我来到战马村的第一印象就是白色垃圾特别多。为了给村民们发挥带头作用，我带领村支两委成员将村委办公室进行彻底的清理。我在村里安营扎寨的时候，很多东西堆在库房显得杂乱无章，于是大家一块儿去清理库房，现在库房已经成为"晴隆好物"的办公平台。当时村委办公室的一楼条件特别差，因为时间久了所以墙面特别脏，我就买了几桶漆，大家七手八脚地一起刷。在这个共同协作的过程中，我感受到村委对我的关照，很快适应了工作环境。清理完村委办公室后，下一步工作重点就是解决整村的环境卫生问题，我跟村支两委成员、各组组长、村民共同行动，清扫道路垃圾并规范村民丢放垃圾的区域。当然，有时候会遇到不支持工作的村民，我们跟他讲道理希望可以感化他，再者我们自己也去做，比如在我们清扫路面时，有些村民看到垃圾了只是站在路边不动手并且说一些闲话，我们直接上去把垃圾捡了，这下他一句话都不说——印证了那句话：行动才是最好的话语。就这样，村民们慢慢树立起保护村里环境卫生的意识，经过村支两委和村民们的共同努力和维护，战马村慢慢变得美丽整洁，环境卫生明显改善。

此外，我经常和村支两委干部到村民家中走访，了解村民的生产生活状况或者是遇到的困难。因为我曾经做过记者的经历，我与村民沟通无阻，我完全能听懂村民的方言。此外，我协同指挥所所长以及晴隆县二中的驻村干部，在傍晚时召集村民开群众会。为了让村民们认识我，每次开群众会我都进行自我介绍。群众会能让扶贫干部倾听群众的意见，我们通过群众会知晓村民农产品销路难的问题以及村民对村里产业结构调整的建议。通过群众会还能宣传党的政策，了解并回应群众关切的问题，借会议打消群众疑虑、化解群众积怨，并且能快速凝聚群众、带动群众行动。

以上那些都是一些基础性的工作，我认为最重要的还是要为民做实事，实实在在地为村民服务，实现便民惠民利民。

一是通过连心卡、"幸福战马·小事暖心"、战马书屋来方便村民。为了畅通村民与我的沟通与交流，我做了第一书记连心卡，每次开群众会时给村民们发，他们要是有什么事就可以直接给我打电话，无论是有困难还是反映问题。我在宿舍门上留了电话，村民们到村委办公室找不到我的时候就直接可以电话联系。我们还建了一个名为"战马村群众服务群，做群众贴心人"的微信群，群众有时候在里面针尖对麦芒地提很多很尖锐的问题，我们就一个一个地给予村民答复。我们安排专人在战马村的便民服务大厅轮流值班，这样就避免村民有事却找不到村干部的情况。2020 年我们提出"幸福战马·小事暖心"计划，希望为战马村乡亲们做 100 件暖心小事，前不久才为各个家庭拍摄了全家福。过去的村干部习惯用他们自己的方式去为民办事，可能有些欠缺与村民的沟通，其实我们可以用让群众更幸福的方式去为民办事，因为既然扶贫干部来到这里，就是要为民服务，这个服务不是说我们要做很多很多，而是在于我们的服务要得民心。"幸福战马·小事暖心"的效果，很多时候可能真的不是体现在具体的某件事情上，而在于我们服务的态度，并且这种态度能被群众感受到。其实群众对我们干部的要求很简单，就是有时候群众碰到我们问事情，我们停下来，耐心地听群众把他反映的问题讲完，再把这个问题的缘由告诉他，他可能就满意了，而不是觉得群众一定要跟我们要个什么东西就搪塞他们。

我延续在新露社区的理念，利用村里闲置的空间给孩子们筹备了战马书屋，募集到了几千本书。前段时间村里的大学生带着三个小学生一块儿把这些书整理上架，现在经常有几个小学生来看书，他们会过来问我："冬冬书记，今天能看书吗？"接下来他们每天下午三点半放学，我准备让高年级的学生带着低年级的学生看书。一个朋友捐了投影仪给村里，我计划着一周给孩子们放一部著名、经典的电影，希望从小能打开他们的眼界。战马小学前段时间换了新的课桌椅，因为原来的课桌椅用了二三十年，同一个教室的桌椅型号不一，不适用于孩子们，于是我们单位出资7万多元，加上各种朋友支持，就给孩子们换上了新的课桌椅。连心卡、便民服务大厅、战马村群众服务微信群、"幸福战马·小事暖心"计划、战马书屋等都是为了方便战马村的乡亲们。

二是通过收鸡蛋搞直播实现惠民。群众会上不少群众向我反映，村里发展产业面临最大的问题是没有销路，他们种的梨好多都烂在地里。其实整个晴隆县在发展各种各样的产业，很多产品要么销路不好，要么价格卖得低。深思熟虑后，我当时跟村支两委、指挥所所长一起商量能不能做一个电商平台，希望通过"互联网＋原产地直供"的方式推动晴隆县农产品出村进城。大家都觉得这个想法挺好，之后就开始实施。想法提出1个月后，我们以战马村村民委员会的名义注册成立了"晴隆好物农业发展有限公司"；两个月后，"晴隆好物"微商城开始运营。

说起为什么想到做电商，是因为当下电商比较热，我想电商也许是一种可以帮助村民卖农产品的新方式。我们的想法是：首先单卖我们村的东西不行，我们想解决整个晴隆县农产品销售的问题，所以我们将电商平台取名为"晴隆好物"。其次是我们不仅要推销农户的产品，也要推销本地企业的优质产品，所以刚开始我们就一家一家去找晴隆县具有代表性的公司，比如做盐菜的、做茶叶的。跟各个公司的老总谈货源，再从网上查晴隆县的快递公司，挨家打电话。比如没有找到顺丰的代理商，我就给顺丰总部打客服电话，找到了晴隆县公司的老总，约他过来我们村，力争把价格谈到最低。货源及物流解决后，再到淘宝上给每个产品找包装，把需要用到的物资一点一点地准备好。电商平台搭建起来，我们开始上线产品进行销售。年后因为疫情影响，我们既然做电商要跟上趋势，做直播电商的想法就此萌生，当时我把抖音、快手都注册好进行运营。做直播的过程中，我学了很多网络直播语言，什么"老铁""家人们"，诸如此类的肯定要学嘛，但是我觉得也不要一味去迎合，其实大家想看的是最自然、最真实的状态，我有时候直接称呼大家为"各位朋友"，呈现出最真实的样子，这样反倒好。我自己在直播开始时都会说一句话"从北京到黔西南，从都市到乡间，你到不了基层，我就把基层拍给你看"，想让外界真正了解我们扶贫一线，了解我们的农村是什么样子。直播的地点一般不固定，有时在村委办公室，有时在"晴隆好物"的办公平台，春季卖茶的时候去茶园，百香果成熟时就去果园里。

2020 年 5 月访谈结束后恰逢一村民拿鸡蛋到村委给张冬冬（右）

盐菜、茶叶、鸡蛋等农产品，这些都可以在"晴隆好物"微商城里看到。我前期会去农户家里收鸡蛋，也大概了解一下哪些农户家里喂鸡，后期农户们直接提着鸡蛋到村委来问："张书记，还收鸡蛋不？""收鸡蛋搞直播的书记"正是由此而来。我们是以村集体的名义注册，首先明确利益，将盈利放到村集体，再进行分配。第一步我们要把晴隆县农产品卖出去，每一个农产品代表着一个农户。其二我们哪怕不挣钱就已经赢了，做电商是要告诉别人有这样一种方式，至于能卖多少这是另外一回事。要让晴隆县的一些年轻人、农户看到可以通过电商的方式卖农产品，他们有可能以后做得比我们好，但是我们就要在前面带头做。当然，我们还是想把销量提升，能给村里挣点钱回来。这样就能为村里的五保户、留守儿童、独居老人等群体提供一些帮助，或者是给考取大学的学生出一些路费，为村民做一些实实在在的事情，让发展成果惠及村民，为村民共享。

三是通过做一些微小的事情利民。我平日里收鸡蛋，休息时进城送鸡蛋。今年我们加大了产业结构调整的力度，花椒、烤烟、高粱都需要大量的劳动力，我们全部用的都是本村的劳动力，发动村民参与种植，增加他们的收入。受疫情影响，除了农户的就业，我还担心村里大学生的就业问题。于是我就召开大学生座谈会，了解战马村大学生的求职及实习意向，随后在朋友圈为战马村的大学生们发布求职和实习信息：通过有相关资源的领导和朋友们帮忙引荐，最终解决了战马村 6 名大学生的实习或就业问题。上门探访及慰问独居老人、陪伴留守儿童，为困难家庭链接资源，亲切地与村民交谈，耐心地为村民答题解惑，这些事情都是我们日常工作中微不足道的小事。

四　展望未来路

在我对战马村的规划中，战马村将紧紧围绕脱贫攻坚、乡村振兴战略目标，以党建为根本、以产业为动力、以文化为灵魂，着力建设党总支部坚强战斗堡垒，不断提升村民生活水平和乡风文明，积极打造集种植业、养殖业、加工业、观光农业、电商产业于一体的产业格局，努力建成"基层党建先进村""集体经济特色村""电商扶贫示范村"。与此同时，为战马积累人才、物质、精神三笔财富。

首先是建强村党支部战斗堡垒，积累一笔"人才财富"。建强村党支部是摆脱贫困的治本之策。要实现全面脱贫与乡村振兴有效衔接，必须建强村党支部战斗堡垒，打造一支带不走的工作队，为乡村留下一笔宝贵"人才财富"，助力组织振兴和人才振兴。下一步，战马村将把建强村党支部作为抓党建促脱贫攻坚首要任务，从返乡创业人员、大学毕业生、退伍军人、种养能手等人才中培养选拔后备干部。

其次是大力推动农村产业发展，积累一笔"物质财富"。发展产业是实现脱贫的根本之策，积累物质财富，要因地制宜把培育产业作为推动脱贫攻坚的根本出路。要实现全面脱贫与乡村振兴有效衔接，必须不断增强贫困村自我"造血"功能，为乡村留下一笔宝贵"物质财富"。我们将把发展壮大村集体经济作为组织发动群众的"凝聚力工程"，加大产业结构调整的力度，通过集体经济收入水平的大幅提升，为战马村实现脱贫、防止返贫、走上致富路打下坚实基础。

最后是继续加强创新乡村治理，积累一笔"精神财富"。要实现全面脱贫与乡村振兴有效衔接，必须坚持既扶贫又扶志扶智，既治穷又治乱治散，为乡村留下一笔宝贵"精神财富"。我们将进一步加强乡村治理制度建设，强化村党支部政治引领作用，推动村务、财务、党务公开透明，激发农民群众参与乡村治理的主动性积极性。推动村党支部以规范的"三会一课"等组织生活教育引导党员。利用村集体经济收入设立敬老助学等公益基金，在有效服务中激发贫困群众内生动力。

五　回看这一程

开展工作以来，我认为战马村的改变有三点：一是环境卫生改善，道路硬化以及规范垃圾丢放区域后，我们经常组织村组干部和村民打扫，现在村里最明显的变化是没有了白色垃圾。二是群众满意度的变化，群众之前不是很满意一些干部的作风，我提出"幸福战马·小事暖心"计划，通过给老百姓一件一件地做小事，让村民感受到我们对他们的关心，这些小事慢慢地提高了村民的满意度。三是整个村的产业结构调整力度加大，村里主要种植高粱和花椒，今年种了花椒 2900 亩、高粱 1000 亩左右、烤烟200 亩。我们今年谋划得比较早，开群众大会时将村里产业种植政策宣传下去，通过开群众会来了解村民的种植意愿。花椒和高粱不需要二次加工的场地，于是我们给种植烤烟的农户修烤房解决他们没有烤房的问题。脱贫攻坚说到底还是得靠产业、就业支撑，群众把产业结构调整了，收入相应发生改变。

谈到我个人收获的话，我觉得我驻村这么长时间，改变的不单是战马村，更重要的是改变了我自己。我对农村、对基层干部有了更深入的了解，对基层干部的收入、工作状态等都有深切的体会。首先是对农村的了解，之前可能"农村"对我来说只是一个字眼，但现在"农村"真的就是村里的每一片土地，一草一木、一家一户、具体的一个人。其次是对国家的政策基于整个行政体系运转到基层之后在基层落实的状态有了了解。此外是"为人民服务"这句话，我个人之前可能一定程度上对它的体会不是那么的深切，但是我到了村里，帮助和关心每一个村民，都是在体会"为人民服务"。来到贵州，我认识了很多在基层并肩作战的"战友"，了解了我们黔西南州晴隆县这个地方，所以说我的收获还是挺大的。

这段经历对我人生后期有什么帮助，这么说吧，我回去之后还是同样的工作，我对同事会更有耐心。当然，如果将来有机会做一些政策制定的工作，我肯定会考虑到村里的百姓，想着怎么样给村民落实政策。经过这段经历我跟战马村建立起联系，以后也不会断了联系，我争取每年给战马书屋募集一些书过来。等我们家孩子长大，我会带着他来看看我曾经与"战友"并肩作战的地方。

对农村、对基层干部的深入了解，"为人民服务"体验感的增强，战马村村民、孩子们以及并肩作战的"战友"，可能是我一生不能忘却的。我获得了很多，但同时我也亏欠家庭许多东西。缺少对孩子的陪伴、对妻子的照顾以及对家中老人的关怀。我刚来的时候跟孩子视频，孩子总说："爸爸，你什么时候回来？爸爸，你从手机里出来！"之前有段时间我媳妇对我意见很大，抱怨我一天忙得连开视频的时间都没有，有时候我们开完会都晚上11点了，他们也休息了，就没有开视频，我媳妇就真的很生气，说你有那么忙吗？今年春节比较特殊，因为新冠肺炎疫情的影响，我大年初四就从北京带上募集到的2500个口罩赶回村里工作，通过各种渠道为村里筹措抗疫物资。所以说有时候真的是顾不过来，身不由己。不过还是那句话，既然来了就要为人民服务，舍小家为大家，毕竟这只是暂时的。让个人的生命体验与国家民族命运发生有机的连接，对我来说是一件特别有意义的事情。

笔者手记

张冬冬在挂职驻村第一书记的工作中，承担着资源链接者、创新者、践行者、服务者、协调者、倡导者等多重角色。同时，他也是孩子的父亲、妻子的丈夫、父母的儿子。他在平凡岗位上坚守，化语言为行动。2020 年 7 月 1 日，他获得贵州省"全省脱贫攻坚优秀村第一书记"的荣誉称号。"入黔一载，不忘初心，砥砺前行。"是他在朋友圈里发的感言。访谈结束后，我在朋友圈里看到他带领村民们参加"七一"歌咏比赛，战马村村口的花引来了蝴蝶，高粱长势喜人，不时还有百香果、竹笋、土鸡蛋等农产品的推介。

脸上时常带着笑容、接地气、敢想也敢做，他总是谦逊地说自己做的是一些微不足道的小事，但其实他做的是一件件关乎群众利益的事，是改变群众生活的大事。他安营扎寨在基层，协同村支两委与村民一起与贫穷斗争，奋斗在脱贫攻坚一线。作为一名驻村第一书记，他用实际行动践行着一名共产党员的初心与使命。万千像他这样的驻村帮扶干部，放下自己安逸幸福的生活，到基层与广大贫困群众一同奋战，用青春和热血在脱贫攻坚战场上书写为民答卷，带领贫困群众谱写追求美好生活的人生华章，同时也让属于自己的青春之花绚丽地绽放在基层这片土地上！

苦辣酸甜扶贫路，"四种三养"兴大洞

访谈对象：刁国雄

访谈人：解燕林

访谈时间：2020 年 6 月 6 日

访谈形式：线上访谈

访谈整理：解燕林

访谈校对：解燕林

故事写作：解燕林

受访人简介：刁国雄，广州港集团派驻英德市大洞镇三个省定贫困村工作组长，自 2018 年 9 月驻村以来，带领广州港派驻干部，积极协调镇村干部形成扶贫工作合力，引导贫困人员劳动致富，将帮扶工作贴身做到户，利用当地自然条件和劳动力，大力发展做到户的种养，形成"四种三养"① 主体帮扶产业。为使山区散小农业能有效衔接现代农业市场，还带领驻村干部打造示范种养合作社和农村综合服务站，将产业化整为零分散到户，又把产品化零为整统一质量把关对接市场。在他的助推下，2018 年广州港集团被评为"2016—2018 年广东省突出贡献单位"，"港黄合作社"被评为省级示范合作社，"港麻农村综合服务站"被选定为示范农村综合服务站。

---

① 广州港集团"四种三养"项目是指：炮弹冬瓜、百香果、红薯、香芋南瓜种植和集装箱水产、清远麻鸡、中华蜂养殖。

2020 年 6 月 6 日刁国雄（下）接受解燕林访谈

一　主动请缨，投身扶贫

我是刁国雄，1966 年出生于广州增城①，1983 年进入部队服役。退伍之后就到了广州港船务有限公司②工作，1997 年调到广州港新沙港务有限公司③调度室，2002 年工作变动到公司组织人事部。目前是广州港集团新

---

① 增城区是广州市市辖区，位于广东省中东部、广州市东部，南与东莞隔江相望，东临惠州，北界从化。增城建县于东汉建安六年（201 年），隶属南海郡，因南海郡原辖 6 县，新设一县，增多一城，故曰"增城"。1993 年撤县设市，2014 年 2 月撤市设区。

② 广州港船务有限公司于 1978 年 4 月 28 日成立。公司经营范围包括：机械租赁、维修服务；为船舶提供码头、过驳锚地、浮筒等设施；港澳航线货物运输。

③ 广州港新沙港务有限公司于 1994 年 11 月 7 日在东莞市工商行政管理局登记成立。公司经营范围包括货物装卸、搬运、疏运、堆存及仓储、散货灌包等。

沙港务有限公司组织人事部副部长，除此之外，2018 年，广州港集团给了我一个新的"家"——清远市英德市大洞镇，从那以后我又多了一个新的职务：广州港集团驻大洞镇扶贫工作组组长。2016 年 5 月的时候，集团充分体现大企业的社会担当，积极承接了英德市大洞镇麻蕉、大田和黄塘 3 个省定贫困村的脱贫攻坚任务。作为广州港集团派驻大洞镇第二批驻村工作组的组长，接近两年的时间里，我从一开始的不适应到现在完全融入这个环境，其间的酸甜苦辣让我收获满满。

我在 2016 年的时候曾到过大洞镇，那时候的大洞镇还不是现在这样，那时候的大洞镇和现在的大洞镇可以说是天差地别，路也不好走，还很泥泞，那种艰苦程度是你们想象不到的，到现在你们再来大洞镇，其实相较于我 2016 年第一次到这里的时候，无论是环境还是民风，改变的程度都非常大。我们单位在我驻村之前，有党员干部与贫困户一对一结对帮扶的做法，所以我在 2016 年的时候曾到过一次大洞镇，只是说当时去的时间比较短，所以对整个大洞镇的具体情况也不是特别了解；其实第一批派驻干部的时候我就非常想参加，怎么说呢，我在部队服役了近五年，我入党也是在军队的时候入的，这么多年军人的作风一直都影响着我，我也时刻以一个军人的标准来要求自己，我是个军人，也是党员，国家需要我，我就应该做我力所能及的事。我内心深处当然是非常想参加的，但是当时家里我 80 多岁的老母亲突发脑梗，身体不好，需要人照顾。我的孩子也还在上学，所以第一批的时候就没能参加。2018 年的时候，收到了集团要派驻第二批驻清远市精准扶贫干部的消息后，我毅然决然地报了名，报名之后说没有顾虑是不可能的。

一方面不放心让妻子独自面对这一大家子的所有事务，另一方面也担心母亲的身体。我记得晚上的时候，和妻子讨论这件事，我自己也不确定妻子会不会同意我这先斩后奏的行为，但出乎意料的是妻子特别支持我："去做点实事吧，我支持你，去帮那里的百姓做点实事吧。"妻子的这番话让我深受感动，通过一番思想斗争之后，我下定决心要去，最终也通过了集团的考核，成为一名广州市派驻清远市精准扶贫的干部。

二 扶贫路上的"酸"与"苦"

在经过近两百公里的长途跋涉之后，我们一行人到达了大洞镇。在我们派驻的村里开了一个简单的，也算是正式派驻的交接会。因为我们的这个驻村扶贫工作主要是在镇党委的组织领导下开展，所以我们又在镇里开了一个简单的而又正式的入职会议。黄塘、大田、麻蕉三个省定贫困村合计下辖 52 个村民小组，合计 1260 户，共 5868 人，其中贫困户 194 户 582 人，包含一般贫困户 81 户 328 人，低保户 72 户 213 人，五保户 41 户 41 人。大洞镇地处偏远山区，山路崎岖，交通十分不便，人员居住比较分散，人均可耕种土地面积少，长期在家居住与劳作人口少且以老弱病残人员为主，但自然环境比较好，空气清新，绿水青山。

2016—2018 年的时候驻村干部的结构是每个村派一名驻村第一书记，还有一名工作队长。当时的第一书记是由当地派的。2019 年 5 月份之后就改由我们集团加派一名第一书记，原当地派驻的第一书记就改派为党建指导员。2018 年 9 月份跟我同一批一起来的三个比较年轻的工作队长都是刚结婚不久，小孩都很小。麻蕉村驻村队长王勇明进村时小孩刚 4 岁，大田村驻村队长林森和黄塘村驻村队长黄枚昌的小孩都是刚满 1 岁。他们离开家里，孩子又小，完全就靠他们的爱人在照顾家里。因为距离相隔得又远，一周就只回一趟家，忙起来的时候可能要两三个周才能回一趟家。晚上不忙的时候，随时都能看到他们在打视频电话，说到了一些家里碰到的困难、说小孩生病了、说家里灯泡坏了等，他们心里虽然着急，但除了安慰妻子别无他法；听到他们的小孩在电话那头用稚嫩的声音叫着爸爸，他们却只能通过屏幕表达自己的思念……我看到这些心里真的很酸，为这群小年轻感到心疼的同时，我的心也牵挂着我的妻儿和我的母亲。广州港集团对口帮扶大洞镇有三个省定贫困村，各村开展产业帮扶既有各自特色，也有共同项目，为了充分发挥资共享互补优势，作为工作组组长同时也是联络员的我，经常也会组织这群小年轻坐在一起沟通交流共同项目的种苗、农资联合采购等做法，实现信息、技术、市场资源共享从而提高工作效率和项目效益。我的宿舍在镇上，他们平常的话就在村里，只要工作不是特别忙的时候，我都会组织他们到镇上，然后我亲自下厨为他们做个晚餐，利用一起吃饭的时间互相交流，形成团队合力开展工作。我经常鼓励他们：咱们能参加脱贫攻坚这个国家级的伟大战略工程，是一种非常了不起的荣幸！大家既然克服了家庭、生活的种种困难来到村里，就不要让时光虚度，多为村里、村民、帮扶户做点益事、好事、善事，最终我们才不会辜负自己的初心、家庭的支持和单位的信任！

虽然很苦，但是这几个小年轻从来都没有打退堂鼓的想法，面对环境的艰苦也从来没有皱过眉头，他们每一个人从驻村的第一天起，每一天都在铆足了劲干，忙起来的时候泡面就是家常饭，幸福感可能是来源于泡面里加了一根火腿肠；饭菜做好了来不及吃，凉了就随便吃两口对付过去。实际上这里是英德市最边远的一个山区镇，地理位置非常不好，相当于一个小盆地。大洞镇就在那个盆地的底部；盆地的话就特别潮湿，非常潮湿，特别是四五月份开春的时候又闷又热，房间里面又潮湿，晚上根本都睡不好觉。去年五六月份的时候，雨水多，房间里湿气太重，加上电路又老化，所以有一段时间，宿舍里就经常跳闸停电了，你能想象吧，就是那种没有空调，需要靠电风扇一整晚吹着，才能勉强入睡。结果雪上加霜，电风扇也用不了，那几个晚上可以说是根本闭不了眼睛。找电工修了好几次都没有修好，直到后来找了一个礼拜的周末，我们几个人彻底检查了一遍电路，终于找到了那段老化的电路接口，重新把它清理干净，包扎好，才解决了这个问题。环境的艰苦，离开家的心酸，不仅没有击退我们，一定程度上，还让我们想要扎根这里服务这里的决心更加坚定，下决心一定要通过我们的帮扶将这里变得更好！但事实上，帮扶工作也不是一开始就这么顺利的，扶贫工作的开展很不容易。因为这么多年来，贫困户对于扶贫的认识，就是带着钱带着物品来送给他们，贫困户一开始的理解基本上都是这样的。但是事实上精准扶贫并不是一个输血的过程，而是一个造血的过程。带着帮扶资金，我们主要的做法还是以发展产业为主，让他们通过自己的劳动来脱贫致富。不是送钱送物而是搞产业扶贫，一开始贫困户都会不理解，就会说"你们来扶贫不给钱怎么扶"，"我都种了一辈子的地了，在农村生活了一辈子，你是一个从城市里来的人，你怎么会比我还懂种地呢？你不可能有我在行！"这一类的说法、想法在一开始的时候随时能够碰到。

那我们怎么办呢？我们就只好用实际行动来说话，先从他们的现有的传统产业入手，然后通过引进改良品种提升农产品的质量，然后呢再来对接市场，帮他们打开销路。比如，他们一开始种的冬瓜就是零零散散的，品种也不好品质也不行，市场并不买单这一类的产品，销量也就不好。贫困户就会觉得种冬瓜种红薯是赚不了钱的，你去和他说，他也不相信你。有时候会有一些极端的语言和做法来拒绝你的帮助，觉得我们是形式主义，并不会真的帮助他。遇到这种情况的时候，心里不难过是不可能的，自己背井离乡远离自己的舒适圈，从城市到农村，就是为了帮助这些农户把日子过好，但他们却不领情，这种时候是非常难过的。我一方面自己做自己的思想工作，另一方面也积极开导我们驻村工作组的几个小年轻，被浇了冷水也没关系，咱们重新加柴火，重新将这个水烧热！我们又重新找了几个好做工作的贫困户，重新开始我们的帮扶工作，给贫困户每一户制定计划，然后再来开展具体的工作。

三　打造一支带不走的"工作队"

麻蕉村村委会位于大洞镇西面，距镇政府约 4.6 公里，人口 2241 人，耕地面积 1024.84 亩，麻蕉村是大洞镇三个省定贫困村之一，2016 年的时候为了尽快找到适合麻蕉村的脱贫之路，派驻到这里的工作队深入现场，经过一段时间艰苦细致的摸查与考察，决定因地制宜大力发展产业扶贫，并逐步确立将种植炮弹冬瓜、红薯和养殖清远麻鸡、蜜蜂等作为主要的扶贫产业。然而起初产业扶贫推广工作并不顺利，由于部分贫困户对扶贫工作缺乏了解，对通过帮扶脱贫不抱太大希望，所以一定程度上给扶贫工作的开展增大了难度。工作队深知扶贫先扶智的重要性，迅速展开了一系列的工作。首先，工作队向贫困户详细讲解国家惠民普众的精准扶贫政策，晓之以理动之以情，并通过入户走访了解到每一户贫困户的具体情况，再根据他们各自不同特点及其自身意愿制定"一户一法"精准帮扶措施。其次，邀请农业专家到村为贫困户开展种养技术培训，培养他们的技能以及增强他们发展产业脱贫的信心。最后根据贫困户具体情况为每一户贫困户专门制定一套属于自己的精准帮扶计划。

我们的扶贫工作在 2016 年第一批派驻扶贫干部的努力下，其实已经有了非常大的成效。我们第二批派驻干部除了发展之前就已经制定好的产业之外，还要发展新产业。像冬瓜一类的传统产业其实贫困户们之前就一直在发展，但是原来的冬瓜品质不高，产量也不高，各家各户种植得很零散。都说扶贫难，不是难在工作环境的艰苦，而是难在扶智。大多数贫困户对于扶贫的概念一开始是觉得要给他们送钱，不给我送钱我怎么可能会富得起来嘛，所以改变他们那种喜欢"短平快"项目的想法是很难的。我们一开始选择了几户比较容易做工作的农户先进行试种，更换冬瓜的品种，形成标杆效应；在进行了一段时间的种植之后，冬瓜的产量大幅度提高，很多农户靠着种植炮弹冬瓜，尝到了辛勤致富的甜头。

带不走的"工作队队员"——"冬瓜王"黄和伟

黄和伟就是其中一位代表人物，我第一次见黄和伟的时候，他还比较孤僻，我尝试和他沟通，他也不愿意和我多说话。从村干部的口中我了解到了他的基本情况：自从妻子出走后他们家便成了单亲家庭，黄和伟上有年迈失聪的老母亲需要照顾，下有两个孩子需要抚养，既当爹又当"娘"，而他又是家中唯一的劳动力，一家四口人的生活都需要他来维持。在 2017 年他开始尝试种植炮弹冬瓜，但由于初次种植，上市成品不高。在 2018 年的时候，我们再次邀请了种植冬瓜方面的专家到村里指导，黄和伟趁着这难得的机会不断请教。一番苦功后，他的种植技术有了质的提升，同时种植冬瓜的信心也上来了。之后他在勇明（麻蕉村驻村工作队队长）的帮助指导下不断扩大种植冬瓜、红薯，养殖麻鸡等种养事业，经过两年多的辛勤耕耘，2018 年他的年经济收入已经远远超过了脱贫标准。勇明常常和我提起黄和伟的状况，曾说自己劝他请人做帮手，但他却和勇明说，请人帮手需增加成本，他自己一个人干虽辛苦点，但为了能早日脱贫，靠自己双手劳动致富，再辛苦也值得。2019 年 10 月，勤劳的黄和伟得到了可喜的回报，在麻蕉村举办的冬瓜美食文化节冬瓜王赛比拼中，他所种的冬瓜以71 市斤的单个重量荣获"冬瓜王"称号，他瞬时间成了麻蕉村的"名人"。2019 年，他的家庭年收入更比上一年又几乎翻了一番。黄和伟正式迈向了脱贫奔小康的道路，成为麻蕉村精准扶贫脱贫致富的带头人。前几天和我聊天的时候，他还和我说想在镇上再买一套房子。截至 2019 年底，黄和伟共种植了 8 亩炮弹冬瓜，冬瓜收成后接着种红薯，另外还有 2 亩茄瓜和百香果，养殖了 200 余只麻鸡，问他干那么多产业会不会忙不过来，他表达说现在他觉得单一产业是走不远的，风险也大，但是多元发展多种产业的话，以后这样不行另一样也还能抵上。听到他这么深刻的觉悟，我是打心底里佩服他的，你说这些贫困户贫穷不就是因为缺少技术，缺少产业吗？通过我们的帮扶，他们觉悟提高了，有自己的想法，有自己的目标，这不就是对我们工作最大的肯定吗？我现在和黄和伟聊天，他整个人都变得不一样了，变得爱笑爱说话，有几次去他的冬瓜地里看他种植的冬瓜，他都要拉着我说上半天话。看到他的改变，我打心底里感觉到甜。

带不走的"工作队队员"——养蜂人周杨新

关于养蜂的产业，不得不提的一个人就是周杨新，2016 年的时候经过扶贫工作队的精准识别，周杨新成为麻蕉村建档立卡精准帮扶户之一。经过一段时间的考察走访之后我们发现麻蕉村自然资源丰厚，山上生长着许多有药用价值的鸭脚木，非常适合发展养蜂业，而本来就有养蜂基础的周杨新被我们选中作为养蜂试点户，并支持其 50 箱蜜蜂作为启动资源。周杨新如获至宝，马上开始了他的养蜂事业。为了尽快掌握养蜂技术，周杨新来到他一位远房亲戚的蜂场取经求教，但因不够专业，始终突破不了技术"瓶颈"。我们的工作队知道这个消息后，为了使村里的养蜂户提升技能，实现科学养殖，邀请了广东省养蜂协会理事长罗岳雄到麻蕉村开展养蜂知识培训，给予专业指导。勤学好学的周杨新抓住机会虚心请教，茅塞顿开。之后，他在工作队帮助下考取了养蜂工职业资格证书，成为广东省养蜂协会会员。接下来，周杨新学以致用，夫妻俩齐心协力，将他们的"甜蜜事业"发展得有声有色，经一年多苦心经营，已将蜂箱从最初的 50 箱繁衍到了 150 箱，2018 年家庭总收入达到了 12 万元，成为麻蕉村第一批摘掉贫困"帽子"的人。

春天本地蜜源不足，为了能产更多的蜜，获取更好的收益，每年 3 月，周杨新都会不辞劳苦，将蜂群拉到一百多公里开外的从化荔枝园"赶蜂"，前两年，他的赶蜂过程很顺利，尤其是 2018 年，3 个多月的风餐露宿换来 5 千多斤春蜜，经济价值超过了 10 万元。2019 年春，周杨新带着他 180 多箱蜜蜂像往年一样开启他赴从化的赶蜂历程。可是这一次却发生了意外，刚开始不久，他的小蜜蜂还来不及产蜜，短短三天时间不知道是什么原因开始一箱一箱地死去，最后存活下来的只剩下 30 箱。一听到这个消息，我立马从镇上出发和驻村工作队汇合之后，开了三个多小时的车，一百多公里的路，终于第一时间赶到了周杨新的蜂场；我们到的时候，周杨新正看着他的蜂箱发呆，一看见我们，他眼眶里的眼泪就在打转转，他说："刁队长，我以后该怎么办啊，全都白搭了！"说实话，看到他那个样子，我心里特别不是滋味，我安抚了一下他的情绪，嘱咐勇明看着点他的状态。然后第一时间和防疫站取得联系，希望他们能帮助我们找到蜜蜂致死的原因。随后就一直安慰和鼓励着周杨新，人生嘛，哪里会有一帆风顺的。既然事情已经发生了，那我们就去找原因，然后努力去补救。在那天之后，我们只要有空就会去蜂场看望周杨新，和他聊天开导他，帮他重拾信心。周杨新也是个能人，低谷了一段时间之后就重整旗鼓，在其他的赶蜂同行都已纷纷撤离的情况下，周杨新带着仅剩的 30 来箱蜜蜂再出发，更换了一个能确保蜜蜂安全的地方后继续耕耘，3 个月后居然又将蜂群规模扩大到了 103 箱，还成功采集了 1500 多斤春蜜。后来周杨新和我们说，他当时的情绪确实很低落，但是看到我们，他的内心就觉得再难也不要怕，再难都会过去的，我们没有放弃，他当然也不能放弃。如今的周杨新不同以往了，日子越过越滋润。2019 年，他的年人均可支配收入达到了 1.67 万元，已迈向脱贫奔小康的道路。去年，在政府和广州港集团支持帮助下，他盖起了一座两层的小楼房，一家人欢天喜地搬进了漂亮的乡村小别墅。他的脱贫成果让村里不少贫困户非常羡慕，充分认识到唯有脚踏实地、兢兢业业地发展扶贫产业，才有希望早日脱贫。他成了大家学习的榜样，成为名副其实的精准扶贫脱贫致富带头人。此外，我们也正将他的蜂场打造成兼备养殖中华蜂和进行养蜂技术培训的"美丽蜂场"。今后，养蜂将不只是他一个人的事业，他要培养出更多职业养蜂人，带领大伙一起致富！现在我去麻蕉村，路上遇到周杨新，他都会特别热情地拉我去参观他的蜂场。看到他脸上洋溢的甜蜜，我的心里也和吃了蜜一样甜。再说到清远麻鸡的养殖，以前农户们因为缺少相关的养殖知识，所以都不敢扩大规模；一开始的时候我们也不懂养殖技术，但是为了发展产业，我们就进行学习，查阅相关的养殖知识，请教专家。我们学会了搭鸡棚，学会了养鸡的防疫知识，常常钻去鸡场，和鸡打交道。有一段时间，我身上常常有一股鸡场的味道，周末回家的时候，妻子闻到我身上的味道问我是不是没去扶贫，而是去办了个鸡场。我笑着和她说，你不懂，这不是鸡屎味，这是幸福的味道！

带不走的"工作队队员"——养鸡能手黄天云

四年前的黄天云在大洞镇上的一间摩托车维修店内打工，年收入仅有13000 余元。他个子瘦小，且患有先天性心脏病，频繁的体力活使他羸弱的身体不堪重负，但为求生计只能苦苦地撑着。无奈屋漏偏逢连夜雨，其妻子也遭受病痛折磨，身患胃癌而动过手术，需要长期服药并定期复查。夫妻俩育有一子，一家三口仅靠维修摩托车和种植少量农作物的微薄收入，在沉重的家庭开支面前显得捉襟见肘。2016 年 5 月，广州港集团第一批精准扶贫工作队进驻麻蕉村，经精准识别黄天云成为建档立卡贫困户之一。工作队认为黄天云住家位于山顶，比较适合养鸡与养殖蜜蜂，经与他本人沟通，为他制定了一套精准帮扶计划：以养殖清远麻鸡为主，养殖蜜蜂和种植冬瓜为辅。在工作队指导和帮助下，黄天云终于"开窍"了，逐步消除了顾虑，积极性提高了不少，并领到了工作队派发的 30 只麻鸡苗，成为第一批试点养鸡贫困户。初试成功后，2017 年他兴趣渐浓，分两批领养了 300 只麻鸡，另外加上种植冬瓜、沙糖橘等，夫妻俩起早摸黑勤劳耕作，经过一年多的努力，2017 年他们家庭可支配收入达到了 57021 元，比开展精准帮扶前翻了几倍，经济收入远超过了脱贫标准。经济条件改善后，在政府补贴及广州港集团的帮扶下，黄天云进行了危房改造建起了新家，解决了水、电、网络、通信等问题。等到 2019 年，我见到黄天云的时候，他已经在新家后山利用当地麻竹资源搭建了 200 平方米的鸡舍，打算进一步扩大自己的养鸡事业。除了我们给他派发的 150 只麻鸡苗外，他自掏腰包购买了 200 多只鸡苗一起饲养。在他的积极带动下，其他贫困户也纷纷效仿，个人出资购买多一些麻鸡苗回家养殖。更难能可贵的是，几个月后麻鸡出栏销售时，颇有心思的他留下 80 余只母鸡，用来下蛋然后孵小鸡。他并不懂这方面技术，从零做起，通过不断学习、摸索，反复的试验，两个月后已经孵化出好几十只小鸡了。

他对养蜂有兴趣，我们就专门请来了专家指导他，并给予帮扶 20 群蜜蜂作为启动资源。到目前为止他的蜜蜂已发展到 50 余群了，年产蜂蜜1000 多斤，收入 3 万多元。说到这，不得不提的是他的妻子，黄天云妻子阿娟读过初中，有一定的文化基础，通过大洞镇上的一些快递代收点把农

2019 年 11 月刁国雄正在帮助帮扶项目产品清远麻鸡加工打包

产品往线上去销售，还建立微商平台销售自家产的农产品，取得了不错的效果，可以说是走在电商扶贫的前面了。在镇上随时能够碰到她，每次碰到她的时候都是喜笑颜开的，能够感受到她的喜悦。黄天云的养鸡场位于他家对面山上，黄天云随时在鸡场里放音乐，好几次路过他的鸡场都能听到鸡场的音乐声，问及他原因，他就特别自豪地和我们说：音乐声一是能阻隔恶劣天气等产生的异响，避免鸡群受到惊吓；二是能防止黄鼠狼等动物走近对鸡群造成伤害。他那说话的姿态俨如已成半个养鸡专家了。现在黄天云的鸡场里共有 3000 多只麻鸡，属纯正 2 号清远麻鸡，除喂养食料，鸡群在山林里随意行走，还能捕食到小虫等物，故肉实、皮脆，比较受食客欢迎。这次他是跟弟弟合伙经营，兄弟同心一起打拼，而且这些鸡已跟商家签订协议，成鸡后只要合格，则由商家包销。几年来，他的经济收入逐年攀升，2019 年他家庭可支配收入达到了 119421 元，人均可支配收入 39807 元，已迈上了脱贫奔小康的道路！如今的他，已不必再担心妻子的医药费支出，也无须再为孩子的教育等而发愁。

带不走的"工作队队员"——养鱼达人肖社荣

除了传统的种植业和养殖业，我们还发展了一项高新技术产业——集装箱水产养殖。这是一种以陆地为基础、以养殖箱为载体、运用高新技术全面有效地控制养殖环境和养殖过程、摆脱自然水域环境对水产养殖影响的全新模式。与传统水产养殖方式相比，集装箱养殖建设周期短、养殖成本低、养殖过程完全受控、抵御自然灾害能力强，既能节约资源、保护环境，又能高效精品产出，是高科技水产养殖的热门方式，符合水产养殖的发展方向。

2017 年 10 月，我们利用广州港集团下属单位黄沙水产市场在水产品"供销"方面的优势，3 个贫困村共同在大田村元江地段投资建设集装箱水产养殖基地。该基地分两期建成，总投资约 100 万元，项目由广州黄沙水产交易市场有限公司负责运营管理，广东省渔业种质保护中心提供技术支持，采用无线物联网智能监控系统，实现智能化数据探测、采集、处理与远程控制等操作。集装箱水产养殖项目采用"产业＋科技＋扶贫"的发展模式，以产业试点、科技兴农和精准扶贫作为项目的发展目标，不仅为大洞镇引进新兴的产业，将其打造成为内陆淡水鱼优质水产养殖区，同时也为大洞镇麻蕉村、大田村、黄塘村三个重点村的贫困户和村集体增加经济收入，实现产业脱贫。

聘请贫困户人员肖社荣担任渔场饲养员，培养其成为水产养殖能手，现在的肖师傅经过几年的培养，已成为大洞镇抢手的养鱼能手，有好几个企业老板过来想挖他走，但他都坚定地拒绝了。他说是广州港集团培养他的技术的，他现在有了技术就更应该用他的技术回报我们。你别看肖师傅文化水平不高，但他说的好多话都让我们深有触动，他常常说有人扶（帮扶）你还不走（往前走脱贫致富），你就没希望了，他深刻地认知到通过帮扶，最终还是要靠自己的双手才能实现脱贫致富，等着别人推你走是没有用的。肖师傅还有一句话：山重水复疑无路形容的是广州港扶贫工作队来之前，柳暗花明又一村说的是广州港扶贫工作队来了之后。听到这种话，我们几个驻村干部心里是非常有感触的，一方面觉得自己的工作得到了认可，另一方面也觉得贫困户的改变让我们觉得欣慰。

自 2018 年 9 月驻村以来，我和广州港派驻干部们，共同协调镇村干部形成扶贫工作合力，引导贫困人员劳动致富，将帮扶工作贴身做到户，并利用当地自然条件和劳动力，大力发展做到户的种养，形成"四种三养"主体帮扶产业（炮弹冬瓜、百香果、红薯、香芋南瓜种植和集装箱水产、清远麻鸡、中华蜂养殖），项目精准到户，带领驻村干部通过走村入户了解贫困户的劳动条件，动员引导其参与到帮扶产业，有劳动能力贫困户根据自身条件都参与到"四种三养"主要帮扶产业之中，使贫困户感受到"劳有所获"，取得"扶志扶智"良好效果，实现贫困户从产业初期被动参与到现在主动发展的转变。与此同时，最让我自豪的是，通过打造各产业的带头人，既留下了一批产业，又留下一支本地的"工作队"，实现产业长效发展的目标，即使我们驻村的工作队之后离开了，这支本地"工作队"也能帮助农户们种好冬瓜，养好蜜蜂，养好鸡，种好百香果！

四 扶贫路上的"加油站"：身后的坚实力量

对于整个扶贫工作，我们广州港集团是非常重视的，集团领导非常支持。我们的分管领导每个季度都会进村实地考察产业发展情况，再和我们的下属公司进行对接，公司内部成立了扶贫办公室专管扶贫工作。每个月通过驻村干部反馈的信息，我们扶贫办会共同来商讨下一个月的扶贫计划，然后我们在工作计划的指导下有序开展扶贫工作。并且，集团扶贫办还专设了一位工作对接负责人，我们在村里实地工作如果碰到什么困难，也可以向负责人反映情况。

打赢脱贫攻坚战，因地制宜发展产业是根本，而产业持续健康发展的关键是贫困户生产出来的农产品能及时销售出去，使农产品能转换为经济效益，因而消费扶贫工作是对口帮扶工作中的重要一环。2019 年，在上级相关消费扶贫政策的推动下，我们这几个驻村干部一方面充分依托广州港集团的后方资源，着力开展消费扶贫工作，通过及早将帮扶村今年农产品的出产时间、数量与价格等信息告知广州港集团工会，在集团工会主席例会上安排驻村干部进行扶贫产品现场介绍等方式鼓励各单位工会在政策允许的情况下积极采购扶贫产品，同时通过微信发布农产品信息，让集团员工自愿购买适合的农产品；另一方面我们几个驻村干部积极联系市场销售渠道销售贫困户生产的各种农产品。通过各方的共同努力，经初步统计，三个村 2019 年通过消费扶贫销售百香果、黑皮冬瓜、紫心番薯与蜂蜜、山泉水鱼、清远麻鸡等农产品合计 180 余万元，基本实现了供需良性循环，为贫困人员彻底脱贫提供了强有力的支撑。目前广州港集团已经联合三个帮扶村相关负责人与清远部分有实力的农产品电商平台对接洽谈，销售方的负责人已多次到实地调研，双方正在研究合作方案。之前贫困户所生产的农产品主要由爱心企业帮扶消化，经过几年的发展，农产品生产逐渐向规模化和精品化过渡，我们也正在探索"企业＋基地＋贫困户合作社"的产销平台，我们将尽力为产销两方搭建起合作平台，让贫困户实现真脱贫，早日做到依靠自己勤劳的双手真正走上致富的道路。

五　酸甜苦辣都值得，百姓俱欢颜

从 2018 年 9 月到 2020 年 7 月 29 日，我派驻大洞镇快两年了，在这六百多个日日夜夜里，我每一天的关键词就是"扶贫"。扶贫应实现帮扶单位输血到贫困户自己造血的过渡。扶贫不应该是扶一下帮一下，而是要让贫困户们能够真真正正的通过我们搭建的平台，通过自己的双手辛勤劳动，最终致富。看到周杨新在蜂场取蜜，看到黄和伟在冬瓜地里拍冬瓜，看到肖社荣在养殖基地奔波的身影，看到黄天云的妻子在快递站忙碌……这些场景晚上睡觉前会一遍又一遍地在我脑子里重复，这些农户脱贫致富全部都是我们帮扶的功劳吗？不，很大一部分原因是这些农户自身知道要努力要付出劳动，他们身上那股韧劲是让他们脱贫致富的最大原因，他们通过自己的双手在我们给予了一定帮助之后改变了自己的生活现状，改变了自己的命运。这不就是扶贫工作的初衷吗？这些农户之前之所以贫困是因为他们自己懒吗？不，实际在扶贫工作中我发现不是这样的，很多农户之所以贫困就是因为缺少一个窗口，缺少产业的发展，想脱贫但是却没有方向。我和我们工作组的同事常常说，我们的到来一定程度上可以说是给这些贫困户一个绳子，勤劳的他们会顺着这个绳子慢慢爬上来，虽然这个过程会有一点慢，但是他们总会爬上来的！我深刻地感觉到我在大洞镇的这两年没有白待，这两年非常有价值！我回家的时候，常常在饭桌上和我的家人提起这些贫困户的故事，像周杨新啊肖社荣这些随时提的名字，我的妻子说她的耳朵都要听得长老茧了，但有时候和我打电话又会主动问我关于他们的故事，我感觉得到我身边的人也在被我影响，说明我的扶贫工作没有白做！只有产业发展起来，贫困户才能真正走向致富！

扶贫干部从城市到农村，要接地气、贴民情。只有真正贴合农户的实际情况，整个帮扶工作才能顺利开展，不能想当然地觉得应该是这样，就这样做了。政策的制定到执行的过程是一个漫长的过程，扶贫干部作为政策的执行者，要根据实际的民情风俗来开展工作，要尊重农民的风俗习惯也要积极和当地的本土干部沟通交流，了解具体的情况，再进行具体工作的开展。总的来说，尊重和沟通在扶贫工作中是第一位！另一方面扶贫先扶志，要用心帮，帮到心里去！精准扶贫就是要改变贫困户的意识，发挥主观能动性，但实际工作中这个工作往往是最难开展的，如何克服困难如何真正走进农户的心里，也是最为考验扶贫干部的。以前贫困户那种喜欢见效快的项目，希望付出之后立马见到现金的想法是很难从根本上进行说服的。我们只有慢慢、慢慢地通过沟通交流，用实际行动去影响他，用事实说话，才能让他主动自愿地进行产业发展。要让他们明白，"短平快"的项目并非长久之计，只有做到产业脱贫、劳动致富才是长效之路。脱贫只是一个过程，共同富裕才是真正目标。后扶贫阶段，工作重点在于如何将产业基础持续发展下去，充分利用扶贫产业专业合作社、农村综合服务站、农村电商等平台，将散小农户有机地和现代农业产业产、供、销链衔接起来，以使散小农户种得出、养得出、卖得出，使其劳有所获，才能提振信心、鼓动积极性，通过产业持续良性发展实现勤劳致富。让贫困户脱贫，让那些非贫困户也能参与到产业发展的路上来，最后大家共同走上致富的道路，这样我们的扶贫工作才算是真真正正的落到实处了！

我常说做扶贫工作是要付出的汗水有很多，扶贫干部是很辛苦的。这一路上的离家的心酸和环境的艰苦只有自己才知道，但是这一路上的甜和辣，却会让人回味一生。相信整个精准扶贫工作会早日实现"得广厦千万间，大庇天下百姓俱欢颜！风雨不动安如山"的美好愿望，等到那一天真正到来的时候，我们这些扶贫干部这一路上所有的酸甜苦辣就都值得了！

我在易地扶贫搬迁社区当干部

受访人：谢正强

访谈者：谢治菊

访谈时间：2019 年 5 月 27 日

访谈形式：当面访谈

访谈地点：遵义市桐梓县柏果树社区

访谈整理：许文朔

访谈校对：许文朔

故事写作：许文朔

受访人简介：谢正强，男，汉族，中共党员，桐梓县海啸街道党政办主任，现任桐梓县柏果树易地扶贫搬迁社区党支部书记。2018 年 2 月调职，负责柏果树社区易地扶贫搬迁后续管理工作。柏果树社区由全县 23 个镇的贫困户组成，贫困人口占总人数的 87.5%，残疾人口占总人口的 10% 以上。在这样相对特殊的社区中，谢正强讲述了社区的"非常态"治理故事。

一 从空白到画卷：易地扶贫搬迁社区的建设

我叫谢正强，原来是桐梓县海啸街道党政办的主任。2018 年 2 月，组织下派我到柏果树易地扶贫搬迁社区当社区的党支书。现在这个安置点从 2018 年 1 月，陆续有群众搬进来。2 月份的时候我们接到通知，按照县里面的统一安排，我和另外几个干部被抽调过去，主要负责移民搬迁和后续的服务管理。当时过来的时候我们心里就有个思量，知道这个工作非常的

2019 年 5 月谢正强（右）接受谢治菊访谈

特殊。我也好，我们另外一个干部韩哥也好，我们七八个人都非常重视易地扶贫搬迁的后续服务工作，也知道工作是有难度的。工作的难度主要体现在贫困率很高，社区的居民一共有 683 户，贫困户有 592 户，占了总数的 87%。所有的居民都是来自我们桐梓县里的 23 个乡镇。柏果树社区是扶贫搬迁社区，这一点比较特殊，从当时县里面给我们的数据来看，群众好多都是老弱病残。我们虽然之前都是在基层干工作，基本上都接触过贫困群众，但一下子接到那么多贫困群众，而且有那么多特殊性问题，如此的复杂，还真是第一次。随着群众慢慢地搬到这里来，我们的干部也都挨家挨户进行了走访，努力配合省里、县里的脱贫攻坚。通过在工作中和群众的不断接触与了解，我感触很深，深刻认识这确实是一个非常弱势的群体。

农历的二〇一七年腊月二十七八，也就是公历 2018 年 2 月初，我们接到通知要调来这个社区。来了一看这个地儿啥都没有，我们就临时买了两张桌子、几个凳子，准备点办公用品，就过来办公了。那时候组织了几个人员，包括派出所安排了几个干警过来，队伍就这么成了。

群众基本上是那个时候到，我们也那个时候过来了。一开始周围是什么都没有啊，甚至周边卖东西的也没，群众来了以后，他们对地点也不熟悉。当时我们办公室还没有装修出来，我们都是用临时抱过来的打印机打印资料，给他们发通知。（通知上写着）我们的办公电话、值班时间，让他们有事儿的话就过来找我们。

正值过年的那段时间，他们搬家过来的时候还得把家里晾的腊肉这些吃的都搬过来，所以水、电这些我们也得做好保障，那段时间我们的干部就经常往他们家里面去看，看这些东西都到位没有。有的群众准备的吃的不多，我们就看看他们还有没有吃的。为防万一，我们也都跟县里面申请了储备粮食，因为周围确实什么都没有卖的，如果出问题也可以随时调过来，最起码在吃食上做好保障。就这么的，我们开始在这个地方上班了。

贫困户从老家里搬出来，我们给他们都是按照省里的易地扶贫搬迁标准配备的安置房。贫困户按照每人 2000 块钱的标准，作为搬迁费用交给政府，如果是非贫困户随迁人员的话，每个人按照 10000 块钱的标准上交。搬过来的有几十户随迁户，他们能搬过来享受这个政策，前提是他们居住地方是环境恶劣的，虽然家里有劳动力，但房子比较破，生活也紧巴。政府给这些搬迁户配备了"七个一"：一台电视机、一个热水器、一个沙发、一个梁板、一张床、一个衣柜和一套窗帘——入住后基本生活是完全没有问题的。社区里面人口最多最多的一家人有 11 口人。一套房子住不下，那他们就是两套房子，两套房子里也都是配备到位的。我们在搬迁户的居住条件这块儿，是完全保证（到位）的。

让老百姓搬出来，还要让他们留得住，首先是公共服务体系要做好。最开始，我们这里没有卖东西的，后来有了一个超市，是那种便民超市、平价超市。当时政府喊老板们来开店是没有人来的，后来经过动员还是有一个人过来了。他来的时候政府就给他说明，油、盐、大米，这三样东西必须要平价。意思就是，这三样上，老板不赚钱，最多把运输的费用加进去，这个价钱政府要抽查的。其他的生活用品，可以是市场价，但是最基础的这些我们要给予搬迁群众最优惠的保障。

另外，教育和医疗这些也都在努力做，做得还是不错。小孩的教育很重要，是大事情。我们辖区有一所高中和三所初中，初中两所是公立的，一所私立的。那小学，就是我们柏果树社区的指定小学，很近，离的只有 1 公里，走路可能十多分钟就到了。社区幼儿园也是匹配好了的，4 月份正式开学了，现在学生有 69 个。如果当时能如期 3 月份开的话，人数达到一百四五十个是没有问题的，现在幼儿园里边有 3 个班，大、中、小一个年级一个班，这都是公立的，收费都是县里面的最低标准。这全托幼儿园里边要照顾小孩子午睡，还得买铺盖，每个小孩都要有，铺盖的费用是 280 块钱的铺盖，加上一些其他费用，一个学期的学费是 1003 块钱。但现在我们幼儿园正在给贫困户每个孩子申请办理每学期返还 600 块钱的教育补助，也就是平均每个月 150 块钱。这 69 个学生里面贫困户占了 40 个，县里面给了 60 个指标，算下来，基本上就只有几个得不到。

医疗上我们也很重视，一个大的医院马上就开业了，大概 9 月份、10 月份。我们为什么把搬迁点设在这里？就是这边总体资源很好，而且重庆第三军医大联合的黔北医院要到这里，黔北医院建好了的话，我们安置点前面两公里左右就是医院，这对安置点的群众是一个很好的帮助。县医院，说老实话，有时候加床都加不到，政策虽然很到位，但是病床很紧张，有了大医院确实就好一些了。

我们这里还有服务大厅，也是按照县里面的统一模式，公共设施全部都是配备到位的，安置区里面是有警务室配备的，基本上长期都在，但是说老实话那里只有一个民警在，但好处是我们这里离派出所很近，1 公里不到。有什么事，他们随时也能开车赶过来。因为我们这群人、这个地方都比较的特殊，有喝醉酒的，有不讲道理的，还有很多残疾人，这些全部都属于弱势群体，而且大家还喜欢去凑热闹。对，他们来看热闹这种问题，我们只要发现有，就会马上派干部或者党员去看到底怎么回事，保证社区不出问题。

二 特殊中的特殊：重点帮扶中的重点关注

老百姓们刚来的时候有点像刘姥姥进大观园，对各处都非常的陌生，也很新奇。我们这个社区说得不好听一点，就是把农村那些发展有待提高（的对象）都集中到这一个地方来了，很恼火①，尤其去年、前年搬的这一

---

① 恼火：方言，指麻烦、发愁、困难、辛苦。

2019 年 5 月柏果树易地搬迁社区外景图

批，都非常的恼火。比如说有几个，都是很老实的人，他们都非常想去干工作，但是什么都不会，也做不好，没有人用他，真的愁得很。还有一类就是经常喝酒、扯皮的，是真的就不讲道理。卫生习惯也是很大的一个点，他们才搬来的时候，垃圾乱扔乱甩，从楼上就直接甩下来了，不注意点，打到人都有可能。还有更严重的，有些人真的很懒的，我举个例子，他们倒垃圾都不会倒，甩都不甩。有几个家里所有的残渣剩饭都往下水道里倒，家里边特别乱，这种去动员、发动都是不行的，没有用。你今天去督促，他稍微收拾一下，明天又恢复老样子。我们人员又少，也不可能天天去盯着他，没时间又看不到了。我们社区里有一户，才搬来的时候直到前段时间，屋里头都还臭着，从 5 楼直接臭到 2 楼，我们动员了 3 次都没有办法，社区干部也经常去。这家人是有低保的，后来故意吓唬他一下，说你这样我们要考虑你的低保得……他后面稍微就好一点了。像这种，他们还保持着农村的生活方式，这里大概有两三家是这个样子，其他的屋里头都还算干净。这种就是你让他扫他扫一下，不让他扫他就不动了。我们开会的时候使劲说这个问题，不停地说，那么这些方面的不好习惯，慢慢地就改过来了。我们从他们自身的卫生习惯，到从阳台乱扔东西的安全角度一起宣传。对于我们这些宣讲，还有个别不管用的，你怎么动员怎么发动都不行的，我们就想了个办法，带他去那些弄得好的家里头参观，第二就对他这生活方式适当地进行一个小范围的曝光，比如喊他同一栋楼的悄悄地去做他的工作，去他家里说说话，不伤他的面子，也让别人看他们家里什么样。我们也是怕他有太过激的行为，造成一些负面的影响。但多数的情况下，我们都是通过群众会公开批评这种现象，然后鼓励他们把自家的卫生搞好，从讲文明讲礼貌开始，再到找工作致富。

这个社区贫困户多，再加上是易地扶贫搬迁，这两点还不是最特殊的。最特殊的在哪里？这里面的残疾人有297个，一级、二级残疾的就有八十几个，而且精神类疾病患者有28个，精神疾病和身体残疾的总人数是297个，真的是非常非常恼火的事情，也多亏了有低保政策，他们是直接可以享受低保的，能维持生活。除了这些，还有250多个慢性病的高血压或者其他类的，反正是根据我们贵州省所制定的新农合的规定，属于那28类的这种慢性病病种的，一共250多个。残疾人数和慢性病的中间有一些交叉，人员的话，这两类大概在400人。他们搬过来之后，原来的农村低保，都全部转成了城镇的低保。以前，他们在农村享受100多块钱一个月，现在都是按照每月570块钱的标准。我们在6月1号开始也执行了，贵州省的最新标准，每人每月590块钱，而且加上另外两个政策，家里有在读学生的每个月补贴170块钱，有60岁以上老人的家里补贴170块，如果有残疾人，一级残疾每个月加50块钱，二级残疾，每个月再加40块钱，是这样对他们进行兜底的保障。我们这里一共有592户，低保的家庭就有373户，也就是说，我们这里60%都是低保户。我查了一下这个费用，我们社区每个月要发40多万元，由县里面的民政局发到他们的账户。这对这些特殊群体的生活，就有了一个基本的保障。

因为是搬过来时间不长，对周围都不熟悉，会有精神不正常的，或者说是智障的，出现迷路的情况。我们知道了之后，干部们马上把微信群建立起来，派出所的同志也跟我们一起，临时地、快速地把问题给解决了。（对于）他们的这种迷路问题，我们社区跟街道报告了之后，我们自己买了台打印机，打印了一批居住证。给这些精神有问题的，包括60岁以上的老人全部都办了，就让他们随身带着居住证。有次有个人在外边找不到路了，就是通过这块牌子，人家帮着给找回来了。这种居住证我们一共发了400多个，里面多数人都是智力和精神有问题的。针对这一类人群的管理和服务，我们就用这种方法给他保障了。

像这类特殊的群体，我们就是通过大数据技术，把信息都建立完善，并且注意跟踪到位。我们社区和县的妇联残联街道都经常跟他们联系，并且为他们争取更多的政策。比如有个残疾人无障碍通道的改造项目，给每个残疾人（家里）都改造，根据他们自己的情况，比如说入户通行，厨房的灶头要搞矮一点等，补助项目最高给到3500块钱每户，直接补助给残疾群众。对他们的照顾还体现在我们开展了两次大型的招聘会和培训会，专门为残疾人开设。而且6月份马上就是残联的残疾人助残日，我们也为他们申请了很多东西，比如说手推车、近视眼镜，还有拐杖、盲杖等。

社区也重点关注了没有劳动能力的待就业人员，我们这里确实离县城非常的近，交通区位优势比较好。去年我们按照我们县里扶贫办的要求，有个专门的培训机构到我们那儿去组织了两期专门的就业培训，另外还有一些针对残疾人的培训，贫困户如果来参加培训，能拿到40块钱一天的补助，一般培训30天。还有一些专门针对妇女的培训，一般都是短期的，只有7天或者是2周这样的。这又让他来参加培训，还给他发钱。有的我们是把单位请到这里来招聘，有的是在县里面招聘，我还专门联系公交车公司拿免费的公交车送他们去参加招聘会。而且培训了之后，他们就业的成功率能达到60%左右。来我们这里培训的各种领域都有，其中有一种是培训护工护理，现在这个工作的工资已经涨到7000块钱一个月了，这方面的就业率还是很不错。还有一些人找工作，高不成低不就，觉得工资低，又觉得自己可能得低三下四的那种，都找不到工作。

这就又说到群众思想问题了。还是有几个，电和水都弄不清楚的那种，房子漏了，跟我说住不下去，要回老家；没饭吃了，也说要回家了。我们真是恼火。我们就这么几个人，对上又要对下，感觉自己都要疯了！他口头说是要回去，实际上不回去。还有一些老说不满意的，怎么说呢？他是客观的不满意，遇到不符合政策，就不满意；符合了政策就满意，靠全兜底的这种，他绝对满意。这些人可能家里边确实有其他的人在打工，但是他自身有点小病小痛的，就想要低保，这靠政策也靠不起。没得办法了，哪个都不能违规，他本身就是不符合规定的。我们这儿有一个老嬷，60多岁，她儿子有点轻度的精神状况，所以这个老嬷去年申请了低保，低保审批本身也不是很快，她在老家没有低保，去年来的时候6月份申请的，然后上个月低保核查的时候，查出她自己身份证下面的卡里有两万多块钱，老嬷就说是她女儿还有她的各种亲戚给她存的，所以她这种是不符合的，因为根据规定，低保存款不能超过收入乘以人数的1.5倍。她不符合规定，所以说这个老嬢就很不满意，这种也没办法。

从我们过来到现在，社区都是认真地按照县里面规定开展讲习所，包括去年脱贫攻坚到今天，每个月、每个星期都要跟群众开一次，这种群众大会把国家的相关政策法规、技能培训、居规民约这些都加在这里面，目的就是来提升他们的综合素质，并且对职业能力进行一个培训，我们就想让他们达到礼仪礼貌的要求，遵守咱们这个地方的居规民约，规范一下行为。

三　跨越道道障碍：坚持不懈的攻坚克难

我们社区工作人员有 8 个，我是我们社区的正式干部，有四个村干部编制，有一个是我们安置点推选出来的俩公益性岗位，另外还有一个搞禁毒的，一共有 8 个人。说实话，我们八个人进行社区管理还是有点恼火，毕竟社区 2000 多个人，人口组成也比较特殊。之前我们是实行到干部包楼制度的，就是一个干部包几栋楼进行直接负责，但是后面实行不下去了，因为我们忙不过来，干部实在是太少了。而且很多时候根本走不动①，我们的文书走不动，我也走不动，我一会儿得开会，一会儿群众又来找我说事情。文书每天要给群众打证明，或者要联系相关的咨询，搞服务的对接。搞低保的干部也走不动，他一个人要负责我们整个街道的 373 户低保。我问了问其他的社区，都是一个干部负责七八十户低保，最多 100 多户。也就是说我们这里的一个负责人干了 3 到 4 个人的工作，有时候他自己的工作都还要大家去协助他，根本没有办法，搞不过来。低保的工作任务很艰巨，也非常的重要，一般的安置点，至少要配备两个这种专业人员，我们这里那么复杂，300 多户低保，就这么一个工作人员。你看我们一共 8 个人，有 3 个走都走不动，而且社区里边特殊群体，实在是太多了。最开始的时候一个人包了 4 栋 5 栋，但是有的干部生病了，变动一下，其他什么事情又变动一下。因为这些，我们这个包楼栋的制度就没有实行下去。

但是我们这里还是有楼栋长的，去年 6 月份的时候，我们按照程序组织选举选了 20 个楼栋长，也相当于我们社区的群众代表。他们是义务劳动

---

① 走不动：方言，意味因事走不开。

的，是没有工资的，他们有事儿就找我们咨询，然后还要跟这栋楼里面的住户说，让他们了解政策，解释得更清楚一些。除了楼栋长，我们还有 12 名义务巡逻。对，我们巡逻队也不像是你想的那样，穿着统一的制服逛一逛，我们是没有统一衣服的，但是他们很积极很上进，而且热爱公益事业，他们真的帮了社区处理了很多事情，比如有不遵守卫生规定的、摩托车乱停乱放的、老人家找不到路的他们都要管。包括我们干部没有在的时候，他们还帮助协调处理一些群众的矛盾纠纷。他们很辛苦，也很不容易，也是完全没有工资的，我们社区去年从我们的工作经费里边出钱，给他们一人买了一袋子大米，作为慰问。

前段时间，县里刚刚出了一个政策，叫作易地扶贫搬迁安置点的扶贫专干，给了我们 15 个指标，解决这种家里确实零就业的家庭，他们自身能为社区干点事儿，就比如说这种义务巡逻，给那些家庭，打扫打扫卫生、招呼一下社区秩序这些。给了我们 15 个名额，但每个月只有 550 块钱，明后天我们就要按照程序来落实这个事情，之前我们干部走访摸底安排得差不多了，把人员确定了就张榜公示这 15 个名额。

我们这里人员确实少，2000 多个人，我们七个干部，有一个今年得了脑瘤生病住院了，现在是我们七个。人员配备这个问题是真的恼火，而且我们这里有两个公益性岗位，你看名字就知道是公益性的，其实挺不公平的，你看我是村干部，按照规定我每个月领 2300 块钱，他们每个月就是 1570 块，这里面还要扣 300 块钱社保，相差了 1000 块钱。但是大家干的事情差不多，付出的也差不多，能力也差不多，这样干着都没精神，而且维持基本生活都恼火。我们这七个人，现在就是这么撑着。

除了我们人员干部问题，工作保障经费其实也有些问题，我们的办公经费组织部给了我们 40000 多元，街道上给我们补了 17000 元，一共也就是说不到 60000 块钱。因为我们去年才成立，我们这些家电、电脑、打印机、凳子、桌子都得重新买，这些都是赊来的，当时紧急办公，过后再按照程序把账付了一点，到现在为止，还差电脑供应商 50000 多块钱。虽然各级部门都重视我们，适当地给我们补助点，但是他们也没钱，上边儿拨款给乡镇，乡镇再到我们村及账户，我们很恼火的。不说别的，我们这个电费开销就不少，你看这个大屏幕，有时候不敢开，一个小时耗电就能有三十多度。去年的电费花了 10000 多块钱，我们街道办给我们出了，从今年2月份开始，我们就自己负责自己家了。我们安置点有一些店面，现在政府有一个政策的征求意见稿，说是前三年利润的5%返回到我们社区作为办公经费，但是到现在多数都没有红火起来，就还没有收益。

你也看见了，我们这个地方紧挨着马路，这边的交通环境很好，但是车子速度很快。旁边这个路叫桐梓大道，其实路上是很不安全的。交通安全设施不到位，这3公里都没有红绿灯和减速带，群众反映了很多次了。我们这里住了很多老弱病残，有很多精神不正常的，那么这就是个很大的问题。来往车辆车速很快，非常容易发生车祸。

说完了社区外边儿，社区里面也有挺多问题的。你看这有挺多路灯的对吧，路灯、地下车库的照明，反正是从来没亮过，也不知道哪个能去拿钱把电安上。我们跟街道上打了两三次报告了，到现在还没有落实。这个说到底还是因为没有专业的物管，我们想过去成立，但是物管的费用谁来出？花花草草的绿化养护，这都是个问题。绿化养护有一年的免费服务期，现在已经到时间了，真的就是又得靠天了，但是我们也做了准备，我们找了15个人。别的也没钱，买了几根水管，接上水，到时候就浇水。后续的物业管理费用真的很恼火，我们这里那么多户人，17栋楼，只有4个化粪池。这一年已经堵了两次了，往上面反映，也是求爷爷告奶奶，后来领导出面跟工程队沟通来给我们修的。这个自己修，又要三五千块钱。房子出了啥管道问题、工程问题等，可以免费为我们负责5年，那么5年之后要怎么办？这是一个需要考虑的问题，这些问题的原因都是没有相应的经费。

我们这个地方确实特殊，群众也特殊，他们什么事情都要找社区里的干部去做，交电费交水费，这种事情他要找你，停电了停水了，他也要找你。而且咱们安置区是没有物管费的，也有的人说你们可以收物管费，我们也方便。但我就说，哪个敢收啊？这最起码县政府发了文件我们才敢收。其实按照我们的工作来讲，起码要给每一个搬迁群众配备30到50块钱的管理经费，因为这方面的人力投入非常大。不说别的，就说他们过来打证明——打证明我们打得非常多：开学的时候学生们要打证明，涉及到补助要打证明——这些都没有收费的。我说我们这里经费也不宽裕，我们有时候给他们复印30张，我们收一块钱，他们就说我没钱付不了钱，我们开群众会的时候也讲了这个问题，群众也能理解了。

这已经是四个问题了，人员的问题、资金的问题、基础设施的问题和工程管理的问题。但更重要的问题还是群众的意识问题，他们有一点小问题不满意，就表示要来找我们，要来找我们闹。原因也是他们本身的文化素质太低，这个已经没有办法了，他们那一代人都恼火了。可能大家都说，通过扫盲，进行一些基本生活常识的再培训可能有所帮助，但是大部分都是没什么用，这么做只能让他们知道哪些事情能干，哪些事情不能去干，而不是说有其他的思想转变。讲老实话，转变他们真的很难。当然了，多数群众是很好的，相信干部们的话、政府的话，这点是没有问题的，我们也是多开群众会，多跟他们说。

我们开群众会，只要是在家的，都让他们过来，如果没在家，我们就通过微信群告知给他们，确保传达到位。说到宣传，我们这个社区真的跟其他社区不一样，其他社区宣传问题贴上告示或者宣传广播说一下，但是我们这里面的群众不行。以前落实关于他们的政策，都是要靠包保干部挨家挨户地去说，可是我们现在只有七八个人，就只能通过这种大的群众会去宣传，但是我们要转变语言方式，用特殊的方式去跟他简单、明白地讲，要用他们能懂的那种方式告诉他们，比如低保哪些条件符合，哪些不符合，能不能符合，这些都要跟他们讲明白。这样大家才能明白，工作也才能继续开展。

一石激起金井泉涌

受访人：石国兴

访谈人：谢治菊

访谈时间：2019 年 2 月 20 日

访谈形式：当面访谈

访谈地点：贞丰县北盘江镇金井村村委会

访谈整理：肖鸿禹

访谈校对：黎明霖

故事写作：黎明霖

受访人简介：石国兴，1985 年生，贵州安龙县人，原为北盘江镇
派出所指导员，2018 年被县公安局派到金井村担任第一书记，2019 年
入选黔西南州公安司法机关支援贞丰县脱贫攻坚减贫摘帽护航战队。
在访谈中他提到了自己的家庭基本情况、为何来驻村、目前扶贫工作
的难点以及驻村干部管理上的问题。

一 虽有悔老小，却无悔驻村

　　我是 2018 年 2 月从乡镇派出所调到金井村任第一驻村书记的，现在是 2
月，一年跨了两个年头，我到这里算起来也有一年了。每个乡镇都有派出所①，

---

①　派出所又称公安派出所，是公安系统的基层组织，是中国市、县公安局或公安分局管理
　　社会治安和户籍工作的派出机关。公安派出所根据地区大小、人口多少、社会情况和工
　　作需要设立。城市一般按街道或在流动人员较集中的火车站、港口等地方设立；农村一
　　般按城镇、乡设立派出所。

2019 年 2 月石国兴（右）接受谢治菊访谈

派出所就相当于县公安局派出单位，我就在北盘江镇派出所里面当指导员。

为什么会选我而没选其他人去驻村呢？组织在挑选驻村干部时可能考虑到的一个原因就是，我一直在点（原来工作地）上班，对这边的情况比较熟悉，所以工作开展起来的话，也要好开展一些。组织就来找我，跟我说我原来的工作内容大体上都是不变的，让我去把金井村的（扶贫）工作给开展起来，毕竟村庄也是局里面负责的工作点，领导做（思想）工作，我这就过来了。

接到要去当驻村干部的通知的时候，刚开始我还是有意见的。当时心里觉得还是有点不太愿意：公安工作虽然比较单一和辛苦，但毕竟做了多年的公安工作，工作内容和流程也是比较熟悉的了，现在突然一下子要出来做这个，相当于要重新学，心里面一想到这种情况，不太愿意的情绪就出来了。领导给我做了思想工作，我后来也重新想了一下，觉得在哪里都要工作，都要把工作做好，我们公安队伍不存在"自己想去哪里就去哪里，自己想搞什么就搞什么"的思想，这种思想也是不现实的，因此，我就决心过来村庄这边了。

　　当家里人得知我要去驻村的时候，刚开始的时候其实也是有意见的，孩子的照料问题是一个最大的分歧点。今年我已经 34 岁了，过来的时候孩子只有 6 岁，我的太太不在本镇而在另一个镇上班，她是老师，而且我们家是外地的，在安龙①那边，家里的老人又在那边住，老人没有跟着我们，孩子根本就照顾不到，现在都是我太太自己在照料孩子。她现在是既要上班又要带娃，孩子在县城上学，平时都是早上送去学校，然后接的时候我们找其他人帮忙，找的都是在这里的亲戚，他们闲了就帮忙去接，如果亲戚没空就自己照顾，比如说孩子的外婆，如果她没事做的话就帮忙接，有时候遇到有事没办法去接，就只能让娃娃放学后等着，等到大人有时间了就去接。娃娃的接送和照顾问题比较"恼火"②，像这种情况，如果问我太太平时是否会有怨言，那肯定是有的啊，孩子天天都是她自己带，时间长了她肯定会抱怨的，但抱怨也没有什么办法啊。

　　我在金井村当驻村干部，也就算是住在这里了。平时都是自己买菜、做饭，吃饭也是自己一个人，如果在这里有工作要开展的时候，就和同事一起吃。我有时会在住所里吃，有时也会去外面吃，我自己一个人做饭来吃的话，比较下来成本好像比在外面吃还贵，所以现在我都是在外头随便吃点。我每天的补助费只有 55 块钱，如果问我够不够，我只能说只用于吃饭方面一个月下来应该是没有问题的。主要问题是，比如说像用车，我们干部下来到农村工作都是比较"恼火"的，很多时候都要提前下乡，需要自己开车，但加油都是自己贴钱，上面也没有每月给我一个统一的补助。从我的角度来讲，我觉得组织在给驻村干部的保障上还是太少了，55 元一天怎么够？像我们下村开展工作也好，办其他公事也好，都是在用自己的车，油钱花费较多，所以组织在对驻村干部的待遇方面最好要优先考虑提高，毕竟我们下村来干的这个活跟我们在原单位做的事情相差太大，花费太多，如果待遇方面不提高，那么以后的驻村干部怎么喊都不愿意来了。另一个方面就是我觉得应该要加强轮换，长期下来干这种工作的话，谁的身体都受不了。像我虽然公安出身，我觉得自己的身体条件和身体素质还是比较好的，原来我在派出所的时候，体检基本上没有什么大问题，但去

---

① 地名，安龙县，贵州省的一个下辖县，位于贵州省西南部。
② 当地方言，意为麻烦、困难。

年体检下来到处都是问题了，我以前也没有做过心脏手术，但不知道为什么现在就是经常心跳快、胸口疼，去医院检查也查不出什么缘故。

驻村干部要在村庄里待多少年？这个我们是没时间限制的，反正满一年后，如果说要轮换也可以换，我们都是没规定的，往年是组织年底下来问我们还愿不愿意干这个工作。会不会有很多人会违心地说我还愿意干这个工作呢？讲真的，还是比较少（较少人回答愿意），说句难听的话，干部们要愿意才干得好，如果他们不愿意干，组织强迫喊人下来干，那么村里的工作也可能只是（简单）开展了一下，然后就没有多大效果，如果组织真正过来问我愿意还是不愿意干，我当然会说工作能够调整还是建议调整，原来的这个（轮换）政策，都是一年一换，我不晓得现在情况是怎么样的了。

我现在的工作和原来的工作前后相比肯定是有很大变化的。从工作时间上来讲，现在比以前更加忙了。开年到现在，这段时间的主要工作就是把我们村存在的问题短板要清楚地列出来，并且找齐、找准了直接报上去，比如说识别哪家是贫困户，贫困户家里欠缺什么东西，村里的通信、水、电、路等基础设施状况如何等问题，我要争取在6月份全部把短板补齐。目前村庄的主要问题短板在"房子"，其他的（短板）基本已经完善了。村里的房子包括卫生间、厨房等都还是木头的，有些房子还存在透风漏雨的问题，所以房子上的短板问题占了百分之六七十。现在村庄的房子也在陆续地进行改造了，贫困户的（房子）原来是没有全部改造的，都是看哪户贫困户的房子特别"恼火"才会去改造，而现在的话是为全部贫困户改造和完善。现在危房改造的这个补助是根据房子的级别①（来发放），1万元是统建，C级是1.5万元，D级拆除重建是3.5万元。现在的房子改造（补助）主要都是1.5万元和3.5万元的，其他的比如说房子修缮加固或者说根据房子的实际情况，施工队直接来给修，预算下来是多少就给（补助）多少，直接给整好。如果说房子自己想建大一点的话，超出了标准，那么自己肯定要拿点钱出来，像我们村里有一户人家，按国家的3.5

① 危房鉴定等级标准，按照房屋的危险性，可划分为ABCD四级：A级，结构能满足正常使用要求，未发现危险点，房屋结构安全。B级，结构基本满足正常使用要求，个别结构构件处于危险状态，但不影响主体结构安全，基本满足正常使用要求。C级，部分承重结构不能满足正常使用要求，局部出现险情，构成局部危房。D级，承重结构已不能满足正常使用要求，房屋整体出现险情，构成整幢危房。

万元（标准）给他建房子的话，就只能建 40 平方米，但他想建 60 平方米，那么他自己就要再出点钱，如果没有钱的话，就只有做工（出力）了。"三改"①的补助是，"改厕"和"改厨"这两个加起来是 5000 元，"改圈"是另外算的。

还有就是要应对上头检查，各样的检查太多了。我都不晓得上年应对了多少次检查，反正是基本上每个月都有检查，我印象当中上级来检查次数最多的应该是 11～12 月份这段时间，一个星期都能来两三次，平时的频率没有那么高，都是一个月一次。上级下来检查我需要准备资料，我必须不断地收集，材料也要不停地做（写），这些资料在内容上大体是变化不大的，上级检查过后我还要写总结、报告，所以说我做的这些工作太多了，又基本上都是些重复性工作。2018 年来了这里后，在正常的情况下，或者说没有上级检查的情况下，我周末都还是可以保证正常休息的，如果说有检查、有特殊情况，我周末基本上都没有休息。刚来这边的时候 5～8 月份不太忙，其他时间都还是比较忙，而且我们的请假制度是非常严格的，必须要到镇里面、县里面请，而且还要报到组织部备案，即使是请一天都要报上去备案。如果家里出了什么事，需要一周以上的假期要怎么办？出现这种特殊情况需要长假的话，我们一般都是休假，用休年假来抵消，像我的一个同事，她身体不好，都是休假的，我这种工龄超过十一年的有 10 天年假，我现在是一年到头下来只请过一次假，其他需要用假的地方都是休假。

现在我的压力确实大，家也不在这边，我有三四个月没回去看望老人了，小孩有时候他打电话给我第一句话直接就是问我明天还要加班吗。现在的我说句难听的话，真的是对不起老的也对不起小的！

二　脱贫扶智先行，坚守相对公平

我这一年来的扶贫工作确实有难点。老百姓的素质、思想还是比较那个一点，我觉得扶贫应该先扶智是对的。村民就是"等靠要"思想比较严重，什么都想着等政府给整好，说"政府都会想到的""政府会给我弄

---

① 即改厨、改厕、改圈。

的"，自己的瓦房坏了一点，他们就会说政府会找人来给我做（修）的。有一家是我们局里面一个领导帮扶的，去他家的路（况）不太好，我就去帮他联系（修路），让拉点沙子和水泥给他。东西拉到后我问他自己能来拿（运）回家不？他说他拿不了，其实是他不肯自己来拿，（想）让我们找人送去给他。我们给他做思想工作，跟他讲不可能什么事情都等政府来帮你干，就像挑担子一样，政府只是帮他换个肩膀缓解一下，不可能让政府长期给帮忙挑嘛，后头做通了他的工作，最后他才自己来把水泥和沙子拉回家去了。所以说老百姓的"等靠要"思想还是比较严重。

从我的观察角度来讲，导致老百姓这种"等靠要"思想严重的一个原因是思想落后。因为年轻人基本上都是外出打工，劳动力都外出流失，村里只剩下老人和小孩，年轻人都出去打工确实增加了我们下来帮扶的难度，想拿点什么项目给村民们实施，老年人他们又做不来，他们也不知道怎么做。还有一个原因是民族习惯。我觉得我们这边的人都喜欢喝酒，都是这家约着那家去喝酒，有时间宁愿去喝酒，都不做点事情。另外，少数民族节日比较多，人们一年要花好多时间在庆祝上。

现在老百姓变成这个样子，政府是否有责任？怎么说呢，就是以前的政策我也不能过多地去评价，总体来说政策还是比较好的，不论是人员的工作作风还是个人作风，现在总体来说还是算可以的。以前有些政策执行起来难免会出现偏差，也可能给老百姓造成了一定的负面影响，这种情况估计现在都还有。保姆式的扶贫可能本来就存在，又因为村民观念落后，他们的依赖心理就更加重了。我就说一个简单的像村里收"合作医疗费用"的例子，我们帮扶的贫困户不交，政府会建议我们扶贫干部尽帮扶责任去帮他交，我都不主张这种（做法），我觉得给他交了这一次，可能明天他还要喊你帮他交。扶贫干部只能变相一点，不可能说直接帮他们交，只能跟他们讲如果现在没钱，我给你们垫，等以后有钱了，你们拿来还我，这种情况是可有的，直接帮他交是不可行的，但村民就觉得不行，形成了一种惰性思想。这种惰性思想在我们村这里更严重，这些人好多都有这种思想。

我们干部到下面说（宣讲政策）的时候，也发现村民对这个政策的理解还是不够。还是举交合作医疗（费用）的例子，村民讲自己又不生病，缴了费搞哪样？但等到他们生病的时候，又要反过来讲了。村里有几家例子，他们当时确实没交合作医疗费，生了病就报不了，因此给他造成了困难。现在就是通过我们做工作，百分之八九十的人都理解（政策）了，但是还是有少部分人不了解。政府主导的扶贫，不可能说是什么都给他包办了，给他包办了反而让他没有动力了，其实我们镇现在的扶贫都相当于是在扶志，在思想上让村民改变过来，给村民起到一个（思想）点拨的作用，让村民想到要怎么做，有一个方向去发展，不可能说什么都帮他们做，什么都帮他们安排好，这样我觉得反而到时还是会害了他们自己。

我们下来帮扶主要是从思想上给村民帮扶，给他们出谋划策，想点子找思路，讲解上层的主导思想，给村民思想点拨，比如说有什么政策村民是不理解或者是不晓得的，我们就把这些政策向村民宣传好，解释好，而不是只给他们提供那种物质上的东西。

但在驻村过程中我感觉就是有点变味了，我打个比方，像教育部门的（人）下来帮扶，他们以文件的形式（我是听他们口头讲的但是不晓得有正规文件没有，反正确实有这么回事）要求他们的老师年底的时候至少拿200块钱或价值200块钱的东西去慰问，他们基本上都拿东西去的，这种做法我也不做过多评价，反正是有好的方面也有坏的方面。我认为去慰问不一定要带东西的，是不是？干部走到村民家中去直接交谈，这样也是可以的，不一定是要带钱那种东西。我觉得可能是教育部门那边的人对整体帮扶改造存在一点理解上的偏差，像我们公安局这边是没有这种情况的，我们和领导说春节期间下村慰问的方式应该多种多样，由我们干部自己把握，不要强制要求说是要如何做。我们春节期间走到这些少数民族家里去（慰问），同时开展一些可以增进友谊的活动，就会让少数民族想到，政府对他们都还是比较重视的，不一定说要带值钱的东西去，他们才有那种（被重视的感觉）。但现在的这些被帮扶人，你拿东西下去他就高兴，不拿东西下去，无论和他们讲什么，都直接不理你了。正如你所问的会不会出现我一年可能到他家十次，只有一次拿了东西，那么这家人就问我下次要来的时候，是不是要提点东西的情况？这种情况是会出现的，你跟村民讲有东西要拿给他，喊他们在屋等，他们就在屋乖乖等，如果说是你下村有点政策要想来讲，但没带东西去，他们就会跟你说没时间。

这种行为（带物慰问）其实会对两类人群产生影响，一类就是上面讲到的能领物品的人，而另一部分是从没能拿过东西的人，他们会有这么一种想法：其他人怎么得（有）慰问物品而我怎么不得（没有），是不是干部们自己拿回家了，还是拿到哪里去了？我包保了两户，他们也问过我最近是不是发了什么东西？但我去（慰问）这几户人家我基本上都没拿慰问物品。我给他们解释说这个不是国家发了啥东西，而是说有的人（家庭状况）比较"恼火"的，东西就给谁。对于我包保的（人家），我是从其他方面帮他解决（问题）的，比如说他家里"恼火"，我就写个申请到民政去为他要点粮食来给他解决。像我包保的其中一家，他 50 多岁才生了娃，现在 60 多岁，他家儿子 15 岁了读初一，就开始打他，对，就是儿子打爹，然后他就来找到我，本来我就是在派出所工作的，我就帮他协调，他也比较愿意，就和老师讲他要把儿子送到者相①那边的"人治学校"去学习，这学校是封闭式学校，一年 15000 元的学费。有没有人没办法凑够 15000元的呢？其实我们协调项目的费用是以政府的名义来给他出，这些钱是从国家上面下来的，反正就是有这笔钱的，只要达到条件，都可以申请送子女去读。相当于就是给这种问题青年封闭式管教，把他教育好了就又送回来。这种能够送过去进行教育的（后来）确实是变得要好得多，像我原来从所里面送去的那些（问题青年），我去问他们现在什么情况，都说现在（变得）好多了。原来这些青年小的时候都是爹妈不在身边，以前会偷摩托车的，现在人家在搞管理，都成管理人员了，他们学校一个月还给他工资。在里面基本上都是军事化管理，穿的衣服都是那种迷彩服，统一睡觉，统一吃饭，统一起来学习。现在我包保的那家人的孩子都去了几个月了，老人曾去看了他儿子，表现还是可以的。老人就对我们说这确实是帮了他。我包保的另外一家就是一个老年人，年龄有 80 多岁了，我们当时以为他是一个人，其实他只是没有儿子，但有姑娘（女儿），姑娘又嫁到下面的寨子去了，女儿基本上每天都要来看看，我们都是让住他旁边的侄子随时看看，给他打个照应，有那种（特殊）情况要及时说，老人可能是领低保或各样（其他的补贴），算下来平均一个月有五六百块钱，基本生活是足够了，现在的生活状况还是比较正常。

村民对干部下乡慰问要带礼物存在理解上的偏差，其实只要我们去解

---

① 地名，者相镇位于贵州贞丰县东北部，相传三国诸葛亮"平南"时在此筑城操练兵马，故取名为"宰相城"，亦称"孔明城"，后因讳"宰"，清嘉庆年间更名为"者相"。

释了，他们还是可以理解的，他们会认识到我们来帮扶并不代表要拿好多东西下来送给他们才是帮扶，主要还是要靠他们自己。

老百姓由于观念理解的缘故，老是感觉到不公平，这成了扶贫工作的难点。您所说的"扶贫措施没有统一的标准，村民文化有限，对个性化帮扶的不理解，会让村民产生一种不公平感，从而引发更大的牢骚，甚至会出现降低政府信任度的现象"，这种情况应该是少数的，我的总体感觉是帮扶措施90％都还是统一的，都是在政策范围内来实施的。但可能也会存在个别情况，打个比方，像我们局里面有个领导去帮扶，被帮扶者家里有个人住院了，在市立医院住院，确实没有钱治疗了，领导可以通过他的上层关系来帮忙想办法，他可以在民政或者其他相关部门找点补助，只有这种情况是比较特殊的，一般情况下都不会出现特殊化。所有帮扶政策、帮扶措施，我们都是按照镇里面来，比如说项目的负责人，都必须由镇里面统一协调安排，没得说我是上面的领导来帮扶就得给您协调、给您改变，这种情况基本是没有的，所以说扶贫措施基本上还是统一的，不统一不好开展工作嘛。

如果说是要达到绝对百分之百的公平，这种公平做不到，我只能做到相对公平，尽量做到让老百姓满意，要想做到百分之百的满意，难度还是比较大。原来他们（原来的村干部）说这里的扶贫工作不好做，来这之前我就跟他们讲了，之前他们怎么做，我不晓得，我来这里有我坚持的原则，我只要做到公平公正，没有什么不好做的。刚来的时候我也下村走访了解，好多村民都反映不公平的情况，认为我们干部做事情不公平不公正。我也给他们解释说以前确实有不公平的情况，但那个不在我追究范围之内，我下来之后，我坚持观点是必须公平公正，只有在公平公正基础上才好开展工作，如果连这点都做不到，那工作开展起来的难度确实是比较大的。比如我包的组去年开群众会，说要新纳入几户贫困户，我和群众商量，把贫困户的情况向他们介绍，看看大家有意见没，如果个别人有意见的就提出来，我们共同讨论哪家的情况比较"恼火"。这样确保了公平公正，因此工作开展起来也还是可以。还有就是民俗民风和文化素质都会成为扶贫工作的难点。现在我们村里面的年轻人，一（整）年都出去打工的起码要占一半，根据我自己做过的统计，像我们村上有三千多人，在县内务工的都有一千四百了，在家的就只有老年人和小孩，那么他们的理解能力也确实要差点。

2019 年 5 月石国兴（右三）与领导和同事一起聆听群众意见
（图片来源：亮点黔西南）

三　易地扶贫搬迁要解决深层次问题

我觉得国家在整个扶贫布局、政策思路和顶层设计方面总体来说是好的，但是有时候也显得太片面了，比如说政策实施（标准）不统一，还有相关政策执行起来也不一样，导致了很多矛盾。者相和这里（北盘江镇）的搬迁标准是不一样的，在我们北盘江的搬迁房子是一个样，在县城里面或者在"者相"各个点的房子又是另一个样，房子标准都是按人均 20 个平方米来搬，但是他们那边（者相县）是矮层的，小栋栋的这种（房子），这边就是商品房了，因为搬迁户会去比较嘛，虽然这边（北盘江镇）房子也不是差，但好多人都不愿意住这种房子。搬迁户是可以自愿搬迁的，他们可以选择搬到者相，也可以留在这里。他们都是去年搬迁的，者相都搬满了，我看应该是有几百户，像我们镇里面搬到者相的都有 50 多户，今年搬迁的都搬到北盘江。

村民搬迁后遇到的问题一个就是房屋质量问题，他们普遍反映房屋质量差。另外一个就是就业问题，好多人过去后都找不到事情做，这又分为两种情况：一种情况就是有些人是不想（工作），他们技术不好，或者说技术达不到高的水平，但又想要工资高；另外一种情况是有些人年纪大，确实找不到事情做，他们生活起来还是比较困难的，在家里还有点土地可以种点菜，有点吃的，在那边的话干什么都要花钱，因此没工作生活起来确实也难。政府今年初九的时候在丰茂广场进行了一次大型招聘会，企业都比较多，可能有几十至上百家来招人，我们村倒是有几个人找到工作了。

其实搬迁过去的好多都是老年人带娃娃过去读书的，年轻人都去打工了。目前（我们村）搬迁到北盘江的那些人还没有要求想退回来的，因为搬迁之前都先带他们去看房子，他们同意后才搬过去的，现在那边说要建个食用菌基地或者一个纸厂，帮助解决他们在那边就业问题，另外一个就是在那边（对孩子）读书比较方便，好多人都认为在那些地方住或者租房子都主要是给娃娃们读书用的。

现在搬迁这块任务在我们村难度倒是不大，村民们还是愿意的，就是少数民族搬的少点，少数民族他们比较留恋这个地方，我去做他们（思想）工作，去开群众会起码都有六七次了。你所说的"政府应该在已经有成熟的产业的时候，才能让人搬，这样才能给他们一个可持续的生计，但是现在好多地方是倒过来的，让人们先搬迁，这就加大了政府的压力了"，其实这些都是后面配套设施的问题，像北盘江这地方，房子现在是修好了，但相关的配套设施，比如说工厂还没建起来。这虽然听起来是一个很简单的问题，但搬迁户如果持续性没得到保障，最后积累下来迟早就会成大问题，也会成为一个深层次问题。我打个比方，北盘江才搬了三千多村民过去，这些人在那里如何生存、如何持续发展，都是值得考虑的，也正如你所说的"如果人们没有钱，也没有事情干，到时候问题青年、偷盗、赌博、黑社会势力等问题就会出现"。他们搬过去后要吃要用，最起码这些问题要解决，既然要解决吃用的问题，就要就业，就业才有收入，那样才能够生活，这相当于一个生态链，它是一个链锁，缺了哪一环，走到最后都要成问题。

是否感觉到在扶贫中有一些根本性的问题是没有解决的？有的，我也有这种感觉，我讲句难听点的话，有好多人认为现在贫困户搬迁以后就是脱贫了，但根本实际的问题还没给解决好，比方说最起码搬迁后老百姓要有劳动力、有知识才能够让其做到该就业的就业，该干吗的干吗，政府拿了好多钱、拿了好多项目来支援脱贫，但这只是解决了这里当前的问题，只解决一年内的问题，过了一年后又该怎么办？其实如果要真正了解扶贫情况，你要直接到下面来，才能了解到真实的情况究竟是什么样的、达到了什么效果、存在什么问题，这样才有可能有点收获。如果领导只是下来随便看看，那么看到的东西表面上都是好的，都是一样的。我们基层的建设确实经常没有后续行动，比如我们的"异地扶贫"在扶贫事业中算是重要的一块了，投入比较大，我讲句难听点的话，房子大片修在那里如果没人去住，相当于是更大的浪费，那么它如何住、怎么住得下来，这就是后面要思考的问题了，但没有后续，像你说的那样，国家也没有想清楚以后要怎么样做。

四　驻村干部管理治标不治本！

驻村干部要怎么样进行管理、考核、激励呢？在管理上，干部选派要精准，因村派人才能精准做事，绝大部分地方的干部都还是精准（选派）的。但是也不排除有些地方派来的（干部）在管理上可能还是不到位，他们和我们相比不一样，我们毕竟是公安，做事情要比他们自觉。总体来说驻村干部的管理都是按照省委组织部的管理（规定）来执行的，县里一直到镇里的干部也都是按照（省的规定）的。

在监管考核方面，驻村干部的考核评优都是在镇里面进行的，我们干部虽然不知道镇里是怎么评选的，但我觉得干部们被评上优的概率都是比较大的，因为这个是不看指标的，但还没到那种不太差就都给评上优的地步，因为如果平时做的真的太差了，自己都觉得过意不去，让组织咋考虑给你评优呢？

至于在干部监督方面，我们这里的监督就是把每个月工作开展的情况报一次给镇里面，相当于咱们在局里面做一个访谈或一个工作汇报，领导他也会不定时下来村庄检查工作的开展情况。有时候也会突然抽查，这种就是一个月一次左右，领导一般都不打电话通知（驻村干部）就直接下来看，看你在做什么。这种突击抽查是没有规律的，再说了谁又能掌握得了呢，反正我们基本上都在认真开展工作，只要自己心里有底气，上级什么时候来检查都可以。上级下来检查干部查得比较多的是什么时候？反正就是有什么行动时，来检查（次数）就要多一点，平常也不是很多。现在提倡各种检查要用各种 App，App 真的是太多了，我用的就有三个，一个是黔西南州开发的"掌上金州"，它是镇里面的党政办负责后台监督，在我另外一个手机上，使用的是省里面开发的名叫"社会扶贫"和"业务工作"的 App。我每天最少要在"业务工作"和"掌上金州"这两个 App 上填写每天的工作状况，村里面还有个工作台账，我还要写本子（台账）上，"掌上金州"和"业务工作"这两个 App 要填写的相当于只是个简况，而台账则要更加详细一点。但是这些用于检查打卡的 App，上级一会要求使用，一会又要求不使用，最近没有用 App 了，现在是每天都要写台账、做记录，纸质版的台账我们是不上交给乡里面的，他们下来检查的话我就拿出来给他们看。

我觉得这种对干部的监督、管理、考核其实就是治标不治本的，说句难听点的，我天天在这里签到，弄这些弄那些的，主要的精力都放在应付检查上了，一样工作都没有干好，所以说这种监督考核起何作用呢，对不对？让我去把工作真的干好搞好，这才是最终目的，现在有好多人都认为我们扶贫干部是出工不出力的，但是填写 App 这东西是上头要求的，既然上级要求什么那我只能每天按要求做什么，所以说我觉得这些对工作没起多大积极的作用。实际上在我看来这种 App 只搞一个就行了，因为搞一个每天都要花那么多时间了，我在 App 上面把我的工作情况写好，这其实根本就达不到评价我工作做得好不好的效果。

实际上从我们干部的角度来看，我们会感觉到比较大的压力和很重的责任，这些压力主要是来自检查，一检查到（工作不当）就会被处理，像去年我们镇里面有个副镇长，纪委下去检查工作，发现有两户包保户存在错漏的情况，副镇长就被前线通报批评，然后谈话了，其实我们很多干部都像副镇长那样一个人挂两个村，开展工作不可能面面俱到的。所以说我们干部心里面对工作的开展都还是非常谨慎以避免不当的。

做这个工作是否有成就感？也还是有点的，我下去帮村里面做了一些事情，老百姓还是会说一些感激的话，听到了也算是一种安慰，比如像我下村，有些人没有钱买粮食，贷款也贷不到，他喂的猪都是只有 100 多斤那种，我每次下去都会帮助他，他就很感激，这对我来说也是一种安慰，所以我觉得还是有点成就感的。

俄戛驻村干部的为民寻策之路

受访人：党永章　孙睿
访谈人：谢治菊
访谈时间：2019 年 2 月 18 日
访谈形式：当面访谈
访谈地点：水城县米箩镇俄戛村
访谈整理：向丹
访谈校对：肖鸿禹
故事写作：李淑婷　李泓霓

受访人简介：党永章，男，汉族，31 岁，中共党员，本科毕业于中国农业大学生物学专业，原为县妇联工作人员，2017 年 4 月经单位派遣于水城县米箩镇俄戛村任驻村干部。在驻村期间，落实好组织部文件精神，致力于完成每一个阶段的工作任务；结合俄戛村的实际，参与全村工作和完成包干组的工作，现负责包保三户老人户和一组贫困户。

孙睿，男，汉族，24 岁，本科毕业于天津农学院人力资源管理专业，原为县文化广电新闻出版局工作人员，2017 年 12 月始经单位派遣于水城县米箩镇俄戛村任驻村干部。为了达成俄戛村的扶贫建设目标，听从乡党委政府的工作指挥，积极完成扶贫相关工作。

2019 年 1 月党永章（右）和孙睿（左）接受谢治菊访谈

一　扎根米箩镇，心系贫困户

党永章：我从 2017 年 4 月开始，受单位派遣到水城县米箩镇俄戛村①任驻村干部。接到下村的通知时，我到当时的单位仅有两年，时间不算太长。领导说下基层锻炼，我自己也觉得这是一个锻炼和成长的机会，感觉也算是接到一个新的任务，就下决心下来了。

虽然按照文件来说驻村干部一般任期两年，但是我们单位人少，再加上派人下基层要结合时机。也就是说，第一，我们部门派不出人手下基层来；第二，原则上不换人，力求保持稳定，基本上就是原来驻村，之后就继续驻村，所以我就一直在这里驻村到现在。

---

①　俄戛村由原俄戛、民裕、明星三个小村并成，位于米箩镇政府西面 12 公里处，东与草果、怎么村相连，南靠玉舍林场，西与勺米乡接壤，北靠盐井乡，境内居住着汉、布依、水、苗、彝、仡佬等民族。全村辖 20 个村民组，有耕地面积 5564 亩，人均占有粮315.43 公斤，人均纯收入 1432.47 元。最高海拔 1800 米，最低海拔 1000 米，平均海拔1400 米，年平均气温 14.2℃，气候温和，土壤肥沃，水源丰富，境内有大量的煤炭、石灰岩等矿藏资源。

　　家人比较支持我去驻村，先前他们也不太了解驻村的具体情况，我这几年驻村后慢慢给他们普及和介绍，他们对驻村的认识逐渐清晰。当时来驻村时还没结婚，去年才结婚，现在媳妇怀孕 6 个月了。因为工作纪律，大部分时间事情也比较多、比较繁杂，驻村后回家次数变少了。媳妇现在怀孕我却照顾不到她，感觉她还是有点怨言的。万幸的是她身体还算好，所以她怀孕期间突发的事情不算太多，总体的情况还好。但是我心里面还是觉得，如果我能常常照顾她的话，这样会更好些。

　　在这些年的驻村工作中，一方面是落实好组织部文件精神与完成好每一个阶段的具体工作任务。另一方面就是结合村里面的实际情况，参与到全村的一些工作上来，还有我包干组的具体工作要完成。关于文字方面的工作，前两年有比较多的档案和文字材料需要整理统计，现在这类工作少了。

　　参与全村工作，包括落实好扶贫项目、政策，改造村容村貌。我印象比较深刻的就是我们之前开展的"三改三化"工程，"三改"就是改厨、改厕、改圈，"三化"就是庭院硬化、串户路硬化、房屋亮化。这是我们六盘水当地开展的一个工程，这个工程相当于是把农村住房和基础设施这些短板补齐。2018 年我们俄戛村也在开展这个项目工程，这个工作作为我们当年的一项重点工作推进。说到改厨，其实厨具并没有标准化，只是说要做一个灶台；改厕呢，就是要做一个卫生一些的厕所；圈舍也不能是以前的那种干湿圈，要进行对应改造。每家情况不同，所以"三化三改"的具体内容也会有些不同。比如像串户路硬化，如果该家庭住的那一片地区人多的情况下，我们可以打 3 米硬化路保证通车；如果只是住了一两户人家，我们就打一米半的入户路。庭院本身没有硬化的按每户 30 平方米的标准来硬化。每家的情况不一样，一个灶台这些建设大致会花费 2000 块钱。我们就是负责协调、统计哪家需要硬化多少面积的路，然后我们在统计好这些数据后，报给施工方来实施建设。路按照平方米来算，每一平方米具体多少钱则是由施工方与住建局来协商。

　　在这里每个干部都要包保贫困户，作为一般干部职工需要包三户。我除了在职权内包保三户贫困户外，还额外包保了一个组。组内一共有 46

户，有 135 人，有低保户①、五保户②和一般的贫困户。如果包组的话，那个组的贫困户全部都要了解。在我包的组当中或者整个村当中，我发现他们致贫的原因有很多种：有些是历史原因造成的，比如交通基础设施的落后、观念上的落后；有部分人则是因为家庭的因素，比如因病因灾致贫。我觉得观念和自然条件方面的问题是比较主要的。

我包的组并不包含包干的三户，这三户都是年纪比较大，属于 60 岁以上无劳动力那一类。以前在村里面有一种情况，是把老人单独分户，称为老人户。但这两年我们还是通过鼓励老人户的儿女，让他们来照顾老人、尽到赡养义务。

孙睿：我与永章同志一样，是从县级单位下派到这里的，原来在县文广局工作。我们从不适应到逐步融入集体，共同为俄戛村的扶贫建设而努力，在扶贫工作和生活的点点滴滴中相互配合、相互助力，在扎根俄戛村的历程中一起收获成长。永章同志比我先来半年左右，我是从 2017 年 12 月来到这里开始驻村扶贫工作。那时局里需要下派两个驻村干部来这里，当时领导找我谈话时，我刚上班一年。我们单位基本上每一次下乡之类的外派工作都是安排我参加，也是希望借这些机会培养锻炼我。这一次到俄戛村前，领导找我谈话说组织需要我前往驻村，又说年轻人下去多锻炼一下也是很好的。当时正是脱贫攻坚的重要阶段，说实话自己是不太想下来的，但是领导给了这个机会，我也觉得确实有必要下来锻炼一下，所以领导跟我谈了之后，我就决定下来了。

二　新管理新建设，基层扶贫新气象

党永章：就管理体制而言，由组织部对所有驻村干部进行管理，但实际上全县驻村干部很多，不太好管理，所以我们大部分时间都是在乡政府领导下开展工作。这两年算是享受到了比较好的工作待遇，国家对驻村干

---

① 低保户是指因家庭成员存在重度残疾或疾病丧失劳动力，享受最低生活保障补助的家庭。其住房或收入明显低于当地低保标准的居（村）民。
② 五保对象指农村中无劳动能力、无生活来源、无法定赡养扶养义务人或虽有法定赡养扶养义务人但无赡养扶养能力的老年人、残疾人和未成年人。五保主要包括：保吃、保穿、保医、保住、保葬（孤儿为保教）。

部比较重视，单位为我们提供后勤保障。这两年特别是原来王忠书记①刚到六盘水的时候就给驻村干部把所有"四件套"②全配齐了。此外，工作半年以上的驻村干部工资也会向上浮动一级。生活补助由派出单位来发，发放标准是每天55元。上级部门对我们的关心和维护也很到位，为我们购买意外伤害保险；建了微信群，经常在里面提醒大家注意各方面的安全和提示最近的工作重点；还安排一年一次的体检，关心大家的身体状况；有时候还会安排派出单位慰问我们的家属，发放一些慰问金；一般一年组织我们去县内的各培训点学习两次。

驻村干部也有定期的考核，乡镇分管我们驻村的领导考核我们几个，然后报到组织部门去，考核完奖金由原单位发。原来有一段时间是双重考核，派出单位考核后组织部还得再次考核。现在基本以组织部考核为主，再把考核结果反馈原单位。组织部考核的优秀比例也不占原单位的指标比例，但也是按照一定比例进行评优。

驻村干部在平时的工作中如果需要请假，三天以下找所在村的村支书签字，然后再去乡里找书记或者镇长签字；三天以上、七天以下，还要增加组织部签字流程。不过一般也很少有人会请七天假，一般都是请两三天这种短假，请假虽然没有上限，但是一般请假的情况都不多。因为驻村，如果乡镇与村之间距离太远、交通又不方便的话，单是请假就要花去一天的时间，成本太高，特别不方便。但是如果不请假直接离岗，如果被查到就是很大的问题。打个比方，如果我媳妇儿孕期遇到了特殊紧急情况，我不请假就擅自离岗，去处理她的事情，就相当于是不在岗了。但如果按程序去请假的话，要花费很多时间，所以这套请假流程非常不适用于处理突发情况。我特别希望能优化现有的请假流程，让确实有事的驻村干部需要请假时更便捷一些。如果擅自离岗，处罚还是比较重的，轻一些直接影响

---

① 王忠，男，汉族，1964年3月出生，贵州仁怀人，1979年10月参加工作，1983年4月加入中国共产党，中央党校研究生学历。现任贵州省六盘水市委书记、六盘水军分区党委第一书记。

② "四件套"指的是一本书、一床毯、一笼火、一个箱。送"一本书"：统一购买《习近平的七年知青岁月》，悟深为民心。送"一床毯""一笼火"：驻点每个宿舍配送1台电烤炉，所有驻村同志床位各配送1床电热毯，关怀暖人心。送"一个箱"，为每个驻村干部和"第一书记"配送健康小药箱，药箱装有感冒药、肠胃药、创伤外用药、温度计、医用酒精、棉签等一批常用药和医疗用具，连接干群心。

年终奖的发放；严重一些，可能会全省全县予以通报批评，不仅当年的年终奖取消发放，还会在考核的时候被评为不合格；特别严重的情形，比如恶意不在岗，会被降级，整个政治生涯就会受到影响。

驻村干部在出行方面也存在一些很现实的问题。按照规定，我们每个月凭公共交通的车票可以报销两次往返的交通费，但是因为到村里的车次比较少，特别不方便。所以有些人就自己开车，但是按照规定私家车无法报销汽油费。为什么说乘坐公共交通有问题呢，比如原本我们周末有两天的假期，但是星期五下午五点半下班以后已经没有公共交通了，就要等到第二天才能坐车回家。按照规定回来上班的时间是星期一早上九点之前，那个时候又没那么早的车到村里，所以星期天下午就必须过来了。这样算下来一个周末可能就只剩下一天在家里的时间。平常都是要求我们吃住在村，相当于是 24 小时在岗，短暂的周末休息，还要花大量的时间在乘车上。

这里的驻村条件还算比较好的，特别是和毕节相比，六盘水对村里面的建设标准感觉比毕节要高一些。一方面，全市统一规定了办公的面积和环境；另一方面，村里的基本配置比较好，吃住条件都不错，还有村活动室的标准化建设和村干部的职业化管理①是比较好的，所以包括村干部的待遇等方面都比其他市好一些。待遇好也表现在我们的食堂、用餐费、工作经费和工资等方面上。像毕节是没有供职工、干部用餐的村食堂的，而我们有 30 多个干部统一在村食堂用餐。我们每一个人自己交一部分用餐

---

① 职业化管理内容主要包括以下几项：1. 成立组织机构。为全面加强对村干部职业化的管理和服务，水城县在县委组织部增设村干部管理服务办公室，属正科级事业单位，人员编制 10 人，旨在将以前游离于体制外、不在编、不脱产、边缘化的村干部纳入制度化职业化管理。2. 优化职数设置。坚持以强带弱、资源互补、产业集聚的原则，将全县 310 个村（居、社区）合并为 200 个左右村（居），将全县村（居）按人口比例，分为 3000 人及以下，3000 人至 5000 人（含 5000 人）和 5000 人以上 3 个等次，分别按 7 - 11 个职数配备村干部，彻底改变了过去建制村 600 人至近 8000 人不等的现状，破解了工作量差异大、资源分配和待遇落实不公平的难题。3. 规范服务管理。针对村干部职业化管理工作，水城县制定了《水城县村干部职业化管理试行办法》《水城县村干部绩效考核管理试行办法》等一列配套规范制度。明确村干部档案建档对象，参照国家公职人员管理模式，结合村干部的实际情况，对所有村干部建档，将工作履历、入党材料、职务任免、奖惩等情况确定为村干部档案管理的主要内容，实行一人一档管理。同时，加大村干部履职的监督管理的力度，按照职业化管理的要求，推行 8 小时坐班制、24 小时值班制，实现全天候服务群众。

费，以前干部个人一个月食堂用餐费是要交 360 元的，后来镇里统一标准每个干部职工都是交 150 元，财政再另外补助一部分。财政补助的费用是乡镇对于村食堂的开销，属于村里的支出，不在我们镇下发的工作经费里。镇里一年拨款 4 万元来作为我们村里面总的工作经费，不过遇到临时工作等特殊情况的时候，例如我们所在的村征收用于猕猴桃种植的土地，需要聘用一批临时人员完成量地、登记等工作时，经费也可能使用超标，需要据实报销。对于村干部工资待遇方面，支书、主任的话一个月是 4000 块钱，一般委员和副支书是 3000 块一个月。这些是平时的工资，是含绩效的。平时会发放 4000 块和 3000 块中的 50% 作为每月工资，剩下来的 50% 是绩效工资。所以每个月的实发工资都是按 50% 计算过的，像支书与主任的实发工资是 2000 元。这些都是 2019 年工资的计算，2020 年脱贫攻坚第三方评估后调整为发放 70% 作为实发工资，30% 作为绩效工资，绩效也调整为半年发放一次。①

六盘水的职业化管理是指要设村支两委，村支两委室配齐大概是 11 个人，支书、主任、两个副支书、两个副主任，其他的都是委员。但毕节只有 3 类职务，包括主任、支书、副主任，所以我们这边的职业化管理还是很好的。这样推行以后，村干部人手充足，能够保证正常上下班，有点类似准国家工作人员。这样一来，干部也可以把自己全部的精力放在村里面。

孙睿：除了上面说的这几方面，我再补充一些查岗和工作日志之类的考查方式。查岗有以下几种方式：让我们纸质签到，打电话给我们本人或是乡领导，询问在岗情况；或是县督察人员到场查看我们的在岗情况；还会通过 App 检测我们的出行轨迹，APP 签到和 GPS 定位签到，很方便就能知道我们的具体位置。这是对是否在岗的检查，为应对工作内容检查，我们每天都要在分发的日记本上进行记录，把日常工作中发生的事情如实记录以便核查，有时我们还会照一些工作相片和打印相关工作资料，用这样的方式更加直观形象地呈现我们的工作内容和工作情况。以前组织部会要求我们在指定软件上传工作照片，但好像现在没硬性要求了，有时候确实会因为忙于工作而忘记上传照片。不过，我自己平时也会拍一些工作中遇

---

① 此为作者 2020 年 8 月 12 日补充访谈的内容。

到的特别有意义的事情，再自己传到网上，就是希望能跟大家分享工作中有意义的点点滴滴。

三　齐心协力，让扶贫落地生根

党永章： 作为驻村干部，我在俄戛村做扶贫工作好几年了，我觉得自己已经融入了这里。感觉这是一个很有力量的集体，工作中大家都相互帮助。工作矛盾好像是不存在的，大家都能把工作配合好，及时推进完成。虽然也会有一些意见分歧，但大多是对政策理解方面的，如果发生分歧，我们就会及时沟通。这些问题通过沟通都能够解决，对最终推动工作落实而言，有意见分歧不是什么大问题。因为是在基层，上面很多部门来我们这里对接工作，都要靠村里面的干部们把这些工作全部落实到位，必须在有限的时间内把工作推动好、完成好，所以说工作压力是非常大的。在这种情况下，大家就会长期加班，这就是所谓的"白加黑、5＋2"①。2018年，我们忙检查、忙信息核对的那段时间，有一两个月基本是不放假的，除非有特殊的情况，只能跟领导请假才可以，不然原则上那些时候基本上是不放假的。工作压力大，工作量也大，这就需要大家一起配合把工作推进好。

我们是县里直派的驻村干部，镇上面也会派出他们的工作队，把工作队员全部下放到各个村去，大致每个村的工作人员有六七人。镇里只保留一些必要的工作人员，其他大部分都放到村里来。下派的工作队伍基本天天上班，要在村里面签到和打考勤，每周留一天的时间去处理站所业务之外的事务，也就是原本镇里面的工作。如果有紧急情况，也需要向工作队长或是包村的领导请假，准假后才能回镇里。我们和镇里面下来的工作队是协作关系，配合村支两委把全村的工作开展好。

孙睿： 除此之外，还有一批人，是县级直属的各个部门的轮战队，每个部门分几个村给他们包，包保之后就派3到5人下到村里来。轮战队员下到村里就要长期住下来，他们是每半年可以轮换一次。多方力量入驻下

---

① "白加黑"指白天＋晚上，即白天和晚上都要上班；"5＋2"指五个工作日（星期一至星期五）＋两个休息日（星期六和星期日），即一个星期七天都要上班。

沉到村里，我个人觉得这对扶贫工作的推进是很有意义的，不存在协调成本的问题。大家来主要是为了充实村里面的力量，为了更好地抓好脱贫攻坚。所有人到村里之后是听从乡政府统一安排，不管原本是什么县里面的、什么部门来的或者多大级别的人，都要服从指令，这些指令由包村领导、支书、主任几个人商量之后统筹安排。因为我们都是为了扶贫这一共同目标而执行任务，所以也就不存在什么协调困难的事情了。工作部署之后，经过大家分工讨论，就开始齐心协力、撸起袖子加油干。

党永章：我扶贫的这个村推进村委会标准化建设后，相较其他扶贫村来说本村干部多，但是村的规模也大，就算是全体一起配合，扶贫工作也是不容易开展的。这个村的面积大概有 31 平方公里，总人口有 8000 多人。如果加上长期外出的那些人，户籍人口就有 9000 多人。贫困户应该是 1000 多户，现在没脱贫的还有 100 多户，共有 390 多人。这 100 多户大多是老弱病残，或是离已经布置好产业的地方比较远，或是交通条件不便。一方面是这些地方地势较高不太好布置如猕猴桃等既有产业，而且因交通不便，出来务工路途遥远。

目前俄戛村的猕猴桃产业发展得很好，产业带动经济，是助力脱贫攻坚的重要力量。有几家大公司拟以俄戛为中心建设国家级猕猴桃园区，2018 年已经申报成功，现在正处于建设阶段。猕猴桃作为一个产业，对当地特别是玉马路公路沿线的老百姓带动作用特别大。一方面，能够促进这片地区的土地流转，流转早的土地每亩能拿到每年 1300 元的分红。另一方面，村民可以在园区内务工，做工长的话每个月可以拿到将近 2000 块钱的工资。所以猕猴桃产业成熟以后，在方方面面对带动脱贫是有很大帮助的。

孙睿：总体上看，像永章同志说的一样，俄戛村猕猴桃产业的发展比较好，采用的是市场方式进行扶贫，并且村里官方公布的人均收入是 8000 多元，所以会让人觉得这个村的经济条件比较好，但本质上俄戛村仍然是深度贫困①村。

---

① 是指自然条件、经济条件、社会发展、公共服务、民生等方面较差的区域，是贫中之贫，困中之困。

四 基层扶贫道阻且长，驻村干部攻坚破难

孙睿： 作为扶贫干部，我们无法从根本上给贫困户带去很多实质性的东西。在这种情况下，进村入户次数过于频繁的话，也会遭到一些老百姓的反感。我们想帮助他，但是帮助的结果不能立马兑现，只能先将情况进行统计。在这个过程中，统计的次数会很多，但是老百姓并不了解这样的过程，我们却还要一次次地去做统计，这样就会让一些人感觉到厌烦。进村入户遇到冷嘲热讽，我们心里面还是有些不舒坦的。我们不怕苦不怕累，却怕老百姓不理解。遇到这些问题的时候我也会想，可能还是自己的工作方式有所欠缺吧，所以老百姓给我们的配合也会稍微差一点儿。

党永章： 在落实扶贫政策时，我同样遇到过群众因不理解不了解我们的工作而导致接受度和配合度比较低的情况，从而使得我们工作的开展和推进受阻。以"三改三化"项目为例，在大部分人看来，这是一个很好的项目，但还是会有人抵触。原本这些抵触项目的人觉得自己并不需要，所以自己家什么都不做，但是等到看到别人家的施工效果，又觉得这是个好项目，又想做了，这样一部分人就没能跟上这个政策。还有搬迁，有的人在要搬的时候没搬出去；后来又开始后悔。发生这种情况的大多是老人，他们对改变原有生活方式不太适应，搬出去就脱离了他们熟悉的环境，但其实在政策推行时也给了对应的解决策略让他们能够稳定下来。

在扶贫政策好的时候，也会出现争当贫困户的现象。在工作中我们要根据实际情况来确定农户来反映的贫困情况是否真实，如果是事实，就要纳入我们的数据库；如果不符合规定等的要求，也要调查后，把实际情况反馈给贫困户申请人。虽然有这样看似清晰的工作流程，现实情况却是有时候贫困户和非贫困户之间界限不是特别明显，会出现有两家看起来家庭贫困情况差不多，但是其中一家在贫困户系统里，另一家却不在。是否贫困户的差别，会体现在具体的利好上，比如新农合，系统内的人只要交一百二十元，非贫困户却要多交一百元。面对这些很实际的事情，多交钱的人就会心里不平衡。

孙睿： 虽然如此，贫困户和非贫困户都是邻里，所以倒不至于上升到打架那些比较尖锐的对抗方式上来。当政策特别向贫困户倾斜时，非

贫困户才会表达自己的不满。但他们的着眼点不会在贫困户与非贫困户之间的差异，而是会指责我们这些工作人员，会说"看你们把工作搞成什么样了"。

党永章：所以我觉得关于贫困户信息的管理还需要再完善，国家对国办系统①长期进行信息锁定，其实在基层操作中就会发现这些信息是动态的，但系统却没有实时更新信息。一方面是把这个系统管死了，另外一方面督查的时候不是按现实中更新过的信息来检查，而是根据系统来确认信息的精准度，我觉得这其实很矛盾。这就会造成基层工作人员为了迎合检查反复地去修改资料，力求最后要整理到和系统里一样，这样反而不是实际情况，最后核查的信息也不精准了。我们手头的信息是最新情况，但是为了让依据国办系统内信息来核查的人相信，就得找很多辅助支撑资料，就会耗费很多没必要的精力。对于这种动态信息的管理，如果能够把修改信息的权限下放到我们镇一级的扶贫站来，有信息变动时可以及时地录入、更正，我认为这样比较好。而不是说开系统的时候我们才来录入、更正，系统关闭时就无法修改，所以才会在面对信息督察时无可奈何。当然，把这些权力下放一定程度上是不安全的，可以通过将国办系统开放的次数适当增加，或是修改信息变更权限等方式保证基层的适当参与，尽可能地减少基层在贫困户信息核查中的难题。

其实对于工资的信息管理更难，村中很多人外出务工，他们的具体工作地点和收入都很难进行准确核算。大部分人是流动状态，这在一定程度上就导致了这类信息的动态变化，工资收入是随时要统计的。比如今天打了两天零工，得了几百块钱，但是我们是不知道的，在统计的时候如果他不主动讲，就不好核算他的具体收入到底是多少，所以只能靠估算来获得他们的收入情况。这就需要靠大数据的支持和当地基层干部的了解，才能将收入信息精准化。前一段时间，大数据确实应用到调查收入上来了，我们在村里面长期了解个人收入情况，包括组长去询问和村里面的人去访问过都说某个农民没有车。但是通过大数据查到他有车，然后又返回去问他的时候，他才实话实说，没有大数据的话即使是住在旁边的人都不一定了

---

① 国办系统全称是全国扶贫开发信息系统业务管理子系统，版权归国务院扶贫开发领导小组办公室所有。

解真实情况。类似于这种情况，我们通过实地访问了解的信息未必真实，询问多了还会让人反感。像牲口养殖和务农情况，我们也是根据到农民家中访问来调查，但口述的东西真实度存疑。问他种了几亩地，他说种了一亩多，但实际上我们通过其他途径了解，他可能种了七八亩。问喂养了几只猪，他会说喂了几只小猪在圈里，其实我们去看的话可能有三四头大猪都在里面。我们这种普通干部一个月要走访两次，去看一下有没有什么变化，这样短的时间要使家里产生变化是很难的。有些人就会感到厌烦，直接说你不要来了，你来看了也没什么变化。另外作为贫困户进入系统以后，我们又没有进入系统核实信息的权限，要请镇政府或者上级政府再次核实申请户目前所有人口账下存款有多少，是不是真的贫困户。

孙睿：前些年扶贫工作中的工资信息管理和贫困户评判标准等受到干部和群众的重点关注，可见我们前三年主要是处理贫困户收入上的问题，而到现在的冲刺阶段我感觉主要是扶思想。

党永章：从我这些年实践和学习的经验上看，我觉得应保持现在扶思想的方向，未来也应该继续走思想扶贫的路子，不要保姆式扶贫从而造成这种等、要、靠的思想，还要在思想上纠正生活作风。政府的扶贫政策力度大了以后，造成有些人的依赖心理。虽然也有人觉得扶贫政策确实好，要感谢党感谢政府，但也有人觉得这些都是政府应该做的，也是我该得的。我们还是建议在政策方面要以群众或者贫困户为主，安排这些政策的时候针对性更强，以激发他们的内生动力为主。以我们所在村为例，村里的条件和其他地方相比实际上还算不错的，但是就是村民们的生活习惯比较差，如卫生习惯和生活方式等，我觉得和那些好的地方还是有差距的。如果村里不通路，那么可以修条路改善目前存在的问题，如果只是靠政府解决，有时候速度会比较慢，但是村民们在思想上就没觉得解决这个问题是必要的，所以就演化为不靠政府短期时间内不太可能改善这方面的问题。在其他方面也存在这种现象，我觉得这方面特别明显。虽然我们会在宣传的时候做村民的工作，但是因为有些村民养成了不好的习惯，所以我们不太好改变这些东西。

还有年终脱帽评估，好多高校的教授带着学生下来做评估调查，他们是带问卷来、照着问卷问的，问的问题也很书面。贫困户大多文化程度比较低，对这些问题的理解能力不够，对问题的回答不够准确，这也就导致通过这种方式收集到的数据不准确。而且其实对于扶贫工作来说，并没有一个具体的标准来告诉我们这个工作干到什么程度是可以达到一百分。我们从实践上可以感受到脱贫它是一个非标准化的东西，个性化特殊化的东西很多，但是我们国家用了一个标准化的标准，去衡量大家到底能不能脱贫。于是我们在实际操作中，对有些方面会产生困惑，对模糊概念的理解有些迷茫。

孙睿：我也深有体会，最怕的就是高校的师生到村里来开展学术评估。虽然学生问出来的问题、反馈出来的事情，不会掺杂什么个人情感和政治因素。从这个角度来说，学生收集的数据有可取之处，但是他们常常会用教科书式的那种问答，挺死板的，不太适用于基层的实际。

用心照亮佛冈百姓的小康路

受访人：叶伟平
访谈人：陈纳童
访谈时间：2020 年 7 月 26 日
访谈形式：当面访谈
访谈地点：叶伟平家中
访谈整理：陈纳童
访谈校对：陈纳童
故事写作：陈纳童

受访人简介：叶伟平，男，1969 年生，中共党员，2016 年 12 月被派驻到清远市佛冈里水村开展扶贫工作，在教育扶贫和产业扶贫等方面取得了良好的成效。在扶贫工作期间，多次受到相关方面的嘉奖。2019 年 7 月在清远市里水村扶贫工作队的工作结束，回到了原单位工作。半个月后，因扶贫工作需要，再次接受组织的安排，来到了佛冈扶贫工作组工作。

一　结缘里水，初见贫困压村民

我叫叶伟平，在越秀区市场监督管理局工作。在 2016 年的时候，我被单位派到佛冈开展精准扶贫工作。说起我去佛冈里水村开展精准扶贫工作，这里面有一段故事。在 2016 年 5 月的时候，全国各地已经加强了

2020 年 7 月叶伟平（右）接受陈纳童访谈

关于精准扶贫工作的宣传了，我们单位原来有一个干部经过培训以后就被派驻到佛冈县里水村开展扶贫工作了，但是后来他因为身体的原因就想申请回来。也就是在这个时候，单位找到了我谈话，希望我接替这位干部去佛冈县里水村开展精准扶贫工作。接到这个通知以后，当时我心中只有一个想法，就是作为一名共产党员和国家干部，我应该第一时间服从组织的安排，到工作最需要我的地方去。虽然家里人也担心当地的生活条件、工作环境、生活水平和民风民情可能会影响我的工作，但是通过积极与家属进行沟通和协调，家里的人也非常支持我的工作。所以我开始踏上了我的扶贫道路，在 2016 年 12 月到达佛冈里水村扶贫工作组报到。

当时我已经对当地交通、人文环境、生活水平等情况做了最困难和最艰苦的打算，到达工作地后我反而发现这里的工作环境比我想象中好很多，因此我能够比较迅速地适应当地的生活。为了更好地开展精准扶贫工作，我的首要任务就是要熟悉当地的情况。因此，我花了两个星期的时间走遍了里水村 10 平方公里的地方，对这里具体的地理方位也进行了细致的了解。里水有 7 个自然村，在 2000 多个村民当中，有 69 户扶贫户，共计192 人。此外，我也对整个里水村项目的发展情况还有当地的实际困难也有了一些了解。里水村这个地方原来是种砂糖橘的，当时村民确实赚了一些钱，所以盖了一些房子，房子的主体结构也已经完成了，但后来砂糖橘得了黄龙病①不能种了，因此房子的外墙就没钱装修了。因为这些房子是村民种砂糖橘赚了钱盖起来的，所以这些后期没有钱装修外墙的房子我们也叫"砂糖橘房"。而因为村民当时种砂糖橘赚钱比较容易，所以村民现在不种砂糖橘就不知道能种什么、能养什么，最担心的一方面是销售问题，另一方面是产品的质量问题，这也就影响了他们后续发展的信心。

二　扶贫解困，因户施策巧脱贫

开展精准扶贫工作，我的职责就是因户施策、因地施策，充分调动贫困户的积极性，开展一些有长效机制的扶贫项目，在资金、技术和销售等方面的保障下，带动贫困户脱贫解困。所以我们当时开展了一些比较大的项目，一个是易地帮扶的项目，还有就是"白鸽场"等其他集体项目。此外，我们还开展了11个发动贫困户自己组织、集体种养的项目。在集体种养的过程中，贫困户也能够学到种植的技术。然后我们还开展了5个比较小的项目，是一些由贫困户自己去开展的种植、养殖的项目和小型加工厂项目。

贫困户为什么会"贫"，就是因为缺技术、缺场地、缺资金。所以我们首先要解决技术问题，要发动一些有种养技术的贫困户或者养殖大户，带领我们这些贫困户共同去发展种养，去解决技术问题。然后我们要合理使用省里的扶贫资金，给他们资金去发展项目。然后需要解决场地的问题，当时我们是利用种养大户的场地，帮他们扩大发展的。以"白鸽场"项目为例，原来的白鸽场养殖的白鸽只有20000对，后来我们来了以后经过投入资金，现在养殖翻倍了，达到了50000对。他们怎么会翻倍的呢？就是我们引进了一些爱心企业与他们对接，拓展了他们白鸽的销路，所以他们才会有决心扩大生产。到现在为止，白鸽场一天大概有1600只鸽子能够销售出去。我们帮他们解决了实际的销售问题，所以他们现在的发展情

---

① 黄龙病：又名黄梢病，是柑橘上的重要病害，国内主要植物检疫对象，能使整片橘树被毁。该病全年均可发生，以夏、秋梢发病最多，春梢发病次之。本病通过嫁接传播，带病接穗或带病苗木是黄龙病远距离传播的主要途径，田间自然传播媒介为柑橘木虱。

况还可以。

除了通过发展生产，提高他们的收入，我们还需要了解贫困户致贫的原因，这样才能从根本上解决他们的贫困问题。经过我的调查，里水村有1.5%的人是精神有问题的。为什么会有那么多的精神病人呢？因为这里比较穷，外面的人不愿意嫁进来，这里有的人也娶不起老婆，这就造成了我们这里2000多个村民里面有这么多的精神病人。所以这里的致贫原因有因病致贫、因学致贫（因为家里的小孩子多），还有就是因残致贫，我们就需要针对不同的致贫原因用不同的方法进行帮扶。

我记得我们走访的时候，发现了一个14岁的小孩，她在家中还跟她那个精神有问题的叔叔睡在一个房间、一张床上、一床被子里。虽然她父亲精神没有问题，但是她母亲是精神有问题的，生下她就走了，而且这个14岁的小孩还没有户口，因此在很多方面都得不到保障。我们去走访了以后，针对这种情况，当时我就自掏腰包，拿了2000块钱帮这个小孩做了DNA鉴定，找了当地派出所帮她入了户，我们还教了她一些日常生活的知识，例如：家里怎么搞卫生、怎么收拾家里的生活垃圾、日常做饭、收拾房子等工作。后来我们还要求她跟叔叔分开住，到现在那个小孩今年应该17岁，差不多初中毕业了，这是一个比较成功的案例。还有一个贫困户，家里的男主人有肾病，要长期挂尿袋，然后家里还有一个精神有问题并且残疾的儿子跟他在一起，还有一个一岁半的孙子。他家里是人和畜生共同生活的，家里可以用"臭气熏天"这个词来形容了。我们去走访了以后，首先就是帮他把养殖区和生活区分离了，对一些基本的生活设施和养殖设施完善了，还发动企业资助了他一些家具，给了他孙子一些小孩的衣服。所以他们现在生活水平提高了，环境卫生也改善了，也帮他安装了自来水，让他们的生活更加方便了。

回顾国家的扶贫历史，一直以来国家有很多扶贫政策。但是为什么经过那么多年的扶贫，现在还是"贫"呢？就是因为以前搞扶贫是"大水漫灌"式的扶贫，有些地方的工作制度有漏洞，工作人员的责任心不足，还有工作的方式方法不恰当，导致我们一些扶贫工作还停滞在这里，效果不佳。我们现在提倡"精准扶贫"政策，就是要精准到户、精准到人，用具体的方法去帮他们解决一些困难，做到精准脱贫。因此我们现在开展的扶贫工作更加细致了，我们来了这里以后就要教当地村干部怎么做到精准到户，怎么做到因户施策，针对一些特别困难的贫困户，我们怎么进行帮扶。我记得我们这里有一个贫困户，家里有 5 口人，男主人和女主人都曾经有病，一个得了肺结核，另一个得了红斑狼疮。他们还要照顾因病去世的弟弟留下的小孩，他们自己还有 2 个女儿要照顾。这一户的情况比较特殊，我们就要因户施策。通过跟他进行沟通，我们帮他搞了一个玩具加工厂，还帮他搞了一个鱼塘养鱼，也有养鸡、鸭、鹅的，还帮他贷了款，他们的生活逐渐走向了正轨。最近他外甥的眼睛因为一些遗传病失明了，现在他外甥就去了一个盲人按摩中心学盲人按摩。通过因户施策，我们才能够激发他们的内生动力，让他们能够通过自己的劳动去脱贫致富。

谈起扶贫工作，有些人可能会有一种很多人"争当贫困户"的感觉。这几年来国家对于扶贫户的一些政策、资金的投入、一些关心确实比以前更加精准到户了，一些村民会发现精准扶贫工作令贫困户的生活发生了翻天覆地的变化，这些贫困家庭从贫到富，所以可能会引起其他村民的羡慕。但是总的来说，我们里水村这里可能因为民风比较淳朴，这种情况还是比较少的。通过扶贫工作队的教育和宣传，通过每次召开村干部会议，我们会将扶贫政策、帮扶力度、帮扶原因告诉他们，所以在村干部的周围会形成一种比较好的氛围。此外，我们在日常入村入户的时候也会对他们进行宣传，不只是关心这个贫困户，也会把我们的关注面尽量扩大，关心一些其他的村民，也有效地减少他们对贫困户一些误解。除了要告诉其他人我们为什么要帮这个贫困户，帮了他之后会有什么结果以外，也要让村民明白与贫困户之间也要形成互相关心、互相协作的一种好的氛围，这样才能够拉近他们跟贫困户的距离，减少双方的矛盾冲突，这也是我们日常工作比较重要的方面，因此这里的村民不会主动"争当贫困户"。其实人与人之间最重要就是沟通、理解，只要做好了沟通理解，有理有则，他们就比较容易接受。而且我们这些贫困户也不是单纯的"等""靠""要"，他们也有付出劳动去争取脱贫致富的。我们这里有劳动能力的贫困户有45户，有42户都主动去工作了，而且他们也会很主动地把他们的工作情况、收入情况报到我们这里。剩下有一些贫困户是因为家里有小孩，不能外出，但是他们也在村里面打散工，所以这些贫困户"等""靠""要"的情况也比较少。

三　扶贫扶人，教书育人破长贫

扶贫要先扶"zhi"：第一个角度是志气的"志"，要让他们下决心去脱贫。另一个角度就是智力的"智"，这需要从小抓起，所以我去了以后就希望加强对青少年各方面的培养。在这里面有一件令我印象很深的事情，我曾经带了一个三年级的学生，我问他祖国的首都在哪里，他不知道。我再问他广东省的省会城市在哪里，他也不知道。这件事对我的触动很大，令我觉得青少年的教育十分重要，所以我就为他们购置了一些全国地图，在每个课室挂一张，让他们知道祖国有多大，我们的首都在哪里，广东省的省会城市在哪里，这能够增长他们的见识，也开阔了他们的视野。除此以外，我一个星期会抽出一个下午的时间在里水小学里面当他们的校外辅导员，也会与他们共同开展足球活动。然后大概一个月也会去一次中心小学帮他们训练小学生足球队，在我一年多的努力后，这个小学的足球队在参加县里面的比赛还拿了第一名。还有一个比较突出的案例就是有一个 16 岁的小孩，他父母都是有残疾的，后来他知道父母不是他的亲生父母，就辍学了，整天待在房子里面不出门了，也不跟外界的人接触。知道这个情况以后，我们就跟中山医科大学一个心理咨询医生联系了，帮他做了一个月的辅导课，现在这个小孩心情也开朗了，去了广州市城市职业学院那里上学，情况也比较好。

但是我清楚地认识到，当地的教育资源相对缺乏，单凭我个人的力量是远远不足够的，需要发动社会各界的力量参与其中。因此我们联系了狮子会，为当地的学校维修篮球场，为学生增添电脑、校服、书包、文具、书籍、体育用品等物资，对学生进行了 4 次结对帮扶。此外，我们还联系了越秀区眼镜协会，为学生免费检查眼睛视力，为有需要的学生配眼镜，给他们讲解护眼小常识，教育他们从小爱护眼睛，减少学习上的不便，提高他们的生活质量。小孩是祖国的未来，青少年的教育绝对不能含糊。因此，我们也组织了爱心企业，对当地一个英语老师进行了培训，也为小学毕业班学生上了一堂英语方面的课外辅导课，希望培养学生英语学习的兴趣，强化学生英语学习的动机，拓宽他们的视野。来到这里以后，我还发现这里的人对于孩子的启蒙教育也不太重视，因此我联系了一个专门从事

2018 年 11 月叶伟平（右四）带领学生参加足球训练

儿童启蒙教育的爱心企业，希望帮助孩子培养科学素养、创新精神和实践能力，为他们以后的成长和发展打下基础①。

除此以外，青少年意识方面的培养也是需要引起重视的。因此我们就搞了"美丽乡村靠大家，清洁乡村不分你我他"清理乡村生活垃圾的活动，我们一个月会带领这些学生在公共地方开展两次垃圾清理活动。因为小孩子会影响一个家庭的发展，我们可以从小培养他们的环保意识，并把这个意识通过他们自身传到他们家长那里。另一方面希望通过这个活动对学生家长进行环保教育，告诉他们如果日常生活产生的垃圾不能妥善处理，我们就要带着小学生去清理，这样也是变相加重了他们小孩的负担。

四 再返佛冈，二度结缘乐喜闻

作为第一批扶贫干部，在完成组织派给我的佛冈里水村扶贫工作任务后，我的工作得到了组织的肯定，获得了广东省 2016—2018 年"脱贫攻

---

① 此段部分内容为访谈人从与受访者日常交流中得知的内容，根据文章框架整理而成的，并非当天访谈提及的内容。

坚突出贡献个人"等方面的表彰。回到原工作单位工作了半个月后，由于扶贫工作组工作的需要，单位再次派我回到佛冈县开展扶贫工作。全新的岗位为我带来了全新的挑战，工作岗位的变动也使我的工作任务和工作理念发生了变化，我需要在工作组里面更多地承担起指导、组织和协调的作用。

回想第一次来到这里开展扶贫工作的时候，我曾经经历过很多的事情，在工作上也遇到过一系列的困难。刚开始的时候，我们所有资料都要入省网，还有"扶贫云"的系统当中，当时由于全省的扶贫点有很多，而且都是集中在同一个时间在省网录入扶贫资料，造成了网络的堵车，按照当时的录入速度，我们根本无法完成这项工作。所以我们想到了一个解决办法，半夜起床录入扶贫资料，因为下半夜就没有人上网了，这样就能够确保扶贫资料能够在规定的时间内上传。经过我们的努力，现在基础的工作和一些数据就很稳定了。对于现在新来的扶贫干部，我们工作就是要及时关注他们情绪的变化，以防他们来到新的工作环境出现"水土不服"的情况，影响扶贫工作的开展。扶贫是一项艰辛的工作，扶贫干部只有坚定自己的信念，不断强化自己扶贫的动机才能坚持下去，因此我们还要提高他们工作的责任心，将自己的工作方法和经验传授给他们，还要教他们怎么跟当地政府沟通、怎么调动村干部的积极性、怎样得到扶贫户对我们工作的支持，这些都是我再次来到这里开展工作需要关注的方面。

曾经我也因为一些项目开展的情况跟一些村干部起了冲突，一些人认为一些项目能做，但是经过调查以及征求其他村民和村干部的意见以后，我发现他们的想法是不可行的，那我就要说服这些村干部，让他们理解我的理念和方法。所以我曾经也跟当地村干部发生了冲突，但是最后我还是将他们说服了。

我们驻村干部开展扶贫工作的过程中，要学会调动村干部的积极性，让他们能够协调和配合扶贫工作，认真落实和做好扶贫工作，这些是非常重要的。为什么要村干部配合呢？因为村干部对当地的情况，每一户村民的情况都比我们了解。如果我们能把村干部的积极性调动起来，配合我们的工作，那就会起到事半功倍的作用，能够更加精准、更加有效地去开展工作。但是村民对我们驻村干部和本土干部的态度是有区别的，当地村民对当地的干部不是那么信任。这个不信任的原因可能比较复杂，但是对我们这些驻村的扶贫干部是比较放心的，觉得我们办事比较公平公正公开，

2018 年 12 月叶伟平（左一）组织里水服务站工作人员、
党员到连樟村参观学习

不会搞特殊，还会关心他们日常的生活，能够为他们解决一些实际困难。
我们曾经组织整个里水村的老人家免费检查眼睛，送他们去清远做白内障
手术。我们也曾引入爱心企业捐助一些拐杖，方便一些孤寡老人日常外
出。还有一些有大病的老人，我们会联系一些医院，帮他们解决一些实际
困难。还会让当地的民政对一些精神残疾、肢体残疾的人进行关心，这些
都是我们日常比当地一些干部做得比较细的方面。不分事情的大小和事情
的轻重，我们都能够给村民一个合适的指引，协助他们找到解决问题的方
法，所以他们对于我们驻村干部比较认可。

正是这些经历，令我们能够在这个地方更好更有效地开展精准扶贫工
作。但是，第一批扶贫干部离开以后，新来的扶贫干部并不了解这些，也
不曾经历过这些，难以迅速地与村民建立互信关系，难以与当地干部联合
起来共同开展扶贫工作。因此我作为第一批的扶贫干部，重新回到这里，
就需要总结这些成功的经验，让新来的扶贫干部能够更快更好地适应当地
的工作节奏，与村民建立良好的关系，跟着前人的步伐，发挥自身的主观
能动性，投身到精准扶贫的工作当中。

五　总结经验，扶贫精神伴我行

里水村通过这几年的发展，发生了巨大的变化。除了经济收入有明显

的增长以外，村民的生活水平也得到了显著提高。在 2016—2019 年，我们一共发动了 25 个企业对里水村进行帮扶，筹集物资共计 45 万元，还为这里增添了路灯、割草机、篮球广场和文娱用品等。在扶贫工作组的努力下，在我们原单位的支持下，这里村村通公路，村村用自来水，都盖了文化广场。在 7 个自然村里面有 1 个村已经申请了"生态村"，有 3 个村是"示范村"，还有 3 个是"整洁村"，这些村落都达到了国家的一些标准，可以说里水村在乡村建设方面已经在佛冈名列前茅了。

但是我们不能因此而自满，我们的工作也有不足的地方，有些项目开展时会跟当地实际情况发生冲突，比如我们开展的一些养猪项目。在 2019 年下半年的时候，就发生了非洲猪瘟。虽然政府有补贴，希望村民能够主动配合政府对非洲猪瘟的疫情防控工作，但是因为这是不可抗力的情况，养猪的项目还是遭受了很大的损失。因此我觉得在农村开展种植、养殖等抗风险能力较低的项目时，我们需要联系当地一些部门，对村民进行一些培训。就像养猪的有养猪的培训，养鸡鸭鹅的有养鸡鸭鹅的培训，养鱼的有养鱼的培训，种植果苗的有种植果苗的培训。虽然有些风险是在项目开展之前能够考虑到的，但是有一些风险确实是无法完全避免的，就像非洲猪瘟这个就是不可抗力的情况，这个情况也影响到了整个国家。所以我们以后工作的一个目标就是在开展这些抗风险能力低的项目时，要跟当地政府进行充分的沟通，要充分讨论和学习如何有效预防自然灾害、帮助村民解决实际问题。

今年是全面建成小康社会，脱贫攻坚工作的收官之年。由于新型冠状病毒疫情席卷全球，这为我国脱贫工作带来了重大的挑战。因为要做好脱贫工作，就要解决好"产销对接"的问题。这个事情听起来好像很简单，但是做起来是比较困难的。因为产销对接牵涉到政策、价格、品种等方面的问题，这是需要靠市场经济去调节的。举个例子，受到这次新冠病毒疫情的影响，以前一个供货商停工了，我们村里的一个蔬菜基地有 50000 多斤蔬菜卖不出去。我们就通过媒体、企业等帮他们宣传对接，在 3 天之内就帮他卖了 50000 多斤蔬菜，这个就是一个销售对接的问题。只有解决好销售对接的问题，贫困户才能有种植和养殖的积极性。但是这个产销对接的问题还是比较深奥的，现阶段要令贫困户种植和养殖的产品做到与市场无缝对接还是比较困难的。虽然我们也开了一些产销对接的推广会，也做了一些网上销售，还有请了网红带货，但是要长远地发展还有很长的路要走。

完成脱贫攻坚工作后，国家下一阶段的工作计划应该是"乡村振兴"工作。虽然我们还不知道这项工作的具体要求，但是我觉得下一阶段的工作仍离不开"扶贫"这个词，但是这个词可能会有不同的时代含义。我觉得下一阶段的扶贫工作或者说后扶贫时代的工作重点是要建立一种长效的机制。如果按照2019年的标准，我们村所有的贫困户已经符合国家的政策，可以全部脱贫了。但是在他们脱贫以后，要保持"脱贫不脱政策、脱贫不脱帮扶"这些具体的措施，去确保他们在短期内不会出现返贫的情况。对于一些有返贫风险的贫困户要重点帮助；对于一些收入比较困难的"边缘户"，虽然他们达不到扶贫的标准，但是家里确实有一定困难的，我们还需要针对这些"边缘户"采取一些相应的措施，尽量帮助他们摆脱困境。

回顾这几年开展的精准扶贫工作，我感触良多。首先，国家的政策非常好，非常精准，使得国人的生活素质和人口素质得到了显著的提高。精准扶贫政策帮助了社会最低层、最困难的人，对于协助他们培养自立向上的精神也起了很大的作用。其次是调动了社会各方面的力量支持国家政策。再次是调动了我们这些市民、群众去关心社会最底层和最困难的人。最后一个是培养了各类人群怎么去爱国、怎么去关心国家的发展、怎么去支持国家的政策，团结了各个阶层的人去响应国家的号召，共同去完成脱贫工作，这是比较难得的。

我的这份扶贫经历，对我的家人也产生了深远的影响，也让他们更有使命感和责任感。我曾带我的家人去我扶贫工作的村里参观，带他们去入户探访，让他们了解我日常工作的一些具体细节，亲身感受扶贫工作的艰辛和不易。此外，我还会以身作则，在村里采购我们日常生活必需品，进行消费扶贫，带动村民的生产积极性。通过这些具体的案例、具体的细节、政策对他们进行宣传，让他们更加理解扶贫工作，这也是对我工作的另一种支持。我的孩子也通过我的工作感受到与村里的孩子相比，自己平时的生活条件是比较优越的；理解到人与人之间要有爱心，要关心他人，要主动承担家庭的义务，学会为家里解决一些实际困难。这些经历和感受，对他个人自立和上进心等方面的培养也非常有益。

在最后，我想感谢家人对我扶贫工作的支持。我在佛冈开展扶贫工作的这段时间，家里的老人家曾因病相继住院治疗，只能靠妻子一人夜以继日地照顾。万幸的是，老人在妻子的悉心照顾下康复出院。在妻子的鼓励和引导下，孩子也顺利通过高考，走进了大学的校园，继续不忘"爱"的初心，积极投身社会公益服务当中。希望我的这段扶贫经历能够继续影响他们，让他们能够继续以积极的态度面对社会和以后的人生①。

---

① 此段部分内容为访谈人从与受访者日常交流中得知的内容，根据文章框架整理而成的，并非当天访谈提及的内容。

从课堂来到毕节山里

受访人：罗磊

访谈人：陈卓炫

访谈时间：2020 年 7 月 6 日

访谈形式：线上访谈

访谈整理：陈卓炫

访谈校对：陈卓炫

故事写作：陈卓炫

受访人简介：罗磊，男，1980 年出生，贵州毕节人，中共党员。
参加扶贫工作前，于贵州省毕节市财贸学校任教，现为贵州省毕节市
脱贫攻坚指挥部资金项目部工作人员。广州市每年有帮扶毕节市的资
金，罗磊同志负责到贫困县、村，确定贫困村需要的项目，然后依照
其需求进行项目设计、项目跟踪、项目督查、项目推进工作，确保项
目与贫困户的利益联结。2016 年至 2020 年间，罗磊经手的广州市对口
帮扶毕节市资金达 11.2 亿元，涉及项目 272 个，其中包括前所小学扩
建、恒大集团在毕节市的项目、岭南集团在毕节市的项目等。

一 初来认识浅，渐行收获深

刚开始得知被抽调去参与扶贫工作，我是不情愿的。我觉得自己不能
胜任这份工作，更何况干扶贫对我的事业发展没有一点好处。其中，最具
体的是会影响到自己的工作利益，比如说晋级、评职称。我以前在一所中
职学校任教，如果评到职称，我的工资可以提升一个档次；但是我在扶贫

2020 年 7 月罗磊（右）接受陈卓炫访谈

办不授课，整整三年，我的教学活动一片空白，这个对我来说影响很大。我以前在学校课很少，但是搞扶贫很忙。没办法，党委会议已经做出决定了，我自己又是个党员，必须得服从安排！

当时领导告诉我："哎，没事，你去一年！一年以后我绝对把你换回来！"结果一驻村就是四年。

刚来到脱贫攻坚指挥部，我面临着一个全新的岗位，所有东西都不懂。如果说你去一个公司投简历被招进去，可能还知道应聘的是什么职务，要做什么；可是扶贫工作很复杂，刚开始我不清楚要干什么，整天在办公室里，不知道该干吗。但是我必须着手准备自己的工作。如果在做项目、搞统筹工作时，不了解相关知识，我就不清楚项目是怎么样选定和运行。所以我必须到项目点，先看看这个贫困村适合什么。看它的自然环境、人文环境适不适合做这种项目，地理知识要了解；它要搞基础设施建设、搞农业，或者是做养殖产业，我都要考察，所以农业方面的知识也要了解。以前我在学校里面只会教书，但我从扶贫办学会了农业的、地理的知识，还有采购的、招投标的、合同法的、经济学的，这些都得学好！所以我从扶贫办学到了很多东西，也渐入佳境了。

在第二年，因为咱们贵州省很重视脱贫攻坚工作，而且我们这批人对工作运行已经得心应手了，所以我们留了下来。一直到现在 2020 年，脱贫攻坚已经到了收官阶段，全国人民都翘首企盼，我们也必须跟进工作到 2021 年。

我觉得做些事情真的很有意义！我以前很抵触这些工作，但是几年来在这里做扶贫工作，到这么多个项目点看了，我会有很多感触。我觉得参与精准扶贫工作，获得感甚至会超过在学校里面任教。

我原本是比较爱玩的人，基本在学校一个星期上几节课，其他时间会去玩。但是搞了精准扶贫以后，我的责任感变得更强了。原先给学生上课，我不管学生听不听。学生愿意听就学，学不到是自己的事情，因为中职学校不考虑升学，只衡量毕业。但是扶贫工作让我更加有责任感和成就感。在这里几年我统计到，广州对口帮扶的资金已经惠及几十万名贫困户。我在这个地方选址，大家一起忙活把学校建起来。看到学生搬进里面去坐，哇，这种感觉真好！很不一样！不一定每个贫困户都知道是我做的事情，但有时候我看到一篇报道说，毕节市赫章县广黔同心学校建成了，有许多失学的孩子或者条件不好的孩子可以在里面读书，我看了之后很自豪："这个项目是我亲自去选的点，整个过程也由我监督！"我的感触很大，做这些事情真的很有意义！

从一开始的不情愿，到后来慢慢体会到这种工作其实是很有意义、很有价值的。

二 脚踏实地处，运筹帷幄间

我的工作内容和基层扶贫干部不同，但出发点同样是扶贫。最基层的一线扶贫干部的主要工作是面对面地接触贫困户，摸清致贫原因，倾听贫困户的需求。不同贫困户的致贫原因不一样，有些贫困户可能是因为疾病，有些可能是缺乏劳动力，或者是因为读书等。所以一线的扶贫干部在界定致贫原因时，他要到贫困户家里去，询问贫困户的需求：你们想要什么？改善现在的居住环境？或者想做一些产业，但是缺钱？贫困户的困难从一线逐步反馈上来。

基层干部把贫困户的需求反馈到村里，村里做统计，然后反馈到乡里，乡镇上再做一些统筹的规划。精准扶贫说的"精准"，就是这个意思。这家需要的是产业项目来帮助，那家需要的是资金，刚才提到的学生读书困难那种，并不需要项目，而需要真正的资金来帮扶。他家有劳动力，生活是没问题的。每年给他一万，就把他的问题都解决了！为了落实"精准扶贫"，针对每一处贫困户，会有不同的计划。基层干部生活在村里，他们的工作确实会比我们累。

我的工作主要是做策划，但很复杂。以我们对口帮扶组的工作来说，如果今年广州市帮扶的资金是 4.6 亿元，我们就得思考这 4.6 亿元要用到哪些地方，哪个县区、哪个乡、哪个村，要做什么项目。我们要去选择项目，比如说这个村有 200 户贫困户，我们会看这个项目在村里能脱贫多少人，给贫困户增收多少钱。我们的工作不光涉及产业，还有属于基础设施建设的，有关资金到户的，甚至涉及培训的。这个地方是做基建好啊，还是进行教育扶助；或者这个村缺乏医疗、教育设备，必须得在那建一个卫生院。基层扶贫干部会将建议反馈到乡镇，乡镇又上报到县里，县里会根据同年的国家扶贫赠款，调控资金到这个地方实施建设。

我每天早上 8 点半上班，有时还要加班。但是我们科室的科长，他每天都是晚上 12 点下班，不会提早。有时候我回家去，家人问我一些情况："怎么晚上十一二点钟还有人打电话给你安排工作？是谁打的呀？"我就跟他们解释说："科长十二点钟还在上班。"我曾经也有加班到一两点、两三点钟才回家。因为白天我们要去项目点，项目点也挺远。虽然现在交通方便，但是到一个村可能得花三四个小时。然后整个项目的所有资料，项目的运作、成本、财务……这些我都要看，可能一整天只能看一个项目点。当天回来的时候已经是晚上了，但我手头还要做一些资料必须要做好，所以只能加班。我的工作很复杂，我要到项目点去了解情况，了解当地的贫困户。其实你说脱贫，最重要一点，就是让贫困户增加收入对不对？贫困户收入增加了，脱离贫困线，他的人居环境得到提升以后，生活条件自然会得到改善。但是你在那个地方投入一两千万做产业项目，适不适合做，这得考虑交通啊，环境啊，也牵涉到国土问题、水利问题、环境问题，这些问题都能处理吗？同时，如果这个项目在这里做，它可以带动多少贫困户？它今年将带给贫困户多少收入？贫困户每年可提高多少收入？贫困户有多少的分红？我们称这个为"利益联结机制"①。

中国的贫困人口之所以贫困，大部分是地理原因造成的，其次是因为文化水平比较低。要是贫困人口的文化水平很低，就算咱们把高新设备运进去，贫困户怎么来运作这个东西？咱们是不是还要引进企业加入，让企业提供生产链和带动技能培训？如果企业来主导经营，这里边又牵涉到企业的利益。企业的投入是多少？企业的利益占多少？这很复杂。项目是要

---

① 贵州省毕节市曾推广"龙头企业＋合作社（家庭农场、专业大户）＋村集体＋农户（贫困户）"、"村社户"利益共同体、"合作社＋贫困户"等多种利益联结机制，目的是探索农业生产类财政资金支持村级集体经济组织，以及村级集体资产股份量化到户等多种形式，发展壮大村级集体经济。

经过重重考虑才最终选定的。

项目选定以后，就到建设阶段。在这过程中，我们需要对整个项目进行调度——调度项目的进度和不同阶段的报价，这很关键。为什么？因为我们不能让这些捐款被挪到看不到的地方、灰色的地方，我们要监管这批资金的使用情况。

项目建成后，虽然它属于当地人民公有，但我们需要引进企业或者引导当地成立合作社，让他们来主导经营这些项目产业和具体的分红。比如说这个企业进来了，它和 200 户贫困户有利益联结机制，我们要看老百姓是不是真正得到了钱，老百姓对企业的口碑反应怎么样，他们愿不愿意做这个事呀……这些都是我们后续要跟进的工作。

除了产业项目，我们还有一块工作就是基础设施建设项目。基础设施这个简单易懂，例如说贫困户的房屋没有达到我国的安全适用住房标准①，我们都要给他修建；这条村还没有水泥路，我们给它建一条路……项目是很多种的，但是我们都要进行管理。

怎么管理这些东西呢？我们有一套审计模式，我们会邀请广州市的审计部门到我们这边来审计这些项目，还请第三方公司来评估这个扶贫项目的产业利益、效益，包括纪委的监督，我们必须全程跟踪。一旦出现问题，我们会追查下去：这是哪个地方负责的？哪个干部负责？是哪个县、哪个乡镇的环节？问题出在哪里？我们有这种权利，经常会提起问责。由于是市委直接分管，我们还会把它提交到市委处理。

我现在接触的除了产业项目、基础设施项目，还有一些是培训项目。培训，就是说咱们这个地方老百姓的积极性很高，他们想做一样东西，但是缺乏技术。像畜牧业，他不会养牛，我们得给他们办培训班，组织这方面的专家来给他们授课，带给他们技术。这种叫作"造血式扶贫"②，让老百姓掌握一技之长，让他来做自己想做的东西。

资金下来以后，我们能创造机会，他们就能脱贫。

---

① "安全住房标准"指农户居住的房屋人均不少于 13 平方米的钢混结构的房屋、砖木结构的房屋或木质结构等房屋，整全稳固的，并且房屋评定达到当地住建单位的规定标准的，认定为住房安全标准。

② "造血式扶贫"是区别于"输血式扶贫"的一种扶贫方式，是指通过扶贫能够让农民自己有能力扩大再生产的方式。

三 扑身干实事，乡村换新颜

以前的扶贫工作确实存在一些问题。国家的很多资金可能就投在项目建设上。有些地方的项目做得很大，但实际上它投入那么多钱，要把这么多钱分完，你要分多少年啊！这样投入是没有意义的，对不对？甚至在一两年以后，企业破产了，这些建成的东西摆在那里，贫困户没接受过培训，经营不善，导致产业在那儿荒废了。以往确实会存在资金落实不到位导致资金流失的情况。

我2013年到乡村做过扶贫工作，以前有些扶贫工作可以说是流于形式。你一个外地人过去，乡里边是不太欢迎你的。为什么？因为我在那里，很多东西不好操作。我在那里挂职副乡长，有什么事情他们不通知我一下，不太好；让我来吧，又会影响他的操作。所以他们干脆让我去游山玩水了。更何况我在织金县大平乡的3年里，大概接触过就只有几十万的资金！搞扶贫工作的都知道，几十万块能做什么东西？修一个两三百平方的房子都需要几十万块钱！而且那个乡的贫困人口很多，有上千人。他们的生活环境完全闭塞，一座石头山把这个村挡住了。整个村没有公路，对外界没有沟通。如果我要去这个村的话，只能把车开到距离村大概10公里外，沿着那峭壁徒手攀爬，没有登山装备。稍微有下一点雨，这个地方根本不敢下去！要买几件家电送给村民，都根本送不进去！那个地方完全没有办法开发。

因为以前做过扶贫，接触了3年，我直白点说吧，以前搞的那些都是很形式主义的。为什么他们贫困？就我上面给你举的那个例子。它缺什么？缺资金啊。你给它修条路，但是你上哪去拿到这笔钱呢？我当时作为一个基层扶贫干部，到市交通局去打报告。设计方案拿过来一看，哎哟！要一两千万才修得了这个路。项目报上去以后你不可能做得下来。没办法，每逢过年的时候，领导就说："不行啊，你必须去慰问一下贫困户。"于是我们搞点这种慰问活动。那时候做的扶贫，就是这种。记得是2016年，我离开的时候，那儿还没有通山路。但是现在不一样啊，现在是真正实实地到下面去做事情！

2016 年，习总书记在宁夏的一个会议上①提出，东部城市要带动西部城市发展，即东西部扶贫协作。2017 年的时候，我又去了那个地方。哇，天翻地覆的变化！我都觉得很惊奇！它当时拿到了广州市扶贫协作的资金，直接启动方案，把这个山从中间劈分两半，中间 7 条路通进去，汽车可以直接开到他们村里！我以前是那个村的副支书嘛，知道它那地方山清水秀，是一个非常漂亮的风景区，叫作乌江源百里画廊②。那条村子是乌江源百里画廊的源头，背后就是乌江源。经过这两年的精准扶贫，现在这个村围绕环境优美的特点，大力发展乡村旅游。它背后是一条江，一直流到织金洞③去。于是我们在这个村子里边修了码头和一些水上的游乐设施，还有民宿。游客可以从织金洞那边坐船到这个村，在这里住民宿，游山玩水，品尝当地饮食。

真是天翻地覆的改变！我想起来这个村叫群建村，现在它的发展比较可以，老百姓过得挺不错。可能有些地方我没看到，但我看到的地方，整个村都变了样，包括村民的精神面貌和整个村的外观，这是完全的改变。老百姓出来，我们都会和他们聊天，他说道："谢谢你们搞的这些项目啊！真的太好了！"他又说："我在这个村生活了几十年，从来没有走过水泥路。现在你看有公交车了，又通车，又通水，又通电，还可以上网。""咱家每个月能分到几千块钱，都快赶上你们城里边的工资了！"他们很感激啊！我们一下到村里，他们就说："你必须来我家喝酒！"他觉得你要来我家，我请你吃饭、请你喝酒，这是当地老百姓的最高款待。他知道你是来搞扶贫的，很辛苦。即使有一些生活条件不好的，他也会拣几个鸡蛋给你装起来，说："你把这个带走，这是我们的一份心意。我确实穷，也没什么东西给你们。但我很感谢你们从那么远来关心我们，经常来看我们，了解我们需要什么东西。"这些都让我们非常感动。我觉得干了精准扶贫之后，我的精神得到了升华。这些就是实施精准扶贫政策以后，我感触很大的点。

---

① 此处会议指习近平总书记于 2016 年 7 月 20 日在银川主持召开的"东西部扶贫协作座谈"。
② 乌江源百里画廊旅游区属国家级旅游资源，位于黔西县南部，321 国道公路旁，因修建东风水电站而形成。湖区总长 62 千米，宽度 60—1000 米之间，湖水面积近 20 平方千米。
③ 织金洞，位于贵州省织金县官寨苗族乡，地处乌江源流之一的六冲河南岸，曾被评为"中国最美六大旅游洞穴"之首，《中国国家地理》等国家级地理研究部门也给予高度赞誉，称其为"中国溶洞之王"。

四　扶贫先扶智，政策助教育

可能你想象不到，之前在农村，留住学生的责任直接落在教师头上。如果班上有学生辍学了，老师是要负责任的。不管是什么原因，老师必须去到他家，直接劝说也好，寒暄也好，做他的工作。

现在精准扶贫的理念进来了，孩子去读书不用花钱，还可以在学校免费吃饭，甚至会得到一些补助，农户都愿意让孩子去上学。现在是义务教育，法律跟教育联合起来，对贫困户实施优惠政策。有个贫困户家里的三个小孩都在读大学，家里边仅靠父亲一个人抚养三个大学生。按照城镇的生活水平，家里抚养一个孩子去读大学的开销都很大，何况他家有三个大学生！他每年都要付那么多学费、生活费，这些仅仅靠他一个人的劳动力是不够的。这不像咱们有个正规的工作，每个月有固定收入。他在农村只能种点地，平时在附近打工，挣点钱。不用想，他直接就是贫困户。还好当时到了精准扶贫的阶段。政策一下来，针对这种情况，我们给他家的三个学生每年发补助，直接把学费送到他手里。对于贫困户的学生，我不清楚大学是怎么做的，但是我知道在高中还有中职学校，都是学费和生活费全免的。

我们有一个项目是学校，这座学校叫作前所小学。我们第一次去之前，县区的同志们讲："哎哟，那些你们应该去看一下。那个地方很需要做一个学校啊……"广州那边有派人到扶贫办和我们一起工作，于是咱们整个工作组的人一起去那个小学。

我们到了那个小学，一看，很简陋！教学楼是很简陋的一间小房子，它的墙壁是土墙，窗户连玻璃都没有，只用几张红白蓝口袋纸贴在窗户上。教室很窄，里边只有四五张桌子，这四五张桌子就是一个年级。在这个小学旁边，有一间很窄的屋子，屋里只能放一张床，那是老师休息的宿舍。我一个贵州土生土长的人，去到那个地方，都很难用语言形容他们的贫困。

很破旧！完全想象不到的破旧！当时看到这些，我挺心酸的。咱们都是同胞，看到小孩子在那种环境下还这么认真学习，看到老师在那种条件下还坚持搞教育，这些对我们触动很大。我们立刻就说："这个项目必须做，咱们必须马上做！这是迫在眉睫的！必须马上给他们改善教育教学条件！"不管投入多少钱，一定要把这所小学给他们翻新变好。现在建成后，教学楼里是很优质的、现代化的教室。根据乡、村工作人员提出来的要求，我们这边的职工给他们做了设计，最后建成的有教学楼、卫生间，还配备食堂、操场，这些全都有！学校扩大了，生源和师资力量扩大了，周边其他村的学生可以送到这里来读书，也可以给教师提供一些宿舍居住。当时建设这所学校可投入了不少！

2020 年 4 月罗磊参与前所小学扩建工程

五　筑牢保障网，脱贫不返贫

谈到返贫问题，我们国家出台了相关政策，大力保障脱贫者不返贫。

贫困户要脱贫，肯定要有产业和项目覆盖上。我给你举些例子，比如这个地方建立一个养牛场也好，养鸡场也好，它是一个长期的产业，贫困户每年都可以从这里面分到钱；他还可以在里面打工，拿工资；我们也可以办一些小的扶贫车间，这能提供几十个工作岗位。我们会根据实际情况，招标一批企业；企业根据当地的情况，创办一些项目。比如说我们这边传承着一种苗族工艺——蜡染，那咱们这边就办蜡染厂，提供工作岗位。像咱们城镇城市的人一样，贫困户在里边工作拿工资，还有养老保险、社会保险，我们全部给他们买上。

产业项目会有相关的单位来指导他们运营。广州的岭南集团来这边合伙，我们把基础设施、厂房修好，甚至建了冷链设备来支持企业运营。然后我们把这些东西交给它运营，后续费用全部是由岭南集团支出。它只需要保障贫困户的分红和贫困户在里面工作的收入。

针对企业入驻，我们也是给出了很多的优惠政策。咱们毕节市的东西部专项扶贫协作资金有一种消费扶贫的项目，这种消费扶贫项目的目的是让企业带动贫困户。资金项目部拨钱给商务局，由商务局来统筹运营。商务局制定标准，如果企业带动了贫困户，我们会调用这个数据，比如说今年企业带动贫困户输送了多少农产品到广州去啊，达到某个条件，商务局就直接给企业相应的奖金补助，这是很丰厚的。如果企业愿意去广州建一些展示柜和门店，从政策到资金我们都会给它提供很大的支持，从而吸引和刺激企业的扶贫积极性，保障贫困户最终受益。这是摘帽不摘政策，摘帽后再送一程的保障。

现在的脱贫还包括教育保障和医疗保障。所谓评价一个贫困户是否脱贫，我们看他的生活环境是否有通水、通电、通路、通网，"四有"① 是不是落实到位，这跟城镇居民是一样的。医疗保险还会考虑贫困户的情况，有些条件差的贫困户，基本上都是国家替他出钱。

我敢说，毕节市的农村医保绝大部分是覆盖了，建档立卡的贫困户同样如此，不过总会存在特殊情况。都知道我们国家的流动人口特别多，有一些人可能全家都跑到广东去打工，人不在本地。我们拿不到这方面资料，不知道他有没有医保，也不能联系到他。没办法，他户口在这，人在那，找他实在是大海捞针。

六　利国利民策，小家大家兴

我是一名单亲父亲，家里没有其他人照看他，只能一个人把孩子从两

---

① 四有，即：有安全饮水、安全用电、安全住房和就业技能。

岁的时候带大。广州市每年培训毕节市的干部，但是培训时间太长，孩子照顾不了，我走不开。孩子现在很小，才5岁。家里没有其他人照顾他，我只能把他带到扶贫办。儿子跟我们办公室的人都很熟，他一来，同事们就说："哎，你要吃什么？""走！带你吃了，在这休息！"同事们很好，有时候我看着会很感动。有次因为急需一份材料，而且这是我自己负责的项目，于是我只能一个人在办公室加班。看到儿子在旁边都睡着了，我心里好难受，觉得自己愧对他。

孩子稍微大点了，我父亲他们才有空到这边帮我照顾小孩。有时候我父亲打电话给我，儿子会问："老爸，你什么时候下班啊？还不下班，这么晚了！"我说："你知道老爸做的是什么事情吗？你看，那些小朋友在那边还没有饭吃，没有书读。如果老爸下班了，那些小朋友的生活还是很艰苦。"城市的小孩在物质上满足得比较多，再加上我是单亲父亲，对孩子的溺爱更多一些。但这样下来，有一段时间，我孩子什么都想要，他说的就必须买。于是我带他去贫困村看，让他看看那些小朋友的生活条件。

我带他去到一户人家，当时家里有两个小女孩，其中一个小孩和他差不多大，三岁，另一个小女孩大概五六岁。因为我在乡镇干过，那家人认识我，我便进去问："哎？小孩呢？"他说出去做事情了，干农活。于是我带他去看，见到大女儿牵着小的那个，两个孩子都穿得很差，在捡牛粪。农村条件比较差，牛粪晒干了，她们捡回家能烧火嘛。那两个小孩就背了一个小背篓去装。哇！我当时看到，对他说："你看看，别的小孩和你一样大，他们在干吗，你是在干吗？"

这对他是挺好的。我带他去看一下这些，他会觉得自己得到的东西并不是轻易地拿来，而是要付出很多努力，是父亲在辛苦劳动给他换来这些东西。我就说："你看这些小孩，爸爸的工作是让这些小孩过上和你一样的日子。"让他觉得我做的事很有意义，我老爸做的事情很了不起！在这之后，有时候他打电话给我："你在干吗呀？"我说在工作，他说哪块地方的小朋友没有读上书啊，你什么时候带我去看啊……我认为这对他的人生很有意义。我觉得精准扶贫是很成功的一件事，也是迫在眉睫的事情。我们生活在城镇，没有真正地体会到贫困户……真是穷到无法想象的那种程度啊！我们可以说是生活无忧的；但贫困户饱一顿饿一顿。精准扶贫刚开始时，毕节有1981个贫困村，1981个！以前是有多贫困！现在剩151个，连 10% 都不到。如今全社会都在关注脱贫攻坚，这全靠大家一起工作，举全国之力来精准扶贫。

真正要了解一件事，你必须亲身去做。所以我觉得精准扶贫并不像网上的某些人所说的如此不堪。那些人不能只说负面事情，不能无限地放大负面事件，给人们造成假象。你看下面的资料，了解一下咱们的资金还有毕节市现在的一些情况。

2016—2020 年广州对口帮扶项目分类使用情况（单位：元）：

2016 年，美丽乡村建设 5000 万。

2017 年，美丽乡村建设 4653.55 万，产业 1845.7 万，基础设施 1500.75 万。

2018 年，产业发展 7340.267 万，劳务协作 4200 万，残疾人帮扶 600 万，公益岗位开发 3604 万，教育医疗 257.35 万，教育补助 3532.411 万，培训 529.98 万，乡村特色旅游 305 万，基础设施 8667.403 万。

2019 年，残疾人帮扶 200 万，产业发展 2279 万，基础设施 2358.274 万，教育医疗组团帮扶 200 万，劳务协作 5000 万，培训项目 320 万，消费扶贫 1000 万，安排易地扶贫搬迁安置点教育和医疗设施项目资金 20658.726 万。

2020 年，产业发展及配套设施建设资金 15704 万，劳务协作就业项目资金 7920 万，安排易地扶贫搬迁安置点教育和医疗设施项目资金 16107.68 万，通组路等基础设施建设项目资金 4899.5 万，卫生基础设施建设项目资金 640 万，教育和医疗组团式帮扶项目资金 500 万，残疾人帮扶项目资金 278.4 万，人才培训项目资金 200 万，易地扶贫搬迁安置点日间照料中心建设等其他项目资金 270.6 万。

（资料来源于毕节市脱贫攻坚指挥部）

这是真正的一个民生工程，大工程！以前一直搞全面小康，搞了这么多年，还有那么多贫困户。但是精准扶贫以来，咱们得到国家的大力支持，贫困户数量锐减，很多的贫困户都脱贫了。这两年咱国家在精准扶贫上投入的资金非常非常大，数字虽然没有公布，但是不难想象到。不像基层扶贫干部那样，他只在一个村里面，见得少；我见过很多，基本上咱们毕节市的项目点我都去过。我觉得广州市对口帮扶真是件大好事！包括现在深圳市，按照政策，去年广州来帮扶以后，深圳本来不用帮了。后来因为是脱贫攻坚的最后关头，深圳都说继续帮，今年的资金到了1个亿，也是由我们负责。我们讲的"两不愁三保障"，"两不愁"是指不愁吃、不愁穿，"三保障"是医疗保障、教育保障、养老保障①。给贫困户配套这些东西，到了一定年龄，丧失劳动力，国家会给他兜底。精准扶贫解决了很多的民生问题，像贫困户、农村和农民的受益全都能看见。咱们全国人民都希望做的，就是脱贫攻坚这件事。国家给的政策很好，这也是时代的必然趋势。

如果要说我的看法，我觉得这个政策应该长期落实下去，继续走下去，帮助更多的贫困户脱贫，保障已经脱贫的人不再返贫。精准扶贫的政策很好，整个战略格局都很好，脱贫攻坚工作正朝着好的方向发展。

---

① 这里有口误，"三保障"即义务教育、基本医疗、住房安全有保障。

科研人员的塘吉村扶贫之旅

受访人：邹碧

访谈人：陈燕钗

访谈时间：2020 年 7 月 20 日

访谈形式：线上访谈

访谈整理：邓焯琳

访谈校对：邓焯琳

故事写作：陈燕钗　邓焯琳

受访人简介：邹碧，男，41 岁，中共党员，中国科学院华南植物园助理研究员，受中国科学院广州分院委派，自 2019 年 3 月至今，于广东省茂名市化州市同庆镇塘吉村开展扶贫工作，任塘吉村第一书记兼驻村工作队队长。在驻村扶贫期间，邹碧书记下基层、干实事、深入群众，与当地群众打好关系之余，结合当地特色和专业优势，积极探索脱贫方式，积极开展科技扶贫、产业扶贫、就业扶贫、消费扶贫等工作，通过"造血式"帮扶，建立脱贫长效机制。重视扶贫先扶智，鼓励当地学生学习新知识，以知识改变命运，防止贫困代际传递。同时邹碧书记严格按照"八有"指标落实到每一户贫困户，精准对接每户需求，出色完成脱贫攻坚工作，多举措并举防止返贫，确保不落一户、不漏一人，全力带领塘吉村打赢脱贫攻坚战。

一　初来扶贫，我慢慢适应

二十多年前，我从江西的农村老家考到华南农业大学，毕业后就留在

2020 年 7 月邹碧同志正在办公

广州工作生活，在来塘吉村当驻村干部之前，我是在中国科学院华南植物园一个普通的岗位做着基层的科研工作，工作单位和家离得也近，过着还算安稳的生活。直到单位选派驻村的扶贫干部，我开始了一段与自己原本的工作生活轨迹完全不同的历程。我是主动申请到基层担任驻村干部的，我想自己本身是从农村来的，学的又是农科的专业，去农村应该会比别人容易适应一点，毕竟懂一些农业方面的知识。如果自己有能力帮助那些贫困的人，那就尽自己所能去帮助别人，这算是自己的一个情怀吧。而且我在原本的工作岗位上做了蛮久的，希望在岗位上有所转变，所以组织需要选派人来当驻村干部的时候，我想借这个机会转换一下不同的工作生活。我之前没做过行政的岗位，这个工作对我来说是一个机会也是一个挑战。当时我就和家里人商量要去当这个驻村干部，她们都很支持我去做这个工作。

在我来塘吉村当驻村干部兼第一书记之前，前一任书记已经在这里干了三年了。我和他工作交接了一两个月，在 2019 年的 3 月份就来到这里工作。这里跟我之前的工作环境有挺大的反差，但又跟我还没来时想象的不一样。想象中的贫困村应该是那种山旮旯、偏僻、交通不方便的，整个地方的人都很穷的地方。但其实这里的情况还好，这里整体上并不是很贫穷落后，跟平时在新闻看到的西部地区、云南贵州等这些山区的贫困情况不一样。人们总体生活情况没有我想象中那么差，交通还算方便，但相对于广东省的总体发展情况来说还是贫困的。这里也有一些不穷的人家，但说贫困的，即我们的帮扶对象，确实是真正的很困难。

初到村里工作，我面临各种各样的困难，首先方言就是个难题。我是个江西人，虽然来穗多年，会讲一点粤语，但当地的吴化方言和广州话很不一样，人称之为"土白话"，一开始是非常难听懂。但难也要学，跟村干部学，跟贫困户学，听不懂就多听几遍，慢慢也会听个大概了。日常用语还好，书面用语因为习惯了用普通话说，现在要面对村里几十个党员，用粤语讲党课，真的非常不习惯。例如要用粤语讲述十九大报告的核心内容，用粤语读入党誓词，对我这样一个江西老表，真的挺难的。但很多年纪大的老党员，听不太懂普通话，为了能够让大家听得轻松一点，我一个人麻烦些用土白话讲也无所谓。

就算方言问题解决了，沟通依然存在问题。和村民沟通不像平时我们在研究所发一个通知，大家能够迅速地理解通知的内容，刚来的时候和村民的语言差异比较大，沟通时很难理解对方的意思。而且我们要帮扶的是整个社会最弱势的群体，在家的很多都是老人、残疾人，有听不见的、看不见的，我们要与这一群人去打交道，沟通难度可想而知。有时候三番五次地强调，他们还是听不明白。要是没有亲身经历可能感受不到这种困难，有时候跟他说的明明是一件很简单的事情，但是沟通起来却很难。

困难摆在面前怎么办呢？既来之则安之，我想来都来了，绝不能混日子，一定要做好自己的本职工作。真正决定要来的时候其实也是因为有一个情怀在的。广东整体经济那么发达，但在这个地方还有因为各种各样的原因导致生活困难的人，如果在我能力范围内能够帮助他们，那我多吃一点苦，多干一点活，多加一点班，都是值得的。只要对贫困户来说是有帮助的，我都尽量去做，不管那是不是考核规定的要求。我最近在申请希望工程的助学捐款，就是希望能帮每一个贫困孩子争取到助学金，虽然这并不是扶贫工作的考核内容，但能够帮贫困户争取一些机会，能够支持孩子上学，我做这个就是有意义的。所以即使加班辛苦一点，但确实能够帮到他们，我也愿意做，这个也是我最大的动力。

一开始的工作也是摸着石头过河，关键是要和当地的村委干部搞好关系，得到他们的配合，毕竟他们是本地人，我是外地人。要不是他们带我去贫困户家里，我根本找不到地方，也不认识村民，刚开始还是得通过他们才能跟村民顺畅地沟通。村干部们清楚村里的情况，很多时候我需要村干部的帮忙。比如需要发放一些东西、需要收集贫困户的资料等，这些都要通过村委干部，拜托他们去落实。一般的驻村工作队标配是3个人，但我们这个驻村工作队只有我1个人，所以我1个人要干3个人的活。这个岗位不只工作日有事，周末也经常有，如果3个人的话有些工作就可以轮着来，但是只有我一个就不行了，我走了就没人了。所以我基本不能离开村子，很多工作都要我去干，也需要和村委干部合作，如果他们不配合，工作根本干不完。我和村委会大家都是一起干活的，没有严格地区分这个工作是谁的，我们的目标都是脱贫攻坚。

二　多举措帮扶但挑战并存

我所在的办公室是在二楼，这里原本是村委会的办公室，但是这对于老年人和行动不便的人来说爬楼不是很方便，所以村委会要求村委办公室必须要在一楼，但没有条件去搬，我来之后便向上级申请20万元经费解决了装修问题，在今年才实现搬迁。

办公室连着宿舍，这屋子里外两间，外面是办公的，里面就是睡觉的地方。在办公室的桌子上陈列了十几个文件盒子，每个文件盒都装满了2019年扶贫工作要求审核的资料，包括贫困人口情况、贫困村情况、帮扶单位责任落实等。每一个文件盒子里面的资料大部分都是我在准备。在办公室靠墙有一书柜，占据了小半面墙，柜子里装的就是每一个贫困户的档案资料，一户一个文件盒子，这里一共有100多个盒子，每一个盒子的资料都是我在负责的，也就是说我要管100多户贫困户。平时的工作需要收集信息，录入系统。比如说学生教育补贴这事，我要管125个学生，就给每一个学生一张表，让他填写并拿去学校盖章，盖完章汇总录入系统，系统核实后才能发放补贴。还有登记收入的问题，贫困户一年赚了多少钱、在哪个单位打工、工作内容是什么，这些信息我们都要搞清楚。这些信息我们都要收集并录入广东扶贫信息系统。不仅要在网上录入系统，还要做成纸质材料，因为这些资料都要有所保留，准备检查。除了档案的录入，贫困户还要入库，每一个入库的贫困户的门口会挂一个牌子，上面就写了帮扶单位、驻村第一书记的名字、电话，也就是我的名字和我的电话，还有贫困户的个人情况。门口的这个牌子就是证明贫困户是要接受全社会的监督的，如果贫困户出现什么问题或者不符合贫困户的标准，别人是可以打牌子上的电话举报和投诉的。平时我的工作量很大，基本没什么休息时间，我就经常晚上洗完澡，穿着睡衣坐在办公室工作，工作和生活都分不开了，平时基本就待在村里。除了文书的工作，还有要做入户的工作，要保持和贫困户的联系，掌握他们的实际情况。我们这里有100多户贫困户，算是比较多，而且我又是一个人的工作队，所以我的档案管理工作量、入户访问量就比别人要多，工作自然就比较多。

扶贫工作，不是简单的资料录入和资金发放，扶贫是依照一套完整的策略来进行的。我来之后沿着前任的思路继续推进，并且根据实际情况做出相应的调整。以前的扶贫产业只有集中项目，没有分散项目。集中项目是我们村有一个是财政支持的光伏发电产业，还有一个是投资华中药业公司的集体分红项目，但没有针对贫困户的产业项目，现在就制定了针对每个贫困户的具体情况对应的帮扶措施，例如疫情期间搞了个养鸡项目。

扶贫不是给贫困户钱那么简单，我们需要通过多个方面的扶贫措施，从根源上解决贫困的问题。比如教育扶贫，我们这里有个贫困户，户主的丈夫因病去世，她一家有4个孩子，老大是华南理工的研究生，两个弟弟读高中，但老大非常上进，她本科毕业想要考研究生，于是天天在家里看书，没有工作也没有收入。大学毕业没有去工作的，我们本可以不管的，因为她属于正常的劳动力，而且本科毕业不去工作，按道理是不属于扶贫的内容，但她不去工作的原因是她要去考研、要深造。对于这种因学致贫的贫困户，我们是重点支持的，这是在为国家培养人才。我们把相应的扶贫政策继续下去，动员大家捐款，并且根据实际情况做了一些针对性的工作，一个是把养鸡的项目给了他们，另外就是申请民政部门的临时救助，分配了3000块钱给她。前几周我还特意号召我们单位消费扶贫，花了3000多块钱去她家购买了20多只鸡，她们用这个钱就可以去购买生产资料维持生活。总之从各方面筹措资金，帮她家度过经济难关。这个贫困户她很感激我们，说我们是雪中送炭，如果没有驻村工作队的帮忙，可能她孩子就上不了学，只能初中毕业就去厂里打工。正是有了精准帮扶的政策、有我们驻村工作队的帮扶、有社会各方面的捐助，她才可以让孩子去读大学考研究生。对这种家庭来说，他们是十分感谢这个政策的。因为这个政策才有资金支持孩子继续上学得到更好的教育资源。这几年的帮扶对他们来说是真的起到了一个雪中送炭的作用。

在我们村有一个科技扶贫项目，就是广州分院发挥自身的科技优势，针对塘吉村量身定做的一个科技扶贫项目。这个项目主要有两个方面的工作。第一个是解决严重影响现在农村居住环境的养殖废水污染问题。化州是一个养猪大县，在广东的生猪占比是非常高的。养猪必然面临着臭气熏天、污水横流等问题，所以中科院要解决养殖污水的问题，使污水不随便排放且要达标排放。中科院广州分院的农业生态研究所就利用人工湿地，种植一种能够吸收养殖污水中氮磷元素的水藻，水藻长大以后割了还可以当饲料用，实现循环利用。这个方法既可以做到治理污染又做到资源循环利用。这个项目后期我们希望能够在全化州对这种环保的种植养殖模式进行推广。这项目的另一个方面是利用猪粪来堆肥，也是一个变废为宝的项目。本地农田里的稻草花生杆等这些秸秆非常多，很多人直接烧了，这样做又污染环境又浪费资源。通过这个项目，把猪粪、水稻秸秆以及沼气池的淤泥堆厚做成有机肥，这样使秸秆又回归到农田里，而且减少化肥的使用，不用焚烧，对环境也友好。我们作为研究院和农户连接的桥梁，由中科院的研究院提供技术资源，我们去找承接这个项目的养猪场和干活的本地人。中科院的领导和地方政府都认为这个项目挺好的，值得做，一直比较重视、支持这个项目。环保的问题肯定是一天比一天重视的，村民们也很期待用较低的成本来解决污染问题，而且这个项目还可以实现循环利用。这个项目目前正在进行，下半年应该就可以看到成效了。

有时候项目的推进并不是一帆风顺，也会遇到矛盾和困境。之前做光伏项目要找场地，当时是前一任书记找的，是一个居民广场的戏台楼顶，居民要求一年要给8000块钱场地费。我们这里人多地少，要找一个合适的场地是很难的，那时候确实找不到其他地方，于是就答应了这个要求。但上级要求扶贫产业收益，不能给他们这么多钱，所以我今年就遇到麻烦，村民逼着我要兑现这8000块钱，这给我出了一个很大的难题。今年的光伏要并网和确权，要在那里加装设备，但不给钱村民又不给装。遇到这种问题就是很棘手又难做，一边逼着要加装设备，不装就完不成任务，另外一边又不给开门，夹在中间，感觉自己被绑架了一样，感到很痛苦。后来想了一个办法，申请了另外的不算在扶贫收益里面的补贴，事情才顺利解决了。遇到这种矛盾，两边都不能辜负，很难去平衡，不给钱不对，但政策也不能违背，还挺难做的。

要将脱贫进行到底，就要保障贫困户的收入来源，主要是两个方面。一个是对于没有劳动力的贫困户，比如残疾的，精神疾病的，这些就通过民政部门的政策支持，即是说要落实低保，保障他们的最低生活标准。这个困难会持续存在，低保也会继续支持。另外对于有劳动能力的贫困户，我们要想方设法地动员他们去工作，给他们介绍工作。我们建立了党员联系贫困户机制，每次开党员会的时候，我们就会调动来自各村的党员去联系贫困户，及时了解贫困户的情况，建立一对一的帮扶机制。比如贫困户有年轻的劳动力，党员正好是老板，那就招募其去厂里工作。这就是党员带动身边的贫困户让其自食其力脱贫，而不是一味等待救济。等待救济是一种懒人思维，只有主动去工作提升自己，才能够实现长期稳定的脱贫。所以只有让他们出去打工才是最实在的。只要去大城市打工，基本上全家的收入就解决了。只要他有劳动能力，我们就是让他们出去打工。对于没有条件外出打工的，要打造一支"不走"的工作队，建立一些支柱产业。考虑到返贫的风险，有一些产业分红会继续下去，不会随着工作队的离开而消失。

我觉得既然来了就尽自己所能把工作做好，不能只是敷衍了事。现在有些人对我们驻村干部有误解，觉得是来农村体验生活，工作随便一干，每天吃吃农村的绿色有机食品，混两年就可以回去。但其实这工作是没那么容易干的，我们都要实打实地干活，关键是活要干，要马上干。例如下午四点有个任务通知下班要交，那就要马上干。很多时候任务很急，可能在忙别的事情没看微信通知，上级电话马上就打过来。有时候接到任务是在家和孩子玩，有时候在高速路上开车，无论何时何地，都得放下手中的活。在高速路上就马上进服务区打开电脑接上热点马上开始工作。所以，我无论去了哪里都要背着个双肩包，里面放着电脑随时准备工作。我们不仅要随时待命接受工作任务的通知，也得接受随机的考核。例如"八有"①的考核，除了实际任务要做，工作内容和工作标准也要谨记于心，上级会盯着，随时打电话抽查。有一次接到电话我在忙其他的事，上级就直接问村里的基本情况，有多少贫困户、多少低保户，还要当场背出"八有"的具体内容。

三 扶贫新策迎战新冠疫情

猝不及防的疫情给我们的扶贫事业带来了很大影响，第一是村民的务工收入受到影响，大家在家待了三个月，没有外出务工，便没有了主要的收入来源，但是脱贫的标准不能降，考核要求必须达标，这给我们扶贫的压力是非常大的。第二是对农产品的销售产生了巨大影响。我们这里是一个蔬菜生产基地，按照以往的销售模式，来收货的中间商是直接卖给工厂、学校这些需求量比较大的食堂，但是疫情影响下，许多工厂没有开工、学校没有开学，食堂对于蔬菜的需求量大幅下降，今年的农产品销售面临着非常大的困难，卖不出去，也卖不出好价钱，贫困户的收入也受到巨大影响。

困难摆在眼前首先要去直视它解决它，要解决还是得帮扶单位加大投入，解决村民的收入问题。我们联系了一些公益岗位，指定要贫困户来做。比如，我们村有一条河沟，要求聘用一个巡查河道并及时清理河道垃圾的巡河员，还有村里收垃圾的岗位等，这些工作原本是雇专门的人在做，现在就指定给需要的贫困户来做。在这些公益岗位上工作的一般是因为劳动能力弱不得不留在村子里，公益岗位让他们有更多的就业机会，让其自力更生，增加收入。另外，我们还搞了个分散养鸡项目。我们从贫困户中选了 20 户来做养鸡这项目，选这 20 户的原因一个是他们有条件做，一个是他们确实没办法出去打工，他们的收入都是比较低的。我们帮这 20

---

① "八有"是指要保障贫苦户脱贫的八项基本保障指标。"八有"第一个收入要达标，有劳动能力的要达到收入标准；没有劳动能力的必须落实最低生活保障。第二个是安全住房。第三个是医疗，即是要确保医保。第四个是教育，不能有因贫辍学的，必须得保证义务教育的完成。第五个是要有电视，电视有信号。第六个是有电。第七个是有网络。第八是饮水安全有保障。

户申请了帮扶资金，发了100只小鸡给他们养，给他们捐肥料，另外我们还跟农业公司签订了回收协议，解决了销售的问题他们就敢放心养了。这个项目对贫困户的帮扶效果还是比较明显的，因为养鸡的技术含量比较低，虽然没什么新意，但是对于贫困户的帮助是实实在在的，所以这个项目我们是乐意去做的。这个项目一方面我们给他们提供了原始的条件，另一方面就是签订了中间商的农产品回收合同并且动员单位内部的同事来购买，通过消费扶贫，帮忙解决销售的后顾之忧。

2020 年 5 月邹碧（右）探访村民养鸡情况

虽然今年由于疫情对扶贫工作有很大影响，但是今年脱贫的完成情况还不错。村里的贫困户已经全部达到"八有"的脱贫指标。"八有"是指要保障贫困户脱贫的八项基本保障指标，这八项内容都是实实在在紧扣民生的，这八项标准也是我作为驻村工作队长兼第一书记必须牢记的内容和落实的任务指标。现在村里的一百多户贫困户是已经全部达到"八有"的标准，现在处在一个查漏补缺、巩固脱贫成果的阶段。大问题基本都解决了，可能剩一些小问题待解决，比如一些贫困户不搬到新房子住，这就需要我们做工作了。

四　多方支持扶贫工作才能顺利进行

在塘吉村的这一年多来，当地干部对我很尊重，他们知道我远道而来是来帮助他们脱贫的，他们也很感激，对我们很友好，平时有什么困难，他们都支持着帮忙解决困难。

经过这一年多和村民的相处，他们也比较信任我，有一些贫困户时不时给我打电话，一些鸡毛蒜皮的小事他也会找我。有次三更半夜给我打电话，还以为是什么事情，其实也没什么大不了的。我有时候被他们的电话打得烦了，但是想到他们有什么问题就会想到我，还是比较信任我的，心里就会有一点成就感。平时帮他们解决一点小问题，虽然也不是什么惊天动地的大事，往往会收获一些感动。一个贫困户他家的房子没有赶上危房改造的政策，现在住的房子漏水，墙都掉皮，一遇到下雨家里一片汪洋。我第一次去他家里走访时就说这个必须得解决，所以我就想办法帮他申请了 2 万块钱的资金来支持修缮。我带着工作人员去他家量尺寸，那家户主是个盲老人，看不见但听觉很灵敏，听到我们说话知道我们是要帮他修房子的，我们要走的时候他很感激。我们回头看到他感谢的样子，心中真的很是感动，那种真情流露给了我很大的动力，告诉我这件事我做对了。我们的努力得到他们的认可，有帮助他们解决困难，我们做的是实实在在对他们有意义有帮助的事。

我之前的同事很关心我的扶贫工作，他们知道我在塘吉村扶贫，经常会问我这地方怎样，脱贫有没有遇到什么困难。借此机会我开展了消费扶贫。消费扶贫就是通过把村里产的蔬菜、鸡蛋等农产品拿出来贩卖来帮助提高农户的收入。我建了一个微信群，把村里有卖什么的发上去，然后他们自己提前下单，我回广州自己开车就把他们要的给拉过去。他们买的也开心，可以吃到村里新鲜的产品。一方面，在广州的市场买的吃的东西都是工业化规模化生产的，菜也是外地运来的，但我们村里自产的农产品就比较新鲜，他们对我们村里的产品也是比较感兴趣，愿意在我们这儿买。虽然价格会比市面上高一点，但是卖的产品和市面上不一样，是自己养的，价格他们也乐意接受。另一方面，他们知道我的扶贫工作确实不容易，就帮忙支持一下我的工作。

　　我原来的华南植物园的领导和广州分院的领导都很支持我的工作，广州分院的领导每年都会来两次，在村里进行工作调研，华南植物园的领导每年会来一次，来看看村里的情况也来看看我。我原来的党支部书记之前来村里做了一次党建交流，也是来看望我，看望村里的贫困户，还自发捐款帮助了一些贫困户。我的工作得到了上级的肯定，感觉还是很温暖。领导也很关心基层的工作，上级的关怀也是给我工作的一种鼓励，让我觉得做这个工作是光荣的，是得到了大家的认可的。

　　我来这里工作，家里面是给了最大的支持，但家庭也是扶贫驻村工作最大的牺牲。家里的孩子还小，才上一年级，本来按正常情况是很难走开的，但因为有这个任务，没办法，只能舍小家顾大家。因为我太太的上班地点比较远，早上出门的时候，学校还没开门，早上只能把小孩放托管那里，再去上班。所以小孩早上托管，中午托管，晚上还是托管，工作日基本上她三餐饭都没在家里吃。因为工作的原因，工作日我肯定是在岗不能回家的，但很多时候周末也回不了家，对家人就比较愧疚。没办法给小孩辅导作业，小孩上下学也没办法接送，孩子的事我都帮不上忙，家里老人也没在这里，只能靠我太太一个人。家里人的付出比较大，但也没办法，这个是所有驻村干部面临的问题。有一天，我女儿跟我说她不想每天都第一个到学校。有个星期一我对她说："今天我就迟一点去村里，我送你去学校再去村里吧！"这样的机会一年也就一两次吧。我们村离广州实在太远了，如果送她去学校再出发，到村里可能就要下午了。我经常星期天下午就要过来，如果星期一上午才出发那一天的事情都要耽误了。家里人也是很理解，觉得能够帮助一些弱势群体，是一件光荣的事情。家人常在新闻联播里听到脱贫攻坚的报道，看得到国家对扶贫的重视，而且自己家里有人参与这项工作，就有一种光荣感。我太太说我们是在给国家做贡献，她支持是应该的，自身也有一种自豪感。她经常说扶贫工作是光荣的，她今年还在我的影响下，自己写了一份入党申请书。所以我觉得家里牺牲那么大，（我）大老远跑到这里来工作如果只是混日子就没意思了，要做就要做到最好。

五　多方经历才能丰富人生

　　这一段不一样的任职经历，可以说是丰富了我的人生阅历。在这里接触到的一些事是我在研究所可能一辈子都没办法接触的一些事情。一个村，麻雀虽小，五脏俱全，我来到这里才知道村委有这么多事情，有方方面面的矛盾和纠纷要解决要处理，这些都是我在研究所没机会遇到的问题，处理这些问题，也是对自己的一种锻炼。

　　其实基层工作，要让群众百分之百的满意是很难的。我们在扶贫过程中经常会遇到一些问题，比如给贫困户发肥料，给一些人发了，没有分配到的人就有意见，认为不公平，自己也是困难的但却没有得到物资救助。如果大家都想做贫困户得到物资分配这个是不现实的。"精准扶贫"不是平均分配，而是根据每个人的具体情况采取不同的帮扶措施。但是不均等分配就会引起关于公平的争议。界定人家的贫困情况本身就是困难的，贫困情况是比较难量化的，不是工资条上的简单的数字就能衡量。例如有一户他有两个孩子在外打工，但是之前治病花了几十万，现在还欠着账，每个人的情况都是不一样的，并不能单纯用工资去衡量。所以精准扶贫得看具体情况。还有一些是因学贫困的，就是要供孩子读书，这些贫困家庭得等到孩子毕业工作了问题基本可以解决了，所以看情况对贫困户的管理还得是动态管理的。动态管理是比较辛苦难做的，但是难也要做，如果这工作容易，就不用从各级党委派那么多驻村干部来挂职了。

　　我在植物园就是一个普普通通的工作人员，但是在这里，作为一个村的第一书记，我的一言一行大家都是在看的，自己的言行举止方面就更加注意。而且村就这么大，我们要帮助那么多贫困户，感觉在这个岗位发挥的作用比之前大。作为扶贫干部还是比较有成就感的。

　　我觉得最大的收获是丰富了自己的个人经历，能力得到了锻炼，之前可能好几年都学不会的，在这里很快就能学会。比如一开始的语言问题，这里的土白话和广州的白话差很远，特别是那些年纪大的，没读过书的村民说话，真的非常难听懂，沟通起来非常困难。但人就是被逼出来的，现在不用村干部翻译，跟他们面对面交流，甚至打电话也可以。

两千个日夜守候换一个村庄脱贫

受访人：王卡

访谈人：邹彤彤

访谈时间：2020 年 7 月 18 日

访谈形式：线上访谈

访谈整理：邹彤彤

访谈校对：邹彤彤

故事写作：邹彤彤

受访人简介：王卡，31 岁，湖北黄冈人。2016 年 5 月，王卡主动报名成为一名驻村干部，至今坚守在梅州最偏远的山村里。其间，他深入农户田间，积极推动一户一册工作。在他的努力下，2019 年梅县区最大的相对贫困村径口村实现整村出列。他为村庄修路、修水圳、翻修破旧小学，积极推进项目建设，带动主导产业发展，使得全村面貌焕然一新。此外，推动建立起了梅州市首个农民夜校及梅县区首个村一级党员教育培训示范点，成为志智双扶的新阵地。

一 生在农村，回报农村

在扶贫前，我是星群公司销售部海南办副主任，负责海南区域的销售业务，工作和生活都比较稳定。当时需要派遣人员开展扶贫工作，单位事先把满足一定条件的——比如级别、年龄、是否党员等条件的人员罗列出来，正好有我。当时我都不在广州，而是在海南海口开展业务工作，但是我在公司的群里看见了招募扶贫驻村干部的通知就马上决定去报名了。报

536

2020 年 7 月王卡（下）接受邹彤彤访谈

名的原因很简单，我本身就是土生土长的农村人，如果能回到农村为农村人尽我所能做点实事，我觉得是挺有意义的。报名之前，我还向我们领导询问扶贫工作的信息，毕竟我之前一直在销售岗位任职从来没有了解过扶贫，对于"要去哪里？""要去多久？""要去干吗？"我都毫不知情。领导把大概的情况跟我讲了，和我说："可能会去到一个比较远的地方，时间可能是三年，条件会比较艰苦。"说罢领导给我半个小时考虑，让我仔细想想。我认真想了想，参加的念头并没有半点动摇，便马上报了名。过了半个小时后，我们公司的党委朱玲书记就给我打电话，他说："我们领导班子沟通了一下觉得扶贫工作你去比较适合，因为你各方面条件都比较符合，也能够吃苦耐劳，确定派你去了。"电话挂断后，我马上用手机软件检索径口村在哪里，结果一看，居然快到福建了，离广州的家有 500 公里远。

很快，在我还在海南出差的时候，公司就通知我要去村里了。我马不停蹄地坐飞机回广州，晚上十二点到白云机场。第二天早上六点，公司就派车送我前往径口村，一同前往的还有当时广药集团工会黄志恩主席和公司的其他领导，他们一起送我到梅州市梅县区扶贫开发局。扶贫局的刘副局长迎接我们，并带我们驱车沿着曲折的道路走了一个半小时才到达松源镇。在镇里，当地政府人员和我们开展了座谈会，对于我们的到来表示热烈欢迎，我也从中大致了解了村庄的基本情况。

等领导们都离开了，我就迫不及待地跑到村子里，把整个村子都逛了一遍。这一逛给我的认知带来了极大的冲击。我出生在湖北农村，我所在的农村里面，房子基本上都是新建的砖墙、钢筋混凝土建造的房子。农民生活舒适，农村环境也都还不错。在我的认知里广东的经济比湖北要好很多，但是参观完径口村后，我发现这个农村却比想象中的情况要恶劣很多。这里有些村民还住在破旧的泥瓦房里，房子的泥墙上还印着"打倒帝国主义""打倒地主阶级""为革命种田，种田为革命"等充满历史痕迹的标语。我走近其中一户人家，老远就能闻到鸡粪的味道。村子很大，有些偏远小道曲折难行，我还请当地的干部开车带我在外围转了一圈。村子中心的人比较多，房子也相对好一点，但是在村庄边缘，房子是破破烂烂的，对比非常明显。

我在饮食方面没有什么讲究，有时候在电饭煲里放些食材"一锅熟"，或者是一桶方便面就能饱腹了，来到村里倒也马上习惯了，但是住房却一波三折。起初我按照安排住进了老村委楼的二楼。二楼是那种西晒房子，没有屋顶，直接受烈日烘烤，整个房子就像个天然烤箱，闷热难耐。即使我打开门窗，热气还是久久不散，一直持续到晚上十一点多。第一晚十二点的时候，就遇到暴雨骤至，房子还漏水，雨水把我的床打湿一大片了，我在这样潮湿闷热的环境中辗转难眠。这样住了一段时间之后，刚好我们翻修了村内的废弃小学，翻修之后安排了小学一楼的一个小房间给我住。这个房间的条件比之前好了一些，前面就是广场，晚上的广场舞和音乐好不热闹，但屋内潮湿的问题始终存在。

2019年的上半年连续下了两个月的雨，那时候我的房子里的衣服、鞋子、被子、行李箱全都长满白毛，就连我拿起刚买回来不久的一片蚊香都直接软化成了"面条"。我的身上也因此开始长荨麻疹，奇痒难耐，病症持续了半年之久。每个月回一次广州的时候，我都会去医院看医生，医生说这是环境所致，如果一直处于潮湿的环境中吃药也难以治愈。环境的不适与病菌的折磨让我的身心备受煎熬，但我还是坚持住了两年。再后来，我担心工作还未完成身体会先吃不消，就跟领导提了这个问题，在得到领导的允许之后，我自己在村里另外一个地方租了一个房子。第三个房子不仅帮我摆脱了病痛，还给我的工作提供了很大便利，无论是送材料还是生活起居，都比以前要方便。

有人问我"后悔了吗?"，我从来没想过什么后悔不后悔，我想的很简单，就是干个三年把扶贫任务完成好。虽然村庄的情况比我想象的要差，一开始也因为居住问题几经辗转，但是我并没有后悔，反而觉得来对了。我就是抱着吃苦耐劳的精神去报名扶贫的，不是来享福的。村庄有发展不足的地方，这些不足恰恰是我施展工作能力的机会，我相信好好做，一定会有改变的。

二　真心做实事，看见好成绩

径口村的位置是比较偏的，距离县城有八九十公里之远，而且道路崎岖难行。我们本来想搞很多新产业，但是调查了很多之后发现村庄位置太偏远了，很多产业都是要赔本的。我也曾想过带村民种药材，这样我们公司可以来收购药材，但是调研之后发现村庄的地理条件比较偏远，这样赚不了钱。而且我们村算是比较大的，人口也多，村民 715 户，3015 人，在整个梅县区就是最大的一个相对贫困村，村庄面积大，人还比较分散。村一大的话各种关系都比较复杂，外面做生意的、做官的人都有。贫困户村民都会相互比较，相互看着，人一多关系一复杂工作就会比较难做。所以我们扶贫的一个基本思路是把他们的主导产业——烟叶和柚子种植做大做强，这对村民、对贫困户就是最好的帮助。

烟叶种植对于用水有严格的要求，有时候需要多一点水，有时候又不需要水。要想做大做强烟叶产业，必须对村庄的基础设施进行改进。而径口村的土质较为松散，土壤锁水能力较弱。到了干旱季节，上游到下游有几公里远，上游的水源流经此地都流跑了，下游都没有水了。村庄的排水沟渠更是杂草丛生，排洪能力大不如前，一旦发生洪水、暴雨等突发性灾害时，农民辛苦种植的作物都会被冲毁。为此，近几年在单位的支持下，我动员组织大家帮村里修了 5 条水圳、2 段路，并建设太阳能路灯 49 盏，投入资金 52 万元。这些基础设施改善后，驾驶农耕机器的村民在通行上获得了更大的便利，一些原本无心耕种的村民也因此重拾荒田。

确定了扶贫方向后，我们着重鼓励贫困户种烟叶、种柚子，帮扶他们种植所需肥料、地膜等生产资料，增加他们积极性。同时，聘请种植专家进行知识培训和技术指导，每年我们都会联系帮扶单位直接帮助销售柚子。2019 年，径口村成绩喜人，柚子种植规模达 250 亩，年销售收入达到 280 万元。烤烟种植规模达 300 亩，年销售烤烟 105 万元。此外，我还通过一户一户走访，根据他们的劳动力、技术、兴趣等实际情况，鼓励帮扶部分贫困户发展养殖鸡、鸭、牛、羊等家庭养殖业，发挥农户示范带动作用，让更多的贫困户参与进来，受帮扶贫困户家庭平均增收 6000 元。

驻村后，我就一直在村里进行摸查工作，一家一户地走访。一开始因为语言不通，我每次访问都要本土干部的支援，让本土干部充当我和村民之间的翻译。随着时间的推移和接触的增加，我逐渐能听懂村民所说的客家话，村民也能通过我的普通话加肢体语言理解我的意思。多番访问后，每一家的基本情况我都摸查清楚了。

我发现贫困户的贫困致因大致可以分为两类，客观原因与主观思想原因。有些贫困户之所以贫困是因为家里有类似尿毒症患者这样的重大疾病患者，患者每天都需要做血液透析，家里要花很多钱，基本上有多少钱都可以花得掉的。有的是因为家庭主要劳动力死亡的，还有因学致贫的，就是家里有几个学生，为了照顾学生大人无法外出务工导致收入减少的。这些都属于客观原因，都是难以避免的并且会导致家里收入长期减少。另外还有一个思想问题，有些贫困户并不愿意主动参与到帮扶活动中，不愿意通过自身的努力脱贫，抱着一种"等、靠、要"的消极思想。由于这种惰性的思想而致贫的，往往扶贫的难度也是最难的。就像有句话说的"你永远叫不醒一个装睡的人"，我很想帮他，但他自己不努力的话那我的帮助都注定是徒劳。最好的脱贫方法就是贫困户自己有想法，有主动性，愿意靠自己的双手去实现脱贫致富。如何转变贫困户的消极思想，成为我扶贫工作的一大难题。

正当我苦恼的时候，领导的一番话给了我启发。他提起他的母亲当年没有上学的条件，但通过参加当地的政府开办的农民夜校，他的母亲获得识字读书看报的技能。听了之后，我受启发，我认为径口村农民也有受教育的需求，不如我们也来创办一个农民夜校。这样村民不干活的时候，我们就可以组织课程，让他们过来学习，借此既能提高村民的知识水平，又能宣传科学的种植方法。我提出这个想法之后，马上受到当地政府和组织部门的认同，最后在多方的共同努力下，我们成功将村里的废弃小学改造成梅州市首个农民夜校及梅县区首个村一级党员教育培训示范点。夜校主要的办学思想是要解决两个问题，一个是解决农民在种植技能方面的需求，第二个就解决他们思想上惰性方面的问题。当农民种植烟叶、柚子、养猪养牛的时候，我们可以请一些专家学者过来讲课，还能到农户家里进行现场指导与培训。而在思想动员方面，我们请了当地政府领导、我们集团领导等一些党政领导来村里讲党课，宣传与脱贫相关的政策，从而带动农民在思想上的进步。从目前来看，农民夜校的确实发挥了积极作用，许多农民都自愿地过来听课，还有一些村民会在课堂上分享自己的种植经验，彼此互帮互助，形成良好的学习氛围。

除了这些，村庄的变化是显而易见的。首先从道路上，以前很多地方都是不太好的，我们在进村的地方建了一些路灯，村口道路变得很亮堂，整个村容村貌都比以前干净漂亮了很多。我们还帮村里把废弃的旧小学重新翻修。以前因为离镇上比较近加上小学生生源少，学生都并到镇上的小学去上学了，所以这个学校空置了好多年了。里面开始长满杂草，东西都是破破烂烂的。我们就帮忙把小学重新维修改造，比如把篮球场改造成村民文化广场，再建了一些教室、村民代表大会的会议室、党员的会议室、培训室、老人活动中心、办公场所等。像今天的村委空地，以前这里都是杂草丛生，垃圾废料、蚊虫到处都是，现在都干净漂亮了，变成了村民娱乐活动的一个中心。小学隔壁除了建立农民夜校，还有图书室、红色唱吧、红色展台，之前还有村民过来唱歌。这里已经变成径口村一个标志性的地方，反差是很大的，是显而易见的。路上亮堂了，把水圳一修又干净卫生了很多，蚊虫都比以前少。

有一个场景让我印象很深刻的，夏天晚上我出去的时候经常能看见很多老太太在乘凉，就坐在我们建的路灯底下，拿着个蒲扇，我觉得很有画面感。以前没有干部来驻村的时候，他们可能不是在这里乘凉或者不是以这种方式乘凉纳暑，建好路灯之后路变亮堂了，村民就愿意出来活动了。

老人家聊聊以前的往事，手里拿个大蒲扇在旁边扇，在他们身后就是我建的路灯，上面还写着我们公司的名字。

在这个跳广场舞的地方，我们也是建了新的篮球场。下午傍晚的时候，年轻人、小孩子可能会来打打篮球。后来我们又成立了舞狮队，这里变得非常热闹。疫情之前这个地方每星期一三五是归舞狮队的，过来舞狮、打鼓、练舞狮的一套东西，每星期二四六又是归跳广场舞的。他们为了这个地盘都是有分工的，不能同时来。一些乡贤还自掏腰包，给广场配备了大喇叭。每天晚上我住在一楼的小房间里，都能听见动感的音乐，好不热闹。

广场变成一个大家都很愿意来娱乐的地方，这是很显而易见的。产业也比以前兴荣了，有些地方我们修建了水圳和路之后，那些不能或者不喜欢种植的农户也种了，收入也提高了。现在，我每次在村里碰到那些贫困户，他们老远看到我就很热情地打招呼。经常会拉我上他们家坐一坐，聊聊天，很多村民都经常给我打电话，家里有什么事啊，不管是好的坏的都经常和我讲。我和他们就像是认识了很久的老朋友，互话家常。人与人的关系就是这么神奇，我能感觉到村民的朴实，只要我们是真心实意地去帮助他们，他们都是看得见的，成效也是显而易见的。比如说贫困户家里有一个帮扶项目，我来了之后想方设法帮他们提高烟叶产量，他收入确实因此有所提高，那么他的心里就会记得的。作为一名扶贫干部，我们最主要的还是要真情实意地帮贫困户做实事。

三　我是村庄的一分子

随着扶贫工作开展和深入，我深感自己是村里的一分子，与大家风雨同舟，甘苦与共。2016 年 10 月 21 日，台风"海马"到来，这是新中国成立以来登陆广东的最强台风①，形成了强降雨和强台风天气。看着窗外狂风暴雨，我担心有些农户的房子不牢固，还有人是住在山体旁，他们都处于极大的风险之中。我迅速召集村干部，分组去检查农户房屋和山体易滑

---

① 2016 年 10 月 15 日 8 时中央气象台宣布台风生成，当日 9 时 25 分该台风被日本气象厅升格为热带风暴并命名为"海马"。10 月 21 日 12 时 40 分前后，台风中心在广东省汕尾市海丰县鲘门镇登陆，登陆时中心附近最大风力有 14 级（42 米/秒），是有气象记录以来10 月下旬以后登陆广东的最强台风。

坡地段的安全情况，组织并转移部分村民，挨家挨户提醒村民台风天气的注意事项。

当我来到山区旁的一户贫困户家里时，屋里只有一个老人正神情凝重地望着外面。我仔细地检查屋前屋后的安全状况，清理疏通排水沟以防淹水。一番忙碌后，我和老人家说："您一定要关好门窗，不要出门，准备好蜡烛等生活用品，有什么事马上联系我。"老人家见我跑到这么偏远的地方来关心他，身上又湿漉漉的，他异常激动，支支吾吾地对我说了几句话就跑进了里屋拿出几袋饼干叫我吃。看着他满脸的笑容，一股暖流涌上了我的心头。

径口村除了饱受台风侵扰，山林火灾也十分常见。村庄毗邻岌背山，山上有大片相连的生态保护林，山林陡峭，树木茂盛，秋冬季节的干燥气候极易引发山火。2018 年 3 月 11 日，我刚从县城办完事，回到村里已经是傍晚六点，隐约看见山上有一些火苗，我赶紧就近找村民、村干部了解情况，他们也是刚刚发现山上起火了。一想到火势蔓延将危及村庄和村民，后果不堪设想。我们第一时间带着村里应急救援的装备，每个人拿着一个打火把跟一个木头，在木头上粘了一些橡胶条作为我们的简易工具，就背着上山了。

当我们第一批到的时候，火苗已经顺着树烧到了十几米高。我虽然本科所学是消防工程专业，但是从未如此近距离地接触过火。我知道，火势正旺的时候不能轻易上去扑火，要去根据风向、山势、山的坡度去阻断它传播的方向，等待火势比较小的时候再打熄。为了灭火，我必须跟着熟悉山林的村民走山路，绕到火的背面去扑火。山林险象环生，不熟悉山路的人很容易迷路，而且山里没有信号，我们必须紧跟那个常在山里活动的村民。

顺利绕到背面后，我们都在等火苗变小的时机，只有三四米的时候我们就上去了。这时我才体验到火烧眉毛是什么滋味。我整个人站在火苗面前的时候，我能感觉到身上、脸上、手上都在被灼烧，外露的皮肤很烫，眼睛因热气而感到刺痛。那个时候我也没什么经验，本来穿长袖、带帽子可以抵御部分辐射热，人不会被烧得太猛。山火和风都是难以控制的，风一大火就猛烈地燃烧起来。就算把整个火都熄灭了，我们还不能马上走，因为很多地方会出现阴燃①的情况，很可能这个地方它是没有火的，但是过一会又自动着了。为了避免再次发生火灾，我们来来回回检查了几遍，仔细检查土里的树桩，确认看不见一丝火星后，我们才收队回去。

基本上打一场火要三四个小时，有时候我会打到凌晨三点钟才回去。好几次在寒冬的时候发生山火，打火的时候我被火烧得很热，全身一直在冒汗，等火熄灭了，寒风呼啸而过，整个人又很冷，冷热交替。每一次扑完火，整个人生理上都非常累，一点力气都没有了。衣服、鞋子也全因为火烧和走山路变得破烂，身上还有带着许多炭黑。回到房子里，我就想好好喝点水休息一下，给我们领导报个平安。村民们都很感激我们的付出，而我庆幸的是没有产生损失。

四　扶贫工作就是拉贫困户一把

我到现在还记得刚进村的时候，我去到贫困户家里了解情况。王龙（化名）他刚摔伤了。我一进到他家里，他就和我说："我家里没米了，我很快就要吃完了。"我一听，也没想太多，马上给身边陪同的村干部一些钱，委托他去帮忙买点米。贫困户家里有人患了重病，我都会去看望一下，常常自掏腰包去慰问他们的生活，让他们对生活有期待、有希望。

我特别希望村里的孩子都能坚持读书上学，有一个事实无人抚养孤儿，叫王佳（化名），他的父亲过世了，母亲改嫁到了村外。他只能跟着他姑姑一起生活，家里再也没有别的亲人了，全靠他姑姑维持生活。2018年的时候，他高中毕业了，这个孩子比较争气，考上了大学，录取通知书寄到了村里，我们都非常高兴。可是，他却说想去打工，不想去读书了。我听到这个消息后，马上去找这个孩子了解情况。

第一次交谈后，我发现这个孩子不太愿意和外人沟通，有些自闭，但是他的内心是非常善良懂事的。我看着他手边的录取通知书，再看看他，心里很是着急，如果这么年轻就去打工了，就太可惜了。一次交谈不顺利，我就经常去找他，和他聊聊天。后来我想到了一个方法，我平时有很

---

① 阴燃是固体燃烧的一种形式，它与有焰燃烧的区别是无火焰，是看不见火光的缓慢燃烧，通常产生烟和温度上升等现象，在一定条件下阴燃可以转换成有焰燃烧。

2019 年 11 月王卡（左前）入户了解贫困户情况

多资料要整理，我就对王佳说："要不你过来办公室，帮忙一起整理档案资料，我给你工资，一天 80 块钱。"他接受了这个建议，借着整理材料的机会，我慢慢打开了他的话匣子。他和我说想打工是因为家里比较困难，姑姑一个人不容易，希望能早点踏入社会帮助家庭，他也不想给身边人造成负担。知道他的心结后，我和他说："其实国家的助学政策很好的，政府对贫困大学生的学费是有减免的，还有助学金。而且去读大学，能让你在未来走得更远，现在就去打工了，以后的路怎么办？叔叔的单位也能给你一些助学金，你不用担心钱的问题。"后来的几天里，我一直和他交流，他心里也开始有点认同我的想法。之后，我还邀请了我的领导到村里找他聊天。他们对王佳说："你现在就好好读书，不要担心经济上的问题。你想找工作必须要有文凭呀，你毕业以后如果有兴趣来我们公司工作，我们都会帮你解决的。"王佳听了之后就像是吃了定心丸，从心底里接受了大家的关心，最后去了佛山上大学。现在他也经常和我联系，跟我说他的近况，看着王佳能继续读书，我心里很欣慰。

扶贫工作，就是让我们去拉贫困户一把，帮他们克服困难时期。径口村里有个贫困户，叫王松（化名）。他以前就有种柚子，是一个有技术的农户，但是和老婆离婚后，就一蹶不振，整个人比较消极。我去入户的时候，他和我们说："觉得生活没有什么意思，无所谓了。"我就去和他聊天，我和他说："你还有小孩啊，小孩是以你为榜样的，你不能老是这样。"我鼓励他好好挣钱改善生活，给孩子一个安稳的环境。我建议他把村里其他人不种的柚子树承包下来，有一定规模之后好好管理。我还请了一些专家到他家里去给他培训，指导他怎样去剪枝、施肥，同时帮他申请了一些费用用以购买肥料，减少一些生产成本。刚开始他只管 200 棵柚子树，现在差不多有 300 棵了。他现在一年收入也至少三四万块钱，比以前好了很多。

在政府、村民、扶贫干部的共同努力下，2019 年，梅州市最大的贫困村径口村实现整村出列，贫困户全部脱贫。

五 扶贫道路并不孤单

我父母都在湖北老家，我有三个姐姐，都已经有了各自的家庭，我是家里唯一的男孩子。其实我报名扶贫工作的时候，并没有跟家里人说。等领导确定派我去之后，我才跟家里人说了这件事。我父母知道之后都挺支持的，特别是我的父亲。他非常支持我，因为他是共产党员。在 20 世纪90 年代的时候，他也曾在老家驻村，当时村庄的工作比较难做，需要下面村民的一些工作支持，为此政府派我父亲去做村书记。父亲知道我要去参加扶贫工作的时候，他跟我说："没问题的，你去锻炼一下。"他还跟我讲了一些要注意的地方："去了就要做好吃苦耐劳的思想准备，也要保证安全，家人最关心的就是安全问题。跟当地人的关系要处理好，尽心尽力地去做。"

一开始父母都是非常支持的，但是到了后来有了些变化。2019 年的时候，广东省算是提前完成了扶贫攻坚任务，我也到期了可以回到原来较为舒适的工作岗位上班。但新的中央文件精神指示强调我国的脱贫攻坚要到2020 才能结束，不能提前结束。所以广东省又发布了 2018 年到 2020 年的新一轮脱贫攻坚的行动计划。单位就跟我说："现在到 2020 年是比较关键的时候，你的工作也都很熟悉，工作也还不错，领导都比较认可，担心换了一个新人来了之后对一些工作跟不上，你能不能继续再坚守两年。"我决定听从组织的安排，但是当我跟家里人说还要再待两年的时候，我父亲沉默了。母亲问我："那什么时候能回来？"我说："按照文件是 2020 年底，有可能要到 2021 年的中旬。"

父亲心里的想法，我大概能猜到，一方面他们两个年纪都比较大了，我父亲已经 69 岁了，我作为家里唯一的男孩子应该更顾家一些。另一方面是因为我当时还没结婚，而农村的传统习俗是男孩子到年纪就应该成家立业，父母担心扶贫工作会影响到我成家。但是后来，我的父亲对我说："既然组织这样安排了，那我也不会再说什么了。"看着默默支持的父母，我心里五味杂陈。

以前，就因为工作的性质经常要出差，父母年纪也比较大了，如果他们独自在广州居住，我也不放心。而且他们在广州也没有什么朋友，也不太愿意居住，所以他们一直住在老家。我能见父母的机会就是每次过年回老家的那几天。不管我坐车回去多晚，他们都会守着我，半夜三点钟他们也不睡觉，总会做一碗热气腾腾的好吃的等着我。每次回家的时候看到父母，都明显感觉到他们更加苍老了，白头发也不知不觉多了起来。父亲在我的印象里一直都是严格高冷的形象，在我眼里他是非常强大，无所不能的。但是我外出工作后，他就好像变成了和蔼热情的老头。某些瞬间看着他们，我都感觉到他们都老了，非常需要子女的陪伴，但是因为我工作的原因，一直没办法陪在他们身边，我的内心对他们一直有种亏欠。而且父母有很多事情都不会跟我讲，每次通话都报喜不报忧。曾经有一次，父亲在冬天烧热水洗澡，用炭火取暖的时候没有注意，在洗澡间中毒晕倒了。母亲发现不对劲，去敲门也无人应答，她便去找邻居帮忙破门，将父亲送院就医，所幸并无大碍。当时我正在村里工作，毫不知情。过了很久之后才从旁人嘴里知晓这件事，能够想象当时去找人帮忙的母亲是多么希望有个子女在身边，内心那种无法陪伴的遗憾更深了。我深知，父母对子女付出的感情，我们很难去回报，我们能做的就是把自己手上的事情做好，这样父母才会比较欣慰。

2020 年 5 月，我结婚了，父母心里的大石头算是落地了。说起来，我和我的妻子也是因为扶贫工作才认识的。参加扶贫工作后，地方媒体对我的事迹进行了采访报道，正巧这则报道被她看见了。妻子那时候只觉得好奇："怎么一个湖北人会跑到梅州这么偏僻的地方来做扶贫工作？"2018 年 5 月 20 日，我们第一次见面并成为朋友。在长期的相处之下，我们积累了更深厚的感情，于是正式在一起了。与她一路走来，其实并不顺利。比如得知扶贫工作要再延长两年的时候，妻子的心态崩了，因为她一直以为2019 年之后我们会在广州长聚，现在不得不忍受更长久的分离。她是个普通女人，希望更多的陪伴和照顾这一点我是非常能理解的，但我却常常做不到。印象最深的一次是早上六点，我正带着两个贫困户去医院检查，中途去了两个医院，几经波折，才终于成功给一个贫困户老婆开检查证明，另一个贫困户则做了精神检测。当时，还是女朋友的妻子因为流感身体非常不适住院了，而我却没办法陪她，只能以电话关心她。所幸，她一直对我的工作非常支持和理解，让我能够专心于扶贫工作。

　　加班到深夜 12 点，我拖着疲惫的身体走出办公室，准备回宿舍休息。抬头看到竖立在路口的宣传牌——"奋力夺取脱贫攻坚战的全面胜利"，下方就有原单位广药星群公司的落款，顿时觉得乏意消去，为之振奋。我虽然一个人坚守在农村，但是我的身后有我的家人、单位、领导同事、朋友这么多人在支持、鼓励着我，让我有勇气在这满是荆棘的小路上大跨步前行。一路走来，我并不孤单，因为还有千万个和我一样的驻村干部坚守在基层一线，为 2020 年夺取脱贫攻坚全面胜利而奋斗着、坚守着、自豪着。这一路酸甜苦辣，收获满满，5 年的青春岁月我敢说："足够精彩，足够深刻，充满意义！"

青年俊杰勇拓扶贫新路

受访人：陈俊喜

访谈人：王兆慧

访谈时间：2020 年 7 月 13 日

访谈形式：线上访谈

访谈整理：王兆慧

访谈校对：王兆慧

故事写作：王兆慧

受访人简介：陈俊喜，男，1987 年生，内蒙古人，中共党员，现任工业和信息化部电子第五研究所人事处副处长，担任广东省茂名市化州市下郭街道石狗塘村第一书记兼驻村工作队队长。2019 年 5 月开始到岗扶贫，扶贫过程中多次走访困户，认真落实各项帮扶政策，因户施策，同时积极发挥自身行业优势，制定"科技＋扶贫"帮扶战略，注重脱贫质量，积极创新化橘红产业扶贫形式及打造碳普惠项目，助力石狗塘村产业转型升级，疫情期间征集爱心助学设备并向武汉捐赠化橘红果，扶贫取得较好成效。

一　囊纳党员情，剑指扶贫处

我叫陈俊喜，1987 年生，是工业和信息化部电子第五研究所的人事处副处长。按照广东省委组织部的选派要求，目前担任工业和信息化部电子第五研究所驻广东省茂名市化州市下郭街道石狗塘村第一书记兼工作队队长。我于 2019 年 5 月到岗，到现在已经有一年多了。

2020 年 7 月陈俊喜（左）接受王兆慧访谈

对于当初为什么要来到基层一线进行扶贫，我是做了一番思想准备的。其实当时我不是第一个被组织谈话的，应该是第四个或第五个人，前面几个人可能因为到农村基层一线工作是比较辛苦的等各方面原因都拒绝了。但我当时被谈话的时候还是很有感触的，因为我曾经去过焦裕禄干部学院，听过焦裕禄同志的事迹。（组织）派他去兰考的时候，他也不是第一个被谈话的。当领导找我谈话的时候，我脑子里边闪现的就是焦裕禄同志那个时候的相似情景。他当时二话没说就立刻答应组织的安排，收拾背包就直接奔赴兰考。我觉得他身上刻苦的精神很激励我，也给我很大启发，让我愿意去相对艰苦的基层一线锻炼自己，同时也希望能真正深入到基层为村民们做点儿事情，这样会让我觉得更加找到了人生意义和实现了人生价值。

当时的我要去到基层一线也是需要克服很多因素的。起初我爱人听到这个消息时也并不是很支持我去到基层一线工作。一是觉得孩子才一岁多，她自己也有工作，带小孩的压力全压在我的岳母身上。二是因为我们是作为驻村干部去到一线，需要全脱产驻村，不是想回家就能回家的。我们扶贫的地点，开车的话是四五个小时的行程，基本上一天就只能（跑）一个来回。所以在这种情况下，我爱人也知道，如果家里临时有什么事情的话，我也不可能及时回来。起初我爱人还是有点不理解，就觉得为什么别人能拒绝，而我一定要去。但是我慢慢地做她的思想工作，（告诉她）

组织找我谈，一是对我的信任，二是真正去到基层才能更加接地气，也希望通过这次经历锻炼和提升自己，三是作为一名共产党员，我要发挥好自身的先锋模范作用。我爱人也是党员，也深刻地理解党员就是要为人民服务的。因此通过这几点慢慢地就把她的思想工作做通了，她也觉得这是一个不错的锻炼机会，也就同意了，紧接着我就服从安排来到基层工作了，之后她也是非常支持我的扶贫工作。

驻村扶贫后，我才发现这里的工作和机关的工作完全是两回事，基本属于从零开始。从这一年多的工作经历来看，我的收获是很大的。但这其中也面临着一些困难和挑战。我克服的第一个难关是语言关。因为我从小在北方长大，而且单位（同事）是从来不讲粤语的，都是以普通话进行交流，因此我没有任何粤语相关的语言基础，所以我一是听不懂，二是不会讲。化州这边说的是化州方言，属于粤语语系，和普通话区别较大。当时我最大的困难就是语言关。和当地的村民进行沟通时常常存在的问题就是我说什么他们可能听不懂，年轻一点的可能还能听懂普通话，也会说一些，但是和我们日常打交道的很多都是年纪大的贫困户。在这种情况下，他们听不懂我说话，他们讲话我可能也听不懂。但是我没有想要退缩，来到基层之后就开始认真地学习粤语，采用了各式各样的方法，包括听广播，看《外地媳妇本地郎》，也下载了专门的粤语学习 App 进行学习。差不多通过三个月的时间，我就基本能听懂当地人说话了。但这个时候是我能听懂他们讲话，但是还不太会说。再到六个月左右的时间，我基本上就可以用简单的粤语跟他们沟通，包括我上党课也会用简单的粤语跟大家交流，这样的话就可以在无形之间拉近我和贫困户之间的距离。我也在生活和实践中渐渐解决了语言交流问题，克服了第一个难关。同时我也在工作中真正为村民们做了很多实事，他们也慢慢地认可我们的工作，这都让我觉得很有成就感。

在工作角色方面的转换是我需要克服的第二大难关。因为我们原先是在研究所进行工作，平常很多事务是关于市场或者管理的。但是我到了村里作为第一书记就有了更多的职责，其中最主要的职责是要带领我们贫困村的贫困户脱贫。在我们来到石狗塘村之初，首先肯定要开展调查研究。我和工作队的队员们一起用了一个月左右的时间，每天进行走访，挨家挨户去了解村民的基本情况：比如当时因为什么原因致贫的；现在的家庭情况怎么样；还有哪些闲置劳动力或者家里、村里有哪些优势资源可以深挖等等。在探明贫困户基本情况的细节等方面和我们原先的工作有很大的差别。我们每天需要进村入户，和贫困户进行沟通交流，了解他们的困难和需求，再结合我们自己的能力，结合单位的资源去帮助他们切实地解决问题。

第三个方面在我看来是饮食问题。因为我是北方人，来到石狗塘村之后，发现这里的饮食习惯和北方的差别较大。在化州基本上是没有面食的，所以我到这里之后也瘦了很多。化州与在广州还不一样。广州是省会城市，区域间的交流沟通较多，我们还是可以吃到很多北方食物的。但是在石狗塘村我们基本上都是吃一些当地的食物，因此我也是用了三个月左右的时间才渐渐习惯这边的饮食。

刚驻村的时候，主要是这三个方面对我有比较大的挑战。但是面对这些困难的时候，我并没有想过放弃。因为我的性格是很坚定的，只要是我决定去做的、我认定的事情，我就一定会把它坚持到底。所以虽然遇到很多困难和挑战，我依然觉得这件事情是非常有价值和意义的。参与扶贫之后我也更加深入地了解到党的政策是真真切切为人民服务的。同时党的每一项政策都是切实落实到贫困户个人身上的，可以保证他们达到脱贫标准，保证他们的生活能够达到一个较好的水平。所以通过工作我还是有一种比较大的自我认可，感觉到自己工作的价值和意义。其次作为一名中共党员，我觉得共产党是真真正正地把我们的群众放在第一位的。群众路线真正做到的是为群众谋发展、谋幸福。所以我会坚持去做，而且要站好最后一班岗，在 2020 年全面实现小康的情况下，依旧"扶上马送一程"，再有半年的缓冲期让贫困户们继续享受政策，给他们留下一个"带不走"的工作队伍。

二 科技发展促产业，智志双扶促教育

起初我们来到化州市下郭街道石狗塘村，最主要的事情就是进行走访和调研。前面我也提到了，我们用了一个月左右的时间摸查贫困户的基本情况，基于他们的情况我们也是因地制宜，因户施策，综合采用了多种措施来解决贫困问题。

　　首先是经过调研考虑，我们依托化州的特产化橘红，在当地引入化橘红扶贫产业开发项目，并建立化橘红扶贫产业基地。这个项目是在化橘红分散种植小作坊生产传统模式上注入科技"血液"，采取"公司＋科研机构＋农户＋电商"的产业组织方式，加入"物联网"、食品追溯等前沿技术，用于提高化橘红种植和加工水平，来助力当地特色产业转型升级。之所以想到这个措施主要是因为化州是我们熟知的化橘红之乡，化橘红的一个功效是可以止咳养肺。化橘红的特别之处在于，在化州这边种植出的这类橘红和其他地方的不太一样，橘红的成分含量有非常大的变化。所以只有在化州种植，它的药用价值才最高。基于这种情况，我们有如下考虑：一是将化橘红打造成为化州的名片；二是我们引入了专业的技术团队作为合作方和运营方；三是我们独创了一个新的产品，也就是化橘红的深加工产品——化橘红的凉果。因为化橘红的干果主要是泡茶喝这一种用途，很多人觉得它入口有点苦，而且要煮水的话比较麻烦。所以我们研发出这样一种类似于零食的产品，通过蜂蜜酿制进行改良，在它原来的口味上进行了调和，取得了较好的成效。目前它在市场上获得了比较高的认可度，销量也比较稳定。通过这种方式，我们把优势资源转变为优势产品，优化了产品结构，成功打造了化橘红特色品牌"橘品"，促进了贫困村产业转型升级。化橘红的扶贫产业基地也因此有效带动了5户贫困户就业，壮大了村集体经济，每年固定的保底收益用于石狗塘村所有建档立卡贫困户分红，可以有效促进贫困户增收。

　　在"新冠"疫情期间，我们专门捐赠了一批化橘红扶贫产品支援湖北。记得举办捐赠仪式那天我从早上8点忙到了晚上6点，忙碌的一天里没有来得及吃午饭。但看着满载101箱化橘红爱心扶贫产品的车驶出村口时，我心里的一块大石头终于放下了。从化州市橘品种养农民合作社负责准备产品开始，我们工信部电子五所驻村工作队在此过程中发挥着负责联系湖北受捐医院和慈善机构、寻找物流配送渠道、捐赠活动策划和宣传的作用。再到石狗塘村党支部负责组织村里的党员志愿者一起配合农民合作社进行打包、装箱、贴条、搬运工作，最终于2020年2月24日晚五点，满载660斤化橘红干果和1000罐化橘红凉果，合计101箱爱心物资被装上了快递专车，承载着贫困村村民爱心的车辆渐行渐远。虽捐赠的过程困难重重，疫情当下我们也只能通过这样的方式奉献力量，但是当时的我们坚

2020年2月陈俊喜（第二排左二）为石狗塘村举办化橘红爱心捐赠出征仪式

信"疫情即将过去，春天就要来了！"

此外，疫情期间我们也积极响应省扶贫办和省委组织部的号召，在大年初六主动放弃休假回到石狗塘村。其实我们工作队都是很早就想回来的，但是在没有接到正式通知之前我们不敢贸然行动。因为我们在广州，疫情风险可能会比当地更大，来了之后当地政府的干部或者村民可能会更加害怕。所以我们是在得到省扶贫办和我们省委组织部的号召之后，第一时间就赶回村里开展一线防控工作，在此期间我们也实践了大量的措施。大概在三个月的时间里，我是没有回过广州的，一直都在这里配合当地街道开展疫情防控工作。那个时候也是没有周末的，基本上每天都在外面排查。为了确保贫困户不被感染，我们专门筹集了口罩、消毒设备、洗手液等物品。通过这些有效的防控措施，我们村没有出现新冠肺炎的疑似或者确诊病例。

疫情期间，因为无法满足返校条件，全省中小学校开展线上教育，这对于中小学学生家中电子设备的要求很高。当时我就很担心贫困户的电子设备难以满足家里孩子的学习要求。因此为了确保石狗塘村每名学子都拥有平等受教育权利，我带领驻村工作队和村两委干部逐户摸查，深入走访了贫困家庭。石狗塘村与我们城市里的条件不太一样，电子设备的条件存在不充足的情况，完全没有我们想象中那么好。我们通过走访去了解贫困户家里是不是有困难，家里有没有正在上中小学的学生，家里的电子设备够不够用，网络有没有覆盖等等这类问题。调研后我们发现这么两种情况：一种情况是部分贫困户家里没有通网络，虽然他们的家里已经覆盖了信号，但是没有接通宽带。第二种情况是农村家庭的孩子很多，基本上一家一户四五个孩子是很正常的。他们的家里有这么多孩子，但孩子的年龄各不相同，在校年级和课程也是不同的。而家长就只有一部手机，或者家里就只有一台电视，不能满足上网课的学习条件。

在发现这种终端设备不足的情况之后，我们就立刻向电子五所发出一个倡议，号召所内职工捐赠闲置的智能手机或平板电脑支援石狗塘村的贫困家庭，确保线上教学不漏一户、不落一人。最终总共征集到 13 部员工不用的、淘汰的但是能够正常播放网课的设备。收到设备之后，我们驻村工作队就立刻进行了专门的登记和消毒，根据我们摸排的情况，连夜发放到每家每户，这样一来就有效解决了贫困户家庭终端设备缺口。而对于那些没有开通宽带的家庭，我们也是专门找到当地的移动公司去解决网络问题。同时我们争取到很大的优惠，比如给贫困户一年免费试用期等。这样的方式可以确保在网课期间，我们所有贫困户的孩子都是有设备有网络可以正常上课的，保证了他们在这个阶段享受到同等的受教育权利。看到孩子们都可以正常的进行线上学习，我在那时也是非常欣慰和开心的。

第二个方面，我们驻村工作队和当地的干部带领石狗塘村建设了一项 197.22kW 光伏发电项目，占地面积约 1500 平方米，是目前化州市最大的单体光伏发电项目，总投资 170 万元，收益期限长达 20 年，可以保障贫困户长效收益。

同时我们利用所在单位工业和信息化部电子第五研究所的行业优势，联合其他 4 个省定贫困村做出新绿色低碳扶贫探索，在光伏项目中引入了碳普惠制，将光伏项目和绿色低碳有机结合。

上面提到了碳普惠，什么是碳普惠呢？通俗一点讲就是我们用太阳能发电，节省了一些煤炭等能源，属于减排行为，这样我们发多少度电就可以换算成我们的减排量。通过换算出来的减排量，再通过省厅的备案，就可以去到广东省的碳排放交易市场进行交易。比如我们现在核算出来的减排量是 286 吨，现在一吨值 28～30 元，就相当于我们这个村有七八千元的收入。简单来说，这个项目为我们贫困村带来的不仅有光伏发电收益，还能以光伏发电带来碳减排量交易换钱，获得碳普惠收益，成为增收的一个新途径。

但当时存在的一个问题是仅靠石狗塘村的减排量无法达到项目申请的准入资格。我当时就想到了"拼团"，向有意愿参加的贫困村发出邀请，一同申报"碳普惠"项目。最终在电子五所牵头之下，茂名市的低涌村、镇安村等五个省定贫困村一起核算了各自光伏扶贫产生的二氧化碳减排量，达到了申报碳普惠资格。2020年3月以来，我们电子五所驻村工作队就开始着手指导各村准备申报碳普惠的资料，到广州赛宝认证中心核证审核，再递交广东省生态环境厅备案签发，历经多项流程。2020年8月28日，石狗塘村等五个省定贫困村的825吨二氧化碳减排量在广州碳排放权交易所拍卖，最终以31.03元/吨的价格售出。按照碳减排量进行分配，石狗塘村共分得接近9000元收入，这笔收入将作为54户贫困户的附加分红。

我记得当时参与本次申报行动的广州赛宝认证中心服务有限公司碳普惠团队负责人聂兵说："这次协助石狗塘村申请碳普惠项目，不仅能为村集体实现增收，也可以巩固贫困户的脱贫成效。既探索出了一条可持续的新型市场化生态扶贫之路，也挖掘出了扶贫工作的绿色生态价值，践行了'绿水青山就是金山银山'的绿色发展理念。"这也确实是我们的初衷和意愿，希望探索出更好地扶贫道路，助力石狗塘村发展。

根据我们走访时的调研情况，我们还在当地引入了一个电子元器件扶贫加工厂，方便闲置劳动力就业。之前我们去贫困户家走访的时候，发现有很多青壮年已经出去务工了，家里留下一些妇女或者是年纪大一点的老人，我们询问他们是否愿意出去工作，可以帮忙解决就业问题。但很多人都以要接送孩子，身体方面的原因，不能抽出整段的时间去务工之类的原因拒绝了。基于这种背景，我们与永洁电子共建，在大塘自然村设立了电子元器件扶贫加工厂。我们把这个加工厂做成了一个教育基地，很多人可以到这里学好手艺之后把电子元件带回家里去做，这样一来就有效地利用了零散时间。通过"扶贫先扶志"让贫困户转变观念，靠自己的双手和能力脱贫，同时建立了一对一工作"传、帮、带"模式，通过向贫困户发放短期劳动奖励等手段，动员更多贫困群众参与到帮扶项目中来，有效地带动了当地闲置劳动力就业，每年可带动贫困户20人参与，人均每月实现劳务增收800～1000元。

第四个方面，我们结合石狗塘村的自然条件和贫困户的家庭条件，因户施策，开展麒麟鸡养殖项目。石狗塘村虽然位于城郊，但因离城较近，属于禁养区，养鸡是不能超过 500 只的，养猪就更加不可行。所以我们也没有条件像其他的贫困村一样发展一些大型的养殖业。但是我们有一些贫困户是符合养殖条件的，比如他们家里住在山头附近就可以养鸡。基于此，我们引入麒麟鸡的养殖项目，同时请了专门的农业专家来指导他们进行养殖。每年通过我们帮扶单位的定点采购，利用消费扶贫来解决我们贫困户养鸡的销售问题，所以从这个角度来看，（这个项目）也给他们带来一定的收入增长。

最后我们打造了一个电商平台，通过线上线下结合的形式把我们的产品推销出去。线上我们是利用与万讯七子电商平台的合作进行销售，线下主要是将一个贫困户的家庭改造成实体店来销售扶贫产品。

综合以上五个方面，多样化、多层次地带动我们贫困户增收。通过产业发展，就业帮扶等各项增收项目，2019 年石狗塘村有劳动能力贫困户年人均可支配收入达到 11471.26 元，贫困村居民年人均可支配收入由 2015 年的 6313 元上升到 16924 元，扶贫成效较为明显。

三　助民赢信任，立规创氛围

如何和村民们保持良好的关系以及获得他们的信任，也是我在扶贫的过程中急需解决的问题。实际上我刚来的时候，肯定有很多贫困户包括村民对我是不信任的，或多或少持一种怀疑的态度。如何让他们摒弃这种想法，其实最主要的还是要常去跟他们沟通交流，把我们想表达的东西告诉他们。最主要的是要帮助他们解决问题。村民们遇到一些家里的水被污染了、房子漏了或者是想要找工作以及解决孩子的教育和辅导等等之类的问题都会找我们寻求帮助。现在的扶贫工作是要求精准到户，我们要直接和贫困户面对面地去打交道，要和他们聊家常，去了解他们家里的真实情况，包括他们存在的问题等等，我们都会挨家挨户地记录下来，记录下来之后，也会逐一地去帮助他们解决。起初虽然我们语言存在障碍，但是我们真正帮他们做了事，他们就会自然而然地认可我们，看到他们脸上灿烂的笑容的时候我们也会很有成就感。

我们在做"三清三拆"①，新农村建设的过程中也是在跟村代表一家一户地进行走访。要通过大量的思想工作才能让他们理解我们党的政策。通过沟通交流把最新的政策向他们进行宣传，争取他们的理解，而不是去强拆。所以在这个过程中是很讲究沟通的方式和方法的，同时对我们来说也是很大的历练。因为在与他们相处的过程中，最关键的问题就是沟通。这种能力非常重要，我们要站在他们的角度去考虑问题，不能只是把我们所想的东西告诉他们，而是从他们的角度去分析我们这个政策、这个产业对他们会有哪些帮助。这样一来可能会取得比较好的效果，否则他们会觉得我们又是去征他们的地或者是拿走他们的一些权利。通过有效的沟通和交流就会增进贫困户的理解和信任，我也在这个过程中收获颇多。

对于现如今一些争当贫困户的现象，我们当时精准识别的时候是非常严格的，会严格按照党的政策与文件上的要求，通过多方面进行把控，判断一个家庭是否可以进入到贫困户的行列。在这种情况下，我们通过近几年的帮扶，一是贫困户的收入越来越高，二是整个村的收入也越来越高。2019 年度石狗塘村委会有建档立卡贫困户 54 户 180 人，2019 年度达到退出标准的 54 户 180 人，脱贫率达到 100%。通过相关产业发展和我们的就业帮扶，全村居民年人均可支配收入达到 16924.79 元，达到全省农村居民可支配收入 60% 以上标准。不仅如此，我们也非常注重智志双扶，强调在村里建立村规民约，或是推进乡村文明的推广建设工作，同时让大家增强自主脱贫的意愿，坚持"扶贫先扶志"，不以争当贫困户为荣，反以争当贫困户为耻，渐渐地扭转不良风气，引导我们的贫困户和非贫困户一起朝向更好的方向发展。

在脱贫工作过程中，村民的精神文明方面的建设方面是比较重要的。我们也通过一些具体的措施去加强精神文明建设。原先他们在物质比较匮乏的基础上首要考虑的是要先填饱肚子，也很难考虑到一些精神层面的东西。但随着近几年的帮扶，我们村里的情况越来越好，包括我们的新农村建设，把原先的土路都变成了水泥路；我们每个自然村都新建了文化广

---

① "三清"包括：①重点清理村巷道及生产工具、建筑材料乱堆乱放；②清理房前屋后和村巷道杂草杂物、积存垃圾；③清理沟渠池塘溪河淤泥、漂浮物和障碍物。"三拆"包括：①拆除危旧房、废弃猪牛栏及露天厕所茅房；②拆除乱搭乱建、违章建筑；③拆除非法违规商业广告、招牌等。

场，设置了体育器材等。大家的生活越来越好了，就可能会抛开原先单纯追求物质层面的思想，考虑一些精神层面的东西，我们也就从以下三个方面进行了有效的引导。

首先我们是在村里面建立了村规民约，让大家能够遵守规范，让大家首先知道应该弘扬什么，摒弃什么，做了一个正确价值观的引导。此外我们引入了非常多的文体活动，主要是在疫情之前举行了一些广场舞比赛、篮球比赛、健身类比赛等。通过这种方式促进村民之间的交流，同时营造了一种健康向上的文化氛围。

第二是产业发展的同时带动了其他方面的发展。不仅仅是贫困户还有非贫困户，一起来为整个村的产业出谋划策，然后一起去享受产业的分红，享受产业对于村里面带来的变化，来鼓励他们增强自己的这种脱贫意愿或者是支持产业发展的愿望和能力。

第三个方面是我们组织了很多的技能培训，一个是农业方面的用工方面，再一个是务工方面。因为我们这里打工的人很多，通过这些也是有效的能够帮助大家提高收入，提高他的能力。

对于石狗塘村的后续发展我们主要准备从以下三个方面入手。

第一点也是最为重要的一点就是继续加强基层组织建设。持续深入学习贯彻习近平总书记关于扶贫的系列讲话精神，有效利用主题党日平台，创新活动形式，多渠道推进"两学一做"学习教育常态化制度化，加强村委党员干部学习，重点从思想上构筑脱贫攻坚阵地，从行动上发挥先锋模范作用，切实把我们干部的扶贫主体责任担起来。

二是继续加强扶志、扶智力度。我们的工作队会继续调研，努力让贫困户增长谋生技能，拓宽谋生渠道，增强自力更生的能力和信心充分发挥贫困户的主观能动性和积极性，增强贫困户的内生动力，让贫困户以精神脱贫带动物质脱贫，从根本上彻底斩断穷根，甩掉"等靠要"思想。

最后是重点推进产业项目的实效与长效。我们会继续深入分析扶贫项目的经营现状，结合市场销售潜力、电商平台模式、消费扶贫方案，协助合作社制定合理且有市场竞争力的定价，认真研究销售策略，不断打开市场，增加合作社利润。也会利用现代管理手段实现产业项目的提效增收，协助石狗塘村打造产业人才梯队，培养产业管理人员，让产业项目真正落地。

四　怀济世之心，落国之大策

近来我看了一篇文章，让我觉得挺有感触的。那是一篇由国务院扶贫办的官方微信推送的一个公众号文章，是一个云南的学生写给她爸爸的话。她写道："我的父亲，以及每一个扶贫工作者，都无英雄之名却行英雄之实，无夸父之能却效逐日之事，无孔孟之贤却怀济世之心。"我觉得其一是她的文采很好，再一个确实是反映了广大扶贫干部的工作写实状态。全国现在派了很多的扶贫干部，他们中的很多像我一样放弃了较为优越的生活和工作环境来到基层一线。我们到这里都是村里面的第一书记，但其实并不是支部书记，我们还要通过村支部书记的配合开展工作，所以权力比较有限，但是仍是需要我们通过不断的努力来带动村里实现脱贫，真正为村民做些实事。

所以我觉得我们扶贫干部首先是有境界、有情怀的。其次这一轮的精准扶贫与原先的扶贫政策相比，扶贫干部的作用更加明显。我们扶贫干部要做到保证国家的政策，能够真正落实到我们贫困户的头上。三是从我们自身的资源来看，其一是我们单位的资源，可以依托我们单位的资源在推广的项目时为贫困村带来新的增收途径，其二是我们个人的资源，比如我们工作队员的资源，多数都是领导干部，人脉资源广泛，因此在一些产业项目的推进包括扶贫产品的销售等方面都是能够帮到贫困户的。

现如今我觉得扶贫工作最大的难点应该在于已经到了脱贫攻坚的最后收官阶段，未来一步是如何做好乡村振兴战略。我们的工作是考虑怎样能够把脱贫攻坚和乡村振兴有序地进行衔接。这样一来，我们这批扶贫干部需要到 2021 年 7 月份左右才能撤退，在这个阶段就是要做好衔接工作，奠定后续发展的基础，包括把我们的扶贫资产进行有效的梳理，授权项目尽早找到合适的经营方案和方法，促使这些资产能够盘活。同时在基础设施各方面为后续的乡村振兴奠定比较良好的机制，保证在我们离开之后，石狗塘村的相关工作仍然能够继续往一个好的态势去发展。一定要防止出现大规模的返贫或者是产业进行不下去的亏损，以及村干部不做事、不担当的情况。因此现阶段我们是在努力构建一些预警防范的机制，定期跟踪贫困户情况，当他出现返贫情况的时候，我们要及时地跟进，加强帮扶措施，确保他在 2020 年底顺利达到广东省的脱贫标准。同时构建相应的规章制度，也锻炼我们的村干部能够快速成长，通过这些措施能够确保我们脱贫攻坚之后和乡村振兴进行有序的衔接。

在未来一年里我们也会考虑如果有合适的扶贫产业项目，还是会继续去争取一些机会，同时也会结合村里的情况和我们扶贫资金的使用情况，保证在一定的基础上考虑一些其他的可能要投入的东西，或者是跟我们的产业发展相关的问题。

在扶贫的工作中，对我而言是非常大的成长和锻炼。从个人的成长角度来看，我觉得现在工作一年可能会比原先工作三年的收获都大。在这里，我体验到的是完全不同的工作，从见识的增长、阅历的积累，再到沟通能力的提升、执行能力的锻炼，都让我觉得是一个非常大的突破和锻炼，是带给我个人的一个宝贵经历。将来等我回顾这一生的时候，有幸参与了国家最伟大的一场战役，这将会是非常值得我回忆的一段经历。

其次，参加扶贫工作对我的思想也有比较大的触动。来到基层之后我会更加深刻地发现党的政策是如何在最基层一线实施的。我们了解到它设计的出发点，明白了如何保证党的政策能够覆盖到最基层，真正落实到那些贫困户身上。这样也更坚定了我的信仰，让我更坚定地跟党走，明白党确实是从人民出发、为人民服务的，让我对于党的初心和使命有了更深的体会。

同时我在驻村的一年里收获到非常多的亲情和友情。基本上可以说我和贫困户都已经达到一种亲情的状态了，可能我对亲戚朋友的关注都不一定有我对贫困户的关注那么多。比如贫困户这一户有多少人，孩子上几年级，在哪个学校上学等，这些情况我们都可以随时地说出来。我们的确投入了非常多的精力在贫困户身上，同时我们也收获了很多。他们对我们的认可，以及我们在这里跟村两委的干部一起共事，跟当地的政府街道一起去推进工作等，认识了非常多的良师益友。我也从他们身上学到了非常多的东西，同时拜群众为师，在最基层也能够去了解他们的一些真实想法，真正来到基层一线才能够了解到群众他们的所思所想，同时有一些实践的经验和为人处世的办法，比如我们会有一个比较正向的激励平台去塑造群众的品格。

在这段扶贫经历中，给我留下最深刻印象、最幸福的时刻是当我们真正得到贫困户的认可。有的时候我们帮助贫困户解决问题，他们是发自内心地感谢我们。我留存着一些微信的聊天记录，我希望能记录这样的时刻，这些时刻会让我觉得我的付出是有价值的，能够得到他们认可，看到他们的笑脸，见证着他们的生活越来越好，这些对于我们来说是最大的幸福，也是我最难忘的。

坚守平塘县的正能量母亲

受访人：周霞

访谈人：李悦

访谈时间：2020 年 7 月 1 日

     2020 年 7 月 20 日

访谈形式：线上访谈

访谈整理：李悦

访谈校对：李悦

故事写作：李悦

受访人简介：周霞，41 岁，广州市白云区石井人民医院妇产科主治医师。2019 年 2 月，按照省市统一部署，主动申请赴黔南州平塘县开展东西部扶贫协作工作，挂任平塘县妇幼保健院产科主任。扶贫工作期间，克服家庭困难，帮助救治当地孕产妇，成绩显著。

一 端本正源 雪中送炭

我是 2019 年 2 月 14 日开始到一线做扶贫工作的。当时接到下乡扶贫的通知有点忐忑，有点紧张，因为去的时候孩子还小，老大 11 岁，正是小升初，老二才两岁半，还没上幼儿园，所以内心有点犹豫和担心，但是又觉得现在政府需要，所以后来就义不容辞地去了。去之前领导找我谈心，咨询我的意见，看看我愿不愿意，因为这个东西，它也是取决于自己，毕竟要去相对贫困的地方，而且是一年的时间。当时领导说，脱贫攻坚在即，2020 年要全面脱贫，我们作为技术人员也是要帮助当地的老百姓，给他们提供一些技术上的支持，为老百姓带来一些方便，我考虑了一下就同意了。

2020 年 7 月周霞（下）接受李悦访谈

我们是坐高铁过去平塘县①的，路程是 900 公里左右，要 4 个半小时，但是到我们所在的县城里面还有近 100 公里的山路，还需要坐公共汽车，加起来去一趟一般要 7 个小时。

我们到了之后马上就开展工作了，首先是下乡走访，了解当地基本情况。我们下乡后到了一些深度贫困村，那些贫困人员有很多是因病致残、致贫的，没有固定的收入，完全就是靠农作物，比如说种了一点田地或者是养了几个牲口，而且这些还是因为我们扶贫的政府办人员来了之后给他们提供的机会，让他们有一点收入。因为当地比较贫穷，而且又没有什么土地能够让他们进行农作物种植，所以很多年轻人就选择出去打工，他们生下的孩子就是由那些老人来带大。那么这样就导致一些未成年的孩子很早就辍学了，有的小学都没读完，因为本身交通就不方便，他们辍学之后就留在家里，有的就会出现问题。有的女孩子后来很早就跟男生在一起，然后就当了未婚妈妈。我在平塘保健院工作的时候，有很多女孩子都是十三四岁就来生孩子。

作为一名医生，我首先想的是这些留守儿童这么早怀孕、生孩子，对她们身体造成的影响以及对以后工作生活的危害，于是我就想到学校给在校的孩子们灌输一些正确的理念，让她们不要走错路，不要被外界的一些事物所影响，认识到自己的身体，爱护自己、保护自己。所以之后我就联

---

① 平塘，贵州黔南州平塘县，国家级贫困县，2017 年起，广州市白云区对口帮扶平塘县，与当地居民合力摘掉了贫困的帽子。

系了院方和学校，到那里给她们培训。我去了好几个学校，比如职业中学、普通初中、高中等，给她们灌输青春期性方面的一些知识。学校的老师们也有开展生理课，但是老师可能没有那么专业，讲的东西就比较浅，我就会讲得更加深，更直白，所以学生们听了我的课之后就觉得很有兴趣，课堂上跟我有互动，私底下也会跟我联系。因为我在课堂上也留了我的一些相关信息，比如说地址、电话、办公地点，有些学生就会跑到医院来找我，跟我聊关于青春期的月经问题与避孕问题。

我们白云区进行的是团队帮扶，经常去下面的贫困村或者乡镇义诊、走访，看看他们需要些什么，需要的是哪方面的支持，我们都会帮他们去联系，帮他们尽量地解决。比如说有一次，我们去到当地的村里面，他们的村支书告诉我们，他们村有一个乳腺癌的患者，想到大医院进一步治疗，那么我们就把她的病历发到广州这边来，根据她的情况联系对口医院，制订治疗方案，减少病人来回奔波。因为当地医院的专业技术能力相对落后，我们就对他们进行一系列的培训，提高科室的医疗技术水平。工作之余我们还会去乡镇卫生院、村卫生室给他们培训，带领他们查房。工作的主要地点是在平塘妇幼保健院，后面我们还会利用休息的时间下乡，因为下乡的那些村离得比较远，所以有的时候一去就要一整天。除此之外，我们还会去到平塘县的一些单位，跟他们进行一些癌症，比如乳腺癌、宫颈癌的一些筛查、讲课，还有宣教。

我们还是做了一些成绩的。首先，在产科，我们能够把一些重症的孕产妇管理起来，减少一些高危儿①的出生。第二就是业务上有很大的提升，我们减少了孕产妇的死亡率和产后出血率。我们工作的特点、亮点方面，第一是我们给那里带来了很多新的技术、新的理念、新的方法方式，我们主要是对村卫生室的一些乡村医生进行指导，让他们在工作中能够提前发现更多的问题。第二我们还做了孕期营养门诊。孕期营养门诊主要是在孕期改变孕妇的一些生活方式，然后减少一些高危病，比如糖尿病、高血压的发生，我们就是带去了很多新技术、新方法、新理念。因为当地的饮食

---

① 高危儿是指在胎儿期、分娩时、新生儿期受到各种高危因素的危害，已发生或可能发生危重疾病的新生儿。绝大多数高危儿能完全健康地生长发育，部分高危儿视疾病危重程度以后可能有运动障碍、智力低下、语言障碍、癫痫、多动、学习困难、自闭、行为异常等后遗症发生。

结构比较单一，所以当地的老百姓，尤其是那些孕妇，很容易会得一些病，比如贫血、糖尿病、妊娠期高血压，我们这个孕期营养门诊的目的就是要告诉她们如何去吃，怎么吃，然后管理好体重，争取减少妊娠合并的并发症。我们在产检的过程中会把这一部分的病人单独地挑出来，然后让她们到我们的孕期营养门诊来就诊，给她们上课，制定食谱，监测血糖、体重。当时是有 90 多个孕妇在我那里进行孕期个体化的管理，大概已经有 30 多个孕期的妈妈已经顺利地分娩了，结局都非常好。

二　扶贫工作中的苦与乐

平塘县吃的方面还是跟广州有很多不一样的地方，因为那边是高山，口味就是偏辣、偏咸，生活还是有一些不适应。因为有个职工饭堂，我们都是在那吃，但是因为不太合胃口，吃的量会比较少，所以都瘦了很多。面对不合胃口的食物那就不吃或者吃少一点，或者煮碗泡面吃。一开始还是努力地让自己去适应这个口味，因为毕竟要有一年，希望自己能够适应它，然后能够完完全全地融入他们的生活，但是后来发现有些口味确实也是没有办法接受，那么就少吃点，或者是自己煮一点泡面、面条之类的，总之是要吃饱才好干活。当地的老百姓都是那么吃的，也是觉得他们挺苦的。

在那里住的是他们医院给我们租的民房。那里也就是基本简单的配置，室内倒是挺干净的，但是只能说是可以生活、居住，跟广州肯定是相差比较大，像广州这边生活便利，什么东西都有，那边离市区还是稍微远一点，去买什么东西都是要走路过去的。住的那个民房离上班的医院是比较近的，这样子也方便我们晚上、平常、休息日要急救，但是这个房子，楼层比较高，是在五楼，没有电梯，然后它的后面就是山，山上面有很多坟墓，最开始的时候晚上还是比较怕的，后来住了几个月以后就慢慢地不怕了。

有一句形容贵州的话就是"地无三里平，天无三日晴"，就是说那边经常下雨，绵绵细雨，有的时候一下下半个月、一个月都有，所以经常衣服不干，出门也不方便。我们去的时候是 2 月，那时候就天天下雨，又阴又冷，又湿又冷的，后来还遇到过下冰雹。当地的环境比较恶劣，导致那些农作物都生长不了，所以当地的贫穷都是有原因的。这个天气一般对日常的工作不影响，但是会影响到我们下乡。因为我们下乡的时候，如果是碰到这种大雨、大雾，去到下面乡镇时能见度就非常的低，有的时候开车大概只能看到十来米二十米，山路又很远有七八十公里，那么能见度低，就很容易出事，当地的居民在那些山路上面也是经常出交通事故。但是这种天气对于本地的同事来说是已经见惯了，所以一般就是本地的同事来开车，因为他们比较熟悉路况，然后一路上也是慢慢地开。当然对于我们这些刚来的"新人"，是会提心吊胆，还有一点不适应的。因为那里就是山多，平常我们要去下乡，经常就会晕车，但是后来下乡下得多，也就慢慢地习惯了。在那里有不适应，但是没有说想走，因为到了就还是想干了活再走。

去到平塘县之后，如果不忙，我可能两个月左右回家一次，有的时候就三五个月才能回去一次。我回家的路程是900公里左右，坐高铁快一点，要4个半小时，但是从县城到高铁站还需要时间，因为它是山路，坐公共汽车还要两个多小时，加起来一般要7个小时。在平塘县除了工作的时间，其他时候只要人闲下来都会想家里人，想孩子。我和小孩主要就是电话和视频联系，他们想我的时候就打电话或者是发视频，我想他们的时候也是这样。我的老二比较小，走的时候还不到三岁，只有两岁多，听我妈妈说她经常看我的照片，看了之后就哭，后来就吵着喊着要妈妈，然后就会打电话或者发视频过来要见我，那个时候挺心酸的。最长的一次我隔了五个月才回家，一回去小孩就哭了，抱着不放，也不让我走，走到哪就像一个小跟屁虫一样跟着。我走的时候都要趁她睡着了，或是她不在的时候就赶紧溜走，不能让她看到。小的孩子太小了，还不能理解我的工作，大的孩子就觉得妈妈太辛苦、太累了。我离开的时候小孩就会说舍不得我走，让我早点回来。听到这些话，我就会很想哭。扶贫期间，只希望孩子以后长大一点，能够理解妈妈，妈妈并不是说不管他们，而是因为还有更重要的事情要做，所以只能先让他们自己独立成长。

我们医生加班是常态，有时候从晚上到第二天早上都没停过，第二天又正常上班。上班也会熬夜，经常半夜起来去做手术，去抢救，最长的加班就是整夜了。做医生这么多年也习惯了，好像都是常态，想要调整就睡觉，睡一觉就好了，睡一觉不行就睡两觉，以前年轻的时候可能一个晚上就休息好了，现在两三个晚上也就好了。

2019 年 8 月周霞（左）在平塘县妇幼保健院教糖尿病孕妇做血糖测试

有一次是一个产后大出血的病人，在生了十多天之后突然之间大出血，然后就打电话叫我们出车，那天下很大很大的雨，能见度大概就是三到五米，我们开着单位 120 的车就出去接她，因为那里很远，山路又不好走，我们差不多一个小时才赶到，看到她的时候，她的脸都是白的，人呈一个休克状态，那里血源又不太丰富，我们把针给她打上之后，就把她拉回到我们医院，然后给她抢救，急着帮她清宫，给她输血等一系列的抢救。那时我记得是凌晨三点钟去的，回到医院，把她处理好了，都七点多钟了，然后就又开始上班。后来这个产妇就没什么后遗症了，因为把血止了，我们把子宫也帮她收缩好了，她大概是三天就出院回家了，她非常感激我们，硬要给我们写感谢信，也给我们送了锦旗。

在扶贫工作中最开心的莫过于，2019 年整年都没有一个孕产妇死亡，就是当地的孕产妇都平安。

我去到当地的第一感受是很热情，很淳朴。

我们跟当地的干部相处得很愉快，他们家里人有喜事，比如说结婚，或者是其他事，他们都会邀请我们一起去参与他们喜悦的事情，让我们去分享、感受他们的一些习俗。我们跟群众的关系也挺好的，我们经常都会加微信，和他们都做成朋友了。群众那边，他们听了我们是广州过来的专家们，就会慕名而来，有一些麻烦、棘手的问题，他们会经常到我们这里来咨询，然后就从病人变成朋友了。主要是我们也帮他们解决了困难和问题。我们跟当地的老百姓、干部，还有我们扶贫的一些干部等，都有很好地沟通，都成了朋友。当地的那些朋友们，他们怕我们吃不惯，经常会把我们请到他们家里面自己做几个合我们心意的菜，让我们好好吃一顿，我觉得挺温暖的，还有我的亲人、家人们有的时候过去看我，他们也是帮忙接送。

我们外来干部要与当地的居民群众友好相处、打成一片，首先是要真诚，我们要真诚地去对待他们，这是最重要的。第二要尊重他们的一些习俗，从他们的角度出发，然后就是要了解他们的诉求，帮助他们解决问题。

我们走的时候，当地的干部，他们的领导还有群众都给我们开了欢送会，然后我们和一些当地的干部，当时都是非常舍不得，都说不能退群，有的还哭了，叫我一定不能退群。我们现在还是联系非常多。

现在回忆起这段扶贫经历的时候，我首先想到的是他们的老百姓，那些我曾经抢救过的病人，因为说实话那里真的地势比较恶劣，设备不是很先进，技术水平也比较低下，然后人们看病的意识又不是很强，他们真的是很苦。抢救成功之后，他们对我们表现出的那种感激，现在想想都觉得很温暖。

三　道阻且长　志存高远

扶贫工作中困难也挺多的，毕竟当地的知识水平、文化水平相对来说偏低，有的时候在沟通方面会存在一些问题，我们跟病人沟通，他们会不接受或者是不理解。这个时候就需要时间，需要有耐心，然后多说多做，多去跟他们沟通，一次不行我们就说两次三次。我们还是要尽最大的能力帮助扶贫单位，去帮助他们提高技术水平，那么对于原单位，其实主要是取得我们原单位技术上还有资源方面的一些支持，来帮助受援的单位。我们自己的单位都是十分支持我们的，给我们后面的一切方面都没有留下问题。

目前扶贫工作已经快接近尾声了，难点仍然存在，人的思想也不是一天两天就可以完全改变的，需要一个时间，因为他们那个地方都是大山，所以要让他们马上富起来还是有一定的难度的，交通、天气这些都是一些老大难的问题，我们还需要很多扶贫干部，需要很多人一起参与。作为技术人员，我们主要是从专业技术上去帮助他们提高技术水平，增加理论知识，让他们学到更多，为当地的老百姓减轻病痛。

我觉得下一阶段的扶贫重点应该主要放在教育和医疗这两块，当然经济也是不可少的。我觉得扶贫是要先扶志和扶智，如果文化水平没有办法提高，这个国家也是没有办法完全脱贫的。还需要有医疗保障，如果医疗都保障不了，导致因病致贫，那么扶贫也扶不过来，所以医疗技术、医疗水平也是非常重要的。还有经济，现在扶贫地区的经济都是靠我们这些扶贫政策带过去的一些工厂等，才有所改善。只有真正有了实业，有了收入，才能真正扶贫。

作为一名扶贫干部，首先要愿意去付出，愿意去到这些贫困的地方。第二，能够踏踏实实地为贫困地区的人民去做事情。第三就是不要为了名利去做这些事情，而是心系百姓。

作为一名医务工作者，我觉得医疗技术扶贫就是为当地带去我们的技术，提高那里的医疗技术水平，为当地的老百姓留下技术之后，让他们在健康方面能够得到一些保障。

我们有一个当地的同事是基层科科长，她是专门下乡、管妇女保健①这一块的，她天天在乡下跑来跑去，工作非常烦琐，非常累，说实话那里下一趟乡，如果一天要跑两个村，估计那个人就累得不行了，所以我觉得他们的工作很辛苦。因为他们人比较少，还有很多同事都是一个人身兼数职，我们的业务院长、业务副院长，他还兼职着幼科科长，我还没去的时候，他还兼职着产科主任，他们一个人要干几个人的活儿，基本上没有什么闲的时候，然后他们的收入还挺少的，我就觉得他们很累。而且在技术上，他们又没有我们这么多学习的机会，我们在广州这个资源丰富的城市里面，可以学习各种我们想要学习的东西，但是他们没有，他们要去学习，甚至要去到贵阳，去到他们的省城，山区坐车不方便，学习的机会又

---

① 妇女保健是一门以维护和促进妇女健康为目的的科学。它以女性群体为服务和研究对象，以预防为主，密切结合临床。一个国家的妇女保健水平，是与该国妇女的政治、经济、社会地位紧密相连的。50年来，我国妇女保健事业有很大发展，但在全国范围内，妇女保健和妇女身心健康水平的提高，还存在很多问题，有待进一步努力。

少，所以他们技术水平低下是有原因的。

当时我是觉得我们真的太幸福了，我们在广州这个大都市，学习环境、工作环境都比他们好，我们真的是要珍惜现在所拥有的这些东西。（扶贫工作）更加让我成长了，觉悟更高了，考虑问题更充分了，也锻炼了我的领导能力，改变了很多。改变首先是思想上，这个意识就更端正了，就是不像以前不太珍惜我们所拥有的一些东西，现在是更加端正了学习的态度，然后，去到那边发现他们的政治教育也是非常的好，我现在觉得自己政治上的一些东西比以前更加强化了，尤其是对国家的一些决定、方针，我现在都会去关心、学习，特别是对扶贫的这一方面，我也会经常去看、去了解，会想这件事情怎么做会更好一点，也会想各种能够帮助到当地的方法，还会想我们现在又有一些什么新的技术、新的理念，然后会跟他们说，和他们分享。

我觉得扶贫精神首先是一个攻坚克难的精神，因为扶贫在全世界都是一个非常难做的事情，要真正地让所有的人都脱贫非常难。第二，它也是一个无私奉献的精神。第三，扶贫也要团结合作，因为扶贫单靠哪一个人来完成都是不可能的，所以一定要大家团结协作。那么我们作为医务工作者，能做到的就是尽我们自己的能力，把我们在大城市接触到的一些新的理念、新的技术、新的手术方式带到相对贫穷的地方去，给他们提供帮助，从而达到技术扶贫。

如果以后要把这种扶贫的精神传承下去，那么首先我还是希望我的孩子们要好好学习，先学好理论知识，我们才有这个能力去帮助别人。第二就是让他们树立一个正确的人生观，培养一些非常好的、优秀的品格，希望他们都能够时时刻刻铭记，确实能够做一个对社会、对国家有用的人，因为帮助别人而感到自豪。

如果小孩子长大之后要给他们讲这些故事，我会告诉他们妈妈是一个扶贫干部，会告诉他们一定要有使命感、荣誉感，一定要树立非常好的人生观、世界观，为我们祖国的繁荣昌盛奉献自己的力量。如果我的小孩长大以后也要去参加扶贫工作，我会举双手赞成，能够发挥自己的光和热是最好的。

下一次如果还有机会，我一定还会继续参与到扶贫工作中，因为孩子渐渐长大一点了，我想去更远、更偏僻的地方，比如新疆、西藏。

月亮河乡战贫记

受访人：陈瑾　韦强　江胜琼
访谈人：文俊　张楠　杨沁娴　孟航宇
访谈时间：2019 年 1 月 26—27 日
访谈形式：当面访谈
访谈地点：六枝特区月亮河彝族布依族苗族乡
访谈整理：文俊
故事写作：文俊
文本表述：陈瑾　韦强　江胜琼

受访人简介： 陈瑾，月亮河乡党委书记，1970 年生，到月亮河乡之前任六盘水市六枝特区社会保障局局长。

韦强，驻村扶贫工作队队员，1975 年生，到月亮河乡之前任职于六盘水市六枝特区文体广电旅游局，任公共服务股股长，现调至六枝特区文化馆，任馆长。

江胜琼，驻村扶贫工作队队员，1968 年，到月亮河乡之前任职于六盘水市六枝特区文体广电旅游局，是公共服务股工作人员，现驻六堡村负责该村小康菜园建设工作。

一　临危受命，不畏风雪

陈瑾：我 1990 年参加工作，在六枝特区财政局工作 20 年，2006 年任特区会计局副局长，2017 年任财政局党组成员、会计局局长。可以说做了那么久局长，突然间让我下去乡里面，平职调动，对我个人职业发展优势不大。记得是在 2017 年 5 月初领导找我谈调动问题，每个人只对我说了一句话，我至今印象深刻。书记说，你有基层工作经验；纪委书记说，你在纪检部门干过；组织部部长说，你表个态嘛？其实我的内心很平静，服从组织安排，到哪里都是工作。整个谈话不到两分钟的时间，我确定好就出来了。回到家和家人们说了后，他们也鼓励我："去嘛，好好干，不要有什么想法。"那个时候我已经 47 岁，不年轻了，我知道下乡工作很多事情是得拼身体的，我肩上的任务很重。

月亮河乡是 2016 年由隆脚和折西两个小乡合并成立了一个大乡月亮河乡，这里基础设施薄弱，产业布局不合理，整个六枝特区有九个深度贫困村，月亮河乡就占了四个，任务相当重。刚来的时候工作压力非常大，不懂农业，摸不着头脑，脱贫工作举步维艰，寸步难行。而且由两个乡并为一个大乡，所以干部思想上并不是很统一，相互之间有斗争，工作作风涣散，互相之间分得很清楚。各项制度不严，开会严肃性不够，与区里面的各职能部门沟通不足等诸多问题，导致工作起来束手束脚，有时候简直就是动弹不得，给工作人员和来办事的百姓都带来了很多不便。还有最严重的一点就是大家抱着"数字游戏"的态度看待脱贫攻坚。那是 2017 年，虽然说 2016 年全面战斗已经打响，但是我们偏远地区，不管从传达力还是执行力上来说都没有那么好，工作力度没有现在那么大。干部们抱着一种像以前一样应付工作，交差了事的态度，认为这只是需要一个数字变化来应付领导工作检查的表面游戏而已。上面也是看到月亮河乡的这种工作状态，紧急把我调过来，我可以说是临危受命。

发现情况严重后，我请了扶贫局的局长以及分管的副区长针对制度管理以及档案管理问题对干部进行培训，理顺了开会相关制度，把所有档案重新整理，能解决的解决了，还不能解决的想办法统筹各项因素也要解决。在原来九项制度的基础上新建了三十六个制度，等于重建了整个月亮河乡的政府工作机制。在每一次的干部职工大会上进行作风教育宣传，争取做到把干部们的观念扭转过来。班子总共 23 人，一些班子成员在思想、作风各方面都存在一些问题，但是把班子的人心抓起，对之后的工作是非常有益的。每一次调度会议上，我都会和班子成员逐心交流，沟通找到症结，对症下药。班子再率干部职工下去对所有的老百姓开院坝会，做脱贫攻坚相关知识的宣传和教育。在 2018 年 8 月 8 日"大战 100 天"会议结束之后，每个人都斗志昂扬，当晚我们就开会到 12 点，调度了将近半个月的工作。之后每天晚上都要开会，乡内汇报总结当天存在的问题和需要解决的问题，每星期一次调度会，去每一个村委会听汇报。

记得我们正在搞路面硬化的时候，缺沙缺料，每天早上六点钟我起床去沙场看有没有沙子，马不停蹄的回来马上换一身衣服，汗流浃背的就下到村里面督导各个村的工作推进情况，和施工队伍交流，催进度。晚上睡不着，白天没时间休息，那段时间整个身体都处于高强度压力之下。要想富，先修路，我们太偏远了，百姓出门一踩一脚泥，进也进不来，出也出不去。所以修路，搞路面硬化，让大家干干净净的，让百姓从心里面就想提高自己的生活质量，成了我的头等大事。当时何家寨村修串户路的时候，因为路面太窄小，又都是泥巴路，大车进不去，我在现场监工，想尽办法终于拉进去了，工人又不愿意下沙，我卷起裤腿第一个上去把沙子铲下来，百姓看到我开始干了，都回家拿自己家着里面的工具来跟着一起干。一个干部有没有号召力，其他干部能不能看得上你，你的群众到底认不认可你，有没有号召力，有没有率领能力，这都得从你这个人怎么做看起。

修路是第一大难事，修房子就是第二。记得我们搞易地扶贫搬迁的时候有一户不肯拆，还把我告到省里面去了，但是他家的房子按照规定是必须要拆的。我去找他，陆陆续续进行了五次逐心交谈。他终于明白这个道理，就没有再告我，也顺利的搬进了给他安排的安置房里，后来他还提着烧酒来到我的办公室，谢谢我呢。

二 安土重迁，用肩扛起的祖宗文化

2018 年 8 月 20 日，何家寨村的许家寨民组有一间百年老屋，屋主是一名七十多岁的农村老妇人，有点跛足。屋子失修，屋顶已经破旧不堪，下雨天，外面下大雨，屋内下小雨。老化的电路老人用着也是很不安全。乡、村干部上门动员她拆旧建新，之前每次话没讲完就被老人骂出屋外。那天大早我带着施工队和乡、村干部上门想办法，老妇人也知道拆到她家了，也是早早起来，拄着棍子堵在门口，老远看到我们先是破口大骂，接着用棍子打靠近屋子的任何人，我们连话都说不上。村干部无奈地请来老人的儿子当说客，希望老母亲也住上新房的儿子刚刚靠近老屋，老人一顿臭骂，边骂边哭："祖宗的家业都要败在我的手上了……"还拿棍子把亲生儿子打跑了，自己也摔倒在屋前。看到老人家摔了，我赶忙冲上去，扶起老人，和她说："大妈，您今年七十多了，和我妈年纪差不多；您老先不骂人，摔痛了吗，我给您揉揉……"老人渐渐缓和下来，我一边给她揉脚一边说："老祖宗留下的屋子是好，但是您看，屋顶也漏雨了，柱子也歪了，再住人就危险了。政府在那边给您修了新房子，您住新楼，老祖宗看到了也高兴……"大约半小时后，老人有点动摇了。我趁热打铁："这样吧，那边有安置房，我背您过去，家里的东西，让干部们给您搬过去，少一样，您就来乡政府找我。"老人连连摆手，要不得，你是领导，哪能让你背我？我说："您和我妈差不多岁数，我就像您儿子，背一下，怕哪样嘛？"我反伸着双手蹲在老人面前，开始老人还在犹豫，看我一直坚持；老人家的眼泪就留下来了，还是一跺脚，趴在我背上了；背去安置房的路上，老人哭了一路，泪水都打湿了我的后背。说实话，我老母亲我都没有背过，这一路走过去，我感觉肩头的担子更重了。但是困难不止如此，更大的困难还在后面。

还是何家寨村的老旧危房，老屋的木头已经发黑，四周的墙体裂开了大小几十个口子，房顶瓦片有小半已经残缺，晴天阳光穿过瓦洞进屋里，雨天是外面大雨屋内小雨。这家拆房的事本是提前讲好了的，可是临到施工队要动手时，屋主却变卦了，把我们拦在门外。屋主略有歉疚地说到："前天答应了可以拆房，这两天我家仔细想了一下，没办法相信有这种天上掉馅饼的好事，不是我出尔反尔为难你们。再说，我们屋里还有两口'老房'（棺材），我家两位老人都还在，'老房'就不能动，这是我们布依族乡下的规矩……"因为棺材的安放保存问题，这户人家临时改了主意，任凭乡、村干部讲干了口舌，就是死活不同意。我和同事们商量了一下，征求了大家的意见，得到同意之后，上去就跟他说："兄弟，我是乡里的党委书记，我家也是农村的，你刚才说的这些困难，我都理解。你看这样行不行，你家老人的两口棺材，由乡里面给你们搬，并找地方安安全全地保存好，老人家真的到了那一天，我们再给你们搬回来。做不到的话，你来找我，今天在场的所有人都是见证，我给你打这个包票……"以前村里面召开群众大会时，屋主听过我讲话，晓得我是个实在人。回里屋又和老人商量了好一会儿，尽管有些不情愿，但还是同意了由政府先抬棺材、后拆房。

那两口棺材，都是上好的当地大杉树做的，厚实规整，一口就有五百多斤重。好不容易做通工作，趁热打铁一鼓作气，我和副乡长沈际澜、伍贤栋、彭良江、安俊和三个职工进了屋，黑漆棺材就放在屋角的台阶上。因为台阶太窄，八个人没地方站，还使不上力气。安俊首先爬了上去，先把棺材挪出来一部分，大家才好使力。先是四个人喊着号子一起抬，"一、二、三，一、二、三……起——"号子声是起了，可五百多斤的棺材却像在原地生了根，一动不动。我又喊来四个人，人先站稳、扎好马步，众人一起发力，棺材终于被抬了起来，一步一步往屋外的帐篷挪。中途换了四拨人，才将棺材抬到帐篷里，包裹好，等其他棺材一起运走保管好。抬完棺材，干部们又去给他家抬粮食，抬完粮食去抬家具、生活用品，整个家当都给他们抬了出来。从早上一直抬到晚饭后，安俊闪了腰，沈际澜扭伤了脚，伍贤栋的小腿被棺木撞出血，彭良江两个肩膀都磨破皮、磨出血，几个职工手臂被棺材上的木刺划出血口子……

我还记得 2018 年 10 月初，伍贤栋的妻子在医院生孩子，伍贤栋却一直顶在拆除危房的现场。孩子出生第二天的中午，他妻子打电话来哭诉："看都不来看一眼，难道这个孩子不是你亲生的娃娃，你还要不要我们母子俩？"我知道后，命令伍贤栋马上去医院，过两天再回来。伍贤栋一边感谢一边说："工程都在火头上，离不开我。我回去安慰一下母子俩，换身衣服就回来。"果然，当天傍晚，伍贤栋又回到易地扶贫搬迁的工地上，母子俩仍然在医院由老人照顾。

就这样几个月内我们为易地扶贫搬迁户抬走并保管 70 多口棺材，拆除 102 户老旧危房。在 2018 年 8 月 20 日至 11 月 20 日这三个月内，整个月亮河乡的 180 套老旧房、604 套危房、680 套漏雨漏风房屋，全部修葺一新、改头换面。

2018 年 10 月，我走访到何家寨村的陈庭中家，这一户是两个 60 多岁的老人，无儿无女，一进到他家的屋子，四面陈年失修的旧洞就不说了，屋里连个床都没有，老两口睡在地上的草堆上，吃的是玉米糊，衣服上也满是破洞，其他的柜子板凳沙发更是免谈。这已经是 2018 年了，都还有这样贫困的家庭存在，我真的是痛心疾首。都没好意思多跟他们谈，没脸见他们，我赶忙回去，第一时间把民政局分管这块的领导，还有挂村领导叫到我的办公室，先从民政就业基本生存的角度来解决他们家穿衣吃饭的问题，我从家里把我自己的衣服，裤子拿去给他，并且发动了职工、干部也把自己不穿了的，但是还是没有破损的衣服给他，拉了十多万的社会捐助，给他添置了柜子、桌子、床，剩的钱给他送去。我叫人把他家的房子修好，还给他买了清洁用具，挨个跟他讲厨房怎么打扫，房间怎么收拾，给他买的柜子应该放在什么地方，又给他们老两口安排了低保。之后他看到我都很高兴，邀请我去他家坐，我去了他家之后发现整个家都变了，不同的生活区都有，该放什么东西的位置都没得错，家里整个面貌都改变了。

刚开始下去最难的就是与百姓之间的沟通问题，他们大多是布依族和彝族，生来就住在深山里面，有些人可能一辈子没有走出过村子，更多的可能都没有接受过教育。他们不晓得为什么要打扫干净院子；没有意识到厨房里面不要放老鼠药，不然很容易误食；不晓得垃圾要往垃圾桶里面扔。开始给每家买一个城里面用来装垃圾的大的绿色垃圾桶，结果下一次去一看，有一户老人家拿来装水，放在厢房里，还高兴地和我说："这个装水好得很！"墙角的垃圾还是在那里，我是哭笑不得。为什么要装水？因为自来水是近些年才通的，老人家就有存水的习惯，家里面有个桶桶盆盆都要用来装水。所以我们也只能一次又一次地跟老人家们说，给他们发的东西的用途。我们站在贫困户自己的角度，替他们的父母思考；站在他们兄弟姐妹的角度思考；站在他们最好的朋友的角度，在他们受难之后做思考；站在他们对象的角度来思考，将贫困户的角色带到我们的心里，真正思考他们需要什么。如果不切实为贫困户思考，我们再做什么都是无用功，都是假的，要从内在把这些东西进行改进。在2017年到2018年开的党委会和中心组学习上，我们的主题就是站在贫困户的角度思考如何做。

月亮河乡总共17个村，200的多个组，基本上每个组我都走到了，对每一个困难户我都逐心交谈，实行每一户贫困户每一本台账，责任到人的制度，进行整改需要做的事情是什么？需要解决哪些困难我们来做。点点滴滴回味起来，还是很心酸，基层干部是真的辛苦：我原来在机关单位当局长的时候，坐着就能遥控指挥，办一些简单的业务工作。在乡镇里面，我要考虑人情世故，修路、饮水、建学校、修卫生所，联系沙场、确认用砖、贫困户认定工作，心理疏导工作等事事亲力亲为，什么都要学，什么都要做。学着做之前没有做过的工作，学着和干部们、百姓们近距离相处的方式。要想真正脱贫不仅自己要下力气干，我们还要聚集人心一起来干，不论是干部还是人民群众，首先动员、谈心、交心，把脱贫攻坚工作纳入党委政府工作的意识责任范畴，把脱贫攻坚工作纳入重大议事日程。

2018 年初折西村有一个小孩子溺水死亡，我们冲在第一线，给他抬板子，抬棺材。说实话，这辈子我都没给谁抬过棺材。但是，这是百姓的事情，我是书记，孩子的家人已经那么伤心了，我能做的除了慰问，也只能往第一线冲。2019 年 7 月，谷雨村的一个村民在一个大雨天走到桥上，一时不慎滑倒在河里面。在找到他的时候，已经死亡超过 12 小时，尸体出现发臭的情况，当时干部就只有我在现场。我和村民一起去把他发白的身体拉出来，我拿毯子给他裹上，就请村民把他抬回去。从那次以后在谷雨村百姓们提到我陈瑾的名字，都是十分认可的。百姓面前，我作为一个乡党委书记，我必须要有我的做法，我的立场。可是他们不知道的是，我把我该做的事情做了，做完之后吐了一天，接连好几天的晚上都做噩梦，我想这应该是人之常情。三年将近 1000 天的时间，我们天天都驻扎在这个地方，走在这里，给百姓处理大小事件，天天都在和老百姓打交道，何家寨村、中寨村等七八个村，我走进去百姓都是认识我，他们都说只要有问题，就找陈书记。对待百姓要有几心：第一同情心；第二个同感心；第三个要有认真对待的心。有些贫困户没有思路，没有想法；有些贫困户是懒惰；有一些百姓是历史遗留问题得不到发展；有一些是文化素质造就了贫困户的懒，这是百姓自己不能解决，我们要去帮他们解决。

三　月亮河水涓涓流，山窝窝里的果子往外淌

自从我们引进优质产业，并且按照各地进行产业布局之后，带动了相关系列产业发展，也安排了大量的无收入家庭到产业园工作，让大家增收了不少。这些产业有茶叶，有蜂糖李，有猕猴桃，有红香米，有小龙虾，有刺梨，有小黄姜。2017 年针对各地情况区分，进行产业重新布局之后，扩大产业规模。今天我们小龙虾从 70 亩扩展到 600 亩；蜂糖李从 50 亩到 4000 亩；茶叶从 7000 亩到 30000 亩，从 1 家茶叶厂，到现在的 13 家，红

香米从 300 亩扩展到现在的 2000 亩，猕猴桃从 600 多亩扩招到 1800 多亩，全面盘活了全乡的产业发展。这都是我们整个乡的干部们共同努力的结果，没有产业就无法脱贫，没有实惠，老百姓就不相信，我们没有发展，老百姓就看不起我们，没有我们引导，老百姓就不会感恩，这是我们和百姓用时间和精力一点一滴干起来的。

2019 年 9 月的谷雨村种植的猕猴桃到了采摘的季节，但是因为销路不好老板拿不出钱来收购，就要求农民先把猕猴桃摘了，拿给他卖了，赚钱之后才能付给农户。农户当然不同意啊，但是猕猴桃这个果子等不得，熟了不赶紧摘下来很可能就烂在果园里面，我也是急得焦头烂额，没有办法。出于长期合作的基础信任，我召集了相关的农户家庭一起开了一次院坝会，跟大家说明了情况，先以每亩 1100 元的价格给百姓，剩下的卖出后再付款。但是百姓们还是存有疑惑，不肯相信，我马上以自己的名义写了一封担保书，担保商家能够在销售完之后把钱还给百姓，百姓们想着既然有政府为收购公司担保，也就答应了。但是这个事情也不是那么顺利的，老板把果子卖了之后也没有及时把钱还回来，原因也不清楚。农户跑到我的办公室，指着我问，你们到底什么时候才还我们钱。没得办法，我就又自己去找担保公司，以自己名字的名义贷款 200万，挨个发给所有农户，幸好后来商家也是来把这个钱还上了。现在我们走进寨子里，老百姓都说我们讲话是算数的，可是在之前的尴尬期，那是真的是很心虚啊。

现在我们的农业产业从小而精、小而特、小而准、小而优、小而美入手，通过这一系列的发展定位，打造六盘水生态农业产品菜篮子的目标。通过产业先行，生态优先的发展，现在月亮河乡已经达到一亩产业发展覆盖一户贫困户，从而实现在产业助力脱贫和产业巩固提升脱贫成果两个清零目标。下一步的脱贫扶贫工作就是再进一步扩大产业，第二个就是结合国家政策，打造我们的康安中心，构思打造一条布依族和彝族文化纳入一个生态系统路子，建立旅游生态型、旅游环保型的青山绿水的月亮河乡，同时打造成为六枝的后花园，提供有机无公害食品，让老百姓吃放心菜，放心粮。我很欣慰，我能参与这场全中国的战役。不到基层不知百姓苦，不知道基层一线，不知道什么叫与民同乐。我的家人，我的儿子，很理解我，有一次半夜十一点钟给我打了一个电话说，老爹注意点身体，不要太辛苦了。我很欣慰啊，他支持我的工作，理解我，我现在唯一的想法就是得到大家的认可。今年我们乡提拔了一个乡长，这是特区政府对我们工作认可度很高的表现。

为了能和月亮河乡的百姓增加联系并且将本地的知名度打出去。先后在 2018 年农历六月六和 2019 年农历三月三举办了两场大型布依族民族节日活动，两次都请了六七十家国内外媒体，参加的人数也从三万多人增加到了五万多人，吸引了六盘水、云南、广西等周边十多个县市的人前来参加。在活动筹备之前我们找到寨老们详谈：一场盛大的民族文化活动怎样举办？哪些项目是在平时的活动中必备的，能够受到百姓的喜欢？活动时尊重他们的民族风俗，并且加以发扬和宣传，他们是淳朴的，你真心对他，他就会加倍对你好。在这样的民族活动举办过程中与百姓产生联系，并且深入沟通，大家建立了深厚的友谊，为我们之后的工作开展确实有很大帮助。因为我们要打路，要搬迁，还有产业发展都要和百姓产生很多联系，互相理解，有时候需要他们的协助。通过这几次的活动举办，让百姓认识我们干部，了解我们干部是真正为大家干实事的干部，从活动节目的角度用通俗易懂的方式来告诉百姓，我们政府要怎么去除贫困，在节目当中，对脱贫工作进行宣传引导，让百姓知道我们在脱贫工作中做了什么，即将要做什么。让政府和百姓两方的关系得到一个有效的提升和加强，希望百姓和我们在关键的时刻能扭成一股绳，共同渡过难关。要知道这是一个拥有四个深度贫困村的乡镇，我们要举全乡之力筹办这两场大型的活动，经济上、物料上都是巨大的考验，但是当我们认真考量收益与筹办的花费时，我觉得是可以搞的。事实证明，这几次活动让周边云南、广西等十多个县市认识了我们月亮河乡，认识了我们几个发展得比较好的产业，等同于也在招商引资。

四　强将手下无弱兵

我们采取的策略是让村民自治，为了能够实现这一目标，我挨家挨户地去找村里面的年轻人，去和他们交谈，看他们是否对当地发展有自己的了解，是否有为百姓奉献的觉悟。因为现在的年轻人毕业了都在大城市，没有人到农村，农村没有新的思想和领导，很难发展，可以说是停滞不前的。我记得在 2018 年 10 月的时候，我在六堡村花了三天的时间，每天晚上挨着谈了 20 户人家的年轻人，几乎每次都谈到晚上三点钟，收获是非常丰富的呀。我还记得当时有一户人家在办酒，那寨子里面家家户户都得来，我正好到酒席上去找年轻人，逮到人去旁边的小屋子就聊上了。最后确定了七个新晋干部，有两个本科生，四个大专生，还有一个退伍军人。我们现在的干部在脱贫攻坚工作中都是能卷起袖子，扯起裤子，踩着泥巴一家一户去给人家打串户路，搞到晚上两三点的人。我们的干部放在任何一个地方，都是令人敬佩的。

2018 年 9 月那时候也是在搞老房拆迁，拆到折西村一户人家刚好是我们的副乡长吴红刚同志带头负责，这户也是两个老人在家守着老房子。费了很大工夫，反反复复几次，答应了老人很多条件才说通。吴乡长很高兴啊，终于又撬动了一户难啃的硬角色。他亲自带头去拆，自己拿着锤子进到房里拆，可是几十上百年的老房子了，木质房梁已经在看不见的（地方）被腐蚀得差不多了，不过我们都不晓得啊。几锤子下来，20 多米的房梁突然就塌下来，房顶也塌了一大半，吴乡长被擦伤，当时没有在意，随便擦了点药忙着干活去了，结果那个受伤的部位一直没有结痂好转，到 2019 年还更红肿发硬，这回才上点心去医院看，都成神经性皮肤炎症了，前几个月还去重庆治疗，花了两万多。从大连来的帮扶团队 36 岁的纪委书记张鸽同志，一起抬了一个多星期"老房"，算了算也有十多副，肩膀肿了一个多星期。女乡长张艺川同志，因为妇科病流血不止，本来还在和工人拌灰浆，干部们看到都不忍心了，才载着她赶紧去医院看病。我在搬"老房"的时候被老鼠咬了一口，为了能在现场督工，急匆匆打了一扛过敏针，和医生开了一个多月的药就回去了。我们每个干部手上都有一本病历本呐。

韦强：我跟卢彦是多年好友，从同学到同事，在驻村寝室我们两个还是室友。六枝特区①的"村村通""组组响"这项任务就主要落在卢彦身

---

① 六枝特区，9 镇 6 乡 3 个街道（4 个社区）245 个村（居），全区山高谷深、河流众多，乌蒙山脉、苗岭山脉等贯穿全区，海拔最高点 2126.9 米、最低点 609.5 米；相应产生的实际困难就是群众居住分散，在脱贫攻坚中，六枝特区将上级安排的"村村通""组组响"作为一件惠民工程在全区铺开。一是播放脱贫帮扶政策，让群众知政策得实惠；二是村、组临时通知群众开会，方便又快捷；三是假如有突发或紧急事件，一呼百应很及时。六枝特区文体广电新闻出版局，一个部门承担多领域工作，所有干部职工都是一人多肩挑。

上，他也知道这个工作不轻松，可是脱贫攻坚正是最关键的时候，这项工作能够给百姓的生活带来实质性的影响，所以他没有犹豫一口就答应接下任务，开始在全区范围内跑起来，确保广播喇叭落地还能天天响起来、用起来。

全区 245 个村，卢彦跑了 213 个。广播"村村通""组组响"及多彩贵州"广电云"户户用，他走村进寨安"喇叭"、接"锅盖"，把党的政策、声音送进千家万户。只要是那个村的广播不响、电视不通，哪怕再远再苦再累，卢彦也会第一时间赶过去解决。

他走了，床脚整齐摆放着他的雨衣、胶鞋、电筒等夜间下村的用具，床头柜上摆放着《习近平新时代中国特色社会主义思想三十讲》和两大本厚厚的精准扶贫建档立卡档案，和一本工作日志，他详细地记录着每一天的工作内容、存在的问题、解决的进度等。2018 年 8 月 16 日的日志，卢彦在结尾处写道："今天很累很累，但是很值得！"2018 年 10 月 3 日，卢彦在记录完工作后写道："下午在人民医院的检查结果出来了——高血压之外还有痛风，真让我吃了一惊，现在就得痛风，以后年龄大了怎么办。"

卢彦生前床铺旁边还有一张整洁的床是我的，我一直住在这间房，觉得他没有走，感觉他只是去了一个比较远的村民组走访，还没有回来。卢彦的东西，我们一样没动，只是隔几天打扫一下灰尘，感觉他好像还在六堡的村村寨寨工作；这事也奇怪，有时人过世了房间阴阴的，但是卢彦这个房间没有这种不舒服，大家完全没有异样的感觉。

江胜琼：六堡村村民讲到卢彦都说这是个好干部，但是我们晓得对孩子而言他并不是称职的好父亲。以前工作就经常往乡下跑，这两年驻村帮扶是吃住在村，既不能常伴父母，也无法照顾儿子，一直是他妻子赵敏照顾整个家。2018 年赵敏考得园艺师资格证，到贵阳园艺设计公司务工的收入更高。赵敏就去贵阳打工补贴家用。双方父母年迈带不了小孙子，9 岁的儿子小卢就成了真正的"留守儿童"。

卢彦身在六堡村上，只能每天八通电话远程"照顾"儿子：早上六点打电话唤醒睡梦中的小卢起床，电话中教孩子做早餐；估计孩子洗漱完毕要出门了，打电话嘱咐上学路上注意安全；七点半打电话确认已经安全到学校；中午与儿子通电话，简单聊一聊学校午餐的菜色；晚上六点钟，打电话看看儿子是否到家，教他开冰箱做晚饭；夜里十点，让儿子在电话中回顾当天的学习内容，再催他赶紧睡觉……

他儿子就这样一个人生活一整年，我们每天听着卢彦打电话，大家都说，小小孩童不容易，别人家9岁还是可能连自己吃的饭都煮不了，他一个人就要独自生活、独自上学；为了脱贫攻坚，真是万般无奈啊。卢彦每次离家前，都会尽可能多包一些饺子冻在冰箱里作为儿子应急的晚饭。9岁的小卢踩在小板凳上，烧水、下饺子、吃完再去做作业。晚饭几乎就在蛋炒饭、面条与饺子之间轮换，这样的生活在父亲下乡、母亲外出务工后就是他的常态。

有一个星期五，卢彦回城开完会才下午四点钟，领导知道他家的情况，让他第二天再回六堡村，今天陪一下孩子。卢彦也想看看自己不在的时候孩子是什么情况，就没打电话，直接去学校接孩子。四点半到学校大门口，街边有个炸洋芋的小摊，小卢蹲在路边，捧着半盒炸洋芋，就着一撮干巴巴的辣椒面当晚饭。他儿子说最近天天吃饺子、面条，胃里都反酸了，就想吃点炸洋芋，说着说着就哭了。卢彦后来给我们说起这件事，仍然心痛自责，他说，当时看到儿子蹲在脏兮兮的马路边津津有味地吃炸洋芋，心里只想到四个字"像个孤儿"。为了脱贫攻坚，一家三口分在三地，小小孩童能和爸妈一起吃上一顿热腾腾的饭菜都是天大的幸福。

卢彦做事总是认真细致，不管工作中还是生活上，总是为别人考虑。文广局驻村工作队在六堡村工作期间是轮流做饭。一天晚上，我家访贫困户回来，路过厨房就闻到一股米汤香，是卢彦在熬黑米粥作为大家第二天的早餐。第二天，我七点半起来，一进厨房，只见黑米粥旁边整整齐齐码放着葱花、姜泥、蒜蓉、肉、香菜的小碗，都被卢彦切好了，放在碗里面，他不知什么时候吃了早餐，已经下村民组开始工作了。

前几年，卢彦为给特区中寨乡申报救灾统计资料，骑摩托车下乡时摔倒，右手小指伤得厉害。但是救灾如救火，他先把群众的资料统计好上报了。第三天才去医院，医生一看就生气了"前天摔倒的时候咋不早来，拖这两天，组织都坏死了，只能手术截指"。右手小指被截去的时候，让卢彦得了个"慢哥"的昵称：一是说他脾气好，二是对自己的事情能拖就拖。对群众的事情，他却是拼命三郎。

六堡村修建串户路和庭院硬化时，文广局驻村帮扶工作队的18人，不分男女齐上阵；卢彦背砂运石，老旧危房拆除时，他也冲在最前面，上房顶、拆板壁、运渣土，没有因为高血压推脱事情。在他心中，群众的事就要加快办、赶紧办，自家的事、自己的事慢慢来。

有一次大家都在六堡村加班做资料，只有卢彦没有做，他说："我头疼歇一歇。你们先整，我靠一下。"休息一小会儿，晚上卢彦半开玩笑地说："办公室电脑本来不够用，干脆我们'错峰工作'，你们先去，我等会儿再来。"当晚十二点半，我们加完班回宿舍，没见到卢彦，打电话问才知道，村委会那边有急事，卢彦夜里九点就赶过去处理；还说处理完再去办公室整理危旧房图片。我们也累了一整天，倒下就睡着了。迷迷糊糊被院子里大狗的叫吵醒，我就听见卢彦在逗狗："黑傲，天太黑你看不清楚我咯？"那时候我看了下手机，11 日凌晨 4 点 37 了。这发生在他出事的头两天晚上。

韦强：2018 年 12 月 11 日，文广局驻村工作队在收集六堡村危旧房改造的图片，整理后上报。因为工作量非常大，18 名驻村干部白天都有其他任务，只能晚饭后再到办公室加班加点。大家正准备出门，卢彦突然头晕，大家赶紧扶他坐下来，倒杯水喝，劝他干脆给局领导和乡镇请几天假到医院好好治疗一下，卢彦还是那句话："没事，我歇歇就好……"

2018 年 12 月 12 日，在六堡村的卢彦，因为前一晚加班到凌晨 4 点，血压又高起来了，走路摇摇晃晃的。局领导让他回城交材料，并叮嘱第二天必须去医院治疗。当天晚上，卢彦就回家了，意外回家的父亲让儿子很高兴，父子俩说了一个小时家常话。卢彦催儿子上床睡觉、第二天按时上学，小卢虽然舍不得，但是看到父亲脸色很疲惫，自己就回房间睡觉去了。13 日凌晨两点半，小卢听见爸爸喊"口好渴，想喝点水"，儿子倒杯水送到床边，卢彦还在念："我歇歇就好……"

凌晨三点，小卢发现父亲情况严重，9 岁的小孩拨打 120 急救电话，又给还在贵阳的妈妈打电话，他妻子深夜里看到半夜儿子的电话，就知道是不好的事情发生了，知道卢彦久拖的高血压出大事了。六盘水市第二人民医院的救护车将卢彦马上送到贵阳，凌晨六点做了手术，送进 ICU 进行特别观察护理。特区文广局的三十名干部职工知道情况以后，所有人含泪捐款一万多元，委托办公室用微信将捐款转给卢彦的家属，家属在赶往贵阳的救护车上收到捐款。我们当时还在村里面，不能去现场看他，也默默祈祷卢彦能挺过这一关。

13 日晚上八点，卢彦再没能醒过来。几年来忙于工作，面对病情，他常说的"我歇歇就好……"最后成为临终遗言。

15 日凌晨六点，六枝特区殡仪馆哀乐环绕，六枝特区领导们来了，同事朋友们来了，卢彦生前包保的贫困户张顺才、曾达裕和华时伦也从村里赶来了。当 9 岁的小卢捧着父亲的遗像，头垂得低低的出现在大家面前，众人再也控制不住……

后 记

我来自大山，出生于贫困家庭，父母都是大字不识的农民，为了生活，父母一直很勤劳，常常是"日不出而作，日落后才息"。长大一点我就思考，为什么父母这么勤劳家里却一贫如洗呢？直到十几岁时和父母的一场对话让我陷入沉思。那时候我问父母："为何你们这么辛苦地种地、养猪？"他们回答说："种地除养活一家人之外，也是为了喂猪，喂猪是为了卖钱，卖完钱是为了买粮食、化肥和小猪。"这一看似无懈可击的回答让我陷入了沉思，也让我感叹于以我父母为代表的中国小农的思维模式，让我不得不思考贫穷的本质到底是什么。贫穷的本质是什么呢？是人们做决定时面临的一种处境，是决策时的认知不足、思维短缺与选择偏差，世界银行将此称作"认知税"。解决贫穷问题最根本的方式就是教育帮扶。

要帮扶，就要有扶贫干部。可以说，脱贫攻坚战能取得胜利，原因虽然有很多，但关键在于众多深入贫困地区的扶贫干部们，他们是各种扶贫政策与扶贫资源的宣传者与施行者，因此，他们的身心健康决定着脱贫攻坚的成绩与效果。所以，当我们将研究视角转向扶贫干部这一特殊群体时，发现与基层公务员面临的"压力大、收入低、加班多、任务重、晋升难"等困境相比，他们遭遇着更大的工作压力与环境障碍，不仅交通安全无法有效保障、走村串户面临风险、心理健康不容忽视，而且由于其工作任务多、责任重、要求高，工作环境复杂、生活条件较差，扶贫干部常常处于高度紧张的工作状态，身心得不到充足休息与调整，难免积劳成疾，留下健康隐患。

事实上，扶贫干部身体之苦所引发的健康问题，已有相应的报道与研究。例如，有研究发现，驻村扶贫干部在人际交往、心理状态、环境适应和抗压能力等方面存在着一定的心理健康问题；一份关于贵州省基层扶贫干部的心理健康调查中，548名基层扶贫干部在睡眠、抑郁、躯体化、焦虑、人际关系方面的问题突出，程度显著高于全国正常水平。这些健康问题导致了扶贫干部的"身体之苦"。所以，近年来，习近平总书记十分关心基层扶贫干部，多次强调要关心他们的生活、健康、安全。2019 年 10 月 17 日《国务院扶贫办关于关心基层扶贫干部保障安全工作的通知》明确指出，要保障扶贫干部的交通安全，要关心其身体健康，要免除其后顾之忧，要切实减轻其负担。不过，脱贫攻坚战的全面胜利以及众多扶贫干部的情怀担当却告诉我们，扶贫干部这种客观存在的"身体之苦"并未造成精神懈怠、消极怠工、推卸责任等不良现象。相反，在这场长达 8 年的反贫困斗争中，众多扶贫干部艰苦奋斗、无私奉献，发扬了"担当、奉献、实干、吃苦、大爱"的脱贫攻坚精神，这种精神是中国脱贫攻坚战取得成功的核心密码。

本书选择一线扶贫干部作为口述故事征集的对象有两方面的原因。一方面，口述故事有着较高的真实性与可读性，与正统历史相比，它更多聚焦于宏观历史背景下平凡人物的人生和经历。在脱贫攻坚战场中，扶贫干部在主流媒体中已然是英雄形象，但作为普通人的他们，其背后的成功与喜悦、努力与坚持、辛酸与委屈、犹豫与徘徊等叠加在一起，才是一个真实鲜明的人物立体形象。为此，以口述的方式还原扶贫干部的群体"画像"，有助于我们了解和认识他们在脱贫攻坚这一宏大时代背景下的生命历程与生活体验。另一方面，脱贫攻坚精神的践行主体是一线扶贫干部，是通过扶贫干部在扶贫中的所作所为、所思所想、所体所悟呈现出来的，因此，通过口述对其进行深度挖掘，有助于更科学地提炼总结中国脱贫攻坚精神。当然，2017 年 12 月到 2020 年 6 月我在南京大学周晓虹教授门下做博士后研究，尝试学习口述史研究方法，跟随他所带领的团队，参与了"新中国工业建设口述史研究""新中国人物群像口述史研究"，到河南洛阳、贵州贵阳与六盘水做过口述史调研，并作为副主编，参编了贵州三线建设口述史书籍的出版，这为我开展扶贫干部口述故事提供了重要的积累与支撑。

正式征集活动历时 7 个月，2020 年 5 月启动，2020 年 12 月结束，包括动员、培训、采写、评选等多个环节，每个环节做了如下工作：一是多方动员。活动于 2020 年 5 月 1 日国际劳动节正式启动，面向全国发布征集启事，并在广州和黔南地区展开定向征集，其间社会反响热烈，得到《人民日报》、学习强国、今日头条等媒体的报道和推广。2020 年 5 月 8 日，广州市社科联主持召开工作协调会研究实施事宜，强调活动要扎实、深入体现教育价值与育人功能。至 5 月下旬，活动反响热烈，共收到了全国 20 多所高校 100 多名学生、10 多个省份 20 多名扶贫干部报名参与。二是多场培训，打造专业团队。2020 年 5 月下旬，我们对报名参赛的学生和扶贫干部进行遴选，并通过学术讲座、线上培训等形式，打造专业团队，对 100 多名扶贫干部、参赛学生开展了三场口述故事采写方法培训。三是多地采写，走进脱贫攻坚现场。2020 年 6—8 月，来自全国 20 余所高校的 100 多名大学生深入 10 多个省份调研访谈了 100 多位一线扶贫干部，共获得 300 多万字的案例素材，形成了上百篇稿件。同时，我亲自带领的"攻坚 2020：一线扶贫干部口述故事"三下乡实践团队，通过"线上 + 线下"的方式，足迹遍布贵州、西藏、广东等地，总行程 2 万余公里，参与学生 150 余人次。四是多层评选，找出扶贫感人故事。2020 年 8 月，口述故事团队邀请南京大学、安徽大学、广州大学、贵州民族大学等高校的 10 多位专家对 100 多份参赛作品进行了第一轮点对点的评审与修改，评审后我们立即进行了第四轮培训，讲解修改要点与要求；2020 年 9 月中旬，再次请专家对修改后的稿子进行复审，提出修改意见，遴选出 60 多份进入终审的故事作品；2020 年 10 月 15 日，在广州市社科联指导下召开了终审评定会，最终评选出 59 篇优秀口述故事；2020 年 12 月 10 日，书稿正式交给社会科学文献出版社。

这场活动虽然在 2020 年 5 月才正式拉开帷幕，但团队自 2015 年 3 月以来就开始调研、着手策划。这些年，团队先后行程 5 万余公里，到贵州、重庆、四川、云南、内蒙古、湖南、宁夏、青海、广东、浙江、广西等 10 多个省份的 200 余个村庄进行了调研。由于 2018 年 6 月之前我在贵州工作，对作为第二故乡的这块土地满怀感恩、眷恋和不舍之情，所以我们的调研相当一部分是在贵州进行的。这些年，团队几乎跑遍了贵州的所有地州市，获得了丰富的一手素材。通过调研，我们访谈了 200 多名扶贫干部，获得了上千份贫困户问卷，参加了上百次座谈。

记得 2019 年春节那次调研后，贵州民族大学 2017 级博士研究生兰英同学在日记中写下了这样的感想："这半个来月的调研，触动很大，感触很深，贫困只是一种生存现状，并不是一种可耻现象，不能上升到一种伦理的高度去诋毁。无论是扶贫干部还是非贫困户，都应当对贫困户富有同情心、怜悯心，真心诚意去帮助他们，这样的扶贫才是真扶贫。"广州大学 2016 级本科生韩尚臻也感慨到："调研中苦的累的都经历了，为了赶路，一天坐六七个小时的车是常态；为了整理一天的调研成果，晚上加班到半夜也习以为常。但是团队中的每一个人都没有怨言，互相合作、相互支持、各司其职。作为团队中学历最低、学识最浅的小学弟，我也很珍惜这次跟老师去学习和长见识的机会，希望团队不断努力壮大，也希望自己能够通过努力不断前行。"

正如各位同学所感，2019 年春节的那次调研给我们印象最深。那年的大年初九，我们便踏上了征程，此时是贵州最寒冷的时候，调研期间的天气和环境大多数时候比较恶劣，遇到过冰雹、凝冻、暴雨和大雾，住过村民的小木屋和乡下的招待所，条件比较艰苦。最难忘的是我们在能见度不到五米的高速路上行驶，在山路十八弯的乡间小路上行进，在凝冻的天气里一扇扇推开贫困户家的门，在零下几度的田地里与农户交流。最令人感动的是，调研期间虽然部分学生感冒发烧，但是没有一个学生中途退缩，没有一个扶贫干部工作应付，没有哪个乡镇敷衍我们，所有的调查者和被调查者都在认真、踏实而努力地工作，尽管这些工作经常持续到半夜，经常需要步行好几公里。所以，此次调研最大的收获不是我们顺利完成了研究所需的素材，而是让我看到了团队成员坚忍不拔、勇于攀登、团结协作的优秀精神，以及青年学生朝气蓬勃、乐观开朗、善良隐忍的可贵品质，感受到了基层政府的攻坚信心和驻村干部的无私奉献。这些，让我们进一步认识到自己肩上的责任和重担，坚定了将"论文写在大地上"的信心与决心。

更让我感动的是，虽然新冠肺炎疫情让 2020 年上半年的很多交往都在线上进行，但并没有影响我们所采集的扶贫干部口述故事的质量。据初步统计，获奖的故事一半左右是在线上采访的。采访后，8—9 月疫情好转，有些学生又到受访者所在的帮扶地进行了现场考察、补充素材。所以，当 2020 年 11—12 月一些记者采访问我这些口述故事质量如何时，我很骄傲地告诉他们，有"三个没想到"。哪三个呢？参与学生的认真态度没想到，参与学生的写作热情没想到，参与学生的稿子质量没想到。大家可能不知道，参与这次口述故事撰写的学生，有三个"70% 法则"，分别是：70%

是本科学生、70% 是广州大学的学生、70% 来自农村。这样的一个群体，经过层层培训与专家指导，能够写出这样感人的故事，能够在逻辑思维、文字表达、材料选取与篇章布局上比较科学与合理，有点出乎我的意料。

在此，首先要感谢广州市社科联、广州市协作办、广州市文明办的大力支持与指导，在我们有此想法却陷入困顿和迷茫的时候，他们的坚定支持、悉心指导与倾心帮助，让我们有了继续前行的契机、平台与勇气；感谢广州大学行政管理国家级一流专业建设点给予的支持与帮助；其次要感谢一直支持我、陪伴我、帮助我、指导我的老师与团队成员们，他们是：南京大学周晓虹教授、黄健荣教授、翟学伟教授、彭华民教授，广州大学蒋红军副教授、李强副教授、郭明博士、李利文博士、王洁博士，广州大学公共管理学院刘向晖书记、何瑞豪副书记、林曼曼老师，贵州民族大学王国超副教授、李科生副教授、李小勇副教授、江星玲老师、钟小斌老师、张恒诚老师，广西社会科学院林伟忠研究员，重庆科技大学李华老师，安顺学院兰定松副教授和廖洪泉副教授，以及广州大学硕士研究生许文朔、刘峰、曾梓燊、麦智辉、范飞、李尚恒、邓砚亮、李威、范飞、陈香凝、彭智邦、王乐童，贵州民族大学博士研究生兰英和夏雍及硕士研究生朱绍豪、王曦、肖鸿禹、杨正莲、向丹、邓熙媛、黄玲、梅陈、吴雪婷，广州大学本科生韩尚臻、刘婉敏、兰凌云、李恺茵、叶选婷、陈郯、钟金娴、罗浩奇、梁嘉俊、陈郯、卢荷英、范嘉雯，贵州民族大学已毕业的本科生陈林、黄为、黄河龙、罗祥海、杜旭、杨胜江、高开勇、韦正富、姚磊、蒋薇、王庆华、罗吉明，以及参与故事采写的来自全国 20 多所高校的 100 多名学生，参与故事指导的来自南京大学、安徽大学、广州大学、贵州民族大学等多所高校的 20 余位专家学者。最后要感谢的是为我们调研提供帮助、接受我们访谈的基层干部们，他们的名字将永远镌刻在我们的心里。

令人遗憾的是，由于种种原因，我们获奖的 59 个口述故事，仅有 46 个出版，其中，有 11 个故事因为访谈对象是援藏、援疆干部，没能正式出版；有 2 个故事，受访人不同意公开出版。对于这 13 个故事，我们只好附在文末让大家知晓。不过，社会科学文献出版社张建中老师对本书的大力支持、悉心指导和用心编辑，让我们在略感遗憾的同时，收获了满满的感动与温暖，在此一并致谢。

　　"十三五"时期脱贫攻坚那些"美好的仗"我们已经打过了,"十四五"期间我们将浪迹乡村振兴的"天涯",行走在全国乡村、乡土之间,继续开展"口述乡村"活动。

谢治菊

2021 年 6 月 25 日于羊城

附：未出版的获奖故事一览表

序号	口述故事名称	受访人	扶贫干部类型	访谈人	获奖等级
1	走出一条波密扶贫"自选路"	邹勇刚	广东省第九批援藏干部	范嘉雯、卢荷英	一等奖
2	在墨脱遇见高度	喻晓坤	广东省第八批援藏干部	罗浩奇、杨亚晨	一等奖
3	为师不负师名,为使不辱使命	袁　超	广东省广州市对口扶贫干部	田丽娟、黄栋宇、余舒凡	一等奖
4	学成归来助力米箩扶贫	王荣琳	贵州省水城县米箩镇扶贫站站长	肖鸿禹、蔡凤清	一等奖
5	语文教研员的高原藏区支教之路	杨美滨	广东省广州市对口扶贫干部	宁星雨	二等奖
6	千里援藏既是情怀也是使命	林保银	广东省第八批援藏干部	霍美好	二等奖
7	翻山越岭情系波密	付新河	广东省第八批援藏干部	罗佳怡、朱凤玲	二等奖
8	高原异乡人的奔走岁月	周泉鹤	广东省第八批援藏干部	张雪郁	二等奖
9	情系波密的"双角色"干部	朱思敏	广东省第八批援藏干部	任婉婷	二等奖
10	心怀教育梦,投身波密林	邱育玲	广东省广州市第八批援藏干部	肖宇琴、严怀婷	三等奖
11	扬起西藏航行的"一帆"	杨帆	广东省广州市第八批援藏干部	梁舒欣	三等奖
12	"醉"美医生的风雨援疆路	张立贤	广东省广州市对口扶贫干部	叶晓天、梁昕雨	三等奖
13	跟随内心直行的企业扶贫之路	张伟忠	广州市对口扶贫干部	张诗婷 王映骅	三等奖

图书在版编目（CIP）数据

攻坚 2020：一线扶贫干部亲历记：上、下册／谢
治菊编著. -- 北京：社会科学文献出版社，2021.6
ISBN 978 - 7 - 5201 - 8501 - 1

Ⅰ.①攻…　Ⅱ.①谢…　Ⅲ.①扶贫 - 工作概况 - 中国
Ⅳ.①F126

中国版本图书馆 CIP 数据核字（2021）第 112242 号

攻坚 2020：一线扶贫干部亲历记（上、下册）

编　　著／谢治菊

出 版 人／王利民
责任编辑／张建中

出　　版／社会科学文献出版社·政法传媒分社（010）59367156
　　　　　地址：北京市北三环中路甲 29 号院华龙大厦　邮编：100029
　　　　　网址：www.ssap.com.cn
发　　行／市场营销中心（010）59367081　59367083
印　　装／三河市尚艺印装有限公司

规　　格／开本：787mm × 1092mm　1/16
　　　　　印张：38　字数：621 千字
版　　次／2021 年 6 月第 1 版　2021 年 6 月第 1 次印刷
书　　号／ISBN 978 - 7 - 5201 - 8501 - 1
定　　价／198.00 元（上、下册）